中等职业教育国家规划教材
全国中等职业教育教材审定委员会审定

银行会计实务

（第3版）

主　　编　林发东　　唐宴春
审　　稿　张宏禄

中国财政经济出版社

图书在版编目（CIP）数据

银行会计实务/林发东，唐宴春主编．—3版．—北京：中国财政经济出版社，2011.10
中等职业教育国家规划教材
ISBN 978-7-5095-3088-7

Ⅰ.①银…　Ⅱ.①林…　②唐…　Ⅲ.①银行会计-中等专业学校-教材　Ⅳ.①F830.42

中国版本图书馆CIP数据核字（2011）第181405号

责任编辑：涂　蕙　　　　责任校对：徐艳丽
封面设计：华乐功

中国财政经济出版社出版
URL：http://www.cfeph.cn
E-mail：jiaoyu@cfeph.cn

社址：北京市海淀区阜成路甲28号　邮政编码：100142
发行处电话：88190406　财经书店电话：64033436
北京财经印刷厂印刷　　各地新华书店经销
787×1092毫米　16开　11.5印张　271 000字
2016年4月第3版第2次印刷
定价：18.00元
ISBN 978-7-5095-3088-7/F·2617
（图书出现印装问题，本社负责调换）
本社质量投诉电话：010-88190744

中等职业教育国家规划教材

出版说明

为了贯彻《中共中央国务院关于深化教育改革全面推进素质教育的决定》精神，落实《面向21世纪教育振兴行动计划》中提出的职业教育课程改革和教材建设规划，根据教育部关于《中等职业教育国家规划教材申报、立项及管理意见》（教职成［2001］1号）的精神，我们组织力量对实现中等职业教育培养目标和保证基本教学规划起保障作用的德育课程、文化基础课程、专业技术基础课程和80个重点建设专业主干课程的教材进行了规划和编写，从2001年秋季开学起，国家规划教材将陆续提供给各类中等职业学校选用。

国家规划教材是根据教育部最新颁布的德育课程、文化基础课程、专业技术基础课程和80个重点建设专业主干课程的教学大纲（课程教学基本要求）编写，并经全国中等职业教育教材审定委员会审定。新教材全面贯彻素质教育思想，从社会发展对高素质劳动者和中初级专门人才需要的实际出发，注重对学生的创新精神和实践能力的培养。新教材在理论体系、组织结构和阐述方法等方面均作了一些新的尝试。新教材实行一纲多本，努力为教材选用提供比较和选择，满足不同学制、不同专业和不同办学条件的教学需要。

希望各地、各部门积极推广和选用国家规划教材，并在使用过程中，注意总结经验，及时提出修改意见和建议，使之不断完善和提高。

教育部职业教育与成人教育司

第3版前言

为全面贯彻落实《国家中长期教育改革和发展规划纲要（2010－2020年)》和《中等职业教育改革创新行动计划（2010－2012年)》，我们参考《中等职业教育专业目录（2010年修订)》对中等职业教育国家规划教材进行了修订，以满足中等职业学校财经类专业教学的新需要。

在"关于全面推进素质，深化中等职业教育教学改革的意见"中，教育部对中等职业教育培养目标的定位是培养"与社会主义现代化建设要求相适应，德、智、体、美等全面发展，具有综合职业能力，在生产、服务、技术和管理第一线工作的高素质劳动者和中初级专门人才"。为此，中等职业教育的"金融事务专业"培养的应是金融行业一线业务人员。《银行会计实务》是"金融事务专业"的一门专业主干课，其体系和框架就是按照中等职业教育培养目标的定位以及教育部组织开发的《中等职业学校银行会计实务教学大纲》来安排的。

本教材突出体现了商业银行一线业务人员应具备的基本知识和专业能力，同时考虑到了金融国际化的发展要求和银行会计改革的趋势。在对内容的具体处理上，以财政部和人民银行制定的有关金融行业的各项规章制度为依据。涉及到具体的核算手续，凡各商业银行的做法有不同的，即以国有商业银行的做法为主，兼顾其他各银行的做法。在对内容的表述上，以现行做法为主，兼顾发展变化的趋势。内容深入浅出，突出操作性、实务性、技能性，给教师组织教学以较大的灵活处理和发挥空间。

《银行会计实务》于2002年出版发行以来，由于银行的改革与发展以及新会计准则的颁布执行，对银行业的会计工作都产生重要的影响。此次修订，既考虑到本书的适用对象为中职中专学生的特点，又根据近年来银行会计制度改革以及核算手段变化的实际情况，作了部分修改，而对教材的体系以及内容的深度与广度未作根本的改动。希望使用者，尤其是广大中职中专的教师，能够在使用过程中，根据变化了的实际情况，及时补充或调整相关内容，从而使教学更加贴近实际工作。

本书是教育部规划教材。主编：林发东，唐宴春。编写分工：唐宴春（第一、八、九、十一章）；林发东（第二、三、七、十二章）；王龙辉（第四、五、六、十章）。这次修订工作主要由唐宴春完成。

由于编者水平所限，书中的疏漏和错误在所难免，恳请广大读者批评指正。

编　者

2011年10月

目　录

第一章

银行会计概述

内容提示

银行是经营货币信用业务的特殊行业，伴随国民经济的迅速发展，银行的经营领域、经营规模、经营业务品种以及服务手段现代化等都得到了快速发展。银行经营和业务的发展，推动了银行会计的改革和发展，同时，会计对银行业的发展起到了重要的促进作用。因此，银行会计是银行经营管理的重要方面，其通过履行核算与监督的基本职能，为银行组织、管理、经营各项业务，提高管理水平和经济效益服务。

银行会计属行业会计。由于银行经营的特殊性，决定了银行会计核算的对象、范围，以及承担的任务与发挥的作用均有别于其他部门会计。

第一节　银行会计的对象和特点

一、银行会计的意义

银行会计是以货币为主要计量形式，采用特定方法，对银行的经营活动内容、过程和结果进行核算和监督的一门专业会计，是银行管理工作的重要组成部分。

第一，银行会计是社会会计的组成部分，凡国家制定的有关会计工作的法律、法规、准则和规章，银行会计必须执行。第二，银行会计又是银行内部管理的重要方面，凡有关银行经营的法律、法规、制度和政策等，在会计核算中必须贯彻执行。第三，银行会计有着特定的核算方法，这主要是由银行经营业务内容的特殊性所决定的。第四，银行经营的全部业务，都要通过会计核算予以实现。这是因为会计核算具有货币性特点，一切能够用货币表现的方面，都要由会计核算加以反映，而银行经营的业务均表现为货币资金的收付，所以银行经营的业务均为会计核算内容。第五，会计是银行内部的一项基础性工作，加强会计监督，可以促进业务经营的真实性、安全性、合规性和合法性。

二、银行会计的对象

银行会计对象主要是指银行会计核算、监督的内容。不同的部门和行业，由于其经营的业务不同，所以会计核算的具体内容亦不相同。但任何部门和行业的经营都可以从资金运动的过程和结果反映出来。银行更是这样，由于其经营的各项经济活动均表现为货币资金收付，因此，银行会计的对象就是银行经营活动所引起的资产、负债、收入和支出的增减变化过程及其结果。从静态角度看，表现为银行经营中的资金构成；从动态角度看，表现为资金聚集的来源和运用的去向以及在经营中实现的收入和发生的费用支出。

（一）银行资金的构成

银行资金构成也可分为资产、负债、所有者权益，但其构成资产、负债的具体内容，却体现了银行经营的业务内容。

1. 银行的资产。

银行的资产主要包括：各项贷款、票据贴现、投资、库存现金、固定资产、无形资产与其他资产、存放款项、拆放同业、各种债券及应收款等。

2. 银行的负债。

银行的负债主要包括：各种存款、向中央银行借款、再贴现、同业存放、同业拆入、发行债券、各项应付款、结算中形成的负债等。

3. 所有者权益。

银行的所有者权益的构成与其他行业相同，包括：实收资本（或股本）、资本公积、盈余公积和未分配利润。

银行资产与负债的内容，有一些是在各银行间相互联系的。如商业银行缴存款是商业银行的资产，人民银行的负债；而再贷款与再贴现是人民银行的资产，商业银行的负债；同业拆借为拆入行的负债，拆出行的资产。另外，系统内联行往来一旦发生，此行为资产，彼行必为负债；而如果此行为负债，彼行必为资产；每一联行经办行的联行往来总轧计算后有可能为资产，也可能为负债。

（二）资金的聚集和运用

资金的聚集和运用反映了银行经营的过程。银行就是在不断地聚集资金和运用资金中，完成经营活动，实现经营目标并发挥职能作用。

银行聚集资金包括资本投入，吸收各种存款，借入资金（包括向中央银行借入、向同业拆入、向国外借入等）、各项利润积累等。

银行资金运用包括发放贷款、办理贴现、对外投资、满足业务需要而库存的现金和存款准备金、为开展经营创造条件而购建的固定资产和无形资产等。

银行资金的聚集和运用是伴随各项业务活动的开展而形成的。

（三）实现的收入和发生的费用支出

在银行办理各项业务中，必然要实现财务收入并发生各种费用支出。如发放贷款要收取利息；办理有关业务或代理业务要收取手续费；存放中央银行款和存放同业款，也会收入利息等。又如吸收存款要支出利息；借入和拆入资金要支出利息；委托他行办理业务要支付手续费；为维持正常经营要支出工资等各项费用。一般说收入与费用支出与业务经营规模直接相关，但也不尽然，有时会受客观环境和经营管理水平的影响，使得收入不能实现或费用支出发生过多，从而影响经营效益。

三、银行会计的特点

（一）会计核算信息质量要求和银行会计核算原则执行的统一性

银行会计是社会会计体系的重要组成部分，会计核算与管理的一般理论与要求对银行会计都适用。诸如会计核算信息质量要求中的可靠性、相关性、可理解性、可比性、实质重于形式、重要性、谨慎性、及时性。但作为银行部门的专业会计，无论在核算内容和服务范围方面，还是会计方法的具体运用方面都与其他部门会计有所不同。为此，会计核算必须坚持钱账分管，当时记账；凭证账表，换人复核；有账有据，账据相符；当天结账，总分核对；内外账务，定期核对；代收票据，收妥抵用等原则。会计一般原则和银行会计核算原则在会计工作中都要贯彻执行。

（二）会计核算内容的广泛性

由于银行的各项业务活动主要表现为货币资金的收付，所以全部的业务活动均通过银行会计加以核算反映。存款的存入与支取，贷款的发放与收回，信贷资金的调剂与融通，系统内联行往来与金融机构往来等都是银行会计核算的内容。通过核算，银行会计能够完整反映银行信贷资金的来龙去脉，存款、贷款及各项业务的增减变化及其规模，从而促使了各项业务的实现。

（三）会计核算过程和业务处理过程的同步性

在一般情况下，经济业务活动的实现与会计核算表现为两个过程。工业部门的产品生产、商业部门的商品流通，都与会计核算过程相分离。而银行是经营货币信用业务的特殊部门，每一项业务的发生、处理过程及其结果，均纳入会计核算过程，因此，会计核算过程与业务处理过程是同步进行的。

（四）反映情况的全面性

银行是社会资金活动的枢纽，各部门、各单位由经济活动引起的资金活动都要通过银行办理，而全部的资金活动又都由银行会计核算，这样通过银行会计核算就不仅能够反映银行业务活动情况，而且通过银行业务活动，可以体现社会资金的流向和国民经济各部门间的经济联系，并反映国民经济发展状况，因而银行会计核算资料成为国民经济综合部门对经济预测和决策的重要信息资料。

（五）会计方法的多样性

由于银行会计除了要按照一般会计要求进行核算外，还要对受理的业务进行处理和反映，因此，在核算方法中，除了基本核算方法之外，还包括各项业务处理方法，而不同的业务由于其内容、特点与管理要求各不相同，所以具体的处理方法也不一样，涉及到的凭证甚至账簿，也因业务不同而有所差异。

（六）会计资料提供的及时性

银行会计资料的及时性，是由会计核算的及时性所决定的。银行经营的业务性质要求每日结账，并按月、季、年编报会计报表，以及时反映业务经营情况。这是因为银行会计资料不仅能够反映银行的业务和经营状况，而且通过银行业务状况，在一定程度上反映国民经济发展状况及在资金需求和供应方面的情况。因此，银行会计核算的及时性就具有特别的意义，而会计资料能够及时提供，就成为有关部门分析、预测、决策经济和金融发展状况及前景的重要信息。

第二节　银行会计的作用与任务

一、银行会计的作用

银行会计的作用就是利用会计固有的核算和监督职能对银行的业务和财务收支活动进行管理和反映所体现的功能。银行会计通过核算和监督，不仅能够实现银行的业务活动和财务活动，促进各项金融调控手段作用的发挥，而且能够提供全面的信息资料，并通过加强对各项资金及财务收支的管理，不断提高内部经营管理水平。

（一）通过会计核算，实现各项业务活动

我国银行对经济的宏观调控主要是通过银行的各项业务的开展来实现的。银行会计又是银行的基础工作，处在业务活动的第一线，各项业务活动只有通过会计部门的账务记载，才能得以实现。银行会计编制凭证、登记账簿和编制报表，既是会计核算过程，也是实现业务的过程。由此可见，会计核算在银行工作中具有重要的作用，其核算工作的质量直接影响到银行作用的发挥。

（二）通过会计监督，保证业务的合法性、合规性和及时性

会计监督与会计核算是会计工作的基本职能。银行经营的各项业务都要通过会计核算得以实现，而银行的各项业务都具有严格的政策、法规的规定。因此，加强对会计核算每一环节的监督，不仅能保证会计核算的质量，而且能保证各项金融方针、政策、法规的全面贯彻执行，从而实现业务的合法性、合规性和及时性。

（三）为金融决策提供有效的信息数据

由于银行的业务活动和财务活动主要是通过资金的收付来实现的，并都要通过会计加以核算和监督，因而，通过核算将大量的经济业务经过记录、计算、归类反映，并结合其他相关资料进行分析，就能够提供系统的信息数据。而这些信息数据既能够反映银行业务和财务状况，又能够反映全国金融活动和国民经济资金活动状况，从而成为加强经营管理和金融决策的有效数据。

（四）参与有关管理工作，加强经营管理，提高经济效益

银行会计在反映和实现各项业务和财务活动中，直接参与有关业务管理、资产负债及风险管理。同时为了更好地发挥会计固有的职能作用，银行会计部门还注重搞好本身的各项管理，如制度的制订与贯彻实施、会计核算的质量管理和岗位责任制、严格财务收支的各项手续等，从而提高整体经营管理水平，提高社会经济效益和银行自身的经济效益。

二、银行会计工作的任务

为了充分发挥银行会计的作用，就必须根据银行会计的职能和特点，正确地确定会计工作的任务，从而明确会计工作内容、职责范围、履行职责的方法以及工作的依据。银行会计的任务主要有：

（一）正确组织会计核算

核算是会计工作的基本职责和基本的工作任务，正确组织会计核算是充分发挥会计工作作用，搞好会计监督、分析和检查的基础。因此，组织会计核算就必须以国家的政策法令和有关规定为依据，真实、准确、完整、及时地记录、计算和反映金融业务和财务活动情况，向信息使用者提供完整、科学、正确的信息。

（二）依法实施会计监督

市场经济的建立使银行业服务的范围和领域不断扩大，客观上对银行会计工作提出了新的要求。会计工作处在业务的第一线，加强会计监督是保证会计核算正确、合规、合法的有效环节。会计实施监督的依据是各项经济和金融法律法规，各项金融业务管理规定，会计法、会计准则以及会计制度等。

（三）真实提供会计信息

真实提供会计信息是会计工作的目标。组织会计核算是达到这一目标的过程和手段，依法实施会计监督是实现这一目标的保障。虽然不同的信息需求主体对会计信息需求的目的不同，但是对会计信息真实性的要求是相同的。银行是以信用为基础的经济综合部门，会计信息的真实与否，关系到银行的社会公信度和社会信用的建设与完善。

第三节　银行会计工作的组织领导与管理

一、银行会计的机构设置与领导关系

（一）银行会计部门的机构设置

银行会计机构是银行内部机构体系的组成部分，也是具体组织和直接从事会计核算以及管理会计工作的部门。因此，在银行的各级机构中都必须设置会计部门，配备专职会计人员，对会计工作进行组织和管理。

目前各总行设会计司（部）；省、市、自治区分行设会计处；地市中心支行设会计科；县支行（城市区办事处）设会计股（科）；支行以下单位，因业务量较小，一般不设会计机构，但应设专职会计人员，负责处理日常工作；计划单列市分行和经济特区设置相应的会计机构。

银行会计机构分为独立会计核算单位和附属会计核算单位。凡单独编制会计报表和办理年终决算的单位为独立会计核算单位；凡其业务收付由管辖行采用并账或并表进行汇总反映的单位为附属会计核算单位。

（二）银行会计部门的领导关系

在多种金融机构并存的金融体制下，不论是中国人民银行还是商业银行以及政策性银行都必须对系统内的会计工作加强领导和管理，以提高管理水平和会计工作质量。同时为了保证会计核算资料口径一致，便于汇总，促使各项业务处理手续的统一和金融机构相互间资金往来划拨清算的顺利通畅，由中国人民银行总行和银行业监督管理委员会负责管理全国银行的会计工作，中国人民银行分支机构和银行业监督管理局管理本地区必须统一的会计工作。

中国人民银行以及商业银行各行处的会计部门，除应在本单位的统一领导下进行工作外，还应接受上级行业务主管部门的领导。上级行对下级行的会计工作，除了要有计划、有重点地布置工作外，还应经常进行检查与辅导。各商业银行对中国人民银行以及各行下级行对上级行制定的规章制度和布置的工作，必须认真贯彻执行。

二、会计制度的管理

会计制度是组织会计核算和加强会计工作管理的基本依据。

长期以来，我国银行业会计制度实行“统一领导，分级管理”的原则，由财政部和中国人民银行统一制定了《金融企业会计制度》，各商业银行又根据各自系统内的业务特点分别制定了各行会计制度和办法。而这些系统内的会计制度存在较大差异，不同类型机构的相同业务、同一类型的不同机构采用不同的会计处理方法损害了会计信息的可比性、有用性，不利于分析和评价风险状况、财务成果。

2006年财政部颁布了《企业会计准则》。该准则反映了我国市场经济发展的要求，更加全面、系统地规范了企业会计确认、计量和报告行为，并与国际会计准则趋同。同时财政部明确，《企业会计准则》自2007年1月1日起在上市公司范围内施行，鼓励其他企业执行。执行《企业会计准则——应用指南》的企业，不再执行现行准则、《企业会计制度》、《金融企业会计制度》、各项专业核算办法和问题解答。

中国银监会为此专门下文，为提高会计信息质量和可比性，完善风险管理，提高经营水平，加强银行业监管，促进我国银行业快速、健康发展，决定银行业金融机构全面执行新会计准则，并制定了最迟不得晚于2009年的时间表。

三、银行会计内部控制与管理

内部控制是一种自律行为。银行会计内部控制是确保科学经营，防范风险，保障资金安全而必须执行的相互制约的方法、措施和程序。银行会计内部控制涉及会计工作的方方面面，其主要的内容有：

（一）建立会计岗位责任制，层层负责

会计工作在主管行长领导下，按照岗位需要，建立岗位责任制。主管行长对行长负责，会计主管对主管行长负责，一般会计人员对会计主管负责。一般会计人员按岗位分工明确责任，如分设接柜岗、记账岗、复核岗、综合岗、联行岗、事后监督岗、系统维护岗等。按照相互制约的原则明确每个岗位的职责，每个会计人员在本职岗位要认真履行职责，同时，不得超越权限范围处理会计账务，也不得一人兼岗或独自操作会计核算的全过程。

（二）建立规范化的会计操作程序

会计操作程序是根据会计工作规律并为防止出现会计风险而制订的。建立规范化的会计操作程序并严格组织执行，对于内部控制十分重要。如必须取得有效会计凭证方能记账；现金付出业务，先记账后付款；转汇业务，先付款后汇出；手工核算必须坚持综合核算与明细核算双线控制的原则；计算机处理会计业务必须制订和执行严密的管理规定和操作程序；同城票据交换必须完善管理控制制度；各项业务的账务处理必须遵守相应的会计核算手续等。

（三）实行重要岗位定期轮换和离任交接制度

对于联行、记账、同城票据交换、财务等重要会计岗位的人员要定期轮换，不得搞一贯制。会计人员调动工作、离职或换岗，还须与接管人员办理交接手续，并执行监交。

（四）重大会计事项必须实行授权

凡涉及重大会计事项必须经过会计主管或主管行长审批、授权后方能处理。如错账冲正、调整计息积数、开销户、内部资金划拨、补记账务、改变计息方法、应收与应付款的列账等，未经授权，一般会计人员不得自行处理。会计人员加班还须经会计主管批准，会计主管加班需报主管行长批准。

（五）实行会计业务事后监督

会计部门设置事后监督岗，对每天处理的会计业务于次日进行全面检查，按月进行全面核查，会计主管重点抽查，以便及时发现和纠正误差，堵塞漏洞。

四、银行会计人员

会计人员是直接从事会计核算、监督、分析、检查等各项工作的专业工作人员。会计人员的队伍状况、政治素质和业务素质以及责任心，直接决定了会计工作水平的提高和作用的发挥。

（一）会计人员的职责

1. 认真组织、推动会计工作的各项规章制度、办法的贯彻执行。

2. 按操作规程，认真进行会计核算与监督，努力完成各项工作任务。

3. 遵守国家法律法规，贯彻执行《中华人民共和国会计法》，并维护财经纪律，同违法乱纪行为作斗争。

4. 讲究职业道德，履行岗位职责，文明服务，廉洁奉公，不断提高工作效率和质量。

（二）会计人员的权限

为保障会计人员履行职责，赋予会计人员的权限是：

1. 有权要求各开户单位及银行其他业务部门，认真执行财经纪律和银行有关的规章制度和办法。如有违反，会计人员有权拒绝办理。对违法乱纪的，会计人员有权拒绝受理，并向本行行长或上级行报告。

2. 有权越级反映情况。会计人员在行使职权过程中，对违反国家政策、财经纪律和财务制度的事项，同行长意见不一致而领导又坚持理由时，会计人员可以执行，但必须向上级行提出书面报告，请求处理。

3. 有权对本行各职能部门在资金使用、财产管理、财务收支等方面实行会计监督。

【本章小结】

银行会计是银行系统的一项重要的基础性工作，是银行管理工作的重要组成部分。银行会计通过核算与监督，实现资金的收付、存放与营运，对于全行任务的完成发挥着重要的促进作用。银行会计具有明显的实务性、操作性、政策性和制度性。学习本章，就是要从总体上了解银行会计的意义、对象、任务和作用，明确银行会计与银行其他业务的关系，从而为学好本课程打下理论基础和思想基础。

复习思考题

一、目的：通过练习，熟悉、了解和掌握银行会计的有关理论问题。

二、要求：掌握银行会计概念、对象、特点、作用与任务；熟悉、了解银行会计的领导关系和制度管理。

三、内容：

1. 如何理解银行会计的概念？
2. 何为银行会计对象？银行会计对象包括哪些内容？
3. 你认为银行会计有哪些特点？
4. 银行会计的作用如何？其承担哪些任务？
5. 如何理解银行会计部门的领导关系？
6. 银行会计制度的管理原则如何？怎样确保会计制度的严肃性？

第二章 基本核算方法

内容提示

银行会计核算方法，是根据会计的基本原理，结合银行业务和财务活动的特点，适应经营管理的要求而制定的一套科学的方法。它主要包括基本核算方法和各项业务处理方法两大部分。基本核算方法是各项业务处理方法的概括，而各项业务处理方法是基本核算方法的具体运用。

本章介绍银行会计基本核算方法。其内容涉及银行会计科目的设置、借贷记账法的具体运用、会计凭证的填制与审核、现行银行账务组织的构成、会计报表的编制以及进入网络时代电子计算机在银行会计中的应用。

第一节 会计科目

一、银行会计科目的意义和作用

会计科目是对会计对象的具体内容进行分类核算反映的类别名称，是设置账户、归集和记载各项经济业务的根据。

银行经营着大量的、各种各样的经济业务，借助会计科目，可以将错综复杂的经济业务分门别类地进行核算和监督，从而使会计数据资料条理化、系统化。会计科目在银行会计核算中的作用：

（一）连接核算方法的纽带

会计科目是对各项经济业务进行分类核算的工具，在运用复式记账原理、填制会计凭证、设置和登记账簿、编制会计报表等一系列核算方法中，都离不开会计科目。通过会计科目能够把各种核算方法连结起来，形成一个有机的整体，保证核算工作有条不紊地进行。

（二）进行系统核算的前提

在日常会计核算中，必须将各项经济业务分别登记到不同的会计科目中去，通过对全部核算资料进行科学系统的分类，从而为有关方面提供各种系统有用的会计信息。

（三）统一核算口径的基础

每一个会计科目由于都规定了一定的名称和核算内容，不同科目之间不能互相混淆，这样，各银行及其各级核算与管理机构，就能够对全部经济业务在同一核算口径下，进行归类核算和逐级汇总，从而保证会计核算资料的可比性。

二、银行会计科目的设置要求

（一）按照经营管理要求设置

会计科目必须根据业务性质、资产负债的流动性及特定的管理要求设置，以全面反映银行经营资金的结构及运用情况，适应银行经营管理的需要。

（二）按照会计核算要求设置

会计科目的设置，应当根据会计核算的需要，既不能过简过少，也不应过繁过多，要做到名称准确、含义清楚、划分科学，以便于正确使用，提高会计核算质量和效率。

（三）按照资金性质和业务特点设置

根据资金性质，设置了资产类、负债类、所有者权益类和损益类银行会计科目。同时，为了适应银行业务特点对会计核算的要求，各行在系统内还增设了资产负债共同类科目，用以核算反映联行往来及汇差资金划拨等。

三、银行会计科目的分类

为了正确使用会计科目，掌握每个会计科目的性质、核算内容和适用范围，必须对会计科目进行科学分类。

（一）按会计科目使用范围分类，可以分为各银行系统内会计科目和银行业会计科目

各银行系统内会计科目用于日常核算和编制系统内会计报表，银行业会计科目用于编制统一会计报表。为了便于对核算资料进行汇总，要明确系统内会计科目与银行业会计科目的归属关系。

（二）按资金性质分类，可以分为资产类、负债类、所有者权益类和损益类会计科目

资产是指过去的交易、事项形成的并由银行拥有或控制的能给银行带来经济利益的资源，包括各种财产、债权和其他权利。资产类科目还可以按其流动性的不同分为流动资产、长期投资、固定资产、无形资产和其他资产等科目。

负债是指过去的交易、事项形成的现时义务，履行该义务预期会导致资产或劳务流出银行。负债类科目按偿付期长短，又可分为流动负债和长期负债两大类。

所有者权益是指银行所有者在银行资产中享有的经济利益。所有者权益类科目主要有实收资本、资本公积、盈余公积、本年利润和利润分配等。

损益类科目包括银行的各项收入类科目和各项成本、费用支出类科目。

此外，银行在核算中根据需要还可设置资产负债共同类科目，如联行往账、联行来账、辖内往来等科目。

（三）按与资产负债表的关系分类，可以分为表内科目和表外科目

表内科目是指用来核算直接关系到银行资金实际增减变化并反映在资产负债表内的会计科目。表外科目是指用来反映并不涉及或尚未涉及银行资金的实际增减变化，或用以反映和控制银行重要业务事项及数字资料的会计科目。

第二节 记 账 方 法

一、银行记账方法的种类

记账方法是对各种经济业务，按照会计科目进行整理、分类并登记账簿的专门方法。记账方法依记录方式的不同有复式记账法和单式记账法两种。

（一）复式记账方法

复式记账方法就是对每一项经济业务，以对应相等的金额在所涉及到的两个或两个以上账户中进行登记的记账方法。应用复式记账法登记各项经济业务，可以通过科目对应关系，反映出资金变动的来龙去脉，并便于试算平衡。

（二）单式记账方法

单式记账方法就是对发生的每一项经济业务只在一个账户中进行登记的记账方法。银行对于不涉及实际资金增减变化，但必须承担一定经济责任的重要业务事项采用单式记账法，业务发生或增加时记收入，销账或减少时记付出，余额表示结存。

二、借贷记账法的具体运用

借贷记账法是一种复式记账法，银行系统普遍采用借贷记账法。其主要内容有：

（一）以“借”和“贷”作为记账符号

借贷记账法以“资产 = 负债 + 所有者权益”这一会计平衡公式为基础，以“借”和“贷”作为记账符号来反映资金增减变化的情况及其结果。资产、费用类账户，增加记“借方”，减少记“贷方”，余额反映在借方；负债、所有者权益、收入、利润类账户，增加记“贷方”，减少记“借方”，余额反映在贷方。

（二）以“有借必有贷，借贷必相等"为记账规则

每一笔经济业务发生以后，根据其涉及的资金增减变化的内在联系，以相等的金额、相反的记账方向记入相关的各账户。银行的经济业务无论如何变化，都反映为资产、负债、所有者权益、收益、支出等的增减变化，引起这种变化的经济业务不外乎以下四种类型：

1. 资产项目一增一减，增减金额相等。
2. 负债或权益项目一增一减，增减金额相等。
3. 资产项目与负债或权益项目同时增加，增加金额相等。
4. 资产项目与负债或权益项目同时减少，减少金额相等。

现运用借贷记账法，举例说明如下：

例 2－1：某商业银行签发现金支票一张，从人民银行存款户中提取现金 200000 元。其会计分录为：

借：现金	200000.00	
贷：存放中央银行准备金		200000.00

例 2－2：第一机床厂从其基本存款账户中转出 100000 元，办理一年期定期存款。其会

计分录为：

借：单位活期存款——第一机床厂存款户　　100000.00

　　贷：单位定期存款——第一机床厂存款户　　100000.00

例2-3：发放给百货商场为期三个月的流动资金贷款150000元，转入该商场存款户。其会计分录为：

借：短期贷款——百货商场贷款户　　150000.00

　　贷：单位活期存款——百货商场存款户　　150000.00

例2-4：第一机床厂从银行提取现金10000元。其会计分录为：

借：单位活期存款——第一机床厂存款户　　10000.00

　　贷：现金　　10000.00

（三）试算平衡

借贷记账法是根据“有借必有贷，借贷必相等”的记账规则来进行账务记载的，每笔业务的借方、贷方发生额是相等的，这就保证了每日各个账户的借、贷方发生额总计必然相等。在等量的基础上经过等量的增减变化后，反映各个账户资金增减变化结果的余额，其借、贷方合计也必然是相等的，因此，其账务平衡公式为：

各科目借方本期发生额合计＝各科目贷方本期发生额合计

各科目借方本期余额合计＝各科目贷方本期余额合计

根据以上四笔经济业务的会计分录，列出试算平衡表（见表2-1）。

表2-1　　**试算平衡表**

20××年×月×日　　单位：元

会计科目	期初余额		本期发生额		期末余额	
	借方	贷方	借方	贷方	借方	贷方
现金	180000		200000	10000	370000	
存放中央银行准备金	300000			200000	100000	
短期贷款	210000		150000		360000	
单位活期存款		690000	110000	150000		730000
单位定期存款				100000		100000
合计	690000	690000	460000	460000	830000	830000

第三节　会计凭证

一、银行会计凭证的意义与作用

会计凭证是记录经济业务、明确经济责任的书面证明，是办理资金收付和登记会计账簿的依据，也是核对账务和事后查考的重要根据。银行会计凭证由于需要在银行内部有关部门间进行传递，因此，又称为“传票”。

经济业务发生后，必须由经办经济业务的有关人员填制或取得会计凭证，并在会计凭证上签章，以对会计凭证的真实性和正确性负责，然后才能据以登记账簿。任何一笔业务的发生，都必须编制或取得会计凭证，这是会计核算的基础，是依法进行核算的要求。

因此，银行会计凭证是监督经济业务的发生是否合理合法，借以保护银行资金与财产安全的工具；是办理资金收付和记载账务的依据；是进行账务核对和事后查考的依据。

二、银行会计凭证的种类与特点

（一）会计凭证的种类

1. 按凭证的用途和作用不同，可分为原始凭证与记账凭证。

原始凭证是业务发生时直接取得的凭证。记账凭证是根据原始凭证编制的记账用凭证。银行除少量记账凭证是根据业务事实和原始凭证编制外，大部分是以客户提交的原始凭证作为记账凭证。

2. 按凭证形式不同，可分为复式凭证与单式凭证。

复式凭证是指一笔经济业务所涉及的几个科目或账户都反映在一张凭证上。其优点是资金来龙去脉清楚，对应关系明确，方便查对。缺点是在手工操作情况下不便于传递和分工记账，并且在记账过程中容易发生遗漏。单式凭证是在每张凭证上只填记一个会计科目或账户，即一笔经济业务按其转账的对应关系编制两张或两张以上的会计凭证。其优、缺点恰好和复式凭证相反。

3. 按凭证的使用范围不同，可分为基本凭证与特定凭证。

基本凭证是银行根据有关原始凭证及业务事实自行编制，凭以记账的凭证。基本凭证可分为以下八种：（1）现金收入传票（见表2－2）；（2）现金付出传票（见表2－3）；（3）转账借方传票（见表2－4）；（4）转账贷方传票（见表2－5）；（5）特种转账借方传票（见表2－6）；（6）特种转账贷方传票（见表2－7）；（7）表外科目收入传票（见表2－8）；（8）表外科目付出传票（见表2－9）。

表2－2　　中国××银行现金收入传票

（贷）存放中央银行准备金
（借）现金　　20××年11月13日

总字第　　号
字第　　号

户名或账号	摘　要	金额								
		百	十	万	千	百	十	元	角	分
1040003	向人民银行提取现金	¥	1	0	0	0	0	0	0	0
合　计		¥	1	0	0	0	0	0	0	0

附件　张

会计　出纳　复核　记账

表 2-3

中国××银行现金付出传票

铜牌或对号单 第　　号

（借）其他应收款

（贷）现金

20××年11月15日

总字第　　号
字第　　号

户名或账号	摘　要	金额：百	十	万	千	百	十	元	角	分
1670006	出纳李明短款一笔					¥	5	0	0	0
合　计						¥	5	0	0	0

附件　张

会计　　出纳　　复核　　记账

表 2-4

中国××银行转账借方传票

总字第　　号
字第　　号

科目（借）存放中央银行准备金　　20××年11月14日　　对方科目（贷）有关科目

户名或账号	摘　要	金额：亿	千	百	十	万	千	百	十	元	角	分
	票据交换提入代收3笔			¥	2	9	6	0	0	0	0	0
合　计				¥	2	9	6	0	0	0	0	0

附件　张

会计　　复核　　记账　　制票

表 2-5

中国××银行转账贷方传票

总字第	号
字第	号

科目（贷）联行往账	20××年11月19日		对方科目	（借）有关科目								
户名或账号	摘要	金额										
		亿	千	百	十	万	千	百	十	元	角	分
	联行往账5笔			¥	1	8	7	0	0	0	0	0
合计				¥	1	8	7	0	0	0	0	0

附件 张

会计 复核 记账 制票

表 2-6

中国××银行特种转账借方传票

总字第	号
字第	号

20××年11月20日

付款人	全称	台江百货大楼			收款人	全称	台江百货大楼		
	账号或地址	2010002				账号或地址	1210002		
	开户银行	台江支行	行号	2×××		开户银行	台江支行	行号	2×××

金额	人民币（大写） 捌万元整	千	百	十	万	千	百	十	元	角	分
				¥	8	0	0	0	0	0	0

原凭证金额		赔偿金		科目（借） 2010 对方科目（贷） 1210 会计 复核 记账 制票
原凭证名称		号码		
转账原因	20××.9.20贷款到期扣收 银行盖章			

附件 张

表2-7

中国××银行特种转账贷方传票

总字第	号
字第	号

20××年11月20日

<table>
<tr><td rowspan="3">付款人</td><td>全　称</td><td colspan="3">台江百货大楼</td><td rowspan="3">收款人</td><td>全　称</td><td colspan="10">台江百货大楼</td></tr>
<tr><td>账号或地址</td><td colspan="3">2010002</td><td>账号或地址</td><td colspan="10">1210002</td></tr>
<tr><td>开户银行</td><td>台江支行</td><td>行号</td><td>2××××</td><td>开户银行</td><td colspan="3">台江支行</td><td colspan="2">行号</td><td colspan="5">2××××</td></tr>
<tr><td rowspan="2">金额</td><td rowspan="2">人民币（大写）</td><td colspan="5" rowspan="2">捌万元整</td><td>千</td><td>百</td><td>十</td><td>万</td><td>千</td><td>百</td><td>十</td><td>元</td><td>角</td><td>分</td></tr>
<tr><td></td><td></td><td>¥</td><td>8</td><td>0</td><td>0</td><td>0</td><td>0</td><td>0</td><td>0</td></tr>
<tr><td colspan="2">原凭证金额</td><td></td><td>赔偿金</td><td></td><td colspan="12" rowspan="3">科目（贷）1210
对方科目（借）2010
会计　复核　记账　制票</td></tr>
<tr><td colspan="2">原凭证名称</td><td></td><td>号　码</td><td></td></tr>
<tr><td>转账原因</td><td colspan="4">20××.9.20贷款到期扣收
银行盖章</td></tr>
</table>

附件　张

表2-8

中国××银行表外科目收入传票

表外科目（收入）银行承兑汇票应收款

总字第	号
字第	号

20××年11月19日

户名	摘要	金额										
		亿	千	百	十	万	千	百	十	元	角	分
台江百货大楼	汇票承兑			¥	3	0	0	0	0	0	0	0
				¥	3	0	0	0	0	0	0	0

附件　张

会计　　复核　　记账　　制票

表 2-9

中国××银行表外科目付出传票

表外科目（付出）未收贷款利息

总字第	号
字第	号

20××年 11 月 20 日

户　名	摘　要	金额											
		亿	千	百	十	万	千	百	十	元	角	分	
机械厂	利息收回					¥	1	8	6	0	0	0	附件
													张
						¥	1	8	6	0	0	0	

会计　　　　复核　　　　记账　　　　制票

特定凭证是根据某项业务的特殊需要而制定的专用凭证。这类凭证一般是由银行统一印制，客户购用和填写并提交银行凭以办理业务，银行则用以代替传票并凭以记账，如现金支票、转账支票、各种结算凭证等，也有某些特定凭证由银行填制并凭以办理业务，如银行汇票、定期储蓄存单等。特定凭证种类较多，其名称、格式、具体使用方法将在以后各章中加以阐述。

（二）银行会计凭证的特点

1. 大量采用以特定凭证代替记账凭证。

银行由于业务量大，会计核算分工细，因此除少数业务需要会计人员自制记账凭证外，对外业务一般都以客户向银行提交的凭以办理业务的原始凭证作为记账凭证。这些凭证已经具备了记账凭证的要素，而且大多是多联套写，这样既可避免重复劳动、提高工作效率，又可保证银行与客户双方账务一致，有效地防止差错，提高核算质量。

2. 除部分业务外一般采用单式凭证。

采用单式凭证既有利于加速凭证传递和分工记账，又便于按科目清分传票、编制科目日结单进行综合核算，这也适应了银行业务量大、分工细的特点。但是，随着银行会计核算电子化程度的不断提高，将逐步过渡到采用复式凭证。

3. 凭证传递环节多。

银行会计凭证随着业务处理的进程，有的要在银行内部不同部门间传递，有的还要在异地不同的银行系统间进行传递。

三、会计凭证的基本要素

会计凭证的基本要素是指会计凭证必须具备的基本内容。银行会计凭证虽然种类多，具体的格式和内容也不一样，但所有会计凭证都必须填写与经济业务和账务记载有关的基本要素。这些基本要素为：（1）填制凭证的日期；（2）收、付款人的户名、账号和开户行；（3）货币、金额及借贷方向；（4）经济业务摘要和附件张数；（5）银行办理业务的印章及经办、复核人员的签章；(6) 凭证编号。

四、会计凭证的处理

会计凭证的处理是指从编制或审查凭证起，经过账务处理的各个环节，直到装订保管为止的整个过程。

（一）银行会计凭证的编制

编制会计凭证是银行会计核算的起点和基础。对会计凭证的编制要求做到：要素齐全、内容完整、反映真实、数字正确、字迹清楚、书写规范、手续完备、不得任意涂改。对外凭证，金额除写阿拉伯数字的小写金额外，还要同时填写中文大写金额，以防涂改。

1. 现金传票的编制。

银行内部发生现金收入或现金付出业务时，只编制一张“××科目”的现金收入传票或现金付出传票。对外业务中的现金收付，则以客户提交的现金缴款单、现金支票等代替现金收入和现金付出传票，为了简化手续，不再另行编制现金科目传票。

2. 转账传票的编制。

每笔转账业务都应逐笔填制转账借方传票和转账贷方传票，以借方科目和贷方科目对转。为了明确对转关系和便于事后查考以及核对账务，对于同一笔业务涉及的几张转账传票，应相互填写对方科目代号，并在全套转账传票上编列同一传票顺序号，如第2笔转账业务有三张传票，则其编号分别为$2\frac{1}{3}$、$2\frac{2}{3}$、$2\frac{3}{3}$。对客户提交的特定凭证，可按规定分别代替转账借方传票和转账贷方传票。

（二）会计凭证的审查

凭证的审查是指对凭证的正确性、完整性、真实性、合法性进行确认，这是反映和监督经济业务的重要环节。凭证审查的要点有：(1) 是否应为本行受理的凭证；(2) 使用凭证的种类是否正确，内容、联数与附件是否完整齐全，是否超过有效期限；(3) 账号与户名是否相符；(4) 大小写金额是否一致，字迹有无涂改；(5) 取款是否超过存款余额，贷款是否超过额度；(6) 密押、印鉴是否真实、齐全；(7) 款项来源、用途是否符合政策、法规和信贷、结算管理原则；(8) 计息、收费、赔偿金的计算是否正确；(9) 内部科目的账户名称使用是否正确。

经审查无误的凭证，必须加盖有关人员名章和规定的公章，以明确责任并及时处理。对不符合要求的凭证，应拒绝受理；对凭证内容记载不够齐全的，应退回补办手续；如发现伪造、变造会计凭证的违法行为，要认真追究责任，严肃处理。

（三）会计凭证的传递

银行会计凭证的传递有的是在一个银行内部进行，有的还要在不同的银行之间进行。科学合理地组织凭证传递，对于迅速办理各项业务，及时完成核算工作，具有重要意义。

会计凭证传递必须做到准确及时、手续严密、先外后内、先急后缓。除有关业务核算手续另有规定外，一律由银行内部传递，以免发生舞弊，造成账务混乱或资金损失。

实行电子计算机核算的行处，在凭证的编制、审核、输入等环节上，必须职责分明，手续严密。营业柜台记账的会计凭证，应分批或集中次日送事后监督岗位实施监督。

各类业务凭证的传递，应遵守以下规定：(1) 现金收入业务，必须“先收款，后记账”，以防止漏收或错收款项。(2) 现金付出业务，必须“先记账，后付款”，以防止发生透支。(3) 转账业务，必须先记付款人账，后记收款人账，代收他行票据，收妥抵用，以贯彻银行不垫款原则。

(四) 会计凭证的整理、装订和保管

会计凭证必须每日整理、装订和保管。装订前，应先检查科目日结单、传票、附件张数及有关印章、戳记是否完整、齐全。使用电子计算机记账的，还要加计各科目借、贷传票金额与各该科目日结单核对。装订的排列顺序，按“现金”科目在前，其余各科目按科目代号大小顺序排列，各科目的传票按现收、现付、转贷、转借顺序排列。科目日结单分别排列在各科目传票之前。装订时，要加填传票封面、传票封底、用绳装订牢固，并在绳结处加封纸条，由装订人员和会计主管人员在加封处盖章。传票数量多的，可以分册装订，并编列册数顺序号。

装订的传票，应在传票封面填列传票总张数，并与科目日结单上的传票张数合计数核对相符，及时登记“已用传票账表保管登记簿”，入库保管。已装订的传票，不得随意拆封，确需拆封时，须经会计主管同意，由两人以上的人员会同办理，并按规定重新装订和加封，在封底空白处注明重要的事由和日期。

第四节 账务组织与账务处理

一、账务组织

账务组织是指账簿设置、记账程序及账务核对方法有机结合的系统。现行的账务组织由明细核算和综合核算两个系统构成。其中，明细核算是按每个会计科目所属分户核算，反映各单位或各项资金增减变化及其结果的详细情况的核算系统；综合核算则是按会计科目汇总核算，反映各类资金的增减变化及其结果的总括情况的核算系统。这两个核算系统按照双线核算原则，根据同一会计凭证进行平行登记，两者在反映情况方面相互补充和相互配合；在数字方面相互联系和相互制约。明细核算是综合核算的具体化，对综合核算起着补充作用；综合核算是明细核算的概括，对明细核算起着统驭作用，两者构成了一套完整的、严密的、科学的账务组织体系。

(一) 明细核算

明细核算是对每个会计科目分户的详细记录，由分户账、登记簿、余额表和现金收付日记簿等组成。

1. 分户账。

分户账是明细核算的主要账簿，按单位或资金项目立户，是各科目的明细记录。它必须按户立账、连续记载，不得以凭证代替分户账。分户账的格式除按业务需要另有规定外，一般设有以下四种：

(1) 甲种账，亦称分户式账页（见表 2-10)。设有借方、贷方发生额和余额三栏，适用于不计息或用余额表计息科目的账户和银行内部科目的账户。

表 2－10

中国××银行

单位活期存款分户账

本账总页数	
本户页数	

户名：第一机床厂　　账号：2010003　　领用凭证记录

20××年		摘要	凭证号码	对方科目代号	借方（位数）	贷方（位数）	借或贷	余额（位数）	复核盖章
月	日								
11	30	承前页					贷	4532000	
12	3	转借	7325		1676000		贷	2856000	
12	5	转贷				2487000	贷	5343000	
12	7	转借	7326		859000		贷	4484000	

会计　　记账

（2）乙种账，亦称计息式账页（见表2－11）。设有借方、贷方发生额、余额、积数四栏，适用于在账页上计息的账户。

表 2－11

中国××银行

单位活期存款分户账

本账总页数	
本户页数	

户名：第一机床厂　　账号：2010003　　领用凭证记录　　利率：月×‰

20××年		摘要	凭证号码	对方科目代号	借方（位数）	贷方（位数）	借或贷	余额（位数）	日数	积数（位数）	复核盖章
月	日										
11	30	承前页					贷	4532000	70 3	2962500000 13596000	
12	3	转借	7325	225	1676000		贷	2856000	2	5712000	
12	5	转贷		245		2487000	贷	5343000	2	10686000	
12	7	转借	7326	221	859000		贷	4484000			

会计　　记账

（3）丙种账（见表2－12）。设有借方、贷方发生额和借方、贷方余额四栏，适用借、贷双方反映余额的账户，目前使用较少。

（4）丁种账，亦称销账式账页（见表2－13）。设有借方、贷方发生额、余额、销账四栏，适用于逐笔记账、逐笔销账的一次性业务的账户。

表 2-12

中国××银行

单位活期存款分户账

本账总页数	
本户页数	

户名：第一机床厂　　账号：2010003　　领用凭证记录

20××年		摘要	凭证号码	对方科目代号	发生额		余额		复核盖章
月	日				借方	贷方	借方	贷方	
11	30	承前页						4532000	
12	3	转借	7325	225	1676000			2856000	
12	5	转贷		245		2487000		5343000	
12	7	转借	7326	221	859000			4484000	

会计　　记账

表 2-13

中国××银行

其他应付款分户账

本账总页数	
本户页数	

户名：待处理出纳长款

20××年		账号	户名	摘要	凭证号码	对方科目代号	借方	销账			贷方	借或贷	余额	复核盖章
月	日						（位数）	年	月	日	（位数）		（位数）	
12	1			承前页								贷	20000	
12	5		王宣	营业长款		101		01	12	10	3000	贷	23000	
12	7		江成	营业长款		101					6000	贷	29000	
12	10		王宣	退回单位		101	3000					贷	26000	

会计　　记账

以上是分户账的基本格式，各银行根据需要择其几种使用。为此，甲种账、乙种账、丁种账又分别称为“分户式账页”、“计息式账页”、“销账式账页”，丙种账页目前使用甚少。

登记分户账应注意：第一，账页上首按规定填记的事项，均应逐一详细填明，不得省略。更换新账页时，应将上页的最后余额过入新账页的第一行余额栏内，并在摘要栏内填写“承前页”字样。若使用乙种账，还应将累计计息积数同时过入次页。第二，记账前，必须切实核对户名、账号、印鉴、余额、凭证号码等业务内容，防止串户、冒领、透支等事故发生。第三，经济业务发生后，应根据凭证逐笔记载分户账，在分户账摘要栏内简明扼要填写业务事实、有关凭证号码等事项，并结出余额。

2. 登记簿。

登记簿是为了适应某些业务需要，起备忘、控制和管理作用而分户设置的辅助性账簿。

其格式有特定格式和一般格式两种。特定格式登记簿是为满足某些业务的需要而设置的专用格式，一般格式分为收入、付出和余额三栏。

3. 余额表。

余额表是核对总账与分户账余额和计算利息的重要工具。它分为计息余额表和一般余额表两种。

计息余额表（见表2－14）适用于计息的各科目，其填制的依据是计息科目各分户账，每日营业终了，根据分户账各户当日最后余额填列。若当日未发生收付业务，应根据上一日的最后余额填列，每日填记后，还应按科目加计余额合计数，并与总账同一科目余额核对相符。

表2－14

计息余额表

20××年12月份

科目名称：单位活期存款　　利率：月0.6‰　　共　页第　页

账号 / 户名 / 余额 / 日期	2010001 第一印染厂		
至上月底累计积数	3843000		
1	52000		
2	49000		
3	53300		
4	58600		
5	51500		
6	46200		
7	57300		
8	63800		
9	55200		
10	63400		
10天小计	550300		
11	61300		
⋮			
⋮			
20天小计	1315800		
至结息日累计计息积数	5158800		
应加积数	2000		
应减积数			
本期应计息积数	5160800		
利息	103.22		

一般余额表适用于不计息的各科目，根据分户账当日最后余额填列。

4. 现金收入、付出日记簿。

现金收入日记簿（见表2－15）、现金付出日记簿是记载和控制现金收入、付出数字的逐笔、序时账簿，是现金收、付的明细记录。它由出纳根据现金收入、付出传票逐笔记载，于每日营业终了加计各自合计数以控制现金收付总数。

表2－15

现金收入日记簿

柜组　名称：　　20××年12月10日　　第　页　共　页

凭证号数	科目代号	户名或账号	金额	凭证号数	科目代号	户名或账号	金额
1	2010	201006	900				
2	2010	201002	1600				
3	2170	217005	520				
	合计		3020		合计		

（二）综合核算

综合核算是按会计科目进行的总括记录。由科目日结单、总账、日计表等组成。

1. 科目日结单。

科目日结单（见表2－16）是每一会计科目当日借、贷方发生额和传票张数的汇总记录，是轧平当日账务的重要工具，也是登记总账的依据。

表2－16

中国××银行科目日结单

20××年12月10日　　科目代号：2010

借方												贷方												
传票张数	金额											传票张数	金额											附件
	亿	千	百	十	万	千	百	十	元	角	分		亿	千	百	十	万	千	百	十	元	角	分	
现金6张				¥	1	5	4	0	0	0	0	现金7张				¥	4	8	3	2	0	0	0	
转账8张		¥	3	4	2	7	6	0	0	0	0	转账13张		¥	7	2	5	3	8	4	3	0	7	张
合计14张		¥	3	4	4	3	0	0	0	0	0	合计20张		¥	7	3	0	2	1	6	3	0	7	

复核　　制单

每日营业终了，将当天处理的全部传票按科目进行整理，同一科目的传票再分别现金付出、现金收入、转账借方、转账贷方各自加计合计数和传票张数，填入科目日结单有关栏内。

现金科目由于不再另行编制传票，因此该科目日结单应根据其他各科目日结单中的现金借方合计数，反方填入现金科目日结单的贷方；根据其他各科目日结单中的现金贷方合计数反方填入现金科目日结单的借方。只填金额，不填传票张数。全部科目日结单的借方合计汇总数与贷方合计汇总数必须平衡。

2. 总账。

总账（见表2-17）是各科目的总括记录，是综合核算和明细核算相互核对及统驭分户账的主要工具，也是编制会计报表的重要依据。总账按科目设置，每月更换一张。其格式为借方、贷方发生额和借方、贷方余额四栏，正面上端有前期历史资料，列有发生额合计、余额合计等内容。

表2-17

中国××银行（　　）

总　　账

科目代号：2010

科目名称：单位活期存款　　　　第　　号

<table>
<tr><td rowspan="2">20××年7月份</td><td colspan="3">借　　方</td><td colspan="3">贷　　方</td></tr>
<tr><td colspan="3">（位数）</td><td colspan="3">（位数）</td></tr>
<tr><td>上年底余额</td><td colspan="3"></td><td colspan="3">845960</td></tr>
<tr><td>本年累计发生额</td><td colspan="3">8834570</td><td colspan="3">9327563</td></tr>
<tr><td>上月底余额</td><td colspan="3"></td><td colspan="3">1338953</td></tr>
<tr><td rowspan="3">日　　期</td><td colspan="2">发生额</td><td colspan="2">余　　额</td><td colspan="2">核对盖章</td></tr>
<tr><td>借　方</td><td>贷　方</td><td>借　方</td><td>贷　方</td><td colspan="2" rowspan="2">复核员</td></tr>
<tr><td>位　数</td><td>位　数</td><td>位　数</td><td>位　数</td></tr>
<tr><td>上月底累计未计息积数</td><td></td><td></td><td></td><td>241051892</td><td colspan="2"></td></tr>
<tr><td>1</td><td>138963</td><td>84952</td><td></td><td>1284942</td><td colspan="2"></td></tr>
<tr><td>2</td><td>95386</td><td>73255</td><td></td><td>1262811</td><td colspan="2"></td></tr>
<tr><td>3</td><td>69577</td><td>75226</td><td></td><td>1268460</td><td colspan="2"></td></tr>
<tr><td>4</td><td></td><td></td><td></td><td></td><td colspan="2"></td></tr>
<tr><td>月　　计</td><td></td><td></td><td></td><td></td><td colspan="2"></td></tr>
<tr><td>自年初累计</td><td></td><td></td><td></td><td></td><td colspan="2"></td></tr>
<tr><td>本期累计计息积数</td><td></td><td></td><td></td><td></td><td colspan="2"></td></tr>
<tr><td>本月累计未计息积数</td><td></td><td></td><td></td><td></td><td colspan="2"></td></tr>
</table>

会计　　　　　　　　记账

总账应逐日记载，每日营业终了，根据各科目日结单登记各该总账的发生额栏，同时结出余额。当日未发生业务的科目，将上日余额填入本日余额栏内，以便与余额表核对。

3. 日计表。

日计表（见表2-18）是反映当日银行全部业务和财务活动的会计报表，也是轧平当日账务的主要工具。

表 2－18

中国××银行（　　）

日　计　表

20××年12月13日

科目代号	科目名称	本日发生额		余　额		科目代号
		借　方	贷　方	借　方	贷　方	
1010	现　　金	1300	980	180600		1010
2010	单位活期存款	250000	160000		873000	2010
2170	其他活期存款	370000	250000		925000	2170
	合　　计	8824300	8824300	7634258	7634258	

行长（主任）　　会计　　复核　　制表

日计表应每日根据总账各科目的借方、贷方发生额和余额填列。日计表内全部科目的借方、贷方发生额合计数和借方、贷方余额的合计数，必须各自平衡。

二、账务处理

账务处理是指从办理业务受理或编制凭证开始，经过账务记载与账务核对，直至编制日计表，轧平账务为止的全部核算过程。它包括账务处理程序与账务核对两方面内容。

（一）账务处理程序

1. 明细核算程序。

根据经济业务编制或审查传票；根据传票逐笔登记分户账（登记簿）以及现金收、付日记簿；根据分户账填制余额表。

2. 综合核算程序。

根据传票按科目编制科目日结单，轧平所有当天借方和贷方发生额；根据科目日结单登记总账；根据总账编制日计表。

（二）账务核对

账务核对是保证核算正确，防止账务差错的重要措施。其内容包括账账、账款、账实、账表、账据和内外账核对。账务核对方法分为每日核对和定期核对。

1. 每日核对。

（1）总分核对。每日营业终了，总账各科目余额与同科目分户账或余额表各户余额合计数核对相符。

（2）账款核对。现金收、付日记簿的合计数，必须与现金科目总账借方、贷方发生额核对相符；现金库存簿的库存数应与实际库存现金和现金科目总账的当日余额核对相符。

2. 定期核对。

定期核对是对未能纳入每日核对的账务按规定日期进行核对。

（1）使用丁种账记载的账户，应按旬加计未销账的各笔金额总数，与该科目总账核对相符。

（2）贷款借据必须按月与该科目分户账核对相符。

（3）余额表上的计息积数，应按旬、月、结息期与同科目总账上的累计积数核对相符。

（4）各种卡片账每月与该科目总账或有关登记簿核对相符。

（5）固定资产、低值易耗品等财物应在年终决算前账实核对相符。

（6）内外账务核对相符。除记满页的分户账页应及时发送给客户对账外，应按月或按季发送余额对账单与客户对账；在中央银行往来、同业及系统内往来的账户余额应每月发送余额对账单进行核对；联行往来的账务核对，按联行制度规定办理；表外科目分户账或登记簿应每月与所控制的实物（或账卡）、单证、债券等核对相等。

账务组织、账务处理与每日账务核对关系见图2－1。

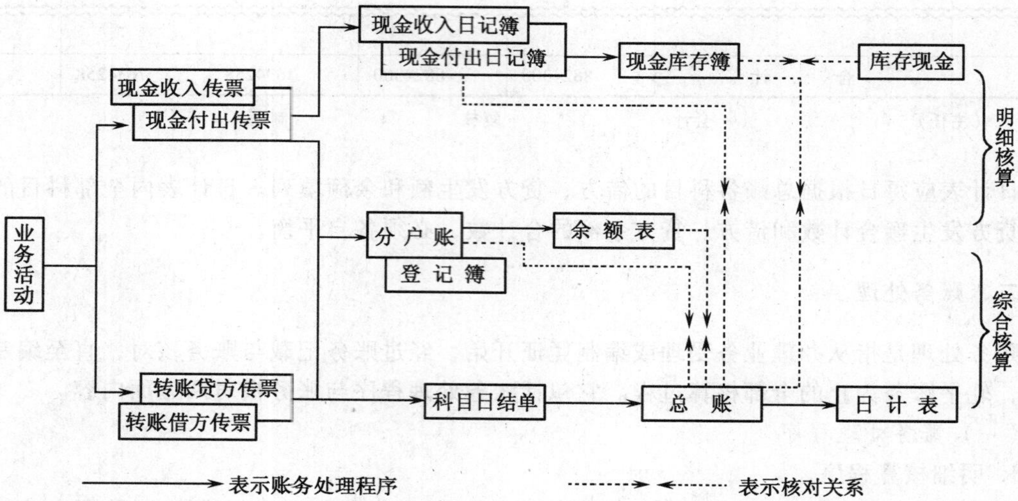

图2－1　账务组织、账务处理与每日账务核对关系图

三、记账规则和错账冲正

（一）记账规则

1. 账簿的各项内容必须根据合法、有效传票的有关事项记载，做到内容完整、数字准确、摘要简明、字迹清晰，严禁弄虚作假。发现传票内容不全或有错误时，应由制票人更正、补充或更换，并加盖名章后，再行记账。

2. 记账应用蓝、黑墨水钢笔书写，复写账页用双面复写纸，蓝、黑色圆珠笔书写。红笔只用于划线和错账冲正以及按规定用红字批注的有关文字说明。

3. 账簿上所写文字及金额，一般应占全格的1/2，摘要栏文字如一格写不完时，可在下一格连续填写，但其金额应填于末一行文字的金额栏中。账簿余额结清时，应在元位划“－0－”表示结平。

4. 账簿上的一切记载，不得涂改、挖补、刀刮、皮擦，禁止使用涂改液销蚀。

5. 因漏记使账页发生空格时，应在空格的摘要栏内用红字注明“空格”字样，在左方加盖经办人员名章。

（二）错账冲正

1. 当日发生的差错，采用划线更正法进行更正。

（1）日期、金额写错时，应以一道红线把全行数字划销，将正确数字写在划销数字的上边，并由记账员在红线左端盖章证明。如划错红线，可在红线两端用红色墨水划“×”销去，并由记账员在右端盖章证明。文字写错，只需将错字用一道红线划销，将正确的文字写在划销文字的上边。

（2）传票填错科目或账户，应先更正传票，再参照以上办法更正账簿。

（3）账页记载无法更改时，不得撕毁，须经会计主管人员同意另换账页记载，但必须经过复核，并在原账页上划交叉红线注销。注销的账页须附原账页后装订保管。

2. 次日或以后发现的差错。

（1）记账串户，应填制同一方向红、蓝字冲正传票办理冲正。红字传票记入原错误账户，在摘要栏注明“冲销×年×月×日错误”字样；蓝字传票记入正确的账户，在摘要栏注明“补记冲正×年×月×日账”字样。

例2-5：11月7日应记入台江百货商店的一笔存款9000元，串户误记入华联商厦存款户。于11月15日发现并冲正，其会计分录为：

贷：单位活期存款——华联商厦户　　9000.00（红字）

贷：单位活期存款——台江百货商店户　　9000.00（蓝字）

（2）传票的金额、科目或账户填错，账簿随之记错，应填制借、贷方红字传票将原错账金额全数冲销，再按正确金额、科目、账户填制借、贷方蓝字传票补记入账，并在摘要栏内注明情况，同时在原错误传票上批注“已于×年×月×日冲正”字样。

例2-6：9月20日计算建材厂贷款利息6789元，误将传票金额填为6879元，于9月27日发现，办理冲正。其会计分录为：

借：单位活期存款——建材厂户　　6879.00（红字）

　　贷：利息收入——普通短期贷款利息收入　　6879.00（红字）

借：单位活期存款——建材厂户　　6789.00

　　贷：利息收入——普通短期贷款利息收入　　6789.00

（3）本年度发现上年度错账时，应填制蓝字反方向传票冲正，不更改决算报表。

（4）凡因冲正错账影响利息计算时，必须计算应加、应减积数。

错账冲正传票，必须经会计主管人员审查盖章后才能办理冲账，并将有关冲正情况进行登记，以备考核。

第五节 会计报表

一、会计报表的意义

会计报表是定期对会计核算资料进行系统归类、整理和汇总，以综合反映本会计期间业务发展、财务状况和经营成果的书面文件。正确编制会计报表对于及时反映银行各项业务活动和财务收支状况，加强银行经营管理，满足管理者和投资者及其有关部门的信息需要有着十分重要的作用。通过编制会计报表，可以综合地、全面地、系统地反映一定时期银行的业务和财务收支状况的全貌；可以满足国家经济管理的需要，借以了解银行资金筹集和运用情况，检查执行国家税法等法规的情况；可以满足投资者、债权人了解其投资完整性、投资报酬、未来获利能力和利润分配政策以及银行资产总额、结构、质量和偿债能力的需要；可以检查账务记载是否正确、完整，监督日常核算工作，满足银行内部加强经营管理的需要。

为了充分发挥会计报表的作用，满足各不同使用者的需要，会计报表必须按照一定的程序、方法和统一的要求进行编制。具体必须做到按时编报、认真复核、数字真实、内容完整、计算准确、字迹清晰、签章齐全、报送及时。

二、银行会计报表的种类

我国银行的会计报表分为银行系统内会计报表和银行业会计报表两类。

（一）银行系统内会计报表

银行系统内会计报表按编报的时间来划分，可分为日计表、月计表、季报表、半年报表和年度报表等几种。

银行财务会计报告由会计报表、会计报表附注和财务情况说明书组成。财务会计报告分为年度、半年度、季度和月度财务会计报告。月度、季度财务会计报告是指月度和季度终了提供的财务会计报告；半年度财务会计报告是指在每个会计年度的前六个月结束后对外提供的财务会计报告；年度财务会计报告是指年度终了对外提供的财务会计报告。一般将半年度、季度和月度财务会计报告统称为中期财务会计报告，而季度、月度财务会计报告通常又仅指会计报表。

1. 日计表。

日计表是按日根据各科目总账编制的会计报表。由本行留存，不上报。其编制方法和具体格式详见本章第四节。

2. 月计表。

月计表是反映当月业务和财务活动情况的会计报表。它按月编制，每月终了根据各科目总账的上月末余额、本月发生额和本月末余额填列。其上述三栏的借、贷方合计数应当各自平衡。月计表应逐级汇总上报，同时应报送同级人民银行。

3. 季报表。

季报表是反映当季业务和财务活动情况的会计报表。它按季编制，其格式同月计表。

4. 半年报表。

半年报表是反映1—6月业务和财务活动情况的会计报表。半年报表根据各科目总账的上年末余额、一至六月的累计发生额和六月末余额填列。其各栏的借、贷方合计数应当各自平衡。各行编制的半年报表应逐级汇总上报总行。半年报表以月计表代替。

5. 年度报表。

年度报表是银行年终决算时编制的，反映全年财务状况和经营成果的会计报表，又叫决算表。决算表必须按年编制，逐级汇总上报总行，并应报送同级人民银行。其格式和编制方法将在第十二章中说明。

（二）银行业会计报表

银行业会计报表由资产负债表、利润表、现金流量表和所有者权益变动表以及附注等组成。其具体格式和编制方法将在第十二章中说明。

第六节 电子计算机在银行会计中的应用

随着电子计算机应用技术的飞速发展，目前我国银行的各种业务和管理已广泛地运用电子计算机，大部分城市的柜台业务已实现了电脑化和网络化。银行会计工作应用计算机是会计工作现代化的根本标志，对提高会计工作效率和对会计数据信息进行高质量的处理、加工、分析有十分重要的意义。

一、银行会计计算机记账的基本规定

1. 数据输入，必须由指定的操作员办理，非操作员不得输入任何数据。

2. 数据输入必须根据合法、有效的凭证，调整账户信息必须根据会计主管签发的书面通知书输入。支付款项不得超过存款余额、贷款限额或拨款限额。

3. 操作员不得自制凭证处理，更不准无凭证进行数据输入。

4. 各项业务应序时处理，对红字凭证，输入时按同方向负数处理，以“-”表示。

5. 为明确责任，操作员必须在分户账上打印姓名、代号。

6. 回单的签发，必须待计算机记账确认后方可办理。

二、电子计算机操作程序

（一）数据输入

数据输入是指电子计算机操作人员把会计业务数据输入计算机，转成计算机所能识别的代码，然后计算机进行复核和账务处理的过程。

1. 会计凭证的审核。

会计凭证是计算机进行会计信息处理的数据来源，必须在凭证审核、传递和管理等环节上严格把关，在确保凭证真实无误的情况下才能输入处理。在具体审核上，除了对会计凭证的八大要素审核外，根据电子计算机记账的特点，还要注意以下几点：会计凭证要编列顺序号；账号、户名必须确认一致；会计分录必须正确无误；凭证数字必须清晰，转账双方数字必须平衡。为了提高电子计算机输入效率和质量，会计凭证应争取做到规格大小一致，账号、凭证号码、大小写金额及印章位置相对固定，并应逐步向会计凭证磁性化方向发展。

会计凭证由接柜员受理，经过审核、校验、编号，送操作员输入处理后，转综合核算人员处理。

2. 数据输入。

会计核算的数据输入工作，由指定操作员根据合法有效的、经过审核盖章的凭证上机办理，输入数据前，启动机器，要先输入自己的密码，然后再输入有关的业务数据。

每笔业务要输入的数据，因业务种类的不同而不完全一样，但不论哪一种业务，有一些

内容是必须输入的，这些内容包括命令代码、账号、收（付）金额、凭证号（记账日期、记账员和复核员可以由计算机自动记入账簿）。由于银行业务种类繁多，核算手续各有差异，因而还须根据具体业务种类，输入一些有关数据，例如异地汇入业务中的报单号码、报单日期等。在输入的过程中一定要采取有效措施，防止由于操作员的失误而发生输入错误。

数据输入计算机，通过必要的数据转换后，进入不同的业务命令解释程序，处理结束后，结果就会通过屏幕显示，操作员自行核对无误后，即可进行下一笔业务输入。各项业务原则上应实时处理，但为了提高电子计算机的使用效率，在业务集中时，对转账业务可作小批量处理。

（二）账务核对

会计账务输入计算机以后，必须经过检查核对以后才能进行账务处理。检查核对主要是检查数据记录中各项目的位置和位数是否符合设计规定的格式和位数的要求。包括：数字检查，主要检查数据中数字项目内容是否所有位数都是数字型；逻辑检查，主要检查数据是否合乎逻辑；总数检查，主要对一批数据所有数位进行总数检查；平衡检查，主要检查数据对应项目是否平衡。此外，还有账号、余额、交换号、联行行号检查等。

会计数据输入计算机，经过上述一系列检查核对，如符合条件，属于合格数据即存贮在计算机中，进一步进行会计核算处理。如不符合条件，则属于不合格数据，系统则将数据退出。

（三）数据输出

数据输出是指电子计算机对输入的各种数据进行运算后，按照规定的格式将计算的结果通过监视器显示或打印出来。

数据输出是在规定的程序控制下进行的，输出什么完全可以根据需要，主要有屏幕显示和打印输出两种形式。屏幕显示用于在业务处理过程中，查看有关数据或检查业务处理的正确性。打印输出必须严格按照规定的范围和具体的要求办理：凡打印输出的账、表，应注明操作员代号、打印份数、打印日期；打印输出的报表单证，还应加盖操作员印章；打印的凭证、账表等应及时登记，送交有关人员，要有签收手续，操作人员不得保留打印的任何资料和数据；决算报表属绝密资料，应严格控制，按规定份数打印；对计息、邮电费、手续费等单证的打印输出，由操作员打印代号或盖章，经会计主管批准后，才能属有效会计凭证，凭以自动转账。

【本章小结】

会计核算方法，是对会计对象进行连续、系统、完整地记录、计算、反映和监督所运用的方法，是完成会计任务的手段。

银行会计核算方法，包括基本核算方法和各项业务处理方法两大组成部分。基本核算方法强调账务处理的基本程序，体现银行会计核算的基本要求和规定，是各项业务处理的高度概括，而各项业务处理方法则强调不同经济业务的鲜明特点和个性，将基本核算方法具体运用在各项业务操作处理之中。也就是说，各项业务处理方法虽因业务不同而有所差异，但都要运用会计科目、取得和填制会计凭证、通过借贷记账方法将不同的经济业务内容在现行的账务组织体系中进行核算反映，最后通过会计报表汇总、综合地体现出来，它不能违背基本核算方法中规定的原则和要求。学好本章的内容，对于进一步理解后续各章内容，掌握各项业务处理方法，将会打下良好基础，具有事半功倍的作用。

复习思考题

一、目的：练习借贷记账法在银行中的运用。

二、要求：根据下列业务，逐笔作出会计分录，并编制试算平衡表（见表2-19），进行试算平衡。

三、资料：工商银行某支行20××年10月18日发生下列业务（假设收、付款人双方均在本行开户）。

1. 第一机床厂（账号2010002）开出3563#转账支票5600元，支付台江百货大楼（账号2010005）购货款。

2. 台江百货大楼送存销货收入现金3000元。

3. 第一机床厂签发1525#现金支票，提取备用金700元。

4. 机械厂（账号2010001）签发2353#转账支票，归还银行贷款（账号1210001）50000元，并支付利息450元。

5. 台江百货大楼签发3313#转账支票，支付市百货公司（账号2010004）货款60000元。

6. 10月11日将台江百货大楼转账贷方一笔金额5000元，误记入市百货公司账户，今日更正。

7. 市百货公司存入营业收入现金30000元。

8. 台江百货大楼送存3564#转账支票及进账单，系第一机床厂支付购货款35000元。

9. 第一机床厂提交进账单一份，金额3800元，系市百货公司所开4317#转账支票支付货款。

10. 市百货公司开出2418#现金支票，支取备用现金4000元。

表2-19 试算平衡表

20××年10月18日

科目代号	科目名称	上日余额		本日发生额		本日余额	
		借 方	贷 方	借 方	贷 方	借 方	贷 方
1010	现金	120000					
1210	工业企业贷款	180000					
2010	单位活期存款		290000				
5010	利息收入		10000				
合 计		300000	300000				

第三章

存款业务的核算

内容提示

存款是银行以信用方式吸收的社会闲置资金和待用的货币资金，是银行信贷资金的主要来源。吸收存款是银行一项传统的主要业务。在市场经济中，银行对社会资金的调节功能日显重要，积极开展存款业务，对于扩大银行信贷资金来源、调整经济结构、平衡社会需求、稳定货币和调节货币流通，都具有重要意义。

银行吸收的存款，按其对象可分为单位存款和个人储蓄存款。由于个人储蓄存款核算的内容已在本专业《银行储蓄与出纳》教材中涉及，故本教材仅对单位存款的核算内容进行介绍，包括单位存款账户的开立与管理，定、活期存款的存取，以及存款利息的计算与转账核算。

第一节 单位存款业务的核算

一、银行结算账户的种类、使用与管理

（一）银行结算账户的种类

根据《人民币银行结算账户管理办法》的规定，银行结算账户是指银行为存款人开立的办理资金收付结算的人民币活期存款账户。它按存款人分为单位银行结算账户和个人银行结算账户。存款人是指在中国境内开立银行结算账户的机关、团体、部队、企业、事业单位、其他组织（以下统称单位）、个体工商户和自然人。

（二）银行结算账户的使用

1. 单位银行结算账户的使用。

存款人以单位名称开立的银行结算账户为单位银行结算账户。单位银行结算账户按用途分为基本存款账户、一般存款账户、专用存款账户和临时存款账户。

（1）基本存款账户，是存款人办理日常转账结算和现金收付需要开立的银行结算账户。存款人日常经营活动的资金收付及其工资、奖金和现金的支取，应通过该账户办理。单位银行结算账户的存款人只能在银行开立一个基本存款账户，该账户是存款人的主办账户。

（2）一般存款账户，是存款人因借款或其他结算需要，在基本存款账户开户银行以外的银行营业机构开立的银行结算账户。一般存款账户用于办理存款人借款转存、借款归还和其他结算的资金收付。该账户可以办理现金缴存，但不得办理现金支取。

（3）专用存款账户，是存款人按照法律、行政法规和规章，对其特定用途资金进行专项管理和使用而开立的银行结算账户。该账户用于办理各项专用资金的收付。存款人拥有的基本建设资金、更新改造资金、特定用途需要专户管理的资金等均可在银行开立专用账户。

（4）临时存款账户，是存款人因临时需要并在规定期限内使用而开立的银行结算账户。存款人因设立临时机构、异地临时经营活动或注册验资等需要，可以申请开立临时存款账户，用于办理资金收付。临时存款账户有效期最长不得超过2年，在使用中需要延长期限的，应在有效期限内向开户银行提出申请，并由开户银行报中国人民银行当地分支行核准后办理展期。存款人可通过该账户办理转账结算和按照国家现金管理规定办理现金收付。

存款人申请开立银行结算账户时，应填制开户申请书，按照中国人民银行的规定记载有关的事项。同时应提供规定的证明文件：

（1）存款人申请开立基本存款账户，应向银行出具法人营业执照或营业执照正本，有关部门的批文或证件。

（2）存款人申请开立一般存款账户和专用存款账户，应向银行出具其开立基本存款账户规定的证明文件、基本存款账户开户登记证和其他相关证明文件。

（3）存款人申请开立临时存款账户，也应向银行提供相关证明文件。

银行为存款人开立银行结算账户，应与存款人签订银行结算账户管理协议，明确双方的权利与义务，还应建立存款人预留签章卡片，并将签章式样和有关证明文件的原件和复印件留存归档。经中国人民银行核准后，由开户银行对存款申请人核发开户登记证。

2. 个人银行结算账户的使用。

存款人凭个人身份证件以自然人名称开立的银行结算账户为个人银行结算账户。个人银行结算账户是自然人因投资、消费、结算等而开立的可办理支付结算业务的存款账户。自然人可根据需要申请开立个人银行结算账户，也可以在已开立的储蓄账户中选择并向开户银行申请确认为个人银行结算账户。

营业执照注册地与经营地不在同一行政区域（跨省、市、县）需要开立基本存款账户的、办理异地借款和其他结算需要开立一般存款账户的、存款人因附属的非独立核算单位或派出机构发生的收入汇缴或业务支出需要开立专用存款账户的、异地临时经营活动需要开立临时存款账户的、自然人根据需要在异地开立个人银行结算账户的，也可以在异地开立有关银行结算账户。

（三）银行结算账户的管理

1. 开户实行双向选择。存款人可以自主选择银行，银行也可以自主选择存款人开立账户。除国家法律、行政法规和国务院规定外，任何单位和个人不得强令存款人到指定银行开立银行结算账户。

2. 存款人开立基本存款账户、临时存款账户和预算单位开立专用存款账户实行核准制度，经中国人民银行核准后由开户银行核发开户登记证。但存款人因注册验资需要开立的临时存款账户除外。

3. 银行应依法为存款人的银行结算账户信息保密。对单位银行结算账户的存款和有关资料，除国家法律、行政法规另有规定外，银行有权拒绝任何单位或个人查询。对个人银行结算账户的存款和有关资料，除国家法律另有规定外，银行有权拒绝任何单位或个人查询。

4. 存款人的账户只能办理存款人本身的业务活动，不得出租、出借银行结算账户，不得利用银行结算账户套取银行信用。

5. 银行开立银行结算账户时，不得违规为存款人多头开立银行结算账户，不得明知或应知是单位资金，而允许以自然人名称开立账户存储。

二、活期存款业务的核算

存款业务的核算，包括现金存取和转账存取两种方式。有关转账存取方式的处理在第四章中讲述，本节只介绍存取现金的核算。

（一）支票户存取现金的核算

1. 存入现金的处理。

开户单位存入现金时，应填制一式两联现金缴款单（见表3－1），连同现金一并交银行出纳部门。出纳部门审查凭证和清点现金无误后，登记现金收入日记簿，并复核签章后，将第一联回单加盖“现金收讫”章后退交存款人，第二联代现金收入传票送会计部门，凭以登记单位存款分户账。其会计分录为：

借：现金　　　　　　　　　　　　　　　　　　1600.00

　　贷：单位活期存款——瑞闽百货户　　　　　　　　1600.00

表3－1

中国××银行现金缴款单（收入凭证）②

20××年12月10日

总字第	号
现金日记账顺序	号

缴款人	全　称	瑞闽百货	款项来源	售货款
	账　号	2010002	缴款部门	门市部

人民币（大写）	千	百	十	万	千	百	十	元	角	分
壹仟陆佰元整				¥	1	6	0	0	0	0

券别	张数	十	万	千	百	十	元	券别	张数	千	百	十	元	角	分	
一百元	10			1	0	0	0	一元	20			2	0	0	0	会计分录： （贷）2010
五十元	3				1	5	0	五角	6				3	0	0	对方科目：（借）1010
十元	40				4	0	0	二角								
五元	3					1	5	一角								会计　复核　记账　出纳
二元	6					1	2	分币								

2. 支取现金的处理。

支票户向银行支取现金时，应签发现金支票（见表3－2），在支票上加盖预留银行印鉴，并由收款人背书后送交银行会计部门。会计部门收到现金支票，应重点审查：支票是否真实，必须记载的事项是否齐全，提示付款期限是否超过；其签章与预留银行签章是否相符；支票的大小写金额是否一致；出票人账户是否有足够支付的款项；是否背书等。经审查无误后，将出纳对号单交给取款人凭以到出纳部门取款。同时以现金支票代现金付出传票登记分户账后，交出纳柜凭以付款。其会计分录为：

借：单位活期存款——××单位户　　10000.00

　　贷：现金　　10000.00

表 3－2

××银行现金支票（闽）			支票号码 00037821
出票日期（大写）	贰零××年零玖月零陆日		付款行名称：×行台江支行
收款人：林勇			出票人账号：2010008
本支票付款期十天	人民币（大写） 壹万元整	千 百 十 万 千 百 十 元 角 分	￥ 1 0 0 0 0 0 0
	用途 差旅费	科目（借） 2010	
		对方科目（贷） 1010	
	上列款项请从我账户内支付	付讫日期 ××年9月6日	
		出纳　复核　记账	
	（请收款人在背面盖章）出票人盖章	贴对号单处	出纳 对号单 00037821

（二）存折户存取现金的核算

存折户是单位或个体经营户在银行开立的凭存折办理收付款项的账户。

存折户的存款人存入和支取现金时，除填制存款凭条或取款凭条，并将存折一并交银行审查核对登记外，其余核算手续与支票户基本相同。

（三）活期存款户的对账

银行与开户单位的资金往来，因双方记账的时间有先后和可能出现的差错等原因，会导致双方账务不相符或产生未达账项。为了保证内外账务相符，银行必须经常与开户单位进行账务核对。

1. 随时对账。

支票户一般使用复写账页，一页是存款分户账，一页是对账单，平时记满一页后，即将对账单撕下，及时交单位对账。采用计算机处理账务的，平时记满账页后和月度终了时，即打印对账单交开户单位对账。开户单位收到对账单，应切实进行逐笔勾对，如有不符，及时查找。对存折户，则在存款人来银行办理存取款业务时坚持账折见面，随时核对，保证账折数字一致。

2. 定期对账。

每季末、年终，银行还要定期向开户单位填发余额对账单核对账务。单位收到后应认真核对，确认无误后，应在对账单回执上盖章退还银行。如不符，双方要及时查找。

三、单位定期存款的核算

单位定期存款是指单位在存款时约定期限，到期支取本息的一种存款业务。单位定期存款的存期有3个月、半年、1年、2年、3年、5年六个档次，起存金额为1万元。到期支取的本息，只能转账，不能支取现金。

（一）存入定期存款

单位申请办理定期存款时，应签发转账支票交开户银行。银行按规定审查无误后，凭转账支票登记活期存款分户账，并填制一式三联“单位定期存款开户证实书”，经复核后，证实书第一联代定期存款转账贷方传票，第二联加盖业务公章和经办人员名章后交存款单位作存款凭据，第三联作定期存款卡片账。其会计分录为：

借：××存款——××单位活期存款账户

贷：单位定期存款——××单位定期存款账户

（二）支取定期存款

单位支取定期存款时，银行会计部门应抽出该户卡片与原证实书进行核对。无误后，计算出利息，填制利息清单，并在证实书上加盖“结清”戳记，以证实书代定期存款转账借方传票，卡片账作附件，另编一联特种转账借方传票和二联特种转账贷方传票，办理转账。其会计分录为：

借：单位定期存款——××单位定期存款账户

利息支出——单位定期存款利息支出账户

贷：××存款——××单位活期存款账户

定期存款到期后，如果单位要求续存，可以按结清旧户另开新存款证实书办理。

第二节　单位存款利息的核算

利息是随货币和信用的发展而出现的经济范畴。对存款计算利息，是国民收入再分配的一种形式，是银行使用存款人资金的一种代价，能够起到鼓励存款和为经济发展积累资金的作用。

一、单位存款计息的范围与时间

按现行制度规定，单位存款除活期财政性存款和应解汇款等有特殊规定的存款不计付利息外，其他存款一般均应计付利息。

单位活期存款的利息，一般采取按季定期结息的办法，而单位定期存款的利息则一般采取逐笔结息的办法。

二、存款利息计算的一般规定

（一）利息计算的基本公式

利息＝本金×存期×利率

在实际工作中，本金×存期（天数）的乘积称为“计息积数”，因此，计算公式又可表示为：

利息＝计息积数×日利率

按上述公式计算出的利息保留到分位，分位以下四舍五入。

（二）本金的规定

存款本金按存入款项金额计算，从元位起息，元位以下不计息。

（三）存期的规定

存期是存款人的存款时间，从款项存入之日起至支付的前一日止，即“算头不算尾”。具体运用公式时，应注意存期和利率在计算单位上的一致性，即存期以天数计算时，用日利率；存期以月计算时，用月利率；存期以年计算时，用年利率。

（四）计息利率

存款利率一般分为年利率（%）、月利率（‰）、日利率（‱）3 种，它们之间的换算是年利率除以 12 为月利率，月利率除以 30 为日利率。

活期存款计息期内利率调整的，分段计息；定期存款按存入日利率计息，存期内遇利率调整不分段计息；提前支取、过期支取按活期利率计息。

（五）计息与结息

单位活期存款采取按日计息、按季结息的做法，每季度末月的 20 日为结息日。具体做法可以在计息期内按日累加计息积数，结息日以累积计息积数与日利率相乘计算利息。

单位定期存款采用逐笔计息法。计息期为整年（月）的，计息公式为：

利息 = 本金 × 年（月）数 × 年（月）利率

计息期有整年（月）又有零头天数的，计息公式为：

利息 = 本金 × 年（月）数 × 年（月）利率 + 本金 × 零头天数 × 日利率

银行也可选择将计息期全部化为实际天数计算利息，即每年为 365 天（闰年 366 天），每月为当月公历实际天数，计息公式为：

利息 = 本金 × 实际天数 × 日利率

本书中对到期支取的定期存款按计息期为整年（月）的计息公式计算。

三、单位活期存款利息的计算

银行对单位活期存款采取按季结息的办法，以每季末月 20 日为结息日。具体又有余额表计息和账页计息两种方法。

（一）余额表计息法

采用该方法计息是每日营业终了，将各计息分户账的最后余额按户抄列在余额表内。当日未发生收付业务，根据上一日的最后余额照抄。按季结息时，在结息日当天，将余额表上的各户余额，从上季度结息日（20 日）后第一天起，加总至本季度结息日止，得出累计计息积数乘以日利率，即可得出各户本季应付利息数。如遇记账日期与起息日期不同或错账冲正涉及积数时，应根据其发生额和天数，算出应加或应减积数，填入余额表相关栏内进行调整。如表 2 - 14 所示业务，其利息计算为：

利息 = 5160800 × （0.6‰ ÷ 30） = 103.22（元）

（二）账页计息法

采用该方法计息的存款户使用乙种账页。当存款账户发生资金收付后，按上次最后余额乘以该余额的实存天数即为积数，直接填入账页上的“日数”和“积数”栏内。如更换账页，应将累计积数过入新账页的第一行上半格内。结息日营业终了，计算出本季的累计天数和累计积数，乘以日利率，即得出应付利息数。如表3－3所示业务，其利息计算为：

利息＝41004580×（0.6‰÷30）＝820.09（元）

表3－3 存款分户账

户名：台江百货大楼　　账号：2010002　　利率：月0.6‰

20××年 月	日	摘要	借方	贷方	借或贷	余额	日数	积数
12	1	承前页			贷	35000000	71 2	3400000000 70000000
12	3	转贷		80000	贷	35080000	1	35080000
12	4	转借	75000		贷	35005000	2	70010000
12	6	转借	60000		贷	34945000	6	209670000
12	12	转贷		65000	贷	35010000		
12	12	转贷		82000	贷	35092000	7	245644000
12	19	转借	100000		贷	34992000	1	34992000
12	20	转贷		70000	贷	35062000	1	35062000
12	21	转息		82009	贷	35144009	91	4100458000

四、单位定期存款利息的计算

单位定期存款的利息计算采取逐笔结息的办法，即在存款支取时计算利息，利随本清。利息只能转账，不能支付现金。

例3－1： 某单位存入银行定期存款15万元，定期1年，月利率1.65‰，6月17日到期，该单位于7月13日来行支取，支取日活期存款利率为0.6‰，其利息计算为：

到期利息＝150000×12×1.65‰＝2970（元）

逾期利息＝150000×26×（0.6‰÷30）＝78（元）

该笔存款应付利息为3048元。

五、单位存款利息转账的核算

为了准确反映各期的成本和利润水平，根据权责发生制原则，目前商业银行已采取按月计提应付利息的做法，对定期存款按存入时挂牌利率计提，活期存款按现行挂牌利率计提。按财务管理体制改革思路的要求，应付利息要逐步由一级分行集中统一计提核算。

（一）一级分行集中计提应付利息

一级分行根据大机数据资料（分币种、种类和期限，按网点、支行、分行产生计提清单，提供本月应提应付利息的数据），按月集中计提应付利息时，其会计分录为：

借：利息支出——单位定期（或活期）存款利息支出户

　　贷：应付利息——单位定期（或活期）利息户

（二）各分支机构支付存款利息

各分支机构按实际发生的利息支出直接计入当期成本。

1. 活期存款利息转账。

单位活期存款于结息日计算出各户的应付利息数后，应编制一式三联利息清单，第一联贷方传票，第二联借方传票（营业终了，据以编制利息支出科目汇总传票，此联作附件），第三联代收账通知交存款单位。其会计分录为：

借：利息支出——单位活期存款利息支出户

　　贷：××存款——××单位存款户

2. 定期存款利息转账。

定期存款到期，单位支取本息时，银行应先正确计算出利息额，以存款证实书代转账借方传票，另编特种转账借方传票一联，贷方传票二联办理转账。其会计分录见本章第一节。

（三）一级分行冲减实际利息支出

各县级支行将辖内实际列支的利息支出每月末汇总上报一级分行，经审查后，由一级分行等额从应付利息科目中冲减。其会计分录为：

借：应付利息——单位定期（或活期）利息户

　　贷：利息支出——单位定期（或活期）存款利息支出户

【本章小结】

吸收存款是银行一项传统的主要负债业务，涉及面广，因此在具体办理存款业务时，必须注意如下几点：

1. 正确使用和管理存款账户。

存款账户是存款人办理存取款及其他资金收付的工具，银行必须根据规定正确开立账户，严格监督存款单位使用账户，防止单位违反账户管理规定以逃避银行监督。同时，存款人不准签发空头和远期支付的凭证，也不得出租和转让账户。

2. 维护存款者的正当权益。

客户将资金存入银行只是货币资金使用权的暂时转让，存款的所有权仍属存款人，银行应坚持“谁的钱进谁的账，由谁支配”的原则，维护存款人对存款的合法权益。因此，除国家政策另有规定外，银行不代任何单位扣款，也不得随意中止客户的正常业务，这样才能吸引更多的存款户。

3. 努力提高服务质量。

面对众多存款人，银行必须正确、及时地办理存、取款业务，按计息的规定准确计算存款利息，及时办理账务核算。同时，要做好柜面服务宣传工作，努力提高工作效率和服务质量，以组织更多的存款。

复习思考题

一、目的：练习单位存款的存取与利息计算。

二、要求：根据下列业务，逐笔作出会计分录或计算利息。

三、资料：工商银行某支行发生下列业务。

1. 东街口百货大楼（账号2010003）送存销货收入现金8000元。

2. 新华印刷厂（账号2010005）签发3385#现金支票，提取备用现金2000元。

3. 机械厂（账号2010002）20×0年5月12日存入单位定期存款20万元，定期1年，月利率为1.875‰，该企业于20×1年6月8日来行支取，支取日活期存款利率为0.825‰，计算利息并作出存入与支取时的会计分录。

4. 根据轮胎厂存款分户账（见表3-4）计算本季度利息并作出会计分录。

表3-4　　存款分户账

户名：市轮胎厂　　账号：2010007　　利率：月0.6‰

20×1年 月	20×1年 日	摘要	借方	贷方	借或贷	余额	日数	积数
11	29	承前页			贷	6000000	69	400000000
12	4	转借	60000					
12	5	转贷		80000				
12	7	转借	82000					
12	12	转贷		53000				
12	12	转借	30000					
12	15	转贷		74000				
12	18	转借	26000					
12	21	转息						

第四章

支付结算业务的核算
——结算方式和信用卡业务的核算

内容提示

支付结算是银行重要业务之一。支付结算是指单位、个人在社会经济活动中使用票据、信用卡和其他各种结算方式进行货币给付及其资金清算的行为。支付结算分为现金结算和转账结算两种形式。现金结算是指直接使用现金进行货币给付及资金清算的行为；转账结算是指通过银行将款项从付款人账户划转到收款人账户的货币给付及资金清算行为，故转账结算亦称银行结算。

本章主要介绍我国现行支付结算体系中各种结算方式和信用卡的概念、基本规定和会计核算手续，并充分结合《支付结算办法》和银行信月卡管理办法的最新规定。

第一节　支付结算业务概述

一、支付结算原则

（一）恪守信用、履约付款原则

支付结算是依参与结算各方的信用而进行的货币给付及资金清算的活动，遵守信用是支付结算工作顺利进行的基础和前提。结算各方在办理支付结算业务时，应严格遵守信用，依约履行付款，特别是应按照约定的付款金额和付款日期进行支付，不得失信违约。只有结算各方恪守信用，履约付款，才能保证支付结算活动的正常进行。

（二）谁的钱进谁的账就由谁支配原则

银行要保证存款人对存款的所有权和自主支配权。在办理结算时，必须按照收款人的账号、户名，准确地为其收账；银行为各单位支付款项，必须根据付款人的委托办理。对存款人的资金，除国家法律、行政法规另有规定外，银行不得为任何单位或个人查询，也不代任何单位或者个人冻结、扣款，不得停止任何单位、个人对存款的正常支付。只有坚持谁的钱进谁的账就由谁支配的原则，才能保护存款人的合法权益，维护银行自身信誉。

（三）银行不垫款原则

在支付结算活动中，银行作为资金清算的中介机构，只是负责将款项从付款人账户划转到收款人账户，而不为任何单位和个人垫付款项。收款人在款项未进账前不能用款，付款单位款项的支用决不能超过其在银行存款户的余额。只有坚持银行不垫款原则，才能保证银行资金的安全。

二、支付结算纪律

（一）单位和个人应遵守的结算纪律

不准签发没有资金保证的票据或远期支票，套取银行信用；不准签发、取得和转让没有真实交易和债权债务的票据，套取银行和他人资金；不准无理拒绝付款，任意占用他人资金；不准违反规定开立和使用账户。

（二）银行应遵守的结算纪律

不准以任何理由压票、任意退票、截留挪用客户和他行资金；不准无理拒绝支付应由银行支付的票据款项；不准受理无理拒付、不扣少扣滞纳金；不准违章签发、承兑、贴现票据，套取银行资金；不准签发空头银行汇票、银行本票和办理空头汇款；不准在支付结算制度之外规定附加条件，影响汇路畅通；不准违反规定为单位和个人开立账户；不准拒绝受理、代理他行正常结算业务；不准放弃对企事业单位和个人违反结算纪律的制裁；不准逃避向人民银行转汇大额汇划款项。

三、支付结算业务的种类

《支付结算办法》规定，我国现行支付结算体系包括票据、信用卡和结算方式（即“三票一卡三方式”），具体如下：

1. 票据。

票据是指汇票、本票和支票，其中汇票分为银行汇票和商业汇票。

2. 信用卡。

3. 结算方式。

结算方式包括汇兑、托收承付和委托收款三种方式。

第二节　汇兑业务的核算

汇兑是汇款人委托银行将款项支付给收款人的结算方式。汇兑分为信汇、电汇两种，由汇款人选择使用。

一、汇兑的基本规定

1. 单位和个人的各种款项的结算，均可使用汇兑结算方式。

2. 汇兑凭证上记载收款人为个人的，收款人需要到汇入行领取汇款，汇款人应在汇兑凭证上注明“留行待取”字样；留行待取的汇款，需要指定单位的收款人领取汇款的，应注明收款人的单位名称；信汇凭收款人签章支取的，应在信汇凭证上预留其签章。

3. 汇款人和收款人均为个人，需要在汇入银行支取现金的，应在汇兑凭证的“汇款金额”大写栏，先填写“现金”字样，后填写汇款金额。

4. 收款人在汇入行需要转汇的，应重新办理汇款手续，其收款人与汇款用途必须是原汇款的收款人和用途；汇款人确定不得转汇的，应在汇兑凭证备注栏注明“不得转汇”字样。

5. 汇款人对汇出银行尚未汇出的款项可以申请撤销，对汇出银行已经汇出的款项可以申请退汇；转汇银行不得受理汇款人或汇出银行对汇款的撤销或退汇。

6. 汇入银行对收款人拒收的汇款或经过两个月无法交付的汇款，应主动办理退汇。

二、信汇的核算

信汇结算的基本程序见图 4－1。

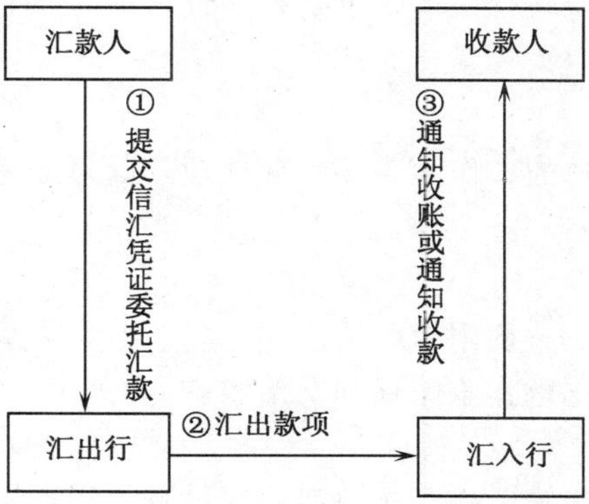

图 4－1 信汇结算基本程序图

(一) 汇出行的核算

汇款人委托银行办理信汇时，应向汇出银行填制一式四联信汇凭证（见表 4－1），第一联回单，第二联借方传票，第三联贷方传票，第四联收账通知或代取款收据。

表 4－1 ××银行 **信汇凭证** （借方凭证） 2

委托日期：20××年 12 月 4 日 第 号

汇款人	全称	福州市百货公司			收款人	全称	衡阳橡胶厂		
	账号或住址	2010001				账号或住址	2010003		
	汇出地点	福建省福州市/县	汇出行名称	工行市支行营业部		汇入地点	湖南省衡阳市/县	汇入行名称	工行市支行营业部
金额	人民币（大写）	陆万伍仟元整						千百十万千百十元角分	¥6500000
汇款用途：购货 此汇款支付给收款人 汇款人签章					科目（借） 单位活期存款 对方科目（贷） 联行往账 汇出行汇出日期 20××年 12 月 5 日 复核 记账				

此联汇出行作借方凭证

汇出行受理信汇凭证时，应认真审查，审查无误后，第一联信汇凭证加盖转讫章退给汇款人。

转账交付的，第二联信汇凭证作借方传票。其会计分录为：

借：单位活期存款——福州市百货公司户　65000.00

　　贷：联行往账　65000.00

现金交付的，填制一联特种转账贷方传票，第二联信汇凭证作借方传票。其会计分录为：

借：现金

　　贷：应解汇款——汇款人户

借：应解汇款——汇款人户

　　贷：联行往账

转账后，第三联信汇凭证加盖联行专用章，与第四联随同联行邮划贷方报单寄汇入行。

（二）汇入行的核算

汇入行接到汇出行或转汇行寄来的邮划贷方报单以及第三、四联信汇凭证，应审查第三联信汇凭证上的联行专用章与联行报单印章是否一致（转汇的由转汇行代审查），无误后按不同的要求处理如下：

1. 直接收账。

收款人在汇入行开立账户的，作为直接收账处理。以第三联信汇凭证作贷方传票。其会计分录为：

借：联行来账　65000.00

　　贷：单位活期存款——衡阳橡胶厂户　65000.00

第四联信汇凭证加盖转讫章作收账通知交给收款人。

2. 不直接收账。

收款人未在汇入行开立账户，作为不直接收账处理。以第三联信汇凭证作贷方传票。其会计分录为：

借：联行来账

　　贷：应解汇款——收款人户

登记应解汇款登记簿，在信汇凭证上编列应解汇款顺序号，第四联留存保管，另以便条通知收款人来行办理取款手续。

收款人持便条来行办理取款。留行待取的向收款人问明情况，抽出第四联信汇凭证，并认真审查收款人的身份证件，将身份证件名称、号码及发证机关批注在凭证空白处，同时由收款人在收款人签章处签章。如系信汇留交，凭签章付款的，收款人签章必须同预留签章相符。信汇凭证上填明"现金"字样，需要支取现金的，按规定办理现金支付手续；未注明"现金"字样，需要支取现金的，由汇入银行按照现金管理规定审查支付。其会计分录为：

借：应解汇款——收款人户

　　贷：现金

需要分次支付的，应凭第四联信汇凭证注销应解汇款登记簿中的该笔汇款，并如数转入应解汇款分户账内（不通过分录，以丁种账页代替），办理分次支付手续，待最后结清时，将第四联信汇凭证作付出传票附件。

需要转汇的，在第三联信汇凭证上加盖"转汇"戳记。其会计分录为：

借：应解汇款——收款人户

　　贷：联行往账

第三联信汇凭证备注栏注明不得转汇的，不予办理转汇。

三、电汇的核算

汇款人委托银行办理电汇时，应向银行填制一式三联电汇凭证，第一联回单，第二联借方传票，第三联发电依据。

汇出行受理电汇凭证审查无误后，第一联电汇凭证加盖转讫章退给汇款人，第二联作借方传票，其分录与信汇相同，并根据第三联电汇凭证编制三联电划贷方报单凭以向汇入行拍发电报。电汇凭证上填明“现金”字样的，应在电报的金额前加拍“现金”字样。

汇入行接到汇出行或转汇行发来的电报，经审核无误后，应编制电划贷方补充报单，分别代联行来账卡片、贷方传票和收账通知，其余各项处理均与信汇相同。

四、退汇的核算

（一）汇款人要求退汇的核算

1. 汇出行承办退汇的处理。

汇款人要求退汇时，对收款人在汇入行开立账户的，由汇款人与收款人自行联系退汇；对收款人未在汇入行开立账户的，应由汇款人备函或本人身份证件连同原信、电汇回单交汇出行办理退汇。

汇出行接到退汇函件或身份证件以及回单，应填制四联“退汇通知书”（用异地结算通知书格式代），在第一联上批注“×月×日申请退汇，俟款项退回后再办理退款手续”字样，交给汇款人，第二、三联寄交汇入行，第四联与函件和回单一起保管。如汇款人要求用电报通知退款时，只需填制两联退汇通知书，比照信汇退汇通知书第一、四联的手续处理，并凭退汇通知书拍发电报通知汇入行。

2. 汇入行退汇的处理。

汇入行接到汇出行寄来的第二、三联退汇通知书或通知退汇的电报，如该笔汇款已转入应解汇款科目但尚未解付的，应向收款人联系索回便条，以第二联退汇通知书代借方传票，第四联汇款凭证作附件。其会计分录为：

借：应解汇款——收款人账户

　　贷：联行往账

第三联退汇通知书随同邮划贷方报单寄原汇出行。如电报通知退汇的，应另填一联特种转账借方传票，并填制电划贷方报单，凭以拍发电报。

如该笔汇款业已解付，应在第二、三联退汇通知书或电报上注明解付情况及日期后，将第二联退汇通知书或电报留存，以第三联退汇通知书（或拍发电报）通知汇出行。

3. 汇出行收到退汇款的处理。

汇出行接到汇入行寄来的邮划贷方报单及第三联退汇通知书或退汇电报时，应以第三联退汇通知书或第二联电划贷方补充报单代贷方传票（第三联电划补充报单作贷方传票附件）。其会计分录为：

借：联行来账

　　贷：××存款——原汇款人账户

如汇款人未在银行开立账户，先将退汇款转入“其他应付款”科目，待汇款人取款时，另填制一联现金付出传票付出款项。

在原第二联汇款凭证上注明“此款已于×月×日退汇”字样，以备查考。以留存的第四联退汇通知书注明“退汇款汇回已代进账”字样，加盖转讫章后作为收账通知交给原汇款人。

如接到汇入行寄回的第三联退汇通知书或发来的电报注明汇款业已解付时，应在留存的第四联退汇通知书上批注解付情况，通知原汇款人。

（二）汇入行主动退汇的核算

1. 汇入行的处理。

汇款超过两个月而收款人尚未来行办理取款手续，或在规定期限内汇入行已寄出通知，但因收款人住址迁移或其他原因，以致该笔汇款无人受领时，汇入行可以主动办理退汇，退汇时应填制一联特种转账借方传票和两联特种转账贷方传票，并在传票上注明“退汇”字样，第四联汇款凭证作借方传票附件。其处理与信汇汇出行基本相同。

2. 原汇出行的处理。

原汇出行接到原汇入行寄来的邮划报单及所附两联特种转账贷方传票，以加盖原汇入行联行专用章的一联特种转账贷方传票代贷方传票。其余手续按信汇汇入行手续处理。如汇款人未在银行开立账户，其处理比照汇款人要求退汇核算中汇出行的处理。

第三节　托收承付与委托收款业务的核算

一、托收承付业务的核算

托收承付是根据购销合同由收款人发货后委托银行向异地付款人收取款项，由付款人向银行承认付款的结算方式。托收承付结算款项划回方式有邮寄划回和电报划回两种，由收款人选用。本书以邮寄为例讲述。

（一）托收承付的基本规定

1. 使用托收承付结算方式的收款单位和付款单位，必须是国有企业、供销合作社以及经营管理较好并经开户行审查同意的城乡集体所有制的工业企业。

2. 办理托收承付结算的款项，必须是商品交易，以及因商品交易而产生的劳务供应的款项。代销、寄销、赊销商品的款项，不得办理托收承付结算。收付双方使用托收承付结算必须签有符合《中华人民共和国合同法》的购销合同，并在合同上订明使用托收承付结算方式。收款人办理托收，必须有商品确已发运的证件。

3. 每笔的金额起点为1万元。新华书店系统每笔的金额起点为1000元。

4. 收付双方办理托收承付结算，必须重合同、守信用。收款人对同一付款人发货托收累计3次收不回货款的，收款人开户银行应暂停收款人向该付款人办理托收；付款人累计3次提出无理拒付的，付款人开户银行应暂停其向外办理托收。

5. 付款人承付货款分为验单付款和验货付款两种。验单付款的承付期为3天，从付款人开户银行发出承付通知的次日算起（承付期内遇法定休假日顺延）。验货付款的承付期为

10 天，从运输部门向付款人发出提货通知的次日算起，付款人收到提货通知后，应立即向银行交验提货通知。

6. 付款人在承付期满日银行营业终了时，如无足够资金支付，其不足部分，即为逾期付款。付款人开户行对付款人逾期支付的款项，应当根据逾期付款金额和逾期天数，按每天5‱计算逾期付款赔偿金。赔偿金实行定期扣付，每月计算一次，于次月 3 日内单独划给收款人。付款人开户银行对逾期未付的托收凭证，负责进行扣款的期限为 3 个月（从承付期满日算起）。

扣款期满时，付款人仍无足够资金支付该笔尚未付清的欠款，银行应于次日通知付款人将有关交易单证在 2 日内退回银行。对付款人逾期不退回单证的，开户银行应当自发出通知的第 3 天起，按照该笔尚未付清欠款的金额，每天处以 5‱但不低于 50 元的罚款，并暂停付款人向外办理结算业务，直到退回单证为止。

托收承付结算的基本程序见图 4－2。

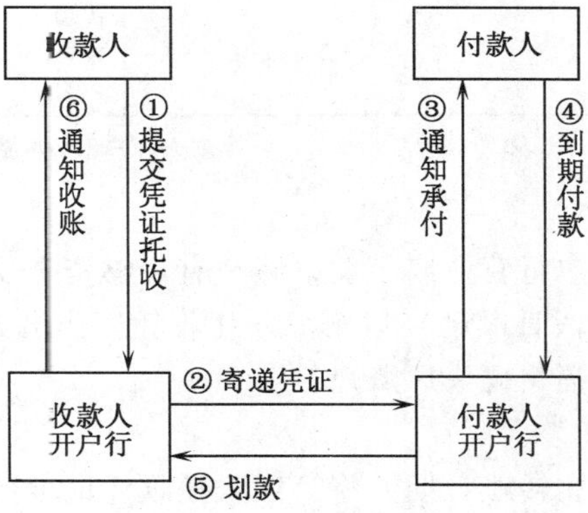

图 4－2　托收承付结算的基本程序图

（二）收款人开户行受理托收承付的核算

收款人办理托收时，应填制一式五联邮划托收承付凭证（见表 4－2），第一联回单，第二联贷方传票，第三联借方传票，第四联收账通知，第五联承付通知。收款人在第二联托收凭证上签章后，将有关托收凭证和有关单证提交开户行。

收款人开户行收到单证，经审查无误后，在邮划第一联托收凭证上加盖业务公章退给收款人。第二联托收凭证登记发出托收结算凭证登记簿后专夹保管；将邮划第三、四、五联托收凭证（在第三联上加盖带有联行行号的结算专用章）连同交易单证，一并寄交付款人开户行。

（三）付款人开户行的核算

付款人开户行接到收款人开户行寄来的邮划第三、四、五联托收凭证及交易单证时，应审查付款人是否在本行开户，所附单证的张数与凭证的记载是否相符。审查无误后，在凭证上填注收到日期和承付期，及时通知付款人，然后根据邮划第三、四联托收凭证，逐笔登记定期代收结算凭证登记簿，将邮划第三、四联托收凭证专夹保管，将第五联托收凭证加盖业务公章，连同交易单证一并及时交给付款人。

表4-2　　　　　　　　　　　　　　　　　　　　　　　　　第　　号

托收承付　凭证（贷方凭证）　2　　　　　　　　托收号码：

邮

委托日期：20××年11月8日

付款人	全　称	福州市罐头厂	收款人	全　称	长沙肉联厂		
	账　号或住址	2010005		账　号或住址	2010011		
	开户银行	工行台江支行		开户银行	工行雨花亭办	行号	2××××
托收金额	人民币（大写）贰万陆仟元整			千 百 十 万 千 百 十 元 角 分	¥ 2 6 0 0 0 0 0		
附　件		商品发运情况		合同名称号码			
附寄单证张数或册数	2	铁路运单#025465		#518合同			
备注：		本托收款项随附有关单证等件，请予办理托收。 收款人签章		科目（贷）　单位活期存款 对方科目（借）　联行来账 转账　20××年11月18日 复核　　记账			

此联由收款人开户银行作贷方凭证

收款人开户银行收到日期　20××年11月17日

1．全额付款的处理。

付款人在承付期满日开户行营业终了前，账户有足够资金支付全部款项的，付款人开户行应在次日上午（遇法定休假日顺延）以第三联托收凭证作借方传票。其会计分录为：

借：单位活期存款——福州罐头厂账户　　　　　　　　　　　26000.00

　　贷：联行往账　　　　　　　　　　　　　　　　　　　　　26000.00

转账后，在登记簿上填注转账日期。将第四联托收凭证填注支付日期后，随同联行邮划贷方报单寄交收款人开户行。

2．提前付款的处理。

付款人在承付期满前通知银行提前付款，银行应立即划款，其手续可比照全额付款的处理，但应在托收凭证和登记簿备注栏分别注明“提前承付”字样。

3．多承付的处理。

付款人如因商品的价格、数量或金额变动等原因，要求对本笔托收多承付款项一并划回时，付款人应填制四联“多承付理由书”（以托收承付拒绝付款理由书改用）提交开户行。开户行审查后，在托收凭证和登记簿备注栏注明多承付的金额，以第二联多承付理由书代借方传票，第三联托收凭证作附件。其会计分录为：

借：××存款——付款人账户

　　贷：联行往账

转账后，将第一联多承付理由书加盖转讫章作支款通知交给付款人，第三、四联多承付理由书和第四联托收凭证随同联行邮划贷方报单一并寄收款人开户行。

4．部分付款的处理。

付款人在承付期满日开户行营业终了前，账户资金不足只能部分支付的，付款人开户行应在托收凭证上注明当天可以扣收的金额；邮划的填制特种转账借方、贷方传票各二联，以一联特种转账借方传票作借方传票。其会计分录为：

借：××存款——付款人账户

　　贷：联行往账

转账后，另一联特种转账借方传票加盖转讫章作支款通知交给付款人，并在登记簿备注栏分别注明已支付和未支付金额，并批注“部分付款”字样，或将未支承付金额登记“到期未收登记簿”。第三、四联托收凭证按付款人及先后日期单独保管。邮寄划款的，将一联特种转账贷方传票加盖联行专用章连同另一联特种转账贷方传票随同联行邮划贷方报单寄收款人开户行。

银行要随时掌握付款人账户余额，以便将未支付部分款项及早地划转收款人开户行，同时应逐次扣收逾期付款赔偿金。俟最后清偿完毕，应在托收凭证上注明“扣清”字样，托收凭证作借方传票的附件，并销记登记簿。

5. 逾期付款的处理。

付款人在承付期满日开户行营业终了前，账户无款支付的，付款人开户行应在托收凭证和登记簿备注栏分别注明“逾期付款”字样或注销登记簿另登记“到期未收登记簿”，并填制三联“托收承付结算到期未收通知书”。将第一、二联通知书寄收款人开户行，第三联通知书留存。银行要随时掌握付款人账户余额，等到付款人账户有款可以一次或分次扣款时，比照部分付款的有关手续办理，将逾期付款的款项和赔偿金一并划给收款人。对于一次扣款的，第三联托收凭证作借方传票附件，将第四联托收凭证连同特种转账贷方传票，随同联行邮划贷方报单寄收款人开户行，并销记“到期未收登记簿”。

赔偿金的计算方法是：

　　赔偿金金额＝逾期付款金额×逾期天数×5‱

逾期付款天数从承付期满日算起。承付期满日银行营业终了时，付款人如无足够资金支付，其不足部分，应当算作逾期1天，计算1天的赔偿金。在承付期满的次日（遇法定休假日，逾期付款赔偿金的天数计算相应顺延，但在以后遇法定休假日应当照算逾期天数）银行营业终了时，仍无足够资金支付，其不足部分，应当算作逾期2天，计算2天的赔偿金。其余类推。

每月单独扣付赔偿金时，付款人开户行应填制特种转账借方、贷方传票各二联，并注明原托收号码及金额，在转账原因栏注明第×个月逾期付款的金额及相应扣付赔偿金的金额，以一联特种转账借方传票作借方传票。其会计分录为：

借：××存款——付款人账户

　　贷：联行往账

转账后，另一联特种转账借方传票加盖转讫章作付款通知交给付款人，并在登记簿备注栏注明第×个月扣付赔偿金的金额。将一联特种转账贷方传票加盖联行专用章连同另一联特种转账贷方传票随同联行邮划贷方报单寄收款人开户行。如付款人账户金额不足支付赔偿金时，应排列在销货收入“扣款顺序”的工资之前，并对该账户采取“只收不付”的控制办法，待付款人账户能足额支付该月赔偿金时，应及时办理扣付。

例4－1：某机床厂付款的一笔托收承付款项，全额300000元，3月10日承付期满，3月11日上午营业开始时，付款人存款账户只能支付200000元，逾期于3月23日上午营业开始时支付40000元，其余款于4月20日上午营业开始时全部付清。（不考虑节假日）则应计收的赔偿金为：

3月23日计算的赔偿金 $=40000\times12\times5‱=240.00$（元）（算至21日）

3月末计算的赔偿金 $=60000\times22\times5‱=660.00$（元）（算至31日）

4月20日计算的赔偿金 $=60000\times18\times5‱=540.00$（元）（算至18日）

逾期付款期满，付款人账户不能全额或部分支付该笔托收款项，开户行应向付款人发出索回单证的通知，付款人于银行发出通知日的次日起两日内（到期日遇法定休假日顺延，邮寄的加邮程）必须将第五联托收凭证（部分无款支付的除外）及有关单证退回开户行。经银行核对无误后，在托收凭证和登记簿备注栏注明单证退回日期和“无款支付”字样，将一联通知书和第三联托收凭证一并留存备查，将二联通知书连同第四、五联托收凭证（部分无款支付系第四联托收凭证）及有关单证一并寄收款人开户行。

付款人开户行在退回托收凭证和单证时，须将应付的赔偿金一并划给收款人。付款人逾期不退回单证的，开户行按照规定处罚。

6. 拒绝付款的处理。

付款人遇有下列情况，在承付期内可向银行提出全部或部分拒绝付款：没有签订购销合同或合同未订明使用异地托收承付结算方式；未经双方事先达成协议，收款人提前交货或因逾期交货付款人不再需要该项货物的款项；未按合同规定的到货地址发货的款项；代销、寄销、赊销商品的款项；验单付款，发现所列货物的品种、规格、数量、价格与合同规定不符，或货物已到，经查验货物与合同规定或与发货清单不符的款项；验货付款，经查验货物与合同规定或与发货清单不符的款项；货款已经支付或计算有错误的款项等。

（1）全部拒绝付款的处理。付款人在承付期内提出全部拒绝付款时，应填具四联全部拒绝付款理由书，连同有关的拒付证明、第五联托收凭证及所附单证送交开户行。拒付审查由会计部门负责，对无理拒付的，要实行强制扣款。对无理的拒绝付款，而增加银行审查时间的，应从承付期满日起，为收款人计扣逾期付款赔偿金。

对符合规定同意拒付的，须经批准、签注意见并签章后，在托收凭证和登记簿备注栏注明“全部拒付”字样。然后将第一联拒绝付款理由书加盖业务公章作为回单退还付款人，将第二联连同第三联托收凭证一并留存备查，将第三、四联连同有关的拒付证明和第四、五联托收凭证及单证一并寄收款人开户行。

（2）部分拒绝付款的处理。付款人在承付期内提出部分拒绝付款时，应填具四联部分拒绝付款理由书，连同有关的拒付证明、拒付部分商品清单送交开户行。开户行应认真审查。对不符合规定的拒付，不得受理。对符合规定同意拒付的，依照全部拒绝付款的审查手续办理，并在托收凭证和登记簿备注栏注明“部分拒付”字样及部分拒付金额。对同意承付部分，以第二联拒绝付款理由书代借方传票，第三联托收凭证作借方传票附件。其会计分录为：

借：××存款——付款人账户

　　贷：联行往账

转账后，将第一联拒绝付款理由书加盖转讫章作支款通知交给付款人，将其第三、四联和第四联托收凭证连同拒付部分的商品清单和有关证明，随同联行邮划贷方报单一并寄收款人开户行。

（四）收款人开户行收到划回托收款的核算

1. 全额划回的处理。

收款人开户行接到付款人开户行或转汇行寄来的联行邮划贷方报单，应将留存的第二联凭证抽出，同第四联凭证进行核对。经审查无误后，在该二联凭证上填注转账日期，即以第二联凭证作贷方传票，其会计分录为：

借：联行来账　　　　26000. 00

　　贷：单位活期存款——长沙肉联厂户　　　　26000. 00

转账后，将第四联凭证加盖转讫章作收款通知交给收款人，并销记登记簿。

2. 多承付款划回的处理。

收款人开户行接到联行邮划贷方报单以及所附第四联托收凭证和第三、四联多承付理由书后，抽出留存的第二联托收凭证，在备注栏注明多承付的金额，以第三联多承付理由书代贷方传票，第二联托收凭证作贷方传票附件办理转账。转账后按原托收金额销记登记簿，第四联托收凭证作第四联多承付理由书的附件交给收款人。

3. 部分划回的处理。

收款人开户行接到部分划回的联行邮划贷方报单及两联特种转账贷方传票，以付款人开户行加盖联行专用章的一联特种转账贷方传票作贷方传票。转账后，将另一联特种转账贷方传票加盖转讫章，作收账通知交给收款人，在第二联托收凭证和登记簿上注明部分划回的金额。俟最后清偿完毕在第二联托收凭证上注明结算终了日期，将其作贷方传票的附件，并销记登记簿。

4. 逾期划回、无款支付退回凭证或单独划回赔偿金的处理。

收款人开户行接到第一、二联托收承付结算到期未收通知书后，应在第二联托收凭证上加注“逾期付款”字样及日期，然后将第二联通知书交给收款人，第一联附于第二联托收凭证后一并保管，比照部分划回的处理。对于一次划回的，第二联托收凭证作贷方传票附件，第四联作收账通知附件交给收款人，并销记登记簿。对于单独划回赔偿金的，在第二联托收凭证和登记簿上注明第×个月划回的金额。

收款人开户行在逾期付款期满后接到第四、五联托收凭证（部分无款支付系第四联托收凭证）及二联无款支付通知书和有关单证，经核对无误后，抽出第二联托收凭证，并在该联凭证备注栏注明“无款支付”字样，销记登记簿。然后将第四、五联托收凭证（部分无款支付系第四联托收凭证）及一联无款支付通知书和有关单证退给收款人。收款人在另一联无款支付通知书上签收，然后连同第二联托收凭证一并保管备查。

5. 全部拒绝付款的处理。

收款人开户行接到第四、五联托收凭证及有关单证和第三、四联全部拒绝付款理由书及拒付证明，经核对无误后，抽出第二联托收凭证，并在该联备注栏注明“全部拒付”字样、日期，销记登记簿。然后将第四、五联托收凭证及有关单证和第四联拒绝付款理由书及拒付证明退给收款人。收款人在第三联拒绝付款理由书上签收，然后连同第二联托收凭证一并保管备查。

6. 部分拒绝付款的处理。

收款人开户行接到联行邮划贷方报单及所附的第四联托收凭证和第三、四联部分拒绝付款理由书以及拒付部分的商品清单、证明后，抽出第二联托收凭证，并在该联备注栏注明“部分拒付”字样、日期和部分拒付金额。以第三联拒绝付款理由书作贷方传票，第二联托收凭证作贷方传票附件。转账后，将第四联托收凭证作第四联部分拒绝付款理由书的附件，连同拒付部分的商品清单和证明交给收款人。

如采用电报划款方式，除有关凭证处理与传递方式不同外，其他处理手续同上。

二、委托收款业务的核算

委托收款是收款人委托银行向付款人收取款项的结算方式。委托收款款项的划回方式，分邮寄划回和电报划回两种，由收款人选用。

（一）委托收款的基本规定

1. 单位和个人凭已承兑商业汇票、债券、存单等付款人债务证明办理款项的结算，均可以使用委托收款结算方式。

2. 委托收款结算方式在同城、异地均可以使用。

3. 付款人应于接到付款通知的当日通知银行付款，付款人在接到付款通知的次日起3日内未通知银行付款的，视同付款人同意付款。

4. 银行在办理划款时，付款人存款账户不足支付的，应通过被委托银行向收款人发出未付款项通知书。

5. 在同城范围内，收款人收取公用事业费可以使用同城特约委托收款，但必须具有收付双方签订的经济合同，由付款人向开户银行授权，并经开户银行同意，报经人民银行批准。

6. 由于委托收款与托收承付结算的程序、结算凭证的内容与联次等方面基本一致，因此，人民银行于2004年作出规定，将委托收款结算凭证与托收承付结算凭证合并为“托收凭证”。为区分委托收款结算与托收承付结算，在凭证中设有“业务类型”一栏，将采用的委托收款结算或托收承付结算方式在该栏中注明。

委托收款结算的基本程序与“托收承付结算”相同，见图4－2。

（二）收款人开户行受理委托收款的核算

收款人办理委托收款时，应填制一式五联邮划托收凭证，第一联回单，第二联贷方传票，第三联借方传票，第四联收账通知，第五联付款通知。

收款人在第二联托收凭证上签章后，将有关托收凭证和债务证明提交开户行。收款人开户行收到单证，经审查无误后，第一联邮划凭证加盖业务公章，退给收款人。第二联邮划凭证专夹保管，并登记发出托收凭证登记簿。第三联邮划凭证加盖带有联行行号的结算专用章，连同第四、五联凭证及有关债务证明，一并寄交付款人开户行。收款人开户行如不办理全国或省辖联行业务的，其处理比照托收承付。

（三）付款人开户行的核算

付款人开户行接到收款人开户行寄来的邮划第三、四、五联托收凭证及有关债务证明时，应审查是否属于本行的凭证。审查无误后，在凭证上填注收到日期，根据邮划第三、四联凭证逐笔登记收到托收凭证登记簿后，专夹保管，并分别处理如下：

1. 付款人付款的处理。

（1）付款人为银行付款的处理。银行接到托收凭证和有关债务证明，按规定付款时，第三联托收凭证作借方传票，有关债务证明作借方传票附件。其会计分录为：

借：××存款——××户

　　贷：联行往账

（2）付款人为单位付款的处理。银行接到付款人的付款通知书时；或银行未接到付款人付款通知书，在付款人签收日的次日起第4天上午开始营业时，付款人账户足够支付全部款项的，以第三联托收凭证作借方传票，如留存债务证明的，其债务证明和付款通知书作借方传票附件。其会计分录为：

借：××存款——付款人账户

　贷：联行往账

转账后，银行在收到托收凭证登记簿上填明转账日期。将第四联托收凭证填注支付日期后，随联行邮划贷方报单寄交收款人开户行。

如果承付期满时，付款人账户上没有足够的资金支付全部款项，即按无款支付处理。付款人开户银行应在托收凭证和收到托收凭证登记簿上注明退回日期和“无款支付”字样，并填制三联付款人未付款项通知书（用异地结算通知书代替），将一联通知书和第三联托收凭证留存备查，将第二、三联通知书连同第四联托收凭证邮寄收款人开户行。留存债务证明的，其债务证明一并邮寄收款人开户行。

2. 付款人拒绝付款的处理。

（1）付款人为单位的，银行在付款人签收日的次日起三天内，收到付款人填制的四联拒绝付款理由书以及付款人持有的债务证明和第五联托收凭证，经核对无误后，在托收凭证和收到托收凭证登记簿备注栏注明“拒绝付款”字样。然后将第一联拒付理由书加盖业务公章作为回单退还付款人，将第二联拒付理由书连同第三联托收凭证一并留存备查，将第三、四联拒付理由书连同付款人提交或本行留存的债务证明和第四、五联托收凭证一并寄收款人开户行。

（2）付款人为银行的，如提出拒绝付款，比照单位拒绝付款的处理。

（四）收款人开户行收到划回款项的核算

1. 收到划回款项的处理。

收款人开户行接到付款人开户行寄来的联行邮划贷方报单，应将留存的第二联凭证抽出同第四联凭证进行核对。经审查无误后，在该二联凭证上填注转账日期，即以第二联托收凭证作贷方传票。其会计分录为：

借：联行来账

　贷：××存款——收款人账户

转账后，将第四联托收凭证加盖转讫章作收账通知交给收款人，并销记发出托收凭证登记簿。

2. 付款人无款支付的处理。

如果收款人开户行接到第四联托收凭证和第二、三联付款人未付款项通知书以及付款人开户行留存的债务证明，应抽出第二联托收凭证，并在该联凭证“备注”栏注明“无款支付”字样，销记发出托收凭证登记簿。然后将第四联托收凭证及一联未付款项通知书以及收到的债务证明退给收款人。收款人在未付款项通知书上签收后，收款人开户行将一联未付款项通知书连同第二联托收凭证一并保管备查。

3. 收到拒绝付款凭证的处理。

如果收款人开户行接到第四、五联托收凭证及有关债务证明和第三、四联拒绝付款理由书，经核对无误后，抽出第二联托收凭证，并在该联凭证备注栏注明“拒绝付款”字样。

销记发出托收凭证登记簿。然后将第四、五联托收凭证及有关债务证明和第四联拒付理由书一并退给收款人。收款人在第三联拒付理由书上签收后，收款开户行将第三联拒付理由书连同第二联托收凭证一并保管备查。

如采用电报划回方式，除有关凭证处理与传递方式不同外，其余核算手续与之相同。

第四节 信用卡业务的核算

信用卡是指商业银行向个人和单位发行的，凭以向特约单位购物、消费和向银行存取现金，且具有消费信用的特制载体卡片。信用卡按使用对象分为单位卡和个人卡；按信誉等级分为金卡和普通卡。

一、信用卡的基本规定

1. 信用卡发卡银行可根据申请人的资信程度，要求其提供担保，担保的方式可采用保证、抵押或质押。发卡银行应建立授权审批制度，信用卡结算超过规定限额的必须取得发卡银行的授权。

2. 单位卡账户的资金一律从其基本存款账户转账存入，不得交存现金，不得将销货收入存入其账户；个人卡账户的资金以其持有的现金存入或以其工资性款项及属于个人的劳务报酬收入转账存入。严禁将单位的款项存入个人卡账户。

3. 信用卡仅限于合法持卡人使用，持卡人不得出租或转借信用卡。

4. 持卡人可持信用卡在特约单位购物、消费，单位卡不得用于10万元以上的商品交易、劳务供应款项的结算，且一律不得支取现金。

5. 信用卡允许善意透支，个人卡每笔透支额以2万元为上限，月透支余额不得超过5万元；单位卡每笔透支额以5万元为上限，月透支余额不得超过10万元或其综合授信额度的3%；透支部分按规定利率计收利息，按月收单利，透支期限最长为60天。

二、发行信用卡的核算

单位或个人申请使用信用卡，应按发卡银行规定填写申请表。发卡银行审查同意后，应及时通知申请人前来办理领卡手续，并按规定向其收取备用金和手续费。

（一）发行单位卡的核算

发卡银行接到申请单位送交的支票和三联进账单（申请人不在发卡银行机构开户的填两联进账单），审查无误后，比照支票核算的有关处理，另填制一联特种转账贷方传票，作收取手续费贷方传票。其会计分录为：

借：××存款（或存放中央银行准备金）——××单位基本存款账户

　　贷：银行卡存款——××单位信用卡账户

　　　　中间业务收入——银行卡结算业务收入账户

（二）发行个人卡的核算

个人申请使用信用卡，可以交存现金，也可以转账存入。其会计分录为：

借：现金（或存放中央银行准备金）

贷：活期储蓄存款——××个人信用卡账户

中间业务收入——银行卡结算业务收入账户

发卡银行在办理信用卡发卡手续时，应登记信用卡账户开销户登记簿和发卡清单，在发卡清单上记载领卡人身份证件号码，由领卡人签收。

三、凭信用卡消费的核算

（一）特约单位开户行的核算

特约单位办理信用卡进账时，应填制两联进账单和按发卡银行分别填制汇计单并提交签购单。汇计单一式三联，签购单一式四联。

特约单位开户行收到特约单位送来的两联进账单和三联汇计单及第二、三联签购单，经审查无误后，根据第二联签购单上压印的全国联行行号或填注的分辖行号和同城票据交换号或是否为跨系统银行发行的信用卡，分别不同情况处理如下：

特约单位与持卡人在同一城市不同银行机构开户和异地跨系统银行发行的信用卡的。其会计分录为：

借：存放中央银行准备金

贷：××存款——特约单位账户

中间业务收入——银行卡结算业务收入账户

特约单位与持卡人不在同一城市的。其会计分录为：

借：联行往账

贷：××存款——特约单位账户

中间业务收入——银行卡结算业务收入账户

第一联进账单加盖转讫章作收账通知和第一联汇计单加盖业务公章作交费收据，退给特约单位。

特约单位所在地的跨系统发卡银行通汇行接到特约单位开户的跨系统银行交换来的签购单和汇计单，随联行借方报单寄持卡人开户行。其会计分录为：

借：联行往账

贷：存放中央银行准备金

（二）持卡人开户行的核算

持卡人开户行收到同城交换来或联行寄来报单及第二联签购单和第三联汇计单或第二联取现单时，经审查无误后，第二联签购单作借方传票，第三联汇计单留存。其会计分录为：

借：银行卡存款（或活期储蓄存款）——××单位（或个人）信用卡账户

贷：联行来账（或存放中央银行准备金）

持卡人开户行收到签购单，发现持卡人信用卡账户不足支付的，其不足部分另设贷款科目核算。

四、凭信用卡存取现金的核算

（一）同城存取现金的核算

持卡人凭个人卡存入现金的，银行经审查无误后填制存款单。存款单一式四联，第一联回单，第二联贷方传票，第三联贷方传票附件，第四联存根。参加同城票据交换的代理行应填制一联特种转账贷方传票，第一联存款单交持卡人，第三联存款单作附件，第四联存款单留存备查。其会计分录为：

借：现金

　　贷：应解汇款——××个人信用卡账户

将第二联存款单加盖业务公章向持卡人开户行提出票据交换，另填制一联特种转账借方传票。其会计分录为：

借：应解汇款——××个人信用卡账户

　　贷：存放中央银行准备金

发卡银行收到划来的款项及第二联存款单，其会计分录为：

借：存放中央银行准备金

　　贷：活期储蓄存款——××个人信用卡账户

对持卡人凭个人卡在发卡银行存入现金的，不通过同城票据交换，其账务处理参照上述处理手续，此处不再赘述。

参加同城票据交换的代理行，对持卡人凭个人卡支取现金的，应要求其提交身份证件，并应审查信用卡的真伪及有效期；持卡人身份证件的照片或卡片上的照片是否与其本人相符；该信用卡是否被列入止付名单。审查无误后，在取现单上办理压（刷）卡。取现单一式四联，第一联回单，第二联借方传票，第三联贷方传票附件，第四联存根。持卡人取现金额超过规定限额的，应办理索权手续，并将发卡银行所给的授权号填入取现单有关栏目。

对持卡人凭个人卡支取现金的账务处理与存入现金相反，此处不再赘述。

（二）异地存取现金的核算

在异地存现金的，比照以上在同一城市存入现金的有关手续处理，联行往来的代理行按规定标准收取手续费，并将第二联存款单加盖转讫章随联行贷方报单寄持卡人开户行，另填制一联特种转账贷方凭证，作收取手续费的贷方传票。其会计分录为：

借：现金

　　贷：应解汇款——××个人信用卡账户

借：应解汇款——××个人信用卡账户

　　贷：联行往账

　　　　中间业务收入

持卡人开户行收到联行寄来的报单及第二联存款单时，经审查无误后，第二联存款单作贷方传票。其会计分录为：

借：联行来账

　　贷：活期储蓄存款——××个人信用卡账户

对持卡人凭个人卡在异地支取现金的账务处理与存入现金相反，此处不再赘述。

五、信用卡授权的核算

持卡人在同城或异地支取现金或购物消费时，超过规定的支付金额的，应向发卡银行索权。发卡银行收到付现代理行或特约单位的索权通知时，小额支付应作授权记录并根据情况作出相应授权答复；大额支付可根据授权金额填制两联特种转账借方传票和两联特种转账贷方传票，将一联特种转账借方传票和一联特种转账贷方传票加盖转讫章作收、付款通知交给持卡人。其会计分录为：

借：活期储蓄存款（或××存款）——××个人（或单位）信用卡账户

　　贷：保证金存款——××个人或单位信用卡账户

转账后，予以授权。待收到寄来的签购单或取现单后，应以第二联签购单或取现单作借方传票。其会计分录为：

借：保证金存款——××个人或单位信用卡账户

　　贷：联行来账（或存放中央银行准备金）

六、信用卡注销的核算

发卡银行在确认持卡人具备销户条件时，应通知持卡人办理销户手续，并收回信用卡。有效卡无法收回时，应予以止付。发卡银行核对账务无误后，分别个人卡、单位卡进行处理。

个人卡销户时，其会计分录为：

借：活期储蓄存款——××个人信用卡账户

　　利息支出——××利息支出账户

　　贷：现金（或有关科目）

单位卡销户时，其会计分录为：

借：银行卡存款——××单位信用卡账户

　　利息支出——××利息支出账户

　　贷：××存款——申请人基本存款账户

申请人与持卡人不在同一银行开户的，应将第三、四联转账单通过同城票据交换划转申请人的基本存款户。

复习思考题

一、目的：练习支付结算（汇兑、托收承付、委托收款和信用卡）的核算。

二、要求：根据下列业务，逐笔写出会计分录；托收承付逾期付款的，计算赔偿金。

三、资料：工商银行福州市某支行发生以下业务。

1. 机床厂（账号2010001）提交一式四联信汇凭证，向首都钢铁厂汇原料款53000元，汇入行是北京某工商银行，审查无误立即办理。

2. 王华提交一式三联电汇凭证连同现金1200元，向驻长沙芙蓉饭店218房间汇刘辉差旅费，汇入行是长沙五一分理处，审查无误，立即办理。

3. 收到北京王府井分理处填发的全国联行邮划贷方报单及第三、四联信汇凭证，金额25000元，收款人是在本行开户的热水瓶厂（账号2010002），审查无误立即办理。

4. 收到上海虹口区办事处拍发的汇款电报，金额2000元，并注明“现金”字样，收款人李莉，住本市某宾馆1105房间，经通知，李莉当日来行支取现金，审查无误立即办理。

5. 承付期满，付款单位第二化工厂（账号2010003）向上海虹口区办事处开户的化工一厂支付货款15200元，立即邮划上海。

6. 收到天津和平路分理处填发的全国联行邮划贷方报单及第四联托收承付结算凭证，金额350000元，收款人是在本行开户的机床厂（账号2010001），审查无误立即办理。

7. 机床厂（账号2010001）付款的一笔托收承付款项，金额200000元，5月9日承付期满，付款人存款账户只能支付100000元，逾期于5月20日上午营业开始时支付60000元，其余款于6月14日上午营业开始时全部付清（不考虑节假日）。计算应收的赔偿金。

8. 接到信用卡申请人第二化工厂（账号2010003）送交的转账支票和三联进账单，金额为10万元，经审查无误后，通知申请人前来办理领卡手续，并按规定向其收取手续费。

第五章

支付结算业务的核算——票据业务的核算

内容提示

票据是指出票人依法签发的，约定自己或委托付款人在见票时或指定的日期向收款人或持票人无条件支付一定金额并可转让的有价证券。《中华人民共和国票据法》（以下简称《票据法》）所规定的票据是指汇票、支票和本票。

本章主要介绍我国现行支付结算体系中各种票据的概念、基本规定和会计核算手续，并充分结合《支付结算办法》和《票据法》的相关规定。

第一节　票据基础

一、票据的法律特征及票据的功能

票据是指出票人依法签发的，约定自己或委托付款人在见票时或指定的日期向收款人或持票人无条件支付一定金额并可转让的有价证券。我国《票据法》所规定的票据是指汇票、支票和本票。

（一）票据的法律特征

1. 文义性。

这是指票据上的权利与义务，完全依票据所记载的事项决定，在票据上签名的人必须依票据文义履行自己的义务，不能以票据上未记载的事由变更票据的效力。

2. 要式性。

票据的作成格式和记载事项，必须依法定格式，才能发生票据的效力。

3. 流通性。

票据作为票据权利，可以依背书交付转让于他人，具有流通性。

4. 无因性。

这是指票据设立后，具有独立的权利、义务关系，与产生或转让票据的原因关系相分离，而不是说票据的产生或转让是没有原因的。

（二）票据的功能

1. 支付功能。

在社会经济活动中，可以充当商品交换的媒介和资金清算的工具。

2. 信用功能。

购货单位可把它作为延期付款的凭证以获得商品，即可以签发一张特定日期为付款期的票据。

3. 结算功能。

转账结算多以它为工具，通过它完成债权的转移和债务的清偿。

4. 融资功能。

汇票持票人可以通过票据贴现、转贴现或再贴现，在票据到期前提前获得资金。

二、票据法律制度

（一）票据的出票

票据的签发、取得和转让，应当遵循诚实信用的原则，具有真实的交易关系和债权债务关系。票据的取得必须给付对价，即应当给付票据双方当事人认可的相对应的代价。但因税收、赠与、继承可以依法无偿取得票据的，不受给付对价的限制。

（二）票据的背书

票据可以流通转让，持票人可以将票据权利转让给他人或者将一定的票据权利授予他人行使。我国《票据法》规定的票据均为记名票据，出票时必须记载收款人名称，转让时必须经过背书，并记载背书人和被背书人，被背书人即为现实收款人。所谓背书就是票据的出让人与受让人在票据背面或者粘单上记载有关事项并签章的票据行为。

除填明“现金”字样的银行汇票、银行本票和用于支取现金的支票不能背书转让外，其他票据均可以背书转让。但银行本票、支票的转让仅限于同一票据交换区域。区域性银行汇票仅限于本区域内背书转让。出票人在票据上记载“不得转让”字样的，票据不得转让。

背书不得附有条件，背书附有条件的，所附条件不具有票据上的效力。

背书转让的票据，背书应当连续。只有背书连续的票据，才能证明持票人的票据权利。非经背书转让而以其他方式取得票据的，须依法举证，证明其票据权利。背书连续，是指在票据转让中，转让票据的背书人与受让票据的被背书人在票据上的签章依次前后衔接，即第一次背书的背书人是汇票记载的收款人；前一次背书的被背书人为后一次背书的背书人；最后一次的持票人是最后一次背书的被背书人。背书栏不敷背书的，可以加附粘单，粘附于票据凭证上。粘单上的第一记载人，应当在票据和粘单的粘接处签章。

（三）票据的承兑

承兑是指汇票付款人承诺在汇票到期日支付汇票金额的票据行为。付款人对向其提示承兑的汇票，应当自收到提示承兑的汇票之日起3日内承兑或者拒绝承兑。付款人承兑汇票的，应当在汇票正面记载“承兑”字样和承兑日期并签章；付款人承兑汇票，不得附有条件；承兑附有条件的，视为拒绝承兑。付款人承兑汇票后，应当承担到期付款的责任。

（四）票据的保证

汇票的债务可以由保证人承担保证责任。保证人由汇票债务人以外的他人担当。保证不得附有条件；附有条件的，不影响对汇票的保证责任。保证人对合法取得汇票的持票人所享有的汇票权利，承担保证责任。但是，被保证人的债务因汇票记载事项欠缺而无效的除外。

被保证的汇票，保证人应当与被保证人对持票人承担连带责任。汇票到期后得不到付款的，持票人有权向保证人请求付款，保证人应当足额付款。保证人为二人以上的，保证人之间承担连带责任。保证人清偿汇票债务后，可以行使持票人对被保证人及其前手的追索权。

（五）票据的付款

票据的收款人或持票人必须按《票据法》规定的期限提示付款，未按规定期限提示付款的，持票人丧失对其前手的追索权。如通过委托收款银行或者通过票据交换系统向付款人提示付款的，提示付款日期以收款人或持票人向开户银行提交票据为准，付款人或代理付款人应于见票当日足额付款。

票据的债务人对到期的票据应当向持票人支付款项，但在以下这些情况下，可以对持票人拒绝付款：持票人与债务人有直接债权债务关系，并且不履行约定义务的；持票人系以欺诈、偷盗或者胁迫等手段取得票据的；持票人明知有欺诈、偷盗或者胁迫等情形，但出于恶意而取得票据的；明知直接前手存在抗辩事由但仍取得票据的；持票人因重大过失取得不符合《票据法》规定的无效票据；持票人通过转让取得票据，其背书不连续；未在《票据法》规定的期限内提示付款的。

但票据债务人对与出票人之间有抗辩事由以及与持票人的前手之间有抗辩事由的票据，不得拒绝付款。

（六）票据的追索权

汇票到期被拒绝付款的，持票人可以对背书人、出票人以及汇票的其他债务人行使追索权。汇票的出票人、背书人、承兑人和保证人对持票人承担连带责任。持票人可以不按照汇票债务人的先后顺序，对其中任何一人、数人或者全体行使追索权。持票人对汇票债务人中的一人或者数人已经进行追索的，对其他汇票债务人仍可以行使追索权。被追索人清偿债务后，与持票人享有同一权利。持票人为出票人的，对其前手无追索权。持票人为背书人的，对其后手无追索权。

（七）票据挂失

已承兑的商业汇票、支票、填明“现金”字样和代理付款人的银行汇票以及填明“现金”字样的银行本票丧失，失票人可以通知付款人或代理付款人挂失止付。未填明“现金”字样和代理付款人的银行汇票以及未填明“现金”字样的银行本票丧失，不得挂失止付。

第二节　支票业务的核算

支票是出票人签发的，委托办理支票存款业务的银行在见票时无条件支付确定的金额给收款人或者持票人的票据。支票分为现金支票、转账支票和普通支票三种。本书以转账支票为例讲述。

一、支票的基本规定

1. 单位和个人在同一票据交换区域的各种款项结算，均可以使用支票。2007 年 6 月 25

日，中国人民银行建成全国支票影像交换系统，实现了支票在全国范围的互通使用。

2. 现金支票只能用于支取现金；转账支票只能用于转账；普通支票既可用于支取现金，也可用于转账。其中，在普通支票左上角划两条平行线的，为划线支票，划线支票只能用于转账，不得支取现金。

3. 支票的提示付款期自出票日起10日（到期日遇法定节假日顺延），但中国人民银行另有规定的除外。支票的金额、收款人名称可以由出票人授权补记，未补记前不得背书转让和提示付款。

4. 禁止签发空头支票。出票人签发的空头支票，签章与预留银行签章不符的支票，使用支付密码地区、支付密码错误的支票，银行应予以退票，并按票面金额处以5%但不低于1000元的罚款。该罚款就地上缴中央国库，每年终了后的20个工作日内，中国人民银行按上年实际罚款的10%（每笔最高不超过10万元），向商业银行支付协助执行手续费，商业银行作为“手续费收入”；持票人有权要求出票人赔偿支票金额2%的赔偿金，对屡次签发的，银行应停止其签发支票。

5. 签发支票应使用炭素墨水或墨汁填写，中国人民银行另有规定的除外，大小写金额、日期和收款人不得更改。

6. 支票的持票人可以委托开户银行收款或直接向付款人提示付款；用于支取现金的支票仅限于收款人向付款人提示付款，不得背书转让；持票人委托开户银行收款时，应作委托收款背书。

二、转账支票的核算

（一）持票人、出票人在同一银行机构开户的核算

银行接到持票人送来的转账支票（见表5－1）和三联进账单（见表5－2）时，应认真审查，经审查无误后，以支票作借方传票，第二联进账单作贷方传票。其会计分录为：

表5－1

<table>
<tr>
<td>××银行转账支票存根
支票号码
科目
对方科目
出票日期　　年　月　日
收款人：
金　额：
用　途：

单位主管　　会计</td>
<td>本
支
票
付
款
期
限
十
天</td>
<td>××银行转账支票　地名　支票号码：
出票日期：（大写）贰零××年零陆月零陆日　付款行名称：工行台江支行
收款人：华联商厦　出票人账号：2195001
<table>
<tr><td>人民币</td><td>千</td><td>百</td><td>十</td><td>万</td><td>千</td><td>百</td><td>十</td><td>元</td><td>角</td><td>分</td></tr>
<tr><td>（大写）捌万元整</td><td></td><td></td><td>¥</td><td>8</td><td>0</td><td>0</td><td>0</td><td>0</td><td>0</td><td>0</td></tr>
</table>
用途　货款　　科目（借）　2195
上列款项请从　　对方科目（贷）　2010
我账户内支付　　转账日期20××年6月16日
出票人签章　　复核　　记账
（使用清分机的，此区域供打印磁性字码）</td>
</tr>
</table>

表 5－2　　　　　　××银行**进账单**　（贷方凭证）　**2**

20××年6月15日　　　　　　　　　　　　　　第　　号

出票人	全　称	福州市第一人民医院	持票人	全　称	华联商厦
	账　号	2195001		账　号	2010008
	开户银行	工行台江支行		开户银行	工行台江支行

	千	百	十	万	千	百	十	元	角	分
人民币（大写）捌万元整			¥	8	0	0	0	0	0	0

票据种类	转账支票	科目（贷）　2010
票据张数	1	对方科目（借）　2195
备注：		转账日期　20××年6月16日
		复核　　　记账

此联由持票人开户银行作贷方凭证

借：机关团体存款——市第一人民医院户　　　　　　　　80000.00

　　贷：单位活期存款——华联商厦户　　　　　　　　　　80000.00

第一联进账单加盖转讫章作受理回单交给持票人，第三联进账单作收账通知交给持票人。

如为出票人送交支票，则第一联进账单加盖转讫章作回单交给出票人，第三联进账单加盖转讫章作收账通知交给收款人。

（二）持票人、出票人不在同一银行机构开户的核算

1. 持票人开户行受理持票人送交支票的处理（见图 5－1）。

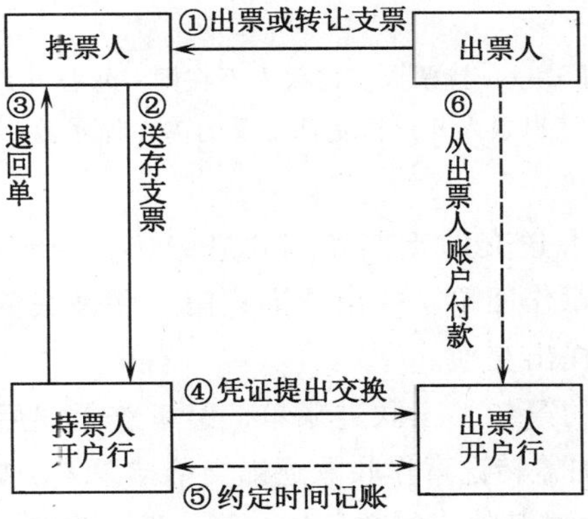

图 5－1　持票人、出票人不在同一银行开户，持票人开户行受理支票的基本程序图

持票人开户行受理支票的，由于支票的出票人不在本行开户，当时无法从其账户付款。为贯彻银行不垫款的结算原则，采取的做法是：通过票据交换，凭证一次传递，约定时间记账，发生退票，在约定时间内办理，超过约定时间，为持票人入账。

（1）持票人开户行接到持票人送交支票的处理。持票人开户行接到持票人送交的支票和三联进账单时，应按有关规定认真审查无误后，在第二联进账单上按票据交换场次加盖"收妥后入账"的戳记与第三联进账单暂存，将第一联加盖转讫章交给持票人。支票按照票

据交换的规定及时提出交换，俟退票时间过后，以第二联进账单作贷方传票。其会计分录为：

借：存放中央银行准备金（或支行辖内往来）

　　贷：××存款——持票人账户

转账后将第三联进账单作收账通知交给持票人。

（2）出票人开户行收到交换提入支票的处理。出票人开户行收到交换提入的支票时，应按有关规定认真审查无误后，对不予退票的，以支票作借方传票。其会计分录为：

借：××存款——持票人账户

　　贷：存放中央银行准备金（或支行辖内往来）

2. 出票人开户行受理出票人送交支票的处理（见图5－2）。

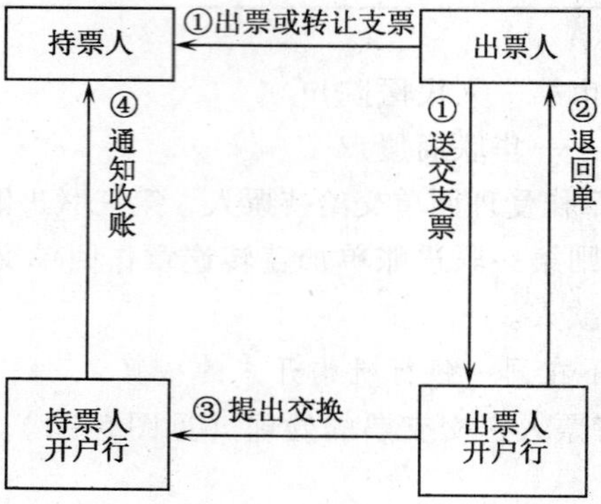

图5－2　持票人、出票人不在同一银行开户，出票人开户行受理支票的基本程序图

出票人开户行接到出票人送交的支票和三联进账单，经审查无误后，以支票作借方传票。第一联进账单加盖转讫章作回单交给出票人，第二联进账单加盖业务公章连同第三联进账单按票据交换的规定及时提出交换。

持票人开户行收到提入的第二、三联进账单，经审查无误后，第二联进账单加盖转讫章作贷方传票。第三联进账单加盖转讫章作收账通知交给持票人。如持票人不在本行开户或进账单上的账号、户名不符，应通过其他应付款科目核算，然后将第二、三联进账单通过票据交换退回出票人开户银行。

出票人开户行与持票人开户行账务处理分录同“1. 持票人开户行受理持票人送交支票的处理”。

第三节　银行本票业务的核算

银行本票是银行签发的，承诺自己在见票时无条件支付确定的金额给收款人或持票人的票据。

一、银行本票的规定

1. 单位和个人在同一票据交换区域需要支付各种款项，均可使用银行本票。

2. 银行本票的出票人，为经当地人民银行批准办理银行本票业务的银行机构。

3. 银行本票可以用于转账，注明“现金”字样的银行本票可以用于支取现金；申请人或收款人为单位的，银行不得为其签发现金银行本票；本票上未划去“现金”或有“转账”字样的，一律按转账办理。

4. 银行本票的提示付款期限自出票日起最长不得超过2个月，持票人超过提示付款期限提示付款的，代理付款人不予受理。

5. 银行本票见票即付，跨系统银行本票的兑付，持票人开户行可根据中国人民银行规定的金融机构同业往来利率向出票银行收取利息。

银行本票基本程序见图5-3。

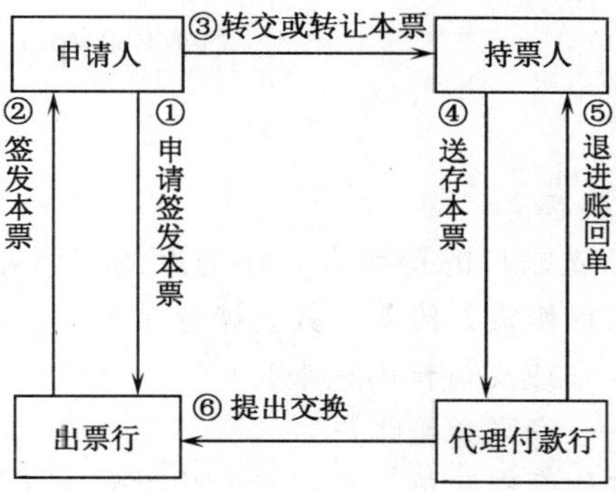

图5-3　银行本票基本程序图

二、银行本票出票的核算

申请人需要使用银行本票，应向银行填交“银行本票申请书”。申请书一式三联，第一联存根，第二联借方传票，第三联贷方传票。交现金办理本票的，第二联注销。

银行受理申请人提交的第二、三联申请书时，应认真审查其填写的内容是否齐全、清晰；申请书填明“现金”字样的，应审查申请人或收款人是否均为个人，审查无误后，以申请书第二联作借方传票（现金交付的，此联注销作附件），第三联作贷方传票。其会计分录为：

借：单位活期存款（或现金）——申请人账户　　45000.00

　　贷：本票　　45000.00

出票行在办理转账或收妥现金后，签发一式二联银行本票（见表5-3）。第一联卡片，第二联本票。填写的银行本票经复核无误后，在本票第二联上加盖银行本票专用章并由授权的经办人签名或盖章，同时需用总行统一制作的压数机在“人民币大写”栏右端压印小写金额后交给申请人。第一联卡片加盖经办、复核名章后留存，专夹保管。

表5－3

××银行 地 名 本票号码

本 票 2

出票日期 贰零××年零陆月零柒日（大写）第 号

付款期限 ×个月

<table>
<tr><td colspan="4">收款人：华联商厦</td></tr>
<tr><td colspan="4">凭票即付 人民币（大写） 肆万伍仟元整</td></tr>
<tr><td>转账</td><td>现金</td><td rowspan="2"></td><td rowspan="2">科目（借） 1040
对方科目（贷） 2010
付款日期 20××年7月6日
出纳 复核 经办</td></tr>
<tr><td colspan="2">备注：</td></tr>
</table>

此联出票行结清本票时作借方凭证

（使用清分机的，此区域供打印磁性字码）

三、银行本票付款的核算

（一）转账银行本票付款的核算

代理付款行接到在本行开立账户的持票人直接交来的本票和三联进账单时，应认真审查，审查无误后，第二联进账单作贷方传票。其会计分录为：

借：存放中央银行准备金（或支行辖内往来） 45000.00

贷：单位活期存款——华联商厦账户 45000.00

第一联进账单加盖转讫章作受理回单、第三联作为收账通知一并交给持票人。本票加盖转讫章，通过票据交换向出票行提出交换。

（二）现金银行本票付款的核算

出票行接到收款人交来的注明“现金”字样的本票时，抽出专夹保管的本票卡片，经认真审核无误后，办理付款手续，本票作借方传票，本票卡片作附件。其会计分录为：

借：本票

贷：现金

四、银行本票结清的核算

出票行收到票据交换来的本票时，抽出专夹保管的本票卡片，经核对相符，确属本行出票，本票作借方传票，本票卡片作附件。其会计分录为：

借：本票 45000.00

贷：存放中央银行准备金（或支行辖内往来） 45000.00

如持票人、申请人在同一行处开户，出票行办理付款和结清本票，其会计分录为：

借：本票

贷：××存款（或现金）——持票人账户

第四节 银行汇票业务的核算

银行汇票是出票行签发的，由其在见票时按照实际结算金额无条件支付给收款人或者持票人的票据。银行汇票的出票银行为银行汇票的付款人。

一、银行汇票的基本规定

1. 单位和个人的各种款项结算，均可使用银行汇票。

2. 银行汇票可以用于转账，填明“现金”字样的银行汇票也可以用于支取现金。

3. 银行汇票的出票和付款，全国范围限于中国人民银行和各商业银行参加“全国联行往来”的银行机构办理。银行汇票的代理付款人是代理本系统出票银行或跨系统签约银行审核支付汇票款项的银行。代理付款人不得受理未在本行开立存款账户的持票人为单位直接提交的银行汇票。

4. 银行汇票的提示付款期限自出票日起 1 个月，超过付款期限提示付款的，代理付款人不予受理。

5. 签发转账银行汇票，不得填写代理付款人名称。签发现金银行汇票，申请人和收款人应均为个人，在银行汇票“出票金额”栏上先填明“现金”字样，后填出票金额，并填写代理付款人名称。

6. 银行汇票的背书转让以不超过出票金额的实际结算金额为准，未填写实际结算金额或实际结算金额超过出票金额的银行汇票不得背书转让。

7. 银行汇票持票人向银行提示付款时，必须同时提交银行汇票和解讫通知，缺少任何一联，银行不予受理。申请人因银行汇票超过付款提示期限或其他原因要求退款时，应将银行汇票和解讫通知同时提交到出票银行办理；申请人缺少解讫通知要求退款的，出票银行应于银行汇票提示付款期满一个月后办理。

8. 银行汇票丧失，失票人可以凭人民法院出具的其享有票据权利的证明，向出票银行请求付款或退款。

银行汇票的基本程序见图 5－4。

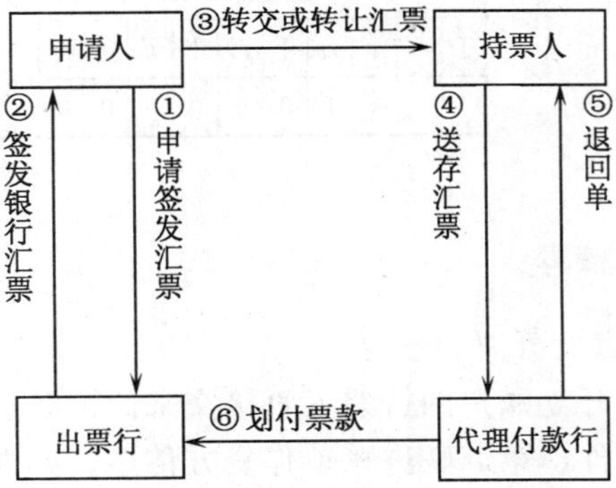

图 5－4 银行汇票基本程序图

二、出票银行签发银行汇票的核算

申请人需要使用银行汇票，应向银行填写银行汇票申请书。申请书一式三联，第一联存根，第二联借方传票，第三联贷方传票。交现金办理汇票的，第二联注销。

出票行受理申请人提交的第二、三联申请书时，应认真审查其内容填写是否齐全、清晰，其签章是否为预留银行的签章；申请书填明“现金”字样的，申请人和收款人是否均为个人，并交存现金。经审查无误后，以第二联申请书作借方传票（现金交付的，此联注销作附件），第三联作贷方传票。其会计分录为：

借：单位活期存款（或现金）——盛昌公司账户　　30000.00

　　贷：汇出汇款　　30000.00

出票行在办好转账或收妥现金后，签发银行汇票。银行汇票（见表5-4）一式四联，第一联卡片，第二联汇票，第三联解讫通知，第四联多余款收账通知。填写的汇票经审核无误后，在第二联上加盖汇票专用章并由授权的经办人签名或盖章，签章必须清晰；在实际结算金额栏的小写金额上端用总行统一制作的压数机压印出票金额，然后连同第三联一并交给申请人。第一联上加盖经办、复核名章，在逐笔登记汇出汇款账并注明汇票号码后，连同第四联一并专夹保管。

表5-4

付款期限 壹个月

××银行

银行汇票　2

汇票号码 第　号

出票日期（大写）	贰零××年零玖月零捌日	代理付款行：				行号：					
收款人：台江百货公司						账号：2010002					
出票金额	人民币（大写）叁万元整										
实际结算金额	人民币（大写）贰万元整	千	百	十	万	千	百	十	元	角	分
				¥	2	0	0	0	0	0	0

申请人：盛昌公司　　账号或住址：2010001

出票行：工行长沙雨花亭办　行号：2××××

备注：

凭票付款

出票行签章

多余金额										科目（借）联行往账
千	百	十	万	千	百	十	元	角	分	对方科目（贷）2010
		¥	1	0	0	0	0	0	0	兑付日期20××年9月27日
										复核　记账

此联代理付款行付款后作联行往账借方凭证附件

三、代理付款行付款的核算

（一）持票人在代理付款行开户的核算

代理付款行接到在本行开立账户的持票人直接交来的汇票、解讫通知和三联进账单经审查无误，汇票作借方传票附件，第二联进账单作贷方传票，办理转账。其会计分录为：

借：联行往账　　20000.00

　　贷：单位活期存款——台江百货公司户　　20000.00

第一联进账单加盖转讫章作受理回单、第三联作收账通知交给持票人，解讫通知加盖转讫章随联行借方报单寄给出票行。

（二）持票人未在代理付款行开户的核算

代理付款行接到未在本行开立账户的持票人为个人交来汇票和解讫通知及三联进账单时，审查无误并验明持票人身份证件后，以持票人姓名开立应解汇款账户，并在该分户账上填明汇票号码以备查考，第二联进账单作贷方传票，办理转账。其会计分录为：

借：联行往账

　　贷：应解汇款——持票人账户

1. 转账支付的处理。

原持票人需要一次或分次办理转账支付的，应由其填制支付凭证，并向银行交验本人的身份证件。其会计分录为：

借：应解汇款——原持票人账户

　　贷：××存款（或存放中央银行准备金、联行往账等）——××户

2. 支取现金的处理。

原持票人需要支取现金的，代理付款行经审查汇票上填写的申请人和收款人确为个人并按规定填明“现金”字样，以及填写的代理付款行名称确为本行的，可办理现金支付；未填明“现金”字样，需要支取现金的，由代理付款行按照现金管理规定审查支付，另填制一联现金付出传票。其会计分录为：

借：应解汇款——原持票人账户

　　贷：现金

四、出票行结清银行汇票的核算

出票行接到代理付款行寄来联行借方报单以及解讫通知时，抽出原专夹保管的汇票卡片，经核对确属本行出票，借方报单与实际结算金额相符，多余金额结计正确无误后，分别作如下处理：

（一）全额付款的核算

银行汇票全额付款，应在汇票卡片的实际结算金额栏填入全部金额，在多余款收账通知的多余金额栏填写“-0-”，汇票卡片作借方传票，解讫通知和多余款收账通知作借方传票的附件。其会计分录为：

借：汇出汇款

　　贷：联行来账

同时销记汇出汇款账。

（二）有多余款的核算

1. 申请人在本行开户的处理。

申请人在本行开户，银行汇票有多余款的，应在汇票卡片和多余款收账通知上填写实际结算金额，汇票卡片作借方传票，解讫通知作多余款贷方传票。其会计分录为：

借：汇出汇款	30000.00	
贷：联行来账		20000.00
单位活期存款——盛昌公司账户		10000.00

同时销记汇出汇款账，在多余款收账通知多余金额栏填写多余金额，加盖转讫章，通知申请人。

2. 申请人未在本行开户的处理。

申请人未在银行开立账户，多余金额应先转入“其他应付款”科目，以解讫通知代其他应付款科目贷方传票。同时销记汇出汇款账，并通知申请人持申请书存根及本人身份证件来行办理领取手续。领取时，以多余款收账通知代“其他应付款”科目借方传票，销记“其他应付款”科目，并向申请人支付现金。

第五节　商业汇票业务的核算

商业汇票是出票人签发的，委托付款人在指定日期无条件支付确定的金额给收款人或者持票人的票据。商业汇票因承兑人的不同分为商业承兑汇票和银行承兑汇票。

一、商业汇票的基本规定

1. 在银行开立存款账户的法人以及其他组织之间，必须具有真实的交易关系或债权债务关系，才能使用商业汇票。

2. 商业承兑汇票的出票人，为在银行开立存款账户的法人以及其他组织（银行承兑汇票的出票人必须是在承兑银行开立存款账户的法人及其他组织），与付款人具有真实的委托付款关系，具有支付汇票金额的可靠资金来源。

3. 商业承兑汇票由付款人或收款人签发并由银行以外的付款人承兑，银行承兑汇票是由在承兑银行开立账户的存款人签发并由银行承兑。

4. 商业汇票的付款期限最长不得超过6个月，其提示付款期限自汇票到期日起10日。

5. 商业汇票可以在出票时向付款人提示承兑后使用，也可以在出票后先使用再向付款人提示承兑。持票人应当自出票日起1个月内向付款人提示承兑；银行承兑汇票的承兑银行，应按票面金额的万分之五向出票人收取手续费。

6. 银行承兑汇票的出票人应于汇票到期前将票款足额交存其开户银行，到期日未能足额交存票款时，承兑银行除凭票向持票人无条件付款外，对出票人尚未支付的汇票金额按每天万分之五计收利息。

7. 符合条件的商业汇票的持票人可持未到期的商业汇票向银行申请贴现。贴现银行可持未到期的商业汇票向其他银行转贴现，或向中国人民银行申请再贴现。

二、商业承兑汇票的核算

商业承兑汇票基本程序见图5－5。

（一）持票人开户行受理汇票的核算

持票人凭商业承兑汇票（见表5－5）委托开户行收款时，应填制邮划或电划托收凭证，并在“托收凭据名称”栏注明“商业承兑汇票”及其汇票号码，连同汇票一并送交开户行。银行应认真审查，经审查无误，在托收凭证各联上加盖“商业承兑汇票”戳记。其余处理

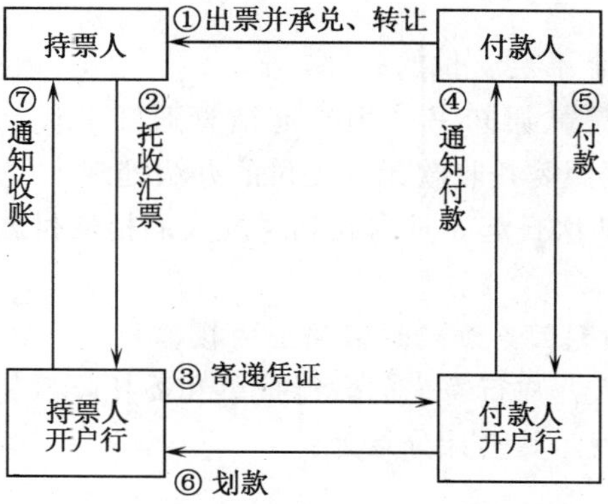

图 5－5　商业承兑汇票基本程序图

表 5－5

商业承兑汇票　2

汇票号码

出票日期（大写）　贰零××年零陆月零叁日

第　　号

付款人	全　称	福州市第一人民医院	收款人	全　称	杭州市医疗器械厂		
	账　号	2195001		账　号	2010003		
	开户银行	工行台江支行		开户银行	工行杭州市支行	行号	2××××
出票金额	人民币（大写）陆万元整				千百十万千百十元角分		
					¥6000000		
汇票到期日	20××年9月3日		交易合同号码	678#			
本汇票已经承兑，到期无条件支付票款 承兑人签章 承兑日期　年　月　日			本汇票请予以承兑于到期日期付款 出票人签章				

此联持票人开户行随委托收款凭证寄付款人开户行　作借方凭证附件

与发出托收凭证的处理相同。

（二）付款人开户行收到汇票的核算

付款人开户行接到持票人开户行寄来的托收凭证及汇票时，应按有关内容认真审查，付款人确在本行开户，承兑人在汇票上的签章与预留银行的签章相符，将第五联托收凭证交给付款人签收；同时设立登记簿，逐笔登记汇票的支付和退回。其余凭证的处理比照委托收款（下同）。

付款人开户行接到付款人的付款通知或在付款人接到开户行的付款通知的次日起 3 日内仍未接到付款人的付款通知的，应按规定的划款日期，分别作出不同的处理。

1. 付款人的银行账户有足够款项支付的处理。

以第三联托收凭证作借方传票，汇票加盖转讫章作附件。其会计分录为：

借：机关团体存款——市第一人民医院账户　　60000.00

贷：联行往账　　60000.00

2. 付款人的银行账户资金不足支付的处理。

银行应填制付款人未付票款通知书（用异地结算通知书代），在托收凭证备注栏注明“付款人无款支付”字样，比照委托收款无款支付的办法处理。

银行在付款人接到通知的次日起3日内收到付款人的拒绝付款证明时，比照委托收款拒绝付款的办法处理。

（三）持票人开户行收到划回票款或退回凭证的核算

持票人开户行接到付款人开户行寄来的联行报单和委托收款凭证或拍来的电报，比照委托收款的款项划回的办法处理。其会计分录为：

借：联行来账　　60000.00

贷：单位活期存款——市医疗器械厂账户　　60000.00

如持票人开户行接到付款人开户行发来的付款人未付款项通知书或付款人的拒绝付款理由书和汇票以及托收凭证，按委托收款无款支付退回凭证或拒绝付款退回凭证的办法处理，将托收凭证、未付款项通知书或拒绝付款理由书及汇票退给持票人，并由持票人签收。

三、银行承兑汇票的核算

银行承兑汇票基本程序见图5-6。

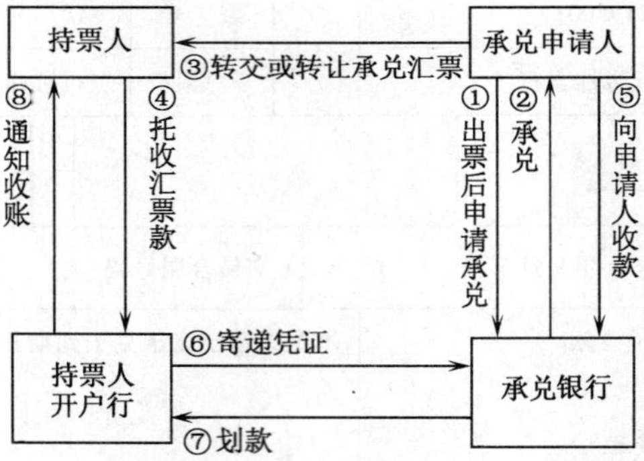

图5-6　银行承兑汇票基本程序图

（一）承兑银行办理承兑的核算

出票人或持票人持银行承兑汇票（见表5-6）向汇票上记载的付款银行申请或提示承兑时，承兑银行的信贷部门按规定审查同意后，与出票人签署银行承兑协议，一联留存，另一联及副本和第一、二联汇票一并交会计部门。

会计部门接到汇票和承兑协议，审核无误后，在第一、二联汇票上注明承兑协议编号，并在第二联汇票“承兑人签章”处加盖汇票专用章并由授权的经办人签名或盖章。由出票人申请承兑的，将第二联汇票连同一联承兑协议交给出票人；由持票人提示承兑的，将第二联汇票交给持票人，一联承兑协议交给出票人。同时，按照规定（现行按承兑金额的5‰）向出票人收取承兑手续费。

表 5-6

银行承兑汇票 2　　　　汇票号码

出票日期（大写）　贰零××年零陆月零伍日

第　　号

<table>
<tr><td>出票人全称</td><td colspan="3">台江百货公司</td><td rowspan="3">收款人</td><td>全　称</td><td colspan="10">天津纺织品批发部</td></tr>
<tr><td>出票人账号</td><td colspan="3">2010002</td><td>账　户</td><td colspan="10">2010001</td></tr>
<tr><td>付款行全称</td><td>工行台江支行</td><td>行号</td><td>2××××</td><td>开户行</td><td colspan="4">天津和平路分理处</td><td colspan="2">行号</td><td colspan="4">2××××</td></tr>
<tr><td rowspan="2">出票金额</td><td colspan="5" rowspan="2">人民币（大写）拾万元整</td><td>千</td><td>百</td><td>十</td><td>万</td><td>千</td><td>百</td><td>十</td><td>元</td><td>角</td><td>分</td></tr>
<tr><td></td><td>￥</td><td>1</td><td>0</td><td>0</td><td>0</td><td>0</td><td>0</td><td>0</td><td>0</td></tr>
<tr><td>汇票到期日</td><td colspan="3">20××年9月5日</td><td colspan="2" rowspan="2">本汇票已经承兑，到期日由本行付款
承兑行签章
承兑日期　年　月　日</td><td colspan="5">承兑协议编号</td><td colspan="5">6—11</td></tr>
<tr><td colspan="4" rowspan="2">本汇票请你行承兑，到期无条件付款
出票人签章
年　月　日</td><td colspan="10">科目（借）2330
对方科目（贷）联行往账
转账　20××年9月5日</td></tr>
<tr><td colspan="2">备注：</td><td colspan="10">复核　记账</td></tr>
</table>

此联收款人开户行随委托收款凭证寄付款行作借方凭证附件

承兑银行根据第一联汇票卡片填制银行承兑汇票表外科目收入传票，登记表外科目登记簿。

收入：银行承兑汇票应付款　　100000.00

将第一联汇票卡片和承兑协议副本专夹保管。对银行承兑汇票登记簿的余额要经常与保存的第一联汇票卡片进行核对，以保证金额相符。

（二）持票人开户行受理汇票的核算

持票人凭汇票委托开户行向承兑银行收取票款时，应填制异地邮划或电划托收凭证，在"托收凭据名称"栏注明"银行承兑汇票"及其汇票号码，连同汇票一并送交开户行。

银行按规定审查后，在托收凭证各联上加盖"银行承兑汇票"戳记。其余比照发出托收凭证的办法处理。

（三）汇票到期承兑银行收取票款的核算

1. 出票人有足够存款支付票款的处理。

承兑银行应每天查看汇票的到期情况，对到期的汇票，应于到期日（法定休假日顺延）向出票人收取票款。填制二联特种转账借方传票，一联特种转账贷方传票，并在"转账原因"栏注明"根据××号汇票划转票款"。其会计分录为：

借：单位活期存款——百货公司账户　　100000.00

　　贷：应解汇款——百货公司账户　　100000.00

一联特种转账借方传票加盖转讫章后作支款通知交给出票人。

2. 出票人无款或不足支付的处理。

出票人账户无款或不足支付时，应将全部汇票款或不足金额转入该出票人的逾期贷款户，每日按5‰计收利息。

出票人账户无款支付的，承兑银行应填制二联特种转账借方传票，一联特种转账贷方传票，在"转账原因"栏注明"××号汇票无款支付转入逾期贷款户"。其会计分录为：

借：逾期贷款——出票人逾期贷款账户

贷：应解汇款——出票人账户

一联特种转账借方传票加盖业务公章交给出票人。

账户不足支付的，除上述处理外，加填二联特种转账借方传票，在“转账原因”栏注明“××号汇票划转部分票款”。其会计分录为：

借：××存款——出票人账户

逾期贷款——出票人逾期贷款账户

贷：应解汇款——出票人账户

一联特种转账借方传票加盖转讫章作支款通知交给出票人。

（四）承兑银行支付汇票款项的核算

承兑银行接到持票人开户行寄来的托收凭证及汇票，抽出专夹保管的汇票卡片和承兑协议副本，并认真审查：该汇票是否为本行承兑，与汇票卡片的号码和记载事项是否相符；是否作成委托收款背书，背书转让的汇票其背书是否连续，签章是否符合规定，背书使用粘单的是否按规定在粘接处签章；托收凭证的记载事项是否与汇票记载的事项相符。

经审查无误，应于汇票到期日或到期日之后的见票当日，比照委托收款付款的办法处理。其会计分录为：

借：应解汇款——百货公司账户　　100000.00

贷：联行往账　　100000.00

另填制银行承兑汇票表外科目付出传票，销记表外科目登记簿。

付出：银行承兑汇票应付款　　100000.00

（五）持票人开户行收到汇票款项的核算

持票人开户行接到承兑银行寄来的联行报单和托收凭证或拍来的电报，比照委托收款的款项划回处理。其会计分录为：

借：联行来账　　100000.00

贷：单位活期存款——纺织品批发部账户　　100000.00

【本章小结】

本小结系对第四、五章的概括总结。支付结算业务是银行的主要业务之一，严格规范的支付结算工作对保障支付结算活动中当事人的合法权益、维护社会经济秩序、促进社会主义市场经济发展将起到重要作用。为了保证支付结算工作的正常运行和健康发展，提供优质服务，在办理支付结算业务的过程中应认真遵循下列几点要求：

1. 贯彻支付结算原则，认真执行各项结算制度，维护结算纪律。

结算原则是结算业务的基本准则，银企双方必须全面认真地贯彻执行，这有利于强化各单位的信用观念与资金结算责任，防止相互拖欠，也有利于加强对货币流通的组织与管理，促使货币流通与商品流通相适应。

2. 加强票据管理，维护金融秩序。

银行会计部门在办理结算业务时，必须依照法律规定，加强对票据签发、收受以及背书转让的监督、管理，使票据的使用逐步走向规范化、法律化。帮助企事业单位根据不同的经济活动需要，选择相适应的支付结算工具或结算方式，有利于促进和方便企事业单位的经济活动，加快其资金周转，提高资金使用效益，更好地维护金融秩序。

3. 科学地组织凭证传递，准确及时地办理支付结算业务核算，提高核算工作效率。

结算凭证是联结各个结算环节的纽带，加速结算凭证转递，不仅关系到加速企业单位资金周转，而且关系到联行账务处理，甚至涉及跨系统行处间的资金划拨。因此，必须保证凭证内容正确、完整，及时组织传递，不积压、不错寄、不漏寄；及时处理账务，以防止相互占用资金；及时做好查询、查复工作，提高核算工作效率。

4. 加强支付结算监督，搞好综合反映，为有关部门提供经济信息。

会计部门要依据《票据法》、《支付结算办法》等制度切实加强柜面监督，严格执行结算纪律、责任和相关处罚，加强对支付结算的监督。要保证结算业务核算资料的全面、完整，分析核算资料，及时反映货币资金收付的数量和流向，了解市场动态，掌握商品流通规律，引导资金流向。分类积累有关数据资料，为各有关部门提供经济信息。

复习思考题

一、目的：练习支付结算（支票、本票和汇票）的核算。

二、要求：根据下列业务，逐笔写出会计分录。

三、资料：假设工商银行福州市某支行发生以下业务。

1. 收到本行开户的百货批发部（账号 2010005）提交的进账单及百货公司（在本行开户，账号 2010003）签发的转账支票，金额 2000 元，经审查无误，予以办理。

2. 收到本行开户的百货公司（账号 2010003）提交进账单及市第二化工厂（在他行开户）签发的转账支票，金额 7500 元，审查无误，经票据交换后，予以入账。

3. 收到本行开户的市水表厂（账号 2010007）提交第二、三联银行本票申请书，金额 32000 元，要求签发银行本票，审查无误予以办理。

4. 收到市第一棉纺厂（账号 2010001）提交的进账单及本行签发的银行本票金额 2300 元，审查无误，予以办理。

5. 经票据交换提入本行签发的银行本票 10000 元，审查无误，予以办理。

6. 收到百货公司（账号 2010003）提交的一式三联银行汇票申请书，金额 90000 元，要求向在北京东四分理处开户的北京啤酒厂签发银行汇票，审查无误，立即办理。

7. 市水表厂（账号 2010007）提交进账单及第二、三联银行汇票，汇票金额 20000 元，进账单及实际结算金额 15000 元，审查无误，予以办理。

8. 收到北京东四分理处填发的全国联行借方报单及汇票解讫通知，报单金额 88000 元，汇票金额 90000 元，经审查该汇票确系本行签发，原汇款人百货公司在本行开户，审查无误予以办理。

9. 收到长沙五一路分理处寄来的第三、四、五联托收凭证及商业承兑汇票，金额 43000 元，收款人是百货商场，付款人是在本行开户的市第一棉纺厂（账号

2010001)，经审查无误，即予划款。

10. 市第一棉纺厂（账号2010001）申请签发的银行承兑汇票本日到期，本行按约收取票款60000元，该单位存款账户只能支付40000元，按规定办理转账。

11. 收到北京东四分理处填发的托收凭证及第三联银行承兑汇票，金额为60000元，经审查该汇票为市第一棉纺厂（账号2010001）申请签发的银行承兑汇票，本行系承兑银行，该汇票已到期，当即办理转账。

第六章

贷款业务的核算

内容提示

贷款业务是银行的主要业务之一。贷款是银行对借款人融通资金的业务，其应坚持有借有还的原则并按国家规定的利率计收利息。银行的贷款按期限可分为短期贷款、中期贷款和长期贷款。短期贷款是指贷款期限在1年以下（含1年）的各种贷款；中期贷款是指贷款期限在1年以上5年以下（含5年）的各种贷款；长期贷款是指贷款期限在5年（不含5年）以上的各种贷款。按贷款保证程度可分为信用贷款、担保贷款和票据贴现。

本章主要介绍信用贷款、担保贷款及票据贴现业务的核算；同时，对信用贷款的展期、逾期以及贷款呆账准备金和贷款利息的具体处理与核算进行介绍，并充分结合了《金融企业会计制度》有关条款。

第一节　信用贷款的核算

信用贷款是指贷款银行以借款人的信誉为基础而发放的贷款。借款人需用贷款时应逐笔提出借款申请，经银行审批后逐笔签订借款合同，逐笔立据审查，逐笔发放，约定还款期限，到期一次或分次归还贷款。

一、贷款发放的核算

借款人申请信用贷款时，应向开户行信贷部门提交“借款申请书”。信贷部门按贷款管理制度审批后与借款人签订借款合同。

贷款发放时，借款人应填制一式五联借款凭证（见表6－1）。

信贷部门审查签章后，第一联借据留存，其余四联送会计部门。会计部门收到借款凭证时，应认真审查。审查无误后，据以开立贷款明细账户。以第二、三联分别代转账借、贷方传票办理转账。其会计分录为：

表 6－1　　　　××银行**借款凭证**

借款单位名称：台江百货公司　　　　20××年6月3日　　　　利率：4.65‰

<table>
<tr><td>借款种类</td><td>流动资金贷款</td><td>贷款账号</td><td colspan="6">1210001</td><td colspan="3">存款账号</td><td colspan="2">2010002</td></tr>
<tr><td rowspan="2">借款金额</td><td colspan="2" rowspan="2">人民币
（大写）伍拾万元整</td><td>百</td><td>十</td><td>万</td><td>千</td><td>百</td><td>十</td><td>元</td><td>角</td><td>分</td><td rowspan="2" colspan="2">用途：购货</td></tr>
<tr><td>¥</td><td>5</td><td>0</td><td>0</td><td>0</td><td>0</td><td>0</td><td>0</td><td>0</td></tr>
<tr><td colspan="3" rowspan="7">兹借到上列贷款，到期时请凭此凭证收回。

借款单位　　负责人
盖　章　　　盖　章</td><td colspan="4">约定还款期限</td><td colspan="6">20××年12月3日</td><td rowspan="7">第一联　借据</td></tr>
<tr><td colspan="10">分次还款记录</td></tr>
<tr><td colspan="2">日　期</td><td colspan="3" rowspan="2">偿　还
本　金</td><td colspan="3" rowspan="2">结　欠
本　金</td><td colspan="2" rowspan="2">复
核</td></tr>
<tr><td>月</td><td>日</td></tr>
<tr><td></td><td></td><td colspan="3"></td><td colspan="3"></td><td colspan="2"></td></tr>
<tr><td></td><td></td><td colspan="3"></td><td colspan="3"></td><td colspan="2"></td></tr>
<tr><td></td><td></td><td colspan="3"></td><td colspan="3"></td><td colspan="2"></td></tr>
</table>

借：短期贷款——××贷款户（本金）

　　贷：单位活期存款——××存款户（实际支付金额）

　　（借或贷）短期贷款——利息调整（差额）

转账后，第四联借据按贷款到期的先后顺序专夹保管，第五联回单加盖业务公章后退给借款人。

在资产负债表日，应按贷款的合同本金和合同利率计算确定的应收未收利息，其会计分录为：

借：应收利息

　　贷：利息收入（按贷款的摊余成本和实际利率计算）

　　（借或贷）短期贷款——利息调整（差额）

合同利率与实际利率差异较小的，也可以采用合同利率计算确定利息收入。

二、贷款收回的核算

贷款到期，借款人应当按照借款合同规定按时足额还本付息。

借款人按时归还贷款时，应填写还款凭证。会计部门收到还款凭证后，应与贷款明细账进行核对，并核实借款人存款户是否有足够的余额，经核对无误后，回单交借款人，以还款凭证代借、贷方传票办理转账。另填制一联特种转账贷方传票加盖业务公章后送信贷部门。其会计分录为：

借：单位活期存款——××存款户

　　贷：短期贷款——××贷款户

　　　　应收利息

　　　　利息收入（差额）

　　（借或贷）短期贷款——利息调整（余额）

贷款银行与借款人事先有约定的，在贷款到期时也可由银行办理直接扣收。扣收时，由银行填制两联特种转账借方传票和两联特种转账贷方传票：一联特种转账借方传票代扣款通知送借款人，一联特种转账贷方传票加盖业务公章送信贷部门，另外，另一联分别作借、贷方传票办理转账，会计分录同上。

三、贷款展期的核算

借款人不能按期归还贷款时，应在贷款到期前向银行提交“贷款展期申请书”，说明不能按期归还原因，申请贷款延期。银行信贷部门审查同意的，在展期申请书上签注意见。展期期限按以下规定执行：短期贷款不得超过原贷款期限；中期贷款不得超过原贷款期限的一半；长期贷款不得超过3年；贷款展期只限一次。

展期申请书送到银行会计部门后，会计部门抽出原保存的借款凭证第五联，在凭证上批注展期日期，申请书附在凭证后面一并保管，按新的到期日收回贷款。展期时不另办理转账手续。

四、逾期贷款的核算

逾期贷款是指银行发放的到期（含展期后到期）不能收回的贷款。贷款逾期时，会计部门应在贷款到期当日营业终了前，将原贷款转入“逾期贷款”科目。由会计部门根据逾期贷款金额填制一红两蓝特种转账借方传票，按同方向办理转账。其会计分录为：

借：××贷款——××贷款账户（红字）

借：逾期贷款——××逾期账户（蓝字）

同时将逾期贷款的借款凭证另行保管。对逾期（含展期后到期）90天及以上仍不能归还的贷款，应作为非应计贷款单独核算。

五、非应计贷款的核算

非应计贷款是指贷款本金或利息逾期90天没有收回的贷款。对于这种逾期贷款可以设置“非应计贷款”科目核算。

贷款转为非应计贷款时，应采用红、蓝字同方向转账处理。其会计分录为：

借：逾期贷款（或××贷款）——××单位账户（红字）

借：非应计贷款——××单位账户（蓝字）

已计贷款利息逾期90天没有收回的，其贷款本金转为非应计贷款，但利息应冲减损益，纳入“未收贷款利息”表外科目核算。

贷款自转为非应计贷款后，在收到该笔贷款的还款时，首先应收回本金，本金全部收回后的还款部分，确认为当期利息收入。

第二节 担保贷款的核算

银行的担保贷款包括保证贷款、抵押贷款和质押贷款三种。

一、保证贷款的核算

保证贷款是指按《中华人民共和国担保法》（以下简称《担保法》）规定的保证方式以第三人承诺在借款人不能偿还贷款时，按约定承担一般保证责任或者连带责任为前提而发放的贷款。

保证是指保证人和债权人约定，当债务人不履行债务时，保证人按约定履行债务或者承担责任的行为。保证人与债权人应当以书面形式订立保证合同。保证担保的范围包括主债权及利息、违约金、损害赔偿金和实现债权的费用。保证合同另有约定的，按照约定。

保证的方式有一般保证和连带责任保证。当事人在保证合同中约定，债务人不能履行债务时，由保证人承担保证责任的，为一般保证。一般保证的保证人在主合同纠纷未经审判或者仲裁，并就债务人财产依法强制执行仍不能履行债务前，对债权人可以拒绝承担保证责任；当事人在保证合同中约定保证人与债务人对债务承担连带责任的，为连带责任保证。连带责任保证的债务人在主合同规定的债务履行期届满没有履行债务的，债权人可以要求债务人履行债务，也可以要求保证人在其保证范围内承担保证责任。连带责任保证比一般保证风险大。

借款人申请保证贷款时，除按信用贷款方式向银行提交“借款申请书”并提供其他有关资料外，还应向银行提供保证人的基本情况及保证人拟同意保证的有关证明文件。银行信贷部门审批同意贷款后，应与保证人签订保证合同或保证人在借款合同上注明并签名盖章。该贷款的发放和收回的核算与信用贷款相同，只是当借款人无力偿还贷款本息时，银行应根据保证合同或借款合同向保证人收取贷款本息和逾期罚息。

二、抵押贷款的核算

抵押贷款是指按《担保法》规定的抵押方式以借款人或第三人的财产作为抵押物而发放的贷款。

可以用于抵押的财产包括：（1）抵押人所有的房屋和其他地上定着物；（2）抵押人所有的机器、交通运输工具和其他财产；（3）抵押人依法有权处分的国有的土地使用权、房屋和其他地上定着物；（4）抵押人依法有权处分的国有的机器、交通运输工具和其他财产；（5）抵押人依法承包并经发包方同意抵押的荒山、荒沟、荒丘、荒滩等荒地的土地使用权；（6）依法可以抵押的其他财产。

（一）抵押贷款发放与收回的核算

借款人申请抵押贷款时，应填写“抵押贷款申请书”，注明抵押物的名称、数量、质量、状况等交银行信贷部门，同时向银行提供抵押物清单和有处分权人同意抵押的证明。其余需提供的资料与信用贷款类同。银行信贷部门按抵押贷款审批手续进行审核、审核同意后，与抵押人签订抵押合同，并依法进行登记。

银行发放抵押贷款的额度一般按抵押物作价现值的50%—70%的幅度掌握。抵押贷款发放与收回，通过“抵押贷款”科目核算，并在该科目下设置抵押户和质押户用以分别核算抵押贷款和质押贷款。也可以不设专用科目，而在各贷款科目下设置“抵押贷款户”。

银行会计部门发放和收回抵押贷款的处理手续除参照信用贷款发放和收回手续办理外，还应对抵押物进行表外登记。抵押贷款收回后，抵押物及有关单据随即退回借款人，并销记表外登记。

（二）抵押贷款逾期的核算

抵押贷款到期，如借款人不能按期偿还贷款，银行应于到期当日将其贷款转入逾期贷款科目。同时向借款人填发“处理抵押品通知单”，逾期一个月借款人仍无法归还贷款的，银行有权处理其抵押物，以补偿抵押贷款。银行处理抵押物的方法有拍卖、变卖和作价入账两种：

1. 抵押物拍卖、变卖的处理。抵押物拍卖、变卖后，其价款（扣除有关费用）超过贷款本金部分先归还利息，如有节余，超过贷款本息部分归还抵押人。其会计分录为：

借：××科目

　贷：逾期贷款——××抵押逾期账户

　　应收利息

　　××存款——××抵押人存款账户

如拍卖、变卖后，其价款（扣除有关费用）低于贷款本金的部分，应向借款人收取。其会计分录为：

借：有关科目

　××存款——××账户

　贷：逾期贷款——××抵押逾期账户

2. 抵押物作价入账的处理。抵押物按贷款本金和应收利息数作价入账。其会计分录为：

借：固定资产

　贷：逾期贷款——××抵押逾期账户

　　应收利息

　　累计折旧

三、质押贷款的核算

质押贷款是指按《担保法》规定的质押方式以借款人或第三人的动产或权利为质押物而发放的贷款。

质押贷款发放的手续与抵押贷款基本相同，可以用于质押的动产或权利包括：（1）除土地以及房屋、林木等地上定着物以外的物；（2）汇票、支票、本票、债券、存款单、仓单、提单；（3）依法可以转让的股份、股票；（4）依法可以转让的商标专用权、专利权、著作权中的财产权；（5）依法可以质押的其他权利。

质押贷款的核算应在“抵押贷款”科目或其他贷款科目下设质押户进行，具体核算手续参照抵押贷款的核算。

第三节　贷款损失准备金的核算

一、贷款损失准备金的计提范围和种类

贷款损失准备金是按一定比例提取，用于补偿贷款损失的准备金。贷款损失准备金制度的建立是为了提高商业银行抵御风险的能力，从而确保信贷资金的安全、完整。

（一）计提范围

计提贷款损失准备的资产是指银行承担风险和损失的贷款资产，包括贷款（含抵押、质押、保证、无担保贷款）、银行卡透支、贴现、信用垫款（如银行承兑汇票垫款、担保垫款、信用证垫款等）、进出口押汇、拆出资金等。对由银行转贷并承担对外还款责任的国外

贷款，如国际金融组织贷款、外国买方信贷、外国政府贷款等，也要计提损失准备。银行不承担风险和还款责任的委托贷款等不计提损失准备，例如委托贷款等。

（二）贷款损失准备金的种类

银行应当按照谨慎性原则，合理估计贷款可能发生的损失，及时足额提取贷款损失准备。贷款损失准备包括一般准备、专项准备和特种准备。

一般准备是根据全部贷款余额的一定比例计提的、用于弥补尚未识别的可能损失的准备，按季计提，年末一般准备余额应不低于年末贷款余额的1%。

专项准备是对贷款进行风险分类后，按每笔贷款的损失程度计提的准备，按季计提，不同风险类别的贷款计提比例不同。关注类贷款的计提比例为2%；次级类贷款的计提比例为25%；可疑类贷款的计提比例为50%；损失类贷款的计提比例为100%。次级和可疑类贷款，在上述比例基础上，可以上下浮动20%。

特种准备是指针对某一国家、地区、行业或某一类贷款风险计提的准备，各行根据特殊风险情况、风险损失概率和历史经验等，确定计提比例并按季提取。

贷款损失准备由各银行总行统一计提，并应根据贷款风险程度足额提取，损失准备提取不足的，不得进行税后利润分配。

二、贷款损失准备金的核算

（一）科目设置

1. “贷款损失准备”项目。

本科目核算商业银行贷款的减值准备，可按计提贷款损失准备的资产类别进行明细核算。

2. “资产减值损失”科目。

本科目核算商业银行计提各项资产减值准备所形成的损失。可按资产减值损失的项目进行明细核算。

（二）账务处理

1. 资产负债表日，贷款发生减值的，按应减记的金额计提贷款损失准备时，其会计分类为：

借：资产减值损失——计提的贷款损失准备

　　贷：贷款损失准备

冲减贷款损失准备时，其会计分录相反。

2. 核销贷款呆账损失时，其会计分录为：

借：贷款损失准备

　　贷：非应计贷款（或××贷款）

非应计贷款是指贷款本金或利息逾期90天没有收回的贷款，应单独核算。

3. 已计提贷款损失准备的贷款价值以后又得以恢复时，应在原已计提的贷款损失准备金额内，按恢复增加的金额进行处理。其会计分录为：

借：贷款损失准备

　　贷：资产减值损失——计提的贷款损失准备

第四节 贷款利息的核算

商业银行贷款利息的计算有定期结息和利随本清两种方法。

一、定期结计贷款利息的核算

(一) 定期结息的计息方法

定期结息是实行按季(或月)结息的一种计息方法。每季末月(或月末)20 日为结息日,一般采用余额表计息或分户账账页计息的做法。

贷款发生逾期,从转入逾期贷款账户之日起,余额表应单独立户登记,积数应根据逾期金额和实际逾期天数单独计算,利息改按规定逾期贷款利率计收。

(二) 定期结计利息的核算

1. 按期结息。

按权责发生制原则,银行按季计算贷款的应收利息,贷款利息当期实际收到时计入当期损益。每季末月的 21 日,根据计算的利息编制贷款利息通知单或特种转账借、贷方传票,从借款单位账户收取利息。其会计分录为:

借:××存款——××账户

　　贷:利息收入——××贷款利息收入账户

如其账户资金不足,不足部分列入应收利息。其会计分录为:

借:应收利息

　　贷:利息收入——××贷款利息收入账户

2. 已计入损益的应收未收利息的冲转。

已计提的贷款应收利息,在贷款到期 90 天后仍未收回的,以及自结息日起贷款利息逾期 90 天(不含 90 天)以上尚未收回的,不论其贷款本金是否逾期,都应当从损益中转出,方法是:冲减原已计入损益的应收利息,转入表外科目核算。其会计分录为:

借:利息收入——××利息收入账户

　　贷:应收利息——××贷款应收利息账户

转入表外科目。分录为:

收入:未收贷款利息——××账户

3. 表外"未收贷款利息"的核算。

"未收贷款利息"表外科目除了核算上述从已计入损益中冲减出的应收利息外,对于以下几种情况亦应当纳入该表外科目核算。

贷款转作非应计贷款后,仍应按期计算利息,但计息后不作为当期收益,而纳入"未收贷款利息"表外科目核算。

对于表外核算的"未收贷款利息"应按期计算复利,但不计入损益,而在表外核算,实际收到时再计入损益。

二、利随本清贷款计息和利息的核算

（一）利随本清计息方法

利随本清是银行按借款合同约定的期限，于贷款归还的同时计收利息的一种计息方法。利随本清计算方法对于贷款天数的计算，采用对年按360天、对月按30天、不满月的零头天数按实际天数计算，算头不算尾。其利息计算公式为：

利息＝本金×期限×利率

贷款发生逾期，逾期部分应先按合同约定的利率和期限计收到期贷款利息，其次逾期金额应自转入逾期贷款账户之日起，利率改按规定的比例（现行每日2.1‰）计收罚息。

例6－1：某商业银行于20××年4月5日向机床厂发放短期贷款一笔，全额40万元，期限6个月，月利率4.65‰，如该笔贷款于同年10月20日归还，采用利随本清的计息方法，计算银行的应收利息。

到期利息＝400000×6×4.65‰＝11160.00（元）

逾期利息＝400000×15×2.1‰＝1260.00（元）

应收利息合计为12420元。

（二）利随本清利息的核算

银行收回贷款时，应根据计算的利息，编制贷款利息通知单或特种转账借、贷方传票，从借款单位账户收取利息。收回时其会计分录为：

借：单位活期存款——机床厂账户　　12420.00

　　贷：利息收入——普通短期贷款利息收入账户　　12420.00

第五节　票据贴现的核算

票据贴现是指商业汇票的持票人在商业汇票到期前需要资金，将商业汇票经过背书后向银行贴付一定的利息，把商业汇票的债权转让给银行的一种信用活动，也是将银行信用与商业信用相结合的一种融资手段。银行以票据金额扣除自贴现日至到期日前一天止（承兑人在异地的，可另加3天）的利息后的余额，付给贴现申请人，到期银行凭票收取票款。

一、银行受理商业汇票贴现的核算

贴现申请人持未到期的汇票向银行申请贴现时，应根据汇票填制五联贴现凭证（见表6－2），在第一联上按照规定签章后，连同汇票一并送交银行。银行信贷部门按有关规定审查符合条件的，在贴现凭证“银行审批”栏签注“同意”字样，并由有关人员签章后送交会计部门。

会计部门接到作成转让背书的汇票和贴现凭证，按有关规定审查无误后，计算出贴现利息和实付贴现金额。第一联贴现凭证作贴现科目的借方凭证，第二、三联分别作活期存款和

表 6-2　　　　　　　　　　　　**贴现凭证**（贷方凭证）**2**

申请日期：20××年6月20日　　　　　　　　　　第　　号

<table>
<tr><td rowspan="3">贴现汇票</td><td>种　类</td><td colspan="2">银行承兑汇票　号码　1653</td><td rowspan="3">持票人</td><td>名　称</td><td colspan="2">福州水表厂</td></tr>
<tr><td>出票日</td><td colspan="2">20××年4月20日</td><td>账　号</td><td colspan="2">2010007</td></tr>
<tr><td>到期日</td><td colspan="2">20××年7月20日</td><td>开户银行</td><td colspan="2">工行福州鼓楼支行</td></tr>
<tr><td>汇票承兑人</td><td>名称</td><td colspan="2">工行福州台江支行</td><td>账号</td><td>开户银行</td><td colspan="2"></td></tr>
<tr><td colspan="2">汇票金额</td><td colspan="5">人民币（大写）　壹佰万元整</td><td>千百十万千百十元角分
¥100000000</td></tr>
<tr><td>贴现率</td><td>3.54‰</td><td>贴现利息</td><td>千百十万千百十元角分
¥354000</td><td colspan="3">实付贴现金额</td><td>千百十万千百十元角分
¥99646000</td></tr>
<tr><td colspan="4">备注：</td><td colspan="4">科目（贷）　2010
对方科目（借）　1610
复核　　记账</td></tr>
</table>

此联银行作持票人账户贷方凭证

利息收入科目的贷方凭证，第五联和汇票按到期日顺序排列，专夹保管。第四联贴现凭证加盖转讫章作收账通知交给贴现申请人。其会计分录为：

借：贴现及买入票据　　　　　　　　　　　　　　　　1000000.00
　　贷：单位活期存款——水表厂账户　　　　　　　　　　996460.00
　　　　贴现及买入票据——利息调整　　　　　　　　　　3540.00

在资产负债表日，按计算确定的贴现利息收入进行处理，其会计分录为：

借：贴现及买入票据——利息调整　　　　　　　　　　3540.00
　　贷：利息收入　　　　　　　　　　　　　　　　　　3540.00

二、贴现到期收回的核算

贴现汇票到期时，贴现银行作为持票人，在汇票背面背书栏加盖结算专用章，并由授权的经办人员签名或盖章，注明“委托收款”字样；填制托收凭证，在“托收凭据名称”栏注明“商业承兑汇票”或“银行承兑汇票”及其汇票号码，连同汇票向付款人办理收款。对付款人在异地的，应在汇票到期前，匡算至付款人的邮程，提前办理委托收款。将第五联贴现凭证作第二联托收凭证的附件存放，其余手续比照发出托收凭证的处理。

（一）付款人有款支付的核算

贴现银行收到划回的款项时，比照委托收款的款项划回的处理。其会计分录为：

借：联行来账（实际收到的金额）
　　贷：贴现及买入票据（面值）
　　　　利息收入（差额）
　（借或贷）贴现及买入票据——利息调整

（二）付款人无款支付的核算

付款人无款支付，贴现银行收到付款人开户行退回的托收凭证、商业承兑汇票和拒绝付款理由书或付款人未付票款通知书后，对贴现申请人在本行开户的，可从其账户收取贴现款。填制二联特种转账借方传票，在“转账原因”栏注明“未收到××号汇票款，贴现款已从你账户收取”，一联作借方传票，第五联贴现凭证作贴现科目贷方传票。其会计分录为：

借：单位活期存款——××存款账户（实际收到的金额）

　贷：贴现及买入票据（面值）

　　利息收入（差额）

（借或贷）贴现及买入票据——利息调整

一联特种转账借方凭证加盖转讫章作支款通知，随同汇票和拒绝付款理由书或付款人未付票款通知书交给贴现申请人。

如贴现申请人账户余额不足的，不足部分应转入逾期贷款科目核算。

对贴现申请人未在本行开立账户的，应按规定向贴现申请人或其他前手进行追索票款。

【本章小结】

贷款与贴现是商业银行的重要业务，会计部门必须做好各项工作并加强与信贷部门的配合，充分发挥这些业务在金融调控中的作用。商业银行办理贷款与贴现业务应主要做好以下几点：

1. 认真履行贷款程序，准确及时地办理各项贷款核算手续。

银行信贷部门负责贷款“三查”工作，即贷前调查、贷时审查、贷后检查等工作，会计部门在贷款业务处理过程中，必须按照贷款的基本原则，做好贷款的发放、到期收回、展期及逾期等各项贷款核算工作，按权责发生制原则定期结息列入当期损益，对逾期贷款按规定计收罚息。计提贷款呆账准备金，并按规定核销坏账损失。

2. 加强对贷款和贴现业务核算过程的会计监督。

银行会计部门应配合信贷部门，根据国家法律和规章制度，监督贷款的发放和收回，以保证贷款的合理发放与使用。办理票据贴现应认真审查票据，加强对票据贴现的管理和会计监督，防止利用票据拆借资金和套取银行贴现资金，以及进行其他违法活动，保障银行资金安全。

3. 根据不同种类的贷款制定相应的贷款核算方式。

为便于正确地反映和监督各类贷款并及时处理贷款账务，要根据不同种类的贷款，设立不同种类的贷款账户，正确使用贷款科目，制定相应的贷款发放和收回的具体核算方式。通过分户账的记载，反映对每一借款单位及贷款发放、收回及余额的详细情况；通过对贷款科目总账的记载，反映一定时期，对各行业以各种贷款支持的情况以及贷款数量、结构等计划执行情况。

复习思考题

一、目的：练习贷款与贴现业务的核算

二、要求：根据资料按利随本清方法计算各笔贷款与贴现的利息及实付贴现金额。逐笔写出发放贷款、收回贷款、办理贴现和收回贴现票款的会计分录（计算时必须列出算式）。

三、资料：工商银行某支行发生下列业务。

1. 市机床厂（账号2010005）于20××年4月16日向其开户银行工商银行台江支行申请流动资金贷款一笔，金额为30万元，期限6个月，利率4.65‰，于20××年10月16日到期，当日只能归还18万元，10月26日偿还全部贷款。试用利随本清方法计息（逾期罚息每日2.1‰）。

2. 20××年11月5日华联商厦（账号2010008）持未到期的银行承兑汇票向其开户银行工商银行台江支行申请贴现，该银行承兑汇票面额为120万元，签发日期为20××年9月26日，到期日为12月26日，贴现率为3.54‰，经开户银行审查同意办理贴现。汇票到期，向承兑银行托收汇票并收到承兑银行划回的款项。

第七章

商业银行资金清算的核算

内容提示

资金清算是行与行之间办理资金调拨、划拨支付结算款项，并对由此引起的行与行之间资金存欠进行的清偿。传统的资金清算通常称为联行往来，是实现银行之间资金划拨的工具，其随着社会经济发展对银行资金划拨的要求以及电子化程度的提高而不断改革。目前，人民银行与各商业银行的联行往来做法差异很大。初步形成以人民银行现代支付系统为主、各商业银行系统内资金清算为辅的资金清算网络。为此，本章着重介绍联行往来的基本原理，主要包括联行往来经办行的日常处理、往来账核对、年终结平、汇差清算等。同时，系统介绍工商银行的资金汇划清算系统的核算，并简单介绍现代支付系统。

第一节　联行往来的核算

一、联行往来概述

（一）联行往来的意义

联行往来是指同一银行系统内各行处之间，由于办理结算、资金调拨等业务，相互代收、代付而发生的资金账务往来。它是银行办理结算和进行资金划拨清算的工具。

银行是国民经济中资金活动的枢纽，与国民经济各部门、各单位之间的经济和业务活动有着密切的联系。各部门和单位由于商品交易、劳务供应而发生的货币资金清算；财政预算款项的上缴与下拨；商业银行系统内部资金的调拨与清算以及商业银行相互之间横向资金融通，一般都要通过银行进行划拨清算，其中除一小部分是在同一个行处内部办理外，其余大部分是在不同的银行间进行，除票据交换外，这就需要通过联行往来这一工具来完成。所以，联行往来是实现银行各项业务的工具，其核算过程就是国民经济中各类资金的结算、调拨与清算的过程。

随着我国经济的不断发展，生产和流通的持续扩大，国民经济各部门、各单位与银行的关系会越来越密切，资金清算量也将不断扩大。因此，做好联行往来的核算工作，科学地组织联行凭证传递和账务处理，对于加速国民经济资金周转，提高资金使用效益，有着重要的意义。

（二）联行往来的管理体制

我国联行往来根据“统一领导，分级管理”的原则，以及各银行系统联行资金必须分开管理的要求，各商业银行的联行往来划分为总行、分行、支行三级管理。

1. 总行负责管理全国联行往来。

系统内不同省（市、自治区，下同）各行处之间的资金账务往来为全国联行往来。参加全国联行往来的行处，经总行批准，由总行发给全国联行行号和联行专用章，按总行规定的全国联行往来制度办理联行账务，并由总行负责监督结清。

2. 分行负责管理分行辖内往来。

用于同一系统省内各行处之间的资金账务往来。

3. 支行负责管理支行辖内往来。

用于县、市支行范围内各行处之间的资金账务往来。

今后，在大量使用电子通讯系统进行资金划拨的情况下，三级联行的界限将逐步取消。

（三）联行往来的基本做法

由于管理要求以及技术手段的不同，不同银行系统联行往来的具体做法也有所差别，但其基本做法却大体相同，主要体现在以下几个方面：

1. 划分往账和来账两个系统。

由于日常往来是由有关业务引起的两个银行之间资金的相互往来，因此，将联行往来账务划分为往账和来账两个系统。经办往账的称为发报行，经办来账的称为收报行。当联行往来业务发生时，直接由发报行编制联行往来借（贷）方报单，寄收报行，发报行处理联行往账业务；收报行收受联行报单，处理联行来账业务。对于每笔资金划拨，双方银行都要依据相同的金额，相反的方向分别在往账和来账中进行记载，因而构成了联行账务的对应关系。而每一个联行机构在处理大量联行业务中，既办理往账，又受理来账，因此，应严格划分往来账系统，分别核算。

2. 集中监督，逐笔对账。

集中监督是指由联行往来的管辖行对往账和来账进行监督，以保证联行往来的正确性。往来账核对的方法现行主要有两种：一是集中监督，分散核对。即管辖行将管辖范围内的全部联行往账，通过联行往账报告表的形式集中起来，再按一定的程序编制对账表寄各收报行由其逐笔核对。二是集中监督，集中对账。即管辖行将管辖范围内的全部联行往账和来账，通过联行往账和来账报告表的形式集中起来，由管辖行进行集中逐笔核对。

3. 划分年度，查清结平。

联行往来账务以年度为界，在新年度开始时，各行要将上年末联行往来科目的余额，不通过分录直接过入联行往来各科目上年户内。在年度终了后的一定时间内，清查上年度联行往来未达账项，并在未达账项全部查清后，将上年度联行往来科目余额划转到管辖行，汇总结平上年联行账务。

分行、支行辖内往来与全国联行往来相比，在具体处理上大同小异，下面我们仅对全国联行往来集中监督、集中对账的基本做法进行介绍。

当前，各行开通的电子汇兑系纵向往来，即发报行逐级向管辖行发送往账信息，管辖行收到后，按收报行发送来账信息。作为发报行、收报行的处理手续并不复杂，故不作详细叙述。

二、全国联行往来的核算

（一）会计科目、联行报单及报告表

1. 会计科目的设置与使用。

（1）“联行往账”科目。当发报行办理异地款项划拨业务，向省外全国联行单位填发报单时，用本科目核算。如为代他行付款业务，填发借方报单，记本科目借方；反之填发贷方报单，记本科目贷方。

（2）“联行来账”科目。当收报行收到异省全国联行单位寄来的报单，用本科目核算。收到借方报单，记本科目贷方；收到贷方报单，记本科目借方。

（3）“上年联行往账”、“上年联行来账”科目。这两个科目是上年全国联行在未达账项查清前使用的科目。新年度开始，将上年度“联行往账”、“联行来账”科目余额，不通过分录，分别转入“上年联行往账”、“上年联行来账”科目。收报行收到发报行寄来上年度填发的报单，应通过“上年联行来账”科目办理转账。待联行未达账项查清后，转销两科目余额予以结平。

2. 联行报单的设置与使用。

全国联行往来的基本凭证是联行报单。它是办理联行间资金划拨和账务核算的重要依据，贯穿于整个联行往来核算过程。联行报单按业务往来性质和凭证寄递方式的不同，分为以下六种：

（1）邮划借方报单、邮划贷方报单。第一联来账卡片，由发报行寄收报行，收报行转账后代“联行来账”科目卡片账；第二联来账报告卡，由发报行寄收报行，收报行随联行来账报告表寄管辖分行；第三联往账报告卡，由发报行随联行往账报告表寄管辖分行；第四联往账卡片，由发报行留存代“联行往账”科目卡片账。

（2）电划借方报单、电划贷方报单。第一、二联缺。第三、四联同上述邮划报单。

（3）电划借方补充报单、电划贷方补充报单。第一、二联同邮划报单；第三联传票联，由收报行代转账借、贷方传票；第四联收、付款通知，收报行转账后交给客户代收（付）款通知。

3. 报告表的设置与使用。

报告表由全国联行往账报告表、全国联行来账报告表两类组成，均为一式两份：一份上报管辖分行，一份留存。

（二）经办行日常往来的核算

1. 发报行的处理。

发报行是联行往来的发生行，它的任务是正确及时地向收报行填发报单，记载往账，并按规定要求向管辖分行（或总行电子计算中心）填报联行往账报告表。做好发报行的工作，是保证联行往来正确进行的基础。

联行业务发生后，发报行应以已办妥资金收付手续的有关凭证为依据，根据代收或代付资金性质，确定编制借方或贷方报单，并按客户要求确定是电划还是邮划报单。编制报单必须一次套写，报单上的发、收报行行名、行号，收、付款人的账号和名称以及金额各栏要填写正确清晰，字迹不得潦草，以便易于识别。报单需要编押的，应按总行规定加编密押。报

单编妥后，应在其第一联上加盖联行专用章。

例7－1：某银行台江支行（行号2××××）6月13日办理台江百货大楼到期承付茂祥丝绸厂货款12000元，大桥文化用品店承付新街口百货大楼货款18000元。这两笔都是异省系统内某银行江南支行（行号2××××）的邮划托收款项。其会计分录为：

借：单位活期存款——台江百货大楼存款户　　12000.00

　　单位活期存款——大桥文化用品店存款户　　18000.00

　　贷：联行往账　　30000.00

根据这一业务，某银行台江支行应编制邮划贷方报单（见表7－1）一份。

为了防止差错，联行报单必须经过复核才能寄发收报行或凭以向收报行拍发电报。

表7－1　　贷方报单（来账卡片）**邮划**中国××银行　**1※**

发报行	行号	2××××	编制20××年6月13日										收报行	行号	2××××	号码×××××××										
	行名	××银行台汇支行												行名	××银行江南支行											
付款单位账号或名称		收款单位账号或名称	千	百	十	万	千	百	十	元	角	分	合计金额	亿	千	百	十	万	千	百	十	元	角	分		
																	¥	3	0	0	0	0	0	0		
台江百货大楼		茂祥丝绸厂				1	2	0	0	0	0	0	事由	到期承付												
大桥文化用品店		新街口百货大楼				1	8	0	0	0	0	0														
													附件	2		密押				编押						
备注：			发报行	（发报行联行专用章）									收报行	核对印鉴　核押												
														记账　复核												
														转账日期　年　月　日												

每日营业终了，发报行根据当日编发的报单第三联，先按借、贷方分开，再按收报行行号的顺序排列（电划在前，邮划在后），并分别借、贷方加计总笔数及总金额，凭以编制联行往账报告表（见表7－2）一式两份。

表7－2　　中国××银行（行号2××××）

联行往账报告表　　编号（143）

20××年7月19日

摘要	借方														贷方													
	笔数		金额												笔数		金额											
	电划	邮划	十	亿	千	百	十	万	千	百	十	元	角	分	电划	邮划	十	亿	千	百	十	万	千	百	十	元	角	分
上期余额	/	/													/	/			4	5	6	3	5	3	5	6	0	0
本日发生额		3					2	1	5	0	0	0	0	0	15	13				1	2	6	7	8	0	0	0	0
本日余额	/	/													/	/			4	6	6	8	8	1	5	6	0	0
备注																												
分行 输入		联行专用章													经办行	会计主管				复核				制表				
分行 复核																												

联行往账报告表是反映当日联行往账发生额和余额的总括记录，是总行对账中心监督联行往账的工具，同时也用以控制联行往账卡片账。联行往账报告表在寄发前，也必须进行审核，审核无误后，第一联附第三联报单寄电子计算中心，第二联与第四联报单留存。

每日营业终了，发报行还应将留存的报单按借、贷方分别加计总数，编制联行往账科目转账借、贷方传票，再根据传票编制联行往账科目日结单，据以登记总账，结出余额，同联行往账报告表余额核对相符。

2. 收报行的处理。

收报行是联行报单的收受行，负责联行来账的处理。它的任务是认真审核受理发报行寄来的联行报单与附件，及时准确地办理转账和按规定要求向管辖分行编报联行来账报告表。

（1）完整报单的处理。收报行收到发报行寄来的报单，应认真审查收报行行名、行号是否相符，是否为本行受理的报单；报单与附件的收、付款人名称和账号、金额是否一致；联行专用章与密押是否正确。审查无误后，及时办理转账。

依前例，某银行江南支行收到某银行台江支行寄来的邮划贷方报单及附件，经审查无误，办理转账。其会计分录为：

借：联行来账　　30000.00

　　贷：单位活期存款——茂祥丝绸厂存款户　　12000.00

　　　　单位活期存款——新街口百货大楼存款户　　18000.00

每日营业终了，收报行应将第二联报单按借、贷方分开，再按发报行行号顺序整理（电划在前，邮划在后），并分别借、贷方加计笔数和金额，然后凭以编制联行来账报告表一式两份。有关联行来账报告表的格式与联行往账报告表的格式基本相同。联行来账报告表经审查并与“联行来账”科目总账的当日发生额及余额核对相符后，第一联附报单第二联寄管辖分行；第二联与报单第一联留存。

每日营业终了，收报行还应将留存的第一联报单按借、贷方分别加计总数，编制“联行来账”科目转账借、贷方传票，再根据传票编制“联行来账”科目日结单，据以登记总账结出余额，同联行来账报告表余额核对相符。

（2）错误报单的处理。错误报单分为两类：一类是暂时不能转账的错误报单，一类是可以转账的错误报单。

①暂时不能转账的错误报单。该类报单重要内容缺漏或不符，以致收报行收到后无法办理转账。如收、付款单位账号或户名不清楚，无法肯定应记账户；金额大小写不一致，报单与附件金额不符；漏编密押或密押有误；漏盖联行专用章等均属暂时不能转账的错误报单。对此，收报行应登记“未转账错误报单登记簿”，并填制查询书及时向发报行查询，错误报单连同附件专夹保管。俟接到发报行查复书后，再分别按正常手续办理转账，并销记“未转账错误报单登记簿”。

②可以转账的错误报单。该类报单经审查发现其中某项内容有错误，但尚不影响转账。

第一，收报行收到的报单，其行号、行名是本行的，但附件是他行的；或行号是本行的，但行名与附件是他行的。对该类报单，如根据附件内容能肯定正确的收报行，则编制与原报单同方向报单办理转划手续，连同附件寄给正确的收报行。如收到的系贷方报单，其会计分录为：

借：联行来账

　　贷：联行往账

如收到的系借方报单，会计分录则相反。

转划时，报单备注栏应注明“××行报单误划本行，现转划你行”。

第二，收报行收到的报单，其行名、行号有误，但附件是本行的。对该类报单可按自己的行号、行名代为更正后，办理转账；同时编制两联查询、查复书：一联寄发报行通知更正行号，一联抄寄管辖分行，并注明“请按解付行行号×××××对账”。

第三，收报行收到的报单，其行名、行号、附件均不是本行的。对该类报单，若当时即已发现，则代转寄正确的收报行；若当时已转账，事后接到发报行或分行查询，经查实确已错转，应即将错收的款项用红字冲回，按原附件编制转账凭证后，另编联行往账报单，划转正确的收报行。划转的如系贷方报单，其会计分录为：

贷：有关科目（红字）

贷：联行往账

同时编制一式两联查复书，注明“按解付行行号×××××对账”和错收款项的划转情况，一联寄发报行，一联抄寄管辖分行。

（三）联行往来对账的核算

联行对账是保证联行往来正确的基础环节，对账方法的不同，是构成不同联行往来制度的重要方面。

1. 管辖分行的处理。

管辖分行录磁并向总行对账中心传输数据的处理。其主要工作内容有：

（1）建立联行往账、来账报告表登记簿。管辖分行收到所辖联行机构上报的全国联行往账、来账报告表及所附报告卡，应逐户登记“联行往（来账）报告表登记簿”。

（2）认真审核，准确输入。管辖分行要认真审核往账、来账报告表及报告卡，在此基础上将报告表和往账、来账报告卡的数据准确输入计算机。

（3）换人复核，及时传送。管辖分行对输入报告表及报告卡的各项数据必须换人复核无误后，才能通过专用通讯线路向总行传送。

2. 总行对账中心的处理。

总行对账中心负责全辖范围的账务监督与账务核对工作，根据各管辖分行传输的往账、来账报告表及所附报告卡信息，进行逐笔配对核销，以监督全国联行往账和全国联行来账。

（1）总行的账务组织。建立全国联行往账、来账两大计算机对账体系。对账体系内部按往账、来账分别以管辖分行和经办行为对象，设立报告表登录系统和报告卡登录系统。根据逐日配对，分月查清的要求，往、来报告卡登录系统均应按报告卡的日期分月设置“未配对”、“已配对”、“待查对”三个账户进行核算。同时，分别设置相应的“全国汇总总账”、“管辖分行汇总分户账”、“经办行明细账”。三者之间应相互制约、控制和保持平衡。

（2）总行的账务处理。总行接收各管辖分行传输的往账、来账报告表以及所附报告卡信息，经检查核对无误，转入相应的总账、分户账、明细账。经过核算平衡后，方可进行往账与来账报告卡的逐笔配对，并根据配对的情况调整“未配对”、“已配对”、“待查对”三个账户。

（3）总行的账务核对。总行的账务核对包括每日核对和定期核对。每日核对包括：每天必须将全国汇总、管辖分行汇总、经办行的往账、来账报告表登录系统与报告卡登录系统的借、贷方发生额和余额核算平衡；每天必须将接收的报告表及报告卡，按管辖分行分别累计往账、来账借、贷方发生额和余额的总额，与各管辖分行传输的总额核对相符。定期核对指定期检查往账、来账按月分设的“未配对”、“已配对”、“待查对”三个账户的核算情况，当“未配对”和“待查对”已经销平全部转入“已配对”账户时，应通知各管辖分行该月联行未达账项业已查清。

（四）联行账务的年度结清

联行往来划分为往账与来账两个账务系统，有往账就有与之相对应的来账，不论是每一笔联行往来还是联行往来的整体，往账与来账应当是相等的。但是，联行往来的发报行和收报行双方处理账务时间和空间上的不同，以及账务处理中差错存在的可能性等原因，客观上又存在往账系统和来账系统不平衡的情况，从而形成了联行往来中的未达账项。为了验证一个年度内联行账务的正确与否，除了每天和定期加强账务核对外，每年年度终了，还必须对上年度的联行账务做彻底的清查，解决联行往来中遗留的问题，使全国范围内的往账与来账达到最后的平衡。

1. 上年与本年联行账务的划分与处理。

新年度开始后，各级行处既要处理新年度发生的联行账务，又要处理上年度的账务，为了防止新旧年度联行往来账务混淆，影响上年未达账项的查清，应将上年联行往来账务结转，即以每年的12月31日为界线划分上、下年度，并将联行往账、联行来账两科目的年末余额不通过分录直接转入上年联行往账、上年联行来账科目。

发报行在新年度开始后，除冲账外，不得再编发上年联行报单；收报行在新年度开始后收到发报行上年编发的报单，应使用上年联行来账科目核算；收到上年度联行报单或办理冲正上年度差错的往来账项，应纳入上年联行来账核算和编制上年度联行来账（联行往账）报告表，其顺序号、余额与上年度联行来账（联行往账）报告表的各项内容相衔接，报告表日期的年份不变，月份应续填为“13月×日”。本年度发生的联行报单，应编制本年度的联行往账、联行来账报告表，其顺序号、余额均自本年第一号起重新开始编列。管辖分行和总行新年度开始后，也应根据上年和本年的联行往来账务，分别立户，分别处理。

2. 上年未达账项查清的标志。

（1）全国联行往账与来账两大账务体系的总账余额与全年累计发生额已平衡一致。

（2）联行往账与联行来账报告卡已全部配对，联行往账与联行来账“已配对”总账的余额，累计发生额平衡一致，“未配对”、“待查对”两个账户已无余额。

（3）全国汇总的“上年联行往账”和“上年联行来账”两科目的余额相等。

3. 上年联行账务的上划结平。

年终未达账项查清后，总行将各经办行的“往账与来账余额核对通知单”传送各管辖分行，由分行打印寄发给所辖经办行核对。经办行接到管辖分行上划上年各联行科目余额通知后，即办理上划手续。

（1）经办行的上划。经办行接到其管辖分行上划上年各联行科目余额通知时，应根据“上年联行往账”、“上年联行来账”科目的余额，分别反其方向，编制转账传票和联行报单，通过本年联行科目上划管辖分行。

如上划上年联行往（来）账贷方余额时，其会计分录为：

借：上年联行往（来）账（不编报单）

贷：分行辖内往来（编制报单）

如上划上年联行往（来）账借方余额时，则会计分录相反。

（2）管辖分行的上划。管辖分行收到所辖经办行上划的报单，经审核无误，办理转账。收到上划上年联行往（来）账贷方余额时，其会计分录为：

借：分行辖内往来

贷：上年联行往（来）账

如收到上划上年联行往（来）账借方余额时，则会计分录相反。

管辖分行俟各经办行全部余额上划收齐，并接总行的上划通知后，再将全辖上年联行科目余额分别通过本年联行往账上划总行，其上划的转账会计分录与经办行上划的会计分录相同。

（3）总行结平上年全国联行往来账务。总行收到各管辖分行上划上年联行往账、来账科目余额的转账会计分录与管辖分行收到经办行上划上年联行往账、来账科目余额的转账会计分录相同。

待总行收齐各管辖分行上划余额的报单后，其上年联行往账与上年联行来账科目余额应该相等，方向相反。这时即可反方向编制传票，结平上年联行往来的各类总账、分户账、明细账。至此，全国上年联行往来账务即告结清。

（五）联行汇差资金清算

联行汇差资金是指各行在办理业务过程中为本系统其他行处代收、代付款项所产生的应收应付差额，即联行往来各科目借、贷方发生额轧抵后的差额。当联行往来各科目贷方发生额合计大于借方发生额合计时，即为应付汇差；反之，即为应收汇差。

联行汇差资金反映了对联行间各行处的资金存欠关系，具体体现为每一行处占用他行或被他行占用的资金数额。系统内各经办行之间的代收、代付款项是经常、不断发生的，如某一行处发生代收款项，就意味着占用了他行的资金；反之发生代付款项，则表明是被他行占用了资金。联行汇差资金既然反映为本行占用或被占用资金，根据独立核算的原则，各行就均应按有关规定对联行汇差资金进行清算划拨。

由于各银行系统计算汇差日期和计算方法不尽相同，使得各银行系统汇差资金的清算也不相同，根据现行做法，主要有两类（这里仅介绍全国联行往来汇差资金清算）：

1. 通过人民银行实拨汇差资金。

联行汇差资金清算通过人民银行实拨，是指联行汇差调拨与信贷资金调拨分开管理，二者分别进行。应付汇差通过人民银行汇往上级行或上级行指定的调入行；应收汇差由上级行或上级行指定的行处通过人民银行汇给资金予以补足。

各行处于旬末根据全国联行往来各科目总账余额及汇出汇款科目总账余额填制“全国联行汇差计算表”，轧算出应收汇差或应付汇差。如轧算为应付汇差，须在每旬次日营业开始时上划上级行，如轧算为应收汇差，应电告上级行。总行根据各行汇差资金余缺情况逐级向应收、应付汇差行下达调入、调出汇差资金通知。

（1）调出汇差资金。应付汇差行收到“调出汇差资金电报通知”，在三日内必须将应付汇差如数通过人民银行电汇指定的调入行或总行。同时填制系统内全国联行电划借方报单，其会计分录为：

借：联行往账

　　贷：存放中央银行准备金

（2）调入汇差资金。应收汇差行收到人民银行收账通知和系统内借方报单后，办理调入汇差资金转账手续。其会计分录为：

借：存放中央银行准备金

　　贷：联行来账

2. 同步清算汇差资金。

这是指以清算行为单位在总行清算中心开立备付金存款账户，发报行通过其清算行经总行清算中心将款项汇划至收报行的同时，总行清算中心办理清算行之间的资金清算，每日更新各清算行在总行开立的备付金存款账户。其具体做法参见本章第二节内容。

第二节　资金汇划清算系统的核算

为了适应经济金融体制改革的要求，进一步提高资金汇划速度和优质服务水平，加强资金管理，提高集约化经营水平和资金使用效益，商业银行建立并开通了资金汇划清算系统。

一、资金汇划清算概述

资金汇划清算系统是商业银行办理结算资金和内部资金汇划与清算的工具，是一套集汇划业务、清算业务、结算业务等于一体的综合性应用系统。这一系统的特征是以资金汇划来替代传统的联行业务，从根本上改变“先汇划，后清算，动账不动钱”的联行体制，是对现行联行体制的一次重大改革。

（一）资金汇划清算的基本做法

1. 系统的组成。

该系统由汇划业务经办行（以下简称经办行）、清算行、省区分行和总行清算中心通过计算机网络组成。

经办行是具体办理结算资金和内部资金汇划业务的行处，汇划业务的发生行是发报经办行；汇划业务的接收行是收报经办行。

清算行是在总行清算中心开立备付金存款账户，办理其辖属行处汇划款项清算的分行，包括直辖市分行、总行直属分行及二级分行（含省分行营业部）。省区分行在总行开立备付金户，只办理系统内资金调拨和内部资金利息汇划。

总行清算中心是办理系统内各经办行之间的资金汇划、各清算行之间的资金清算及资金拆借、账户对账等账务的核算和管理的部门。

2. 资金汇划业务的处理范围。

汇划业务主要承担汇兑、异地托收承付、委托收款（含商业汇票、国内信用证、储蓄委托收款等）、银行汇票、银行卡、储蓄旅行支票、内部资金划拨、其他经总行批准的款项汇划及其资金清算，对公、储蓄、银行卡异地通存通兑业务的资金清算，同时办理有关的查询查复业务。

3. 资金汇划清算的基本做法。

其基本做法是：实存资金，同步清算，头寸控制，集中监督。

(1) 实存资金，是指以清算行为单位，在总行清算中心开立备付金存款账户，用于汇划款项时资金清算。

(2) 同步清算，是指发报经办行通过其清算行经总行清算中心将款项汇划至收报经办行，同时，总行清算中心办理清算行之间的资金清算。

(3) 头寸控制，是指各清算行在总行清算中心开立的备付金存款账户，保证足额存款，总行清算中心对各行汇划资金实行集中清算。清算行备付金存款不足，二级分行可向管辖省区分行借款，省区分行和直辖市分行、直属分行头寸不足可向总行借款。

(4) 集中监督，是指总行清算中心对汇划往来数据发送、资金清算、备付金存款账户资信情况和行际间查询查复情况进行管理和监督。

(二) 资金汇划清算的基本规定

1. 系统的处理办法。

资金汇划清算系统采取“汇划数据实时发送，各清算行控制进出，总行中心即时处理，汇划资金按时到达”的办法。

“汇划数据实时发送”是指发报经办行录入汇划数据后，全部实时发送至发报清算行。“各清算行控制进出”是指清算行辖属所有经办行的资金汇划、查询查复全部通过清算行进出，清算行控制辖属经办行的资金清算。“总行中心即时处理”是指总行清算中心对发报清算行传输来的汇划数据即时传输至收报清算行。实时业务由收报清算行即时传输到收报经办行，批量业务由收报清算行次日传输到收报经办行。总行清算中心当日更新各清算行备付金存款。“汇划资金按时到达”是指汇划资金能够做到实时业务即时到达经办行，批量业务次日到达经办行。

2. 会计科目的设置与使用。

(1) “上存系统内款项”科目。本科目用于核算和反映各省区分行、直辖市分行、总行直属分行及二级分行存放在上级管辖行的清算（调拨）备付金、定期存款和特种存款等。它属于资产类科目，余额反映在借方。省区分行、直辖市分行、总行直属分行应在本科目下设“上存总行备付金户”，用于直辖市分行和总行直属分行清算辖属行处汇划款项和资金调拨及省区分行的资金调拨；省分行营业部、二级分行应在本科目下设两个专户：①“上存总行备付金户”，用于清算辖属行处汇划款项。②“上存省区分行调拨资金户”，用于省区分行集中调拨全辖资金的核算。

(2) “系统内款项存放”科目。本科目用于反映总行及各省区分行核算下级行存放的清算（调拨）备付金存款、定期存款和特种存款等。它属于负债类科目，余额反映在贷方。总行按清算行和省区分行设“境内分行存放备付金户”，用于反映各清算行和省区分行在总行备付金存款的增减变动情况。省分行按二级分行设“调拨资金存款户”，用于反映省分行营业部和辖属二级分行在省区分行的调拨资金存款的增减变动情况。

(3) “待清算辖内往来”科目。本科目用于核算和反映各经办行与清算行往来款项及清算情况。它属于资产负债共同类科目，余额轧差反映。

3. 会计凭证的设置与使用。

资金汇划补充凭证是收报经办行接收来账数据后打印的凭证，是账务记载的依据和款项已入账的通知。它分为以下两种：

（1）资金汇划（借方）补充凭证（见表7-3）。一式两联，一联作有关科目借方传票，另一联作有关科目的传票或附件。

表7-3

中国××银行资金汇划（借方）补充凭证　记账凭证		
行　名：		收报日期：
业务种类：		处理方向：
收款人账号：		付款人账号：
收款人户名：		
付款人户名：		
大写金额：		
小写金额：		
发报流水号：		收报流水号：
发报行行号：		收报行行号：
发报行行名：		
发报日期：		打印次数：
补制副本标志：		
汇票号码：		出票日期：
出票金额（小写）：		汇票余款金额（小写）：
用　途：		
银行附言：		
客户附言：		
收电：	记账：	复核：

（2）资金汇划（贷方）补充凭证。其格式同资金汇划（借方）补充凭证。一式两联，一联作有关科目的贷方传票，另一联作收账通知。

二、汇划款项及资金清算的核算

（一）发报经办行的核算

发报经办行根据汇划业务种类，由经办人员根据汇划凭证录入有关内容。如汇兑、异地托收承付等贷报业务，其会计分录为：

借：××科目

　　贷：待清算辖内往来

如为银行汇票等借报业务，则会计分录相反。

对电子汇兑凭证第三联，邮划异地托收承付、委托收款凭证第四联，银行卡凭证、银行汇票、银行承兑汇票的第二、三联作"待清算辖内往来"科目凭证的附件；对作"信汇付款指令"处理的信汇业务，应在信汇凭证第三联上加盖用于全国结算业务的结算专用章后连同第四联邮寄收报经办行。

业务数据经过复核，按规定权限授权无误后，产生有效汇划数据，发送至清算行。

每天营业终了，发报经办行应打印"辖内往来汇总记账凭证"（见表7-4）；打印"资金汇划业务清单"（见表7-5），并作"辖内往来汇总记账凭证"的附件。然后核对数据，手工核对当天原始汇划凭证的笔数、金额合计与“资金汇划业务清单”发送借、贷报笔数、合计数及“待清算辖内往来”发报汇总借、贷方凭证笔数及发生额核对一致。

表7－4　　中国××银行辖内往来汇总记账凭证（借方）

行名（分签行）：　　　　　　　　　　　　　　　　　　　日期：

户名：	账号：
金额：（大写）	
金额：（小写）	
摘要：	附件张数：
会计分录：借： 贷：	银行盖章：

事后监督　　主管　　会计　　打印

表7－5　　中国××银行资金汇划业务清单

行名（分签行）：　　　　　　　　　　　　　　　　　　　报表日期：

序号	流水号	应用类型	收报行号	发报日期	借方账号户名	贷方账号户名	用途	汇兑业务延付指令	经办柜员	复核柜员
		传输类型	业务种类				金额		补输柜员	授权柜员
合计				笔数：		金额：				

会计分录：借：　　　　贷：　　　　事后监督：　　主管：　　会计：　　打印：

（二）发报清算行的核算

发报清算行收到发报经办行传输来的跨清算行汇划业务后，计算机自动记载“上存系统内款项”科目和“待清算辖内往来”科目有关账户。如收到发报经办行发来的贷方汇划业务，其会计分录为：

借：待清算辖内往来

　　贷：上存系统内款项——上存总行备付金户

如为借方汇划业务，则会计分录相反。

经过按规定权限授权、编押及账务处理后，汇划业务数据由计算机自动传输至总行。

如遇清算行在总行清算中心备付金存款不足时，“上存总行备付金”账户余额可暂时在贷方反映，但清算行要迅速筹措资金补充备付金头寸。

发报清算行每天营业终了的处理，除使用“上存系统内款项”科目和向总行传输对账数据外，其余处理手续与发报经办行相同。

（三）总行清算中心的核算

总行清算中心收到各发报清算行汇划款项，由计算机自动登记后，将款项传送至收报清算行。每日营业终了更新各清算行在总行开立的备付金存款账户。如贷方汇划款项，其会计分录为：

借：系统内款项存放——发报清算行存放备付金

　　贷：系统内款项存放——收报清算行存放备付金

如为借方汇划业务，则会计分录相反。

（四）收报清算行的核算

收报清算行收到总行清算中心传来的汇划业务数据，计算机自动检测收报经办行是否为辖属行处，并经核押无误后自动进行账务处理。实时业务即时处理并传送至收报经办行，批量业务处理后次日传送至收报经办行。具体处理方式分为集中式和分散式两种。

1. 集中式。

集中式是指收报清算行作为业务处理中心，负责全辖汇划收报的集中处理及汇出汇款、应解汇款等内部账务的集中管理。

（1）收到总行清算中心传来的实时汇划数据后，即时代辖属经办行记账。如贷方汇划业务，其会计分录为：

借：上存系统内款项——上存总行备付金户

　　贷：待清算辖内往来

借：待清算辖内往来

　　贷：××科目

如为借方汇划业务，则会计分录相反。

（2）收到总行清算中心传来的批量汇划数据后，日终进行挂账处理。如贷方汇划业务，其会计分录为：

借：上存系统内款项——上存总行备付金户

　　贷：其他应付款——待处理汇划款项户

如为借方汇划业务，其会计分录为：

借：其他应收款——待处理汇划款项户

　　贷：上存系统内款项——上存总行备付金户

次日清算行代经办行确认后记账。如贷方汇划业务，其会计分录为：

借：其他应付款——待处理汇划款项户

　　贷：待清算辖内往来

借：待清算辖内往来

　　贷：××科目

如为借方汇划业务，其会计分录为：

借：待清算辖内往来

　　贷：其他应收款——待处理汇划款项户

借：××科目

　　贷：待清算辖内往来

2. 分散式。

分散式是指收报清算行收到总行传来的汇划数据后均传至收报经办行处理。

(1) 收到总行清算中心传来的实时汇划数据后，要即时传至收报经办行记账。如贷方汇划业务，其会计分录为：

借：上存系统内款项——上存总行备付金账户

贷：待清算辖内往来

如为借方汇划业务，则会计分录相反。

(2) 收到总行清算中心传来的批量汇划数据进行挂账处理。会计分录与集中式批量处理收到挂账的会计分录相同，先转入“其他应付款”或“其他应收款”科目，待次日收报经办行确认后，冲减“其他应付款”或“其他应收款”科目并通过“待清算辖内往来”科目传至收报经办行记账。

(五) 收报经办行的核算

收报经办行收到清算行传来的批量、实时汇划业务，经检查无误后，打印“资金汇划(借方)补充凭证”或“资金汇划(贷方)补充凭证”一式两份，并自动进行账务处理。如贷方汇划业务，其会计分录为：

借：待清算辖内往来

贷：××科目

如为借方汇划业务，则会计分录相反。

如收到“信汇付款指令”业务，先进行账务处理，其会计分录为：

借：待清算辖内往来

贷：其他应付款——待处理汇划款项账户

待收到发报经办行邮寄的第三、四联信汇凭证核对相符后，再从“其他应付款”科目转入客户账户。其会计分录为：

借：其他应付款——待处理汇划款项账户

贷：××科目

如先收到发报经办行寄来的第三、四联信汇凭证，应专夹保管，俟汇划业务数据到达后再作账务处理。

收报经办行的日终处理与发报经办行的日终处理相同。

三、系统内资金调拨及利息计算

(一) 备付金存款账户的开立和补足

清算行和省区分行在总行清算中心开立备付金存款账户时，可通过人民银行将款项直接存入总行清算中心。上存时填制特种转账传票进行账务处理，其会计分录为：

借：其他应收款——待处理汇划款项账户

贷：存放中央银行准备金

待接到总行清算中心借记信息后，进行账务处理。其会计分录为：

借：上存系统内款项——上存总行备付金户

贷：其他应收款——待处理汇划款项账户

总行清算中心收到各清算行和省区分行上存的备付金后，当日通知有关清算行，进行账务处理。其会计分录为：

借：存放中央银行准备金

　　贷：系统内款项存放——××分行存放备付金账户

各清算行或省区分行通过人民银行补足备付金存款、二级分行通过人民银行向管辖的省区分行上存用于调拨的资金时，其处理与上述相同。

（二）拆借资金的核算

清算行如不能通过人民银行补足在总行清算中心的备付金存款，经有权人批准，向管辖行申请借入资金。

省区分行接到二级分行资金借款申请书后，经有权人批准，向总行清算中心办理资金借出手续。其会计分录为：

借：系统内借出——境内分行一般借出账户

　　贷：上存系统内款项——上存总行备付金账户

总行清算中心收到省区分行借出资金款项后，当日自动进行账务处理。其会计分录为：

借：系统内款项存放——××省区分行存放备付金户

　　贷：系统内款项存放——××清算行存放备付金户

清算行收到借款信息后，自动进行账务处理。其会计分录为：

借：上存系统内款项——上存总行备付金账户

　　贷：系统内借入——一般借入账户

如二级分行在总行备付金不足，日终又不能立即借入资金补足，总行清算中心有权主动代省区分行强行借出资金，弥补二级分行备付金存款，同时通知二级分行和省区分行。

强行借款的处理，除将“系统内借出（入）”科目的“一般借出（入）户”改为“强行借出（入）户”外，其余处理手续与上述相同。

如省区分行在总行备付金存款余额不足向二级分行借出资金，总行清算中心先向其强行借出资金，再弥补二级分行备付金头寸。其会计分录为：

借：系统内借出——强行借出账户

　　贷：系统内款项存放——××省区分行存放备付金账户

借：系统内款项存放——××省区分行存放备付金账户

　　贷：系统内款项存放——××清算行存放备付金账户

省区分行收到总行清算中心代本行强行拆借给辖属二级分行的强行借款通知后，进行账务处理。其会计分录为：

借：上存系统内款项——上存总行备付金账户

　　贷：系统内借入——强行借入账户

借：系统内借出——强行借出账户

　　贷：上存系统内款项——上存总行备付金账户

二级分行收到总行清算中心通知后进行账务处理。其会计分录为：

借：上存系统内款项——上存总行备付金账户

　　贷：系统内借入——强行借入账户

（三）归还借款的核算

二级分行在总行清算中心备付金存款足以归还向省区分行借款时，经有权人批准，向总行清算中心发出还款通知。填制特种转账凭证，进行账务处理。其会计分录为：

借：系统内借入——一般借入户或强行借入账户

　　贷：上存系统内款项——上存总行备付金账户

同时系统自动更新总行清算中心和省区分行有关账户。总行清算中心其会计分录为：

借：系统内款项存放——××清算行存放备付金账户

　　贷：系统内款项存放——××省区分行存放备付金账户

省区分行其会计分录为：

借：上存系统内款项——上存总行备付金账户

　　贷：系统内借出——境内分行一般借出户或强行借出账户

二级分行或省区分行借款到期不能归还，到期日营业终了，自动转入各该科目逾期贷款户，并自转入日按规定的逾期贷款利率计息。

（四）利息清算的核算

总行清算中心按季计算各清算行及省区分行存入总行的备付金存款和借款利息，并下划各行。

1. 总行清算中心下划存款利息时，其会计分录为：

借：金融企业往来支出——系统内往来支出账户

　　贷：系统内款项存放——××分行存放备付金账户

清算行和省区分行收到后，进行账务处理。其会计分录为：

借：上存系统内款项——上存总行备付金账户

　　贷：金融企业往来收入——系统内往来收入账户

2. 总行清算中心下划借款利息时，其会计分录为：

借：系统内款项存放——××分行存放备付金账户

　　贷：金融企业往来收入——系统内往来收入账户

清算行和省区分行收到后，进行账务处理，其会计分录为：

借：金融企业往来支出——系统内往来支出账户

　　贷：上存系统内款项——上存总行备付金账户

省区分行按季向辖属清算行计收借款利息及计付调拨资金存款利息的核算与上述处理相同。

四、对账的核算

各清算行每日营业终了自动将汇划及资金清算明细数据逐级上传进行明细对账；省区分行收到上传的明细数据后与辖属各清算行汇划业务明细数据及清算信息配对对账；总行收到传来的明细数据后，与各行在总行的“系统内款项存放”科目有关账户汇划业务明细数据及清算信息配对对账，并将对账结果逐级下传，发现疑问要发出对账差错信息，同时登记“对账差错登记簿”；各清算行每日将“系统内借入”科目各借款账户清单传至总行和省区分行进行核对；各行每日接收总行发出的对账差错信息后，打印差错清单，在五个工作日内必须查清原因，并按规定处理完毕。

第三节　现代化支付系统的核算

现代化支付系统是中国人民银行按照我国支付清算需要，利用计算机网络和电子通信技术开发建设，为银行业金融机构和金融市场提供资金清算服务的公共平台。该系统能够高效、安全处理银行业金融机构办理各种支付业务及其资金清算和金融市场的交易资金清算业务，是中国人民银行发挥金融服务职能的核心支持系统。中国人民银行通过建设现代化支付系统，将逐步形成一个以中国现代化支付系统为核心，商业银行行内系统为基础，各地同城票据交换所并存，支撑多种支付工具的应用和满足社会各种经济活动支付需要的中国支付清算体系。

一、现代化支付系统的系统构成

（一）现代化支付系统的组成

现代化支付系统主要由大额实时支付系统和小额批量支付系统两个业务应用系统，以及清算账户管理系统和支付管理信息系统两个辅助支持系统组成，建有两级处理中心，即国家处理中心和全国省会（首府）城市处理中心及深圳城市处理中心。

（二）现代化支付系统的参与者

现代化支付系统的参与者分为直接参与者、间接参与者和特许参与者。

1. 直接参与者，是指直接与支付系统城市处理中心连接并在中国人民银行开设清算账户的银行业金融机构以及中国人民银行地（市）以上中心支行（库）。

2. 间接参与者，是指未在中国人民银行开设清算账户而委托直接参与者办理资金清算的银行业金融机构（涉及大额支付系统时含非银行金融机构）以及中国人民银行县（市）支行（库）。

3. 特许参与者，是指经中国人民银行批准通过现代化支付系统办理特定支付业务的机构。

（三）现代化支付系统的处理程序

1. 大额支付系统处理的支付业务。

其信息从发起行发起，经发起清算行、发报中心、国家处理中心、收报中心、接收清算行，至接收行止。

（1）发起行是向发起清算行提交支付业务的参与者。

（2）发起清算行是向支付系统提交支付信息并开设清算账户的直接参与者或特许参与者。发起清算行也可作为发起行向支付系统发起支付业务。

（3）发报中心是向国家处理中心转发发起清算行支付信息的城市处理中心。

（4）国家处理中心是接收、转发支付信息，并进行资金清算处理的机构。

（5）收报中心是向接收清算行转发国家处理中心支付信息的城市处理中心。

（6）接收清算行是向接收行转发支付信息并开设清算账户的直接参与者。

（7）接收行是从接收清算行接收支付信息的参与者。接收清算行也可作为接收行接收支付信息。

2. 小额支付系统处理的同城贷记支付业务。

其信息从付款行发起，经付款清算行、城市处理中心、收款清算行，至收款行止。

小额支付系统处理的异地贷记支付业务，其信息从付款行发起，经付款清算行、付款行城市处理中心、国家处理中心、收款行城市处理中心、收款清算行，至收款行止。

小额支付系统处理的同城借记支付业务，其信息从收款行发起，经收款清算行、城市处理中心、付款清算行、付款行后，付款行按规定时限发出回执信息，经原路径返回至收款行止。

小额支付系统处理的异地借记支付业务，其信息从收款行发起，经收款清算行、收款行城市处理中心、国家处理中心、付款行城市处理中心、付款清算行、付款行后，付款行按规定时限发出回执信息，经原路径返回至收款行止。

（1）付款清算行是指向小额支付系统提交贷记支付业务信息或发起借记支付业务回执信息的直接参与者。

（2）收款清算行是指向小额支付系统提交借记支付业务信息，并接收借记支付业务回执信息或贷记支付业务信息的直接参与者。

（3）付款行城市处理中心是指付款行所属的城市处理中心。

（4）收款行城市处理中心是指收款行所属的城市处理中心。

（四）现代化支付系统处理支付业务的种类

1. 大额支付系统处理下列支付业务。

（1）规定金额起点（目前为2万元）以上的跨行贷记支付业务。

（2）规定金额起点以下的紧急跨行贷记支付业务。

（3）商业银行行内需要通过大额支付系统处理的贷记支付业务。

（4）特许参与者发起的即时转账业务。

（5）城市商业银行银行汇票资金的移存和兑付资金的汇划业务。

（6）中国人民银行会计营业部门、国库部门发起的贷记支付业务及内部转账业务。

（7）中国人民银行规定的其他支付清算业务。

2. 小额支付系统处理下列跨行支付业务。

（1）普通贷记业务。

（2）定期贷记业务。

（3）实时贷记业务。

（4）普通借记业务。

（5）定期借记业务。

（6）实时借记业务。

（7）中国人民银行规定的其他支付业务。

银行业金融机构行内直接参与者之间的支付业务可以通过小额支付系统办理。

二、现代化支付系统科目与清算账户的设置

（一）科目的设置

现代化支付系统设置以下会计科目：

1. “大（小）额支付往来”科目。

本科目核算支付系统发起清算行和接收清算行通过大（小）额支付系统办理的支付结算往来款项，余额轧差反映。年终，本科目余额全额转入“支付清算资金往来”科目，余额为零。

2.“支付清算资金往来”科目。

本科目核算支付系统发起清算行和接收清算行通过大（小）额支付系统办理的支付结算汇差款项。年终，“大（小）额支付往来”科目余额核对准确后，结转至本科目，余额轧差反映。

3.“汇总平衡”科目（国家处理中心专用）。

本科目用于平衡国家处理中心代理人民银行分支行（库）账务处理，不纳入人民银行（库）的核算。

（二）清算账户的设置

大额支付系统和小额支付系统共享清算账户清算资金。清算账户，是指直接参与者在中国人民银行开立的、用于资金清算的存款账户。

三、大额支付业务

发起行与清算行之间以及清算行与接收行之间的支付信息传输后的处理，按各行系统内往来的规定处理。以下只介绍发起清算行、发报中心、国家处理中心、接收清算行、接收行的基本处理方法。

（一）发起大额支付业务

1. 发起行（发起清算行）。

发起行业务发生后，将支付信息传输给发起清算行；发起清算行将发起行传输来的支付信息与本身发生的支付信息一并，由操作员录入、复核，自动逐笔加编密押后发送发报中心。

发起清算行为商业银行的，其账务处理分录为：

借：××科目

　　贷：存放中央银行准备金

发起清算行为人民银行的，其账务处理分录为：

借：××科目

　　贷：大额支付往来——人民银行××行（库）账户

2. 发报中心。

发报中心收到发起清算行发来的支付信息，确认无误后，逐笔加编全国密押，实时发送国家处理中心。

3. 国家处理中心。

国家处理中心收到发报中心发来的支付报文，逐笔确认无误后，分别情况进行账务处理。

（1）发起清算行、接收清算行均为商业银行的，其会计分录为：

借：××银行准备金存款

　　贷：大额支付往来——人民银行××行账户

借：大额支付往来——人民银行××行账户

贷：××银行准备金存款

（2）发起清算行为商业银行，接收清算行为人民银行的，其会计分录为：

借：××银行准备金存款

　　贷：大额支付往来——人民银行××行账户

借：大额支付往来——人民银行××行账户

　　贷：汇总平衡——人民银行××行账户

（3）发起清算行为人民银行，接受清算行为商业银行的，其会计分录为：

借：汇总平衡——人民银行××行账户

　　贷：大额支付往来——人民银行××行账户

借：大额支付往来——人民银行××行账户

　　贷：××银行准备金存款

（4）发起清算行、接收清算行均为人民银行的，其会计分录为：

借：汇总平衡——人民银行××行账户

　　贷：大额支付往来——人民银行××行账户

借：大额支付往来——人民银行××行账户

　　贷：汇总平衡——人民银行××行账户

（5）发起清算行为商业银行的，其清算账户头寸不足时，国家处理中心将该笔业务进行排队处理。

（6）国家处理中心账务处理完成后，将支付信息发往收报中心。

（二）接收支付信息

1. 收报中心。

收报中心接收国家处理中心发来的支付信息确认无误后，逐笔加编密押实时发送接收清算行。

2. 接收清算行（接收行）。

接收行可以为商业银行，也可以为人民银行。接收清算行接到支付信息后，传输给接收行或对本行业务进行处理。其会计分录为：

借：存放中央银行准备金

　　贷：××科目

四、小额支付业务

小额支付业务分为小额贷记业务、借记业务和定期借记业务三类。

小额支付业务采取小额批量处理的方法，支付信息定时或实时转发，资金在日间规定时点轧差清算。

（一）发起行（发起清算行）

发起行的处理与大额支付业务相同。

（二）发报中心

发报中心接收发起行发来的小额支付信息，应当分别本城市处理中心覆盖的业务和非本城市处理中心覆盖的业务。对于非本城市处理中心覆盖的业务，即时发往国家处理中心。对于本城市处理中心覆盖的业务，应在规定的时点轧差后，将支付信息分发接收清算行，轧差结果即时自动发送国家处理中心。

（三）国家处理中心

国家处理中心收到发报中心发来的小额支付信息，在规定的时间按接收清算行进行清分，并将小额支付明细信息发送收报中心，同时以直接参与者为单位进行轧差，通过清算账户管理系统进行清算。

（四）收报中心

收报中心接收国家处理中心发来的支付信息，即时转发接收清算行。

（五）定时轧差清算

城市处理中心可以定时轧算支付信息差额并通过国家处理中心清算资金。

1. 轧差公式。

借记业务往账金额 + 贷记业务来账金额 > 贷记业务往账金额 + 借记业务来账金额，为应收差额

借记业务往账金额 + 贷记业务来账金额 < 贷记业务往账金额 + 借记业务来账金额，为应付差额

2. 国家处理中心清算资金差额。

国家处理中心按清算行清算轧算资金差额：

（1）对于商业银行清算行为应付差额，进行清算处理的会计分录为：

借：××银行准备金存款

　　贷：小额支付往来——人民银行××行账户

对于应收差额进行清算的会计分录相反。

（2）对于人民银行清算行轧算结果的处理。对于应付差额进行清算的会计分录为：

借：汇总平衡——人民银行××行账户

　　贷：小额支付往来——人民银行××行账户

对于应收差额进行清算的会计分录相反。

【本章小结】

每一笔联行往来的发生，都涉及两个行处，而且双方处理账务的时间、地点、收、付款人都不同，但是双方的账务处理相互联系、相互制约，往来账作对应处理，共同构成一个统一的有机整体。为了保证联行账务的正确、及时，各行在处理联行往来业务中，要树立全局观念，保证核算质量；及时处理凭证，加速资金周转；严密监督，确保资金安全。

当前，因管理要求以及技术手段的不同，各行联行往来的具体做法有所差异，由于受教材篇幅和授课课时所限，不可能一一讲述。不过，各种联行往来的基本原理一般都包括：划分往、来账两个系统；采用特定的对账方法；划分年度，查清结平等内容。

随着计算机技术的飞速发展，传统操作方法与计算机网络的结合成为必然。资金汇划清算系统与传统联行往来制度相比，有了质的飞跃，其区别体现在：第一，减少了联行级次，进而减少了数据传递环节；第二，资金结算方法有了变化，系统采用实时、批量的全额清算办法，取代了原先定期轧差，净额清算办法；第三，技术手段有了明显变化，改过去重复录入汇划信息和清算头寸、对账数据相分离为一次录入、多次利用，提高了效率。

复习思考题

一、目的：练习联行往来及资金汇划业务的核算。

二、要求：根据下列业务，逐笔作出会计分录。

三、资料：工商银行某支行发生下列业务。

1. 东街口百货大楼（账号201028003）提交信汇凭证一份，要求将款项60000元汇往异省系统内某行开户的皮鞋厂（用联行往来和资金汇划清算分别处理）。

2. 抗生素厂（账号201015001）提交二联进账单及异省系统内某行签发的银行汇票第2、第3两联，汇票金额20万元，实际结算18万元（用联行往来和资金汇划清算分别处理）。

3. 机械厂（账号201016002）上周有一笔异地托收承付托收款项53000元，今日划回，付款行系异省系统内某银行（用联行往来和资金汇划清算分别处理）。

4. 收到省外系统内某行邮划贷方报单一份，金额30000元，经查报单上行号、行名均为本行，但附件信汇凭证收款人系异省系统内某行开户的机床厂。

第八章

外汇业务的核算

内容提示

按照集中管理、统一经营的外汇管理方针，由国家授权外汇管理局行使外汇管理职权，由外汇指定银行和经批准的其他商业银行经营外汇业务。外汇业务是商业银行业务的重要组成部分。

外汇是外国货币或以外国货币表示的，用于国际结算的支付手段。其包括：外国货币（包括纸币、铸币）、外币支付凭证（包括票据、银行存款凭证、邮政储蓄凭证等）、外币有价证券（包括政府债券、公司债券、股票等）、特别提款权、欧洲货币单位以及其他外汇资产。外汇是国际间经济交流不可缺少的工具。银行办理外汇业务，对于促进国际间经济交往，扩大我国进出口贸易和对外开放发挥着重要作用。

本章介绍外汇买卖、外汇存款、主要外汇贷款和国际结算的核算手续。

第一节　外汇买卖的核算

一、外汇业务核算的特点

（一）采用外汇分账制

通常对外汇业务的核算方法有本币统账制和外汇分账制。本币统账制也叫本币记账法，即在业务发生时，以本国货币为记账单位，将外国货币按一定的汇率折成本国货币记账的一种方法。外汇分账制又叫原币记账法。即在业务发生时，对有人民币外汇汇率的外币，都直接按原币核算，以全面反映各种外币资金增减变化情况的一种方法。其优点在于能清楚反映每一种外汇头寸的多少，以便于外汇头寸的调拨。银行经营的外汇业务采用外汇分账制。

外汇分账制的具体做法是：每种外币从明细核算到综合核算都自成一套独立的账务系统，每一种分账货币都按原币金额填制凭证，记载账簿，编制报表。国内联行间进行外汇划拨，也应填制原币报单，记原币账，如实反映各种外币的数量和价值。

采用外汇分账制，当买入和卖出外汇时，应套写填制外汇买卖传票，将外币计量单位与人民币计量单位并列填在转账凭证上，以反映货币兑换的比例和不同货币折合的金额，使本币和外币的账务分别平衡。

年终决算时，除各种分账货币分别编制报表外，还需将美元以外的外币按决算牌价折算成美元，与美元汇总后再按美元决算牌价折成人民币，汇总编制人民币决算报表。

（二）采用单式凭证为主，兼用复式凭证

我国银行由于业务量大，分工细，在会计核算上以采用单式凭证进行核算为特点。商业银行对外汇业务的核算，原则上也采用单式凭证，而对于某些“或有资产”、“或有负债”业务，由于其对应的会计科目固定，并且所反映的权利、责任同时发生、同时解除，因此使用复式凭证，可简化凭证编制手续。

二、外汇买卖的核算

银行在办理国际间的贸易往来、非贸易往来以及国与国之间债权债务结算中，都要用不同国家的货币进行清算，这样，外汇指定银行在办理外汇收付业务时，就需要将一种货币兑换成另一种货币，这种按一定的外汇汇价买入一种货币或卖出一种货币的业务，称为外汇买卖。我国现行的外汇管理体制规定，银行对各单位的外汇收入和外汇支出实行结汇、售汇制，因此，外汇买卖是外汇业务中的一项基础性业务，是实现结汇、售汇的手段。

（一）外汇汇价

外汇汇价就是以一种货币单位表示另一种货币单位的价格。汇价有两种标价方法：直接标价法和间接标价法。直接标价法是以一定整数单位的外国货币为标准来折算若干单位的本国货币的方法。间接标价法则相反。按照新的外汇管理体制办法，我国目前实行以市场为基础的、单一的、有管理的浮动汇率制。由国家外汇管理局在每个营业日公布人民币对美元的汇价，并参照国际外汇市场变化同时公布人民币对其他主要货币的汇价。各外汇指定银行挂牌公告，因此，称外汇牌价。

外汇牌价分为买入价、卖出价、中间价和现钞买入价。外汇汇价的买入价要低于卖出价，这是因为银行在买卖外汇时，要垫付资金，并承担汇价涨跌的风险，因此，银行在买卖外汇时要收取一定的费用，买入价与卖出价之间的差额，就是银行买卖外汇的收益或收取的费用。

（二）“外汇买卖”科目、传票和账簿

1.“外汇买卖”科目。

“外汇买卖”科目是实行外汇分账制而设立的一个专用会计科目，在办理外汇买卖、兑换、结售汇业务中，其在账务上起到联系和平衡作用，是外币与人民币科目之间的桥梁。

“外汇买卖”科目既反映在外汇兑换、外汇套汇和结售汇过程中引起的外汇的增减变化，又反映在办理这些业务中，引起人民币的增减变化。从资金性质上看，该科目属资产负债共同类科目，外币和人民币的余额均轧差反映。具体说，买入外汇，“外汇买卖”科目外币金额记贷方，人民币金额记借方；卖出外汇，“外汇买卖”科目外汇金额记借方，人民币金额记贷方；从余额看，如果外币为贷方余额，人民币为借方余额，则表示买入外汇大于卖出外汇；如果外币为借方余额，人民币为贷方余额，则表示卖出外汇大于买入外汇。

2.“外汇买卖”科目传票。

“外汇买卖”科目传票分外汇买卖借方传票、外汇买卖贷方传票和外汇买卖套汇传票。

外汇买卖借方传票和外汇买卖贷方传票均为一式三联，其中第一、二联为记账凭证，第三联为统计卡。当买入外汇时，填制“外汇买卖贷方传票”，第一联（见表8－1）为“外汇买卖”科目贷方传票，根据传票上的外币金额记账；第二联（见表8－2）为“外汇买卖”科目借方传票，根据传票上的人民币金额记账；银行向客户卖出外汇时，应填制“外汇买卖借方传票”，第一联（见表8－3）为“外汇买卖”科目借方传票，根据传票上的外币金额记账；第二联（见表8－4）为“外汇买卖”科目贷方传票，根据传票上的人民币金额记账。

外汇买卖套汇传票，是用于办理套汇业务的传票。外汇业务会计核算中的套汇实际上是套算，是以一种外汇兑换另一种外汇或同一种外币的现钞与现汇之间的兑换。这种套算原则上是通过人民币进行的，即买入一种外币时，按该种外币的买入价折合成人民币，然后将折合的人民币金额按另一种外币的卖出价套成另一种外币。银行在办理套汇业务时，应填制外汇买卖套汇传票一式五联，其中四联是“外汇买卖”科目传票：第一联“外汇买卖”科目买入外汇户贷方传票，第二联、第三联是“外汇买卖”科目人民币借方、贷方传票，第四联是“外汇买卖”科目卖出外汇户借方传票，第五联为统计卡。

表8－1　①外汇买卖贷方传票（外币）

××年11月1日　　　　传票编号

售汇单位		
	全称	××单位
	账号	××××××

（贷）外汇买卖

（对方科目：××）

外汇金额	牌价	人民币金额	
US$2000.00	100:826.00	16520.00	附件
摘要		会计 复核 记账 制票	张

表8－2　②外汇买卖借方传票（人民币）

××年11月1日　　　　传票编号

售汇单位		
	全称	××单位
	账号	××××××

（借）外汇买卖

（对方科目：××）

外汇金额	牌价	人民币金额	
US$2000.00	100:826.00	16520.00	附件
摘要		会计 复核 记账 制票	张

表 8－3　③外汇买卖借方传票（外币）

××年11月1日

传票编号

购汇单位	全称	××单位
	账号	××××××

（借）外汇买卖

（对方科目：××）

外汇金额		牌价	人民币金额	
US＄1000.00		100:828.00	8280.00	附件张
摘要			会计 复核 记账 制票	

表 8－4　④外汇买卖贷方传票（人民币）

××年11月1日

传票编号

购汇单位	全称	××单位
	账号	××××××

（贷）外汇买卖

（对方科目：××）

外汇金额		牌价	人民币金额	
US＄1000.00		100:828.00	8280.00	附件张
摘要			会计 复核 记账 制票	

3. 外汇买卖账簿。

“外汇买卖”科目分户账（见表8－5）是以每一种外币分别立账（人民币不设分户账）的特定格式的账簿，把外币金额和人民币金额记在一张账页上。“外汇买卖”科目分户账由买入、卖出、结余三栏组成。买入、卖出栏各设外币、牌价、人民币三项，结余栏内设外币、人民币两栏。其登记方法是：

（1）买入外汇，在买入栏逐笔登记外币金额、牌价、人民币金额。

（2）卖出外汇，在卖出栏逐笔登记外币金额、牌价、人民币金额。

（3）套汇业务，如买入美元套出英镑，买入的美元记入美元户买入栏，套出的英镑记入英镑户的卖出栏。如买入美钞套出美汇，则把买入的美钞记入美元户的买入栏，套出的美汇记入美元户的卖出栏。

（4）余额的登记方法，外币余额与人民币余额应分别结计。

“外汇买卖”科目总账，按各种外币和人民币分别设置。每日营业终了，根据外汇买卖科目的传票，编制各种货币的科目日结单，再根据科目日结单登记总账。

表8-5 **外汇买卖科目账**

货币：美元账户

××××年		摘要	买入			卖出			结余			
			外币（贷）	牌价	人民币（借）	外币（借）	牌价	人民币（贷）	借或贷	外币	借或贷	人民币
月	日		金额		金额	金额		金额		金额		金额
11	1	买汇	2000.00	826.00	16520.00				贷	2000.00	借	16520.00
11	1	卖汇				1000	828.00	8280.00	贷	1000.00	借	8240.00
11	1	买汇	2000.00	826.00	16520.00				贷	3000.00	借	24760.00
11	1	买钞	1000.00	825.00	8250.00				贷	4000.00	借	33010.00
11	1	套汇				996.38	828.00	8250.00	贷	3003.62	借	24760.00
11	1	收益			79.94						借	24839.94
11	1	平仓				3003.62		24839.94				-0-

4. 外汇买卖损益的计算。

银行的外汇头寸管理实行外汇买卖平仓的方式，凡按规定平仓的外汇买卖账户，在平仓前，需计算提取外汇买卖损益，不平仓的账户不计提损益。损益的计算方法是：每天外汇买卖交易结束后，分货币将“外汇买卖”科目的余额按当天中间价折成人民币，与该货币人民币余额的差额即为该货币当日外汇买卖的损益。

“外汇买卖”科目外币余额在贷方，其损益计算方法是：外币贷方余额×该种外币中间价>该种外币的人民币借方余额，即为贷方差额，该差额为汇兑收益；如果是借方差额，该差额为汇兑损失。

“外汇买卖”科目外币余额在借方，其损益计算方法是：外币借方余额×该种外币中间价<该种外币的人民币贷方余额，即为贷方差额，该差额为汇兑收益；如果是借方差额，该差额为汇兑损失。

（三）外汇买卖的核算

买入外汇是银行买入外汇或外币现钞，支付人民币。应根据买入外币金额，按汇价折算人民币金额，并填制外汇买卖贷方传票。

例8-1：银行从某出口单位买进美元2000元，买入价¥826/US$100。其会计分录为：

借：港澳及国外联行往来（或现金）等科目　　US$2000.00

　　贷：外汇买卖　　US$2000.00

借：外汇买卖　　¥16520.00

　　贷：进出口企业活期存款（或现金）——出口单位账户　　¥16520.00

卖出外汇是银行将外汇或外币现钞卖给客户，收入人民币，应根据卖出外币金额，按卖出价折算人民币金额，并填制外汇买卖借方传票。

例8-2：银行向客户卖出美元1000元，卖出价¥828/US$100。其会计分录为：

借：进出口企业活期存款（或现金）——进口单位账户　　¥7880.00
　　贷：外汇买卖　　¥7880.00
借：外汇买卖　　US$1000.00
　　贷：港澳及国外联行往来（或现金）等科目　　US$1000.00

外汇套汇是客户用一种外币兑换另一种外币。作为银行则为买入一种外汇，同时卖出一种外汇，并填制外汇买卖套汇传票。

例8-3：某外汇银行买进US$2000.00，同时，卖给客户等值的英镑。美元买入价¥780/US$100，英镑卖出价¥1303.26/£100。其会计分录为：

借：有关科目　　US$2000.00
　　贷：外汇买卖　　US$2000.00
借：外汇买卖　　¥15600.00
　　贷：外汇买卖　　¥15600.00
借：外汇买卖　　£1197.10
　　贷：有关科目　　£1197.10

根据上述几项业务登记外汇买卖（美元户）分户账，见表8-5。假设当天外汇中间价为¥827/US$100，据表8-5中数据，计提收益的会计分录为：

借：外汇买卖　　¥89.96
　　贷：外汇业务收入——外汇买卖收入账户　　¥89.96

结转损失的会计分录是：

借：外汇业务——外汇买卖支出账户
　　贷：外汇买卖
}人民币

平仓是指反方结平外汇买卖科目的外币和人民币余额，分支行按中间价与总行成交。

如果“外汇买卖”科目外币余额在贷方，人民币余额在借方，平仓时会计分录为：

借：外汇买卖
　　贷：内部往来
}外币

借：内部往来
　　贷：外汇买卖
}人民币

第二节　外汇存款业务的核算

一、外汇存款的种类

外汇存款是单位或个人将其所有的外汇资金存入银行，随时或约期支取，银行按照规定的利率支付利息的一种信用活动。外汇存款按存款对象，可分为单位外汇存款和个人外汇存款；按存入资金形态，可分为现汇存款和现钞存款；按存款期限，可分为定期存款和活期存款；按存取方式分为支票户存款和存折户存款。

单位外汇存款分为甲种外汇存款和外债专户存款两种。甲种存款的存款外汇有美元、英镑、日元、港元等。其中定期存款起存金额不低于人民币1万元等值外汇，存期为一个月、三个月、半年、一年、二年；活期存款起存金额不低于人民币1000元等值外汇。外债专户存款以借入外债货币存入，起存金额不低于人民币400万元等值外汇。单位存款只有现汇户，没有现钞户。

个人外汇存款按存款对象不同，分为乙种存款和丙种存款两种。每种存款又分为定期存款和活期存款以及外汇账户和外钞账户。其中，乙种外汇存款主要是对居住在中国境内外、港澳台地区的外国人、外籍华人、华侨、港澳台同胞办理，其存款外币币种包括美元、英镑、港元等。定期存款起存金额不低于人民币500元等值外汇，存期为一个月、三个月、半年、一年、二年；活期存款起存金额不低于人民币100元等值外汇。丙种存款主要是对持有外币的中国境内居民办理，其存款外币币种有美元、港元，起存金额及定期存款的存期与乙种存款相同。

二、单位外汇存款的核算

（一）活期外汇存款的核算

活期外汇存款分为以原币存取、以现钞存取、以不同货币存取三种情况。其处理手续如表8－6。

表8－6　　单位活期外汇存款存入、支取的核算

货币种类	存入外汇存款的处理	货币种类	支取外汇存款的处理
原币存入	借：汇入汇款等科目 贷：有关科目 } 外币	原币支取	借：有关科目 贷：汇出汇款等科目 } 外币
存入现钞按钞买汇卖处理	借：现金 贷：外汇买卖 } 外钞 借：外汇买卖 贷：外汇买卖 } 人民币 借：外汇买卖 贷：有关科目 } 外汇	支取现钞按汇买钞卖处理	借：有关科目 贷：外汇买卖 } 外汇 借：外汇买卖 贷：外汇买卖 } 人民币 借：外汇买卖 贷：现钞 } 外钞
将甲货币存入乙货币账户按套汇处理	借：汇入汇款等科目 贷：外汇买卖 } 甲货币 借：外汇买卖 贷：外汇买卖 } 人民币 借：外汇买卖 贷：有关科目 } 乙货币	从甲货币账户支取乙货币按套汇处理	借：有关科目 贷：外汇买卖 } 甲货币 借：外汇买卖 贷：外汇买卖 } 人民币 借：外汇买卖 贷：汇出汇款或其他科目 } 乙货币

银行对单位甲种外币活期存款按规定每年结息一次，结息日为12月20日。银行采用"余额表"或"乙种账"计算利息，并于结息次日主动将利息记入原活期存款账户转作存款本金。支付利息以原币记账，其会计分录为：

借：利息支出——外汇存款利息支出账户
　　贷：单位存款科目 } 外币

（二）定期外汇存款的核算

单位以外汇存入定期外汇存款时，银行填制记名定期存单凭以记账。其会计分录为：

借：汇入汇款或其他科目
　　贷：单位定期存款　　　　　　} 外币

如由单位活期外汇存款账户转入定期存款户，可由存款人签发支票或支取凭条。

存款人凭定期存单支取到期存款时，银行应按规定计付利息。其会计分录为：

借：单位定期存款
　　利息支出　　　　　　　　　} 外币
　　贷：单位存款科目

支取单位定期存款，一律按转账处理，不得支取现金。定期存款的计息规定是：存期内按存入日利率计息，提前支取、过期支取均按支取日公布的活期利率计息。

三、个人外汇存款的核算

个人外汇存款分为现钞户存款和现汇户存款。凡个人持有的外币现钞，可存入现钞户；凡从国外携入、寄入的外币票据和从境外汇入的外汇汇款，可存入现汇户。

（一）存入外币存款的核算

存款人申请开立活期丙种或乙种外币存款账户时，应持身份证并填写开户凭条，写明户名、地址、金额等，并连同外汇一并交存银行。凭印鉴支取的需办理预留印鉴手续。居住在国外或港澳地区的存户，也可来信申请开户，银行按约定的方式办理存款手续，并可代保管存单和存折，给存款人出具保管证。存入活期存款银行发给存折，凭以办理存取手续；存入定期存款，银行发给存单，到期凭以取款。

1. 以现钞存入的会计分录为：

借：现金
　　贷：活期（或定期）外汇存款（现钞户）} 外钞

2. 以现汇存入的会计分录为：

借：汇入汇款或其他科目
　　贷：活期（或定期）外汇存款（外汇户）} 外币

3. 如以外钞存入外汇账户时，可按钞买汇卖办理套汇手续。如以不同种货币存入时，可按套汇处理。

（二）支取外币存款的核算

1. 从现钞户支取现钞或从外汇户支取同种货币现钞时，均按 1:1 支付外币现钞。其会计分录为：

借：活期（或定期）外汇存款（现钞或现汇户）
　　贷：现金　　　　　　　　　　　　　　　} 外汇

2. 兑取人民币现金的，银行按买入外币处理。

3. 从外汇户汇出外汇时，其会计分录为：

借：活期（或定期）外汇存款
　　贷：汇出汇款或其他科目　　　　} 外汇

丙种外币现钞户一般不准汇往国外，但如存款或直系亲属获得出境或探亲、自费留学等，可凭有关证明办理汇出或携出手续。

4. 定期存款到期后，可转活期外汇存款户，也可支取现金。其会计分录为：

借：定期外汇存款
　　利息支出
　　贷：现金或活期外汇存款 } 外汇

第三节　国际贸易结算业务的核算

国际贸易结算是指由国际间的商品交易而引起的货币收付或债权债务的结算，是银行经营外汇业务的主要内容。目前对进出口贸易结算主要采用信用证、托收、汇款三种方式。以下主要叙述信用证结算方式的核算。

信用证是开证银行根据申请人（进口商）的要求和指示向出口商（受益人）开立的一定金额，在一定期限内凭议付行寄来规定的单据付款或承兑汇票的书面承诺，也就是说，信用证是银行有条件保证付款的凭证。信用证是对外贸易结算中的主要结算方式。

一、出口信用证结算的核算

出口信用证结算是指出口企业根据国外进口商通过国外银行开来的信用证，按其条款规定，待货物发出后，将出口单据及汇票送交国内银行办理审单议付，向国外银行收取外汇后，对国内出口企业办理结汇的一种结算方式，主要包括受证与通知、审单议付和出口结汇三个环节。

（一）受证与通知

议付行接到国外开来的信用证，对进口方的资信及信用证本身进行审查后，认为可以接受时，即编列信用证通知流水号，将信用证正本通知出口商，然后根据信用证副本编制“国外开来保证凭信记录卡”，登记“国外开来保证凭信”表外科目。分录为：

收入：国外开来保证凭信　　外币

对信用证中所提出的不能接受的条款、无法办到的条款、在执行中有风险的条款以及信用证金额有变动等都必须通知开证行并进行修改。如接到国外开证行通知修改信用证，修改信用证增额时，记入国外开来保证凭信收入栏，减额、转让、退证、逾期注销的，用红字记入收入栏，冲销发生额。

开证行如果预先汇入信用证项下押金，并授权议付行在议付单据后加以扣抵的，议付行可在收到汇款后先通过“存入保证金”科目进行核算。其会计分录为：

借：港澳及国外联行往来等科目
　　贷：存入保证金 } 外币

（二）审单议付

出口企业根据信用证规定，办妥出口手续，将全套出口单据提交银行，议付行应逐项进行审查，达到“单单一致、单证一致”的要求。

国内银行审核无误后，填制“出口寄单议付通知书”连同信用证要求的单证寄国外开证行索偿货款及有关费用，“出口寄单议付通知书”一式四联：第一联正本联与第二联副本联附有关单据分两次寄开证行；第三联副本联，向开证行指定的账户行索汇时寄偿付行；第四联副本联，由议付行留存，按地区、币别、即期、远期分别加以保管。

根据权责发生制的原理，出口银行在寄出议付单据后，一方面对国外银行拥有了收取货款的权益，另一方面对出口商承担了付款的责任。对收款的权益和付款的责任应进行账内反映。其会计分录为：

借：应收即期（远期）信用证出口款项
　　贷：代收即期（远期）信用证出口款项 } 外币

同时，转销"国外开来保证凭信"表外科目。分录为：

付出：国外开来保证凭信　　外币

（三）出口结汇

出口结汇是议付行在接到国外银行划来出口货款时，对出口商办理人民币结汇。具体做法是议付行按当日外汇牌价买入外汇，折算成人民币支付给出口商。出口结汇采取收妥结汇，凭国外联行或代理行的已贷记报单、电报或借记授权书办理。对出口公司办理结汇的会计分录为：

借：存放国外同业或其他科目
　　贷：外汇买卖 } 外币
　　　　手续费收入

借：外汇买卖
　　贷：企业活期存款或其他科目 } 人民币

同时销记原来记入的应收及代收信用证出口款项科目。其会计分录为：

借：代收即期（远期）信用证出口款项
　　贷：应收即期（远期）信用证出口款项 } 外币

二、进口信用证结算的核算

进口信用证结算是国内银行根据国内进口企业开证申请书，向国外银行开立信用证，并凭国外银行寄来信用证中规定的单据，按照信用证规定的条款对国外出口商付款的一种结算方式。

（一）开立信用证

进口单位根据与国外出口商签订的贸易合同填具开证申请书，这是银行开立信用证的依据。根据信用证不同的传递方式，分为邮寄信用证和电开信用证两种：邮寄信用证由有权签字人签字后才能寄发；电开信用证需加密押才能发电，并另寄电报证实书。

1. 收取信用证保证金。

信用证项下的进口，开证行可要求进口单位交纳保证金，保证金可以从进口单位的外汇账户中收取，也可以由进口单位购买外汇交纳。

从外汇账户收取保证金的会计分录为：

借：有关科目——进口单位外币账户
　　贷：存入保证金 } 外币

进口单位买外汇交纳保证金的会计分录为：

借：有关科目——进口单位人民币账户
　　贷：外汇买卖 } 人民币

借：外汇买卖
　　贷：存入保证金　｝外币

2. 开立信用证。

开出套打信用证，格式一般为一式六联，各联用途：第一联信用证正本，经有权签字人员签字后，航邮国外转递行；第二联信用证副本，第二次寄转递行，以防第一次邮寄丢失；第三联信用证副本，开证行代统计卡；第四联信用证副本，加盖进口业务专用章后，退给进口单位；第五联信用证副本，加盖进口业务专用章后，退给进口单位；第六联信用证留底，随开证行申请书留存。

信用证开出后，开证行就拥有了对进口商收取货款的权益，并承担了对国外银行付款的责任。因此，需作如下账务处理：

借：应收开出信用证款项
　　贷：应付开出信用证款项　｝外币

3. 修改信用证。

进口公司要求修改信用证余款或金额时，应由公司提出申请，开证行编制和打印修改通知书，以电改或信改方式通知国外银行。

修改信用证增加金额时，与开出信用证的会计分录相同，减少金额时，会计分录相反。

（二）审单付款

开证行收到国外银行寄来的全套出口单据后，应将单据与原信用证的条款进行核对，达到“单单相符、单证相符”的要求。然后，编打“进口信用证单据通知书”一式三联。第一联收到单据通知书；第二联付款赎单通知书；第三联通知书银行留存备查。第一、二联随进口全套单据送进口商，进口商审核单据后，在第二联上签注确认承付或拒付理由，并加盖公章退银行。

进口商审核单据一般为三个工作日，银行在进口商承付后，即办理付汇手续。

1. 即期信用证付款方式。

（1）单到国内付款。银行收到国外议付行寄来的单据，经进口方审核相符确认承付后，国内付款行（亦即开证行）编制付款报单寄议付行或拍发电报，并向进口方售汇。其会计分录为：

借：应付开出信用证款项
　　贷：应收开出信用证款项　｝外币

借：××存款或存入保证金
　　贷：外汇买卖　｝人民币

借：外汇买卖
　　贷：存放国外同业（或其他科目）　｝外币

一般情况下，国外银行应收的银行费用如通知费、议付费、修改费等，都由进口单位负担，因此，付汇金额应包括货款与银行费用两部分。

（2）国外审单借记。即期信用证项下国外审单借记是国外议付行审单后，主动借记我方银行在国外付款行开立的账户，并将单据连同借记报单一并寄我开证行。开证行把进口单据交进口商后，不必再由进口商承付，即可向进口商收取货款；同时，从国外议付行主动借记我行账户那天起，到国内银行向进口商收取货款之间的垫款利息，由开证行一并向进口商计收。收取利息的会计分录为：

借：××存款
　　贷：外汇买卖　　} 人民币

借：外汇买卖
　　贷：利息收入　　} 外币

（3）国外审单电报索汇。国外审单电报索汇是国外议付行审单后，用加押电报向我外汇银行索汇。我国开证行收到加押电报核押相符后，再对外付汇。待收到国外议付行寄来单据核对相符后，将单据送交进口商。开证行对外付款的会计分录与单到国内审单付款方式的会计分录相同。

2. 远期信用证付款方式。

如为远期付款的信用证，开证行需要承担开证、审单承兑和承担到期付款的责任。其他单据处理手续与即期信用证相同。银行收到远期信用证项下议付行寄来单据后，送进口商确认。待进口商确认到期付款后即办理远期汇票承兑手续，并将承兑汇票寄国外议付行，由议付行到期凭以索汇。如果信用证规定没有汇票或虽有汇票，但双方约定不退汇票，则需另行填制"承兑通知书"寄国外议付行，确认远期汇票承兑并到期付款。

开证行承兑后，即了结了进口商与国外议付行的权责关系，并重新确定了承兑后的权责关系，因此，需编制会计分录为：

借：应收承兑汇票款
　　贷：承兑汇票　　} 外币

远期信用证承兑到期日对外付汇。其会计分录为：

借：承兑汇票
　　贷：应收承兑汇票款　　} 外币

从外币或人民币账户付汇的会计分录同前述付汇的会计分录。

第四节　外汇贷款业务的核算

一、外汇贷款的种类

外汇贷款是外汇银行办理的以外币为计量单位的贷款。目前，我国外汇银行办理的外汇贷款主要有美元、英镑、日元和港币等。借什么货币，还什么货币，计收原币利息。

外汇贷款按资金运用的方式分为：现汇贷款、特种外汇贷款、"三贷"外汇贷款（即买方信贷、政府贷款和混合贷款）、国际商业贷款、国际银团贷款、出口买方信贷。本节主要介绍现汇贷款的核算。

现汇贷款是按照国家核定的外汇信贷计划，以从国际金融市场上筹措的外汇和从国内吸收的外汇，向借款人发放的外汇贷款。目前，主要有：浮动利率贷款、优惠利率贷款、特优利率贷款、贴息外汇贷款、外商投资企业贷款、对外承包工程贷款、短期周转流动资金贷款、机电产品流动资金贷款等。在此，以浮动利率外汇贷款为例叙述其核算方法。

浮动利率外汇贷款的利率不是固定的，而是参照伦敦金融市场银行同业拆放的利率，由银行根据筹资成本加上一定的银行管理费制定的，故称为浮动利率贷款。

二、发放贷款的核算

借款人应填制一式五联外汇贷款借款凭证：第一联借款申请书，第二联借款凭证，第三联借款凭证副本，第四联支款通知，第五联备查卡。经银行信贷部门审查同意后，将第一、五联交信贷部门保管，将第二、三、四联凭证交会计部门。会计部门审查无误后，办理转账。其会计分录为：

借：短期外汇贷款
　　贷：存放国外同业或其他科目　　} 外币

三、利息计算与核算

浮动利率外汇贷款实行按季结息的做法。每季末月20日营业终了为结息日。其基本公式：

利息＝本金×利率×期限

公式中的利率是指浮动利率。浮动利率按浮动期分为一个月、三个月、六个月三种，假定企业在使用银行贷款前确定使用一个月浮动利率计息，那么在一个月内无论利率怎样浮动，都固定不变，过了一个月再变动利率计息。外汇贷款利率可由借款人在借款时约定，按结息期以外汇存款支付或将利息转为贷款本金。

借款人以外汇存款支付利息时的会计分录为：

借：外汇活期存款
　　贷：利息收入　　} 外币

借款人按契约规定将利息转入贷款本金的会计分录为：

借：短期外汇贷款
　　贷：利息收入　　} 外币

四、收回贷款的核算

外汇贷款到期时，应由借款人填写一式四联还款凭证：第一联借方传票，第二联贷方传票，第三联利息收入传票，第四联还款通知交借款人。

借款人如以原贷款货币偿还外汇贷款时，贷款行应计算出上次结息日至还款日的贷款利息，以便将贷款本息一并收回。其会计分录为：

借：外汇活期存款或其他科目
　　贷：短期外汇贷款
　　　　利息收入　　} 外币

借款人如以其他外币偿还贷款，应先套算成贷款外币，再偿还贷款本息。

例8－4： 某银行6月10日贷出美元500000元，贷款期限三个月，约定于9月10日由借款人从美元存款账户偿还全部贷款本息，利率采用一个月浮动利率，利率转入贷款本金。

假设6月10日美元贷款一个月浮动利率为3.6%，7月1日银行公布的美元贷款一个月浮动利率为3.96%，8月1日公布的美元贷款一个月浮动利率为3.78%。

1. 6月10日至6月20日计收利息为：

500000×11×3.6%÷360=US$550

其会计分录为：

借：短期外汇贷款——借款人户　　US$550.00

　　贷：利息收入　　US$550.00

2. 6月21日至9月10日计收利息分段计算：

第一段：6月21日至7月10日（利息算至7月9日）

（500000+550）×19×3.6%÷360=US$951.05

第二段：7月10日至8月10日（利息算至8月9日）

（500000+550）×31×3.96%÷360=US$1706.88

第三段：8月10日至9月10日（利息算至9月9日）

（500000+550）×31×3.78%÷360=US$1629.29

利息=951.05+1706.88+1629.29=US$4287.22

其会计分录为：

借：企业活期存款——借款人存款户　　US$504837.22

　　贷：短期外汇贷款　　US$500550.00

　　　　利息收入　　US$4287.22

【本章小结】

我国经济开放程度不断提高，在加入WTO后又融入国际经济循环中，出口、进口以及各种形式的利用外资业务不断增加，商业银行经营外汇业务的规模亦将随之增大，做好外汇存款、贷款、国际结算的核算，对于支持进出口贸易，扩大外汇资金来源有着重要意义。为此，在组织外汇业务核算时，首先应严格执行外汇管理法规，监督外汇资金收付的合规性、合法性，杜绝逃汇、套汇等违法事件的发生。其次，要掌握外汇业务核算的特点，准确记载并完整反映外汇收付及结、售汇情况。外汇业务的会计核算在原理上与本币业务相同，但由于涉及与国外银行之间的往来，涉及不同国家货币之间的清算，因此其具体核算方法又有自身特点，要熟悉特点，总结核算方法的规律，掌握各项业务的核算手续。

复习思考题

一、目的：通过实训使学生进一步熟悉外汇业务核算的特点，掌握外汇买卖核算、存款业务核算、信用证结算以及外汇贷款业务核算方法。

二、要求：根据业务作出会计分录，登录“外汇买卖”科目美元户的分户账（12月份连续登记）。

三、资料：某外汇指定银行12月份发生下列业务（表8－7为人民币汇价表）：

1. 12月2日客户周士林持美元500元，要求兑换人民币。

2. 12月6日客户张蓉经批准出国探亲，持批件和人民币现金兑换2000美元。

3. 12月8日客户王明青持11月28日到期的一年期定期存单1000美元，要求本金转存活期美元存款户，以人民币支取利息。一年期利率假设2.25%，逾期部分按活期存款利率，为0.99%。去年年末已列支应付利息2美元。要求：计算逾期利息、到期利息、利息总额（利息所得税免算）、转入活期存款和支付人民币利息的会计分录。

4. 12月8日伟佳股份有限公司经批准，向美国某公司购买成套设备，价款1000000美元，申请签发单到开证银行付款的即期信用证。银行收取开证金额5%的人民币保证金，开出1000000美元的即期信用证。

12月20日收到国外议付行的议付单据，并加收银行费用500美元，共计1000500美元，将款项通过香港中国银行划往美国出口商开户银行。请作出开出信用证和付款的会计分录。

5. 12月10日收到香港中国银行开来即期信用证，出口商为我国伟佳股份有限公司，货款1200000美元。伟佳公司按信用证条款发货后将单据交开户银行，银行审核单证相符并将全部单据寄香港中国银行。12月26日收到香港中国银行的借记授权书，同时收取手续费600美元，办理结汇手续。

6. 伟佳股份有限公司6月10日向银行申请贷款5000000英镑，向国外代理行付汇，期限6个月，利率采用三个月浮动，利息用外币存款支付，每季末月20日结息，12月10日贷款到期日归还。假设6月10日英镑三个月浮动利率为3.3%，9月10日英镑三个月浮动利率3.6%。

表8-7　人民币汇价表（假设）

外币	外币单位	买入价	卖出价	买入现钞价
美元	US$100	¥780.00	¥782.00	¥778.00
英镑	£100	¥1290.00	¥1295.00	¥1288.00

第九章

金融机构往来的核算

内容提示

金融机构往来是指金融机构相互之间的资金账务往来。本章主要指商业银行间跨系统的资金账务往来和商业银行与人民银行之间的资金账务往来。

在多元化金融机构体制下，金融机构之间的资金账务往来是必然的，也是必要的。首先，商业银行办理的结算业务，除一部分能在同一银行系统内实现资金划拨外，还有的要涉及到不同的商业银行系统之间的资金划拨；其次，商业银行需相互融通资金，以调剂资金余缺；最后，中国人民银行行使中央银行职能，运用货币政策工具并实行信贷资金管理而引起中央银行与商业银行之间的往来。可见，金融机构往来既是实现银行间资金划拨与清算的手段，又是中央银行行使职能所必需的。

第一节　商业银行与中央银行往来的核算

引起商业银行与中央银行之间往来的业务很多。在这些往来业务中，有的是属于中央银行为商业银行提供的服务，有的是中央银行履行职责所要求的，在会计核算上都表现为商业银行与中央银行的往来。

一、商业银行准备金存款账户的开立

商业银行的准备金包括支付准备金和法定准备金。支付准备金也称备付金，是保证日常资金支付的备用金。法定准备金是根据商业银行吸收存款的增减变化，按照法定比例，必须保留在中央银行的存款准备金。

商业银行为满足通过人民银行办理各种业务、资金清算以及考核法定存款准备金的需要，各级机构都在中央银行开立准备金存款账户。各商业银行总行或总部开立的“准备金存款账户”，属于备付金和法定存款准备金合一的账户，除用以考核法定存款准备金以外，还用于向中央银行存取现金、资金调拨、资金清算以及其他日常支付的款项。

该账户余额应大于或至少等于规定的法定存款准备率，而不能低于法定存款准备率。

各商业银行分支机构在中央银行开立的存款账户，属备付金存款账户，不用于考核法定存款准备金，仅用于向中央银行存取现金、资金调拨、资金清算和其他日常支付的款项，不允许透支。如果账户资金不足，可以通过向上级行调入资金或向同业拆借等及时补充。

商业银行在中央银行的准备金存款账户，属于资产性质账户，商业银行用“存放中央银行准备金”科目核算，中央银行对商业银行的准备金存款账户，用“××银行准备金存款”科目核算，属于负债性质账户。

二、商业银行向人民银行存取款项的核算

（一）商业银行向人民银行存取现金的核算

商业银行向人民银行支取或存入现金必然引起人民银行的货币发行或货币回笼。人民银行是我国唯一管理货币发行的机关，按照国家批准的发行计划组织货币发行与回笼，所以发行库设在人民银行的各级机构。商业银行只设立业务库，业务库存现金核定有库存限额，库存现金不足限额时，向人民银行提取，人民银行从发行库出库，作为货币发行；商业银行业务库存现金超过限额应交存人民银行，人民银行交入发行库，作为现金回笼。

1. 商业银行向人民银行支取现金的核算。

商业银行向人民银行支取现金，应填写现金支票，待取回现金后，填制现金收入传票，原现金支票存根作附件。其会计分录为：

借：现金

　　贷：存放中央银行准备金

人民银行会计部门审查现金支票无误，并且商业银行准备金存款账户有足够的资金支付，凭以填制“发行基金往来”科目现金收入传票，一并交发行部门。其会计分录为：

借：××银行准备金存款

　　贷：发行基金往来

发行库填制出库凭证，凭以出库并登记“发行基金库存簿”。发行库记账如下：

付出：发行基金——本身库户

每天营业终了通过计算机联机处理，将货币发行情况报管辖行。

2. 商业银行向人民银行存入现金的核算。

商业银行向人民银行存入现金，应填制“现金缴款单”，连同现金一并交发行库。发行库将款项收妥后，将缴款单的回单联退缴款的商业银行，同时填制发行基金入库凭证办理入库手续。

人民银行以及商业银行的账务处理方法与支取现金相同，但记账方向相反。

（二）商业银行向人民银行存取款项的核算

这里主要指除现金以外，商业银行由于办理其他业务而向人民银行存取款项的核算。这些业务主要有：商业银行系统内资金调拨、异地跨系统结算资金清算、同域票据交换差额清算、再贷款与再贴现、同业拆借、缴存财政款项等。商业银行由于办理这些业务而向人民银行存入或支取款项，均需通过其在人民银行开立的准备金存款账户核算。

1. 向人民银行存入款项的核算。

商业银行由于办理有关业务，将资金存入准备金存款账户，应根据有关业务凭证办理转账。商业银行的会计分录为：

借：存放中央银行准备金

  贷：有关科目

人民银行账务处理的会计分录为：

借：有关科目

  贷：××银行准备金存款

2. 向人民银行支取款项的核算。

商业银行办理有关业务从准备金存款账户支付款项，根据有关凭证转账。商业银行与人民银行的会计分录与向人民银行存入款项相反。

可见，商业银行在人民银行开立的准备金存款账户的余额会随着商业银行办理的业务发生增减变化。为此，商业银行应随时掌握该账户的余额情况，确保不透支，法人机构还应确保该账户余额不低于法定存款准备率，如果该账户余额不足，应及时组织调入资金。

三、法定存款准备金的核算

法定存款准备金制度是中央银行重要的金融调控手段。它规定商业银行吸收的存款必须按一定比例存入中央银行，一般情况下不能动用。其主要作用在于：限制派生存款，以调节和控制信用规模；扩大商业银行的提存准备，增强资金后备力量。

（一）缴存比例与范围

法定存款准备金的缴存比例，由中央银行根据调整和控制信用规模和货币供应量的需要确定，并根据经济与金融发展状况及需要进行调整，2011 年 2 月 24 日起大中型存款类金融机构执行的法定存款准备金率为 19.5%。

各商业银行应缴存法定准备金的一般存款包括：吸收的机关团体存款、财政预算外存款、单位存款、个人储蓄存款及其他各项存款。商业银行办理的委托、代理业务的负债项目减去资产项目后的贷方余额，如委托存贷款轧差后的贷方余额、代理发行与兑付债券轧差后的贷方余额（代理国债业务轧差后的贷方余额应作为财政存款）、国家与地方委托贷款基金与贷款轧差的贷方余额等。凡轧减后为借方余额的，视同该缴存款项目为零，不允许以借方余额抵减其他缴存款项目。

（二）法定存款准备金的考核

法定存款准备金由人民银行按各商业银行的法人统一进行考核，各金融机构法人在人民银行开立的存款账户属于法定准备金和备付金合一账户。该账户余额随着法人机构所办理的资金调拨、资金清算、存取现金和其他日常收付的款项不断发生增减变化，同时，各金融机构吸收的一般存款也随着经营的各项存贷款业务的发生而不断发生增减变化，因此，人民银行应按规定的法定准备金缴存范围、比例等进行考核，从而监督各金融机构及时、足额地缴存法定准备金。

人民银行对各商业银行法定存款准备金每日进行考核。

各商业银行在每日营业终了，自下而上编制一般存款科目余额表（见表 9－1），由法人统一汇总后报送法定存款准备金账户开户的人民银行。同时，每月末，各商业银行应将汇总的全系统月末日计表报送开户的人民银行。人民银行于每日营业终了按一般存款余额的一定比例考核法定准备金。日间，人民银行要控制法定存款准备金账户不能发生透支；日终，该账户余额必须达到法定准备金的最低限。

表 9-1　　　　一般存款科目余额表

××年8月6日

科目代号	余额		科目代号	余额	
	位数			位数	
2010	1250000	00	2198	357000	00
2020	286000	00			
2030	227000	00			
2060	643000	00			
2196	108000	00	合计	2871000	00

按表 9-1 所示一般存款余额情况，当日营业终了，该商业银行法人在人民银行开立的准备金存款账户的余额不得低于559845元。其计算方法：

法定存款准备金 = 一般存款余额表合计余额 × 缴存比例

= 2871000 × 19.5% = 559845（元）

每日日终，人民银行对法定准备金进行考核时，如果商业银行法人统一存入人民银行的准备金存款低于规定的一般存款余额的一定比例，人民银行应对其不足的部分处以罚息；商业银行不按时报送一般存款余额表和按月报送月末日计表的，人民银行应责令其报送，逾期不报送的，人民银行对他们处以1万元以上、10万元以下的罚款。

四、缴存财政存款的核算

商业银行的各级机构代办的中央预算收入、地方金库款和代理发行国债（抵减代理兑付国债款）款项等吸收的财政存款，应全额就地缴存人民银行，一般是按旬调整划缴，旬后5日内办理。

商业银行应按规定时间，根据财政存款的增减变化办理调整手续。存款增加即调增补缴，存款减少即调减退回。

（一）调整缴存财政存款的核算

1. 商业银行的核算。

商业银行向人民银行调整缴存财政存款时，应根据有关存款科目余额，填制缴存财政性存款各科目余额表（与一般存款余额表格式相同）一式二份。计算出应缴存金额和调整增加或调整减少的金额，分别填制缴存（或调整）财政性存款划拨凭证一式四联（见表 9-2）。商业银行以划拨凭证第一、二联作转账传票进行账务处理。如为调增补缴，其会计分录为：

借：缴存中央银行财政性存款　　　　56000.00

　　贷：存放中央银行准备金　　　　56000.00

转账后，将划拨凭证第三、四联连同缴存存款各科目余额表一份，一并送交人民银行；另一份余额表留存。

表 9－2

缴存（或调整）财政性存款划拨凭证（借方凭证）

总字第　　号
字第　　号

××年8月15日

收受银行	名　称	中国人民银行××支行	缴存银行	名称	工商银行××市支行
	账　号			账号	××××

存款类别	20××年8月10日余额		缴存比例	应缴存款金额	
财政性存款	406000	00	100%	406000	00

1. 合计	406000	00
2. 已缴存金额	350000	00
3. 本次应补缴金额（1－2）	56000	00
4. 本次应退回金额（2－1）		

上列缴存金额或补缴和应退回金额，已按规定办理划转。	备注：	会计分录 科目（借）　1050 对方科目（贷）　1040 会计　复核　记账

2. 人民银行的核算。

人民银行收到商业银行提交的划拨凭证和缴存存款科目余额表，如为调增补缴（如表9－2所示业务），其会计分录为：

借：工商银行准备金存款　　56000.00

　　贷：工商银行划来财政性存款　　56000.00

如为调减退回，商业银行与人民银行的会计分录相反。

（二）欠缴存款的核算

商业银行在调整缴存存款时，如果在人民银行的准备金存款余额不足支付，必须及时筹集资金，并在规定的时间内办理调整缴存手续；如果在期限内未能调入资金，其不足部分即构成欠缴存款，对欠缴存款应按照有关规定进行处理。

对本次能实缴的金额和欠缴的金额要分开填制凭证。对欠缴金额待商业银行调入资金时应一次全额收回，人民银行不分次扣收；对欠缴金额每日按规定比例扣收罚款，人民银行随同扣缴存款一并扣收。

1. 发生欠缴的核算。

（1）商业银行的核算。商业银行发生欠缴存款时，亦应填制各科目余额表。对本次能实缴的金额，按正常调增的核算手续办理，填制财政性存款划拨凭证，只是将“划拨凭证”的“本次应补缴金额”栏改填为“本次能实缴金额”，并在凭证备注栏内注明本次欠缴金额数。对实缴金额和欠缴金额应分别进行账务处理。实缴部分的会计分录与调整补缴相同。

对欠缴的存款，商业银行应另填“财政性存款欠缴凭证”（见表9－3）一式四联和表外科目收入传票，逐笔记入“待清算凭证”登记簿。其分录为：

收入：待清算凭证——人民银行账户

然后将第一、二联欠缴凭证留存专夹保管，第三、四联欠缴凭证与划拨凭证第三、四联以及各科目余额表一并送交人民银行。

表 9－3

财政性存款欠缴凭证（第三联）

总字第　　号
字第　　号

××年8月25日

<table>
<tr><td rowspan="2">收受银行</td><td>名称</td><td>中国人民银行××支行</td><td rowspan="2">缴存银行</td><td>名称</td><td colspan="2">工商银行××市支行</td></tr>
<tr><td>账号</td><td></td><td>账号</td><td colspan="2">××××</td></tr>
<tr><td colspan="4">欠缴存款类别</td><td colspan="3">欠缴存款金额
（位数）</td></tr>
<tr><td colspan="4">本（上）次（8月中旬止）财政性存款欠缴</td><td colspan="2">42000</td><td>00</td></tr>
<tr><td colspan="4"></td><td colspan="2"></td><td></td></tr>
<tr><td colspan="4"></td><td colspan="2"></td><td></td></tr>
<tr><td colspan="3">上列欠缴金额，请从本行存款账户办理划转。
（缴存银行盖章）</td><td>备注：</td><td colspan="3">会计分录
科目（贷）
对方科目（借）
会计　　复核　　记账</td></tr>
</table>

（2）人民银行的核算。人民银行收到商业银行送来的本次实缴金额的划拨凭证及余额表时，根据第三、四联办理转账，其会计分录与调增补缴相同。

对收到的欠缴凭证第三、四联应妥善保管，并通过“待清算凭证”表外科目核算，记载登记簿。其分录为：

收入：待清算凭证——××银行账户

2. 扣收欠缴款项的核算。

（1）人民银行的核算。待商业银行调入资金时，人民银行应立即将欠缴金额全额收回。抽出原保管的欠缴凭证第三、四联代转账借、贷方传票，办理转账。其会计分录为：

借：工商银行准备金存款　　42000.00

　　贷：工商银行划来财政性存款　　42000.00

转账后，填制“待清算凭证”表外科目付出传票，销记表外科目和登记簿。其分录为：

付出：待清算凭证——××银行账户

人民银行对商业银行超过规定时间的欠缴存款，应按规定计收罚款。填制特种转账借方、贷方传票各两联，以其中特种转账借方、贷方传票各一联进行账务处理。其会计分录为：

借：××银行准备金存款

　　贷：业务收入——罚款净收入账户

将另外两联特种转账借方、贷方传票各联盖章后转交商业银行。

（2）商业银行的核算。商业银行收到人民银行转来的特种转账借方、贷方传票后，与原保存的欠缴凭证第一、二联一起办理转账。其会计分录为：

借：缴存中央银行财政性存款　　42000.00

　　贷：存放中央银行准备金　　42000.00

借：利润分配——罚款支出账户

　　贷：存放中央银行准备金

同时，填制“待清算凭证”表外科目付出传票，销记表外科目和登记簿。其分录为：

付出：待清算凭证——人民银行账户

第二节 商业银行之间往来的核算

商业银行之间的往来是商业银行与商业银行之间由于办理跨系统转账结算、相互融通资金等业务所引起的资金账务往来。它既与结算等业务有着密切的联系，又关系到跨系统资金清偿，而跨系统资金清偿最终还是要通过各自在人民银行开立的准备金存款账户办理。

一、异地结算转汇的核算

商业银行办理的异地转账结算，有的收、付款人的开户银行属于同一商业银行机构，有的收、付款人的开户银行属于不同的商业银行机构。对于自成联行系统或资金汇划清算系统的商业银行，其系统内的异地结算，可以通过系统内联行往来或资金汇划清算系统划拨款项。对于未建立联行系统或资金汇划清算系统的商业银行，其系统内的异地结算，以及商业银行跨系统的异地结算，均需要通过人民银行转汇。

可见，异地结算转汇主要包括：通过人民银行转汇和通过跨系统商业银行转汇。

（一）通过人民银行转汇的核算

商业银行需要通过人民银行办理转汇的，该商业银行称为汇出行，汇出行开户的人民银行经办机构称为发报行，异地收到汇划资金的人民银行称为收报行，收到划来款项的商业银行称为汇入行。

通过人民银行转汇划收款业务时，汇出行应将款项划交当地人民银行，汇出行开户的人民银行一方面从汇出行准备金存款账户付出款项，另一方面通过联行将款项划往汇入地人民银行。汇入地人民银行收到划来款项后，一方面将款项转入汇入行准备金存款账户，另一方面将有关凭证交汇入行，由汇入行凭以处理转账。其基本处理程序见图 9－1。

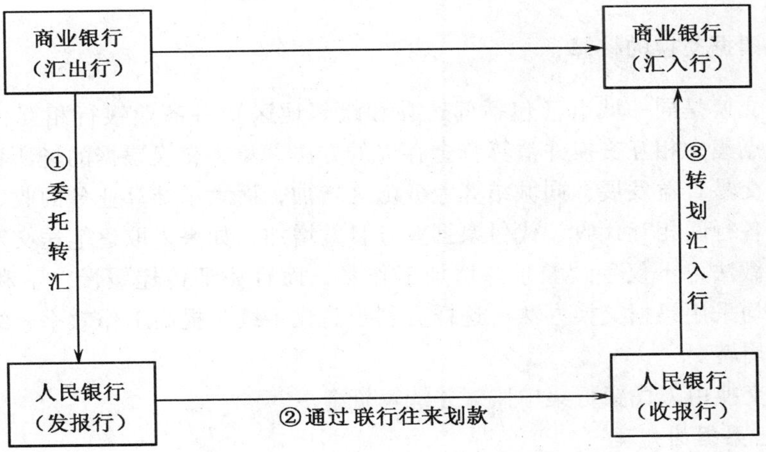

图 9－1

1. 汇出行委托人民银行转汇的会计分录为：

借：××存款——××单位账户

　　贷：存放中央银行准备金

2. 发报行受理商业银行转汇业务，通过联行往来划拨款项的会计分录为：

借：××银行准备金存款

　　贷：联行往账

3. 收报行收到发报行的报单，为汇入行收账并将汇划凭证送交汇入行。其会计分录为：

借：联行来账

　　贷：××银行准备金存款

4. 汇入行收到划来款项，为收款人收账。其会计分录为：

借：存放中央银行准备金

　　贷：××存款——××单位账户

（二）通过跨系统商业银行转汇

1. 汇出行委托转汇的会计分录为：

借：××存款——××单位账户

　　贷：存放中央银行准备金

2. 发报行（转汇行）受理转汇业务的会计分录为：

借：存放中央银行准备金

　　贷：联行往账

3. 收报行（转汇行系统内行处）收到报单，为汇入行收账并将汇划凭证送交汇入行。其会计分录为：

借：联行来账

　　贷：存放中央银行准备金

4. 汇入行收到划来款项，为收款人收账。其会计分录为：

借：存放中央银行准备金

　　贷：××存款——××单位账户

二、同城票据交换的核算

同城票据交换是同一城市（包括郊区县和毗邻地区）各商业银行相互代收、代付的票据，定时、定点集中相互交换并清算资金存欠的方法。集中交换票据的场所称票据交换所。

随着商品交易日益发展，同城结算业务随之增加，而大量结算业务的收、付款人不在同一行处开户，各行间相互代收、代付票据业务日益增加，如果采取逐笔送交对方行转账、逐笔清偿存欠的做法，不仅手续繁琐，增加工作量，而且凭证传递缓慢，不利于加速资金周转。因而一般均采用票据交换办法，这样有利于简化手续，提高工作效率，缩短资金清算时间，加速资金周转。

同城票据交换由人民银行集中监督并清算资金。

（一）提出票据的处理

各参加票据交换的行处按规定的交换场次和时间参加票据交换时，应将提出的代收、代付的票据，按提入行分别填制“票据交换借方汇总表”和“票据交换贷方汇总表”一式二联：一联与所提出的票据一并提出交换，另一联留存作传票或传票附件。

凡收款人在本行开户、付款人在他行开户的票据为代付款项票据，应填制“票据交换借方汇总表”；凡付款人在本行开户、收款人在他行开户的票据为代收款项票据，应填制“票据交换贷方汇总表”。在票据交换借方、贷方汇总表中，应填明提出交换的票据种类、金额及收、付款人等内容，并应分别按提入行加计代收、代付票据笔数、合计金额。

（二）交换票据的处理

各个参加票据交换的行处持应提出的票据与汇总表，在规定的时间，到票据交换所，交换给各个提入行。

（三）提入票据的处理

在票据交换所，各行在将提出的票据交换给各提入行后，同时也向他行提入票据。应分别加计提入票据的应收、应付款金额合计。

（四）加计应收、应付票据总金额并轧算票据交换差额

各行在提出、提入票据后，应将提出、提入的票据分别应收票据、应付票据加计总金额。

票据交换分为提出行和提入行两个系统：提出行是向他行提交票据的行处，提入行是接受他行提交票据的行处。参加票据交换的行处一般既是提出行又是提入行，所以提出票据与提入票据后加计应收、应付票据总金额并轧算差额时应合并计算。

所谓应收款金额是指收款人在本行开户、付款人在他行开户的票据金额，包括提出的借方票据和提入的贷方票据；应付款金额是指付款人在本行开户、收款人在他行开户的票据金额，包括提出的贷方票据和提入的借方票据。

将加计的应收票据总金额与应付票据总金额进行比较，如果应收款金额大于应付款金额，即为应收差；如果应付款金额大于应收款金额，即为应付差。填制票据交换差额清单，交票据交换所。

（五）票据交换所平衡交换差额

票据交换所对各行的应收差额、应付差额分别加计合计，应当平衡。如不平衡，各参加交换的行处应当查找，直到平衡为止。

（六）清算票据交换差额

各应付差额行须如数开具准备金存款户支款凭证；各应收差额行则须填送存款凭证，人民银行根据各行提交的支款凭证及存款凭证办理转账。

应付差额行转账的会计分录为：

借：单位活期存款——××账户

　　贷：单位活期存款——××账户

　　　　存放中央银行准备金

应收差额行转账的会计分录为：

借：单位活期存款——××账户

　　存放中央银行准备金

　　贷：单位活期存款——××账户

人民银行为各行清算票据交换差额的会计分录为：

借：××银行准备金存款——应付差额行账户

贷：××银行准备金存款——应收差额行账户

现将票据交换账务核算举例说明，如表 9－4 所示。

表 9－4

票据交换账务核算实例

票据内容 \ 交换行处		工 商 银 行	农 业 银 行	中 国 银 行
提出票据	本行应付票据	23900	115500	132000
	本行应收票据	118000	320000	225000
提入票据	本行应付票据	245000	318500	99500
	本行应收票据	98000	101900	71500
交换差额	应付差额	52900	12100	
	应收差额			65000
各交换行会计分录		借：××存款 268900 贷：××存款 216000 存放中央银行准备金 52900	借：××存款 434000 贷：××存款 421900 存放中央银行准备金 12100	借：存放中央银行准备金 65000 ××存款 231500 贷：××存款 296500
人民银行会计分录		借：工商银行准备金存款 52900 农业银行准备金存款 12100 贷：中国银行准备金存款 65000		

三、同业拆借的核算

同业拆借是商业银行之间临时融通资金余缺的一种短期借贷行为，是解决短期资金不足的一种有效方法。拆借资金只能用于临时性的资金需要，如由于清算票据交换差额、系统内资金调拨不及时等引起的临时性资金不足。通过拆借，可促使商业银行间资金的横向融通，保证经营中的临时资金需要，有利于搞活资金，提高资金的使用效益。

同业拆借可以在同业拆借市场进行，也可以在同城或异地商业银行间进行。各商业银行要合理调度资金，掌握拆出、拆入资金规模，使之与存款保持合理的比例。

（一）同城同业拆借的核算

同城拆借时，由拆出行签发准备金存款账户的支票交拆入行提交开户的人民银行转账；到期归还时，由拆入行连同本息签发支款凭证，提交人民银行，将拆借款项转入拆出商业银行存款账户。

1. 拆借的处理。

拆出行拆出资金的会计分录为：

借：拆放同业——××行账户

　　贷：存放中央银行准备金

拆入行拆入资金的会计分录为：

借：存放中央银行准备金

　　贷：同业拆入——××行账户

人民银行收到拆入行送存的支票及进账单后转账。其会计分录为：

借：××银行准备金存款——拆出行账户

　　贷：××银行准备金存款——拆入行账户

2. 到期归还的处理。

拆借资金到期归还时，原拆入行应将本息一并签发支票交给原拆出行，由原拆出行送存人民银行。拆入行归还拆借本息的会计分录为：

借：同业拆入——××行账户

　　金融企业往来支出——同业往来支出账户

　　贷：存放中央银行准备金

拆出行收到归还拆借本息的会计分录为：

借：存放中央银行准备金

　　贷：拆放同业——××行账户

　　　　金融企业往来收入——同业往来收入账户

人民银行转账的会计分录为：

借：××银行准备金存款——拆入行账户

　　贷：××银行准备金存款——拆出行账户

（二）异地同业拆借的核算

异地商业银行间进行拆借时，拆出行通过开户的人民银行将款项汇往拆入行开户的人民银行转入拆入行账户；归还拆借款时，由拆入行将款项汇给拆出行。拆出行与拆入行账务处理的会计分录与前述同城拆借相同，而双方开户的人民银行则需要通过联行往来划拨款项，具体手续不再详述。

【本章小结】

广义的金融机构往来应包括：同一银行系统内各机构间的资金账务往来；不同商业银行之间的资金账务往来；商业银行与中央银行之间的往来。由于同一银行系统内各机构间的资金账务往来一般作为联行往来或资金汇划清算单列一章，所以金融机构往来一般主要指商业银行之间的往来、商业银行与中央银行之间的往来。

引起金融机构往来的业务因素很多，且核算手续涉及往来的两方或多方，因此掌握起来有一定的难度。本章中叙述的各项金融机构往来的核算旨在让学生重点掌握商业银行的核算手续，对往来各方的处理系在理解其相互关系与资金清算方法的前提下，掌握各自的核算方法。此外，再贷款与再贴现也属于商业银行与中央银行往来的内容，但由于教学大纲将其作为选学内容，因此单列一章。

学习本章内容应注意：首先，应理解有关业务内容和相关的金融管理理论；其次，熟悉各金融机构之间的关系以及商业银行、中央银行在现行金融体制下的地位、职能、作用；最后，理解金融机构往来核算的作用在于实现资金划拨，及时清算存欠，防止相互占用，加速资金周转。

复习思考题

一、目的：通过实训使学生熟悉金融机构相互之间往来的内容与关系，掌握金融机构往来的核算方法与资金清算关系。

二、要求：根据业务作出会计分录；有条件的可根据业务填制有关业务凭证。

三、资料：

1. 工商银行某市支行填制现金支票向人民银行提取现金100000元。

2. 建设银行某市支行填制现金缴款单，向人民银行缴存现金800000元。

3. 工商银行某市支行10月20日各财政存款科目余额如下：

中央预算收入	267000.00
地方预算存款	3986000.00
代理发行债券（国债）收入	2605300.00

上旬调整缴存款后，“缴存中央银行财政性存款”科目余额为5021700.00。

10月24日该市支行调整缴存财政存款（假设准备金存款账户有足够资金）。

4. 工商银行某市支行受理开户单位华达股份有限公司承付的托收款项296500元，收款人为异省某市的玻璃制品有限公司，在中国银行该市支行开户。

写出通过人民银行转汇的会计分录。

5. 某市票据交换所10月26日第一次交换各行提出，提入票据如表9-5。

表9-5

行别	提出应付票据	提出应收票据	提入应付票据	提入应收票据
工商银行	4016000	2347000	1331000	982000
农业银行	1113000	889000	3056000	2221000
中国银行	3144000	5228000	2076500	4221300
建设银行	768000	523000	2532500	1625700

轧算各行票据交换差额，写出各交换行与人民银行清算票据交换差额的会计分录（涉及单位存款用“单位活期存款”科目）。

6. 某城市商业银行11月2日营业终了报送给开户人民银行的“一般存款余额表”的存款余额合计为3315800000元，按19.5%的法定准备率计算，该行当日营业终了准备金存款账户的余额最低应为多少？

第十章

再贷款、再贴现和转贴现的核算

内容提示

本章主要介绍商业银行向人民银行申请的再贷款、再贴现业务以及商业银行之间转贴现业务，主要包括发放再贷款、收回再贷款，办理再贴现和收回再贴现票款，办理转贴现时人民银行、商业银行的会计处理。

第一节 再贷款、再贴现业务的核算

再贷款、再贴现是解决商业银行资金不足，发挥中央银行宏观调控作用的重要手段。再贷款是指人民银行向商业银行发放的贷款，再贷款由人民银行总行向商业银行总行直接办理，由商业银行总行集中管理、统借统还、统筹安排使用。再贴现是商业银行将未到期商业汇票转让给人民银行，人民银行按汇票金额扣除从再贴现之日起到汇票到期日止的利息后，向商业银行融通资金的一种信用活动。再贴现是解决商业银行因办理票据贴现引起资金不足的一条途径，其对象是在当地人民银行开立存款账户的银行及其所属机构。

一、再贷款的种类

人民银行对商业银行发放贷款，主要分为以下几种：

1. 年度性贷款。

人民银行用于解决各商业银行因经济合理增长引起的年度性信贷资金不足，而向商业银行发放的贷款。年度性贷款期限为1年或1年以上。

2. 季节性贷款。

人民银行用于解决商业银行因信贷资金先支后收、存款季节性下降或贷款季节性上升等原因引起的资金不足，而向商业银行发放的贷款。季节性贷款期限一般为2个月，最长不超过4个月。

3. 日拆性贷款。

人民银行用于解决商业银行由于汇划款项未达或清算资金不足等原因发生临时性资金短

缺，而向商业银行发放的贷款。日拆性贷款最长不超过20天。

4. 再贴现。

人民银行用于解决商业银行因办理票据贴现引起的临时资金不足，而向商业银行再办理的贴现。再贴现的期限，从再贴现之日起，至贴现票据到期日止。

二、再贷款的核算

商业银行的再贷款业务通过“中央银行借款”科目核算。人民银行对商业银行的贷款设置“××银行贷款”科目核算，并按贷款种类为商业银行开立贷款账户。

（一）再贷款发放的核算

1. 人民银行的处理。

商业银行向人民银行申请借款时，应向人民银行提交“贷款申请书”，经人民银行审查同意后，填写一式五联的借款凭证，并在第一联上加盖预留人民银行存款户的印鉴，送交人民银行办理借款手续。人民银行收到商业银行提交的一式五联借款凭证，经审查无误后，以第一联借款凭证代转账借方传票，以第二联借款凭证代转账贷方传票，凭以办理转账。其会计分录为：

借：××银行贷款——××贷款账户

　　贷：××银行准备金存款——××行账户

转账后，将借款凭证第五联留存，作再贷款卡片账，第四联作贷款通知送人民银行货币信贷部门，第三联作收账通知交给借款的商业银行。

2. 商业银行的处理。

待收到人民银行退交的第三联借款凭证（收账通知）后，凭以编制转账借、贷方传票，办理转账。其会计分录为：

借：存放中央银行准备金

　　贷：中央银行借款——××借款账户

（二）再贷款收回的处理

1. 商业银行的处理。

商业银行向人民银行归还借款时，应填写一式四联的还款凭证，并在第二联上加盖预留人民银行存款账户的印鉴，送交开户的人民银行办理还款手续。

待收到人民银行退回的还款凭证第四联（支款通知）和借据后，以还款凭证代转账传票，借据作附件，办理转账。其会计分录为：

借：中央银行借款——××借款账户

　　金融企业往来支出——中央银行往来支出账户

　　贷：存放中央银行准备金

2. 人民银行的处理。

人民银行收到借款的商业银行提交的还款凭证，经审查无误后，以还款凭证第一、二联办理转账。其会计分录为：

借：××银行准备金存款——××行账户

　　贷：××银行贷款——××贷款账户

　　　　利息收入——金融机构利息收入账户

人民银行向商业银行收回贷款时，如遇商业银行账户余额不足时应按照逾期贷款的规定处理。

再贷款利息的计算与商业银行向单位贷款的计息方法基本相同。

三、再贴现的核算

商业银行再贴现业务通过“贴现及买入票据”科目的备抵科目即“再贴现”科目核算，人民银行对商业银行办理再贴现业务专设“再贴现”科目核算。

（一）办理再贴现的核算

1. 商业银行的处理。

商业银行持已贴现未到期的商业汇票向人民银行申请再贴现时，应填制一式五联再贴现凭证（用贴现凭证代），在第一联上签章后，连同商业汇票一起交人民银行。

待收到人民银行退回的第四联再贴现凭证（收账通知），据以编制特种转账借、贷方传票办理转账。其会计分录为：

借：存放中央银行准备金

　　金融企业往来支出——中央银行往来支出账户

　　贷：再贴现——××汇票账户

2. 人民银行的处理。

人民银行收到商业银行的再贴现凭证及作成转让背书的商业汇票，经审核无误后，根据汇票金额、再贴现天数及再贴现率，计算人民银行应扣除的再贴现利息和实付再贴现金额（计算方法同商业银行贴现利息的计算），填入再贴现凭证，以再贴现凭证第一、二、三联为记账传票办理转账。其会计分录为：

借：再贴现——××行再贴现账户

　　贷：××银行准备金存款——××行账户

　　　　利息收入——再贴现利息收入账户

转账后，将再贴现凭证第四联退交申请再贴现的商业银行，再贴现凭证第五联与加盖“再贴现”字样的汇票专夹保管。

（二）再贴现到期收回的核算

再贴现汇票到期，人民银行作为持票人向付款人收取票款。其会计分录为：

借：联行来账

　　或××银行准备金存款——××行账户

　　贷：再贴现——××行再贴现账户

具体做法比照贴现到期收回票款的手续处理。

（三）再贴现到期未收回贴现款的核算

人民银行收到付款人开户行或承兑银行退回的委托收款凭证、汇票和拒绝付款理由书或付款人未付票款通知书后，追索票款时，可从再贴现申请银行账户收取，并将汇票和拒绝付款理由书或付款人未付票款通知书交给再贴现申请银行。

1. 人民银行的处理。

人民银行编制特种转账借方传票两联，以其中一联借方传票与再贴现凭证办理转账处理。其会计分录为：

借：××银行准备金存款——××行账户

贷：再贴现——××行再贴现账户

转账后，将另一联特种转账借方传票交再贴现商业银行。

再贴现申请人账户余额不足时，不足部分应按照逾期贷款的规定处理。对未收回再贴现票款的，申请银行应按规定向贴现申请人或其他前手进行追索。

2. 商业银行的处理。

商业银行收到人民银行从其存款户中收取再贴现票款的通知（特种转账借方传票），审核无误后，进行账务处理。其会计分录为：

借：再贴现——××汇票账户

贷：存放中央银行准备金

第二节 转贴现业务的核算

转贴现是指贴现银行将已贴现的未到期的汇票向其他商业银行进行票据再转让的行为，是商业银行之间相互融通资金的一种方式。

一、商业银行受理转贴现的核算

（一）转贴现银行的核算

商业银行持贴现汇票向其他商业银行转贴现时，应根据汇票填制一式五联转贴现凭证（用贴现凭证代），在第一联凭证上按照规定签章后，连同汇票一并交给转贴现银行。

转贴现银行信贷部门接到汇票和转贴现凭证后按照有关规定进行审查，符合条件的，在转贴现凭证"银行审批"栏签注"同意"字样，并由有关人员签章后送交会计部门。

会计部门接到作成转让背书的汇票和转贴现凭证后，按照规定审查无误后，计算出转贴现利息和实付转贴现金额。然后在转贴现凭证有关栏填上转贴现率、转贴现利息和实付转贴现金额。第一联转贴现凭证作借方凭证，第二、三联作贷方凭证，第五联和汇票按到期日顺序排列，专夹保管。第四联贴现凭证加盖转讫章作收账通知交给持票行。其会计分录为：

借：贴现及买入票据——汇票转贴现账户

贷：存放中央银行准备金

利息收入——转贴现利息收入账户

（二）申请转贴现银行的核算

申请转贴现银行收到转贴现银行交给的转贴现收账通知后，应填制两联特种转账借方传票和一联转账贷方传票，收账通知作存放中央银行准备金借方传票的附件。其会计分录为：

借：存放中央银行准备金

利息支出——转贴现利息支出账户

贷：贴现及买入票据——××汇票账户

（三）人民银行的核算

人民银行收到转账支票和进账单后，据以办理转账。其会计分录为：

借：××银行准备金存款——转贴现银行账户（实付贴现金额）

贷：××银行准备金存款——申请转贴现银行账户

二、转贴现到期收回的核算

转贴现银行作为持票人向付款人收取票款，对付款人在异地的，应在汇票到期前，匡算邮程，提前办理委托收款。将第五联贴现凭证作第二联委托收款凭证的附件存放，其余手续比照发出委托收款凭证的处理。

转贴现银行在收到款项划回时，比照委托收款的款项划回的处理。其会计分录为：

借：联行来账

　　贷：贴现及买入票据——汇票转贴现账户

对未收回票款的，应按照《票据法》的规定向转贴现申请人或其他前手进行追索。

【本章小结】

本章为选学内容之一，教学中可根据情况安排。再贷款与再贴现是中央银行与商业银行资金往来的重要内容，又是中央银行进行宏观控制和调节货币供应量的重要手段。转贴现是商业银行之间相互融通资金的一种方式。办理再贷款、再贴现和转贴现业务应主要做好以下几点：

1. 合理确定再贷款与再贴现规模，充分发挥其对社会信用规模的直接影响作用。

2. 加强对再贷款与再贴现的管理，特别是对年度性贷款和短期贷款的管理，年度性贷款资金来源有余，可用于短期贷款，而短期贷款的资金来源有余，不能用于年度性贷款。

3. 合理确定贷款期限，严格再贷款与再贴现发放与收回手续。会计部门在办理贷款发放时，一定要根据计划部门审批的借款凭证办理，贷款到期要监督商业银行及时归还贷款，对于不能按期归还的，或按逾期贷款处理，或从商业银行的存款账户扣收，对于短期性贷款，除经总行批准的以外，必须于年末以前收回。

4. 银行会计部门应认真审查票据，加强对票据转贴现的管理，防止利用票据拆借资金，以及进行其违法活动，保障银行资金安全。

复习思考题

一、目的：练习再贷款、再贴现和转贴现业务中有关银行的核算手续。

二、要求：根据下列业务，计算利息并作出相关银行的会计分录。

三、资料：

1. 20××年2月1日工商银行某市支行向人民银行申请借款5000000元，期限2个月，月利率2.925‰，4月1日工商银行归还贷款。分别按照按季结息和逐笔计息的方法计算利息，并作出会计分录。

2. 20××年4月16日工商银行某支行向人民银行提交银行承兑汇票一份，申请再贴现。汇票面额360000元，3月10日签发，3月25日贴现，6月10日到期，再贴现率月2.475‰，人民银行同意办理再贴现。6月7日向承兑申请人发出委托收款凭证，于6月12日收到汇票款。

3. 20××年5月8日农业银行某支行持银行承兑汇票一份向工商银行申请转贴现，汇票面额500000元，4月28日签发，4月30日贴现，6月28日到期，双方商定转贴现率月2.46‰。票据到期时工商银行发出委托收款凭证并于6月30日收到票据款项。

第十一章

银行财务的核算

内容提示

银行是从事货币信用业务的特殊企业，其主要业务活动是组织存款、发放贷款和组织货币资金结算，所以银行财务是对银行信用活动中的财务事项进行组织、调节和控制的一种经济行为。

本章介绍银行财务核算的主要内容，其主要包括财产的核算；收入、成本和利润的核算；所有者权益的核算。

第一节　银行财产的核算

银行财产是银行资产的组成部分，但它不同于贷款、贴现等在经营过程中形成的资产。银行的财产是保证银行经营的必要条件，包括固定资产、无形资产、其他资产。

一、固定资产的核算

固定资产是指同时具有下列特征的有形资产：（1）为生产商品、提供劳务、出租或经营管理而持有；（2）使用寿命超过一个会计年度。固定资产在符合定义的前提下，应当同时满足以下两个条件，才能加以确认：（1）与该固定资产有关的经济利益很可能流入企业；（2）该固定资产的成本能够可靠地计量。

（一）固定资产的分类与计价

1. 固定资产的分类。

（1）按固定资产的经济用途分类，可分为经营用固定资产和非经营用固定资产。

（2）按固定资产使用情况分类，可分为使用中固定资产、未使用固定资产和不需用固定资产。

使用中的固定资产包括使用中的经营性和非经营性固定资产。由于季节性经营或大修理等原因，暂时停止使用的固定资产、出租（经营性租赁）给其他单位使用的固定资产以及内部替换使用的固定资产也属于使用中的固定资产。

未使用的固定资产是指已完工或已购建的尚未使用的新增固定资产以及因进行改建、扩建等原因暂停使用的固定资产。

不需用固定资产是指本单位多余或不适用的固定资产。

（3）按固定资产的所有权分类，可分为自有固定资产和租入固定资产。租入的固定资产可分为经营性租入固定资产和融资租入固定资产，经营性租入固定资产是不作为固定资产核算的。

2. 固定资产的计价。

固定资产在取得时，按取得时的成本入账。取得时的成本包括买价、进口关税、使固定资产达到预定可使用状态前发生的可归属于该项资产的运输费、装卸费、安装费等所必要的支出，同时还应包括为取得固定资产而交纳的契税、耕地占用税、车辆购置税等相关税费。

（1）购置的不需要经过建造过程即可使用的固定资产，按实际支付的买价加上包装费、运输费、安装成本、交纳的有关税金作为入账价值。

（2）自行建造的固定资产，按建造过程该项资产达到预定可使用状态前所发生的全部支出，作为入账价值。

（3）投资者投入的固定资产，按投资合同或协议约定的价值，作为入账价值。但该价值不公允的除外。

（4）融资租入的固定资产，按租赁开始日租赁资产的原账面价值与最低租赁付款额的现值两者中较低者，作为入账价值。

（5）在原有固定资产的基础上进行改建、扩建的，按原固定资产的价值，加上由于改建、扩建而使该项资产达到预定可使用状态前发生的支出，减去改、扩建过程中发生的变价收入，作为入账价值。

（6）接受债务人以非现金资产抵偿债务方式取得的固定资产，按应收债权的账面价值加上应支付的相关税费，作为入账价值。如涉及补价，收到补价，按应收债权账面价值减去补价，加上应支付相关税费，作为入账价值；支付补价，按应收债权账面价值加上支付的补价和应支付的相关税费，作为入账价值。

（7）接受捐赠的固定资产按以下规定确定其入账价值：

①捐赠方提供了有关凭据的，按凭据上标明的金额加上应支付的相关税费，作为入账价值。

②捐赠方没有提供有关凭据的，如果同类或类似固定资产存在活跃市场的，按同类或类似固定资产的市场价格估计的金额，加上应支付的相关税费，作为入账价值；如果同类或类似固定资产不存在活跃市场的，按该接受捐赠的固定资产的预计未来现金流量现值，作为入账价值。

③如受赠的系旧固定资产，按照上述确认的价值，减去该项资产的新旧程度估计的价值损耗后的余额作为入账价值。

（8）盘盈的固定资产，作为前期差错处理。

（9）经批准无偿调入的固定资产，按调出单位的账面价值加上发出的运输费、安装费等相关费用，作为入账价值。

（二）固定资产增加的核算

1. 购入固定资产的核算。

（1）购入不需要安装的固定资产，其会计分录为：

借：固定资产

　　贷：银行存款

（2）购入需要安装的固定资产的会计分录为：

借：在建工程

　　贷：银行存款

安装完毕交付使用时的会计分录为：

借：固定资产

　　贷：在建工程

银行应按固定资产类别和使用部门设置“固定资产登记簿”，并建立“固定资产卡片”，对每项固定资产的原值、使用情况以及已提折旧等进行详细记载。

2. 自行建造固定资产的核算。

（1）自营工程。自营建造工程的，凡购入工程物资，按购入物资的实际支出入账。其会计分录为：

借：工程物资

　　贷：银行存款

领用工程物资的会计分录为：

借：在建工程——××工程账户

　　贷：工程物资

发生相关费用，按实际发生额入账。其会计分录为：

借：在建工程——××工程账户

　　贷：银行存款（或应付职工薪酬等）

工程完工交付使用的会计分录为：

借：固定资产

　　贷：在建工程——××工程账户

（2）出包工程。采用出包工程方式进行固定资产的自建、自制，“在建工程”科目实际上成为银行与承包单位的结算科目，该科目反映的是银行与承包单位结算的工程成本。

①按合同或协议预付给承包单位工程价款，其会计分录为：

借：在建工程

　　贷：银行存款（或存放中央银行准备金等）

②工程完工交付使用，将“在建工程”科目汇集的工程成本转为“固定资产”。

3. 租入固定资产的核算。

按租赁方式的不同，可分为经营性租赁和融资租赁两种。

（1）经营性租入固定资产。承租人采用经营性租赁方式租入的固定资产，主要目的不是为长期拥有，因此租赁期限相对较短，而固定资产的所有权仍归属出租方，在租期内承租人拥有使用权，租赁期满，承租人应将固定资产归还给出租人。因此，承租人对经营性租入的固定资产不作为本企业的固定资产计价入账，也无需计提折旧。

（2）融资租入固定资产。融资租入固定资产的租赁期比较长，一般应达到租赁固定资产使用年限的75%以上，并且有的在租赁合同中规定在租赁期满后，固定资产所有权归承租人，承租人可以留购。因此，对于融资租入的固定资产，银行应作为固定资产计价入账。

租入固定资产如不需要安装直接交付使用的，则按租赁资产的原账面价值与最低租赁付款额的现值两者中较低者，记入固定资产账。其会计分录为：

借：固定资产——融资租入固定资产

　　贷：长期应付款

租入固定资产如需安装后交付使用的，则各项费用先在“在建工程”科目列支，安装完毕交付使用时，再转入固定资产科目。

4. 其他单位投入固定资产的核算。

收到投资者投入的固定资产，按投资合同或协议约定的价值入账。其会计分录为：

借：固定资产

　　贷：实收资本（或股本）

5. 接受捐赠固定资产的核算。

接受捐赠的固定资产如已提取折旧，应记入“累计折旧”科目，将未来处理固定资产应交所得税，记入“递延税款”科目。其会计分录为：

借：固定资产

　　贷：资本公积——接受非现金资产捐赠准备户

　　　　累计折旧

　　　　递延税款（固定资产净值×25%）

6. 接受债务人以抵偿债务方式取得固定资产的核算。

例11-1：某工业企业贷款10000000元，逾期无力偿还，该笔贷款已提取400000元贷款损失准备，借、贷双方商定以该企业的一栋写字楼抵偿该笔贷款，假设不涉及补价，也无其他相关税费。其会计分录为：

借：固定资产——房屋	9600000.00	
贷款损失准备	400000.00	
贷：短期贷款		10000000.00

（三）固定资产折旧的核算

固定资产折旧是固定资产在使用过程中因发生磨损而减少的价值。银行的固定资产应按照国家规定采用分类折旧办法计提折旧，提取的折旧计入成本，不得冲减资本金。

1. 固定资产的折旧方法。

固定资产折旧方法有平均年限法、工作量法、双倍余额递减法和年数总和法。各银行可根据本单位的具体情况选择使用，并按照管理权限，经股东大会或董事会，或行长（经理）会议或类似机构批准，作为计提折旧的依据，并按规定报送各方备案。折旧方法一经确定不得随意变更。

（1）平均年限法。平均年限法又称直线法，是将固定资产的价值在使用期内平均分摊到各期的一种折旧方法。使用这种方法需要首先确定固定资产的使用年限和预计净残值率。其计算公式如下：

$$年折旧率=\frac{1-预计净残值率}{固定资产使用年限}\times100\%$$

按月计提折旧的，根据年折旧率换算为月折旧率。

（2）工作量法。工作量法是根据实际工作量提取折旧的一种方法，其计算公式如下：

$$每一工作量折旧额=\frac{固定资产原值\times（1-净残值率）}{预计总工作量}$$

按月计提折旧额时，用当月某项固定资产的当月工作量乘以每一工作量折旧额。

（3）双倍余额递减法。双倍余额递减法计算的折旧率是在不考虑固定资产残值的情况下的双倍直线折旧率，每期计提折旧时，按期初固定资产的账面净值和折旧率计算固定资产折旧额。其计算公式为：

$$年折旧率=\frac{2}{固定资产预计使用年限}\times100\%$$

$$月折旧率=年折旧率\div12$$

$$月折旧额=固定资产账面净值\times月折旧率$$

由于双倍余额递减法不考虑固定资产的残值收入，因此，应当在固定资产折旧年限到期以前的两年内，将固定资产净值扣除预计净残值后的余额平均摊销。

例 11-2：一项固定资产原值为 50000 元，预计使用年限 5 年，预计净残值 4000 元。按双倍余额递减法计算折旧：

$$年折旧率=\frac{2}{5}\times100\%=40\%$$

第一年应提折旧额 = 50000 × 40% = 20000（元）

第二年应提折旧额 =（50000 - 20000）× 40% = 12000（元）

第三年应提折旧额 =（30000 - 12000）× 40% = 7200（元）

第四、五年的折旧额分别 =（18000 - 7200 - 4000）÷ 2 = 3400（元）

（4）年数总和法。年数总和法是将固定资产原值减去预计净残值后，乘以逐年递减的折旧率，计算折旧额的一种方法。逐年递减的折旧率是固定资产预计使用年限减去已使用年限，即尚可使用年数与预计使用年限的年数总额之比。其计算公式为：

$$年折旧率=\frac{尚可使用年数}{预计使用年限的年数总和}\times100\%$$

或者

$$年折旧率=\frac{预计使用年限-已使用年限}{预计使用年限\times（预计使用年限+1）\div2}\times100\%$$

$$折旧额=（固定资产原值-预计净残值）\times折旧率$$

例 11-3：假设例 11-2 的该项固定资产使用年数总和法计提折旧。

为计算更加准确，折旧额可以直接套用以下公式：

$$折旧额=\frac{（固定资产原值-预计净残值）\times尚可使用年数}{预计使用年限的年数总和}$$

计算各年折旧额见表 11-1：

表 11－1

年份	尚可使用年限（年）	原值－净残值（元）	各年份折旧率	每年折旧额（元）
1	5	50000－4000＝46000	5/15	15333.33
2	4	46000	4/15	12266.67
3	3	46000	3/15	9200.00
4	2	46000	2/15	6133.33
5	1	46000	1/15	3066.67

2. 固定资产计提折旧的范围。

应当计提折旧的固定资产包括房屋和建筑物、各类设备、大修理停用的固定资产、融资租入和以经营租赁方式租出的固定资产。

不计提折旧的固定资产包括以经营租赁方式租入的固定资产、已提足折旧继续使用的固定资产、按规定单独估价作为固定资产入账的土地。

企业一般应按月计提折旧，当月增加的固定资产，从下月起计提折旧；当月减少的固定资产，从下月起不提折旧。提足折旧的固定资产，不论是否继续使用，均不再提取折旧；提前报废的固定资产，也不再补提折旧。

3. 提取折旧的核算。

提取固定资产折旧的会计分录为：

借：其他营业支出——固定资产折旧账户

　　贷：累计折旧

（四）固定资产修理的核算

固定资产修理分为大修理和中、小修理，中、小修理也称为经常性修理。发生的固定资产修理支出，计入当期成本。如果修理费用较多，发生不均衡，可以采用待摊或者预提的办法。

1. 修理费直接计入当期成本的会计分录为：

借：营业费用——固定资产修理费账户

　　贷：银行存款（或现金）

2. 采用“先提后用”办法处理的，在按期预提时的会计分录为：

借：营业费用——固定资产修理费账户

　　贷：预提费用——预提固定资产修理费账户

支付时的会计分录为：

借：预提费用——预提固定资产修理费账户

　　贷：银行存款（或现金）

3. 采用待摊方法处理的，支付修理费的会计分录为：

借：待摊费用——固定资产修理费账户

　　贷：银行存款（或有关科目）

分期摊销的会计分录为：

借：营业费用——修理费账户

　　贷：待摊费用——固定资产修理费账户

（五）固定资产减少的核算

1. 固定资产出售、报废和毁损的核算。

商业银行因出售、报废和毁损而减少固定资产时，应将固定资产净值转入“固定资产清理”账户，同时冲销该项固定资产的账面原价与累计折旧，发生的清理费用在“固定资产清理”账户中列支，收取的价款或变价收入大于账面净值及清理费用时，其差额为净收益，“固定资产清理”账户为贷方余额；否则即为净损失，“固定资产清理”账户反映为借方余额。

（1）转出固定资产的会计分录为：

借：固定资产清理

　　累计折旧

　　贷：固定资产

如为出售固定资产，并且该项固定资产已计提减值准备，应同时冲减“固定资产减值准备”。

（2）发生清理费用的会计分录为：

借：固定资产清理

　　贷：银行存款（或现金）

（3）收取价款或残料价值的会计分录为：

借：银行存款

　　贷：固定资产清理

如为出售固定资产，应交的营业税，也在“固定资产清理”科目列账。

（4）固定资产清理后如为净收益，其结转的会计分录为：

借：固定资产清理

　　贷：营业外收入——固定资产净收益户

固定资产清理后如为净损失，其结转的会计分录为：

借：营业外支出——固定资产净损失户

　　贷：固定资产清理

2. 投资转出固定资产的核算。

商业银行用固定资产向外投资，应以其净值作为投资额，并冲销原有账面记录。其会计分录为：

借：长期股权投资——其他投资户

　　累计折旧

　　贷：固定资产

3. 固定资产盘亏的核算。

银行定期或不定期对固定资产进行盘点清查。发现盘亏时，应按盘亏的固定资产净值转入“待处理财产损溢”账户反映，待报经批准处理时，予以冲减。盘亏的固定资产净值，记入“营业外支出”。

会计期末时，应按照固定资产账面价值与可收回余额孰低原则，对固定资产计价，可收回金额低于账面价值的差额，应当计提固定资产减值准备，记入“营业外支出——计提固定资产减值准备”。已提取减值准备的固定资产在转让时，应同时冲减已提取的减值准备。

二、无形资产的核算

无形资产是指银行拥有或者控制的没有实物形态的可辨认非货币性资产。其特征是由银行拥有或者控制并能为其带来未来经济利益的资源；没有实物形态；属于非货币性资产；具有可辨性。无形资产包括专利权、非专利技术、商标权、著作权、特许权、土地使用权等。

（一）无形资产取得的核算

无形资产取得的来源主要有：购入的无形资产；投资者投入的无形资产；通过非货币性资产交换、债务重组取得的无形资产；企业合并中取得的无形资产等。通常情况下，企业自创商誉以及企业内部产生的无形资产不确认为无形资产，如企业内部产生的品牌、报刊名等。但是，企业内部研究与开发费用在符合无形资产的定义和相关特征，并满足一些特定条件下，可以确认为一项无形资产。

无形资产通常是按实际成本计量，即以取得无形资产并使之达到预定用途而发生的全部支出，作为无形资产的成本。对于内部研究开发费用要进行评价，首先企业要将资产的形成过程分为研究阶段与开发阶段两部分，研究阶段的支出应当予以费用化计入当期损益（管理费用）；其次，对于开发过程发生的费用，符合一定条件的予以资本化，不符合条件的计入当期损益（管理费用）。在开发阶段，判断可以将有关支出资本化计入无形资产成本的条件包括：（1）完成该无形资产以使其能够使用或出售在技术上具有可行性。（2）具有完成该无形资产并使用或出售的意图。（3）无形资产产生经济利益的方式，包括能够证明运用该无形资产生产的产品存在市场或无形资产自身存在市场，无形资产将在内部使用的，应当证明其有用性。（4）有足够的技术、财务资源和其他资源支持，以完成该无形资产的开发，并有能力使用或出售该无形资产。（5）归属于该无形资产开发阶段的支出能够可靠地计量。

取得无形资产时以"无形资产"与相关科目转账，自行开发的无形资产的支出先在"研发支出"中归集，再转入"无形资产"科目，其账务处理方法与固定资产取得时的账务处理基本相同，不再详述。

（二）无形资产摊销的核算

企业应当于取得无形资产时分析判断其使用寿命。对于使用寿命不确定的无形资产，在持有期间内不需要摊销。使用寿命有限的无形资产，应在其预计的使用寿命内采用合理的方法对应摊销金额进行摊销。无形资产的摊销期为自其可供使用（即其达到预定用途）时起至终止确认时止，即在其使用寿命内摊销。无形资产的取得源自合同性权利或其他法定权利的，其使用寿命不应超过合同性权利或其他法定权利的期限。但如果企业使用资产的预期的期限短于合同性权利或其他法定权利规定的期限的，则应当按照企业预期使用的期限确定其使用寿命。无形资产的摊销一般应计入当期损益，但如果某项无形资产是专门用于生产某种产品或者其他资产，则其摊销费用应当计入相关资产的成本。

无形资产摊销的会计分录为：

借：管理费用——无形资产摊销费户
　　制造费用
　　贷：累计摊销

（三）无形资产转让的核算

银行向外转让已入账的无形资产，应分别两种情况处理：转让无形资产所有权的，以账面摊余价值作为成本注销无形资产账面价值；转让无形资产使用权的，由于转让单位仍拥有无形资产的所有权，所以，不应注销无形资产的账面摊余价值。

1. 转让无形资产所有权。

例 11－4：某银行拥有一项无形资产，转让时取得收入 120000 元，应交营业税 6000 元，该项无形资产账面成本为 200000 元，已摊销金额为 90000 元。其会计分录为：

借：银行存款　　120000.00

　　累计摊销　　90000.00

　　贷：无形资产　　200000.00

　　　　应交税费——应交营业税账户　　6000.00

　　　　营业外收入——出售无形资产收益账户　　4000.00

如无形资产已提取减值准备，应同时冲减“无形资产减值准备”；如果出售所得收入不足以抵减无形资产账面价值及应交税金，其差额应作为“营业外支出——出售无形资产损失”列账。

2. 转让无形资产使用权。

取得转让收入的会计分录为：

借：银行存款

　　贷：其他营业收入

发生的与转让有关的费用支出，其会计分录为：

借：其他营业支出

　　贷：银行存款

期末时，应按照无形资产账面价值与可收回金额孰低原则计量，如果可收回金额低于账面价值，其差额应计提无形资产减值准备，并在“营业外支出——计提无形资产减值准备”列账。

三、其他资产的核算

其他资产主要包括长期待摊费用和其他长期资产。

长期待摊费用是指银行已经支出，但摊销期限在 1 年以上（不含 1 年）的各项费用。包括固定资产大修理支出、租入固定资产的改良支出等。长期待摊费用应在费用项目的受益期间内分期摊销。银行在筹备期间发生的费用（不包括购建固定资产支出），先在长期待摊费用科目中归集，待银行开始经营当月，一次计入损益。股份有限公司委托其他单位发行股票支付的手续费或佣金等相关费用，减去股票发行冻结期间的利息收入后的余额，如果金额较大，作为长期待摊费用，在不超过 2 年的期限内平均摊销，列入损益。

长期待摊费用发生时的会计分录为：

借：长期待摊费用

　　贷：银行存款（或有关科目）

长期待摊费用摊销时的会计分录为：

借：营业费用（或有关科目）——长期待摊费用摊销户

　　贷：长期待摊费用

第二节　收入、成本和利润的核算

银行在办理各项资产、负债业务中，必然发生各项财务收入和财务支出，这是构成损益的主要内容，也直接关系到银行的经营成果，应当及时、准确地核算，全面、真实地反映。

一、营业收入的核算

（一）营业收入的内容和确认原则

银行的营业收入是在经营各项业务中所取得的各项收入，主要包括：利息收入、金融机构往来收入、手续费收入、汇兑收益和其他营业收入等。

营业收入与银行经营的业务密切相关，凡与经营活动不相关的收入，不作为营业收入。营业收入应按权责发生制核算，对于利息收入、金融机构往来收入、手续费收入在确定收入时，应满足的条件是：与经营该项业务相关的经济利益即收入能够流入银行，并且收入的金额能够可靠地计量。

（二）营业收入的核算

1. 利息收入。

利息收入是银行发放各项贷款与办理贴现而计收的利息。利息收入在营业收入中占有很大的比重，特别是在当前金融业分业经营的情况下，利息收入是银行财务成果的重要内容。

银行应按期计提各项贷款利息并确认收入，贷款到期（含展期）90天及以上尚未收回的，其应计利息纳入表外核算；已计提的应收利息，在贷款到期90天后仍未收回的，或在应收利息逾期90天后仍未收到的，冲减原已计入损益的利息收入，转作表外核算。已转入表外核算的应计利息，在实际收到时确认为当期利息收入。

利息收入的核算已在“第五章贷款与贴现业务的核算”中叙述，此处不再重复。

2. 金融机构往来收入的核算。

金融机构往来收入是指各银行系统内、商业银行之间以及商业银行与人民银行相互之间资金往来的利息收入。发生了金融机构往来收入后，其会计分录为：

借：存放中央银行准备金

　　贷：金融企业往来收入——××利息收入账户

3. 手续费收入的核算。

手续费收入是指银行在办理自营业务或代理业务中收取的手续费收入。发生了手续费收入后，账务处理的会计分录为：

借：有关科目

　　贷：手续费收入

4. 汇兑收益的核算。

汇兑收益是商业银行在经营外汇买卖、外汇兑换等业务中所发生的收入。在采取外汇分账制的账务处理方法下，对每一种外汇币种均在“外汇买卖”科目开立账户，在发生外汇买卖业务时，分别按买入价、卖出价计算后，在账户中分别反映外币和人民币增减变化及其余额。在按期计算损益时，以外币的余额与该外汇与人民币的中间价计算，如“外汇买卖”科目该外币账户为贷方余额，在按中间价计算后大于该种外币“外汇买卖”科目人民币账户借方余额，或者“外汇买卖”科目该外币账户为借方余额，在按中间价计算后小于该种外币“外汇买卖”科目人民币账户贷方余额时，即为汇兑收益；反之即为汇兑损失。

发生了汇兑收益，以“外汇买卖”和“汇兑收益”科目对转。其会计分录为：

借：外汇买卖

　　贷：汇兑收益

5. 其他营业收入的核算。

其他营业收入是银行经营的除贷款、结算、外汇、金融机构往来和委托代理业务以外的其他营业收入。发生了其他营业收入的会计分录为：

借：现金（或有关科目）

　　贷：其他营业收入——××收入账户

二、成本费用的核算

（一）成本费用的内容与管理

银行业务的成本，是指银行在业务经营过程中发生的与业务经营有关的支出，包括利息支出、金融机构往来支出、手续费支出、汇兑损失、各种准备金等。

银行的营业费用是银行在业务经营与管理工作中发生的各项费用，包括：固定资产折旧、业务宣传费、业务招待费、防预费、电子设备运转费、安全防卫费、邮电费、劳动保护费、财产保险费、外事费、印刷费、公杂费、低值易耗品摊销、职工工资、差旅费、水电费、租赁费（不包括融资租赁费）、修理费、职工福利费、职工教育经费、工会经费、税金、会议费、诉讼费、公证费、咨询费、无形资产摊销、长期待摊费用摊销、待业保险费、劳动保险费、取暖费、审计费、技术转让费、研究开发费、绿化费、董事会费、上交管理费、广告费、银行结算费等。

对成本、费用核算的基本要求有：

1. 要严格按照规定如实反映成本支出，不准随意摊提成本费用，不准擅自提高开支标准，不准扩大开支范围，不准挥霍国家资财，不准截留收入，正确计算本期损益，保证银行经营成果的真实性。

2. 划清本期成本、费用和下期成本、费用的界限，不得任意预提和摊销费用，不得提前或延后列支成本。

3. 划清成本支出与营业外支出的界限，不属于成本开支的范围，不得列入成本，应在成本开支的费用，也不得列入营业外支出。

4. 成本核算要以月、年为成本计算期，同一计算期内的成本与收入核算的起讫日期、计算范围和口径必须一致。

5. 加强基础工作，保证成本资料真实可靠。在进行成本核算时，必须严格执行会计制度，确保成本核算资料的完整、真实、准确，如实反映经营过程中的各项支出。有关成本核算的原始凭证、账册、成本汇总表、统计资料，必须按规定格式和内容真实记载、填写和汇总，不得弄虚作假。

（二）成本费用的核算

1. 利息支出的核算。

利息支出是金融企业对国有、集体、私营和个体企业以及个人以负债形式筹集的各项资金所支付的利息。利息支出必须以国家规定的适用利率分档次计算。关于利息支出的核算已在“第三章存款业务的核算”中叙述，此处不再重复。

2. 金融企业往来支出的核算。

金融企业往来支出是指各银行系统内、商业银行相互之间以及与中央银行之间资金往来而支付的利息，包括联行往来支出、系统内往来支出、同业往来支出、中央银行往来支出等。发生了金融机构往来支出后，账务处理的会计分录为：

借：金融企业往来支出——××支出账户

　　贷：存放中央银行准备金（或银行存款）

3. 手续费支出的核算。

手续费支出是指银行支付给其他受托单位代办业务的费用，如储蓄代办手续费支出、结算手续费支出以及其他手续费支出。对代办业务的手续费和结算业务手续费，必须按规定标准计算后支付。支付某项代办业务的手续费时，会计分录为：

借：手续费支出——××支出账户

　　贷：现金（或××科目）

4. 汇兑损失的核算。

本科目用以核算在办理外汇买卖和外币兑换等业务中所发生的损失。如果买入、兑入的外汇，期末汇率低于记账汇率，卖出、兑出的外汇，期末汇率高于记账汇率，其所形成的即为汇兑损失。其会计分录为：

借：汇兑损失

　　贷：外汇买卖

5. 营业费用的核算。

各项营业费用的开支必须符合规定的列支标准，并须经过审批才能列账。营业费用采取直接列账的会计分录为：

借：营业费用——××账户

　　贷：有关科目

营业费用采取间接列账的，会计部门可向行政部门拨付周转金，并为行政部门开立存款户。行政部门在开支各项费用时，从存款账户支付款项，定期向会计部门报销，年底将周转金划还会计部门。

6. 其他营业支出的核算。

凡不属于利息支出、金融企业往来支出、手续费支出、营业费用的各项营业性支出，作为其他营业支出。其中包括呆账准备金、坏账准备金、固定资产折旧和其他支出。其账务处理方法已在有关章节中叙述过，不再重复。

三、营业外收支的核算

营业外收支是指银行发生的与其经营业务活动无直接关系的各项收入和各项支出。营业外收入包括固定资产盘盈、处置固定资产净收益、处置无形资产净收益、罚款净收入等。营业外支出包括固定资产盘亏、处置固定资产净损失、处置无形资产净损失、债务重组损失、计提的无形资产减值准备、计提的固定资产减值准备、罚款支出、捐赠支出、非常损失等。

对营业外收支的核算要求有：第一，各项营业外收入必须按国家有关规定，认真核实，据实列账，不得转移、截留和作其他财务收入处理；第二，营业外收支在核算上采用收付实现制处理；第三，要划清营业外支出与成本支出以及利润分配的界限，避免相互挤占。

发生营业外收支以后，应根据具体内容正确地使用有关账户列账。其账务处理已在前面有关内容中述及，这里从略。

四、营业税金及附加的核算

银行的营业税是按照各项利息收入（金融机构往来利息除外）与其他营业收入之和及规定税率计算后交纳的；城市维护建设税、教育费附加是按实际交纳的营业税额，与规定的税率计算后交纳的附加税。

每季末按该季纳税项目收入净增额计算应缴营业税额，并在此基础上计算城市维护建设税及教育费附加。其会计分录为：

借：营业税金及附加

　　贷：应交税费——营业税账户

　　　　应交税费——城市维护建设税账户

　　　　应交税费——教育费附加账户

实际缴纳时的会计分录为：

借：应交税费——营业税账户

　　应交税费——城市维护建设税账户

　　应交税费——教育费附加账户

　　贷：存放中央银行准备金

五、利润与利润分配的核算

（一）利润总额的构成

银行的利润是银行在一定会计期间的经营成果，是考核银行经营效益的重要综合指标。

银行的利润总额由营业利润、投资净收益和营业外收支净额组成。用公式表示：

利润总额 = 营业利润 + 投资收益（减投资损失） + 营业外收支净额

营业利润是营业收入减去营业成本和营业税金及附加，加上其他业务利润，减去营业费用后的数额。投资净收益是银行对外投资所取得的收益，减去发生的投资损失和计提的投资减值准备后的净额。营业外收支净额是营业外收入与营业外支出的轧差额。

（二）净利润的核算

净利润是利润总额减去所得税费用的差额。

所得税是以应纳税所得额与所得税税率相乘而计算求得的。应纳税所得额与利润总额不同，利润总额是一个会计概念，也可称为税前会计利润，利润总额中有一些内容不需交纳所得税。如按照规定发生的亏损额可在未来的 5 年内，用税前利润弥补；投资收益在被投资单位已交所得税，并且被投资单位的税率不低于本单位税率所分得的投资收益等。除此以外，由于会计与税收遵循的原则和服务的目的不同，因此税前会计利润还需要按照税法的规定进行纳税调整，经调整后为应纳税所得额，再乘以所得税税率即为所得税，其会计分录为：

借：所得税费用

　　贷：应交税费——应交所得税

对于税前会计利润和应税所得之间的差异，在会计核算中可采用“应付税款法”和“纳税影响会计法”，采用纳税影响会计法核算时，有些情况下，对一些差异，需要通过“递延税款”科目核算。

（三）本年利润结转的核算

银行利润在会计期末进行结转。具体做法是：

1. 将收入各科目按账户编制转账传票转入“本年利润”科目的贷方，其会计分录为：

借：利息收入　　　　　　各明细账户
　　金融企业往来收入　　各明细账户
　　手续费收入　　　　　各明细账户
　　其他营业收入　　　　各明细账户
　　汇兑收益　　　　　　各明细账户
　　投资收益　　　　　　各明细账户
　　营业外收入　　　　　各明细账户
　　贷：本年利润

2. 将支出各科目按账户编制转账传票转入“本年利润”科目的借方，其会计分录为：

借：本年利润
　　贷：利息支出　　　　　　各明细账户
　　　　金融企业往来支出　　各明细账户
　　　　手续费支出　　　　　各明细账户
　　　　营业费用　　　　　　各明细账户
　　　　营业税金及附加　　　各明细账户
　　　　其他营业支出　　　　各明细账户
　　　　汇兑损失　　　　　　各明细账户
　　　　营业外支出　　　　　各明细账户
　　　　所得税费用

结转后，各收入、支出科目应无余额。“本年利润”科目应与上述各收支科目结转前的轧差数一致。“本年利润”科目如为贷方余额则为纯益，表示实现的净利润；如为借方余额，则为纯损，表示出现的亏损。

年度终了，应将“本年利润”科目结平，转入“利润分配”科目。如为净利润，其会计分录为：

借：本年利润

　　贷：利润分配——未分配利润户

如为亏损，会计分录相反。

（四）利润分配的核算

银行当年实现的净利润，加上年初未分配利润（或减去年初未弥补亏损）及其他转入的余额，为可供分配的利润。

1. 分配顺序。

银行对于可供分配的利润，应按照国家的有关规定，合理地进行分配。其顺序如下：

（1）提取法定公积金。

（2）提取任意公积金。

可供分配的利润减去提取的法定盈余公积、任意公积金和一般准备后，再按下列顺序分配：

（1）应付优先股股利，是银行按照利润分配方案分配给优先股股东的现金股利。

（2）应付普通股股利，是银行按照利润分配方案分配给普通股股东的现金股利。不属于股份制商业银行分配给投资者的利润，也在该账户核算。

（3）转作资本（或股本）的普通股股利，是银行以利润转增资本或按照利润分配方案以分派股票股利的形式转为资本或股本。

2. 利润分配的核算。

（1）从净利润中提取盈余公积的会计分录为：

借：利润分配——提取法定盈余公积账户

　　贷：盈余公积——法定盈余公积账户

借：利润分配——提取任意盈余公积金账户

　　贷：盈余公积——任意盈余公积金账户

借：利润分配——提取一般准备金账户

　　贷：一般准备

如以盈余公积补亏，其会计分录为：

借：盈余公积

　　贷：利润分配——盈余公积补亏

（2）向股东分配股利或向投资者分配利润，其会计分录为：

借：利润分配——应付优先股股利账户

　　利润分配——应付普通股股利账户

　　贷：应付股利（或应付利润）

（3）利润转作资本（或股本）的会计分录为：

借：利润分配——转作资本（或股本）的普通股股利账户

　　贷：实收资本（或股本）

（4）按规定对利润进行分配后，应将“利润分配”科目中各明细账户的余额转入“未分配利润”账户。其会计分录为：

借：利润分配——未分配利润账户

　　贷：利润分配——各有关账户

上述分录转账后，“利润分配”科目除未分配利润明细账户有余额外，其他账户均无余额。未分配利润账户的年末余额即为历年积存的未分配利润。

第三节　所有者权益的核算

所有者权益是银行投资者对银行净资产的所有权。其包括投资者投入资本亦即实收资本（或股本）和银行在经营过程提留的资本公积、盈余公积、一般准备、未分配利润等。从数量关系上看，所有者权益等于全部资产减去全部负债的余额。

一、实收资本的核算

实收资本是投资者按照银行章程或合同、协议的约定，实际投入银行的资本。它是银行最原始的资金来源，是银行设立和生存的前提。资本金具有垫支性和盈利性的特点。

商业银行要从事货币信用业务，开展经营活动，必须按规定筹集资本金。按照投资主体的不同，商业银行的资本金分为国家资本金、法人资本金、个人资本金和外商资本金。

商业银行筹集资本金，可以采取吸收现金、实物、无形资产或者发行股票等方式进行。投资者以实物、无形资产等非现金资产投入的资本，应按投资各方确认的价值作为实收资本入账；首次发行股票而接受投资者投入的无形资产，应按该项无形资产在投资方的账面价值入账。

为了确保商业银行经营活动顺利进行，保障所有者的权益，必须贯彻资本保全原则。银行登记注册的资本金应与实有资金相一致并在财务制度规定的期限内缴足；银行筹集的资本金，在经营期间，投资者除依法转让外，不得以任何方式抽走，以保证资本金的完整、无缺。对于实收资本，除股份制银行以“股本”科目核算外，其他银行以“实收资本”科目核算。

（一）投资者以现金投入资本的核算

收到投入资本时，以实际收到的金额入账。其会计分录为：

借：现金（或××存款、存放中央银行准备金）

　　贷：实收资本（或股本）

（二）投资者以固定资产、无形资产等非现金资产投入资本的核算

收到投资者以非现金资产投入资本，按双方确认的价值入账。其会计分录为：

借：固定资产（或无形资产等）

　　贷：实收资本（或股本）

（三）以资本公积、盈余公积转增实收资本的核算

以资本公积、盈余公积转增实收资本的会计分录为：

借：资本公积（或盈余公积）

　　贷：实收资本（或股本）

二、资本公积的核算

商业银行筹集的资本金中，有一些虽属于资本性质，但不能记入“实收资本（或股本）”科目，应作为资本公积。这些项目主要包括资本（或股本）溢价、接受捐赠资产、外

币资本折算差额等。

资本溢价是投资者投入的资金超过其在注册资本中所占份额的部分。接受捐赠包括接受捐赠的现金资产和非现金资产，非现金资产捐赠指接受的固定资产、无形资产、原材料等捐赠。外币资本折算差额是指银行接受外币投资因所采用的汇率不同而产生的资本折算差额。

资本公积既可用于弥补亏损，也可用于转增资本金。但接受捐赠的非现金资产，按规定记入资本公积准备账户，资本公积准备项目不能转增资本，需待处置接受捐赠的非现金资产时，由“资本公积准备”项目转入“其他资本公积”后，可与其他资本公积合并转增资本。

（一）资本溢价的核算

投资者实际缴付的出资额大于注册资本的，其差额为资本溢价，记入资本公积。其会计分录为：

借：有关科目

　　贷：实收资本（或股本）

　　　　资本公积——资本溢价户

（二）接受现金捐赠的核算

银行接受现金捐赠时，按实际捐赠额入账。其会计分录为：

借：现金（或有关科目）

　　贷：资本公积——接受现金捐赠户

（三）接受非现金捐赠的核算

接受非现金捐赠，在非现金资产处置前，作为资本公积准备项目，将接受的非现金资产价值扣除未来处置该项非现金资产应交所得税后的差额，记入资本公积准备。如接受捐赠的为已提取折旧的固定资产，其折旧额应记入“累计折旧”科目。以接受固定资产捐赠为例，其会计分录为：

借：固定资产

　　贷：资本公积——接受非现金资产捐赠准备账户

　　　　递延税款——（固定资产净值×33%）

　　　　累计折旧

（四）外币资本折算差额的核算

接受外币资本投资时，如果合同约定汇率与收到投资时的市场汇率不同，其按合同汇率与按收到投资时市场汇率折算金额之间的差额作为资本公积。

例 11－5：外方投资 500000 美元，投资合同规定汇率 1 美元＝8.20 元人民币，收到外币投资时的市场汇率为 1 美元＝8.26 元人民币。其会计分录如下：

借：银行存款（或存放中央银行准备金）	US＄500000.00	
贷：外汇买卖		US＄500000.00
借：外汇买卖	￥4125000.00	
贷：实收资本（或股本）		￥4100000.00
资本公积——外币资本折算差额		￥25000.00

（五）资本公积转增资本的核算

以资本公积转增实收资本的会计分录为：

借：资本公积

　　贷：实收资本（或股本）

三、盈余公积的核算

商业银行的盈余公积是按照规定从净利润中提取的积累资金，它包括法定盈余公积金、任意盈余公积金和法定公益金。

法定盈余公积金是指银行按照规定的比例从净利润中提取的盈余公积。法定盈余公积金按照税后利润的10%提取，累计提取达到注册资本的50%时，可不再提取。任意盈余公积是银行经股东大会或类似机构批准按规定比例从净利润中提取的盈余公积。法定公益金是按照规定的比例从净利润中提取的，用于职工集体福利设施的公益金，在用于职工集体福利时，应将其先转入任意盈余公积金。

盈余公积可用于弥补亏损和转增资本。盈余公积转增资本后留存的数额不得少于注册资本的25%。

1. 提取盈余公积的会计分录为：

借：利润分配——计提盈余公积账户

　　贷：盈余公积——法定盈余公积金（或任意盈余公积）户

2. 以盈余公积转增资本金时的会计分录为：

借：盈余公积——盈余公积金账户

　　贷：实收资本（或股本）

3. 以盈余公积弥补亏损时的会计分录为：

借：盈余公积

　　贷：利润分配

四、未分配利润的核算

未分配利润是银行留待以后年度进行分配的结存利润，其属于所有者权益的组成部分。年度终了，银行将各财务收入、财务支出科目的余额通过“本年利润”科目结转出当年的净利润，再将“本年利润”科目余额转入“利润分配——未分配利润户”。在按规定作了各种分配后，将“利润分配”科目其他各账户的余额转入“未分配利润”账户。结转后，“未分配利润”账户的贷方余额是未分配利润，如出现借方余额，则表示为未弥补亏损。

【本章小结】

本章为银行会计课程中的选修内容之一。其所涉及的内容，既与前面各章业务核算密切联系，又与银行内部管理直接相关；既是会计核算的重要内容，又涉及到其他管理部门并与税收的有关知识和规定相关。考虑到中等职业教育的培养目标要求以及本章的选修内容的地位，在叙述相关内容时，以基本的知识与核算方法为主介绍其核算，没有触及更深入、更复杂的内容，在教学中，可由教师根据情况灵活处理。

如前所述，银行财务不单纯是会计工作，它关系到银行各部门和业务经营的各环节，会计部门只是对经营中的有关财务项目进行核算，并对收支的合规性、合法性、合理性进行监督。因此，在组织财务核算中，首先应加强领导，会计部门与其他部门密切配合，共同搞好财务核算；其次，严格执行会计法及各项财经法规，准确、完整、全面反映财产增减变化和收入、成本与费用；最后，强化内控制度，堵塞财务管理的漏洞，确保国家利益和投资者利益。

复习思考题

一、目的：练习银行财产、收入、支出、利润与所有者权益的核算。

二、要求：根据下列资料，做出相关会计分录。

三、资料：某银行发生下列财务事项。

1. 购入设备一套，价款62万元，安装调试费用48000元，安装完毕交付使用。

2. 房屋原价1200万元，预计净残值率3%，使用年限20年，按照平均年限法计算年折旧率和年折旧额并写出计提折旧的会计分录。

3. 电子设备50万元，使用年限5年，预计净残值2万元，运用双倍余额递减法和年数总和法计算各年度的折旧额。

4. 年度终了，各收支科目的余额如下：利息收入386万元，金融机构往来收入53万元，手续费收入31万元，汇兑收益28万元，其他营业收入85万元；营业外收入9.5万元；利息支出98万元，金融机构往来支出56万元，手续费支出22万元，营业费用156万元，其他营业支出34万元；营业外支出6万元；营业税金及附加35万元；计算所得税（税率25%，无纳税调整）并做出缴纳所得税的会计分录；结转利润并转入利润分配科目；计提法定盈余公积金（净利润的10%）、任意盈余公积金（5%）、剩余部分全部转入“应付利润”。

第十二章

年度决算

内容提示

年度决算是根据日常会计核算资料，通过会计报表等形式，对全年业务活动和财务成果进行数字总结和文字说明的一项综合性工作，是银行会计工作的重要组成部分。根据会计法的规定，公历 1 月 1 日至 12 月 31 日为一个会计年度。每年 12 月 31 日为年度决算日。会计年度终了，凡属独立会计核算的单位，都必须办理年度决算，非独立会计核算单位则通过并账或并表的方式，由其管辖行合并办理年度决算。

年度决算是年度经营成果的综合反映。准确及时地做好年度决算工作，具有十分重要的意义。

本章介绍银行年度决算前的准备工作，在年度决算日应办理的业务事项，以及如何编制年度决算报表。

第一节　年度决算的准备工作

银行的年度决算工作，一般包括两个步骤：第一，决算前准备工作；第二，办理决算和编制决算报表。其中决算前准备工作做得充分与否，直接影响年度决算的质量高低。因此，各级银行必须按照上级行关于办理年度决算工作的要求，认真做好年度决算的准备工作。全行的决算准备工作，一般在 10 月份，即第四季度开始后就应着手进行。

银行年度决算准备工作一般有如下几个方面：

一、清理资金

（一）清理贷款资金

贷款是银行的资产，为了保证银行资产不受损失，对各种到期贷款，应加强与客户的联系和催收。对逾期、呆滞贷款，应弄清情况，积极进行清理收回，凡有能力偿还的，都应落实还款计划。对查无着落或确实无法收回的逾期贷款，则应按照规定范围、审批程序和审批权限核销呆账贷款。对于到期收不回的抵押贷款，应根据合同对抵押品依法处置，以恢复贷款的流动性、效益性。

（二）清理存款资金

为了充分发挥各种存款资金的社会效益，避免久悬账面，在各类存款账户中，对超过一年未发生资金收、付活动的单位存款和个人存款（不含储蓄存款），要逐户进行清理，主动与其联系，经联系又查找不到存户的，可按规定转入"其他应付款"科目有关账户列账；对长期未发生资金收付的，要督促办理并户或销户手续。确实无法联系的，则转入"不动户"处理，对原"不动户"如经多年联系仍无着落的，可按有关规定的年限、金额、范围转作收益处理。

（三）清理结算资金

各种结算资金，应进行全面清理。对逾期未付的托收凭证，应积极联系付款单位承付。扣款期满，银行应通知付款人将有关单证退回银行，并转收款人开户银行转交收款人；对应解汇款应积极联系解付，如确实无法解付，而且超过两个月规定期限的，则应办理退汇；对本行开出的过期汇票和其他凭证应与有关单位联系，按照制度规定，认真清理。

（四）清理内部资金

会计部门对其他应收、应付款项，在日常列账严格逐笔审查的基础上，年度决算前还要全面、彻底地进行一次清理，并按财务管理的有关规定，经批准后处理，以使这部分资金压缩到最低限度。

二、盘点财产

（一）清点库存实物

对库存现金、金银外币、有价单证、重要空白凭证等进行一次全面清查盘点，发现多缺，应查明原因，明确责任，进行处理，以保证账、卡、实三相符。

（二）盘点固定资产

对房屋、车辆、电子设备、机具等固定资产应根据有关账卡的记录进行全面盘点，发现多缺，应按财产多缺处理规定办理入账或报销。即对于有账无物的，应查对落实下落，有物无账的，应及时补记入账，属于自然损耗的，应批准注销，以做到账实相符。

三、核对账务

（一）检查会计科目的使用情况

会计科目是各项业务分类的依据和核算的基础，只有正确使用，才能通过会计记录真实准确地反映银行业务和财务活动情况，才能保证年度决算报表数字的真实。因此，在年度决算前，要根据会计科目使用说明和当年有关科目变化调整的文件规定，进行全面检查。如发现科目归属和使用不当的，应及时进行调整，以提供真实可靠的经济数据。

（二）全面核对内外账务

为了保证年度决算质量，在决算前应对内外账务进行全面的核对，包括银行内部对账以及银行与单位的对账两个方面，发现差错要及时查明，更正处理。通过内外账务的核对，达到账账、账款、账据、账实、账表以及内外账务完全相符。

四、核实损益

（一）核实业务收支

对各项利息收入和支出、金融企业往来收入和支出、营业外收入和支出等账户要进行清查。重点应复查各项利息收支的计算，包括计息范围、利率使用、利息计算等是否正确，如发现差错，应及时予以更正。

（二）检查各项费用开支

对费用开支应核实是否超过标准和超过指标，计算有无差错，有无违反财经纪律的不合法开支，对应计入当年费用开支的，按权责发生制要求予以处理，不应计入的则予以剔除。

五、试算平衡

各行在上述几项准备工作基本落实或完成的基础上，为了进一步检验日常账务的正确，保证年度决算报表编制的准确，应在编制正式决算报表之前，根据当年总账编制1至11月份的试算平衡表，进行试算平衡，以检查和验算各科目余额是否正确。具体检查各科目上、下年度是否衔接，年初数加减本年借、贷方发生额是否与11月末余额相符；年初数、发生额与11月末余额各栏的合计数是否各自平衡。这样，如有差错，可及早发现，采取措施，加以解决，从而减轻决算日工作的压力，为正式编制年度决算报表，奠定可靠的基础。

第二节　年度决算日的工作

每年12月31日，无论是否法定休假日，均为银行的年度决算日。在决算日，除了处理当日业务、轧平账务外，在年度决算准备工作的基础上，各行应着重做好以下几项工作：

一、全面核对账务

为了全面完整地反映全年各项业务、财务活动情况，尽可能地减少未达账项，在决算日应延长工作时间，增加同城票据交换次数，使当日收到的联行报单和同城交换的票据，全部得以在当日入账，不留到下一年度。决算日对外营业终了，各行还应对各科目总账、分户账进行全面核对，以保证账务正确无误。

二、检查各项库存

决算日对外营业终了，为保证账实相符，各项库存除具体经办人员认真自查核对相符外，还应由行长会同会计、出纳等主管人员对当日的现金库存、金银外币、有价证券以及空白重要单证的实存数等进行一次全面检查、盘点、核实。管辖行也应派出人员参与基层行处的库存检查，当查对相符后，各参加检查人员应在检查库存表及有关账簿上签章。

三、核计缴纳税款

决算日各行要根据国家税法的规定，按一定的税率，核实本行缴纳税款的情况，先计算出本年度应交纳的税款总额，然后减去一至三季度已交税款，即为第四季度应缴纳数，在决算日当日办理转账。

四、结计全年损益

决算日营业终了，全行各项账务调整核对工作全部结束，即可办理本年利润的结转，以考核当年利润状况。各行结转利润时，应将各项收入科目余额转入“本年利润”科目的贷方；将各项支出科目余额转入“本年利润”科目的借方，以结平全年各损益类科目余额。结转后，“本年利润”科目如为贷方余额，即为本期利润总额，如为借方余额，则为亏损总额。然后将本年实现的利润，全部转入“利润分配——未分配利润”账户，以结平“本年利润”科目。

五、分配本年利润

有关利润分配的核算，详见本书第十一章第二节。

六、办理新旧账簿结转

在决算日全部账务核对相符和结计出全年损益后，应立即办理新旧账簿的结转，为新年度启用新账做好准备，以保证新年度银行各项业务活动的正常进行。办理新旧账簿结转时，除卡片账不办结转，储蓄、农贷等分户账可继续沿用外，其余分户账、登记簿以及总账等均应办理结转，更换新账页。

（一）分户账的结转

甲、乙、丙种账结转时，在旧账页的最后一行余额下加盖“结转下年”戳记，将最后余额过入新账页，并在新账页日期栏写明新年度1月1日，在摘要栏加盖“上年结转”戳记，对已结平的账页，加盖“结清”戳记。

丁种账结转时，应先在旧账页各笔未销账的销账日期栏内加盖“结转下年”戳记，然后再将未销款项逐一过入新账页，并结出余额。在摘要栏加盖“上年结转”戳记，记账日期栏则一律填写新年度1月1日。

（二）总账的结转

总账平时每月更换，年终结转时，只需将旧账余额过入新账的“上年底余额”栏即可。如年初会计科目有变动调整，则应根据新旧会计科目结转对照表，调整、划分清楚各有关科目余额，然后依新科目的余额建账。

账簿结转后，应对新账页的有关数字进行核对，如有不符，要及时更正，以免影响新年度账务处理。

第三节 年度财务报表列报

一、年度财务报表的种类

年度财务报表是综合反映银行全年财务状况、经营成果和现金流量等会计信息的书面文件。银行的法定代表人、主管会计工作的行长及会计部门负责人应对财务报表的真实性、完整性负责。

为了达到财务报表有关决策有用和评价银行管理层受托责任的目标，银行年度财务报表应包括四张报表和一个附注，即资产负债表、利润表、现金流量表、所有者权益变动表以及附注。

二、年度财务报表的列报

（一）资产负债表

资产负债表（见表12－1）是反映银行在某一特定日期的财务状况的会计报表。它主要提供有关银行财务状况方面的信息，即某一特定日期关于银行资产、负债、所有者权益及其相互关系。资产负债表反映的会计信息，对于各种不同使用者都有重要的作用。

表12－1　　资产负债表

会商银01表

编制单位：　　＿＿＿＿年＿＿月＿＿日　　单位：元

资　　产	期末余额	年初余额	负债和所有者权益（或股东权益）	期末余额	年初余额
资　产：			负　债：		
现金及存放中央银行款项			向中央银行借款		
存放同业款项			同业及其他金融机构存放款项		
贵金属			拆入资金		
拆出资金			交易性金融负债		
交易性金融资产			衍生金融负债		
衍生金融资产			卖出回购金融资产款		
买入返售金融资产			吸收存款		
应收利息			应付职工薪酬		
发放贷款和垫款			应交税费		
可供出售金融资产			应付利息		
持有至到期投资			预计负债		
长期股权投资			应付债券		
投资性房地产			递延所得税负债		
固定资产			其他负债		
无形资产			负债合计		
递延所得税资产			所有者权益（或股东权益）：		
其他资产			实收资本（或股本）		
			资本公积		
			减：库存股		
			盈余公积		
			一般风险准备		
			未分配利润		
			所有者权益（或股东权益）合计		
资产总计			负债和所有者权益（或股东权益）总计		

1. 资产负债表的列报格式。

资产负债表的列报格式有报告式和账户式两种。根据我国财务报表列报准则的规定，银行资产负债表采用账户式的格式，即左侧列报资产方，一般按资产的流动性大小排列；右侧列报负债方和所有者权益方，一般按要求清偿时间的先后顺序排列。各项目又再分为“年初余额”和“年末余额”两栏分别填列。

资产负债表中的资产各项目的合计等于负债和所有者权益各项目的合计，即资产负债表左方和右方平衡。因此，通过账户式资产负债表，可以反映资产、负债、所有者权益之间的内在关系，即“资产 = 负债 + 所有者权益”。

2. 资产负债表的编制。

（1）年初余额栏的列报方法。资产负债表“年初余额”栏内各项数字，应根据上年年末资产负债表“期末余额”栏内所列数字填列。如果上年度资产负债表规定的各个项目的名称和内容同本年度不相一致，应对上年年末资产负债表各项目的名称和数字按照本年度的规定进行调整，填入表中“年初余额”栏内。

（2）期末余额栏的列报方法。资产负债表“期末余额”栏内各项数字，一般应根据资产、负债和所有者权益类科目的期末余额填列，有的需要进行分析、计算后填列。

为减少篇幅，现仅对下列项目的填列进行说明，其他项目可以比照一般企业资产负债表的列报方法进行填列。

①“现金及存放中央银行款项”项目，反映银行期末持有的现金、存放中央银行款项等总额，应根据“库存现金”、“存放中央银行款项”等科目的期末余额合计填列。

②“存放同业款项”、“买入返售金融资产”等资产项目，一般直接反映银行持有的相应资产的期末价值，应根据“存放同业”、“买入返售金融资产”等科目的期末余额填列。买入返售金融资产计提坏账准备的，还应减去“坏账准备”科目所属相关明细科目的期末余额。

③“贵金属”项目，反映银行期末持有的贵金属价值按成本与可变现净值孰低计量的黄金、白银等，应根据“贵金属”科目的期末余额填列。

④“衍生金融资产”项目，反映银行期末持有的衍生工具、套期工具、被套期项目中属于衍生金融资产的金额，应根据“衍生工具”、“套期工具”、“被套期项目”等科目的期末借方余额分析计算填列。

⑤“发放贷款和垫款”项目，反映银行发放的贷款和贴现资产扣减贷款损失准备期末余额后的金额，应根据“贷款”、“贴现资产”等科目的期末借方余额合计，减去“贷款损失准备”科目所属明细科目期末余额后的金额分析计算填列。

⑥“拆出资金”项目，反映银行拆借给境内、境外其他金融机构的款项，应根据“拆出资金”科目的期末余额，减去“贷款损失准备”科目所属相关明细科目期末余额后的金额分析计算填列。

⑦“其他资产”项目，反映银行期末持有的存出保证金、应收股利、其他应收款等资产的账面余额，应根据有关科目的期末余额填列。已计提减值准备的，还应扣减相应的减值准备。

长期应收款账面余额扣减累计减值准备和未实现融资收益后的净额、抵债资产账面余额扣减累计跌价准备后的净额、“代理兑付证券”减去“代理兑付证券款”后的借方余额，也在本项目反映。

⑧“向中央银行借款”、“同业及其他金融机构存放款项”、“拆入资金”、“卖出回购金融资产款”、“吸收存款”等项目，反映银行从中央银行借入在期末尚未偿还的借款、尚未偿付的债券金额等，应根据“同业存放”、“向中央银行借款”、“拆入资金”、“卖出回购金融资产款”、“吸收存款”等科目的期末余额填列。

⑨“衍生金融负债”项目，反映衍生工具、套期项目、被套期项目中属于衍生金融负债的金额，应根据“衍生工具”、“套期项目”、“被套期项目”等科目的期末贷方余额分析计算填列。

⑩“其他负债”项目，反映银行存入保证金、应付股利、其他应付款、递延收益等负债的账面余额，应根据有关科目的期末余额填列。

长期应付款账面余额减去未确认融资费用后的净额、“代理兑付证券”减去“代理兑付证券款”后的贷方余额，也在本项目反映。

⑪“一般风险准备”项目，反映银行从净利润中提取的一般风险准备金额，应根据“一般风险准备”科目的期末余额填列。

（二）利润表

利润表（见表12－2）是反映银行在一定会计期间的经营成果的会计报表。它的列报必须充分反映银行经营业绩的主要来源和构成，有助于使用者判断净利润的质量及其风险，有助于使用者预测净利润的持续性，从而作出正确的决策。通过利润表，可以反映银行一定会计期间收入的实现情况、费用的耗费情况和银行业务经营活动的成果。将利润表中的信息与资产负债表中的信息相结合，还可以提供进行财务分析的基本数据，便于报表使用者判断银行未来的发展趋势，作出经济决策。

表12－2　　利　润　表

会商银02表

编制单位：　　　　______年___月　　　　单位：元

项　　目	本期金额	上期金额
一、营业收入		
利息净收入		
利息收入		
利息支出		
手续费及佣金净收入		
手续费及佣金收入		
手续费及佣金支出		
投资收益（损失以“－”号填列）		
其中：对联营企业和合营企业的投资收益		
公允价值变动收益（损失以“－”号填列）		
汇兑收益（损失以“－”号填列）		
其他业务收入		
二、营业支出		
营业税金及附加		
业务及管理费		
资产减值损失		

续表

项　　目	本期金额	上期金额
其他业务成本		
三、营业利润（亏损以“－”号填列）		
加：营业外收入		
减：营业外支出		
四、利润总额（亏损总额以“－”号填列）		
减：所得税费用		
五、净利润（净亏损以“－”号填列）		
六、每股收益		
（一）基本每股收益		
（二）稀释每股收益		

1. 利润表列报格式。

利润表的格式一般有两种：单步式利润表和多步式利润表。根据财务报表列报准则规定，银行应当采用多步式列报利润表，将不同性质的收入和费用类别进行对比，从而可以得出一些中间性的利润资料，便于使用者理解银行经营成果的不同来源。同时，为了使报表使用者通过比较不同期间利润的实现情况，判断银行经营成果的未来发展趋势，利润表各项目再分为“本期金额”和“上期金额”两栏分别填列。

2. 利润表的编制。

（1）上期金额栏的列报方法。利润表“上期金额”栏内各项数字，应根据上年该期利润表“本期金额”栏内所列数字填列。如果上年该期利润表规定的各个项目的名称和内容同本期不相一致，应对上年该期利润表各项目的名称和数字按本期的规定进行调整，填入利润表“上期金额”栏内。

（2）本期金额栏的列报方法。现仅对下列项目的填列进行说明，其他项目可以比照一般企业利润表的列报方法进行填列。

①“营业收入”项目，反映“利息净收入”、“手续费及佣金净收入”、“投资收益”、“公允价值变动收益”、“汇兑收益”、“其他业务收入”等项目的金额合计。

②“利息净收入”项目，应根据“利息收入”项目金额，减去“利息支出”项目金额后的余额计算填列。

“利息收入”、“利息支出”项目，反映银行经营存贷款业务等确认的利息收入和发生的利息支出，应根据“利息收入”、“利息支出”等科目的发生额分析填列。

企业债券投资的利息收入、发行债券的利息支出，也可以分别在该项目反映。

③“手续费及佣金净收入”项目，反映“手续费及佣金收入”项目余额减去“手续费及佣金支出”项目金额后的金额。“手续费及佣金收入”、“手续费及佣金支出”等项目，反映银行确认的包括办理结算业务等在内的手续费、佣金收入和发生的手续费、佣金支出，应根据“手续费及佣金收入”、“手续费及佣金支出”等科目的发生额分析填列。

④“汇兑收益”项目，反映银行外币货币性项目因汇率变动形成的净收益，应根据“汇兑损益”科目的发生额分析填列。如为净损失，以“－”号列示。

⑤“营业支出”项目，反映“营业税金及附加”、“业务及管理费”、“资产减值损失”、“其他业务成本”等项目的金额合计。

⑥“业务及管理费”项目，反映银行在业务经营和管理过程中发生的电子设备运转费、安全防范费、物业管理费等费用，应根据“业务及管理费”科目的发生额分析填列。

（三）现金流量表

现金流量表（见表12－3）是反映银行一定会计期间现金和现金等价物流入和流出的会计报表。它可以为财务报表使用者提供银行一定会计期间内现金和现金等价物流入和流出的信息，以便于财务报表使用者了解和评价银行获取现金和现金等价物的能力，并据以预测银行未来现金流量。

表12－3 **现金流量表**

会商银03表

编制单位： ________年____月 单位：元

项目	本期金额	上期金额
一、经营活动产生的现金流量		
客户存款和同业存放款项净增加额		
向中央银行借款净增加额		
向其他金融机构拆入资金净增加额		
收取利息、手续费及佣金的现金		
收到其他与经营活动有关的现金		
经营活动现金流入小计		
客户贷款及垫款净增加额		
存放中央银行和同业款项净增加额		
支付手续费及佣金的现金		
支付给职工以及为职工支付的现金		
支付的各项税费		
支付其他与经营活动有关的现金		
经营活动现金流出小计		
经营活动产生的现金流量净额		
二、投资活动产生的现金流量		
收回投资收到的现金		
取得投资收益收到的现金		
收到其他与投资活动有关的现金		
投资活动现金流入小计		
投资支付的现金		
购建固定资产、无形资产和其他长期资产支付的现金		
支付其他与投资活动有关的现金		
投资活动现金流出小计		
投资活动产生的现金流量净额		

续表

项　　　　目	本期金额	上期金额
三、筹资活动产生的现金流量		
吸收投资收到的现金		
发行债券收到的现金		
收到其他与筹资活动有关的现金		
筹资活动现金流入小计		
偿还债务支付的现金		
分配股利、利润或偿付利息支付的现金		
支付其他与筹资活动有关的现金		
筹资活动现金流出小计		
筹资活动产生的现金流量净额		
四、汇率变动对现金及现金等价物的影响		
五、现金及现金等价物净增加额		
加：期初现金及现金等价物余额		
六、期末现金及现金等价物余额		

现金流量表以现金及现金等价物为基础编制，划分为经营活动、投资活动和筹资活动，按照收付实现制原则编制，将权责发生制下的盈利信息调整为收付实现制下的现金流量信息。

编制现金流量表时，列报经营活动现金流量的方法有直接法和间接法两种。根据我国现金流量表准则规定银行应当采用直接法编报现金流量表，即按现金收入和现金支出的主要类别直接反映银行经营活动产生的现金流量。同时要求在附注中提供以净利润为基础调节到经营活动现金流量的信息。

在具体编制现金流量表时，可以采用工作底稿法或T型账户法，也可以根据有关科目记录分析填列。

下面对下列项目的编制进行说明，其他项目可以比照一般企业现金流量表的编制方法进行填列。

1. 客户存款和同业存放款项净增加额。

本项目反映银行本期吸收的境内外金融机构以及非同业存放款项以外的各种存款的净增加额。本项目可以根据“吸收存款”、“同业存放”等科目的记录分析填列。

银行可以根据需要增加项目，例如，本项目可以分解成“吸收活期存款净增加额”、“吸收活期存款以外的其他存款”、“支付活期存款以外的其他存款”、“同业存放净增加额”等项目。

2. 向中央银行借款净增加额。

本项目反映银行本期向中央银行借入款项的净增加额。本项目可以根据“向中央银行借款”科目的记录分析填列。

3. 向其他金融机构拆入资金净增加额。

本项目反映银行本期从境内外金融机构拆入款项所取得的现金，减去拆借给境内外金融机构款项而支付的现金后的净额。本项目可以根据“拆入资金”和“拆出资金”等科目的记录分析填列。本项目如为负数，应在经营活动现金流出类中单独列示。

4. 收取利息、手续费及佣金的现金。

本项目反映银行本期收到的利息、手续费及佣金，减去支付的利息、手续费及佣金的净额。本项目可以根据“利息收入”、“手续费及佣金收入”、“应收利息”等科目的记录分析填列。

5. 客户贷款及垫款净增加额。

本项目反映商业银行本期发放的各种客户贷款，以及办理商业票据贴现、转贴现融出及融入资金等业务的款项的净增加额。本项目可以根据“贷款”、“贴现资产”、“贴现负债”等科目的记录分析填列。

银行可以根据需要增加项目，例如，本项目可以分解成“收回中长期贷款”、“发放中长期贷款”、“发放短期贷款净增加额”、“垫款净增加额”等项目。

6. 存放中央银行和同业款项净增加额。

本项目反映银行本期存放于中央银行以及境内外金融机构的款项的净增加额。本项目可以根据“存放中央银行款项”、“存放同业”等科目的记录分析填列。

7. 支付手续费及佣金的现金。

本项目反映银行本期支付的利息、手续费及佣金。本项目可以根据“手续费及佣金支出”等科目的记录分析填列。

8. 发行债券收到的现金。

本项目反映银行发行债券收到的现金，本项目可以根据“应付债券”等科目的记录分析填列。

（四）所有者权益变动表

所有者权益变动表（见表12－4）是反映构成所有者权益的各组成部分当期的增减变动情况的会计报表。它应当全面反映一定时期所有者权益变动的情况，不仅包括所有者权益的增减变动，还包括所有者权益增减变动的重要结构性信息，特别是要反映直接计入所有者权益的利得和损失，让报告使用者准确理解所有者权益增减变动的根源。

表12－4　所有者权益变动表

会商银04表

编制单位：　　　　　　　　　　　　________年度　　　　　　　　　　　　单位：元

项　目	本年金额							上年金额						
	实收资本（或股本）	资本公积	减：库存股	盈余公积	一般风险准备	未分配利润	所有者权益合计	实收资本（或股本）	资本公积	减：库存股	盈余公积	一般风险准备	未分配利润	所有者权益合计
一、上年年末余额														
加：会计政策变更														
前期差错更正														
二、本年年初余额														
三、本年增减变动金额（减少以“－”号填列）														

续表

项　目	本年金额							上年金额						
	实收资本（或股本）	资本公积	减：库存股	盈余公积	一般风险准备	未分配利润	所有者权益合计	实收资本（或股本）	资本公积	减：库存股	盈余公积	一般风险准备	未分配利润	所有者权益合计
（一）净利润														
（二）直接计入所有者权益的利得和损失														
1. 可供出售金融资产公允价值变动净额														
（1）计入所有者权益的金额														
（2）转入当期损益的金额														
2. 现金流量套期工具公允价值变动净额														
（1）计入所有者权益的金额														
（2）转入当期损益的金额														
（3）计入被套期项目初始确认金额中的金额														
3. 权益法下被投资单位其他所有者权益变动的影响														
4. 与计入所有者权益项目相关的所得税影响														
5. 其他														
上述（一）和（二）小计														
（三）所有者投入和减少资本														
1. 所有者投入资本														
2. 股份支付计入所有者权益的金额														
3. 其他														
（四）利润分配														

所有者权益变动表应当以矩阵的形式列示。同时各项目再分为“本年金额”和“上年金额”两栏分别填列。

银行所有者权益变动表各项目应当根据“实收资本（或股本）”、“资本公积”、“盈余公积”、“一般风险准备”、“利润分配”、“库存股”等科目的发生额分析填列。

（五）会计报表附注

会计报表附注是对在资产负债表、利润表、现金流量表和所有者权益变动表等会计报表中列示项目的文字描述或明细数据，以及对未能在这些报表中列示项目的说明等。它是财务报表不可或缺的组成部分。

财务报表中的数字是经过分类与汇总后的结果，是对银行发生的经济业务的高度简化和浓缩的数字，如有没有形成这些数字所使用的会计政策、理解这些数字所必需的披露，财务报表就不可能充分发挥效用。因此，会计报表附注与资产负债表、利润表、现金流量表、所有者权益变动表等会计报表具有同等的重要性，是财务报表的重要组成部分。报表使用者要了 解银行的财务状况、经营成果和现金流量，应当全面阅读附注。

银行披露会计报表附注信息，主要包括下列内容：(1) 银行的基本情况，(2) 财务报表的编制基础，(3) 遵循企业会计准则的声明，(4) 重要会计政策和会计估计，(5) 会计政策和会计估计变更以及差错更正的说明，(6) 报表重要项目的说明，(7) 或有事项。

【本章小结】

银行的年度决算是银行年度经营成果的综合反映，准确及时地做好年度决算工作，可以综合反映银行全年业务和财务活动情况，系统提供国民经济宏观决策的信息数据，同时并可以全面总结和检查银行会计核算工作情况。因此，应按照有关的要求，认真做好年度决算前准备工作和决算日工作，真实、准确、完整、及时地编制年度决算报表，以保证年度决算的质量。

复习思考题

一、目的：熟悉年度决算的各项工作。

二、要求：结合教材，熟悉和掌握下列问题。

三、内容：

1. 为什么要在年度决算前做好各项准备工作？年度决算准备工作主要包括哪些方面？

2. 年度决算日应做好哪些工作？

3. 银行的年度决算报表由哪些组成？资产负债表、利润表、现金流量表、所有者权益变动表的概念、编制的意义、报表的基本格式与基本编制方法。

财税沙龙实务丛书

中国企业并购重组税收指南

郭垂平　王瑞琪　林文辉　著

中国财政经济出版社

图书在版编目（CIP）数据

中国企业并购重组税收指南/郭垂平，王瑞琪，林文辉著．—北京：中国财政经济出版社，2012.12

（财税沙龙实务丛书）

ISBN 978-7-5095-4208-8

Ⅰ.①中… Ⅱ.①郭…②王…③林… Ⅲ.①企业合并-税收管理-中国-指南 Ⅳ.①F812.42-62

中国版本图书馆 CIP 数据核字（2012）第 313828 号

责任编辑：吕小军　　　　责任校对：王　英

封面设计：郁　佳

中国财政经济出版社 出版

URL：http：//www.cfeph.cn

E-mail：cfeph@cfeph.cn

社址：北京市海淀区阜成路甲 28 号　邮政编码：100142

营销中心电话：88190406　北京财经书店电话：64033436　84041336

北京财经印刷厂印刷　各地新华书店经销

787×1092 毫米　16 开　20.25 印张　419 000 字

2013 年 1 月第 1 版　2013 年 1 月北京第 1 次印刷

定价：45.00 元

ISBN 978-7-5095-4208-8/F·3424

（图书出现印装问题，本社负责调换）

本社质量投诉电话：010-88190744

前言

纵观世界企业并购重组的历史，从19世纪末第一次出现企业并购至今，已经历100多年。以美国为代表的西方发达国家，先后经历了五次并购重组的浪潮。企业并购重组日益成为企业对外资本扩张，实现资源优化配置，形成强大规模效应的重要手段之一，是一个多世纪以来西方世界经济高速发展的显著特点之一。正如美国著名经济学家、诺贝尔经济学奖获得者乔治·施蒂格勒所言："没有一个美国的大公司不是通过某种程度、某种方式的并购而成长起来的，几乎没有一家大公司是靠内部扩张成长起来的。"

自20世纪70年代末改革开放以来，我国企业并购重组大约经历了三个阶段：第一阶段是改革开放之初至80年代末，围绕增强企业活力，先后采取了利润留成、扩大企业自主权、放权让利、利改税、承包经营等方式；第二阶段是80年代末至90年代末，随着社会主义市场经济体制方向确立股份制试点范围扩大，先后采用了股份制改造、企业破产、优势企业通过控股或购买资产等方式并购劣势企业以及资产市场的金融性、投资性并购等方式；第三阶段是90年代末至今，先后经历了上市公司实质性收购、国有资本整合以及外资、民营等企业并购重组等方式。随着我国社会主义市场经济的高速发展，经济发展方式的逐步转变以及产业结构的不断升级，必将催生我国企业并购重组业务的蓬勃发展。根据汤森路透2012年10月8日发布的《2012年三季度亚太地区（不含日本）并购交易报告》，2012年前三季度，我国参与的并购交易总金额达1 607亿美元，较上年同期上涨13.7%；对外收购的交易金额达到445亿美元，较上年同期上涨34%，为2008年以来最高。

为了支持企业并购重组活动，消除并购重组交易中的各种壁垒和制度障碍，加强对并购重组活动的引导和政策扶持，2010年8月28日国务院颁布了《关于促进企业兼并重组的意见》（国发［2010］27号）。与此同时，作为配套文件，财政部和国家税务总局先后发布了《财政部　国家税务总局关于企业重组业务企业所得税处理若干问题的通知》（财税［2009］59号）、《财政部　国家税务总局关于企业清算业务企业所得税处理若干问题的通知》（财税［2009］60号）、《国家税务总局关于发布企业重组业务企业所得税管理办法的公告》（国家税务总局公告2010年第4号）、《国家税务总局关于加强非居民企业股权转让所得企业所得税管理的通知》（国税函［2009］698号）、《国家税务总局关于纳税人资产重组有关增值税问题的公告》（国家税务总局公告2011年第13号）、《国家税务总局关于转让企业全部产权不征收增值税问题的批复》（国税函［2002］420号）、《财政部　国家税务总局关于全国实施增值税转型改革若干问题的通知》（财税［2008］170号）、《财政部　国家税务总局关于部分货物适用增值税低税率和简易办法征收增值税政策的通知》（财税［2009］9号）、《国家税务总局关于增值税简易征收政策有关管理问题的通知》（国税函［2009］90号）、《财政部　国家税务总局关于股权转让有关营业税问题的通知》（财税［2002］191号）、《财政部　国家税务总局关于营业税若干政策问题的通知》（财税［2003］16号）、《财政部　国家税务总局关于企业事业单位改制重组契税政策的通知》（财税［2012］4号）、《财政部　国家税务总局关于企业改制过程中有关印花税政策的通知》（财税［2003］183号）、《财政部　国家税务总局关于土地增值税一些具体问题规定的通知》（财税［1995］48号）等一系列税收政策文件，构成了一套相对完整的我国企业并购重组税收政策体系。

"执法治所由生，则应时而变；不知法治之源，虽循古终乱。"其大意是说懂得法律是如何产生的，就会顺应时代发展而变更、完善法律；不知道立法和法治原理，虽然会遵循法律，但最后还是会导致混乱。本书编写的目的，就是在解析现行企业并购重组主要方式和税收政策的基础上，通过具体案例进一步分析不同并购重组方式的税收处理，以帮助企业并购重组业务的操作人员正确理解和运用税收文件，作为公司并购重组的涉税业务操作指南。

由于并购重组税收业务十分复杂，希望本指南能够抛砖引玉，不断吸取读者的宝贵意见，并不断完善和充实。

作　者

2012 年 12 月 14 日于北京

目录

理论篇

实务篇

理论篇

第一章

重组概述

第一节

本章导读

西方发达国家的企业并购重组实践孕育于19世纪末的资本主义市场经济，伴随着资本的出现和资本的自由流动而快速发展，至今已经走过一个多世纪，形成特征鲜明的五个发展阶段，并不断推动着发达国家的产业结构升级和经济社会向前发展。同时，以美国为代表的发达国家早在1918年就已经开始在联邦税制中制定了免税并购条款，初步建立了美国联邦公司并购税制。历经将近百年的发展历程，美国联邦公司并购税制已经成为一套立法价值趋向明确，可操作性强的税法体系。

而我国企业并购重组业务实践直到20世纪80年代初才出现，与之相关的税收研究起步也比较晚，直到90年代初才开始。当前，我国企业并购重组业务正蓬勃发展，并不断催生出企业并购重组的相关税收制度。

研究西方发达国家，尤其是美国企业并购重组发展历史及其税收制度，并与我国企业并购重组所处的历史发展阶段和当前并购重组税收制度进行对比分析，有利于进一步完善我国企业并购重组的税收制度。

第二节 并购重组的含义

企业并购重组是企业对其拥有的资产、负债、所有者权益、人员、业务等要素及其要素之间重新组合。根据研究领域和侧重点不同，人们对企业并购重组的理解和认识也不尽相同。

从经济学角度看，企业并购重组是一个稀缺资源的优化配置过程，其主要体现在企业自身（微观）和社会经济整体（宏观）两个层面上。对微观企业而言，为了充分利用自身资源，实现资本的保值增值，企业可充分运用资产重组、债务重组和所有者权益等重组方式，来进一步优化资产结构、负债结构和所有者权益结构，以实现资源优化配置，提高自身运行效率。对宏观社会而言，为了充分利用社会资源，创造更大的社会财富，国家可通过对不同行业企业拥有的各种要素资源的再调整和再组合，以促进产业结构优化与升级，提高国民经济的运行效率。

从法学角度看，企业（公司）是为降低交易成本而构建的一系列契约的联结。在市场经济条件下，这些契约关系通过法律形式表现出来，在企业并购重组过程中，不可避免地带来企业法律关系的调整。如国有企业由全民所有制企业形式改制为公司制形式。

从税收学角度看，企业并购重组实际上是由当事各方之间的一系列资产转让、股份交换和资产置换的交易。与会计上一般非货币资产交易不同，这种交易必须同时具有以下两大特征：

一是这种交易不以改变交易各方的原有生产经营活动为目的，即在一定期限内保持交易各方原生产经营活动的连续性。换句话讲，这种交易是在企业日常生产经营活动以外进行的，与该企业日常生产经营活动无关的交易。

二是这种交易导致了企业法律结构或经济结构的重大改变。

1. 企业法律结构重大改变通常包括：法人地位的重大改变（如由法人转变为非法人或由非法人转变为法人等）、税收管辖权地位的改变（如境内税收管辖权转变为境外税收管辖权或境外税收管辖权转变为境内税收管辖权等）和纳税地位的改变（如由查账征收方式转变为核定征收方式或由核定征收方式转变为查账征收方式等）等形式。

2. 企业经济结构重大改变通常包括：企业资产用途或效率或资产与负债（或所有者权益）结构的重大改变；企业负债结构、期限、利率水平的重大改变；通过上市、股权收购等方式实现企业所有者权益结构的重大改变；通过资产托管、战略联盟或合作（如研究开发伙伴关系、许可证转让等）、资产证券化等方式实现某些方面控制权变化等形式。

根据以上企业并购重组的税收特征，《财政部 国家税务总局关于企业重组业务企业所得税处理若干问题的通知》（财税［2009］59号），将我国税收领域的企业并购重组定义为：（本通知所称企业重组是指）企业在日常经营活动以外发生的法律结构或经济结构重大改变的交易，包括企业法律形式改变、债务重组、股权收购、资产收购、合并、分立等形式。

上述从税收角度定义的企业并购重组不同于从出资人角度，以资本结构优化与保值增值为主要内容定义的企业并购重组，也不同于从会计核算角度，以会计审慎原则为主要内容定义的企业并购重组。它在我国第一次提出了有别于其他领域的企业并购重组概念，展现出税收企业并购重组交易类型较多、交易资产量较大、交易范围较广、交易对价方式较灵活等方面的丰富内涵，对进一步研究制定我国企业并购重组的税收政策体系，具有十分重要的理论与现实意义。

本指南主要是从企业并购重组的税收角度，对财税［2009］59号文件规定的几种重组方式的概念、税收法规、案例等方面进行解析，以帮助读者全面理解和深刻把握税收企业并购重组的方式。

第三节 并购重组的主要形式

企业并购重组的形式很多，主要包括：资产重组、债务重组和股权重组等形式。根据企业进行并购重组的目的，可以进一步细分为以下类型：

一、以资本扩张为主要目的的企业并购重组

以资本扩张为主要目的的企业并购重组主要有：合并、收购等形式。

1. 合并。合并是兼并和联合的统称。兼并（merger），也称吸收合并，通常是指一家企业（收购公司）以现金、证券或其他形式（如承担债务、利润返还等）投资购买取得其他企业（目标公司）的产权，使目标企业丧失法人资格或改变法人实体，并取得对这些企业决策控制权的投资行为；联合（consolidation），也称新设合并，是指两个或两个以上企业合并设立一个新的企业，合并各方的法人实体地位消失。

2. 收购（acquisition）是指企业用货币、债券、股票或其他资产作为对价，购买另一家企业的部分或全部资产或股权，以获得该企业的控制权的投资行为。

二、以资本收缩为主要目的的企业并购重组

以资本收缩为主要目的的企业并购重组主要有：资产剥离或出售、企业分立等形式。

1. 资产剥离或出售。资产剥离（divestiture）是指企业将其现有的某些子企业、部门、产品生产线的资产等出售给其他企业，并取得现金或有价证券等回报。

2. 企业分立。企业分立是指一个母公司将其在某子公司中所拥有的股份，按母公司股东在母公司中的持股比例分配给现有母公司的股东，从而在法律上和组织上将子公司的经营从母公司的经营中分离出去。这会形成一个与母公司有着相同股东和持股结构的新企业。

三、以资本重整为主要目的的企业并购重组

以资本重整为主要目的的企业并购重组主要包括：改组改制、股权置换、管理层收购（MBO）、职工持股计划（ESOP）等形式。

1. 改组改制。改组改制是指企业进行股份制改造的过程。根据《股份制试点办法》和《公司法》，我国企业实行股份制主要有两条途径：一是新组建股份制企业；二是将现有企业有选择地改造为股份制公司。据此，按公司设立时发起人出资方式不同，分为新设设立和改建设立。新设设立方式中按其设立的方式不同，又可分为发起设立和募集设立两种。

2. 股权置换。股权置换是指控股公司将其持有的股份的一部分与另一公司的部分股份按一定比例对换，使本来没有任何联系的两个公司成为一个以资本为纽带的紧密联系的企业集团。

3. 管理层收购（MBO）。管理层收购是指目标公司的管理层利用借贷所融资本购买本公司的股份，从而改变本公司所有者结构、控制权结构，进而达到重组本公司目的，并获得预期收益的一种收购行为。管理层收购属于杠杆收购的一种。

4. 职工持股计划（ESOP）。职工持股计划从本质上讲是一种股票投资信托，所投资的是雇主公司的股票。而投资的付款方式可以是现金也可以是其他公司的股票，公司的职工通过获得的股息分享公司增长的成果。

四、表外资本经营

所谓表外资本经营是指不在报表上反映的，但将导致控制权变化的行为。其具体形式包括：

1. 托管。托管是指企业的所有者通过契约形式，将企业法人的财产交由具有较强经营管理能力，并能够承担相应经营风险的法人去有偿经营。它是明晰企业所有者、经营者、生产者责权利关系，保证企业财产保值增值并创造经济效益的一种经营活动。

2. 战略联盟（合作）。战略联盟是指两个或两个以上的企业为了达到共同的战略目标、实现相似的策略方针而采取的相互合作、共担风险、共享利益的联合行动。战略联盟的形式多种多样，包括股权安排、合作经营、联合研究、许可经营等。

五、债务重组

债务重组是指对企业的债权债务进行处理，并且涉及债权债务关系调整的重组方式。债务重组是一个为了提高企业运行效率，解决企业财务困境，对企业债务进行整合优化的过程。

事实上，我们日常碰到的企业并购重组方案，一般是由一个或几个简单并购重组方式组合而成。作为企业并购重组业务的操作人员其核心任务之一就是善于分解或组合我们日常碰到的企业并购重组方案，来分析该并购重组方案实施后对企业、投资方等方面的税收影响。

第四节 研究范围的确定

从以上形式来看，重组包括并购，并购是重组的形式之一。

另外，从企业组织形式演进历史来看，企业形式先后经历了业主制、合伙制和公司制。

公司制是企业组织形式的高级形式，正是因为公司制企业的出现，使得产权可以自由交易，资本可以自由流动，也就使企业间的收购和兼并成为一种经常性的现象。

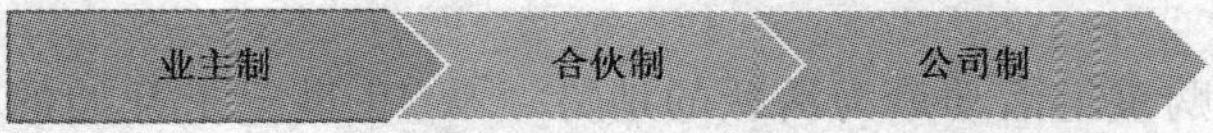

所以，我们研究的范围应该是公司制企业的重组活动。

第五节 并购重组业务的发展历程

一、并购重组产生的历史条件

为什么会产生并购重组？这个问题需要从并购重组产生的历史条件和并购重组的意

义即并购的效应谈起。

从19世纪末并购重组业务出现至今，对并购重组的形成原因和效应的研究已经十分系统，并出现多种理论和学说，包括马克思主义的资本集中理论和资本输出理论、交易费用理论（包括科斯产权交易理论和威廉姆森的交易成本学说）、效率理论（包括管理协同效应理论、经营协同效应理论等）、信号理论和代理理论（包括代理成本理论、管理主义理论和自由现金流理论）等。本指南不再对以上各种理论和学说进行重复和赘述。

企业并购重组活动本质上是一种交易，而交易就需要一定的市场条件。研究和总结西方并购重组实践的历史，我们不难发现并购重组发展于19世纪末的资本主义市场经济。产权自由交易和资本自由流动，这是市场经济存在并正常运行的必要条件之一，也使作为交易标的的“资本”得以出现。所以，市场经济和作为产权交易标的的资本的出现是并购重组活动产生的必要历史条件。

在市场经济条件下，资本配置主要依赖市场机制通过各种形式来实现，而企业并购重组是改善资本配置最有效的形式之一。由于产权可以自由交易，资本可以自由流动，使得企业间的收购和兼并成为一种经常性的现象，而这种优胜劣汰的兼并和收购，促进了产业结构和企业组织结构的调整，对整个经济结构的优化和升级、对资源配置的优化、对经济效率的提高产生了重要作用。从西方发达国家并购重组活动的发展历史来看，并购重组活动的活跃与消沉总是与一定的宏观经济周期相互吻合，成为推动人类社会经济向前发展的一种重要方式。

总之，社会发展到市场经济阶段，使并购重组活动的出现和繁荣成为必然；而并购重组活动的出现和发展又改善了社会资源配置和推动经济向前发展。所以，并购重组活动的出现有着历史必然性和必要性。

二、发达国家并购重组的发展历程

美国是全球并购重组活动最为活跃的地方，从19世纪末开始的并购重组活动至今已经走过了100多年的历史，目前比较普遍将美国的并购重组历史划分为五个阶段。美国并购重组发展历程及各个阶段的特点和影响见图1－1和表1－1。

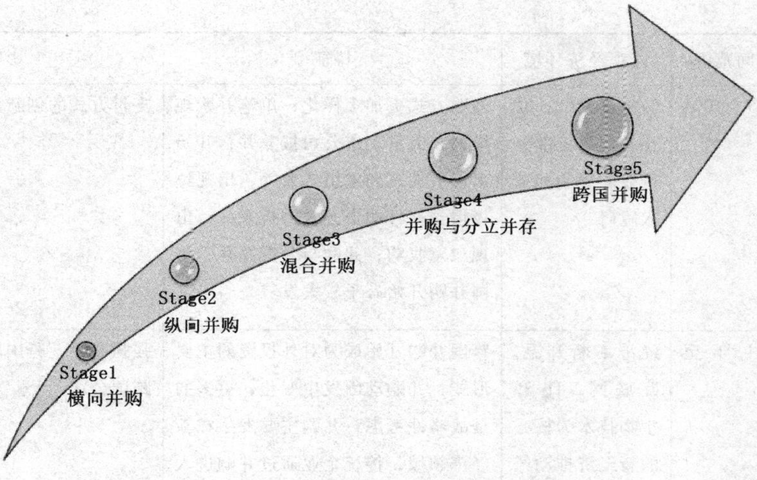

图 1－1　美国并购重组发展历史

表 1－1　　美国并购重组活动各阶段比较

发展阶段	时间范围	宏观经济环境	特征	影响
第一阶段	19 世纪末开始，止于 1904 年的证券市场暴跌	证券业空前发展，给并购重组提供场所；一些州在公司法方面给予优惠政策	以横向并购为主，主要表现为同一行业的小公司企业合并成一个或几个大公司，组成横向托拉斯，以追求规模经济和垄断利润；60% 的并购案通过股票交易所进行；投资银行业开始参与到并购重组活动中	导致市场空前垄断，1914 年《克莱顿法》（Clayton Art）颁发实施后，横向并购受到政府的控制
第二阶段	1915 年开始，止于 1929 年股票市场大崩盘	西方国家处于一战后的重建时期	由于横向并购受到政府管制，纵向并购逐渐成为主要方式	工业资本与金融资本开始相互兼并，开始产生金融寡头，为寡头垄断的并购；1950 年联邦政府通过《塞勒—凯佛纬法》对《克莱顿法》的修正案，加强了对横向并购和纵向并购的反托拉斯控制
第三阶段	1954～1969 年	美国经济增长的黄金时期，科学技术突飞猛进	为规避反垄断法，由横向并购与纵向合并相结合的混合并购逐步成为主要方式；并购数量增长快，而且规模大；银行同业兼并增加，银行资本更加集中；开始出现用换股方式实现低成本扩展	产生许多巨型和超巨型的跨行业联合企业

续表

发展阶段	时间范围	宏观经济环境	特征	影响
第四阶段	1975～1991年	经济不景气，联邦政府放松部分行业的管制和准入障碍	并购方式更加多样化；单笔并购规模大，大量上市公司被兼并；开始出现负债式和重组式兼并，出现垃圾债券杠杆融资方式进行兼并；出现敌意收购；并购与分拆并存；跨国并购开始有了较大发展	支付方式的创新，推动金融创新
第五阶段	1994年至今	经济不断升温，互联网、IT和生物技术为核心的新经济推动经济的繁荣，经济结构快速升级	跨国并购开始成为对外投资的主要形式；并购动因发生变化，更多的是战略性考虑；并购主要发生在新经济领域，传统企业通过并购进入信息行业；金融行业并购活跃	强强联手、跨国联手，出现大型跨国公司

分析美国并购重组各个阶段的特征，我们可以发现美国并购重组业务的繁荣和消沉周期总是与一定的宏观经济周期相吻合，伴随着政府管制和法律制度安排的变化，使得并购重组形式不断升级。同时，并购重组活动也促进美国实现产业结构不断升级，一步步把美国的经济推向世界的顶峰，造就大量巨型跨国公司，实现资本集中，并推动美国金融业的创新和资本市场的高度发达。

三、我国并购重组的发展历程

由于我国的特殊国情，一直以来国家所有企业占据经济的主要地位，特别是中央直属企业控制着各个支柱性产业。而这也造就我国的并购重组实践主要由政府驱动的显著特征。所以，研究我国的并购重组历史，不可避免地要以国有企业的改革，特别是中央企业的改革为出发点。

（一）起步阶段

新中国成立以后由于在计划经济体制下，产权无法自由交易，通过对私有工商业的利用、限制和改造，实现公有经济的“兼并收购”活动，进行了特殊时期的产权重组。

直到20世纪80年代初，随着对外开放和经济体制改革的不断进行，作为产权交易的并购活动才得以出现。1984年，根据“两权分离”的原则，在全国推行承包、租赁经营方式的同时，将效益差、经营不善的企业产权有偿转让给有经营优势的企业。这时的并购重组活动参与者是政府，目的是为了消灭亏损企业，卸掉财政包袱，带有行政强制性。

1987年10月，党的十三大报告明确指出小型国有企业可以有偿转让给集体和个人，1989 年 2 月，我国第一部有关企业并购的行政法规《关于企业兼并的暂行办法》颁布，我国的并购重组活动从单纯的消灭亏损企业向优化经济结构发展，使跨所有制之间的产权交易成为可能。

1990 年和 1991 年上海证券交易所和深圳证券交易所相继成立，股份制企业数量迅速增加，也为并购重组活动的迅速发展创造了市场条件。1993 年 9～10 月，中国宝安集团股份有限公司（深宝安）通过二级市场收购上海延中实业股份有限公司（延中实业）股份，实现对延中实业的控制，拉开了我国资本市场并购重组的帷幕。

1992 年邓小平南巡讲话后，在中央确定了市场经济体制改革方向；1993 年 11 月，中共中央十四届三中全会通过了《中共中央关于建立社会主义市场经济体制若干问题的决定》，明确指出，要明晰产权关系，支持产权流动和企业间兼并重组。

所以，从 20 世纪 90 年代开始，我国才开始了真正市场经济意义上的并购重组实践，这比美国整整晚了一个世纪。我们把 20 世纪 90 年代之前的这一段时间划分为我国并购重组实践的起步阶段。

（二）规范化和市场化发展阶段

从 20 世纪 90 年代初至 21 世纪初，我国不断推进有中国特色的社会主义市场经济改革，在依法治国理念的指导下，我国经济社会发展开始步入法制阶段。这阶段我国一系列的法规文件出台，包括《股票发行与交易管理暂行条例》、《证券法》、《关于外国投资者并购境内企业的规定》、《上市公司收购管理办法》、《上市公司重大资产重组管理办法》、《企业国有资产法》和《企业所得税法》及其实施条例等，为我国资本市场的发展和并购重组业务规范化操作提供了法律法规依据。

2001 年《国有股减持暂行办法》的出台和 2005 年开始的上市公司股权分置改革，进一步理顺了产权关系和逐步解决产权自由流通问题，为并购重组业务的快速发展进一步创造了条件。所以，在这一时期我国并购重组业务逐步规范化和市场化。

（三）高速发展阶段

我国经济发展经过较长一段时间的粗放型增长后，存在较为严重的重复建设，迫切需要进行产业结构调整和升级；2008 年世界金融危机的爆发后，国家陆续发布了很多产业规划，制订了国民经济"十二五"规划，这对我国的并购重组业务发展来说是一个大好契机，我国的并购重组业务从 2008 年开始在市场和国家政策双重因素的驱动下进入一个高速发展阶段。

1. 市场驱动。是什么因素驱动国家对这些产业进行并购重组？渤海证券研究所对此进行了比较系统的分析研究，以下是渤海证券 2011 年 11 月 23 日《2011 年 A 股并购重组投资策略报告》的部分内容。

在渤海证券的并购重组投资策略报告中，引用了著名的管理咨询公司——科尔尼的研究成果。科尔尼公司研究了 53 个国家、24 个行业的 25 000 家上市公司，通过产业集中度、集中速度等指标得到了一条清晰的产业演进曲线，在此基础上，分析了不同行业在不同阶段面临的内外环境时的并购选择及其绩效（见图 1－2）。

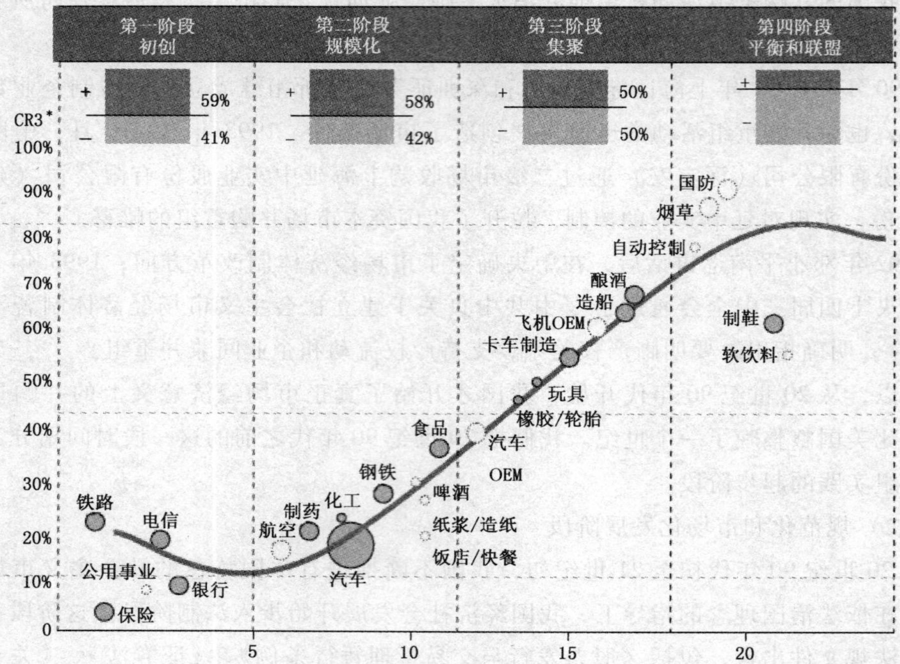

图 1－2　科尔尼公司不同行业产业演进不同阶段的并购选择

资料来源：Winning the Merger Endgame：A Playbook for Profiting from Industry Consolidation，渤海证券研究所。

在行业由规模化阶段向集聚阶段转化过程中，企业内在的具有外延扩张的冲动，选择并购重组的比较多，并且其效果也比较好。科尔尼公司的研究表明，在规模化阶段后期，企业的风险将会加大，企业规模、财务优势以及市场地位是支撑企业成为行业真正领导者的必备条件。在这一阶段，企业会利用前一阶段末期培养的核心业务，通过收购建立或强化每个核心业务的竞争地位，创造或促进核心业务的协同效应。

目前，对于我国而言，处于由规模化阶段向集聚阶段转化的主要是那些已经出现产能过剩的钢铁、汽车、水泥、有色等行业。过剩产能行业中的优势企业存在为提高市场占有率、取得规模效应而外延扩张的强烈冲动。这是驱动这些产业并购重组的内在动力，也是驱动并购重组业务发展的市场因素。

2. 政策驱动。除了市场因素驱动外，我国企业并购重组的另一大驱动力是政府。由于我国公有制占据经济主导地位的特殊国情，当前产能过剩的行业主要被国资或者具有国资背景的企业主导，虽然这些行业里的优势企业内在具有并购重组的意愿，但碍于地方利益的掣肘，必须要有政府在背后强力推动并购重组方能实现。因此，无论是出于国有经济战略性调整还是引导企业自身整合的目的，都需要政府出台相关政策予以支持。可以说，政府驱动力量基本上主导了当前我国企业并购重组的大趋势。

金融危机爆发后，为了抵御国际市场风险，保持经济增长势头，同时为了进一步深化产业结构调整和升级，2009年国家相继出台了十大产业调整与振兴规划。十大产业规划全都涉及了并购重组的相关内容，其中，汽车、钢铁、有色金属和轻工业等行业提出了具体的并购重组目标，特别是汽车和钢铁还提出了具体重点企业甚至重组对象（见表1－2）。

表1－2　十大产业振兴规划中关于并购重组的相关内容

产业	规划发布时间	并购重组目标及任务
汽车产业	2009年3月23日	形成2～3家产销规模超过200万辆的大型企业集团，4～5家产销规模超过100万辆的企业集团，产销规模占市场份额90%以上的企业集团，数量由目前的14家减少到10家以内。鼓励一汽、东风、上汽、长安等在全国范围内兼并重组。支持北汽、广汽、奇瑞、重汽等区域性兼并重组。支持零部件骨干企业通过兼并重组扩大规模
钢铁产业	2009年3月13日	国内排名前5位企业的产能占全国产能的比例达到45%以上，沿海、沿江钢铁企业产能占全国产能的比例达到40%以上。力争到2011年，全国形成宝钢集团、武钢集团等几个产能在5 000万吨以上、具有较强国际竞争力的特大型企业；形成若干个产能在1 000万～3 000万吨级的大型企业。 发挥宝钢、鞍本、武钢等大型企业集团的带动作用，推动广东钢铁集团、广西钢铁集团、河北钢铁集团和山东钢铁集团完成集团内产供销、人财物统一管理的实质性重组；推进鞍本与攀钢、东北特钢，宝钢与包钢、宁波钢铁等跨地区的重组，推进天津钢管与天铁、天钢、天津冶金公司，太钢与省内钢铁企业等区域内的重组
电子信息	2009年4月15日	在集成电路、软件、通信、新型显示器件等重点领域，鼓励优势企业整合国内资源，支持企业“走出去”兼并或参股信息技术企业；鼓励金融机构对电子信息企业重组给予支持
物流产业	2009年4月24日	加大对物流企业兼并重组的政策支持力度，鼓励物流企业通过参股、控股、兼并、联合、合资、合作等多种形式进行资产重组，培育一批服务水平高、国际竞争力强的大型现代物流企业
纺织工业	2009年4月24日	鼓励纺织服装行业优势骨干企业对困难企业进行兼并重组；在流动资金、债务核定、人员安置等方面给予支持；对实施兼并重组企业符合条件的技术改造项目给予优先支持
装备制造	2009年5月12日	重点支持装备制造骨干企业跨行业、跨地区、跨所有制重组，逐步形成具有工程总承包、系统集成、国际贸易和融资能力的大型企业集团。制定鼓励境内企业跨地区、跨行业、跨所有制重组的政策措施

续表

产业	规划发布时间	并购重组目标及任务
有色金属	2009 年 5 月 12 日	形成 3 ~ 5 个具有较强实力的综合性企业集团，到 2011 年，国内排名前 10 位的铜、铝、铅、锌企业的产量占全国总产量的比重分别提高到 90%、70%、60%、60%；鼓励有实力的铜、铝、铅、锌等企业以多种方式进行重组，实现规模化、集团化；支持大型骨干企业跨地区兼并重组、区域内重组和集团之间的重组；支持铝企业与煤炭、电力企业进行跨行业的重组；鼓励再生金属企业间重组
轻工业	2009 年 5 月 18 日	企业重组取得进展，再形成 10 个年销售收入 150 亿元以上的大型轻工企业集团。支持优势品牌企业跨地区兼并重组、技术改造和创新能力建设，推动产业整合，提高产业集中度，增强品牌企业实力。认真落实有关兼并重组的政策，在流动资金、债务核定、职工安置等方面给予支持；对于实施兼并重组企业的技术创新、技术改造给予优先支持
石油化工	2009 年 5 月 18 日	支持骨干磷肥企业通过兼并重组，提高集中度。支持钾肥龙头企业开展产业整合，促进钾矿资源合理利用。鼓励优势农药企业实施跨地区整合，努力实现原药、制剂生产上下游一体化。支持有实力的企业开展兼并重组，扩大产业规模，做强高端石化产业
船舶工业	2009 年 6 月 9 日	支持大型船舶企业集团及其他骨干船舶企业实施兼并重组。支持骨干船舶企业兼并重组其他船舶企业

这些产业规划中的并购重组共同特点和目标是支持行业中的优势企业进行横向或纵向并购，形成在国内和国际上具有竞争优势的大型企业集团，同时淘汰落后产能，实现产业集中和升级。

为了促进企业并购重组的发展，落实产业规划和“十二五”规划，国务院于 2010 年 8 月 28 日发布了《关于促进企业兼并重组的意见》（国发［2010］27 号），不仅明确了并购重组的目标，为并购重组业务的发展扫除制度障碍，提供多样的政策扶持措施，而且协调部署政府多个部委对推动并购重组业务进行领导，具体如下：

国发［2010］27 号文明确的并购重组的目标包括以下两个方面：

①加快国有经济布局和结构的战略性调整，健全国有资本有进有退的合理流动机制，鼓励和支持民营企业参与竞争性领域国有企业改革、改制和改组，促进非公有制经济和中小企业发展。

②进一步贯彻落实重点产业调整和振兴规划，做强做大优势企业。以汽车、钢铁、水泥、机械制造、电解铝、稀土等行业为重点，推动优势企业实施强强联合、跨地区兼并重组、境外并购和投资合作，提高产业集中度，促进规模化、集约化经营，加快发展具有自主知识产权和知名品牌的骨干企业，培养一批具有国际竞争力的大型企业集团，

推动产业结构优化升级。

国发［2010］27号文明确促进并购重组业务发展需要消除的制度障碍主要包括以下两个方面：

①清理限制跨地区兼并重组的规定和理顺地区间利益分配关系，打破区域保护，促进跨区域并购重组；

②放宽民营资本的市场准入，支持民营资本进入基础设施、公共事业、金融服务和社会事业等垄断行业的竞争性业务领域，促进垄断行业改革。

国发［2010］27号文提供的政策扶持措施包括以下几个方面：

①税收优惠政策。对企业兼并重组涉及的资产评估增值、债务重组收益、土地房屋权属转移等给予税收优惠，具体按照财政部 国家税务总局《关于企业兼并重组业务企业所得税处理若干问题的通知》（财税［2009］59号）、《关于企业改制重组若干契税政策的通知》（财税［2008］175号）等规定执行。

②资金支持。通过技改贴息、财政贴息、职工安置补助、信贷奖励补助、技术改造资金等方式加强财政资金投入；通过鼓励商业银行开展并购贷款业务，扩大贷款规模、贷款贴息等方式为并购重组提供融资支持。

③发挥资本市场推动企业重组的作用。支持符合条件的企业通过发行股票、债券、可转换债等方式为兼并重组融资。鼓励上市公司以股权、现金及其他金融创新方式作为兼并重组的支付手段，拓宽兼并重组融资渠道，提高资本市场兼并重组效率。

④完善相关土地管理政策。兼并重组涉及的划拨土地符合划拨用地条件的，经所在地县级以上人民政府批准可继续以划拨方式使用；不符合划拨用地条件的，依法实行有偿使用，划拨土地使用权价格可依法作为土地使用权人的权益。

为进一步落实好企业兼并重组有关工作，国发［2010］27号文明确的各部委的工作分工如表1－3所示。

表1－3　　促进企业兼并重组任务分工表

序号	工作任务	牵头单位	参加单位
1	清理取消阻碍企业兼并重组的规定	工业和信息化部	各省、自治区、直辖市人民政府
2	放宽民营资本的市场准入	工业和信息化部	发展改革委、国土资源部、工商总局、银监会等
3	完善和落实企业兼并重组的税收优惠政策	财政部	税务总局
4	鼓励商业银行开展并购贷款业务，扩大贷款规模。鼓励商业银行对兼并重组后的企业实行综合授信。通过并购贷款、境内外银团贷款、贷款贴息等方式支持企业跨国并购	银监会、人民银行	发展改革委、工业和信息化部、财政部

续表

序号	工 作 任 务	牵头单位	参加单位
5	积极探索设立专门并购基金等兼并重组融资新模式，完善股权投资退出机制。支持符合条件的企业通过发行股票、债券、可转换债等为兼并重组融资	证监会、发展改革委	工业和信息化部、财政部
6	在中央国有资本经营预算中设立专项资金，支持中央企业兼并重组	财政部	国资委、发展改革委、工业和信息化部、商务部
7	鼓励地方人民政府通过财政贴息、信贷奖励补助等方式，激励商业银行加大对企业兼并重组的信贷支持力度。有条件的地方可设立企业兼并重组专项资金	各省、自治区、直辖市人民政府	
8	进一步推进资本市场企业并购重组的市场化改革，健全市场化定价机制，完善相关规章及配套政策，支持企业利用资本市场开展兼并重组。鼓励上市公司以股权、现金及其他金融创新方式作为兼并重组的支付手段	证监会	发展改革委、财政部、商务部、人民银行、银监会
9	完善土地使用优惠政策	国土资源部	财政部
10	加大对兼并重组企业技术改造支持力度。支持有条件的企业建立企业技术中心。鼓励和引导企业通过兼并重组淘汰落后产能，切实防止以兼并重组为名盲目扩张产能和低水平重复建设	发展改革委、工业和信息化部	财政部
11	研究债务重组政策措施，支持资产管理公司、创业投资企业、股权投资基金、产业投资基金等机构参与被兼并企业的债务处置	财政部	发展改革委、人民银行、国资委、银监会
12	制定、完善相关政策措施，继续支持国有企业实施主辅分离、辅业改制和分流安置富余人员	财政部、国资委	人力资源社会保障部
13	落实积极的就业政策，促进下岗失业人员再就业	人力资源社会保障部、财政部，各省、自治区、直辖市人民政府	国资委
14	建立促进境内外并购活动的公共服务平台	工业和信息化部	发展改革委、商务部、证监会
15	发挥境内银行、证券公司等金融机构在跨国并购中的咨询服务作用，指导和帮助企业制定境外并购风险防范和应对方案	商务部	银监会、证监会、工业和信息化部、发展改革委等

续表

序号	工　作　任　务	牵头单位	参加单位
16	督促企业严格执行有关法律法规和政策，规范操作程序，加强信息披露。有效防范和打击内幕交易和市场操纵行为，防止恶意收购，防止以企业兼并重组之名甩包袱、偷逃税款、逃废债务，防止国有资产流失	工业和信息化部	发展改革委、财政部、商务部、国资委、人民银行、税务总局、工商总局、银监会、证监会
17	深入研究企业兼并重组中可能出现的各种矛盾和问题，加强风险评估，制定相应的应对预案	工业和信息化部	发展改革委、财政部、人力资源社会保障部、商务部、人民银行、国资委、银监会、证监会
18	对达到经营者集中法定申报标准的企业兼并重组，依法进行经营者集中审查	商务部	发展改革委、工业和信息化部、国资委等
19	完善相关管理办法，加强和完善对重大的企业兼并重组交易的管理	工业和信息化部	发展改革委、财政部、商务部、国资委、证监会
20	建立企业兼并重组工作部际协调机制	工业和信息化部	发展改革委、财政部、人力资源社会保障部、国土资源部、商务部、人民银行、国资委、税务总局、工商总局、银监会、证监会等

从2008年至今，在市场和政府双重因素共同驱动下，我国的并购重组业务得到蓬勃发展。在国际金融危机以及外部经济低迷的背景下，我国许多企业大胆地走出国门，参与到国际并购浪潮中。

根据德勤中国研究和观察中心（China Research and Insight Centre，CRIC）2011年9月发布的《截至2011年上半年中国并购重组市场报告》（China M&A Market Semi－annual Report 1H 2011）显示，2011年上半年我国的并购重组交易额总体增长了12%，披露的交易额达到840亿美元，披露的交易数量达到1918起（参见图1－3）。

在2011年上半年披露的并购重组业务中，单笔交易金额在2亿美元以上的并购重组业务达到83起，占披露的并购重组交易金额的64%。并购重组业务主要发生在制造业、资源和能源、通讯三个行业，分别占披露的交易额的25%、18%和17%。

其中，在跨境并购重组中，目标公司主要集中在我国香港特区、美国、新加坡和澳大利亚，并购重组行业主要集中在资源、能源和制造业，其中资源、能源的交易额占比达到52%，制造业的交易额占比达到26%（参见图1－4）。

分析总结我国当前的并购重组业务，虽然我国的并购重组业务同时存在横向、纵向、混合、合并兼分立和跨国并购等多种形式。但是我们还是能够清晰地发现，我国当前并购重组活动的核心形式为横向并购，即横向规模扩张，以提高行业集中度，形成规

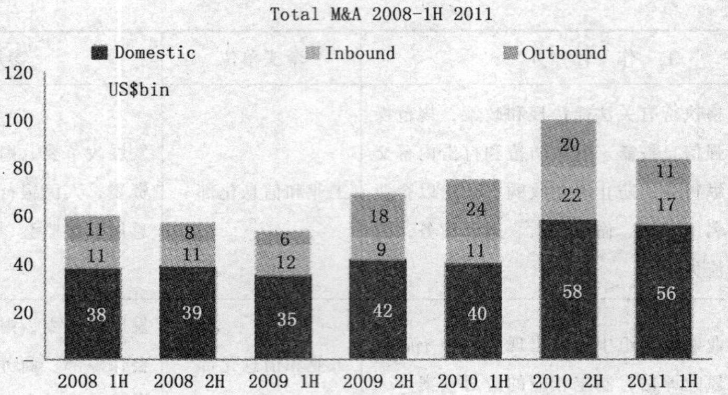

图 1-3　2008～2011 年中国并购重组情况

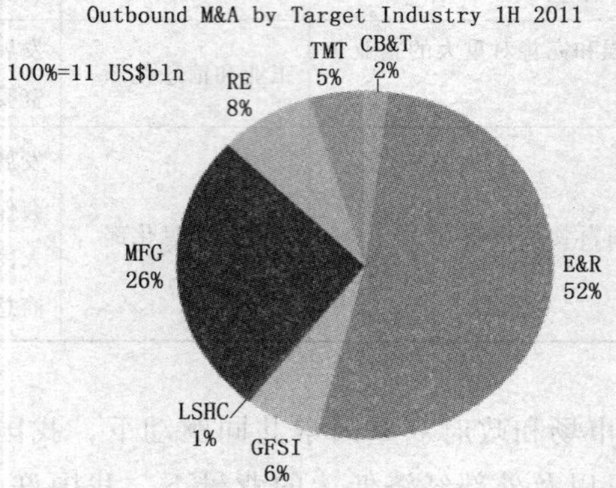

图 1-4　截至 2011 年中国并购重组行业分布图

注：以上数据来源于 Thompson Financial Deloitte Analysis，披露的交易额为已经完成的交易额和正在进行中的交易额合计数，境内只包括中国内地。

模效应，淘汰行业落后生产力的阶段，处于并购重组业务发展的初级阶段。

通过对比中美两国的并购重组实践历史，我们很容易发现，相对于美国 100 多年的并购重组实践，我国的并购重组历史实践仅仅经历了二三十年。美国的并购重组史各个阶段表现形式各异，有着明显的阶段性特征，总体来说处于一种市场经济条件下的螺旋式上升状态，由低级到高级的不断发展过程。而我国的并购重组实践，相对来说尚处于初级发展阶段，而且并购重组活动带有强烈的政府干预和政策驱动的色彩，不可能走出完全市场经济条件下的并购重组发展路线。

所以，研究美国的并购重组发展历程，对比我国的并购重组所处的发展阶段；借鉴美国并购重组法律建设，包括并购税制建设，对我国政府调控并购重组活动实践和并购税制的建设具有很好的参考意义。

第六节

并购重组税制

并购重组过程中产生的税费成本是公司并购重组成本的重要组成部分，对公司并购重组的成败有着重要的影响。目前，我国并购重组业务快速发展，形式和内容越来越复杂，而我国现行的并购重组税制的研究和税收政策制定起步较晚，直到20世纪90年代初才开始，并购重组税制和税收政策相对滞后。而美国对并购亘组活动相关税收制度的研究已经有近百年的历史，所以在探讨我国的并购重组税制前，有必要先了解一下美国的并购重组税制。

一、美国并购重组税制

美国早在1918年就已经开始在联邦税制中制定了免税并购条款，开始建立美国联邦公司并购税制。美国并购重组税制由国会颁布的法律、国内收入局的立法及法庭判例等组成，历经将近百年的发展历程，美国联邦公司并购税制已经形成了一套立法价值趋向明确，可操作性强的税法体系。

（一）应税并购和免税并购的划分

《美国国内收入法典》（以下简称《法典》）根据交易结构的不同将并购重组交易分为应税交易和免税交易两大类。基本原则是：资产（目标方股东所持有的股权或目标公司自身的资产）的处置导致所处置部分应税收入的变现和纳税义务的立即确认。企业的并购重组实质上是将企业的资产或其股东所持有的股权进行处置，原则上是应税行为，免税重组只作为例外情况存在。

《法典》中规定的免税并购必须符合以下原则：

1. 实现原则，即资本利得实现原则。收购方在对目标企业或其股东的补偿支付中如果主要采用股权支付手段，目标企业出售的资产或目标企业的股东所持有的股权所实现的利得或损失将保留在其收到的股权中，因而在交易当期不予确认。当目标企业或其股东处置在这笔交易中得到的股权时，交易当期未予确认的利得或损失将最终实现，并按当时的税率计算纳税。实现原则说明美国并购税制中的“免税”实际上是一种所得税的纳税递延。

2. 经营目的原则，即并购的最初目的并不是为了避税，而是为了当事方的业务。

3. 经济合理原则，也叫实质重于形式原则，即并购业务必须有合理的商业目的或经营目的，必须保持股东权益的连续性（要求目标公司的股东能够收到收购公司的足够股权，而且目标公司的股东必须在合并后的公司中拥有实质性的股权权益），必须保持企业经营的连续性（要求收购公司或者持续目标公司的历史经营业务或者使用目标公司的大部分历史经营资产），才能适用免税并购的规定。

此外，很多并购交易必须满足控制要求。按此规定，控制经营的收购方在交易结束后仍然对该并购交易保持关联性。具体地说，“控制”是指至少拥有目标公司80%全部有表决权的股权和至少拥有80%其他性质的股权。

（二）免税并购的形式

美国免税并购可以分为免税资产收购和免税股权收购两大类，其中免税资产收购包括A型法定兼并和A型法定合并、前向三角兼并、“C型”重组（包括直接C型重组和三角C型重组）及收购性D型重组；股权收购主要包括“B型”重组（包括直接B型重组和三角B型重组）和反向三角兼并。

1. 免税资产收购重组。

（1）A型法定兼并。A型法定兼并重组指收购公司与目标公司依照州公司法合并，目标公司解散而收购公司存续，目标公司的资产和债权、债务转移给收购公司，收购公司支付目标公司的大部分收购对价是收购公司的股份，目标公司在解散时以收购公司的股份向其股东换取目标公司股份，兼并后目标公司股东成为收购公司的股东（参见图1－5）。

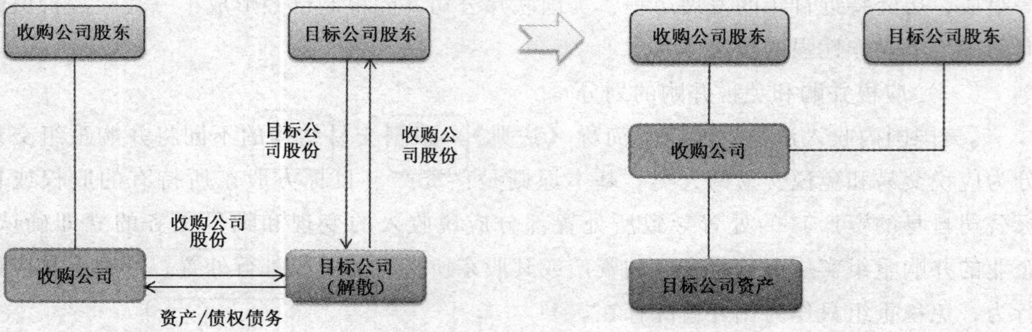

图1－5 A型法定兼并重组示意图

注：美国是联邦制国家，其民商法立法权在各州，在美国进行公司兼并必须遵守所在州的公司法规定，并履行相应的法定程序，因此，在美国公司兼并也称为法定兼并（statutory merger），下同。

（2）A型法定合并。A型法定合并重组指收购公司与目标公司依照州公司法合并组成一家新公司，收购公司和目标公司解散，收购公司和目标公司的资产和债权、债务转移给新设公司，新设公司将自己的股份支付给收购公司和目标公司，收购公司和目标公司在解散时都用新设公司的股份各自向其股东换回本公司的股份，收购公司股东和目标公司股东在合并后成为新设公司的股东（参见图1－6）。

（3）前向三角兼并。前向三角兼并重组指收购公司控制的子公司（收购子公司）以收购公司的股份为对价兼并目标公司，目标公司解散而收购子公司继续存在，目标公

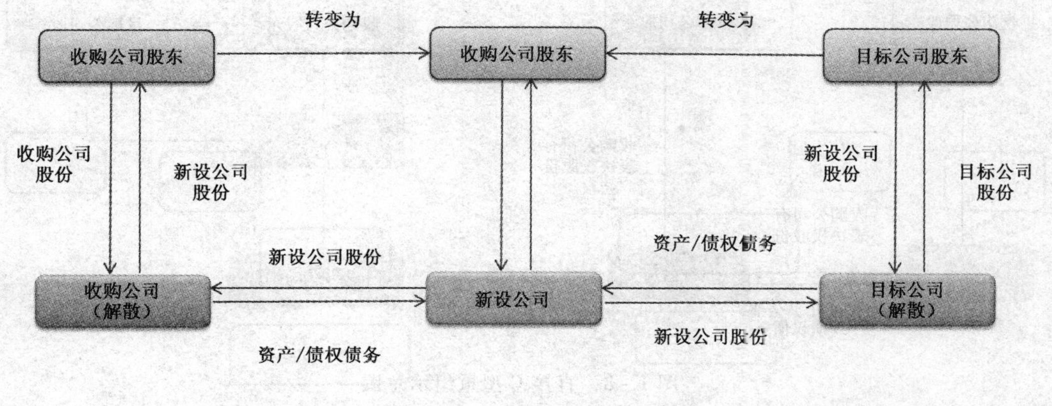

图 1－6　A 型法定合并示意图

司的全部或几乎全部资产转移给收购子公司，目标公司以收购子公司支付的收购公司股份，换回目标公司股份，目标公司股东在兼并后成为收购公司股东（参见图 1－7）。

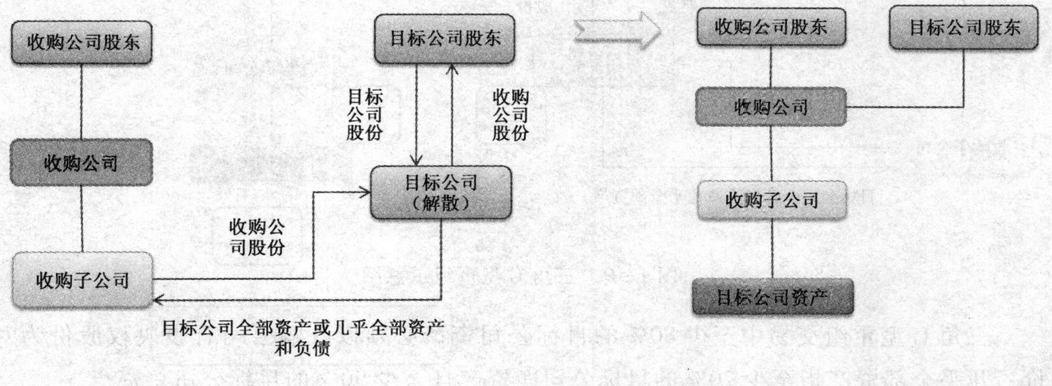

图 1－7　前向三角兼并示意图

（4）C 型重组。

①直接 C 型重组：指收购公司主要以自身有表决权的股份为收购对价收购目标公司全部或几乎全部资产，目标公司将收取的收购对价分配给其股东，因此，目标公司股东在收购后成为收购公司股东。通常，目标公司必须作为重组计划的一部分进行清盘解散，直接 C 型重组与 A 型法定兼并重组几乎一致（参见图 1－8）。

直接 C 型重组交易中至少 80% 的目标公司资产必须以收购公司有表决权股份为对价；几乎全部资产指至少 70% 的目标公司净资产且至少 90% 的目标公司总资产。

②三角 C 型重组：指收购公司的受控子公司（收购子公司）以收购公司有表决权股份为主要收购对价收购目标公司全部或几乎全部的资产。目标公司必须作为重组计划的一部分进行清盘解散，并将从收购子公司收取的收购公司的有表决权股份分配给其股东，目标公司股东在收购后成为收购公司的股东（参见图 1－9）。

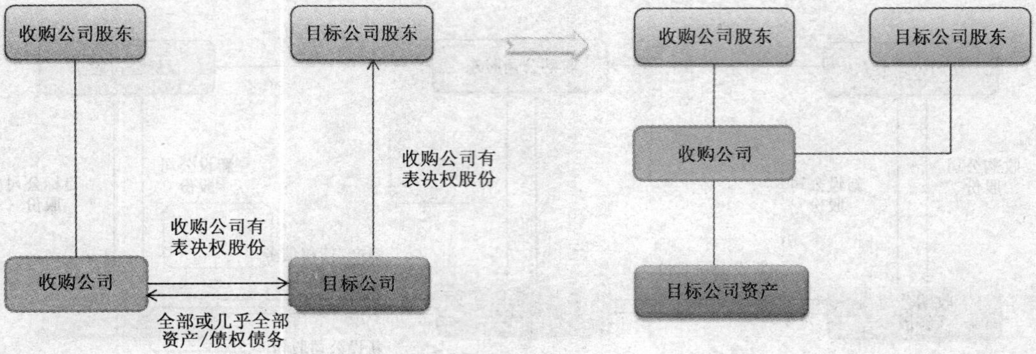

图 1－8　直接 C 型重组示意图

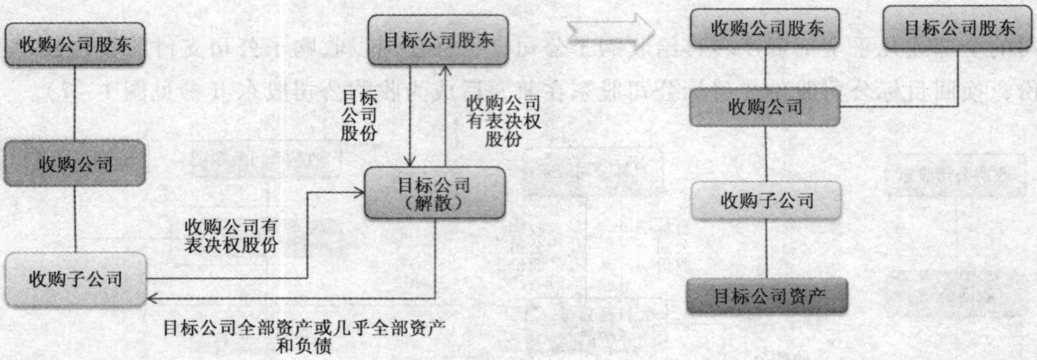

图 1－9　三角 C 型重组示意图

三角 C 型重组交易中至少 80% 的目标公司资产必须以收购公司有表决权股份为对价；几乎全部资产指至少 70% 的目标公司净资产且至少 90% 的目标公司总资产。

（5）收购 D 型重组。收购 D 型重组指收购公司主要以股份为对价收购目标公司全部或几乎全部资产，目标公司按照重组计划清盘并将收取的收购对价与其未被收购的资产分配给股东，目标公司股东在收购后控制收购公司（参见图 1－10）。

目标公司股东控制收购公司指目标公司股东至少持有收购公司 50% 有表决权的股份或至少持有收购公司全部种类股份的 50%，股份不限于有表决权股份。

2. 免税股权收购。

（1）直接 B 型重组。直接 B 型重组指收购公司仅以本公司有表决权股份为收购对价，向目标公司股东收购目标公司股份，交易完成后，收购公司应持有目标公司的各类有表决权股份的至少 80% 且其他一切种类股份的至少 80%，目标公司成为收购公司的受控子公司，目标公司股东成为收购公司股东（参见图 1－11）。

美国《联邦税收法典》第 338 条规定：在收购公司以现金、债券和其他形式的收购对价直接向目标公司股东购买目标公司股票，符合该条规定的适格股票购买条件时，

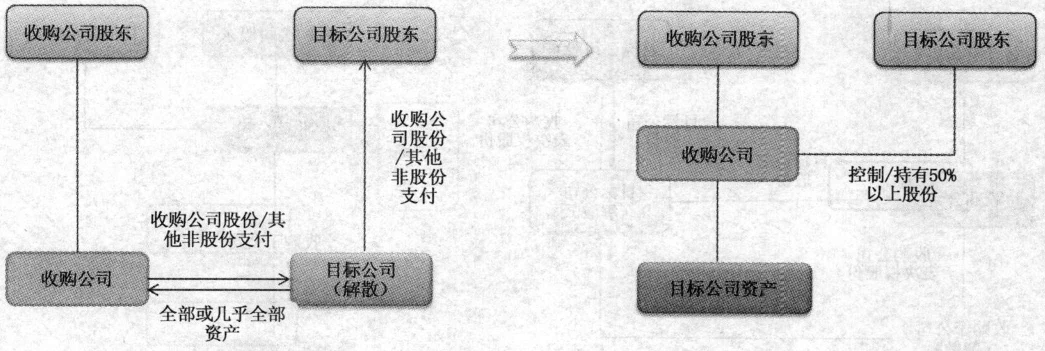

图 1-10 收购 D 型重组示意图

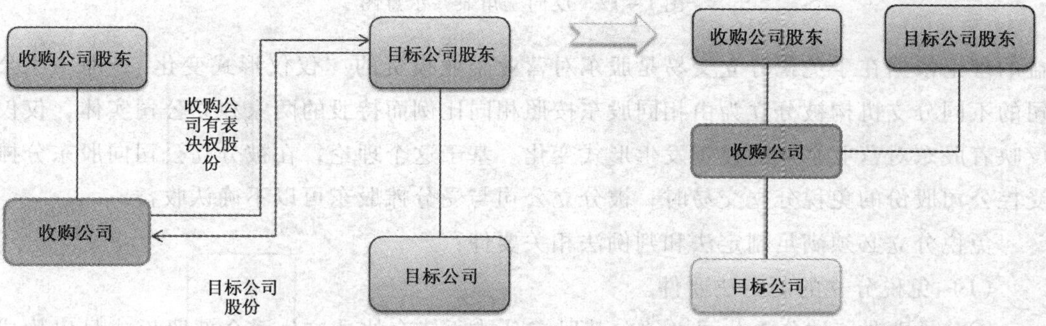

图 1-11 直接 B 型重组示意图

收购公司可以作出选择，将适格股票购买视为收购公司以股票购买价格购买目标公司资产之后由目标公司回购了其资产。

所谓适格股票购买是指收购公司在 12 个月的收购期间内收购了目标公司各种有表决权股票数量达到其总结合表决权的至少 80% 以及其他各种股票总数的至少 80%。

在第 338 条视为资产收购情形下，收购公司行使了选择权，将目标公司本来应享有的应税股票收购的税收待遇转化为应税资产收购的税收待遇。

（2）反向三角兼并重组。反向三角兼并重组指收购公司专门成立一家受控子公司（收购子公司），收购公司将本公司有表决权股份交给收购子公司，收购子公司被兼并入目标公司，收购子公司解散而目标公司继续存在，收购子公司资产（包括收购公司有表决权股份）及债权、债务转移给目标公司；交易完成后目标公司成为收购公司的受控子公司，目标公司股东成为收购公司的股东（参见图 1-12）。

反向三角兼并重组交易结果等同于收购公司直接用本公司表决权股份向目标公司股东收购目标公司股份。

3. 免税分立。美国免税分立制度的立法价值取向，包括向满足合法营业需要的公司分立提供免税地位和阻止纳税人滥用免税分立交易从事避税活动。免税分立不确认收

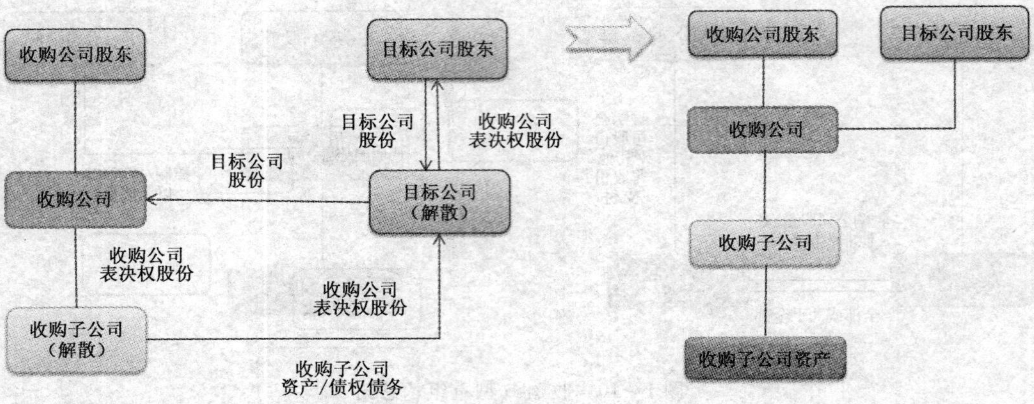

图 1-12　反向三角兼并示意图

益的理论依据在于免税分立交易是股东对营业企业投资的"仅仅形式变化"，即一家公司的不同分支机构被分立为由相同股东按照相同比例而持股的两家独立公司实体，仅仅反映着股东对营业企业的投资发生形式变化。基于这个理论，在被分立公司向股东分摊受控公司股份的免税分立交易时，被分立公司与受分摊股东可以不确认收益。

免税分立必须满足制定法和判例法相关要件：

（1）免税分立的制定法要件。

①分摊要件。被分立公司必须向其股东分摊所持有的受控公司全部股份或足以构成80%控制权的股份；而且，如果被分立公司未将所持有的被分摊受控公司全部股份进行分摊，它必须向国税局证明其保留该受控公司剩余股份不是主要出于避税目的。分摊要件不要求被分立公司必须按其股东持股比例进行分摊，这种灵活性有助于为了解决股东矛盾而实施的公司免税分立。

②控制要件。被分立公司对被分摊的受控公司拥有至少80%的控制权，即被分立公司在分摊前必须至少持有被分摊的受控公司各类股份的80%。该要件主要旨在使免税分立的交易实质仅仅属于股东对营业企业投资的"形式变化"。

③积极贸易或营业要件。

A. 被分立公司与受控子公司必须"在分摊之后积极从事贸易或营业"。该要求旨在确保被分立公司将营业企业分裂为在分摊之后继续得到经营的两部分或多个部分，而不是仅仅向股东分摊资产。

B. 分摊后积极从事的特定贸易或营业不能是一项新的贸易或营业，而必须在分摊之前已经有5年历史，并且，被分立公司不能在分摊之前5年期间内通过一个应税交易而获得该项贸易或营业或者获得对从事该项贸易或营业的公司的控制权，否则不符合积极贸易或营业要件。

④非避税工具要件。分立交易不能主要用于充当套取公司未分配利润的避税工具。

（2）免税分立的判例法要件。

①营业目的要件。整个分立交易必须“全部或重大程度上由一个或多个公司营业目的促成”。所谓公司营业目的是指“与被分立公司、其受控公司或者被分立公司所隶属的联属集团的营业有密切关系的一个真实与重大的非联邦税收目的”。

②股东利益持续要件。公司分立之前原有股东必须对分立之后公司合计拥有一定数量的股份，以表明他们对分立之后营业企业继续拥有所有者利益。被分立公司股东在分立交易之后通常必须合计对分立之后经营该营业企业的每一家公司至少持有 50% 的股权利益。应当注意，被分立公司股东在受分摊后必须保持有持续的股权利益，如果股东在受分摊后不久出售 50% 以上的被分立公司股份或者受控公司股份，就可能导致整个分立交易不符合股东利益持续要件。

二、我国并购重组税制

（一）我国所得税税制演变过程

我国企业并购重组所得税政策的制定开始于 20 世纪 90 年代。我国并购重组企业所得税政策制定经历的过程如图 1－13 所示。

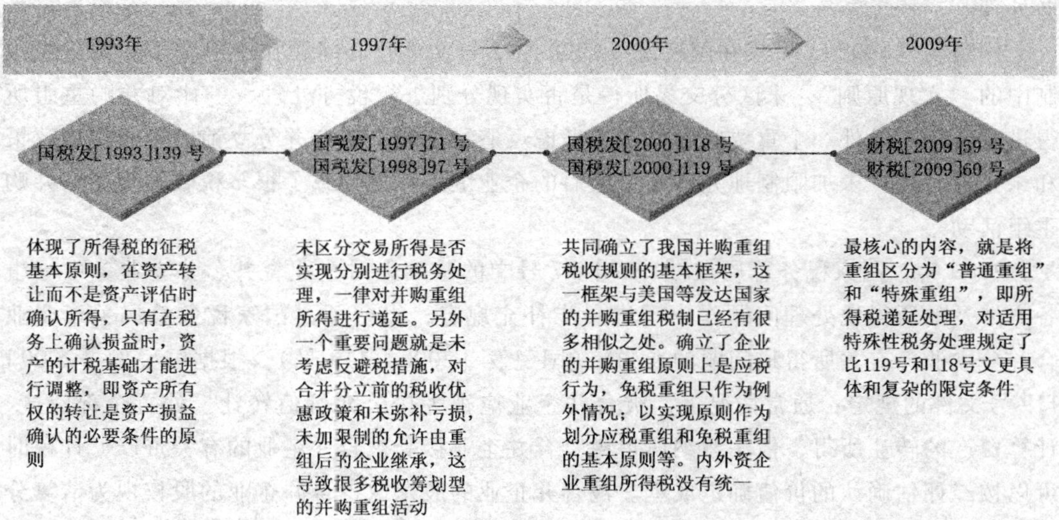

图 1－13　我国并购重组企业所得税政策制定历程

1993 年，国税总局制定的《关于股份制试点企业若干涉外税收政策问题的通知》（国税发［1993］139 号）是第一个涉及并购重组业务的税收文件。该文件规定：外商投资企业改组，或者与其他企业合并成为股份制企业，原外商投资企业已在工商行政管理部门注销登记的，其资产转为认股投资的价值与其账面价值的变动部分应计入原外商投资企业损益，计算缴纳企业所得税。股份制企业向社会募集股份或增加发行股票，依照有关规定对各项资产进行重估，其价值变动部分，在申报缴纳企业所得税时，不计入企业损益，也不得据此对企业资产账面价值进行调整。

国税发［1993］139号文件体现了所得税的征税基本原则，在资产转让而不是资产评估时确认所得，只有在税务上确认损益时，资产的计税基础才能进行调整，即资产所有权的转让是资产损益确认的必要条件的原则。

1997年，根据当时的《中华人民共和国外商投资企业和外国企业所得税法》及其实施细则和《中华人民共和国企业所得税暂行条例》及其实施细则的有关规定，国家税务总局分别制定了《关于外商投资企业合并、分立、股权重组、资产转让等重组业务所得税处理的暂行规定》（国税发［1997］71号）和《企业改组改制中若干所得税业务问题的暂行规定》（国税发［1998］97号），首次对外资和内资企业发生的合并、分立、股权重组、资产转让等不同形式的重组业务的相关概念、营业活动延续性认定、资产计价、税收优惠和亏损结转等税务处理问题进行明确。国税发［1997］71号和国税发［1998］97号文件规定，合并、分立等形式重组业务，在重组后各企业的资产、负债和股东权益，应按重组前企业的账面历史成本计价，不得以企业为实现重组而对有关资产等项目进行评估的价值调整其原账面价值。实际上是将重组前后的营业活动作为延续的营业活动进行税务处理，即在重组业务发生时未将重组业务作为一项交易进行税务处理。

国税发［1997］71号和国税发［1998］97号文件核心问题在于违背了并购重组税制中的"实现原则"，未区分交易所得是否实现分别进行税务处理，一律对并购重组所得进行递延。另外一个重要问题就是未考虑反避税措施，对合并分立前的税收优惠政策和未弥补亏损，未加限制地允许由重组后的企业继承，这导致了很多税收筹划型的并购重组活动。

2000年，国家税务总局在［1998］97号文的基础上对企业合并、分立业务中当事各方涉及的所得税处理问题作出了进一步补充规定，出台了《国家税务总局关于企业合并分立业务有关所得税问题的通知》（国税发［2000］119号）。根据国税发［2000］119号文件的规定：通常情况下，被合并企业应视为按公允价值转让、处置全部资产，计算资产的转让所得，依法缴纳所得税。合并企业接受被合并企业的有关资产，计税时可以按经评估确认的价值确定成本。被合并企业的股东取得合并企业的股权视为清算分配。被分立企业应视为按公允价值转让其被分离出去的部分或全部资产，计算被分立资产的财产转让所得，依法缴纳所得税。分立企业接受被分立企业的资产，在计税时可按经评估确认的价值确定成本。国税发［2000］119号文重新确立了合并、分立等并购重组业务应作为一项交易进行所得税处理的基本原则，堪称是对国税发［1998］97号文件的一次纠正。

不仅如此，国税发［2000］119号文还为企业提供了合并、分立业务进行所得税递延处理的选项：

1. 合并企业支付给被合并企业或其股东的收购价款中，除合并企业股权以外的现金、有价证券和其他资产（以下简称非股权支付额），不高于所支付的股权票面价值（或支付的股本的账面价值）20%的，经税务机关审核确认，当事各方可选择按下列规定进行所得税处理：（1）被合并企业不确认全部资产的转让所得或损失，不计算缴纳所得税。被合并企业合并以前的全部企业所得税纳税事项由合并企业承担，以前年度的亏损，如果未超过法定弥补期限，可由合并企业继续按规定用以后年度实现的与被合并企业资产相关的所得弥补。（2）被合并企业的股东以其持有的原被合并企业的股权（以下简称旧股）交换合并企业的股权（以下简称新股），不视为出售旧股、购买新股处理。被合并企业的股东换得新股的成本，须以其所持旧股的成本为基础确定。

2. 分立企业支付给被分立企业或其股东的交换价款中，除分立企业的股权以外的非股权支付额，不高于支付的股权票面价值（或支付的股本的账面价值）20%的，经税务机关审核确认，企业分立当事各方也可选择按下列规定进行分立业务的所得税处理：（1）被分立企业可不确认分离资产的转让所得或损失，不计算所得税。（2）被分立企业已分离资产相对应的纳税事项由接受资产的分立企业承继。被分立企业未超过法定弥补期限的亏损额可按分离资产占全部资产的比例进行分配，由接受分离资产的分立企业继续弥补。（3）分立企业接受被分立企业的全部资产和负债的成本，须以被分立企业的账面净值为基础结转确定，不得按经评估确认的价值进行调整。

与国税发［2000］119号文一同出台的还有《国家税务总局关于企业股权投资业务若干所得税问题的通知》（国税发［2000］118号）。国税发［2000］118号文明确阐明股权投资所得税制度的基本规则，其中包括：（1）向子公司资产投资（包括新设子公司），对转让资产的股东来讲一般是应税交易；（2）企业向其股东分配任何资产，对分配企业来讲是应税处置；（3）任何分配中与税后利润相对应的额度被视为股息；（4）超出税后利润的任何分配数额首先被视为资本返还，然后被视为资本转让收益；（5）被分配者应采用公允价值确认分配获得的资产的计税基础。

国税发［2000］118号文同时对整体资产转让和整体资产置换的所得税处理原则进行了明确，确认了整体资产转让和置换在交易发生时，按一项正常交易进行所得税处理的基本原则。同时，提供所得税递延处理的选项。具体处理如下：

企业整体资产转让原则上应在交易发生时[①]，将其分解为按公允价值销售全部资产和进行投资两项经济业务进行所得税处理，并按规定计算确认资产转让所得或损失。如果企业整体资产转让交易接受企业支付的交换额中，除接受企业股权以外的非股权支付额不高于所支付的股权的票面价值（或股本的账面价值）20%的，经税务机关审核确认，转让企业可暂不计算确认资产转让所得或损失。转让企业取得接受企业的股权的成

① 企业整体资产转让是指，一家企业（以下简称转让企业）不需要解散而将其经营活动的全部（包括所有资产和负债）或其独立核算的分支机构转让给另一家企业（以下简称接受企业），以换取代表接受企业资本的股权（包括股份或股票等），包括股份公司的法人股东以其经营活动的全部或其独立核算的分支机构向股份公司配购股票。

本，应以其原持有的资产的账面净值为基础确定，不得以经评估确认的价值为基础确定。接受企业接受转让企业的资产的成本，须以其在转让企业原账面净值的基础结转确定，不得按经评估确认的价值调整。

企业整体资产置换原则上应在交易发生时[1]，将其分解为按公允价值销售全部资产和按公允价值购买另一方全部资产的经济业务进行所得税处理，并按规定计算确认资产转让所得或损失。如果整体资产置换交易中，作为资产置换交易补价（双方全部资产公允价值的差额）的货币性资产占换入总资产公允价值不高于25%的，经税务机关审核确认，资产置换双方企业均不确认资产转让的所得或损失，交易双方换入资产的成本应以换出资产原账面净值为基础确定。

国税发［2000］118号和国税发［2000］119号文对于合并、分立、股权收购、整体资产转让或置换等并购重组业务各方（包括重组目标企业及其股东，重组企业及其股东）的税务处理引入了一套更为全面的具体条款。这两个文件共同确立了我国并购重组税收规则的基本框架，这一框架与美国等发达国家的并购重组税制已经有很多相似之处。比如，确立了企业的并购重组原则上是应税行为，免税重组只作为例外情况；以实现原则作为划分应税重组和免税重组的基本原则等。但是，这两个文件是在内外资企业所得税没有统一的情况下，依据《中华人民共和国企业所得税暂行条例》及其实施细则制定的，只适用于内资企业，形成内外资企业在并购重组税收政策上的差异。

（二）新《企业所得税法》及并购税制

2006年末，《企业所得税法（草案）》（以下简称草案）首次提交全国人民代表大会常务委员会审议，草案中包含了关于企业并购重组的税务处理规定，共计13条。但是，在2007年3月16日第十届全国人民代表大会第五次会议通过的《中华人民共和国企业所得税法》（以下简称《企业所得税法》）中该部分内容被删除。只在2007年11月28日国务院第197次常务会议通过的《中华人民共和国企业所得税法实施条例》（以下简称《企业所得税法实施条例》）第七十五条中保留了并购重组税务处理的原则性内容："除国务院财政、税务主管部门另有规定外，企业在重组过程中，应当在交易发生时确认有关资产的转让所得或者损失，相关资产应当按照交易价格重新确定计税基础。"

从2006年12月至2009年4月，经过长达28个月的审议后，最终财政部和国家税务总局联合发文出台了《企业重组业务企业所得税处理若干问题的通知》（财税［2009］59号）。原本是将以法律和国务院行政法规的形式出台的税收政策，最后只是以规范性文件的形式出台。从并购重组税务处理规定出台过程，我们可以发现并购重组税收政策的复杂性。以规范性文件形式出台，为将来在实践过程中向纳税人征求意见，进一步完善并购重组税收政策留下了更多的空间。

① 企业整体资产置换是指，一家企业以其经营活动的全部或其独立核算的分支机构与另一家企业的经营活动的全部或其独立核算的分支机构进行整体交换，资产置换双方企业都不解散。

《企业所得税法实施条例》第七十五条和财税［2009］59号文全文十三条，不仅统一了内外资企业在并购重组领域的税收处理，而且在总结原内、外资企业并购重组税务处理规定的合理成分基础上，借鉴了美国和欧盟发达国家的并购重组税制，对并购重组的各种不同形式及其定义和税务处理作出了框架性规定。

财税［2009］59号文中最核心的内容，就是将重组区分为“普通重组”和“特殊重组”，即所得税递延处理。

财税［2009］59号文第五条对适用特殊性税务处理规定了比《国家税务总局关于企业合并分立业务有关所得税问题的通知》（国税发［2000］119号，已废止）和《国家税务总局关于企业股权投资业务若干所得税问题的通知》（国税发［2000］118号，已废止）更具体和复杂的限定条件，只有同时满足以下五个条件才能适用特殊税务处理：

（1）具有合理的商业目的，且不以减少、免除或者推迟缴纳税款为主要目的。

（2）被收购、合并或分立部分的资产或股权比例符合本通知规定的比例。

（3）企业重组后的连续12个月内不改变重组资产原来的实质性经营活动。

（4）重组交易对价中涉及股权支付金额符合本通知规定的比例。

（5）企业重组中取得股权支付的原主要股东，在重组后连续12个月内，不得转让所取得的股权。

这五个限定条件与美国并购重组税制中区分应税并购和免税并购的原则存在对应关系，体现我国并购重组税收政策制定过程中对发达国家税制中合理部分的借鉴和吸收。其中（1）与美国并购税制中的“经营目的原则”相对应；（2）（3）（5）与“经济合理原则”相对应，即需要保持经营和股权权益的延续性；（4）与“实现原则”和“控制原则”相对应。

与过去的并购重组税收政策相比，财税［2009］59号文在许多方面作出了改进和完善，包括但不限于：

1. 财税［2009］59号文第五条（1）（2）（3）（5）所体现的“经营目的原则”和“经济合理原则”为新增所得税递延处理的反避税条款，说明财政部和国家税务总局在制定并购重组税收政策时比以往更加重视反避税措施，这正是国税发［2000］119号文和118号文所缺少的。

2. 财税［2009］59号文第二条规定，股权支付是指企业重组中购买、换取资产的一方支付的对价中，以本企业或其控股企业的股权、股份作为支付的形式。与国税发［2000］119号和118号文相比股权支付增加了“控股企业的股权、股份”。以控股企业的股权或股份作为支付对价，形成另一新类型的重组——三角重组，即在合并、资产收购和股权收购中，目标公司或其股东取得的并非收购企业的股权，而是其控股公司的股权，免税三角重组在美国比较普遍。

3. 财税［2009］59号文取消了整体资产置换的所得税递延处理。由于整体资产置换的递延纳税有悖所得税的实现原则，也缺乏税法理论依据及其他国家的类似做法，所以这一资本市场上常用的重组形式这次未被纳入所得税递延处理的范围。

4. 企业在重组发生前后连续12个月内分步对其资产、股权进行交易，应根据实质重于形式原则将上述交易作为一项企业重组交易进行处理。

应该说财税［2009］59号文体现了财政部和国家税务总局并购重组税收政策制定者的集体智慧。但是，由于并购重组领域业务的复杂性决定了税收政策的复杂性，而且财税［2009］59号文内容过于精简，使得文件在实际运用过程中产生各种疑问，出现了各种争论。这也正是本指南编写的目的所在，我们将在以后实务篇中对财税［2009］59号文的主要精神、蕴含的税收原理和实际运用进行解析，此处不再详述。

（三）重组业务税制框架

新《企业所得税法》颁布实施后，国家财政和税务主管部门先后出台了一系列补充文件，以及与重组业务相关的配套文件。

目前，我国并购重组业务涉及的各税种有效的文件主要构成如下：

❖ **所得税：**

《中华人民共和国企业所得税法实施条例》（中华人民共和国国务院令第512号）第七十五条；

《财政部　国家税务总局关于企业重组业务企业所得税处理若干问题的通知》（财税［2009］59号）；

《国家税务总局关于发布〈企业重组业务企业所得税管理办法〉的公告》（国家税务总局公告2010年第4号）；

《财政部　国家税务总局关于企业清算业务企业所得税处理若干问题的通知》（财税［2009］60号）；

《国家税务总局关于加强非居民企业股权转让所得企业所得税管理的通知》（国税函［2009］698号）；

《企业所得税清算管理暂行办法》；

《国家税务总局关于加强非居民企业股权转让所得企业所得税管理的通知》（国税函［2009］698号）；

《国家税务总局关于印发〈境外注册中资控股居民企业所得税管理办法（试行）〉的公告》（国家税务总局公告2011年第45号）。

❖ **增值税：**

《国家税务总局关于纳税人资产重组有关增值税问题的公告》（国家税务总局公告2011年第13号）。

❖ **营业税：**

《国家税务总局关于纳税人资产重组有关营业税问题的公告》（国家税务总局公告2011年第51号）。

❖ **土地增值税：**

《土地增值税一些具体问题规定的通知》（财税［1995］48 号）；

《财政部 国家税务总局关于土地增值税若干问题的通知》（财税［2006］21 号）。

❖ **契税：**

《财政部 国家税务总局关于企业事业单位改制重组契税政策的通知》（财税［2012］4 号）。

第七节

并购重组的税收筹划

一、纳税筹划的主要内容

公司重组的税收筹划是指纳税人在符合国家法律及税收法规的前提下，以税收政策法规为导向，通过对不同并购重组形式涉及的相关税费成本进行分析比较，事前设计税收利益最大化的纳税方案，以减少重组活动的税费支出，实现并购重组税收效应和财务效应最大化的过程。公司亘组的纳税筹划主要内容有：

1. 避税筹划：是指利用税法中尚未明确的规定或是空白获取税收利益的筹划。纳税筹划既不违法也不合法，与纳税人不尊重法律的偷逃税有着本质区别。国家只能采取反避税措施加以控制（即不断地完善税法，填补空白，堵塞漏洞）。

2. 节税筹划：是指在不违背立法精神的前提下，充分利用税法中减免税优惠政策，达到少缴税甚至不缴税目的的行为。

3. 转嫁筹划：是指为了达到减轻税负的目的，通过价格调整将税负转嫁给他人承担的经济行为。

4. 降低纳税风险：是指纳税申报正确，税款缴纳及时、足额，不会出现关于税收方面的处罚，即在税收方面实现低风险的状态。这种状态的实现，更有利于企业的长远发展与规模扩大。

二、纳税筹划的基本原则

税务筹划可以减少重组活动的税费成本，增加重组活动的经济效应，但是如果筹划不当，却有可能引来不必要的麻烦，甚至给重组双方带来经济负效应。在进行公司重组的税务筹划时，应当遵循税务筹划的基本原则。

（一）合法性原则

进行税收筹划，应该以现行税法及相关法律、国际惯例等为依据，要在熟知税法规定的前提下，利用税制构成要素中的税负弹性进行税收筹划，选择最优的纳税方案。税收筹划的最基本原则是符合税法或者不违反税法，这也是税收筹划区别于偷、欠、抗、骗税的关键。

（二）合理性原则

所谓合理性原则，主要表现在税收筹划活动中构建的事实要合理。构建合理的事实要注意三个方面的问题：一是要符合行为特点，不能构建的事实无法做到，也不能把其他企业的做法照搬到本企业。企业不同，对构建事实的要求就不同。二是不能有异常现象，要符合常理。三是要符合其他经济法规要求，不能仅从税收筹划角度考虑问题。

总之，构建税收筹划的事实要合情合理，更要根据企业实际情况，所设计的方案一定要因时因地而宜，不能一概照搬照套。

（三）事前筹划原则

纳税人的筹划行为应在重组业务发生之前进行，如果重组业务已经发生，相应的纳税结果也就产生了，税收筹划也就失去了作用。开展税收筹划，纳税人必须在重组业务发生之前，准确把握重组活动的过程和业务环节；涉及的税种及其相关规定；分析重组活动可以采取的方案和比较各种重组方案的税费成本等，为管理层进行重组决策提供纳税的前摄性信息。

（四）成本效益原则

任何一项筹划方案都有其两面性，随着某一项筹划方案的实施，纳税人在取得部分税收利益的同时，必然会为该筹划方案的实施付出额外的费用，以及因选择该筹划方案而放弃其他方案所损失的相应机会收益。当新发生的费用或损失小于取得的利益时，该项筹划方案才是合理的，当费用或损失大于取得的利益时，该筹划方案就是失败的方案。一项成功的税收筹划必然是多种税收方案的优化选择，我们不能认为税负最轻的方案就是最优的税收筹划方案，一味追求税收负担的降低，往往会导致企业总体利益的下降。

税收筹划和其他财务管理决策一样，必须遵循成本效益原则，只有当筹划方案的所得大于支出时，税收筹划才是成功的筹划。

（五）风险防范原则

税收筹划经常在税收法律法规规定性的边缘上进行操作，这就意味着其蕴含着很大的操作风险。如果无视这些风险，盲目地进行税收筹划，其结果可能事与愿违，因此企业进行税收筹划必须充分考虑其风险性。

首先是要防范未能依法纳税的风险。如果对相关税收政策精神缺乏准确的把握，容易造成事实上的偷逃税款而受到税务处罚。其次是不能充分把握税收政策的整体性，企业在系统性的税收筹划过程中极易形成税收筹划风险。特别是重组活动形式多样，涉及税种多，操作复杂，如果不能系统地理解运用，很容易发生筹划失败的风险。

三、纳税筹划的基本假设

在税收筹划过程中，涉及的因素很多，如交易对方的税收问题，如果只从自己的角度来设计节约税款，但对交易对方产生不利影响，那么使交易税收成本最小化的战略可能就行不通，而且对于公司来说可能也不是最理想的战略。因为正常交易才是经营目标，任何一项有利的税收结果只是合法副产品而已。

另外，经常遇到的情形是，由于税法的完善和法院判例等，使税收成本最小化的战略必须建立在一些基本框架之内，以保证筹划结果有安全边界：法律没有禁止的就是许可的。这样一来，我们在筹划过程中，就应该遵循一些基本假定。

（一）正常交易假定

正常交易假定是指交易各方都是在正常交易条件下进行谈判，换句话说，任何一方都是为了自己的经济利益，并试图从另一方那里获得对自己最有利的条款。在一项正常交易中，税收问题只是双方或多方谈判战略的一部分。如果一方建议对交易事项进行能够直接改变税收结果的修改，那么除非另一方能间接地为自己争取到一部分税收利益或没有影响到自己的税收利益，否则可能会不同意这项修改，或另一方可能要求从交易的其他方面获得更多的有利条款。

正常交易假定，要求双方在交易时按公允价值达成交易。根据《企业所得税法实施条例》对公允价值的定义释义，公允价值即按照市场价格确定的价值。市场是商品等价交换的场所，商品在市场上通过交易价格发现自身的价值，因此市场价格作为公允价值的确定标准，具有客观性和公平性。市场价格，可以理解为熟悉情况的买卖双方在公平交易的条件下所确定的价格，或无关联的双方在公平交易的条件下一项资产可以达成的交易价格。

正常交易假定，要求关联方交易要接近正常交易的标准，否则税务机关可根据《企业所得税法》及其实施条例中关于“特别纳税调整”条款的规定，对关联交易作出调整，从而使税收筹划结果划为零。

（二）商业目的假定

商业目的假定，就是假设公司的交易行为是为了达到真实的营业目标，而不是为了避税的交易，也就是说从课税角度看是实实在在的交易。相反，就不是实在交易。从税务机关角度看，任何交易如果没有经营目标，都会使这项交易毫无意义，即使这项交易从字面上符合法律。例如，甲公司决定卖掉一项投资性财产，估计这项出售可产生400万元的利得，其税率为25%，甲公司经筹划不是直接出售这项资产，而是用这项资产在西部地区注资成立一家新公司。这家新公司成立后立即卖掉这项资产并且为400万元的利得缴纳了15%税款，随后新公司向甲公司提供一项长期贷款400万元。税务机关认为成立这个新公司除了得到较低企业所得税率之外没有其他经营目的，可能会无视这个投资和贷款交易，并要求补缴税款。

（三）实质重于形式假定

实质重于形式假定，要求交易的税收结果不仅在法律条文上符合交易特征，而且在现实上也是实际存在的。例如，甲公司从乙公司租赁一条生产线并达成了租赁合同，合同规定租期5年，每年租赁费1 000万元，甲公司还要为租赁设备支付维修费500万元。甲公司把这两项支出作为经营支出进行扣除。经税务机关检查发现，甲公司的营业活动并没有使用这条生产线，乙公司的这条生产线也没有证据表明曾经交付给甲公司使用。那么这个合同虽然在形式上符合法律要求，但实质上没有交易并为甲公司产生任何现金流。因此，税务机关认为这项交易是虚假的，支出不得扣除。

（四）一步交易假定

一步交易假定，适用于连环交易。当一些交易的相互依赖非常明显，以至于参与各方在没有预期这一系列交易将会发生时，就不会完成第一个交易，在这种情况下，税务机关要求把这一系列交易作为一个单项交易来整体决定税收安排。

例如，甲公司把产品出售给了一个没有关联的上海乙公司，上海乙公司随后又把这一产品出售给了甲公司的子公司，从而使关联交易变成了非关联交易，以正常交易标准来达到减少子公司税收的目的。这时税务机关可能就要把这两项交易看成是甲公司将产品直接出售给其子公司，并且重新按关联交易来计算其税收结果。

以上四个假定，既是税务机关考量企业交易税收成果是否可以认定的标准，同时也是税收筹划的前提条件。因此，我们在以后讨论的筹划或在适用这些筹划方法时，要记着避免不符合这些假定的情况发生。这样我们的创造性的税收筹划才是安全和有效的。

本章小结

西方发达国家，尤其是美国的并购重组实践已经历一个多世纪的发展，相关的税收制度研究也经历了将近一个世纪，已经形成了一套相对严密和完善的并购税收制度。当前，在国际金融危机背景下，我国进一步深化经济体制改革和产业结构升级调整，并购重组业务在市场和政府双重因素驱动下，正快速发展。为扶持并购重组业务的发展，促进我国经济结构调整，国家提供了一系列的政策安排；其中并购重组涉税规定为配套措施之一。在我国并购重组相关税收政策的制定过程中，很多方面借鉴了发达国家，尤其是美国并购重组税制的先进理念。经过近20年的不断发展，我国的并购重组税收框架已经日趋完善，许多税收原理与发达国家，尤其是美国趋于一致。

税收成本作为企业并购成本的重要组成部分，对并购重组业务成败起着重要作用。所以，我们有必要对我国的并购重组税收框架进行梳理，理解并购重组税收的基本原则，为并购重组业务提供纳税咨询服务，降低并购重组业务的纳税风险，实现并购重组业务税收利益最大化。

实务篇

第二章

资 产 收 购

第一节 概 念 解 析

资产收购（Asset acqusitions）是指一家企业（收购企业）购买另一家企业（被收购企业）实质经营性资产的交易。受让企业支付对价的形式包括股权支付、非股权支付或两者的组合。

实质经营性资产，是指企业用于从事生产经营活动、与产生经营收入直接相关的资产，包括经营所用各类资产、企业拥有的商业信息和技术、经营活动产生的应收款项、投资资产等。

股权支付是指企业重组中购买、换取资产的一方支付的对价中，以本企业或其控股企业的股权、股份作为支付的形式；所称非股权支付，是指以本企业的现金、银行存款、应收款项、本企业或其控股企业的股权和股份以外的有价证券、存货、固定资产、其他资产以及承担债务等作为支付的形式。

控股企业是指由本企业直接持有股份的企业。

这里说的企业是指适用《企业所得税法》的企业，不包括个人独资企业、合伙企业等。

以收购企业股份作为收购支付对价的交易架构如图 2－1 所示。

以收购企业受控子公司股份（部分或全部）作为收购支付对价的交易架构如图 2－2 所示。

从资产收购的定义上看，它不同于公司一般的资产购买行为，两者的主要区别如下：

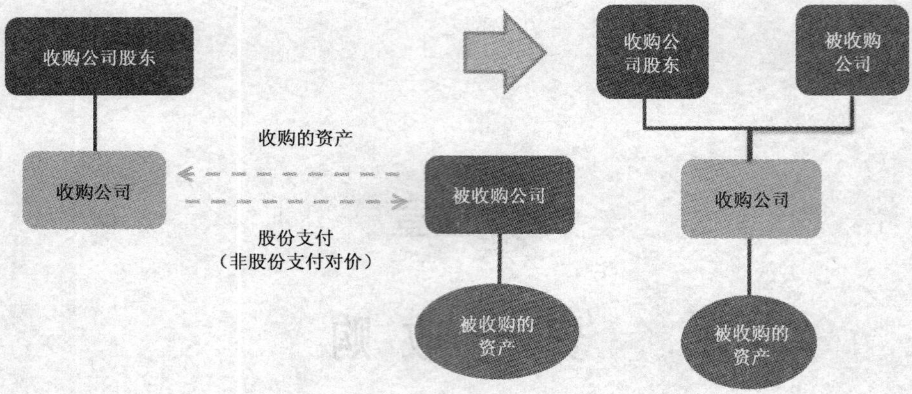

图 2－1 以收购企业股份作为收购支付对价的交易架构图

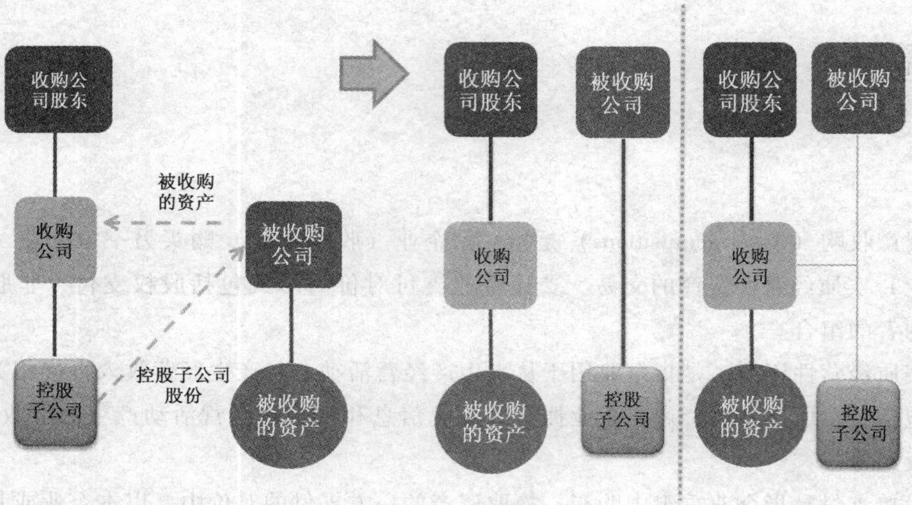

图 2－2 以收购企业受控子公司股份（部分或全部）作为收购支付对价的交易架构图

1. 目的不同。购买资产只是以获取某项具体资产使用价值为目的的普通商品交易行为，而资产收购的目的是接管被收购方的经营，所以资产收购又叫营业转让（sale of undertaking）。

2. 客体不同。购买资产数量没有严格的限制，而资产收购要求收购方取得被收购方全部或实质上全部的资产。

3. 性质与法律适用不同。购买资产只是一般的买卖行为，其适用的法律是民法。资产收购是资产重组的方式之一，不仅适用于民法，同时也应遵守国家有关资产收购的法律规定。

目前，资产收购是我国证券市场上比较常用的资本运作手段，特别是在借壳上市的过程中。资产收购根据支付对价方式的不同，纳税义务有很大的差异，本章我们主要围绕资产收购过程中不同收购对价支付方式所产生的纳税差异，对资产收购进行纳税筹划分析。

第二节 税收法规解析

一、法规框架

资产收购业务交易双方为收购企业和被收购企业，因此交易过程中的纳税主体为收购企业和被收购企业（当支付对价涉及以非货币性资产时），交易过程中涉及的主要税负如表 2 - 1 所列。

表 2 - 1　　资产收购主要税收政策一览表

税种	税负分析	税收文件依据	备注
企业所得税	根据是否满足特殊税务处理的条件，区分一般性税务处理和特殊性税务处理	国务院令第 512 号第七十五条 财税［2009］59 号 国家税务总局 2010 年第 4 号公告 国家税务总局公告 2010 年第 19 号	
个人所得税	不适用		资产转让为公司层面交易，与股东无关，个人股东无需纳税
增值税	资产重组过程中，通过合并、分立、出售、置换等方式，将全部或者部分实物资产以及与其相关联的债权、负债和劳动力一并转让的，不征税； 不符合上述条件的征税	财政部　国家税务总局第 50 号令 国税函［2005］504 号 国家税务总局 2011 年第 13 号公告	注意留抵税款的消化问题
营业税	资产重组过程中，通过合并、分立、出售、置换等方式，将全部或者部分实物资产以及与其相关联的债权、负债和劳动力一并转让的，不征税； 不符合上述条件的征税	国税函［1997］573 号 国家税务总局 2011 年第 51 号公告	

续表

税种	税负分析	税收文件依据	备注
土地增值税	征税	国务院令［1993］138号	根据国税函［2000］687号文件，如以股权形式表现的资产主要是土地使用权、地上建筑物及附着物，需征税
	除国税函［2000］687号规定的情况外	财法字［1995］006号	
		国税函［2000］687号	
契税	征税	财税［2012］4号	
	除财税［2012］4号规定的情况外		
印花税	征税	财税［2003］183号	

二、企业所得税

根据中华人民共和国国务院令第512号《企业所得税法实施条例》第七十五条规定，除国务院财政、税务主管部门另有规定外，企业在重组过程中，应当在交易发生时确认有关资产的转让所得或者损失，相关资产应当按照交易价格重新确定计税基础。

同时，根据财税［2009］59号文的规定，资产收购是税法规定的企业重组形式之一，在所得税处理上区分不同条件分别适用一般性税务处理规定和特殊性税务处理规定。

（一）一般税务处理

根据财税［2009］59号文第四条（三）的规定，企业资产收购重组交易，应按以下规定进行企业所得税处理：

（1）被收购方（即被收购企业，下同）应确认股权、资产转让所得或损失。

（2）收购方（即收购企业，下同）取得股权或资产的计税基础应以公允价值为基础确定。

（3）被收购企业的相关所得税事项原则上保持不变。

资产收购一般税务处理，除了财税［2009］59号文以上规定事项外，还需要注意以下事项：

（1）收购方应确认以非货币性资产，包括控股子公司股权，作为对价应确认的资产转让所得；

（2）被收购方取得非货币性对价的计税基础以公允价值为基础确定。

从以上税法的规定看，资产收购的一般性税务处理，实质上与一般的资产买卖税务处理一致，即在交易发生时交易双方确认资产转让的所得或损失，交易双方以交易的价格作为取得资产的计税基础。

（二）特殊税务处理

根据财税［2009］59号文第五条和第六条（三）的规定，企业资产收购重组业务同时符合下列条件的，适用特殊性税务处理规定：

（1）具有合理的商业目的，且不以减少、免除或者推迟缴纳税款为主要目的；

（2）收购企业（即受让企业，下同）收购的资产不低于被收购企业（即转让企业，下同）全部资产的75%；

（3）企业重组后的连续12个月内（指自重组日起计算的连续12个月内）不改变重组资产原来的实质性经营活动；

（4）受让企业在该资产收购发生时的股权支付金额不低于其交易支付总额的85%；

（5）企业重组中取得股权支付的原主要股东，在重组后连续12个月内，不得转让所取得的股权。

原主要股东，是指原持有被收购企业（即转让企业）20%以上股权的股东。

特殊税务处理如下：

（1）转让企业取得受让企业股权的计税基础，以被转让资产的原有计税基础确定。

（2）受让企业取得转让企业资产的计税基础，以被转让资产的原有计税基础确定。

资产收购特殊税务处理，除了财税［2009］59号文以上规定事项外，还需要注意以下事项：

（1）转让企业取得受让企业支付的除股份支付以外的资产（非股份支付）作为对价的，应按被转让资产的公允价值（可以通过资产评估来取得），以确认相应部分资产的转让所得；

转让企业收到的非股权支付对价应确认的资产转让所得＝［（被转让资产的公允价值－被转让资产的计税基础）×（收到的非股权对价÷被转让资产的公允价值）］

转让企业取得的买方股权的计税基础＝［被转让资产的初始计税基础－（非股权支付金额－资产转让所得）］

（2）受让企业取得的资产计税基础＝被转让资产原有计税基础＋卖方确认的所得

（3）受让企业应确认非股份支付资产转让所得，转让企业取得非股份支付资产的计税基础以公允价值确认。

（三）税法案例解析

1. 以收购公司股份为对价。

【案例2－1】 收购企业A的股权计税基础为1 000万元，公允价值为8 000万元；被收购企业B所持有的资产计税基础为1 000万元，公允价值为5 000万元；假设A企业拟收购B企业80%的资产，交易价格为：5 000×80%＝4 000（万元）

交易架构如图2－3所示。

支付方案如下：

（1）以公允价值2 800万元的A公司股份加1 200万元现金作为资产收购对价，即

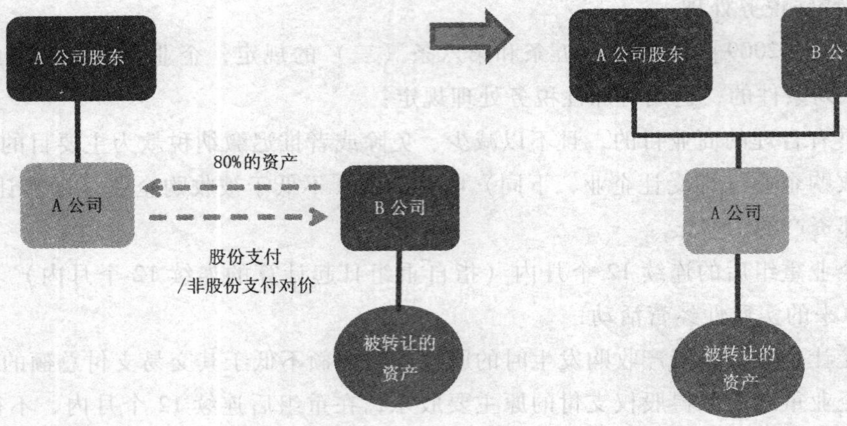

图 2-3　交易架构图

股份支付为 70%；

（2）以公允价值 3 600 万元的 A 公司股份加 400 万元现金作为资产收购的对价，即股份支付为 90%；

假设该资产收购交易符合合理商业目的，企业重组后的连续 12 个月内不改变重组资产原来的实质性经营活动；企业重组中取得股权支付的原主要股东，在重组后连续 12 个月内，不转让所取得的股权。

即第一种方案股份支付比例未达到适用特殊税务处理的要求，应采用一般税务处理，而第二种方案满足特殊税务处理条件，并且交易双方选择特殊税务处理。两种税务处理方式的企业所得税影响比较如下：

方案 1——采取一般税务处理：

收购企业取得资产的计税基础 = 股权公允价值 + 非股权支付公允价值 = 2 800 + 1 200 = 4 000（万元）

被收购企业取得股权的计税基础 = 收到股权的公允价值 = 2 800 万元

被收购企业转让资产应确认的收益 = 取得对价 - 资产原计税基础

= 4 000 - 1 000 × 80% = 3 200（万元）

方案 2——采取特殊税务处理：

被收购企业取得非股份支付对价确认资产转让所得 = ［（被转让资产的公允价值 - 被转让资产的计税基础）×（收到的现金补价 ÷ 被转让资产的公允价值）］ = （5 000 - 1 000）× 80% ×（400/4 000）= 320（万元）

被收购企业取得股权计税基础 = ［被转让资产的初始计税基础 -（非股权支付金额 - 资产转让所得）］ = 1 000 × 80% -（400 - 320）= 720（万元）

收购企业取得资产的计税基础 = 被转让资产原有计税基础 + 卖方确认的所得

= 1 000 × 80% + 320 = 1 120（万元）

一般税务处理与特殊税务处理的对比如表2－2所示。

表2－2　一般税务处理与特殊税务处理的对比

方案	应税所得/损失的确认	计税基础	备注
一般税务处理	被收购企业资产处置的收益＝3 200万元	收购企业取得资产的计税基础为4 000万元； 被收购企业取得收购企业股权计税基础2 800万元，非股份支付的计税基础1 200万元，合计为4 000万元	收购企业取得资产计税基础＝被收购资产原计税基础＋被收购企业资产转让收益＝800万元＋3 200万元＝被收购企业取得股份支付计税基础2 800万元＋非股权支付的计税基础1 200万元＝4 000万元
特殊税务处理	被收购企业非股份支付部分确认的收益＝320万元	收购企业取得资产的计税基础为1 120万元； 被收购企业取得的收购企业股权的计税基础为720万元，取得的非股权支付计税基础为400万元，合计为1 120万元	收购企业取得资产计税基础＝被收购的资产原计税基础＋被收购企业当期确认的收益＝800万元＋320万元＝被收购企业取得的股份支付计税基础720万元＋取得非股权支付的计税基础400万元＝1 120万元
差异	确认的应税所得/差异＝3 200－320＝2 880（万元）	计税基础差异＝4 000－1 120＝2 880（万元）	确认的应税所得/损失＝计税基础的差异

比较案例2－1两种不同的税务处理，一般税务处理被收购企业在资产转让当期确认了3 200万元的收益，资产收购方确认了4 000万元的资产计税基础；特殊税务处理被收购企业在资产转让当期确认了320万元的收益，但是资产收购方只确认了800万元的资产计税基础。

即一般税务处理比特殊税务处理多确认应税所得2 880万元，但是一般税务处理比特殊税务处理多确认了2 880万元的资产计税基础。即在一般税务处理情况下，被收购方确认的资产转让收益，同时增加了收购方资产计税基础，增加收购方资产未来的企业所得税税前扣除数；在特殊税务处理情况下，被收购方未确认股份支付部分的资产转让收益，相应的收购方取得资产的计税基础不能按公允价值进行调整，按原计税基础确认，减少了收购方资产未来的企业所得税税前扣除数。

2. 以收购公司控股子公司股份为对价。

【案例2－2】收购企业A的控股子公司C股权计税基础为1 000万元，公允价值为4 000万元；被收购企业B所持有的资产计税基础为1 000万元，公允价值为5 000万元；假设A企业收购B企业80%的资产，交易价格为：5 000×80%＝4 000（万元）。

支付方案如下：

（1）以公允价值为 4 000 万元 A 控股公司 C 的股份为资产收购的对价，即股份支付为 100%；

（2）以公允价值 2 800 万元 A 控股公司 C 的股份加 1 200 万元现金为资产收购的对价，即股份支付为 70%。

交易架构如图 2－4 所示。

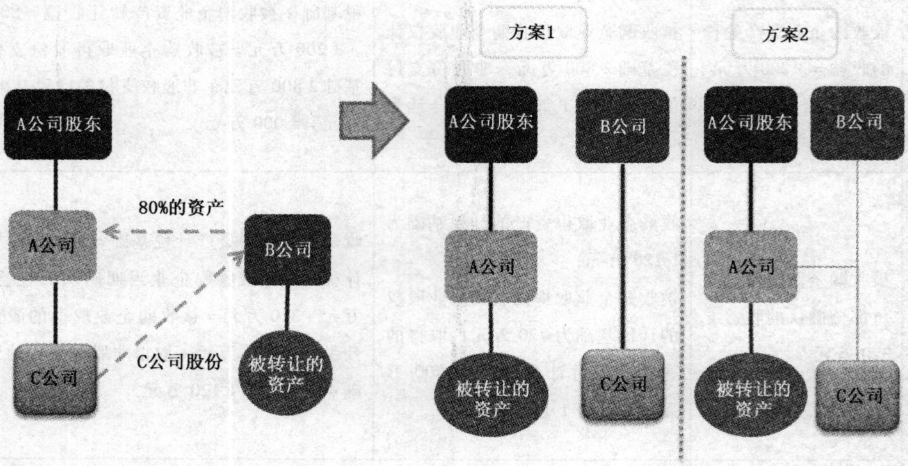

图 2－4 交易架构图

假设该资产收购交易符合合理商业目的，企业重组后的连续 12 个月内不改变重组资产原来的实质性经营活动；企业重组中取得股权支付的原主要股东，在重组后连续 12 个月内，不转让所取得的股权。

即第一种方案股份支付比例达到 100%，满足特殊税务处理的要求，可以采用税务处理，并且交易双方选择特殊税务处理；而第二种方案股份支付比例为 70%，不符合特殊税务处理规定条件，只能采用一般税务处理。两种税务处理方式的企业所得税影响比较如下：

方案 1——特殊税务处理：

收购企业取得资产的计税基础＝资产原计税基础＝800 万元

收购方取得资产的计税基础与控股子公司股权原计税基础差异＝800－1 000＝－200（万元）

被收购企业取得股权的计税基础＝资产原计税基础＝800（万元）

由于不涉及非股份支付，所以被收购方资产转让收益＝0

方案 2——一般税务处理：

收购企业取得资产的计税基础＝股权支付公允价值＋非股权支付公允价值

＝2 800＋1 200＝4 000（万元）

收购企业处置控股子公司股权应确认的所得＝（4 000－1 000）×70%

=2 100（万元）

被收购企业取得股权的计税基础=收到股权的公允价值=2 800万元

被收购企业转让资产应确认的收益=取得对价-资产原计税基础=（5 000-1 000）×80%=3 200（万元）

一般税务处理和特殊税务处理的税负分析比较如表2-3所示。

表2-3 一般税务处理和特殊税务处理的税负分析比较

方案	应税所得/损失的确认	计税基础	备注
一般税务处理	被收购企业资产处置的收益=3 200万元	收购企业取得资产的计税基础为4 000万元；被收购企业取得收购企业股权计税基础2 800万元，非股份支付的计税基础1 200万元，合计为4 000万元	收购企业取得资产计税基础=被收购资产原计税基础+被收购企业资产转让收益=800万元+3 200万元=被收购企业取得股份支付计税基础2 800万元+非股权支付的计税基础1 200万元=4 000万元
特殊税务处理		收购企业取得资产的计税基础为800万元；被收购企业取得的收购企业股权的计税基础为800万元	收购企业取得资产计税基础=被收购的资产原计税基础=800万元=被收购企业取得的股份支付原计税基础1 000万元+收购方取得资产的计税基础与控股子公司股权原计税基础差异-200万元=800万元
差异	被收购方确认的应税所得/差异=3 200万元	被收购资产计税基础差异=4 000-800=3 200（万元）	确认的应税所得/损失=计税基础的差异

比较案例2-2两种不同的税务处理，一般税务处理被收购企业在资产转让当期确认了3 200万元的收益，资产收购方确认了4 000万元的资产计税基础；特殊税务处理被收购企业在资产转让当期确认了0元的收益，但是资产收购方确认了800万元的资产计税基础。

即一般税务处理比特殊税务处理多确认应税所得3 200万元，但是一般税务处理比特殊税务处理多确认了3 200万元的资产计税基础，即在一般税务处理情况下，被收购方确认的资产转让收益，同时增加了收购方资产计税基础，增加收购方资产未来的企业所得税税前扣除数；在特殊税务处理情况下，被收购方未确认股份支付部分的资产转让收益，相应地收购方取得资产的计税基础不能按公允价值进行调整，按原计税基础确认，减少了收购方资产未来的企业所得税税前扣除数。

从案例2-1和案例2-2按两种不同税务处理结果的比较，可以发现资产收购的特殊税务处理实质上是一种所得税的递延，即被收购方交易发生时确认的资产转让收益，通过收购方资产计税基础的调整，增加未来所得税前可抵扣金额得到补偿，从交易税负长远影响和从交易双方整体税负来看，不管是采用一般税务处理还是采用特殊税务处理，整体税负是相当的，即体现了并购重组税务处理的中性原则。

三、流转税

流转税主要包括资产转让过程中产生的增值税和营业税纳税义务，根据资产收购是否符合整体产权转让条件，可将资产收购过程中产生的流转税义务区分为一般处理和特殊处理。

（一）一般处理

资产收购过程中被收购方的存货、机器设备、房屋建筑物和商标等资产的所有权将转移到收购方，并取得收购方支付的对价。这里涉及增值税应税货物的销售和不动产及无形资产的销售（即混合销售），被收购方应在资产所有权转移给收购方，并取得对价时按有关规定确认增值税和营业税纳税义务。

（二）特殊处理

为了配合国家促进并购重组业务发展，为并购重组业务提供税收政策的支持，在流转税方面，2011 年 2 月 18 日和 9 月 26 日国家税务总局先后出台了《国家税务总局关于纳税人资产重组有关增值税问题的公告》（国家税务总局公告 2011 年第 13 号）和《关于纳税人资产重组有关营业税问题的公告》（国家税务总局公告 2011 年第 51 号）（以下称为“2011 年 13 号公告”和“2011 年 51 号公告”）。2011 年 13 号公告和 51 号公告分别从 2011 年 3 月 1 日和 2011 年 10 月 1 日起执行，此前未作处理的，按照公告的规定执行。

根据 2011 年 13 号和 51 号公告，纳税人在资产重组过程中，通过合并、分立、出售、置换等方式，将全部或者部分实物资产以及与其相关联的债权、负债和劳动力一并转让给其他单位和个人，不属于增值税或营业税的征税范围。其中，涉及的货物转让不征收增值税；涉及的不动产、土地使用权转让，不征收营业税。

公告明确了属于不征收增值税和营业税的情形，即资产重组过程中发生的“实物资产与其相关联的债权、负债和劳动力一并转让”，这种转让情形实际上与《国家税务总局关于转让企业全部产权不征收增值税问题的批复》（国税函［2002］420 号，已失效）和《国家税务总局关于转让企业产权不征营业税问题的通知》（国税函［2002］165 号，已失效）等文件关于“转让企业产权”的描述一致。适用不征税规定的资产转让，完全区别于一般的货物转让和不动产、土地使用权的转让。这种转让实质应该是企业“经营业务”的转让行为，“经营业务”的转让价格不仅仅是由各项资产价值简单相加决定，而是由经营业务整体未来获利能力所决定[①]。

所以，判断一项资产收购业务是否征收增值税或营业税，应首先判断该资产收购是否构成一项经营业务的收购。

四、其他税种

（一）契税

1. 一般处理。根据《契税暂行条例》及其实施细则的规定，转移土地、房屋权属，承受的单位和个人为契税的纳税人。在资产收购过程，被收购方的土地、房屋权属转移到收购方，收购方应缴纳契税。

2. 特殊处理。根据《财政部　国家税务总局关于企业事业单位改制重组契税政策的通知》（财税［2012］4号），以下行为不征收或免征契税：

（1）企业公司制改造。非公司制企业，按照《中华人民共和国公司法》的规定，整体改建为有限责任公司（含国有独资公司）或股份有限公司，有限责任公司整体改建为股份有限公司，股份有限公司整体改建为有限责任公司的，对改建后的公司承受原企业土地、房屋权属，免征契税。上述所称整体改建是指不改变原企业的投资主体，并承继原企业权利、义务的行为。

非公司制国有独资企业或国有独资有限责任公司，以其部分资产与他人组建新公司，且该国有独资企业（公司）在新设公司中所占股份超过50%的，对新设公司承受该国有独资企业（公司）的土地、房屋权属，免征契税。

国有控股公司以部分资产投资组建新公司，且该国有控股公司占新公司股份超过85%的，对新公司承受该国有控股公司土地、房屋权属，免征契税。上述所称国有控股公司，是指国家出资额占有限责任公司资本总额超过50%，或国有股份占股份有限公司股本总额超过50%的公司。

（2）企业出售。国有、集体企业整体出售，被出售企业法人予以注销，并且买受人按照《中华人民共和国劳动法》等国家有关法律、法规政策妥善安置原企业全部职工，与原企业全部职工签订服务年限不少于3年的劳动用工合同的，对其承受所购企业的土地、房屋权属，免征契税；与原企业超过30%的职工签订服务年限不少于3年的劳动用工合同的，减半征收契税。

（3）资产划转。对承受县级以上人民政府或国有资产管理部门按规定进行行政性

---

① 业务是指企业内部某些生产经营活动或资产负债的组合，该组合具有投入、加工处理和产出能力，能够独立计算其成本费用或所产生的收入。有关资产、负债的组合要形成一项业务，通常应具备以下要素：（1）投入，指原材料、人工、必要的生产技术等无形资产以及构成生产能力的机器设备等其他长期资产的投入；（2）加工处理过程，指具有一定的管理能力、运营过程，能够组织投入形成产出；（3）产出，如生产出产成品，或是通过为其他部门提供服务来降低企业整体的运行成本等其他带来经济利益的方式，该组合能够独立计算其成本费用或所产生的收入，直接为投资者等提供股利、更低的成本或其他经济利益等形式的回报。有关资产或资产、负债的组合要构成一项业务，不一定要同时具备上述三个要素，具备投入和加工处理过程两个要素即可认为构成一项业务。

调整、划转国有土地、房屋权属的单位，免征契税。

同一投资主体内部所属企业之间土地、房屋权属的划转，包括母公司与其全资子公司之间，同一公司所属全资子公司之间，同一自然人与其设立的个人独资企业、一人有限公司之间土地、房屋权属的划转，免征契税。

（4）其他。以出让方式或国家作价出资（入股）方式承受原改制重组企业、事业单位划拨用地的，不属上述规定的免税范围，对承受方应按规定征收契税。

财税［2012］4号通知所称企业、公司是指依照中华人民共和国有关法律、法规设立并在中国境内注册的企业、公司。执行期限为2012年1月1日至2014年12月31日。

（二）土地增值税

根据《土地增值税暂行条例》及其实施细则的规定，转让国有土地使用权、地上建筑物及其附着物并取得收入的单位和个人，为土地增值税的纳税义务人，应当缴纳土地增值税。

根据《财政部　国家税务总局关于土地增值税一些具体问题规定的通知》（财税［1995］48号）的规定，在企业兼并中，对被兼并企业将房地产转让到兼并企业中的，暂免征收土地增值税。

第三节

上市公司案例解析——华立科技（600097）借壳上市

一直以来“借壳上市”是我国资本市场常见的资本运作方式，存在退市风险的上市公司通过将原绩差业务部分或整体转让出去，再置入其他绩优业务，实现经营业务转变，达到改善经营业绩起死回生的作用。而上市公司通常通过发行股份作为置入资产对价，这样一来，资产被收购一方在重组过程中取得上市公司多数股份，形成对上市公司的控制，达到反向收购成功上市的目的。

下面我们通过实际的借壳上市案例，来解析重组过程中资产收购业务相关税收法规的运用。

一、案例介绍

（一）被并购方（被收购企业）

公司法定名称：浙江开创国际海洋资源股份有限公司

法定代表人：朱建忠

公司注册地址：杭州市高新技术产业开发区西斗门工业区

经营范围：远洋捕捞，海淡水产品养殖，渔船、渔业机械、船舶设备及配件、绳网及相关产品、日用百货的销售，仓储服务（不含危险品），信息技术服务，经营进出口业务。

母公司：上海远洋渔业有限公司

最终控制人：上海水产（集团）总公司

股权结构如图 2－5 所示。

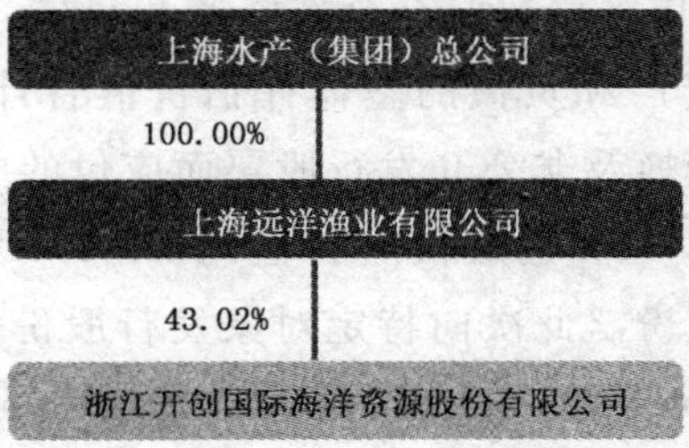

图 2－5　被并购方股权结构图

（二）并购方（即收购企业）

公司法定名称：浙江华立科技股份有限公司

公司法定代表人：肖琪经

公司注册地址：杭州市高新技术产业开发区西斗门工业区

主要经营业务或管理活动：仪器仪表、电工材料、机电设备及成套装置、家用电器、通信设备（含无绳电话机）、金属材料、纺织品、化工产品（不含危险品）的制造、加工、销售，咨询服务，技术培训。

控股股东名称：华立产业集团有限公司

法人实际控制人名称：浙江立成实业有限公司

自然人实际控制人姓名：汪力成

股权结构如图 2－6 所示。

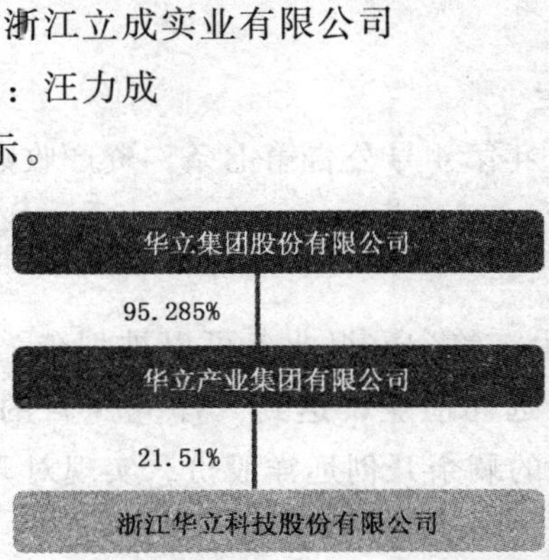

图 2－6　并购方股权结构图

（三）交易信息

2008 年 6 月 28 日，华立科技（600097）通过了重大资产置换及向特定对象发行股份购买资产的议案。发行股票价格为12.53元/股。华立科技通过资产置换将其全部资产及负债与上海远洋渔业有限公司（以下简称远洋渔业）持有的上海开创远洋渔业有限公司（以下简称开创远洋）100%股权相置换。

截至2008年4月30日评估基准日，开创远洋100%股权的账面值为45 410.75万元，评估价值为127 290.89万元，扣减开创远洋于评估基准日后实施的2 451.65万元利润分配后，作价124 839.24万元，其中约12.29%的股权（价值15 642.78万元）用于置换华立科技原有全部资产和负债，截至2008年4月30日评估基准日，华立科技全部资产和负债的整体评估价值合计为人民币16 637.78万元，扣除华立科技为此次资产置换及非公开发行股票而应付的中介费用995万元后，作价15 642.78万元。其余约87.71%的股权（价值约109 196.46万元）用于认购公司此次向特定对象发行的全部股份。此次向特定对象发行股份数量为87 148 012股，发行后公司总股本将增为202 597 901股，上海远洋渔业有限公司持有开创远洋公司43.02%的股份，为公司第一大股东。

2009年1月20日，经浙江省工商行政管理局批准，该公司取得注册号为330000000009512的企业法人营业执照，注册地址为杭州市高新技术产业开发区西斗门工业区，华立科技更名为“浙江开创国际海洋资源股份有限公司”。2009年2月6日，经上海证券交易所核准，华立科技公司证券简称由“华立科技”变更为“开创国际”，公司证券代码仍为600097。

上海远洋渔业有限公司承诺此次认购的华立科技股份，自上述股份登记至上海远洋渔业有限公司账户之日起36个月内不转让或上市交易。

交易流程如图2-7所示。

二、企业所得税处理

（一）交易重组日的确定

根据国家税务总局2010年第4号公告第七条，资产收购以转让协议生效且完成资产实际交割日为重组日。

（二）交易步骤划分

如图2-7交易流程所示，整个重组业务可以被划分为两个步骤：第一步是华立科技先将原业务整体出售给远洋渔业，达到“净壳”目的；第二步是通过定向发行股份，收购远洋渔业所持有的剩余开创远洋股份，实现对开创远洋的控制和新业务的置入。

根据财税［2009］59号文第十条，企业在重组发生前后连续12个月内分步对其资产、股权进行交易，应根据实质重于形式原则将上述交易作为一项企业重组交易进行处理。

所以，在进行企业所得税分析前，应首先确定该重组交易是应该分为整体资产收购

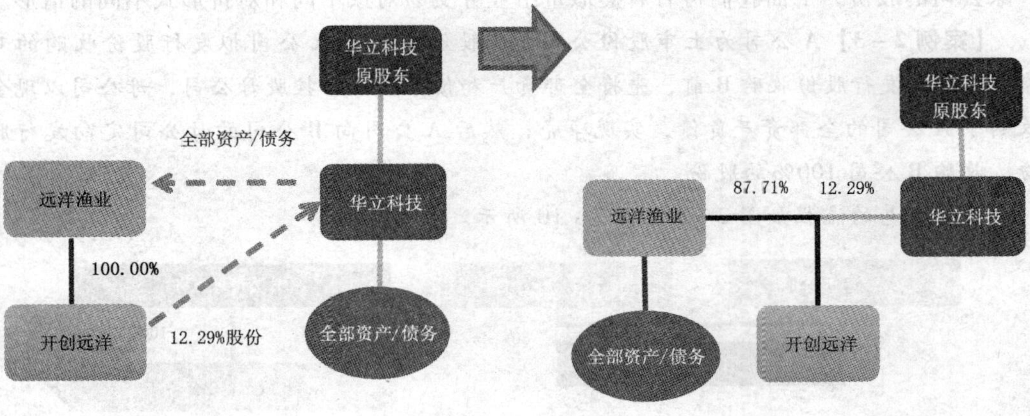

第一步：整体资产收购

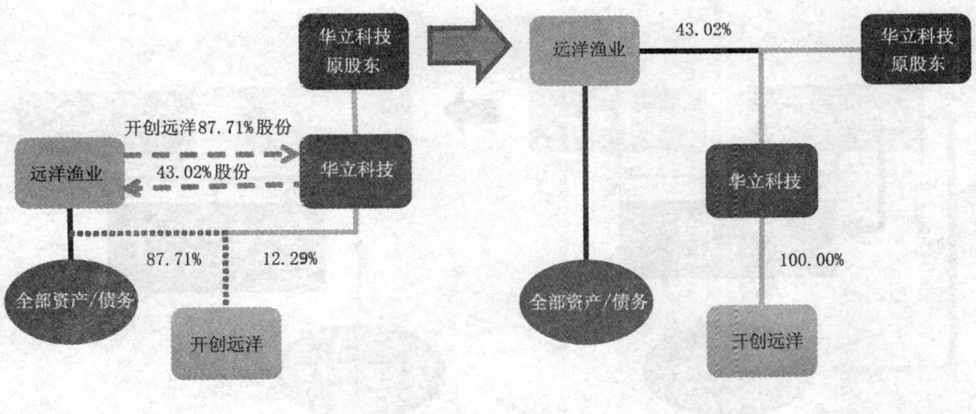

第二步：股权收购

图 2－7　交易流程图

和股权收购两项重组业务进行所得税处理，还是应该合并作为一项重组交易进行所得税处理。

合并为一项交易即华立科技以 15 642.78 万元非股份支付（原业务净资产），加 109 196.46 万元自身股份为对价购买远洋渔业持有的开创远洋 100% 股份。

划分为两项交易即远洋渔业以持有的开创远洋股份 12.29% 为对价收购华立科技全部资产负债；以及华立科技以 109 196.46 万元自身股份为对价收购远洋渔业持有的开创远洋 87.71% 股份。

我们后续将对同一重组业务不同划分方式的税负影响进行分析比较，以确定两者所得税处理差异。

上面的案例，净壳和新业务置入过程交易对象为同一家公司，支付的对价全部为同一家公司的股份，下面我们再看看类似重组业务交易对象不同和对价形式不同的情形。

【**案例2-3**】A公司为上市股份公司，B股份公司是A公司拟发行股份收购的对象；A公司发行股份收购B前，先将全部资产和债务转让给控股母公司，母公司以现金收购了A公司的全部资产负债，实现净壳；然后A公司向B公司的母公司定向发行股份，收购B公司100%的股份。

整个交易的流程如图2-8至图2-10所示。

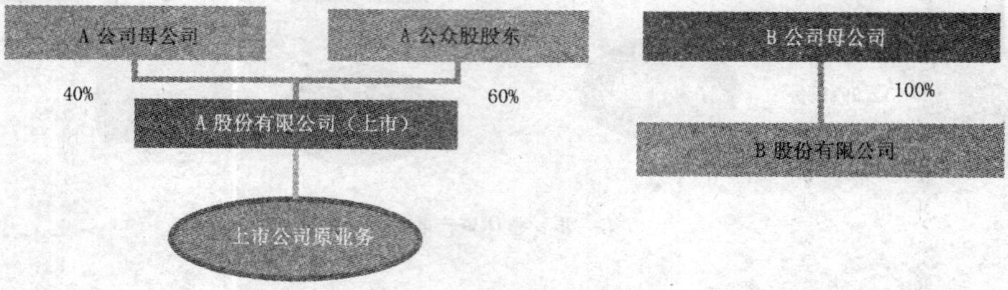

图2-8　重组前架构图

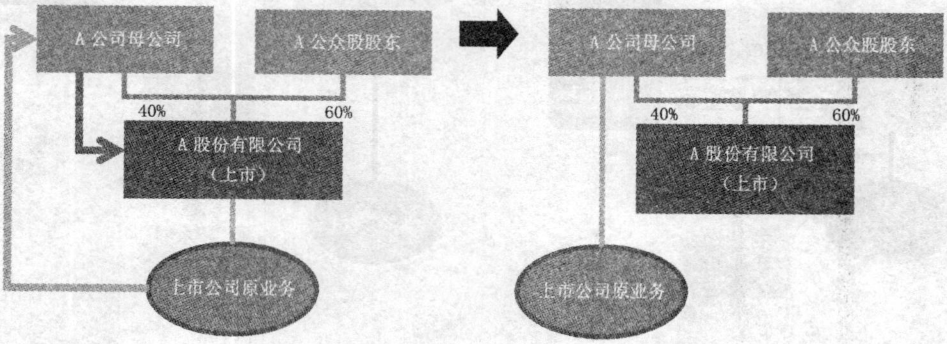

图2-9　净壳交易流程图

从案例2-3我们可以看出，首先在净壳过程中交易对象是控股母公司，在置入资产过程中交易对象是被收购公司的控股母公司，两个环节交易对象不同。其次在净壳过程中支付的对价为现金，不符合采用特殊税务处理条件；而在资产置入环节，支付的对价为股份，如果其他条件满足的话，可能适用特殊税务处理。两个环节的对价不同，税务处理方式也可能不同。整个重组过程实际上是前后两笔不同交易，应该分别按资产收购和股权收购进行所得税处理。

根据国家税务总局2010年第4号公告规定，若同一项重组业务涉及在连续12个月内分步交易，且跨两个纳税年度，当事各方在第一步交易完成时预计整个交易可以符合特殊性税务处理条件，可以协商一致选择特殊性税务处理的，可在第一步交易完成后，适用特殊性税务处理。主管税务机关在审核有关资料后，符合条件的，可以暂认可适用特殊性税务处理。第二年进行下一步交易后，应按第4号公告要求，准备相关资料确认

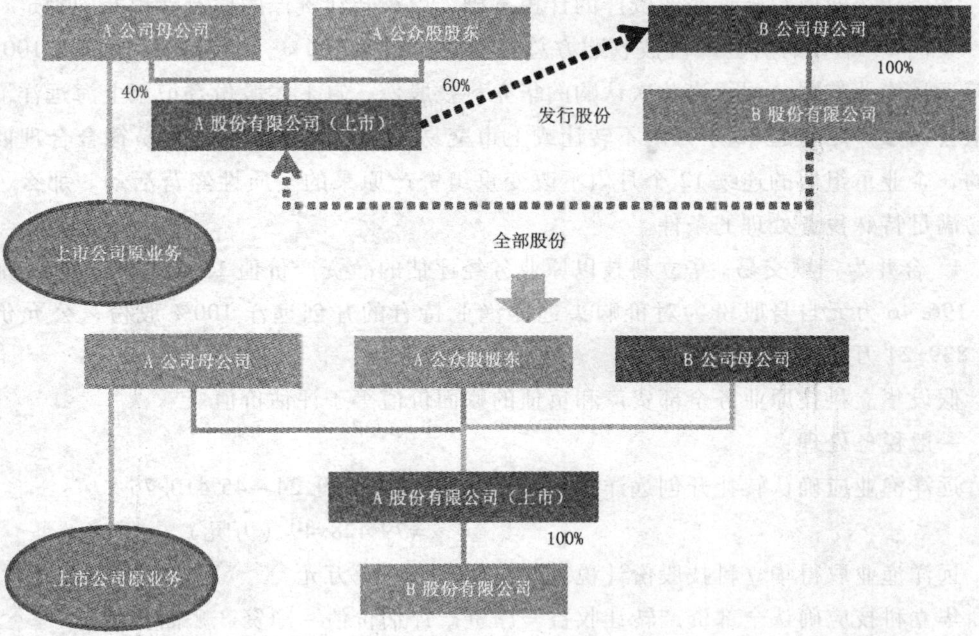

图 2－10 置入资产流程图

适用特殊性税务处理。

上述跨年度分步交易，若当事方在首个纳税年度不能预计整个交易是否符合特殊性税务处理条件，应适用一般性税务处理。在下一纳税年度全部交易完成后，适用特殊性税务处理的，可以调整上一纳税年度的企业所得税年度申报表，涉及多缴税款的，各主管税务机关应退税，或抵缴当年应纳税款。

（三）所得税处理选择

根据《企业所得税法实施条例》（国务院令第 512 号）第七十五条规定，除国务院财政、税务主管部门另有规定外，企业在重组过程中，应当在交易发生时确认有关资产的转让所得或者损失，相关资产应当按照交易价格重新确定计税基础。

同时，根据财税［2009］59 号文的规定，企业资产收购同时满足以下五个条件，可以选择所得税特殊税务处理：

①具有合理的商业目的，且不以减少、免除或者推迟缴纳税款为主要目的；

②受让企业收购的资产或股权不低于转让企业全部资产或股权的 75%；

③企业重组后的连续 12 个月内不改变重组资产原来的实质性经营活动；

④受让企业在该资产收购发生时的股权支付金额不低于其交易支付总额的 85%；

⑤企业重组中取得股权支付的原主要股东，在重组后连续 12 个月内，不得转让。

其特殊税务处理：

①转让企业取得受让企业股权的计税基础，以被转让资产的原有计税基础确定；

②受让企业取得转让企业资产的计税基础，以被转让资产的原有计税基础确定。

案例 2－3 收购的资产占被收购方总资产的比例为 100%，股份支付比例为 100%，上海远洋渔业有限公司承诺此次认购的华立科技股份，自上述股份登记至上海远洋渔业有限公司账户之日起 36 个月内不转让或上市交易；假设该资产收购交易符合合理商业目的，企业重组后的连续 12 个月内不改变重组资产原来的实质性经营活动。那么，该交易满足特殊税务处理的条件。

1. 合并为一项交易。华立科技以原业务经评估的净资产价值 15 642.78 万元，加上 109 196.46 万元自身股份为对价购买远洋渔业持有的开创远洋 100% 股份，公允价值 124 839.24 万元。

假设华立科技原业务全部资产和负债的账面价值等于评估价值。

一般税务处理：

远洋渔业应确认转让开创远洋股权转让收益＝124 839.24－45 410.75
＝79 428.49（万元）

远洋渔业取得华立科技股份计税基础＝109 196.46 万元

华立科技应确认全部资产转让收益＝净资产评估价值－净资产账面价值

华立科技取得开创远洋股权的计税基础＝124 839.24 万元

特殊税务处理：

华立科技收购开创远洋的股权比例为 100%；

华立科技在该股权收购发生时的股权支付金额为交易支付总额的 87.71%；

上海远洋渔业有限公司承诺此次认购的华立科技股份，自上述股份登记至上海远洋渔业有限公司账户之日起 36 个月内不转让或上市交易。

假设该股权收购交易符合合理商业目的，交易双方重组后的连续 12 个月内不改变重组资产原来的实质性经营活动。那么，此次资产重组业务可以选择特殊税务处理。

远洋渔业取得非股份支付对价确认股权转让所得＝［（被转让股权的公允价值－被转让股权的计税基础）×（收到的非股份支付补价÷被转让股权的公允价值）］＝（124 839.24－45 410.75）×（15 642.78/124 839.24）＝9 952.66（万元）

远洋渔业取得华立科技股权计税基础＝［被转让股权的初始计税基础－（非股权支付金额－股权转让所得）］＝45 410.75－（15 642.78－9 952.66）
＝39 720.63（万元）

华立科技取得开创远洋股权的计税基础＝被转让资产原有计税基础＋卖方确认的所得＝45 410.75＋9 952.66＝55 363.41（万元）

华立科技应确认的资产处置所得＝0

远洋渔业取得华立科技全部资产负债的计税基础＝15 642.78 万元

一般税务处理与特殊税务处理差异比较如表 2－4 所示。

表 2－4　一般税务处理与特殊税务处理差异比较

方案	应税所得/损失的确认	计税基础	备注
一般税务处理	远洋渔业转让股权的收益＝79 428.49 万元	华立科技取得股权的计税基础为124 839.24 万元 远洋渔业取得华立科技股权计税基础 109 196.46 万元，全部资产和债权的计税基础 15 642.78 万元，合计为 124 839.24 万元	华立科技取得股权计税基础＝被收购股权原计税基础＋被收购企业资产转让收益＝45 410.75 万元＋79 428.49 万元＝远洋渔业取得华立科技股权计税基础 109 196.46 万元＋全部资产和债权的计税基础 15 642.78 万元＝124 839.24 万元
特殊税务处理	远洋渔业非股份支付部分确认的收益＝9 952.66 万元	华立科技取得开创远洋股权的计税基础为 55 363.41 万元 远洋渔业取得的华立科技股权的计税基础为 39 720.63 万元，远洋渔业取得的华立科技资产和负债计税基础为 15 642.78 万元，合计为 55 363.41 万元	华立科技取得股权计税基础＝开创远洋股权原计税基础＋远洋渔业企业当期确认的收益＝45 410.75＋9 952.66 万元＝远洋渔业取得的华立科技股权的计税基础 39 720.63 万元＋远洋渔业取得的华立科技资产和负债计税基础 15 642.78 万元＝55 363.41 万元
差异	确认的应税所得/差异＝79 428.49－9 952.66＝69 475.83（万元）	计税基础差异＝124 839.24－55 363.41＝69 475.83（万元）	确认的应税所得/损失＝计税基础的差异

从表 2－4 可以看出，将重组业务合并为一项交易情况下，一般税务处理被收购方当期确认的应税收益比特殊税务处理多 69 475.83 万元；同时一般税务处理收购方确认的资产计税基础比特殊税务处理多 69 475.83 万元，即被收购方本期确认的应税所得等于收购方取得收购资产计税基础的增加额。

2. 划分为两项交易。

（1）资产收购。远洋渔业以持有的公允价值为 15 642.78 万元的开创远洋股份的 12.29% 为对价收购华立科技公允价值为 15 642.78 万元的全部资产负债。

假设华立科技原业务全部资产和负债的账面价值等于评估价值。

一般税务处理：

远洋渔业应确认转让开创远洋股权转让收益＝（124 839.24－45 410.75）×15 642.78/124 839.24＝9 952.66（万元）

远洋渔业取得华立科技全部资产负债计税基础＝15 642.78 万元

华立科技应确认全部资产转让收益＝净资产评估价值－净资产账面价值＝0

华立科技取得开创远洋股权的计税基础 = 15 642.78 万元

特殊税务处理：

远洋渔业收购华立科技资产的比例占华立科技总资产比例为 100%；

远洋渔业在该资产收购发生时的股权支付金额为交易支付总额的 100%；

上海远洋渔业有限公司承诺此次认购的华立科技股份，自上述股份登记至上海远洋渔业有限公司账户之日起 36 个月内不转让或上市交易。

假设该股权收购交易符合合理商业目的，交易双方重组后的连续 12 个月内不改变重组资产原来的实质性经营活动。那么，此次资产重组业务可以选择特殊税务处理。

远洋渔业取得华立科技全部资产和负债计税基础 = 被转让资产的初始计税基础
= 15 642.78 万元

华立科技取得开创远洋股权的计税基础 = 被转让资产原有计税基础
= 15 642.78 万元

华立科技处置的股权原计税基础与取得开创远洋股权原计税基础差异 = 15 642.78 − 45 410.75 × 15 642.78/124 839.24 = 9 952.66（万元）

（2）股权收购。华立科技以公允价值为 109 196.46 万元的股份为对价收购远洋渔业持有的开创远洋公允价值为 109 196.46 万元的剩余 87.71% 股份。

一般税务处理：

远洋渔业应确认转让开创远洋股权转让收益 =（124 839.24 − 45 410.75）×（124 839.24 − 15 642.78）/124 839.24 = 69 475.83（万元）

远洋渔业取得华立科技股份计税基础 = 109 196.46 万元

华立科技取得开创远洋股权的计税基础 = 109 196.46 万元

特殊税务处理：

华立科技收购远洋渔业持有的开创远洋股份占开创远洋股份比例为 87.71%；

华立科技在该股权收购发生时的股权支付金额为交易支付总额的 100%；

假设该股权收购交易符合合理商业目的，交易双方重组后的连续 12 个月内不改变重组资产原来的实质性经营活动；上海远洋渔业有限公司承诺此次认购的华立科技股份，自上述股份登记至上海远洋渔业有限公司账户之日起 36 个月内不转让或上市交易。那么，此次资产重组业务可以选择特殊税务处理。

华立科技取得开创远洋的股权计税基础 = 被转让股权的原有计税基础 = 45 410.75 ×（124 839.24 − 15 642.78）/124 839.24 = 39 720.63（万元）

远洋渔业取得华立科技股权的计税基础 = 被转让股权原有计税基础
= 39 720.63 万元

一般税务处理和特殊税务处理，资产收购和股份收购税务处理比较如表 2 − 5 所示。

表 2-5 一般税务处理与特殊税务处理的资产收购和股份收购税务处理比较

方案	步骤	应税所得/损失的确认	计税基础	备 注
一般税务处理	资产收购	远洋渔业应确认转让开创远洋股权转让收益=9 952.66 万元	远洋渔业取得华立科技全部资产负债计税基础=15 642.78 万元 华立科技取得开创远洋股份计税基础=15 642.78 万元	华立科技取得股权计税基础=被收购股权原计税基础+被收购企业资产转让收益=45 410.75 万元+79 428.49 万元=远洋渔业取得华立科技股权计税基础 109 196.46 万元+全部资产和债权的计税基础 15 642.78 万元=124 839.24 万元
	股权收购	远洋渔业应确认转让开创远洋股权转让收益=69 475.83 万元	远洋渔业取得华立科技股份计税基础=109 196.46 万元 华立科技取得开创远洋股权的计税基础=109 196.46 万元	
特殊税务处理	资产收购	华立科技处置的股权原计税基础与取得开创远洋股权原计税基础差异=15 642.78-45 410.75×15 642.78/124 839.24=9 952.66（万元）	远洋渔业取得华立科技全部资产负债计税基础=15 642.78 万元 华立科技取得开创远洋股权的计税基础=15 642.78 万元	华立科技取得股权计税基础=15 642.78+39 720.63=远洋渔业取得的华立科技股权的计税基础 39 720.63 万元+远洋渔业取得的华立科技资产和负债计税基础 15 642.78 万元=55 363.41 万元
	股权收购	—	远洋渔业取得华立科技股份计税基础=39 720.63 万元 华立科技取得开创远洋股权的计税基础=39 720.63 万元	
差异	资产收购/股权收购	确认的应税所得/差异=(9 952.66+69 475.83)-9 952.66=69 475.83（万元）	计税基础差异=（15 642.78+109 196.46）-（15 642.78+39 720.63）=124 839.24-55 363.41=69 475.83（万元）	确认的应税所得/损失=计税基础的差异

从表 2-5 可以看出，将重组业务划分为两项交易情况下，一般税务处理被收购方当期在资产收购和股权收购两个环节累计确认的应税收益比特殊税务处理多 69 475.83 万元；同时一般税务处理收购方累计确认的资产计税基础比特殊税务处理多 69 475.83 万元，即被收购方本期确认的应税所得等于收购方取得收购资产计税基础的增加额。

对比以上合并为一项交易和分拆为两项交易的企业所得税处理，一般税务处理情况下被收购方需要确认的资产转让应税收益都是 79 428.49 万元，特殊税务处理情况下被收购方需要确认的资产转让应税收益都是 9 952.66 万元，一般税务处理比特殊税务处理需要多确认的应税所得都是 69 475.83 万元；同时，收购方取得收购资产的计税基础与被收购方确认应税收益同金额和同方向变动，即被收购方确认的应税所得等于收购方取得的收购资产计税基础的增加。

该案例再次证明并购重组业务企业所得税处理的中性原则，从交易税负长远影响和从交易双方整体税负来看，不管是采用一般税务处理还是采用特殊税务处理，不管将重组业务合并为一项交易还是将重组业务划分为多项交易，整个重组业务的整体税负最终是相当的。

根据国家税务总局2010年第4号公告第四条，同一重组业务的当事各方应采取一致税务处理原则，即统一按一般性或特殊性税务处理。所以，重组交易如果满足特殊税务处理的全部条件，是否选择特殊税务处理，需要交易双方协商确定。由于并购重组业务所得税的特殊税务处理只是所得税的递延纳税处理，所以是否选择特殊税务处理，需要根据交易双方交易当期和未来的盈利状况作出判断。

（四）交易主导方及备案

根据国家税务总局2010年第4号公告，企业重组业务符合财税［2009］59号文规定条件并选择特殊性税务处理的，应按照财税［2009］59号文第十一条规定进行备案；如企业重组各方需要税务机关确认，可以选择由重组主导方向主管税务机关提出申请，层报省税务机关给予确认。

采取申请确认的，主导方和其他当事方不在同一省（自治区、市）的，主导方省税务机关应将确认文件抄送其他当事方所在地省税务机关。省税务机关在收到确认申请时，原则上应在当年度企业所得税汇算清缴前完成确认。特殊情况，需要延长的，应将延长理由告知主导方。

企业资产收购重组业务的主导方为资产转让方。

企业发生资产收购重组业务，采用一般税务处理的，应准备以下相关资料，以备税务机关检查：

（1）当事各方所签订的股权收购、资产收购业务合同或协议；

（2）相关股权、资产公允价值的合法证据。

采用特殊税务处理的，应准备以下资料，以备税务机关检查：

（1）当事方的资产收购业务总体情况说明，情况说明中应包括资产收购的商业目的；

（2）当事各方所签订的资产收购业务合同或协议；

（3）评估机构出具的资产收购所体现的资产评估报告（评估机构，是指具有合法资质的中国资产评估机构）；

（4）受让企业股权的计税基础的有效凭证；

（5）证明重组符合特殊性税务处理条件的资料，包括资产收购比例、支付对价情况，以及12个月内不改变资产原来的实质性经营活动、原主要股东不转让所取得股权的承诺书等；

（6）工商部门核准相关企业股权变更事项证明材料；

（7）税务机关要求提供的其他材料证明。

（五）交易的合理商业目的

根据国家税务总局 2010 年第 4 号公告，企业重组业务符合财税［2009］59 号文第五条第（一）项要求，并选择特殊性税务处理的，企业在备案或提交确认申请时，应从以下方面说明企业重组具有合理的商业目的：

（1）重组活动的交易方式，即重组活动采取的具体形式、交易背景、交易时间、在交易之前和之后的运作方式和有关的商业常规。

（2）该项交易的形式及实质，即形式上交易所产生的法律权利和责任，也是该项交易的法律后果。另外，交易实际上或商业上产生的最终结果。

（3）重组活动给交易各方税务状况带来的可能变化。

（4）重组各方从交易中获得的财务状况变化。

（5）重组活动是否给交易各方带来了在市场原则下不会产生的异常经济利益或潜在义务。

（6）非居民企业参与重组活动的情况。

三、流转税处理

该并购重组交易中华立科技原业务的全部资产和负债转移给了远洋渔业，涉及货物、不动产、土地使用权等资产所有权的转移，一般情况下需要按增值税和营业税的规定计算纳税。

如果原业务涉及的全部资产转让符合国家税务总局 2011 年第 13 号和第 51 号公告规定，即转让的资产与其相关联的债权、负债和劳动力一并转让，属于业务的整体转让，不是一般意义上的资产转让，则资产转让不属于增值税和营业税的征税范围，其中涉及的货物转让不征收增值税，涉及的不动产、土地使用权转让，不征收营业税。

华立科技并购前的主要经营业务或管理活动为仪器仪表、电工材料、机电设备及成套装置、家用电器、通信设备（含无绳电话机）、金属材料、纺织品、化工产品（不含危险品）的制造、加工、销售，咨询服务，技术培训等。而收购标的开创远洋的经营范围为远洋捕捞，海淡水产品养殖，渔船、渔业机械、船舶设备及配件、绳网及相关产品、日用百货的销售，仓储服务（不含危险品），信息技术服务，经营进出口业务。

并购重组交易完成后将使华立科技由一家科技公司变更为一家以远洋捕捞为主的农业公司，所以在重组过程中华立科技实现原业务的整体转让，该交易符合国家税务总局 2011 年第 13 号和第 51 号公告规定不属于增值税和营业税的征税范围。

但是，需要注意国家税务总局 2011 年第 13 号和 51 号公告分别从 2011 年 3 月 1 日和 2011 年 10 月 1 日起执行，案例的交易时间发生在 2008 年，所以该案例应适用《国家税务总局关于转让企业全部产权不征收增值税问题的批复》（国税函［2002］420

号，已失效）和《国家税务总局关于转让企业产权不征营业税问题的通知》（国税函［2002］165号，已失效）等文件。

四、其他税处理

根据《契税暂行条例》及其实施细则的规定，转移土地、房屋权属，承受的单位和个人为契税的纳税人。在资产收购过程，被收购方的土地、房屋权属转移到收购方，收购方应缴纳契税。远洋渔业在取得华立科技全部资产的过程中，如果资产中包括土地和房屋权属的，权属变更不符合《财政部　国家税务总局关于企业事业单位改制重组契税政策的通知》（财税［2012］4号）规定的不征收或免征契税行为的，则应该缴纳契税。

根据《土地增值税暂行条例》及其实施细则的规定，转让国有土地使用权、地上建筑物及其附着物并取得收入的单位和个人，为土地增值税的纳税义务人，应当缴纳土地增值税。华立科技全部资产转让过程中，如果涉及国有土地使用权、地上建筑物及其附着物的转让，不适用《土地增值税一些具体问题规定的通知》（财税［1995］48号）规定的，应按规定计算缴纳土地增值税。

本章小结

资产收购是企业资本运作的重要手段，通过资产收购，获得优质资产同时置换出劣质资产，转变经营业务，是一些“ST”上市公司的保壳、起死回生的法宝。在上市公司的资产收购和置换过程中，通过上市公司股票的定向发行，从而使一些公司达到借ST公司壳资源上市目的。

对资产收购业务的企业所得税，我国税法按照不同的标准，区分为特殊税务处理和一般税务处理。但是，公司在重组时，一定要认识到企业所得税的特殊处理，只不过是一种所得税递延技术。公司发生资产收购业务时，如果符合资产收购企业所得税特殊税务处理的条件，应根据重组业务发生当期和未来公司的盈亏状况，判断是否选择特殊税务处理方式。

除了企业所得税外，公司发生整体资产转让或置换时，必须分析公司的资产整体转让或置换行为是否为企业产权的整体转让行为，以确定资产的转让是否需要缴纳流转税。

法源点读

■《上市公司重大资产重组管理办法》及其补充文件节选

第二章 重大资产重组的原则和标准

第十条 上市公司实施重大资产重组，应当符合下列要求：

（一）符合国家产业政策和有关环境保护、土地管理、反垄断等法律和行政法规的规定；

（二）不会导致上市公司不符合股票上市条件；

（三）重大资产重组所涉及的资产定价公允，不存在损害上市公司和股东合法权益的情形；

（四）重大资产重组所涉及的资产权属清晰，资产过户或者转移不存在法律障碍，相关债权债务处理合法；

（五）有利于上市公司增强持续经营能力，不存在可能导致上市公司重组后主要资产为现金或者无具体经营业务的情形；

（六）有利于上市公司在业务、资产、财务、人员、机构等方面与实际控制人及其关联人保持独立，符合中国证监会关于上市公司独立性的相关规定；

（七）有利于上市公司形成或者保持健全有效的法人治理结构。

第十一条 上市公司及其控股或者控制的公司购买、出售资产，达到下列标准之一的，构成重大资产重组：

（一）购买、出售的资产总额占上市公司最近一个会计年度经审计的合并财务会计报告期末资产总额的比例达到50%以上；

（二）购买、出售的资产在最近一个会计年度所产生的营业收入占上市公司同期经审计的合并财务会计报告营业收入的比例达到50%以上；

（三）购买、出售的资产净额占上市公司最近一个会计年度经审计的合并财务会计报告期末净资产额的比例达到50%以上，且超过5 000万元人民币。

购买、出售资产未达到前款规定标准，但中国证监会发现存在可能损害上市公司或者投资者合法权益的重大问题的，可以根据审慎监管原则责令上市公司按照本办法的规定补充披露相关信息、暂停交易并报送申请文件。

第十二条 自控制权发生变更之日起，上市公司向收购人购买的资产总额，占上市公司控制权发生变更的前一个会计年度经审计的合并财务会计报告期末资产总额的比例达到100%以上的，除符合本办法第十条、第四十二条规定的要求外，上市公司购买的资产对应的经营实体持续经营时间应当在3年以上，最近两个会计年度净利润均为正数且累计超过人民币 2 000 万元。上市公司购买的资产属于金融、创业投资等特定行业的，由中国证监会另行规定。

前款规定的重大资产重组完成后，上市公司应当符合中国证监会关于上市公司治理与规范运作的相关规定，在业务、资产、财务、人员、机构等方面独立于控股股东、实际控制人及其控制的其他企业，与控股股东、实际控制人及其控制的其他企业间不存在同业竞争或者显失公平的关联交易。

第十三条　计算本办法第十一条、第十二条规定的比例时，应当遵守下列规定：

（一）购买的资产为股权的，其资产总额以被投资企业的资产总额与该项投资所占股权比例的乘积和成交金额二者中的较高者为准，营业收入以被投资企业的营业收入与该项投资所占股权比例的乘积为准，资产净额以被投资企业的净资产额与该项投资所占股权比例的乘积和成交金额二者中的较高者为准；出售的资产为股权的，其资产总额、营业收入以及资产净额分别以被投资企业的资产总额、营业收入以及净资产额与该项投资所占股权比例的乘积为准。

购买股权导致上市公司取得被投资企业控股权的，其资产总额以被投资企业的资产总额和成交金额二者中的较高者为准，营业收入以被投资企业的营业收入为准，资产净额以被投资企业的净资产额和成交金额二者中的较高者为准；出售股权导致上市公司丧失被投资企业控股权的，其资产总额、营业收入以及资产净额分别以被投资企业的资产总额、营业收入以及净资产额为准。

（二）购买的资产为非股权资产的，其资产总额以该资产的账面值和成交金额二者中的较高者为准，资产净额以相关资产与负债的账面值差额和成交金额二者中的较高者为准；出售的资产为非股权资产的，其资产总额、资产净额分别以该资产的账面值、相关资产与负债账面值的差额为准；该非股权资产不涉及负债的，不适用第十一条第一款第（三）项规定的资产净额标准。

（三）上市公司同时购买、出售资产的，应当分别计算购买、出售资产的相关比例，并以二者中比例较高者为准。

（四）上市公司在 12 个月内连续对同一或者相关资产进行购买、出售的，以其累计数分别计算相应数额。已按照本办法的规定报经中国证监会核准的资产交易行为，无须纳入累计计算的范围，但本办法第十二条规定情形除外。

交易标的资产属于同一交易方所有或者控制，或者属于相同或者相近的业务范围，或者中国证监会认定的其他情形下，可以认定为同一或者相关资产。

第十四条　本办法第二条所称通过其他方式进行资产交易，包括：

（一）与他人新设企业、对已设立的企业增资或者减资；

（二）受托经营、租赁其他企业资产或者将经营性资产委托他人经营、租赁；

（三）接受附义务的资产赠与或者对外捐赠资产；

（四）中国证监会根据审慎监管原则认定的其他情形。

上述资产交易实质上构成购买、出售资产，且按照本办法规定的标准计算的相关比例达到50%以上的，应当按照本办法的规定履行信息披露等相关义务并报送申请文件。

第三章 重大资产重组的程序

第十六条 上市公司应当聘请独立财务顾问、律师事务所以及具有相关证券业务资格的会计师事务所等证券服务机构就重大资产重组出具意见。

独立财务顾问和律师事务所应当审慎核查重大资产重组是否构成关联交易，并依据核查确认的相关事实发表明确意见。重大资产重组涉及关联交易的，独立财务顾问应当就本次重组对上市公司非关联股东的影响发表明确意见。

资产交易定价以资产评估结果为依据的，上市公司应当聘请具有相关证券业务资格的资产评估机构出具资产评估报告。

第十八条 上市公司购买资产的，应当提供拟购买资产的盈利预测报告。上市公司拟进行本办法第二十八条第一款第（一）至（三）项规定的重大资产重组以及发行股份购买资产的，还应当提供上市公司的盈利预测报告。盈利预测报告应当经具有相关证券业务资格的会计师事务所审核。

第十九条 重大资产重组中相关资产以资产评估结果作为定价依据的，资产评估机构原则上应当采取两种以上评估方法进行评估。

上市公司董事会应当对评估机构的独立性、评估假设前提的合理性、评估方法与评估目的的相关性以及评估定价的公允性发表明确意见。上市公司独立董事应当对评估机构的独立性、评估假设前提的合理性和评估定价的公允性发表独立意见。

第二十条 上市公司进行重大资产重组，应当由董事会依法作出决议，并提交股东大会批准。

第二十二条 上市公司股东大会就重大资产重组作出的决议，至少应当包括下列事项：

（一）本次重大资产重组的方式、交易标的和交易对方；

（二）交易价格或者价格区间；

（三）定价方式或者定价依据；

（四）相关资产自定价基准日至交割日期间损益的归属；

（五）相关资产办理权属转移的合同义务和违约责任；

（六）决议的有效期；

（七）对董事会办理本次重大资产重组事宜的具体授权；

（八）其他需要明确的事项。

第二十三条 上市公司股东大会就重大资产重组事项作出决议，必须经出席会议的股东所持表决权的2/3以上通过。

上市公司重大资产重组事宜与本公司股东或者其关联人存在关联关系的，股东大会就重大资产重组事项进行表决时，关联股东应当回避表决。

第二十八条　上市公司重大资产重组存在下列情形之一的，应当提交并购重组委审核：

（一）符合本办法第十二条的规定；

（二）上市公司出售资产的总额和购买资产的总额占其最近一个会计年度经审计的合并财务会计报告期末资产总额的比例均达到70%以上；

（三）上市公司出售全部经营性资产，同时购买其他资产；

（四）中国证监会在审核中认为需要提交并购重组委审核的其他情形。

重大资产重组不存在前款规定情形，但存在下列情形之一的，上市公司可以向中国证监会申请将本次重组方案提交并购重组委审核：

（一）上市公司购买的资产为符合本办法第五十条规定的完整经营实体且业绩需要模拟计算的；

（二）上市公司对中国证监会有关职能部门提出的反馈意见表示异议的。

第五章　发行股份购买资产的特别规定

第四十二条　上市公司发行股份购买资产，应当符合下列规定：

（一）有利于提高上市公司资产质量、改善公司财务状况和增强持续盈利能力；有利于上市公司减少关联交易和避免同业竞争，增强独立性；

（二）上市公司最近一年及一期财务会计报告被注册会计师出具无保留意见审计报告；被出具保留意见、否定意见或者无法表示意见的审计报告的，须经注册会计师专项核查确认，该保留意见、否定意见或者无法表示意见所涉及事项的重大影响已经消除或者将通过本次交易予以消除；

（三）上市公司发行股份所购买的资产，应当为权属清晰的经营性资产，并能在约定期限内办理完毕权属转移手续；

（四）中国证监会规定的其他条件。

上市公司为促进行业或者产业整合，增强与现有主营业务的协同效应，在其控制权不发生变更的情况下，可以向控股股东、实际控制人或者其控制的关联人之外的特定对象发行股份购买资产，发行股份数量不低于发行后上市公司总股本的5%；发行股份数量低于发行后上市公司总股本的5%的，主板、中小板上市公司拟购买资产的交易金额不低于1亿元人民币，创业板上市公司拟购买资产的交易金额不低于5 000万元人民币。

特定对象以现金或者资产认购上市公司非公开发行的股份后，上市公司用同一次非公开发行所募集的资金向该特定对象购买资产的，视同上市公司发行股份购买资产。

第四十三条　上市公司发行股份购买资产的，可以同时募集部分配套资金，其定价方式按照现行相关规定办理。

第四十四条 上市公司发行股份的价格不得低于本次发行股份购买资产的董事会决议公告日前20个交易日公司股票交易均价。

前款所称交易均价的计算公式为：董事会决议公告日前20个交易日公司股票交易均价=决议公告日前20个交易日公司股票交易总额/决议公告日前20个交易日公司股票交易总量。

上市公司破产重整，涉及公司重大资产重组拟发行股份购买资产的，其发行股份价格由相关各方协商确定后，提交股东大会作出决议，决议须经出席会议的股东所持表决权的2/3以上通过，且经出席会议的社会公众股东所持表决权的2/3以上通过。关联股东应当回避表决。

第四十五条 特定对象以资产认购而取得的上市公司股份，自股份发行结束之日起12个月内不得转让；属于下列情形之一的，36个月内不得转让：

（一）特定对象为上市公司控股股东、实际控制人或者其控制的关联人；

（二）特定对象通过认购本次发行的股份取得上市公司的实际控制权；

（三）特定对象取得本次发行的股份时，对其用于认购股份的资产持续拥有权益的时间不足12个月。

第四十六条 上市公司申请发行股份购买资产，应当提交并购重组委审核。

第四十七条 上市公司发行股份购买资产导致特定对象持有或者控制的股份达到法定比例的，应当按照《上市公司收购管理办法》（证监会令第56号）的规定履行相关义务。

特定对象因认购上市公司发行股份导致其持有或者控制的股份比例超过30%或者在30%以上继续增加，且上市公司股东大会同意其免于发出要约的，可以在上市公司向中国证监会报送发行股份申请的同时，提出豁免要约义务的申请。

第四十八条 中国证监会核准上市公司发行股份购买资产的申请后，上市公司应当及时实施。向特定对象购买的相关资产过户至上市公司后，上市公司聘请的独立财务顾问和律师事务所应当对资产过户事宜和相关后续事项的合规性及风险进行核查，并发表明确意见。上市公司应当在相关资产过户完成后3个工作日内就过户情况作出公告，并向中国证监会及其派出机构提交书面报告，公告和报告中应当包括独立财务顾问和律师事务所的结论性意见。

上市公司完成前款规定的公告、报告后，可以到证券交易所、证券登记结算公司为认购股份的特定对象申请办理证券登记手续。

第七章 监督管理和法律责任

第五十四条 重大资产重组实施完毕后，凡不属于上市公司管理层事前无法获知且事后无法控制的原因，上市公司或者购买资产实现的利润未达到盈利预测报告或者资产评估报告预测金额的80%，或者实际运营情况与重大资产重组报告书中管理层讨论与分析部分存在较大差距的，上市公司的董事长、总经理以及对此承担相应责任的会计师事务所、财务顾问、资产评估机构及其从业人员应当在上市公司披露年度报告的同时，在同一报刊上作出解释，并向投资者公开道歉；实现利润未达到预测金额50%的，可以对上市公司、相关机构及其责任人员采取监管谈话、出具警示函、责令定期报告等监管措施。

■ 上市公司重大资产重组申请文件

《公开发行证券的公司信息披露内容与格式准则第26号》

第七条　上市公司就重大资产重组首次召开董事会前，相关资产尚未完成审计或评估、相关盈利预测数据尚未经注册会计师审核的，首次董事会决议公告的同时应当披露重大资产重组预案。

第九条　上市公司应当在相关审计、评估、盈利预测审核完成后再次召开董事会，编制并披露重组报告书及其摘要。

上市公司应当在至少一种中国证监会指定的报刊公告董事会决议、独立董事的意见和重组报告书摘要，并应当在证券交易所网站全文披露重组报告书、独立财务顾问报告、法律意见书以及重组涉及的审计报告、资产评估报告和经审核的盈利预测报告。

■《上市公司重大资产重组管理办法》

第三条　有关拟购买资产存在资金占用问题的适用意见

《证券期货法律适用意见》第10号

中国证券监督管理委员会公告2011年4号

一、上市公司重大资产重组时，拟购买资产存在被其股东及其关联方、资产所有人及其关联方非经营性资金占用的，前述有关各方应当在中国证监会受理重大资产重组申报材料前，解决对拟购买资产的非经营性资金占用问题。

二、上市公司应当在《上市公司重大资产重组报告书》第（十三）部分对拟购买资产的股东及其关联方、资产所有人及其关联方是否存在对拟购买资产非经营性资金占用问题进行特别说明。独立财务顾问应当对此进行核查并发表意见。

■《上市公司重大资产重组管理办法》

第十二条　上市公司在12个月内连续购买、出售同一或者相关资产的有关比例计算的适用意见

《证券期货法律适用意见》第11号

中国证券监督管理委员会公告2011年5号

在上市公司股东大会作出购买或者出售资产的决议后12个月内，股东大会再次或者多次作出购买、出售同一或者相关资产的决议的，应当适用《重组办法》第十二条第一款第（四）项的规定。在计算相应指标时，应当以第一次交易时最近一个会计年度上市公司经审计的合并财务会计报告期末资产总额、期末净资产额、当期营业收入作

为分母。

❖《首次公开发行股票并上市管理办法》

第十二条 发行人最近3年内主营业务没有发生重大变化的适用意见

■《证券期货法律适用意见》第3号

二、发行人报告期内存在对同一公司控制权人下相同、类似或相关业务进行重组情况的，如同时符合下列条件，视为主营业务没有发生重大变化：

（一）被重组方应当自报告期期初起即与发行人受同一公司控制权人控制，如果被重组方是在报告期内新设立的，应当自成立之日即与发行人受同一公司控制权人控制；

（二）被重组进入发行人的业务与发行人重组前的业务具有相关性（相同、类似行业或同一产业链的上下游）。

重组方式遵循市场化原则，包括但不限于以下方式：

（一）发行人收购被重组方股权；

（二）发行人收购被重组方的经营性资产；

（三）公司控制权人以被重组方股权或经营性资产对发行人进行增资；

（四）发行人吸收合并被重组方。

三、发行人报告期内存在对同一公司控制权人下相同、类似或相关业务进行重组的，应关注重组对发行人资产总额、营业收入或利润总额的影响情况。发行人应根据影响情况按照以下要求执行：

（一）被重组方重组前一个会计年度末的资产总额或前一个会计年度的营业收入或利润总额达到或超过重组前发行人相应项目100%的，为便于投资者了解重组后的整体运营情况，发行人重组后运行一个会计年度后方可申请发行。

（二）被重组方重组前一个会计年度末的资产总额或前一个会计年度的营业收入或利润总额达到或超过重组前发行人相应项目50%，但不超过100%的，保荐机构和发行人律师应按照相关法律法规对首次公开发行主体的要求，将被重组方纳入尽职调查范围并发表相关意见。发行申请文件还应按照《公开发行证券的公司信息披露内容与格式准则第9号——首次公开发行股票并上市申请文件》（证监发行字［2006］6号）附录第四章和第八章的要求，提交会计师关于被重组方的有关文件以及与财务会计资料相关的其他文件。

（三）被重组方重组前一个会计年度末的资产总额或前一个会计年度的营业收入或利润总额达到或超过重组前发行人相应项目20%的，申报财务报表至少须包含重组完成后的最近一期资产负债表。

四、被重组方重组前一会计年度与重组前发行人存在关联交易的，资产总额、营业收入或利润总额按照扣除该等交易后的口径计算。

五、发行人提交首发申请文件前一个会计年度或一期内发生多次重组行为的，重组对发行人资产总额、营业收入或利润总额的影响应累计计算。

六、重组属于《企业会计准则第20号——企业合并》中同一控制下的企业合并事项的，被重组方合并前的净损益应计入非经常性损益，并在申报财务报表中单独列示。

重组属于同一公司控制权人下的非企业合并事项，但被重组方重组前一个会计年度末的资产总额或前一个会计年度的营业收入或利润总额达到或超过重组前发行人相应项目20%的，在编制发行人最近3年及一期备考利润表时，应假定重组后的公司架构在申报报表期初即已存在，并由申报会计师出具意见。

上市公司重大资产重组受理流程如图2－11所示。

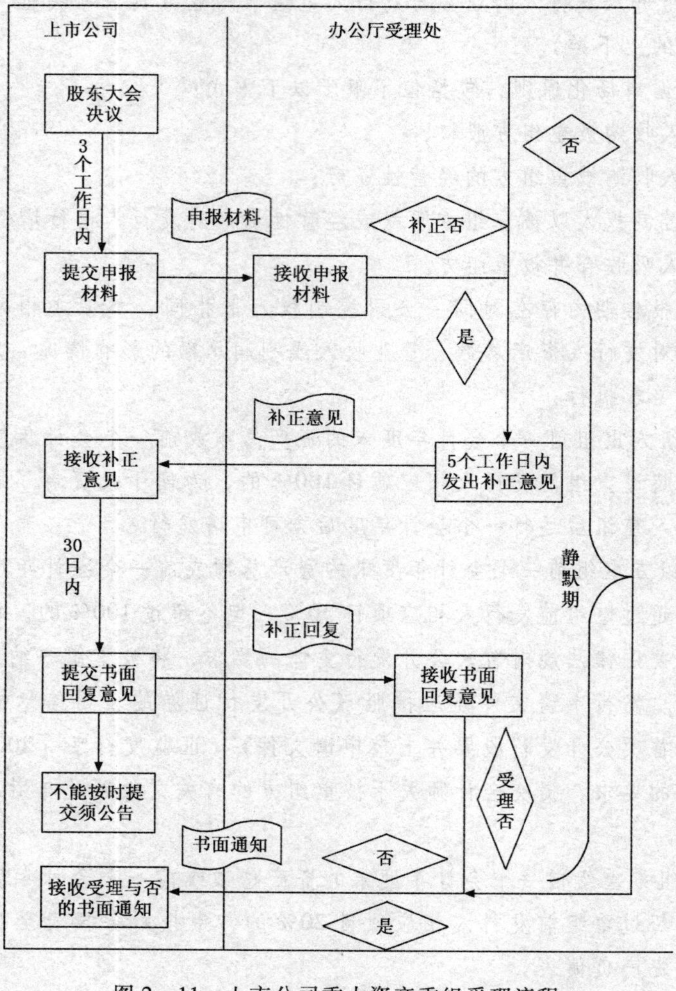

图2－11 上市公司重大资产重组受理流程

上市公司重大资产重组审核流程如图2－12所示。

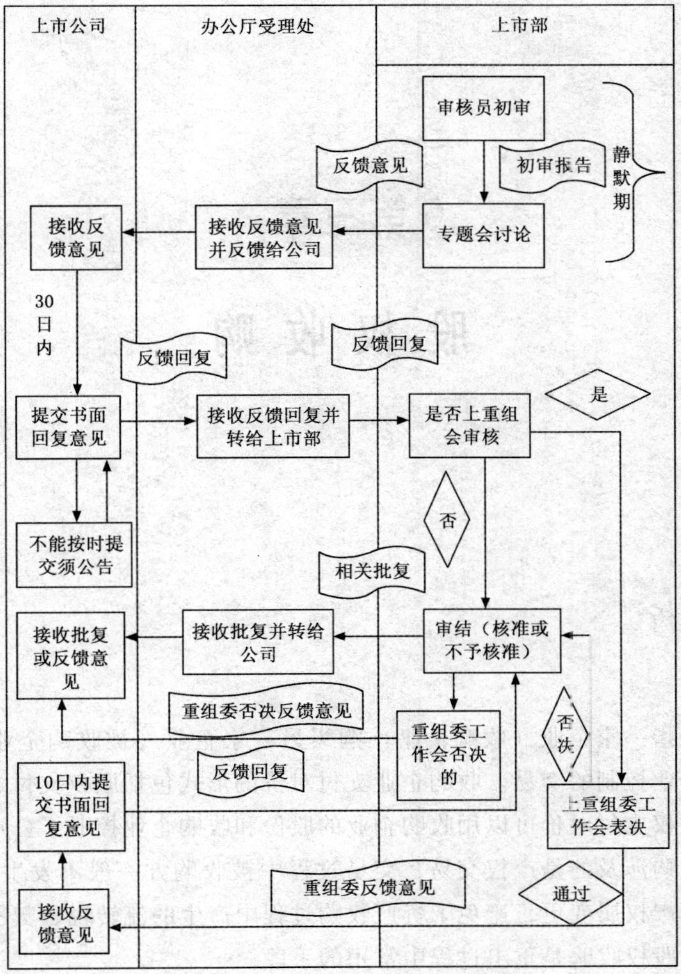

图 2－12　上市公司重大资产重组审核流程

第三章

股权收购

第一节 概念解析

股权收购是指一家企业（收购企业）购买另一家企业（被收购企业）的股权，以实现对被收购企业控制的交易。收购企业支付对价的形式包括股权支付、非股权支付或两者的组合。股权支付对价可以用收购企业的股份和收购企业控股子公司的股份。

由于股权收购涉及的是产权交易，交易过程中被收购方一般不发生货物、不动产、土地使用权等资产权属变更，避免了资产收购过程中产生的流转税、契税和土地增值税纳税义务，所以股权收购是重组过程中常用的手段。

股权收购过程中收购公司可以用自己的股份或是控股子公司的股份作为对价。

一、以收购公司股份作为对价的交易架构（如图 3－1）

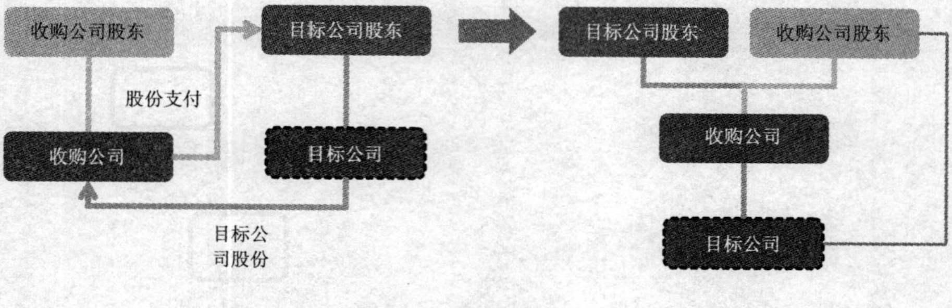

图 3－1　以收购公司股份作为对价的交易架构

二、以控股子公司股份作为支付对价的交易架构（如图 3－2）

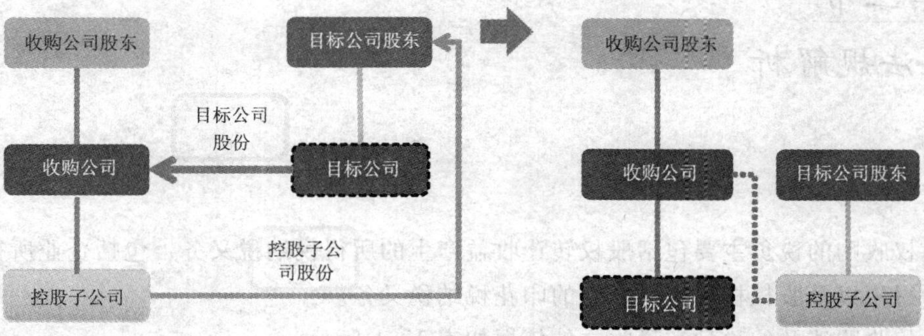

图 3－2 以控股子公司股份作为支付对价的交易架构

股权收购交易的目的和结果是实现对被收购企业的控制，只有这样的股权收购交易才是财税［2009］59 号文规范的重组业务范围。

企业是指适用企业所得税法的企业，不包括个人独资企业、合伙企业等。

根据《企业会计准则》和其他经济法规，控制是指能够控制企业的股东大会（股东会）、董事会等权力机构①，进而决定一个企业的财务和经营政策，并能据以从该企业的经营活动中获取利益。取得企业超过 50% 的股份（股权），不是取得控制权的唯一判断标准②③。

---

① 根据《证券期货法律适用意见》第 1 号（证监法律字［2007］15 号），公司控制权是能够对股东大会的决议产生重大影响或者能够实际支配公司行为的权力，其渊源是对公司的直接或者间接的股权投资关系。因此，认定公司控制权的归属，既需要审查相应的股权投资关系，也需要根据个案的实际情况，综合对发行人股东大会、董事会决议的实质影响、对董事和高级管理人员的提名及任免所起的作用等因素进行分析判断。

② 根据《上市公司收购管理办法（2008 年修订）》（国务院证券监督管理委员会令第 56 号）第八十四条，有下列情形之一的，为拥有上市公司控制权：

1. 投资者为上市公司持股 50% 以上的控股股东；
2. 投资者可以实际支配上市公司股份表决权超过 30%；
3. 投资者通过实际支配上市公司股份表决权能够决定公司董事会半数以上成员选任；
4. 投资者依其可实际支配的上市公司股份表决权足以对公司股东大会的决议产生重大影响；
5. 中国证监会认定的其他情形。

③ 根据《企业会计准则》，控制是指有权决定一个企业的财务和经营政策，并能据以从该企业的经营活动中获取利益。通常情况下，满足下列情形的，即认为取得被投资单位控制权：

1. 直接或间接拥有被投资单位半数以上的表决权；
2. 拥有被投资单位半数或以下的表决权，满足下列条件之一的，通常视为能够控制被投资单位：

（1）通过与被投资单位其他投资者之间的协议，拥有被投资单位半数以上的表决权。

（2）根据公司章程或协议，有权决定被投资单位的财务和经营政策。

（3）有权任免被投资单位的董事会或类似机构的多数成员。

（4）在被投资单位的董事会或类似机构占多数表决权。

第二节 税收法规解析

一、法规框架

股权收购的税负主要包括股权转让收益产生的所得税纳税义务，包括企业所得税或个人所得税以及股权权属变更产生的印花税纳税义务。

股权收购涉及的税种和税收文件依据如表 3－1 所示。

表 3－1　　股权收购主要税收政策一览表

税种	政策分析	税收文件依据	备　注
企业所得税	根据是否满足特殊税务处理的条件，区分一般税务处理和特殊税务处理	国务院令第 512 号第七十五条 财税［2009］59 号 国税函［2009］698 号 国家税务总局 2010 年第 4 号公告 国家税务总局公告 2010 年第 6 号 国税函［2010］79 号 国家税务总局公告 2011 年第 34 号 国家税务总局公告 2011 年第 45 号	
个人所得税	如果被收购企业股东为个人，按“财产转让所得”缴纳个人所得税	国税函［2005］130 号 国税函［2007］244 号 财税［2009］167 号 国税函［2009］285 号 国家税务总局［2010］27 号公告	
增值税	不属于增值税征收范围	财政部　国家税务总局第 50 号令第一条 国家税务总局公告 2011 年第 13 号	
营业税	不征收	财税［2002］191 号 国家税务总局公告 2011 年第 51 号	
土地增值税	不征收	国务院令［1993］138 号	根据国税函［2000］687 号文件，如以股权形式表现的资产主要是土地使用权、地上建筑物及附着物，需征税
	除国税函［2000］687 号规定的情况外	财法字［1995］006 号 国税函［2000］687 号	

续表

税种	政策分析	税收文件依据	备　注
契税	暂不征收	财税［2012］4 号	
印花税	征收 非上市税率 0.5‰；上市公司税率 1‰	国税发［1991］155 号	2008 年 9 月 19 日起，证券交易印花税单边征收，即出卖方缴

二、企业所得税

股权收购属于企业股权结构的重组，交易双方为收购企业和被收购企业股东，交易的标的为被收购企业的股权。交易本身不影响被收购企业的存续性，被收购企业不需经清算程序，被收购企业的债权和债务关系在股权重组后继续有效，也不会因为交易而发生资产权属的转移。所以，被收购企业在股权收购过程中不产生纳税义务，不是股权收购交易的纳税主体。

在交易过程中，发生权属转移的资产为被收购企业股东所持有的股份。被收购企业股东取得了收购方支付的对价，需要计算股权转让所得，是股权收购交易的纳税主体。如果收购企业用控股子公司的股份作为收购支付对价，则收购企业也需要计算控股子公司股份处置的应税所得，也是股权交易的纳税主体。

《企业所得税法实施条例》第七十五条规定：除国务院财政、税务主管部门另有规定外，企业在重组过程中，应当在交易发生时确认有关资产的转让所得或者损失，相关资产应当按照交易价格重新确定计税基础。

同时，根据财税［2009］59 号文件的规定，股权收购是税法规定的企业重组形式之一，在所得税处理上区分不同条件分别适用一般性税务处理规定和特殊性税务处理规定。

（一）一般税务处理

根据财税［2009］59 号文件第四条（三）的规定，企业股权收购重组交易，应按以下规定进行企业所得税处理：

（1）被收购方应确认股权转让所得或损失。

（2）收购方取得股权的计税基础应以公允价值为基础确定。

（3）被收购企业的相关所得税事项原则上保持不变。

股权收购一般税务处理，除了财税［2009］59 号文以上规定事项外，还需要注意以下事项：

（1）收购方应确认以非货币性资产，包括控股子公司股权作为对价应确认的资产转让所得；

（2）被收购方取得非货币性对价的计税基础以公允价值为基础确定。

（二）特殊税务处理

根据财税［2009］59号文第五条和第六条（二）的规定，企业股权收购重组业务同时符合下列条件的，适用特殊性税务处理：

（1）具有合理的商业目的，且不以减少、免除或者推迟缴纳税款为主要目的；

（2）收购企业购买的股权不低于被收购企业全部股权的75%；

（3）企业重组后的连续12个月内（指自重组日起计算的连续12个月内）不改变重组资产原来的实质性经营活动；

（4）收购企业在该股权收购发生时的股权支付金额不低于其交易支付总额的85%；

（5）企业重组中取得股权支付的原主要股东，在重组后连续12个月内，不得转让所取得的股权。

原主要股东，是指原持有转让企业或被收购企业20%以上股权的股东。

特殊税务处理如下：

（1）被收购企业的股东取得收购企业股权的计税基础，以被收购股权的原有计税基础确定；

（2）收购企业取得被收购企业股权的计税基础，以被收购股权的原有计税基础确定；

（3）收购企业、被收购企业的原有各项资产和负债的计税基础和其他相关所得税事项保持不变。

资产收购特殊税务处理，除了财税［2009］59号文以上规定事项外，还需要注意以下事项：

（1）转让企业取得受让企业支付的除股份支付以外的资产（非股份支付）作为对价的，应确认相应部分股权的转让所得：

转让企业收到的非股权支付对价应确认的股权转让所得=［（被转让股权的公允价值-被转让股权的计税基础）×（收到的非股权对价÷被转让股权的公允价值）］

转让企业取得的买方股权的计税基础=［被转让股权的初始计税基础-（非股权支付金额-股权转让所得）］

（2）受让企业取得的股权计税基础=被转让股权原有计税基础+卖方确认的所得

（3）受让企业应确认非股份支付资产转让所得，转让企业取得非股份支付资产的计税基础以公允价值确认。

（三）税法案例解析

1. 以收购公司股份为对价。

【案例3-1】收购方A公司的股权计税基础为1 000万元，公允价值为8 000万元；B公司100%持股C公司，C公司的股权计税基础为1 000万元，公允价值为5 000万元；A公司拟收购B公司持有C公司的80%股权，交易价格为：5 000×80%=4 000（万元）

交易流程如图 3－3 所示。

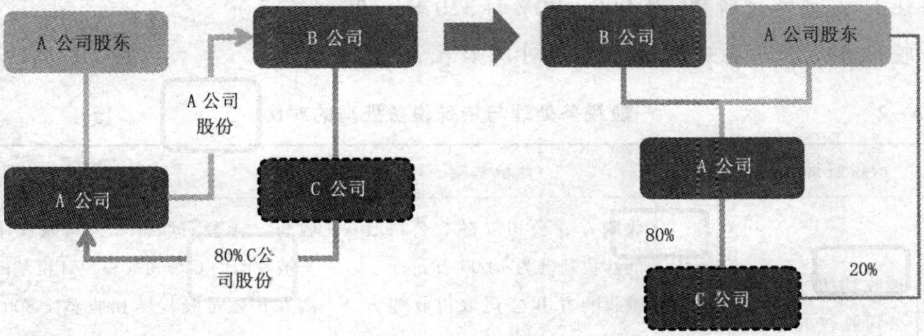

图 3－3　交易流程图

支付方案如下：

以公允价值 2 800 万元的 A 公司股份加 1 200 万元现金作为股权收购对价，即股份支付为 70%；

以公允价值 3 600 万元的 A 公司股份加 400 万元现金作为股权收购的对价，即股份支付为 90%。

假设该股权收购交易符合合理商业目的，企业重组后的连续 12 个月内不改变重组资产原来的实质性经营活动；企业重组中取得股权支付的原主要股东，在重组后连续 12 个月内，不转让所取得的股权。

即第一种方案股份支付比例未达到适用特殊税务处理的要求，应采用一般税务处理，而第二种方案满足特殊税务处理条件，并且交易双方选择特殊税务处理。两种税务处理方式的企业所得税影响比较如下：

方案 1——一般税务处理：

收购方 A 公司取得 C 公司股权的计税基础 = A 公司股权公允价值 + 非股权支付公允价值 = 2 800 + 1 200 = 4 000（万元）

被收购方 B 公司取得 A 公司股权的计税基础 = A 公司股权的公允价值 = 2 800 万元

被收购方转让 C 公司股权应确认的应税收益 = 取得的对价 － 被转让的 C 公司股权原计税基础 = 4 000 － 1 000 × 80% = 3 200（万元）

方案 2——特殊税务处理：

被收购方 B 公司取得非股份支付对价应确认股权转让所得 = ［（C 公司股权的公允价值 － C 公司股权的计税基础）×（收到的现金补价 ÷ 被转让的 C 公司股权公允价值）］ =（5 000 － 1 000）× 80% ×（400/4 000）= 320（万元）

被收购方 B 公司取得 A 公司股权的计税基础 = ［C 公司股权的初始计税基础 －（非股权支付金额 － B 公司转让 C 公司股权所得）］ = 1 000 × 80% －（400 － 320）= 720（万元）

收购方A公司取得C公司股权的计税基础=被转让的C公司股权原有计税基础+B公司转让C公司股权所得=1 000×80%+320=1 120（万元）

一般税务处理与特殊税务处理的对比如表3-2所示。

表3-2　一般税务处理与特殊税务处理的对比

方案	应税所得/损失的确认	计税基础	备　注
一般税务处理	被收购方B公司处置C公司股权的收益=3 200万元	收购方A公司取得C公司股权的计税基础为4 000万元；被收购方B公司取得收购方A公司股权计税基础2 800万元，非股份支付的计税基础1 200万元，合计为4 000万元	收购方A公司取得C公司股权计税基础=被收购的C公司股权原计税基础+被收购方B公司股权转让收益=800万元+3 200万元=被收购方B公司取得股份支付计税基础2 800万元+非股权支付的计税基础1 200万元=4 000万元
特殊税务处理	被收购方B公司取得非股份支付部分应确认的收益=320万元	收购方A公司取得C公司股权的计税基础为1 120万元；被收购方B公司取得的收购方A公司股权的计税基础为720万元，取得的非股权支付计税基础为400万元，合计为1 120万元	收购方A公司取得C公司股权计税基础=被收购的C公司股权原计税基础+被收购方A公司当期确认的C公司股权转让收益=800万元+320万元=被收购方B公司取得的A公司股份支付计税基础720万元+取得非股权支付的计税基础400万元=1 120万元
差异	确认的应税所得/差异=3 200-320=2 880（万元）	计税基础差异=4 000-1 120=2 880（万元）	确认的应税所得/损失=计税基础的差异

比较案例3-1两种不同的税务处理方式，一般税务处理被收购方B公司在股权转让当期确认了3 200万元的收益，股权收购方A公司确认了4 000万元的C公司股权计税基础；特殊税务处理被收购方B公司在股权转让当期确认了320万元的收益，但是股权收购方A公司只确认了800万元的C公司股权计税基础。

即一般税务处理比特殊税务处理多确认股权转让应税所得2 880万元，但是一般税务处理比特殊税务处理多确认了2 880万元的股权计税基础。即在一般税务处理情况下，被收购方确认的股权转让收益，同时增加了收购方股权计税基础，增加收购方股权未来的企业所得税税前扣除数；在特殊税务处理情况下，被收购方未确认股份支付部分的资产转让收益，相应地，收购方取得股权的计税基础不能按公允价值进行调整，按原计税基础确认，减少了收购方股权未来处置时的企业所得税税前扣除数。

2. 以收购公司控股子公司股份为对价。

【案例3-2】收购方A公司持有子公司D公司100%股权，D公司股权计税基础为1 000万元，公允价值为4 000万元；被收购方B公司持有C公司100%股权，C公司的股权计税基础为1 000万元，公允价值为5 000万元；A企业收购B公司80%的资产，

交易价格为：5 000×80%＝4 000（万元）

支付方案如下：

（1）以公允价值为4 000万元的D公司股份为收购的对价，即股份支付为100%；

（2）以公允价值2 800万元A控股公司C的股份加1 200万元现金为资产收购的对价，即股份支付为70%。

交易架构如图3－4所示。

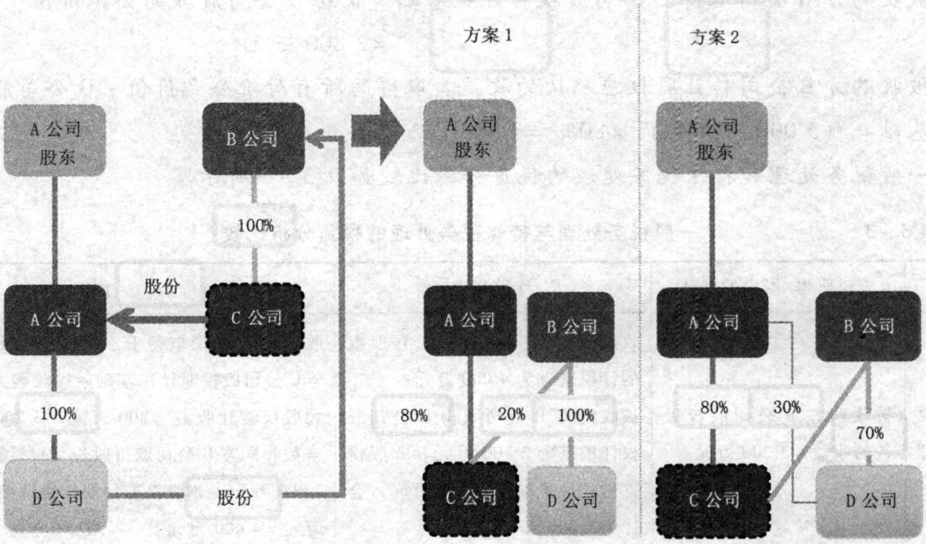

图3－4　交易架构图

假设该股权收购交易符合合理商业目的，企业重组后的连续12个月内不改变重组资产原来的实质性经营活动；企业重组中取得股权支付的原主要股东，在重组后连续12个月内，不转让所取得的股权。

即第1种方案股份支付比例达到100%，满足特殊税务处理的条件，可以采用特殊税务处理，并且交易双方选择特殊税务处理；而第2种方案股份支付比例为70%，不符合特殊税务处理规定条件，只能采用一般税务处理。两种税务处理方式的企业所得税影响比较如下：

方案1——特殊税务处理：

收购方A公司取得C公司股权的计税基础＝被收购C公司股权原计税基础

＝800万元

收购方取得C公司股权的计税基础与D公司股权原计税基础差异＝800－1 000

＝－200（万元）

被收购方B公司取得C公司股权的计税基础＝C公司股权原计税基础

＝800万元

由于不涉及非股份支付，所以被收购方股权转让收益 = 0

方案2——一般税务处理：

收购方A公司取得C公司股权的计税基础 = 股权支付公允价值 + 非股权支付公允价值 = 2 800 + 1 200 = 4 000（万元）

收购方A公司处置控股子公司D股权应确认的所得 =（4 000 − 1 000）×70%
= 2 100（万元）

被收购方B公司取得D公司股权的计税基础 = 收到D公司股权的公允价值
= 2 800万元

被收购方B公司转让股权应确认的收益 = 取得的所有对价公允价值 − D公司股权原计税基础 =（5 000 − 1 000）×80% = 3 200（万元）

一般税务处理和特殊税务处理的税负分析比较如表3－3所示。

表3－3 一般税务处理与特殊税务处理的税负分析比较

方案	应税所得/损失的确认	计税基础	备　注
一般税务处理	被收购方B公司股权处置的收益 = 3 200万元	收购方A公司取得C公司股权的计税基础为4 000万元； 被收购方B公司取得D公司股权计税基础2 800万元，非股份支付的计税基础1 200万元，合计为4 000万元	收购方A公司取得C公司股权计税基础 = C公司股权原计税基础 + 被收购方B公司股权转让收益 = 800万元 + 3 200万元 = 被收购方B公司取得股份支付计税基础2 800万元 + 非股权支付的计税基础1 200万元 = 4 000万元
特殊税务处理		收购方A公司取得C公司股权的计税基础为800万元； 被收购方B公司取得的D公司股权的计税基础为800万元	收购方A公司取得C公司股权计税基础 = 被收购的C公司股权原计税基础 = 800万元 = 被收购方B公司取得的股份支付原计税基础1 000万元 + 收购方取得资产的计税基础与控股子公司股权原计税基础差异（−200万元）= 800万元
差异	被收购方确认的应税所得/差异 = 3 200万元	被收购资产计税基础差异 = 4 000 − 800 = 3 200（万元）	确认的应税所得/损失 = 计税基础的差异

比较案例3－2两种不同的税务处理方式，一般税务处理被收购企业B在股权转让当期确认了3 200万元的收益，股权收购方A确认了4 000万元的资产计税基础；特殊税务处理被收购企业B在股权转让当期确认了0的收益，但是股权收购方A公司确认了800万元的股权计税基础。

即一般税务处理比特殊税务处理多确认应税所得3 200万元，但是一般税务处理比特殊税务处理多确认了3 200万元的股权计税基础。即在一般税务处理情况下，被收购方确认的股权转让收益，同时增加了收购方股权计税基础，增加收购方股权未来处置的企业所得税税前扣除数；在特殊税务处理情况下，被收购方未确认股份支付部分的股权转让收益，相应的收购方取得股权的计税基础不能按公允价值进行调整，按原计税基础确认，减少了收购方股权未来处置的企业所得税税前扣除数。

从案例3－1和案例3－2按两种不同税务处理结果的比较，可以发现股权收购的特殊税务处理实质上是一种所得税的递延，即被收购方交易发生时确认的股权转让收益，通过收购方股权计税基础的调整，增加未来所得税前可抵扣金额得到补偿，从交易税负长远影响和从交易双方整体税负来看，不管是采用一般税务处理还是采用特殊税务处理，整体税负是相当的，即体现了并购重组税务处理的中性原则。

3. 以子公司股份对外投资。以控股子公司股份为交易对价的股权收购重组交易中被收购的目标公司是整个交易的标的，交易的双方是收购公司和目标公司的股东；如果交易双方变成收购公司与目标公司，这整个交易不属于股权收购重组，而是一方以控股子公司股份对另外一方进行投资。

如图3－5所示，以控股子公司股权对外投资的交易结果是收购公司和目标公司股东共同持有目标公司股份，而目标公司成为控股子公司的母公司。如果是以控股子公司股份为交易对价的股权收购重组交易，则交易的结果是目标公司的股东成为控股子公司的母公司。

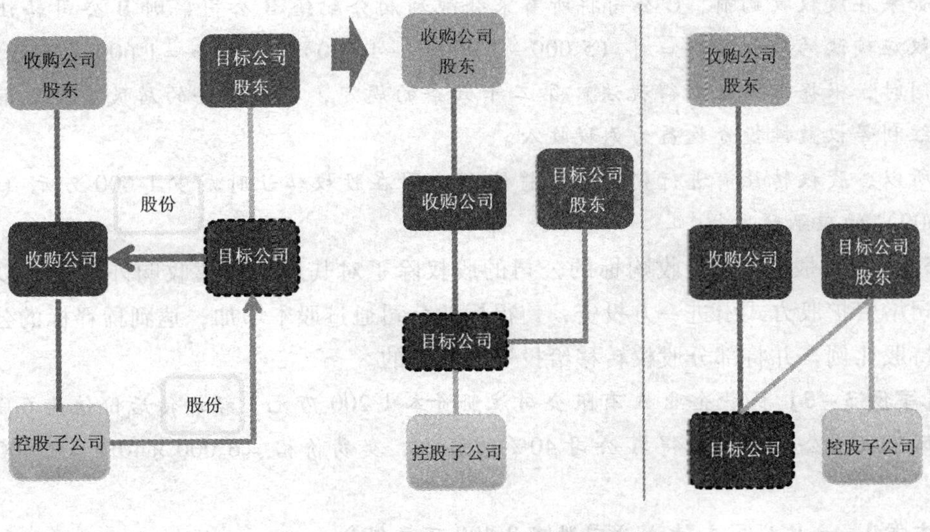

图3－5 以控股子公司股份对外投资

控股子公司股权转让的企业所得税应该按2010年10月27日出台的《国家税务总局关于企业取得财产转让等所得企业所得税处理问题的公告》（国家税务总局公告2010年第19号）的规定进行处理，即企业取得财产（包括各类资产、股权、债权等）转让收入、债务重组收入、接受捐赠收入、无法偿付的应付款收入等，不论是以货币形式、还是非货币形式体现，除另有规定外，均应一次性计入确认收入的年度计算缴纳企业所得税。本公告自发布之日起30日后施行。2008年1月1日至本公告施行前，各地就上述收入计算的所得，已分5年平均计入各年度应纳税所得额计算纳税的，在本公告发布后，对尚未计算纳税的应纳税所得额，应一次性作为本年度应纳税所得额计算纳税。

【案例3－3】 数据如案例3－2，如果取得控股子公司D 100%股权的是C公司，而不是B公司，则A公司实际是将控股子公司D的100%股权对C公司进行投资。

A公司在将控股子公司D股权转移给C公司时，应确认D公司股权对外投资的应纳所得税＝D公司股权公允价值－D公司股权计税基础＝4 000－1 000＝3 000（万元）。

4. 被收购公司留存收益。根据《国家税务总局关于贯彻落实〈企业所得税法〉若干税收问题的通知》（国税函［2010］79号）关于股权转让所得确认和计算问题的规定，企业转让股权收入，应于转让协议生效且完成股权变更手续时，确认收入的实现。转让股权收入扣除为取得该股权所发生的成本后，为股权转让所得。企业在计算股权转让所得时，不得扣除被投资企业未分配利润等股东留存收益中按该项股权所可能分配的金额。

【案例3－4】 数据如案例3－2，B公司转让C公司80%的股权，如果C公司存在2 000万元的未分配利润，则在方案2一般性税务处理的情况下，B公司转让C公司股权应确认的应税所得＝（5 000－1 000）×80%＝3 200（万元）

如果在股权收购前，C公司将所有未分配利润分配给B公司，则B公司转让C公司股权应确认的应税所得＝［（5 000－2 000）－1 000）］×80%＝1 600（万元）

同时，根据《企业所得税法》第二十六条的规定，符合条件的居民企业之间的股息、红利等权益性投资收益为免税收入。

所以，股权转让前进行利润分配将使B公司在股权转让时减少1 600万元（3 200－1 600）的应纳税所得。

5. 增资扩股。取得拟收购标的公司的股权除了对其进行股权收购外，还可以用标的公司增资扩股方式引进一方投资，使得标的公司通过股本增加，达到稀释标的公司原股东持股比例，并将部分股权转移给投资方的目的。

【案例3－5】 民营企业A有限公司注册资本1 200万元，经评估后价值为6 000万元；风险投资公司B拟取得A公司40%的股份，交易价格＝6 000×40%＝2 400（万元）

方案1——B公司支付A公司股东2 400万元现金；

方案2——B公司用2 400万元现金对A公司进行增资，其中800万元增加注册资本，1 600万元增加资本公积，然后再将1 600万元资本公积转增注册资本，使注册资本达到3 600万元。

所得税分析如下：

方案1：

股权收购比例40%，对价为现金，所以该股权收购应采用一般税务处理。

A 公司股东转让 40% 股份应确认的应税所得 =2 400 - 1 200 ×40% =1 960（万元）

方案 2：

增资扩股过程中 A 公司并未发生股权转让，所以未产生应税所得；1 600 万元转增注册资本后，A 公司所有股东共享，A 公司原股东的注册资本将由 1 200 万元增加至 2 160 万元（1 200 +1 600 ×60%）。

根据《国家税务总局关于贯彻落实〈企业所得税法〉若干税收问题的通知》（国税函［2010］79 号）第四条，关于股息、红利等权益性投资收益收入确认问题的规定：被投资企业将股权（票）溢价所形成的资本公积转为股本的，不作为投资方企业的股息、红利收入，投资方企业也不得增加该项长期投资的计税基础。

所以，方案 2 增资扩股与方案 1 股权收购，对 A 公司的股权架构影响结果一样，都实现了公司 40% 的股权由原股东转移给风险投资公司，两个方案的企业所得税应纳税所得税相差 1 960 万元。但是，转增的注册资本不能增加股东股权投资的计税基础，未来转让股权或企业清算的时候，不能抵减转让或清算所得，所以原股东取得的资本溢价以及后续的转增资本收益，纳税义务实际上是被延后到了股权转让或清算时点。

需要特别注意的是，方案 2 只适用于 A 公司原股东为《企业所得税法》规定的公司企业。方案 2 是目前许多民营企业在引进风险投资时常用的操作方法，但是民营企业的原始股东通常为自然人或是合伙制企业，所以需要注意方案 2 操作的税务风险。

根据《国家税务总局关于股份制企业转增股本和派发红股征免个人所得税的通知》（国税发［1997］198 号），股份制企业用资本公积金转增股本不属于股息、红利性质的分配，对个人取得的转增股本数额，不作为个人所得，不征收个人所得税。

同时，根据《国家税务总局关于原城市信用社在转制为城市合作银行过程中个人股增值所得应纳个人所得税的批复》（国税函［1998］289 号），国税发［1997］198 号中所表述的"资本公积金"是指股份制企业股票溢价发行收入所形成的资本公积金，将此转增股本由个人取得的数额，不作为应税所得征收个人所得税。而与此不相符合的其他资本公积金分配个人所得部分，应当依法征收个人所得税。

在实际操作中是否就方案 2 的情形征收个人股东的个人所得税存在较大争议，各地的实际操作应该存在差异。

方案 2 个人股东虽然没有直接转让股权，却在股权稀释过程中实现了部分股权的转移，资本公积转增注册资本后，个人股东的确获得了注册资本额的增加，获得了收益。但是，整个交易对个人股东来说并没有实现，如果对个人股东征税，则会出现个人股东需要筹资纳税的情形。

所以，在个人所得税的处理上，可以参考企业所得税的处理方式，暂时不确认个人股东的收益，同时也不允许个人股东增加投资的计税基础，使得未来转让股权或企业清算的时候，不能抵减转让或清算所得，将原个人股东的纳税义务延后到了股权转让或清算时点。

三、个人所得税

根据《个人所得税法实施条例》第八条第九款和第二十二条，个人转让股权取得的所得，应按财产转让所得，计算缴纳个人所得税；财产转让所得，按照一次转让财产的收入额减除财产原值和合理费用后的余额确定。

由于资本市场的快速发展，大量中小企业成功上市，这些企业的原始个人股东随着企业的上市，原来持有的股权大量增值，通过股权转让套现，一夜暴富，成为亿万富翁已经屡见不鲜。所以，加强对个人股东股权转让所得个人所得税的征收管理，堵塞征管漏洞，将成为未来税务机构的重点工作。

为了加强自然人（以下简称个人）股东股权转让所得个人所得税的征收管理，提高征管质量和效率，堵塞征管漏洞，国家税务总局于2009年5月28日发布了《国家税务总局关于加强股权转让所得征收个人所得税管理的通知》（国税函［2009］285号），在2010年5月下发的《关于进一步加强高收入者个人所得税征收管理的通知》（国税发［2010］54号）和2011年4月下发的《关于切实加强高收入者个人所得税征管的通知》（国税发［2011］50号）也要求加强对个人股东股权转让所得的征管。

国税函［2009］285号文件规定，股权交易各方在签订股权转让协议并完成股权转让交易以后至企业变更股权登记之前，负有纳税义务或代扣代缴义务的转让方或受让方，应到主管税务机关办理纳税（扣缴）申报，并持税务机关开具的股权转让所得缴纳个人所得税完税凭证或免税、不征税证明，到工商行政管理部门办理股权变更登记手续。股权交易各方已签订股权转让协议，但未完成股权转让交易的，企业在向工商行政管理部门申请股权变更登记时，应填写《个人股东变动情况报告表》（表格式样和联次由各省地税机关自行设计）并向主管税务机关申报。

个人股东股权转让所得个人所得税以发生股权变更企业所在地地税机关为主管税务机关。纳税人或扣缴义务人应到主管税务机关办理纳税申报和税款入库手续。税务机关应加强对股权转让所得计税依据的评估和审核。对扣缴义务人或纳税人申报的股权转让所得相关资料应认真审核，判断股权转让行为是否符合独立交易原则，是否符合合理性经济行为及实际情况。对申报的计税依据明显偏低（如平价和低价转让等）且无正当理由的，主管税务机关可参照每股净资产或个人股东享有的股权比例所对应的净资产份额核定。

2010年12月14日国家税务总局下发了《关于股权转让所得个人所得税计税依据核定问题的公告》（国家税务总局公告2010年第27号），对自然人转让股权的计税依据和核定征收等进一步明确。

国家税务总局公告2010年第27号明确规定：

一、自然人转让所投资企业股权（份）（不包括上市公司股份转让，上市公司股份转让所得暂免征税）取得所得，按照公平交易价格计算并确定计税依据。计税依据明显偏低且无正当理由的，主管税务机关可采用本公告列举的方法核定。

二、计税依据明显偏低且无正当理由的判定方法

（一）符合下列情形之一且无正当理由的，可视为计税依据明显偏低：

1. 申报的股权转让价格低于初始投资成本或低于取得该股权所支付的价款及相关税费的；

2. 申报的股权转让价格低于对应的净资产份额的；

3. 申报的股权转让价格低于相同或类似条件下同一企业同一股东或其他股东股权转让价格的；

4. 申报的股权转让价格低于相同或类似条件下同类行业的企业股权转让价格的；

5. 经主管税务机关认定的其他情形。

（二）本条第一项所称正当理由，是指以下情形：

1. 所投资企业连续三年以上（含三年）亏损；

2. 因国家政策调整的原因而低价转让股权；

3. 将股权转让给配偶、父母、子女、祖父母、外祖父母、孙子女、外孙子女、兄弟姐妹以及对转让人承担直接抚养或者赡养义务的抚养人或者赡养人；

4. 经主管税务机关认定的其他合理情形。

三、对申报的计税依据明显偏低且无正当理由的，可采取以下核定方法：

（一）参照每股净资产或纳税人享有的股权比例所对应的净资产份额核定股权转让收入。

对知识产权、土地使用权、房屋、探矿权、采矿权、股权等合计占资产总额比例达50%以上的企业，净资产额须经中介机构评估核实。

（二）参照相同或类似条件下同一企业同一股东或其他股东股权转让价格核定股权转让收入。

（三）参照相同或类似条件下同类行业的企业股权转让价格核定股权转让收入。

（四）纳税人对主管税务机关采取的上述核定方法有异议的，应当提供相关证据，主管税务机关认定属实后，可采取其他合理的核定方法。

四、纳税人再次转让所受让的股权的，股权转让的成本为前次转让的交易价格及买方负担的相关税费。

四、土地增值税

股权收购属于企业之间产权的转让，交易本身不涉及土地使用权、地上建筑物及附着物等的转让，所以股权收购一般不征收土地增值税。但是，根据《国家税务总局关于以转让股权名义转让房地产行为征收土地增值税问题的批复》（国税函［2000］687号），深圳市能源集团有限公司和深圳能源投资股份有限公司一次性共同转让深圳能源（钦州）实业有限公司100%的股权，且这些以股权形式表现的资产主要是土地使用权、

地上建筑物及附着物，经研究，对此应按土地增值税的规定征税。

所以，在进行土地增值税税收筹划中，需要特别注意，如果在股权收购交易中，收购标的公司的资产主要是土地使用权、地上建筑物及附着物的，即股权形式表现的资产主要是土地使用权、地上建筑物及附着物的，存在被征收土地增值税的风险。

【案例3－6】 2008年6月4日，酒鬼酒股份公司、中铁大桥局集团武汉置业发展有限公司、酒鬼酒供销有限公司三方签订了关于湘西利新源的《增资协议书》，酒鬼酒股份公司以土地使用权作价21 000万元认缴新增出资，中铁大桥局集团武汉置业发展有限公司以货币资金8 000万元认缴新增出资。增资完成后，湘西利新源的注册资本由1 000万元增加到30 000万元。其中酒鬼酒股份公司、酒鬼酒供销有限公司及中铁大桥局集团武汉置业发展有限公司持股比例分别为73.00%、0.33%和26.67%，酒鬼酒股份公司用于出资的土地使用权已过户到湘西利新源名下。2008年7月22日，酒鬼酒股份公司、中铁大桥局集团武汉置业发展有限公司、酒鬼酒供销有限公司三方签署了《湘西自治州利新源房地产开发有限公司股权转让协议》，酒鬼酒股份公司及酒鬼酒供销有限公司将所持湘西利新源共计53.33%的股权转让给中铁大桥局集团武汉置业发展有限公司，转让完成后酒鬼酒股份公司和中铁大桥局集团武汉置业发展有限公司持股比例分别为20%和80%。本次股权转让交易价格以湘西利新源2008年6月30日经审计净资产账面价值为依据，经酒鬼酒股份公司与中铁大桥局集团武汉置业发展有限公司协商确定①。

根据《土地增值税一些具体问题规定的通知》（财税［1995］48号）关于以房地产进行投资、联营的征免税问题的规定：对于以房地产进行投资、联营的，投资、联营的一方以土地（房地产）作价入股进行投资或作为联营条件，将房地产转让到所投资、联营的企业中时，暂免征收土地增值税。对投资、联营企业将上述房地产再转让的，应征收土地增值税。

同时，根据《财政部　国家税务总局关于土地增值税若干问题的通知》（财税［2006］21号）第五条关于以房地产进行投资或联营的征免税问题的规定：对于以土地（房地产）作价入股进行投资或联营的，凡所投资、联营的企业从事房地产开发的，或者房地产开发企业以其建造的商品房进行投资和联营的，均不适用《财政部　国家税务总局关于土地增值税一些具体问题规定的通知》（财税字［1995］48号）第一条暂免征收土地增值税的规定。

酒鬼酒股份公司2008年6月将土地使用权作价21 000万元对湘西自治州利新源房地产开发有限公司进行投资，2008年7月22日对湘西自治州利新源房地产开发有限公司进行投资后一个月又将所持有的大部分湘西利新源公司的股权转让给中铁大桥局集团武汉置业发展有限公司。在很短的时间内通过土地使用权对房地产开发公司进行投资，

① 案例来源于四川酒鬼酒股份有限公司2008年年报披露信息。

再对被投资公司股权进行转让，实现土地使用权的迂回转让。

该操作根据财税［2006］21 号文规定不适用暂免征收土地增值税，但是可以使酒鬼酒股份公司避免直接转入土地使用权应缴纳的营业税。

根据《财政部 国家税务总局关于股权转让有关营业税问题的通知》（财税［2002］191 号），以无形资产、不动产投资入股，参与接受投资方利润分配，共同承担投资风险的行为，不征收营业税；对股权转让不征收营业税。

第三节

上市公司案例解析——诚志股份（000990）定向发行收购关联方股权

一、案例介绍

（一）股权收购方

名称：诚志股份有限公司

注册地址：江西省南昌市经济技术开发区玉屏东大街 299 号

营业范围：生物工程、医药中间体等

（二）被收购方

1. 名称：清华控股有限公司

住所：北京市海淀区中关村东路 1 号院 8 号楼（科技大厦）A 座 25 层

2. 名称：石家庄市永生实业总公司

住所：河北省石家庄市新华区西三庄村

（三）收购标的

1. 石家庄永生华清液晶有限公司 100% 股权；

2. 石家庄开发区永生华清液晶有限公司 100% 股权。

交易前股权架构如图 3－6 所示。

（四）交易信息

2008 年 11 月 5 日董事会审议通过，诚志股份有限公司拟非公开发行股票作为支付对价购买清华控股有限公司持有的石家庄永生华清液晶有限公司及石家庄开发区永生华清液晶有限公司各 34% 股权及石家庄市永生实业总公司持有的石家庄永生华清及开发区永生华清各 66% 股权，标的资产的评估值为 34 671.58 万元，本次发行规模为不超过 2 800 万股，其中向清华控股发行不超过 952 万股，向永生实业发行不超过 1 848 万股，发行价格为定价基准日前 20 个交易日公司 A 股股票交易均价，即 12.82 元/股。2008 年

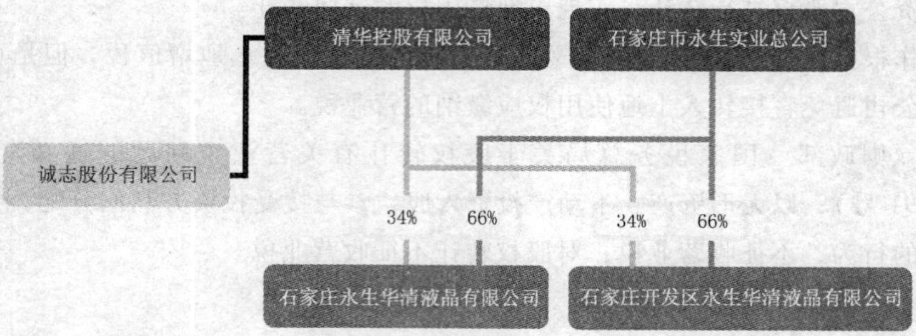

图 3-6 收购交易发生前股权架构图

11 月 26 日，诚志股份股东大会审议通过本次收购议案。2009 年 5 月 27 日，收到证监会批复，核准诚志股份向清华控股有限公司发行 9 195 271 股股份、向石家庄市永生实业总公司发行 17 849 643 股股份购买相关资产。2009 年 6 月 3 日，标的股份完成股权过户手续及相关工商登记，至此，诚志股份持有石家庄永生华清液晶有限公司和石家庄开发区永生华清液晶有限公司各 100% 的股权。

交易过程流程如图 3-7 所示。

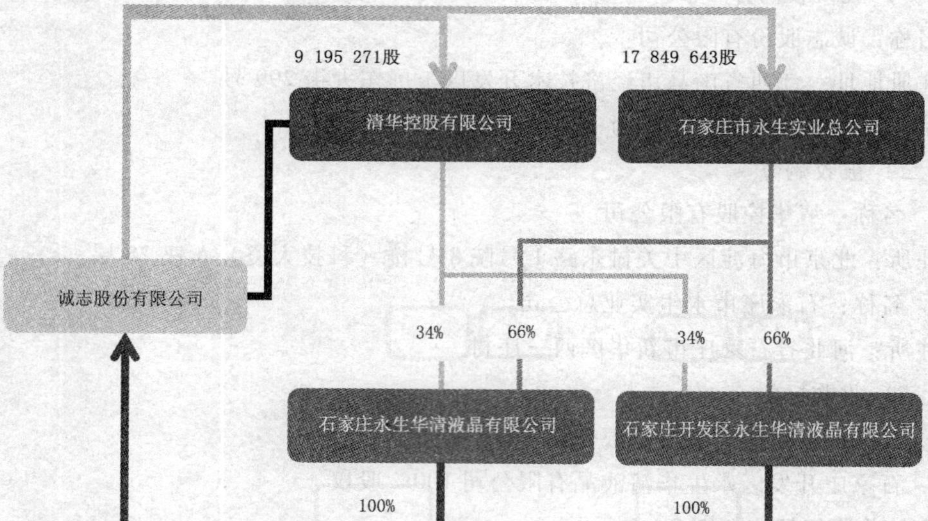

图 3-7 收购交易过程流程图

二、企业所得税处理

（一）交易重组日的确定

根据国家税务总局公告 2010 年第 4 号第七条，股权收购以股权转让协议生效且完成股权变更手续日为重组日。

（二）所得税处理选择

根据《企业所得税法实施条例》（国务院令第 512 号）第七十五条，除国务院财政、税务主管部门另有规定外，企业在重组过程中，应当在交易发生时确认有关资产的转让所得或者损失，相关资产应当按照交易价格重新确定计税基础。

根据财税［2009］59 号文第五条和第六条（二）的规定，企业股权收购重组业务同时符合下列条件的，适用特殊性税务处理规定：

（1）具有合理的商业目的，且不以减少、免除或者推迟缴纳税款为主要目的；

（2）收购企业购买的股权不低于被收购企业全部股权的 75%；

（3）企业重组后的连续 12 个月内不改变重组资产原来的实质性经营活动；

（4）收购企业在该股权收购发生时的股权支付金额不低于其交易支付总额的 85%；

（5）企业重组中取得股权支付的原主要股东，在重组后连续 12 个月内，不得转让所取得的股权。

特殊税务处理如下：

（1）被收购企业的股东取得收购企业股权的计税基础，以被收购股权的原有计税基础确定。

（2）收购企业取得被收购企业股权的计税基础，以被收购股权的原有计税基础确定。

（3）收购企业、被收购企业的原有各项资产和负债的计税基础和其他相关所得税事项保持不变。

该案例收购的股权占被收购方股权的比例为 100%，股份支付比例为 100%；假设该股权收购交易符合合理商业目的，企业重组后的连续 12 个月内不改变重组资产原来的实质性经营活动；企业重组中取得股权支付的原主要股东，在重组后连续 12 个月内，不转让所取得的股权。该交易满足特殊税务处理的条件，可以选择特殊税务处理。

股权收购特殊税务处理和一般税务处理的差异及比较请参考第二章资产收购特殊税务处理和一般税务处理的差异分析，本章不再赘述。

（三）交易主导方及备案

根据国家税务总局 2010 年第 4 号公告，企业重组业务符合财税［2009］59 号文规定条件并选择特殊性税务处理的，应按照财税［2009］59 号文第十一条规定进行备案；如企业重组各方需要税务机关确认，可以选择由重组主导方向主管税务机关提出申请，层报省税务机关给予确认。

采取申请确认的，主导方和其他当事方不在同一省（自治区、市）的，主导方省税务机关应将确认文件抄送其他当事方所在地省税务机关。省税务机关在收到确认申请时，原则上应在当年度企业所得税汇算清缴前完成确认。特殊情况需要延长的，应将延长理由告知主导方。

企业股权收购重组业务的主导方为股权转让方。

企业发生股权收购重组业务，采用一般税务处理的，应准备以下相关资料，以备税务机关检查：

（1）当事各方签订的股权收购业务合同或协议；

（2）相关股权、资产公允价值的合法证据。

采用特殊税务处理的，应准备以下资料，以备税务机关检查：

（1）当事方的股权收购业务总体情况说明，情况说明中应包括股权收购的商业目的；

（2）双方或多方所签订的股权收购业务合同或协议；

（3）由评估机构出具的转让及支付的股权公允价值（评估机构，是指具有合法资质的中国资产评估机构）；

（4）证明重组符合特殊性税务处理条件的资料，包括股权比例、支付对价情况，以及 12 个月内不改变资产原来的实质性经营活动和原主要股东不转让所取得股权的承诺书等；

（5）工商等相关部门核准相关企业股权变更事项证明材料；

（6）税务机关要求的其他材料。

（四）交易的合理商业目的

根据国家税务总局 2010 年第 4 号公告，企业重组业务符合财税［2009］59 号文第五条第（一）项要求，并选择特殊性税务处理的，企业在备案或提交确认申请时，应从以下方面说明企业重组具有合理的商业目的：

（1）重组活动的交易方式。即重组活动采取的具体形式、交易背景、交易时间、在交易之前和之后的运作方式以及有关的商业常规。

（2）该项交易的形式及实质。即形式上交易所产生的法律权利和责任，也是该项交易的法律后果。另外，还包括交易实际上或商业上产生的最终结果。

（3）重组活动给交易各方税务状况带来的可能变化。

（4）重组各方从交易中获得的财务状况变化。

（5）重组活动是否给交易各方带来了在市场原则下不会产生的异常经济利益或潜在义务。

（6）非居民企业参与重组活动的情况。

本章小结

由于股权收购涉及的是产权交易，交易过程中被收购方一般不发生货物、不动产、土地使用权等资产权属变更，避免了资产收购过程中产生的流转税、契税和土地增值税纳税义务，所以股权收购是企业重组过程中常用的手段。上市公司比一般公司有着更丰富的重组业务支付手段，包括发行股份为对价对收购标的进行收购。所以，在上市公司股权收购过程中所得税的特殊税务处理有着更普遍的运用。

以下是另外一个业务整体转让+定向发行股份进行股权收购的案例，读者可以参考第二章资产收购和第三章股权收购的分析思路，对该案例的税务处理进行研习。

【案例3-7】 ST万杰（600223）2008年年报中披露，公司以价值50 898.4万元的全部资产和负债与合计持有的山东省商业房地产开发有限公司100%股权、山东银座地产有限公司100%股权、北京银座合智房地产开发有限公司100%股权、山东省鲁商置业有限公司100%股权、泰安银座房地产开发有限公司87%股权以及东营银座房地产开发有限公司85%股权中价值相对应的部分进行资产置换；并以每股5.78元的价格分别向鲁商集团、鲁商集团有限公司、世贸中心、通利商业、东方航华发行人民币普通股的非公开发行股票用以购买目标资产评估总净值319 505.56万元减去资产置换价值50 898.4万元后的剩余股权评估净值。资产重组后，公司的主营业务由化纤、医疗、热电与教育转变为房地产开发与经营。

法源点读

❖《上市公司收购管理办法》部分节选

第一章 总 则

第六条 任何人不得利用上市公司的收购损害被收购公司及其股东的合法权益。

有下列情形之一的，不得收购上市公司：

（一）收购人负有数额较大债务，到期未清偿，且处于持续状态；

（二）收购人最近3年有重大违法行为或者涉嫌有重大违法行为；

（三）收购人最近3年有严重的证券市场失信行为；

（四）收购人为自然人的，存在《公司法》第一百四十七条规定情形；

（五）法律、行政法规规定以及中国证监会认定的不得收购上市公司的其他情形。

第七条 被收购公司的控股股东或者实际控制人不得滥用股东权利损害被收购公司或者其他股东的合法权益。

被收购公司的控股股东、实际控制人及其关联方有损害被收购公司及其他股东合法权益的，上述控股股东、实际控制人在转让被收购公司控制权之前，应当主动消除损害；未能消除损害的，应当就其出让相关股份所得收入用于消除全部损害做出安排，对不足以消除损害的部分应当提供充分有效的履约担保或安排，并依照公司章程取得被收购公司股东大会的批准。

第九条 收购人进行上市公司的收购，应当聘请在中国注册的具有从事财务顾问业务资格的专业机构担任财务顾问。收购人未按照本办法规定聘请财务顾问的，不得收购上市公司。

第二章 权益披露

第十三条 通过证券交易所的证券交易，投资者及其一致行动人拥有权益的股份达到一个上市公司已发行股份的5%时，应当在该事实发生之日起3日内编制权益变动报告书，向中国证监会、证券交易所提交书面报告，抄报该上市公司所在地的中国证监会派出机构（以下简称派出机构），通知该上市公司，并予公告；在上述期限内，不得再行买卖该上市公司的股票。

前述投资者及其一致行动人拥有权益的股份达到一个上市公司已发行股份的5%后，通过证券交易所的证券交易，其拥有权益的股份占该上市公司已发行股份的比例每增加或者减少5%，应当依照前款规定进行报告和公告。在报告期限内和作出报告、公告后2日内，不得再行买卖该上市公司的股票。

第十四条 通过协议转让方式，投资者及其一致行动人在一个上市公司中拥有权益的股份拟达到或者超过一个上市公司已发行股份的5%时，应当在该事实发生之日起3日内编制权益变动报告书，向中国证监会、证券交易所提交书面报告，抄报派出机构，通知该上市公司，并予公告。

投资者及其一致行动人拥有权益的股份达到一个上市公司已发行股份的5%后，其拥有权益的股份占该上市公司已发行股份的比例每增加或者减少达到或者超过5%的，应当依照前款规定履行报告、公告义务。

第十六条 投资者及其一致行动人不是上市公司的第一大股东或者实际控制人，其拥有权益的股份达到或者超过该公司已发行股份的5%，但未达到20%的，应当编制简式权益变动报告书。

第十七条 投资者及其一致行动人拥有权益的股份达到或者超过一个上市公司已发行股份的20%但未超过30%的，应当编制详式权益变动报告书。

第三章 要约收购

第二十三条 投资者自愿选择以要约方式收购上市公司股份的，可以向被收购公司所有股东发出收购其所持有的全部股份的要约（以下简称全面要约），也可以向被收购公司所有股东发出收购其所持有的部分股份的要约（以下简称部分要约）。

第二十四条 通过证券交易所的证券交易，收购人持有一个上市公司的股份达到该公司已发行股份的30%时，继续增持股份的，应当采取要约方式进行，发出全面要约或者部分要约。

第二十五条 收购人依照本办法第二十三条、第二十四条、第四十七条、第五十六条的规定，以要约方式收购一个上市公司股份的，其预定收购的股份比例均不得低于该上市公司已发行股份的5%。

第二十六条　以要约方式进行上市公司收购的，收购人应当公平对待被收购公司的所有股东。持有同一种类股份的股东应当得到同等对待。

第二十七条　收购人为终止上市公司的上市地位而发出全面要约的，或者向中国证监会提出申请但未取得豁免而发出全面要约的，应当以现金支付收购价款；以依法可以转让的证券（以下简称证券）支付收购价款的，应当同时提供现金方式供被收购公司股东选择。

第三十三条　收购人作出提示性公告后至要约收购完成前，被收购公司除继续从事正常的经营活动或者执行股东大会已经作出的决议外，未经股东大会批准，被收购公司董事会不得通过处置公司资产、对外投资、调整公司主要业务、担保、贷款等方式，对公司的资产、负债、权益或者经营成果造成重大影响。

第三十四条　在要约收购期间，被收购公司董事不得辞职。

第三十五条　收购人按照本办法规定进行要约收购的，对同一种类股票的要约价格，不得低于要约收购提示性公告日前6个月内收购人取得该种股票所支付的最高价格。

要约价格低于提示性公告日前30个交易日该种股票的每日加权平均价格的算术平均值的，收购人聘请的财务顾问应当就该种股票前6个月的交易情况进行分析，说明是否存在股价被操纵、收购人是否有未披露的一致行动人、收购人前6个月取得公司股份是否存在其他支付安排、要约价格的合理性等。

第三十六条　收购人可以采用现金、证券、现金与证券相结合等合法方式支付收购上市公司的价款。收购人聘请的财务顾问应当说明收购人具备要约收购的能力。

第三十七条　收购要约约定的收购期限不得少于30日，并不得超过60日；但是出现竞争要约的除外。

在收购要约约定的承诺期限内，收购人不得撤销其收购要约。

第四十三条　收购期限届满，发出部分要约的收购人应当按照收购要约约定的条件购买被收购公司股东预受的股份，预受要约股份的数量超过预定收购数量时，收购人应当按照同等比例收购预受要约的股份；以终止被收购公司上市地位为目的的，收购人应当按照收购要约约定的条件购买被收购公司股东预受的全部股份；未取得中国证监会豁免而发出全面要约的收购人应当购买被收购公司股东预受的全部股份。

第四十四条　收购期限届满，被收购公司股权分布不符合上市条件，该上市公司的股票由证券交易所依法终止上市交易。在收购行为完成前，其余仍持有被收购公司股票的股东，有权在收购报告书规定的合理期限内向收购人以收购要约的同等条件出售其股票，收购人应当收购。

第四章 协议收购

第四十七条 收购人拥有权益的股份达到该公司已发行股份的30%时，继续进行收购的，应当依法向该上市公司的股东发出全面要约或者部分要约。符合本办法第六章规定情形的，收购人可以向中国证监会申请免除发出要约。

收购人拟通过协议方式收购一个上市公司的股份超过30%的，超过30%的部分，应当改以要约方式进行；但符合本办法第六章规定情形的，收购人可以向中国证监会申请免除发出要约。收购人在取得中国证监会豁免后，履行其收购协议；未取得中国证监会豁免且拟继续履行其收购协议的，或者不申请豁免的，在履行其收购协议前，应当发出全面要约。

第五十条 收购人进行上市公司的收购，应当向中国证监会提交以下文件：

（一）中国公民的身份证明，或者在中国境内登记注册的法人、其他组织的证明文件；

（二）基于收购人的实力和从业经验对上市公司后续发展计划可行性的说明，收购人拟修改公司章程、改选公司董事会、改变或者调整公司主营业务的，还应当补充其具备规范运作上市公司的管理能力的说明；

（三）收购人及其关联方与被收购公司存在同业竞争、关联交易的，应提供避免同业竞争等利益冲突、保持被收购公司经营独立性的说明；

（四）收购人为法人或者其他组织的，其控股股东、实际控制人最近2年未变更的说明；

（五）收购人及其控股股东或实际控制人的核心企业和核心业务、关联企业及主营业务的说明；收购人或其实际控制人为两个或两个以上的上市公司控股股东或实际控制人的，还应当提供其持股5%以上的上市公司以及银行、信托公司、证券公司、保险公司等其他金融机构的情况说明；

（六）财务顾问关于收购人最近3年的诚信记录、收购资金来源合法性、收购人具备履行相关承诺的能力以及相关信息披露内容真实性、准确性、完整性的核查意见；收购人成立未满3年的，财务顾问还应当提供其控股股东或者实际控制人最近3年诚信记录的核查意见。

境外法人或者境外其他组织进行上市公司收购的，除应当提交第一款第（二）项至第（六）项规定的文件外，还应当提交以下文件：

（一）财务顾问出具的收购人符合对上市公司进行战略投资的条件、具有收购上市公司的能力的核查意见；

（二）收购人接受中国司法、仲裁管辖的声明。

第五十二条 以协议方式进行上市公司收购的，自签订收购协议起至相关股份完成过户的期间为上市公司收购过渡期（以下简称过渡期）。在过渡期内，收购人不得通过控股股东提议改选上市公司董事会，确有充分理由改选董事会的，来自收购人的董事不得超过董事会成员的1/3；被收购公司不得为收购人及其关联方提供担保；被收购公司不得公开发行股份募集资金，不得进行重大购买、出售资产及重大投资行为或者与收购人及其关联方进行其他关联交易，但收购人为挽救陷入危机或者面临严重财务困难的上市公司的情形除外。

第五章 间接收购

第五十六条 收购人拥有权益的股份超过该公司已发行股份的30%的，应当向该公司所有股东发出全面要约；收购人预计无法在事实发生之日起30日内发出全面要约的，应当在前述30日内促使其控制的股东将所持有的上市公司股份减持至30%或者30%以下，并自减持之日起2个工作日内予以公告；其后收购人或者其控制的股东拟继续增持的，应当采取要约方式；拟依据本办法第六章的规定申请豁免的，应当按照本办法第四十八条的规定办理。

第五十七条 投资者虽不是上市公司的股东，但通过投资关系取得对上市公司股东的控制权，而受其支配的上市公司股东所持股份达到前条规定比例，且对该股东的资产和利润构成重大影响的，应当按照前条规定履行报告、公告义务。

第六章 豁免申请

第六十一条 符合本办法第六十二条、第六十三条规定情形的，投资者及其一致行动人可以向中国证监会申请下列豁免事项：

（一）免于以要约收购方式增持股份；

（二）存在主体资格、股份种类限制或者法律、行政法规、中国证监会规定的特殊情形的，可以申请免于向被收购公司的所有股东发出收购要约。

未取得豁免的，投资者及其一致行动人应当在收到中国证监会通知之日起30日内将其或者其控制的股东所持有的被收购公司股份减持到30%或者30%以下；拟以要约以外的方式继续增持股份的，应当发出全面要约。

第六十二条 有下列情形之一的，收购人可以向中国证监会提出免于以要约方式增持股份的申请：

（一）收购人与出让人能够证明本次转让未导致上市公司的实际控制人发生变化；

（二）上市公司面临严重财务困难，收购人提出的挽救公司的重组方案取得该公司股东大会批准，且收购人承诺3年内不转让其在该公司中所拥有的权益；

（三）经上市公司股东大会非关联股东批准，收购人取得上市公司向其发行的新股，导致其在该公司拥有权益的股份超过该公司已发行股份的30%，收购人承诺3年内不转让本次向其发行的新股，且公司股东大会同意收购人免于发出要约；

（四）中国证监会为适应证券市场发展变化和保护投资者合法权益的需要而认定的

其他情形。

第八章 持续监管

第七十二条 在上市公司收购行为完成后12个月内，收购人聘请的财务顾问应当在每季度前3日内就上一季度对上市公司影响较大的投资、购买或者出售资产、关联交易、主营业务调整以及董事、监事、高级管理人员的更换、职工安置、收购人履行承诺等情况向派出机构报告。

第七十四条 在上市公司收购中，收购人持有的被收购公司的股份，在收购完成后12个月内不得转让。

收购人在被收购公司中拥有权益的股份在同一实际控制人控制的不同主体之间进行转让不受前述12个月的限制，但应当遵守本办法第六章的规定。

第十章 附 则

第八十三条 本办法所称一致行动，是指投资者通过协议、其他安排，与其他投资者共同扩大其所能够支配的一个上市公司股份表决权数量的行为或者事实。

在上市公司的收购及相关股份权益变动活动中有一致行动情形的投资者，互为一致行动人。如无相反证据，投资者有下列情形之一的，为一致行动人：

（一）投资者之间有股权控制关系；

（二）投资者受同一主体控制；

（三）投资者的董事、监事或者高级管理人员中的主要成员，同时在另一个投资者担任董事、监事或者高级管理人员；

（四）投资者参股另一投资者，可以对参股公司的重大决策产生重大影响；

（五）银行以外的其他法人、其他组织和自然人为投资者取得相关股份提供融资安排；

（六）投资者之间存在合伙、合作、联营等其他经济利益关系；

（七）持有投资者30%以上股份的自然人，与投资者持有同一上市公司股份；

（八）在投资者任职的董事、监事及高级管理人员，与投资者持有同一上市公司股份；

（九）持有投资者30%以上股份的自然人和在投资者任职的董事、监事及高级管理人员，其父母、配偶、子女及其配偶、配偶的父母、兄弟姐妹及其配偶、配偶的兄弟姐妹及其配偶等亲属，与投资者持有同一上市公司股份；

（十）在上市公司任职的董事、监事、高级管理人员及其前项所述亲属同时持有本公司股份的，或者与其自己或者其前项所述亲属直接或者间接控制的企业同时持有本公司股份；

（十一）上市公司董事、监事、高级管理人员和员工与其所控制或者委托的法人或者其他组织持有本公司股份；

（十二）投资者之间具有其他关联关系。

一致行动人应当合并计算其所持有的股份。投资者计算其所持有的股份，应当包括登记在其名下的股份，也包括登记在其一致行动人名下的股份。

投资者认为其与他人不应被视为一致行动人的，可以向中国证监会提供相反证据。

❖ 上市公司执行企业会计准则监管问题解答（第三期）

《财政部关于做好执行会计准则企业2008年年报工作的通知》（财会函［2008］60号），企业购买上市公司，被购买的上市公司不构成业务的，购买企业应按照权益性交易的原则进行处理，不得确认商誉或计入当期损益。在实务中，适用上述会计处理原则的常见情况有哪些？

解答：实务中适用上述会计处理原则的常见情况有如下三种：

（1）非上市公司通过购买“空壳”上市公司实现借壳上市；

（2）非上市公司借壳上市，“壳公司”中除现金和金融资产外无其他非货币性资产；

（3）上市公司和非上市公司通过资产置换，置出全部资产负债，另外增发股票收购非上市公司资产负债（股权），非上市公司实现借壳上市。

非上市公司取得上市公司的控制权，构成反向购买的，上市公司应如何编制与披露其个别报表？

解答：上市公司在其个别财务报表中应当按照《企业会计准则第2号——长期股权投资》等的规定确定取得资产的入账价值。披露的前期比较报表，应为自身个别财务报表。

❖ 上市公司执行企业会计准则监管问题解答（第四期）

上市公司在发行权益性证券过程中发生的各种交易费用及其他费用，应如何进行会计核算？

解答：上市公司为发行权益性证券发生的承销费、保荐费、上网发行费、招股说明书印刷费、申报会计师费、律师费、评估费等与发行权益性证券直接相关的新增外部费用，应自所发行权益性证券的发行收入中扣减，在权益性证券发行有溢价的情况下，自溢价收入中扣除，在权益性证券发行无溢价或溢价金额不足以扣减的情况下，应当冲减盈余公积和未分配利润；发行权益性证券过程中发行的广告费、路演及财经公关费、上市酒会费等其他费用应在发生时计入当期损益。

第四章

公司合并

第一节 概念解析

一、税法下的公司合并

根据财税［2009］59号文规定，公司合并是指一家或多家企业（被合并企业）将其全部资产和负债转让给另一家现存或新设企业（合并企业），被合并企业股东换取合并企业的股权或非股权支付，实现两个或两个以上企业的依法合并。此处“依法”主要是依《中华人民共和国公司法》（2005年10月27日中华人民共和国主席令第四十二号）以及有关部门的核准等规定。

《公司法》第九章“公司合并、分立、增资、减资”第一百七十三条规定：公司合并可以采取吸收合并或者新设合并。一个公司吸收其他公司为吸收合并，被吸收的公司解散；两个以上公司合并设立一个新的公司为新设合并，合并各方解散。

所以，财税［2009］59号文所描述的被合并企业将全部资产和负债转让给另一家现存公司的为吸收合并，被合并方应注销；被合并企业将全部资产和负债转让给新设公司的为新设合并，所有被合并方都应注销。

吸收合并的交易流程如图4－1所示。

新设合并的交易流程如图4－2所示。

二、会计准则下的公司合并

《企业会计准则第20号》规定，企业合并是将两个或两个以上单独的企业合并形

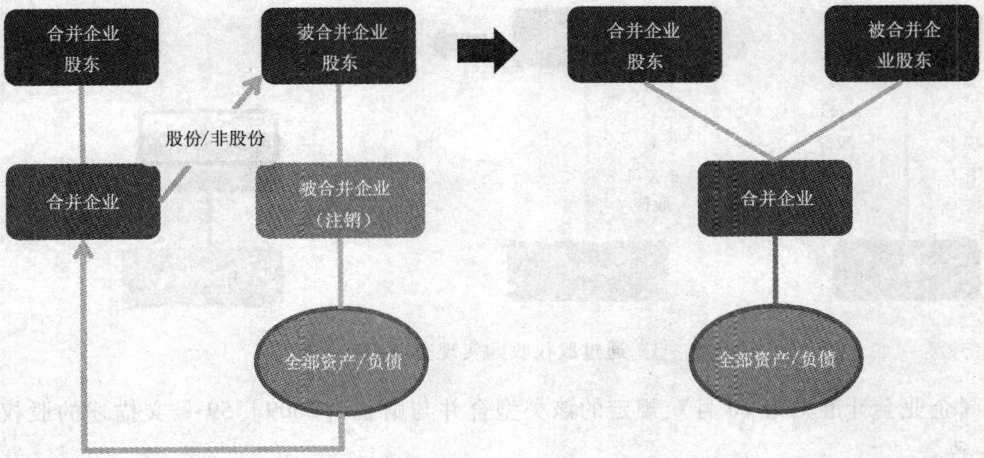

图 4-1 吸收合并交易流程

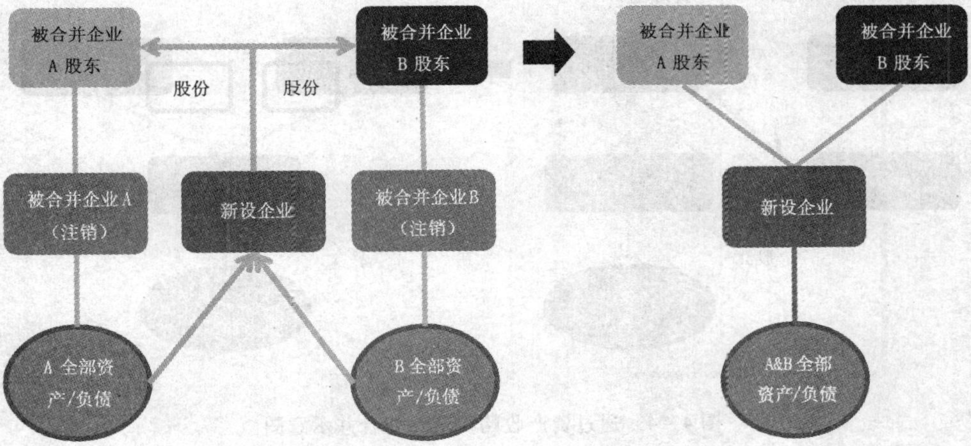

图 4-2 新设合并交易流程

成一个报告主体的交易或事项。企业合并的结果通常是一个企业取得了对一个或多个业务的控制权。构成企业合并至少包括两层含义：一是取得对另一个或多个企业（或业务）的控制权；二是所合并的企业必须构成业务。业务是指企业内部某些生产经营活动或资产负债的组合，该组合具有投入、加工处理和产出能力，能够独立计算其成本费用或所产生的收入。

假定在企业合并前 A、B 两个企业为各自独立的法律主体，且构成业务（在合并交易发生前，不存在任何投资关系），企业合并准则中所界定的企业合并，包括但不限于以下情形：

1. 企业 A 通过增发自身的普通股自企业 B 原股东处取得企业 B 的全部股权，该交易事项发生后，企业 B 仍持续经营。交易流程如图 4-3 所示。

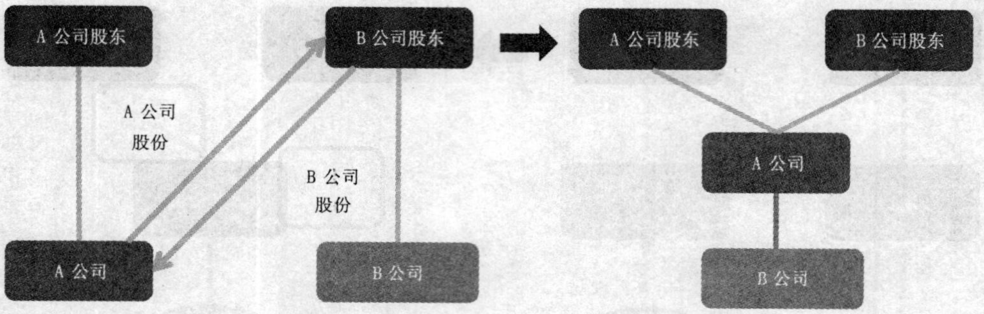

图 4－3　通过股权收购实现企业合并示意图

《企业会计准则第 20 号》规定的该类型合并与财税［2009］59 号文描述的股权收购一致。

2. 企业 A 支付对价取得企业 B 的净资产，该交易事项发生后，撤销企业 B 的法人资格。交易流程如图 4－4 所示。

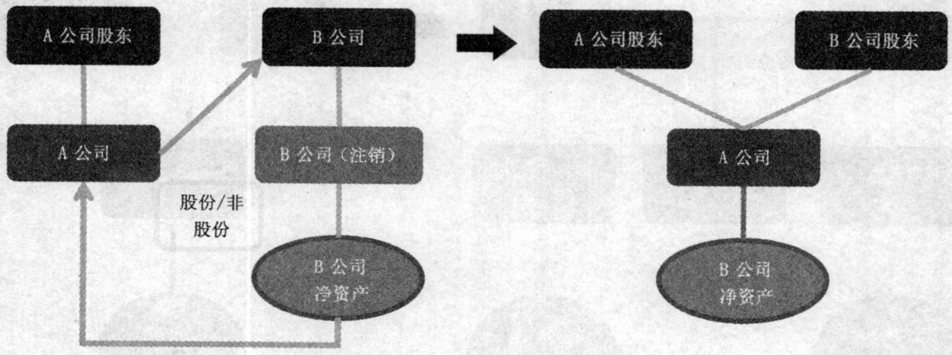

图 4－4　通过资产收购实现企业合并示意图

《企业会计准则第 20 号》规定的该类型合并与财税［2009］59 号文描述的吸收合并一致。

3. 企业 A 以其资产作为出资投入企业 B，取得对企业 B 的控制权，该交易事项发生后，企业 B 仍维持其独立法人资格继续经营。交易流程如图 4－5 所示。

《企业会计准则第 20 号》规定的该类型合并不属于财税［2009］59 号文描述的任何形式的重组，在税务上需要按以资产（非货币性资产）对外投资进行税务处理。

通过以上税法和会计准则对公司合并各种类型的描述和比较，可以发现税法和企业会计准则在公司合并上存在较大差异。所以，在日常业务处理时，一定要区分清楚概念和交易架构，切莫混淆，以免错误地进行税务和会计处理。

三、同一控制下合并

1. 税法下的同一控制。财税［2009］59 号文第六条第四款规定，同一控制下且不

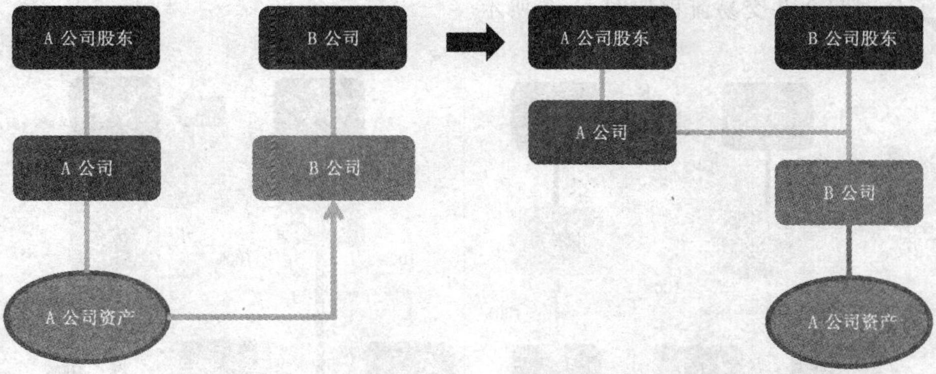

图 4 – 5　通过出资控股实现企业合并示意图

需要支付对价的企业合并，可以适用企业所得税特殊税务处理。

国家税务总局 2010 年第 4 号公告第二十一条规定，财税［2009］59 号文第六条第四款规定的同一控制，是指参与合并的企业在合并前后均受同一方或相同的多方最终控制，且该控制并非暂时性的。能够对参与合并的企业在合并前后均实施最终控制权的相同多方，是指根据合同或协议的约定，对参与合并企业的财务和经营政策拥有决定控制权的投资者群体。在企业合并前，参与合并各方受最终控制方的控制在 12 个月以上，企业合并后所形成的主体在最终控制方的控制时间也应达到连续 12 个月。

财税［2009］59 号文没有明确，但是其所描述的“不需要支付对价的企业合并”实际操作中只能出现在 100% 收购交易中，被合并方须注销；如是同一集团公司的下属子公司的合并，则合并双方都应该是同一集团 100% 持股的公司。同一控制下且不需要支付对价的企业合并有三种模式，即母公司吸收合并子公司、子公司吸收合并母公司以及子公司之间合并（包括吸收合并和新设合并）。其交易架构如图 4 – 6 所示。

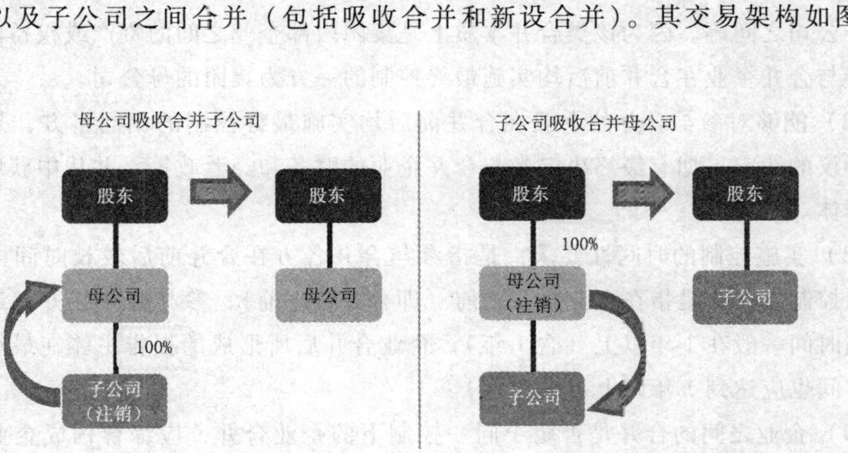

图 4 – 6　母公司吸收合并子公司及子公司吸收合并母公司架构图

子公司间合并交易流程如图 4 –7 所示。

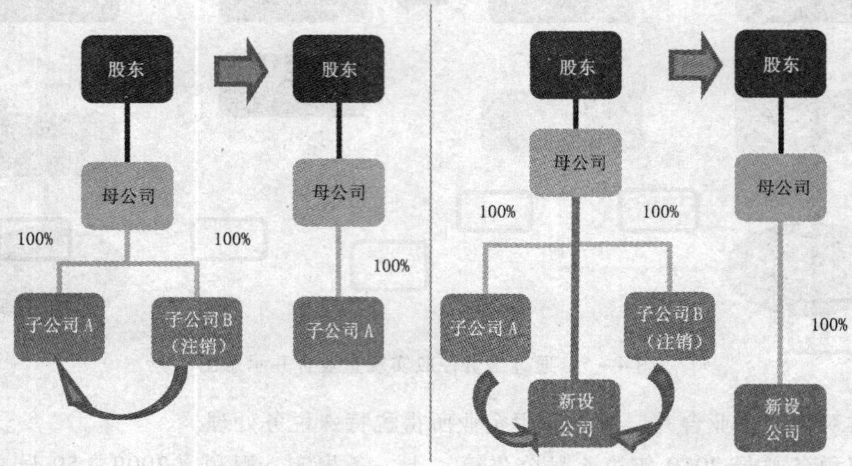

图 4 –7　子公司间合并交易流程图

2. 会计准则下的同一控制。《企业会计准则第 20 号》将企业合并划分为两大基本类型——同一控制下的企业合并与非同一控制下的企业合并。

同一控制下的企业合并是指参与合并的企业在合并前后均受同一方或相同的多方最终控制且该控制并非暂时性的；非同一控制下的企业合并，是指参与合并各方在合并前后不受同一方或相同的多方最终控制的合并交易，即同一控制下企业合并以外的其他企业合并。

判断某一企业合并是否属于同一控制下的企业合并，应当把握以下要点：

（1）能够对参与合并各方在合并前后均实施最终控制的一方通常指企业集团的母公司。同一控制下的企业合并一般发生于企业集团内部，如集团内母子公司之间、子公司与子公司之间等。因为该类合并本质上是集团内部企业之间的资产或权益的转移，能够对参与合并企业在合并前后均实施最终控制的一方为集团的母公司。

（2）能够对参与合并的企业在合并前后均实施最终控制的相同多方，是指根据合同或协议的约定，拥有最终决定参与合并企业的财务和经营政策，并从中获取利益的投资者群体。

（3）实施控制的时间性要求，是指参与合并各方在合并前后较长时间内为最终控制方所控制。具体是指在企业合并之前（即合并日之前），参与合并各方在最终控制方的控制时间一般在 1 年以上（含 1 年），企业合并后所形成的报告主体在最终控制方的控制时间也应达到 1 年以上（含 1 年）。

（4）企业之间的合并是否属于同一控制下的企业合并，应综合构成企业合并交易的各方面情况，按照实质重于形式的原则进行判断。通常情况下，同一控制下的企业合并是指发生在同一企业集团内部企业之间的合并。

同受国家控制的企业之间发生的合并，不应仅仅因为参与合并各方在合并前后均受国家控制而将其作为同一控制下的企业合并。

对比国家税务总局2010年第4号公告和《企业会计准则第20号》关于同一控制合并的概念和条件的描述，两者并没有明显的差异。但是需要注意的是，国家税务总局2010年第4号公告所说的同一控制下合并应该是100%合并，被合并方注销。所以，税法上同一控制的范围比会计准则的范围小。

在会计准则规定下，同受国家控制的企业之间发生的合并不属于同一控制下合并。但是，税法中并没有明确该情形是否属于同一控制合并。由于我国当下许多大型的企业重组都属于国家主导下的国有企业重组，因为行政干预和资产国有的特点，往往存在重组双方之间资产的无偿划拨，即不存在对价支付。而且，财税［2009］59号文第十二条规定，对企业在重组过程中涉及的需要特别处理的企业所得税事项，由国务院财政、税务主管部门另行规定。实际上在税收政策上为国有企业之间的重组业务的特殊税务处理留下了一个口子。

所以，我们认为同受国家控制的企业之间发生的合并在税务处理上应该可以作为同一控制下的企业合并来进行企业所得税特殊税务处理①。

第二节 税收法规解析

一、法规框架

企业合并虽然涉及被合并方向合并方转移资产，被合并方注销法人资格，但实际上是企业资产、负债和劳动力的整体转移，属于产权整体转让。所以，一般情况下公司合并不涉及流转税纳税义务。公司合并过程由于房屋建筑物、土地使用权转移产生的契税和土地增值税纳税义务，根据目前税收政策暂免征收。

表4-1例示了我国现行公司合并主要税收政策。

所以，公司合并涉及的纳税义务主要是所得税，包括企业所得税和个人所得税。其中企业所得税如果不满足特殊税务处理条件，则被合并企业需要进行税务清算，被清算公司及其股东两个层面都存在纳税义务。

---

① 深交所发布的《上市公司执行新会计准则备忘录第4号》：在重组方已实质上成为公司控股股东的情况下，根据实质重于形式的原则，上市公司向其发行新股以收购其持有的其他公司的股权投资（假设为控股权），通常情况下，如有确凿证据表明重组方在一年内对上市公司仍存在控制关系，则可将上述交易认定为同一控制条件下的企业合并。

表 4－1　　　公司合并主要税收政策一览表

税种	税负分析	税收文件依据	备　注
企业所得税	根据是否满足特殊税务处理的条件，区分一般税务处理和特殊税务处理	国务院令第512号第七十五条 财税［2009］59号 财税［2009］60号 国家税务总局2010年第4号公告	如果适用一般税务处理，需要在被清算企业和股东两个层面纳税
个人所得税	国家税务总局未出台文件明确	大地税函［2009］212号	大地税函［2009］212号文明确要征①
增值税	资产重组过程中，通过合并、分立、出售、置换等方式，将全部或者部分实物资产以及与其相关联的债权、负债和劳动力一并转让的，不征税	财政部　国家税务总局第50号令	
	不符合上述条件的征税	国家税务总局2011年第13号公告	要满足不征收增值税和营业税，被合并企业必须构成一项业务
营业税	资产重组过程中，通过合并、分立、出售、置换等方式，将全部或者部分实物资产以及与其相关联的债权、负债和劳动力一并转让的，不征税	国家税务总局2011年第51号公告	
	不符合上述条件的征税		
土地增值税	在企业兼并中，对被兼并企业将房地产转让到兼并企业中的，暂免征收土地增值税	国务院1993年138号令	
契税	两个或两个以上的企业，依据法律规定、合同约定，合并改建为一个企业，且原投资主体存续的，对其合并后的企业承受原合并各方的土地、房屋权属，免征契税	财税［2012］4号	执行期限为2012年1月1日至2014年12月31日
印花税	资金账簿原已贴花的部分可不再贴花；产权转移书据免交	财税［2003］183号	

① 辽宁省大连市地方税务局发文。

二、企业所得税

《企业所得税法实施条例》第七十五条明确：除国务院财政、税务主管部门另有规定外，企业在重组过程中，应当在交易发生时确认有关资产的转让所得或者损失，相关资产应当按照交易价格重新确定计税基础。

同时，根据财税［2009］59 号文的规定，合并是税法规定的企业重组形式之一，在所得税处理上区分不同条件分别适用一般性税务处理规定和特殊性税务处理规定。

（一）一般税务处理

根据财税［2009］59 号文第四条（三）的规定，企业合并应按以下规定进行企业所得税处理：

（1）合并企业应按公允价值确定接受被合并企业各项资产和负债的计税基础。

（2）被合并企业及其股东都应按清算进行所得税处理。

（3）被合并企业的亏损不得在合并企业结转弥补。

企业合并一般税务处理，除了财税［2009］59 号文以上规定事项外，还需要注意以下事项：

（1）合并方应确认以非货币性资产（包括控股子公司股权）作为对价应确认的资产转让所得；

（2）被合并方取得非货币性对价的计税基础以公允价值为基础确定。

（二）特殊税务处理

根据财税［2009］59 号文第五条和第六条（四）的规定，企业合并重组业务同时符合下列条件的，适用特殊性税务处理规定：

（1）具有合理的商业目的，且不以减少、免除或者推迟缴纳税款为主要目的。

（2）企业重组后的连续 12 个月内（指自重组日起计算的连续 12 个月内）不改变重组资产原来的实质性经营活动。

（3）企业重组中取得股权支付的原主要股东，在重组后连续 12 个月内，不得转让所取得的股权。原主要股东，是指原持有转让企业或被收购企业 20% 以上股权的股东。

（4）受让企业在该资产收购发生时的股权支付金额不低于其交易支付总额的 85%，以及同一控制下且不需要支付对价的企业合并。

特殊税务处理如下：

（1）合并企业接受被合并企业资产和负债的计税基础，以被合并企业的原有计税基础确定。

（2）被合并企业合并前的相关所得税事项由合并企业承继。

由合并企业承继的所得税事项包括尚未确认的资产损失、分期确认收入的处理以及尚未享受期满的税收优惠政策承继处理问题等。

（3）可由合并企业弥补的被合并企业亏损的限额 = 被合并企业净资产公允价值 ×

截至合并业务发生当年年末国家发行的最长期限的国债利率

可由合并企业弥补的被合并企业亏损的限额，是指按税法规定的剩余结转年限内，每年可由合并企业弥补的被合并企业亏损的限额。

(4) 被合并企业股东取得合并企业股权的计税基础，以其原持有的被合并企业股权的计税基础确定。

企业合并特殊税务处理，除了财税［2009］59 号文以上规定事项外，还需要注意以下事项：

(1) 被合并企业股东取得合并企业支付的除股份支付以外的资产（非股份支付）作为对价的，应确认相应部分资产的转让所得。

被合并企业股东收到的非股权支付对价应确认的所得 =［（被合并企业资产的公允价值 - 被合并企业资产的原计税基础）×（收到的非股权对价 ÷ 被合并企业资产的公允价值）］

被合并企业取得的合并企业股权支付的计税基础 =［被合并企业资产的初始计税基础 -（非股权支付金额 - 资产转让所得）］

(2) 合并企业取得的被合并企业资产计税基础 = 被合并企业资产原有计税基础 + 被合并企业股东确认的所得

(3) 合并企业应确认非股份支付资产转让所得，被合并企业取得非股份支付资产的计税基础以公允价值确认。

(三) 税收优惠

1. 一般税务处理税收优惠继承。财税［2009］59 号文第九条规定：在企业吸收合并中，合并后的存续企业性质及适用税收优惠的条件未发生改变的，可以继续享受合并前该企业剩余期限的税收优惠，其优惠金额按存续企业合并前一年的应纳税所得额（亏损计为零）计算。

国家税务总局 2010 年第 4 号公告第十五条规定：企业合并重组，合并各方企业涉及享受《企业所得税法》第五十七条规定中就企业整体（即全部生产经营所得）享受的税收优惠过渡政策尚未期满的，仅就存续企业未享受完的税收优惠，按照财税［2009］59 号文第九条的规定执行；注销的被合并企业未享受完的税收优惠，不再由存续企业承继；合并而新设的企业不得再承继或重新享受上述优惠。合并各方企业按照《企业所得税法》的税收优惠规定和税收优惠过渡政策中就企业有关生产经营项目的所得享受的税收优惠承继问题，按照《企业所得税实施条例》第八十九条规定执行。

《企业所得税法》第五十七条规定：本法公布前已经批准设立的企业，依照当时的税收法律、行政法规规定，享受低税率优惠的，按照国务院规定，可以在本法施行后 5 年内，逐步过渡到本法规定的税率；享受定期减免税优惠的，按照国务院规定，可以在本法施行后继续享受到期满为止，但因未获利而尚未享受优惠的，优惠期限从本法施行年度起计算。

2. 特殊税务处理税收优惠继承。国家税务总局2010年第4号公告第二十八条规定，对税收优惠政策承继处理问题，凡属于依照《企业所得税法》第五十七条规定中就企业整体（即全部生产经营所得）享受税收优惠过渡政策的，合并后的企业性质及适用税收优惠条件未发生改变的，可以继续享受合并前各企业剩余期限的税收优惠。合并前各企业剩余的税收优惠年限不一致的，合并后企业每年度的应纳税所得额，应统一按合并日各合并前企业资产占合并后企业总资产的比例进行划分，再分别按相应的剩余优惠计算应纳税额。合并前各企业按照《企业所得税法》的税收优惠规定以及税收优惠过渡政策中就有关生产经营项目所得享受的税收优惠承继处理问题，按照《企业所得税法实施条例》第八十九条规定执行。

《企业所得税法实施条例》第八十九条规定：依照本条例第八十七条和第八十八条规定享受减免税优惠的项目，在减免税期限内转让的，受让方自受让之日起，可以在剩余期限内享受规定的减免税优惠；减免税期限届满后转让的，受让方不得就该项目重复享受减免税优惠。

《企业所得税法实施条例》第八十七条规定：企业从事国家重点扶持的公共基础设施项目的投资经营的所得，自项目取得第一笔生产经营收入所属纳税年度起，第一年至第三年免征企业所得税，第四年至第六年减半征收企业所得税。国家重点扶持的公共基础设施项目，是指《公共基础设施项目企业所得税优惠目录》规定的港口码头、机场、铁路、公路、城市公共交通、电力、水利等项目。企业承包经营、承包建设和内部自建自用本条规定的项目，不得享受本条规定的企业所得税优惠。

《企业所得税法实施条例》第八十八条规定：企业从事符合条件的环境保护、节能节水项目的所得，自项目取得第一笔生产经营收入所属纳税年度起，第一年至第三年免征企业所得税，第四年至第六年减半征收企业所得税。称符合条件的环境保护、节能节水项目，包括公共污水处理、公共垃圾处理、沼气综合开发利用、节能减排技术改造、海水淡化等。项目的具体条件和范围由国务院财政、税务主管部门商国务院有关部门制订，报国务院批准后公布施行。

需要特别注意的是，《企业所得税法实施条例》第八十七条和第八十八条规定的从事国家重点扶持的公共基础设施项目的投资经营的所得和从事符合条件的环境保护、节能节水项目的所得的税收优惠继承不受一般税务处理和特殊税务处理选择的影响。

（四）税法案例解析

1. 税务处理选择。

【案例4-1】 被收购企业B全部资产负债计税基础为1 000万元，公允价值为5 000万元；A企业拟吸收合并B公司，交易价格为5 000万元。

交易架构如图4-8所示。

支付方案如下：

(1) 以公允价值3 500万元的A公司股份加1 500万元现金作为合并对价，即股份

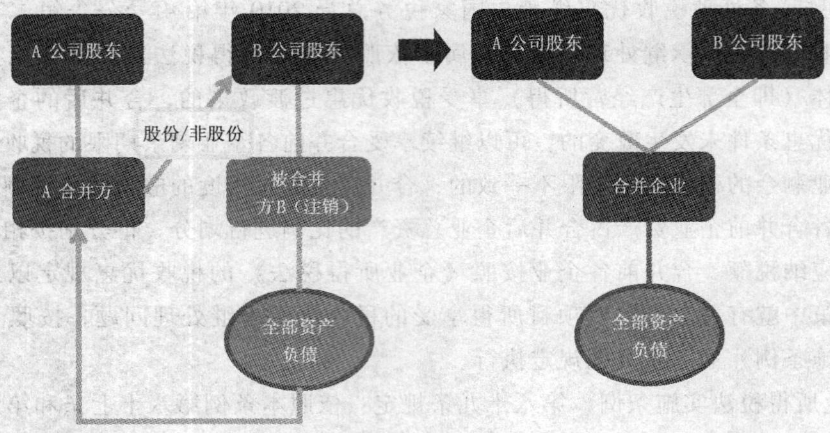

图4－8 交易架构图

支付为70%；

（2）以公允价值4 500万元的A公司股份加500万元现金作为合并的对价，即股份支付为90%。

假设该吸收合并交易符合合理商业目的，企业重组后的连续12个月内不改变重组资产原来的实质性经营活动；企业重组中取得股权支付的原主要股东，在重组后连续12个月内，不转让所取得的股权。

即第一种方案股份支付比例未达到适用特殊税务处理的要求，应采用一般税务处理；而第二种方案满足特殊税务处理条件，并且交易双方选择特殊税务处理。两种税务处理方式的企业所得税影响比较如下：

方案1——一般税务处理：

合并方取得资产的计税基础＝股权支付公允价值＋非股权支付公允价值

＝3 500＋1 500＝5 000（万元）

被合并方股东取得股权的计税基础＝收到股权的公允价值＝3 500万元

被合并方应确认的资产转让所得＝取得的对价支付－被合并方资产负债原计税基础

＝5 000－1 000＝4 000（万元）

方案2——特殊税务处理：

被合并方股东取得非股份支付对价确认的资产转让所得＝［（全部资产负债的公允价值－全部资产负责的计税基础）×（收到的非股份补价÷全部资产负债的公允价值）］＝（5 000－1 000）×（500/5 000）＝400（万元）

被合并方股东取得股权计税基础＝［全部资产负债的初始计税基础－（非股权支付金额－资产转让所得）］＝1 000－（500－400）＝900（万元）

合并方取得全部资产负债的计税基础＝被合并方原有资产负债计税基础＋被合并方股东确认的所得＝1 000＋400＝1 400（万元）

一般税务处理与特殊税务处理的对比如表4-2所示。

表4-2 一般税务处理与特殊税务处理的对比

方案	应税所得/损失的确认	计税基础	备注
一般税务处理	被合并方股东应确认的资产转让所得=4 000万元	合并方取得资产负债的计税基础为5 000万元； 被合并方股东取得合并方股权计税基础3 500万元，非股份支付的计税基础1 500万元，合计为5 000万元	合并方取得资产负债计税基础=被合并方资产负债原计税基础+被合并方股东确认的资产转让所得=1 000万元+4 000万元=被合并方股东取得的股份支付计税基础3 500万元+非股权支付的计税基础1 500万元=5 000万元
特殊税务处理	被合并方股东取得非股份支付部分确认的收益=400万元	合并方取得被合并方资产负债的计税基础为1 400万元； 被合并方股东取得的收购方股权的计税基础为900万元，取得的非股权支付计税基础为500万元，合计为1 400万元	合并方取得的资产负债计税基础=被合并方资产负债原计税基础+被合并方股东当期确认的收益=1 000万元+400万元=被合并方股东取得的股份支付计税基础900万元+取得非股权支付的计税基础500万元=1 400万元
差异	确认的应税所得/差异=4 000-400=3 600（万元）	计税基础差异=5 000-1 400=3 600（万元）	确认的应税所得/损失=计税基础的差异

比较案例4-1两种不同的税务处理，一般税务处理被合并方股东被合并当期确认了4 000万元的收益，合并方确认了5 000万元的资产计税基础；特殊税务处理被合并方股东在被合并当期确认了400万元的收益，但是合并方只确认了1 400万元的资产计税基础。

一般税务处理比特殊税务处理多确认应税所得3 600万元，但是一般税务处理比特殊税务处理多确认了3 600万元的资产计税基础。即在一般税务处理情况下，被合并方股东确认的资产转让收益，同时增加了收购方的资产负债计税基础，增加合并方资产负债未来的企业所得税税前扣除数；在特殊税务处理情况下，被合并方股东未确认的股份支付部分的资产转让收益，相应的合并方取得资产负债的计税基础不能按公允价值进行调整，按原计税基础确认，减少了合并方资产负债未来的企业所得税税前扣除数。

所以，企业合并企业所得税特殊税务处理实质上是一种所得税的递延，即被合并方股东在重组当期确认的资产负债转让收益，通过合并方资产计税基础的调整，增加未来所得税前可抵扣金额得到补偿，从交易税负长远影响和交易双方整体税负来看，不管是采用一般税务处理还是采用特殊税务处理，整体税负是相当的，即体现了并购重组税务处理的中性原则。

2. 未弥补亏损结转。

【案例4－2】 被合并企业B在合并前由于经营管理不善，2009年、2010年和2011年各发生可以弥补的亏损200万元、1 000万元和1 200万元，即2012年累计未弥补的亏损达到2 400万元。B企业于2012年被A企业吸收合并，经评估确认的公允价值为5 000万元。合并后B企业的资源得到重新整合，并产生重组效益，重组后的企业2012年、2013年、2014年、2015年和2016年分别产生500万元、700万元、800万元、850万元和920万元的税前利润。

假设当年最长期限国债利率为4.4%。

一般税务处理：

B企业被吸收合并后，其未弥补亏损不能结转到合并后企业进行弥补。

特殊税务处理：

特殊税务处理情况下，B企业被吸收合并前的未弥补亏损可以结转到合并后企业进行弥补。

每年可由合并企业A弥补的被合并企业B亏损的限额＝被合并企业B净资产公允价值×截至合并业务发生当年年末国家发行的最长期限的国债利率＝5 000×4.4%＝220（万元）

2012年弥补亏损明细如表4－3所示。

表4－3　　2012年弥补亏损明细表　　单位：人民币百万元

行次	项目	年度 1	亏损或盈利金额 2	合并分立企业转入可弥补亏损额 3	本年度可弥补的亏损额 4	可结转下一年度未弥补完的亏损额 5
1	第一年					
2	第二年					
3	第三年	2009		－200	200	0
4	第四年	2010		－1 000	20	－980
5	第五年	2011		－1 200		－1 200
6	本　年	2012	500		220	－2 180

2013年弥补亏损明细如表4－4所示。

表 4-4　　**2013 年弥补亏损明细表**　　单位：人民币百万元

行次	项目	年度 1	亏损或盈利金额 2	合并分立企业转入可弥补亏损额 3	本年度可弥补的亏损额 4	可结转下一年度未弥补完的亏损额 5
1	第一年					
2	第二年	2009				
3	第三年	2010		-980	220	-760
4	第四年	2011		-1 200		-1 200
5	第五年	2012				
6	本　年	2013	700		220	-1 960

2014 年弥补亏损明细如表 4-5 所示。

表 4-5　　**2014 年弥补亏损明细表**　　单位：人民币百万元

行次	项目	年度 1	亏损或盈利金额 2	合并分立企业转入可弥补亏损额 3	本年度可弥补的亏损额 4	可结转下一年度未弥补完的亏损额 5
1	第一年	2009				
2	第二年	2010		-760	220	-540
3	第三年	2011		-1 200		-1 200
4	第四年	2012				
5	第五年	2013				
6	本　年	2014	800		220	-1 740

2015 年弥补亏损明细如表 4-6 所示。

表 4-6　　**2015 年弥补亏损明细表**　　单位：人民币百万元

行次	项目	年度 1	亏损或盈利金额 2	合并分立企业转入可弥补亏损额 3	本年度可弥补的亏损额 4	可结转下一年度未弥补完的亏损额 5
1	第一年	2010		-540	220	
2	第二年	2011		-1 200		-120
3	第三年	2012				
4	第四年	2013				
5	第五年	2014				
6	本　年	2015	850		220	-1 200

2016 年弥补亏损明细如表 4－7 所示。

表 4－7　　2016 年弥补亏损明细表　　单位：人民币百万元

行次	项目	年　度 1	亏损或盈利金额 2	合并分立企业转入可弥补亏损额 3	本年度可弥补的亏损额 4	可结转下一年度未弥补完的亏损额 5
1	第一年	2011		－1 200	220	
2	第二年	2012				
3	第三年	2013				
4	第四年	2014				
5	第五年	2015				
6	本　年	2016	920		220	

也就是 B 企业合并前未弥补的 2 400 万元亏损，最终只有 1 100 万元得到结转弥补。在 2015 年 B 企业于 2010 年发生的 1 000 万元亏损将有 320 万元无法结转弥补；在 2016 年 B 企业于 2011 年发生的 1 200 万元亏损将有 980 万元无法结转弥补。

三、个人所得税

国家财政、税务主管部门已出台的企业重组税收文件是对《企业所得税法》的补充，所以这些文件的适用范围为《企业所得税法》所规范的公司企业法人。对于自然人、合伙企业等非法人纳税主体在重组过程中的税务处理还没有出台政策。

目前，大连市地方税务局已经于 2009 年出台了个人股东在重组过程中的个人所得税管理办法。《大连市地方税务局关于加强企业注销和重组自然人股东个人所得税管理的通知》（大地税函［2009］212 号）对合并分立过程中自然人股东的税务处理规定如下：

（一）企业注销税务登记的管理

企业注销税务登记按照《财政部、国家税务总局关于企业清算业务企业所得税处理若干问题的通知》（财税［2009］60 号）规定清算的，股东分得的剩余资产扣除投资成本后的余额，按照“利息、股息、红利所得”项目计算征收个人所得税。

企业注销税务登记未进行清算或无法取得清算所得相关信息的，以企业期末留存收益和资本公积之和，按照股东所占股份比例计算的部分确认为应纳税所得额，计算征收“利息、股息、红利所得”项目个人所得税，不得因企业存在的债权、债务而调整应纳税所得额。本条所指的“注销税务登记”，不包括企业因住所、经营地点变动而改变税务登记机关的情形。

(二) 企业合并的管理

企业合并，被合并企业应当按照清算进行所得税处理，其自然人股东的个人所得税管理按照本通知第一条规定执行。

对按照财税［2009］59号规定，企业合并选择特殊性税务处理的，以被合并企业合并前的企业期末留存收益、资本公积和非股权支付对应清算所得和损失之和，按股东所占股份比例计算的部分确认为应纳税所得额，计算征收“利息、股息、红利所得”项目个人所得税应纳税所得额＝［企业期末留存收益＋企业期末资本公积＋（被转让资产的公允价值－被转让资产的计税基础）×（非股权支付金额÷被转让资产的公允价值)］×股东所占股份比例。

“企业合并”、“被转让资产的计税基础”与《财政部 国家税务总局关于企业重组业务企业所得税处理若干问题的通知》（财税［2009］59号）所定义的“企业合并”和“被转让资产的计税基础”口径一致。

四、流转税

根据国家税务总局2011年第13号和第51号公告，纳税人在资产重组过程中，通过合并、分立、出售、置换等方式，将全部或者部分实物资产以及与其相关联的债权、负债和劳动力一并转让给其他单位和个人，不属于增值税或营业税的征税范围，其中涉及的货物转让不征收增值税，涉及的不动产、土地使用权转让，不征收营业税。

在税法所指的企业合并中，不管是新设合并还是存续合并，被合并方的所有资产负债都转移至合并方，如果被合并方的劳动力也一并转移至合并方，则企业合并符合国家税务总局2011年第13号和第51号公告关于不征收增值税和营业税的规定。

五、土地增值税

根据《土地增值税暂行条例》及其实施细则的规定，转让国有土地使用权、地上建筑物及其附着物并取得收入的单位和个人，为土地增值税的纳税义务人，应当缴纳土地增值税。

同时，根据《财政部 国家税务总局关于土地增值税一些具体问题规定的通知》（财税［1995］48号）的规定，在企业兼并中，对被兼并企业将房地产转让到兼并企业中的，暂免征收土地增值税。

六、契税

根据《财政部 国家税务总局关于企业事业单位改制重组契税政策的通知》（财税［2012］4号)，两个或两个以上的企业，依据法律规定、合同约定，合并改建为一个企业，且原投资主体存续的，对其合并后的企业承受原合并各方的土地、房屋权属，免征契税。

这里需要注意理解“原投资主体存续”。如果被合并方股东用被合并企业换取合并企业股权，则被合并方股东实际上并没有处置被合并企业资产，只是持有的股权由被合并企业转为合并企业，这种情况符合“原投资主体存续”的条件。如果被合并企业股东用被合并企业换取合并企业的非股权支付，则实际上被合并企业股权处置了被合并企业，被合并企业股东不再持有股份或不再拥有该企业，这样就不符合“原投资主体存续”的条件。

第三节

上市公司案例解析——盐湖股份（000792）换股吸收合并

一、案例介绍

信息来源：青海盐湖钾肥股份有限公司关于公司以新增股份换股吸收合并青海盐湖工业集团股份有限公司的换股吸收合并及注销盐湖集团所持公司股份实施结果暨新增股份上市公告。

（一）合并方

名称：青海盐湖钾肥股份有限公司

住所：青海省格尔木市察尔汗

法定代表人：郑长山

注册资本：767 550 000 元

经营范围：主营氯化钾的生产、销售和开发。

（二）被合并方

本次换股吸收合并的换股股权登记日为 2011 年 3 月 15 日。换股对象为截止换股股权登记日下午 3:00 收市后登记在册的盐湖集团全体股东。其中盐湖集团原控股股东青海国投的情况如下：

名称：青海省国有资产管理有限公司

住所：西宁市城北区生物园区纬二路 18 号

法定代表人姓名：姚洪仲

注册资本：400 000 万元

经营范围：对特色经济和优势产业进行投资；受托管理和经营国有资产；构建企业融资平台和信用担保体系；发起设立科技风险投资基金；提供相关管理和投资咨询服务；经营矿产品、金属及金属材料、建筑材料、化工产品（不含危险化学品）、铁合金炉料经销、房屋土地租赁、经济咨询服务、实业投资及开发；煤炭批发经营（许可证有效期至2011年9月27日）；矿产品开发（不含勘探开采）、销售。

青海国投持有1 440 146 169股盐湖集团股份，占盐湖集团总股本46.95%，是盐湖集团控股股东。

合并前股权机构如图4－9所示。

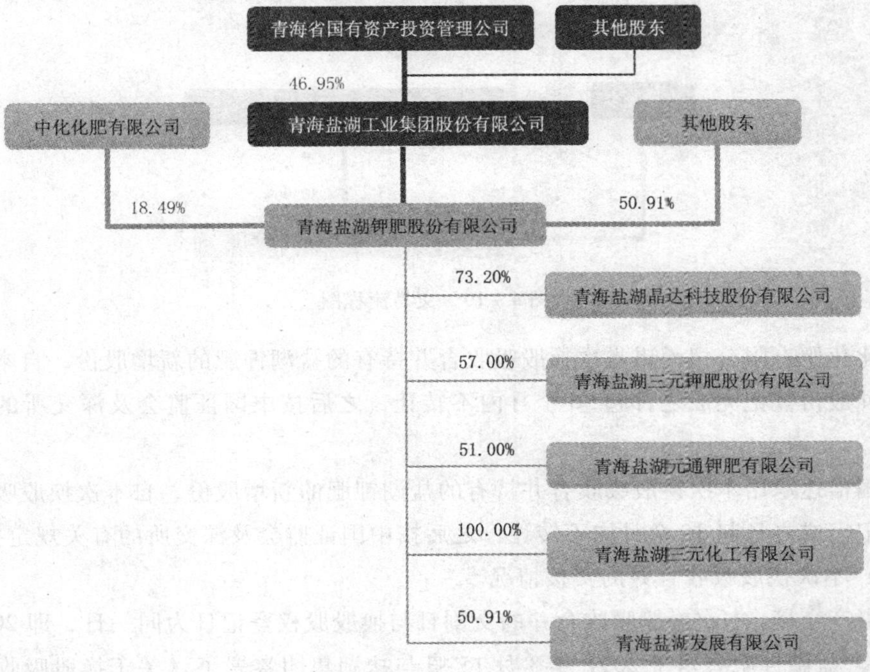

图4－9 合并前股权机构图

1. 交易信息。

(1) 具体方案说明。盐湖钾肥公司采用换股方式吸收合并盐湖集团，具体换股比例为2.90∶1，即每2.90股盐湖集团的股份换1股盐湖钾肥股份，本次换股吸收合并盐湖钾肥公司共计新增1 057 798 607股股份，同时注销盐湖集团所持盐湖钾肥公司234 839 404股股份。在本次换股吸收合并中，盐湖钾肥为合并方和存续方，盐湖集团为被合并方。盐湖集团全体股东所持有的盐湖集团股份将全部按照上述换股比例转换为盐湖钾肥的股份；本次换股吸收合并完成后，盐湖集团的资产、负债、业务和人员全部进入盐湖钾肥，盐湖集团将注销法人资格。

交易流程如图4－10所示。

限售期限：青海国投承诺通过本次换股吸收合并获取的盐湖钾肥的股份自登记完成之日起36个月内不转让及上市流通。

中化股份承诺通过本次换股吸收合并获取的盐湖钾肥的股份自登记完成之日起36个月内不转让及上市流通。

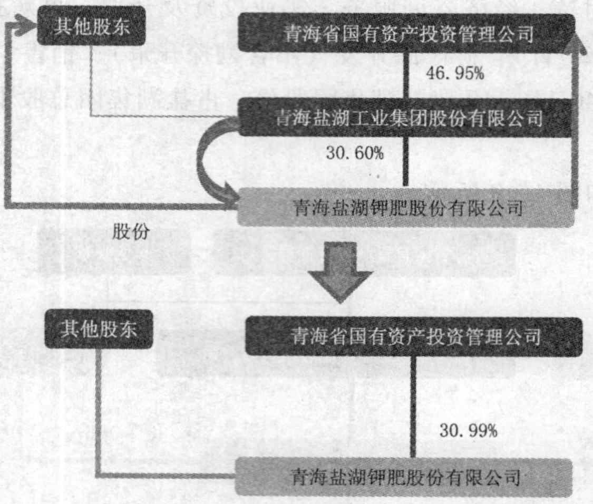

图 4－10　交易流程图

中化化肥有限公司承诺本次换股吸收合并持有的盐湖钾肥的新增股份，自本次换股吸收合并股份登记完成之日起 36 个月内不转让，之后按中国证监会及深交所的有关规定执行。

中国信达承诺本次换股吸收合并持有的盐湖钾肥的新增股份，自本次换股吸收合并股份登记完成之日起 36 个月内不转让，之后按中国证监会及深交所的有关规定执行。

（2）本次换股吸收合并的交接情况。

①资产交接。本次换股吸收合并的交割日与换股股权登记日为同一日，即 2011 年 3 月 15 日。盐湖钾肥公司于 2011 年 3 月 15 日与盐湖集团签署了《关于换股吸收合并相关事宜的交割确认书》，双方确认：盐湖集团的所有资产于 2011 年 3 月 15 日全部移交与盐湖钾肥。

②债务处理。本次合并完成后，盐湖集团的债务将由盐湖钾肥承继。为此，盐湖集团向其全部银行债权人发出了债务转移通知函并已取得了全部银行债权人的同意函。此外，盐湖钾肥、盐湖集团在股东大会审议通过相关合并方案后，盐湖钾肥、盐湖集团分别于 2010 年 1 月 28 日就本次换股吸收合并发布了《关于以新增股份换股吸收合并青海盐湖工业集团股份有限公司的债权人公告》、《关于青海盐湖钾肥股份有限公司以新增股份换股吸收合并青海盐湖工业集团股份有限公司的债权人公告》，履行了《公司法》第一百七十四条要求的债权人通知和公告程序。经盐湖集团、盐湖钾肥确认，在公告确定的期限内，没有债权人向盐湖钾肥、盐湖集团申请要求提前清偿或提供相应担保。

③员工安置。根据盐湖集团与盐湖钾肥公司签署的《吸收合并协议》及盐湖集团、盐湖钾肥职工代表大会相关决议，盐湖集团全体员工将由盐湖钾肥全部接受。盐湖钾肥公司将与盐湖集团的全体员工重新签订《劳动合同》，盐湖集团全体员工的工龄连续计算，薪金待遇尽可能维持原状。

④业务交割。截至交割日，盐湖集团下属的青海盐湖发展有限公司、青海盐云钾盐有限公司、青海盐湖科技开发公司、青海盐湖镁业有限公司、青海盐湖海纳化工有限公司、青海盐湖特力镁有限公司、中化山东肥业有限公司、青海盐湖新域资产管理有限公司等公司已经办理完毕股东变更的工商变更登记手续，相应业务已转移至盐湖钾肥公司；此外，盐湖集团已经以适当方式将盐湖集团本部及分公司所涉业务转移至盐湖钾肥公司，将与业务经营相关的资料交付给盐湖钾肥公司。自交割日起，盐湖集团不再从事业务经营。

（3）本次换股吸收合并的股份交付情况。

截至本公告刊登之日，本公司因本次换股吸收合并新增发行的合计1 057 798 607股股份已经完成交付和登记手续。

（4）盐湖集团注销法人资格情况及盐湖钾肥工商变更情况。

盐湖集团已于2011年3月21日在青海省工商行政管理局办理完毕注销法人资格的手续。

就本次换股吸收合并导致盐湖钾肥注册资本增加事宜，国富浩华会计师事务所有限公司已出具了《验资报告》（国浩验字［2011］第23号），盐湖钾肥已于2011年3月21日在青海省工商行政管理局办理完毕注册资本工商变更手续。

（5）本次换股吸收合并的相关后续事项。

本次换股吸收合并实施后，相关后续事项主要为：

1. 盐湖集团拥有的土地、房产以及采矿权证正在办理过户至盐湖钾肥的手续。

2. 盐湖集团拥有的注册商标、专利及专利申请权正在办理过户至盐湖钾肥的手续。

3. 就本次换股吸收合并事宜导致盐湖钾肥经营范围变更、公司章程修订等事宜，盐湖钾肥将在履行必要的程序后即予以办理。

4. 盐湖钾肥与盐湖集团全部员工重新签订劳动合同。

5. 青海国投等主体继续履行关于本次吸收合并所作的全部承诺和保证。

二、企业所得税处理

（一）合并日的确定

该案例换股吸收合并的交割日与换股股权登记日为同一日，即2011年3月15日。盐湖钾肥于2011年3月15日与盐湖集团签署了《关于换股吸收合并相关事宜的交割确认书》，双方确认：盐湖集团的所有资产于2011年3月15日全部移交给盐湖钾肥。

根据国家税务总局2010年第4号公告第七条（四）企业合并规定，以合并企业取得被合并企业资产所有权并完成工商登记变更日期为重组日，该案例的重组日为2011年3月15日。

根据国家税务总局2010年第4号公告第八条重组业务完成年度的确定的规定，可以按各当事方适用的会计准则确定，具体参照各当事方经审计的年度财务报告。由于当事方适用的会计准则不同导致重组业务完成年度的判定有差异时，各当事方应协商一致，确定同一个纳税年度作为重组业务完成年度。

（二）企业特殊税务处理

根据《企业所得税法实施条例》第七十五条，除国务院财政、税务主管部门另有规定外，企业在重组过程中，应当在交易发生时确认有关资产的转让所得或者损失，相关资产应当按照交易价格重新确定计税基础。

根据财税［2009］59号文第五条和第六条（四）的规定，企业股权收购重组业务同时符合下列条件的，适用特殊性税务处理规定：

（1）具有合理的商业目的，且不以减少、免除或者推迟缴纳税款为主要目的；

（2）企业重组后的连续12个月内（指自重组日起计算的连续12个月内）不改变重组资产原来的实质性经营活动；

（3）企业重组中取得股权支付的原主要股东，在重组后连续12个月内，不得转让所取得的股权；

（4）受让企业在该资产收购发生时的股权支付金额不低于其交易支付总额的85%，以及同一控制下且不需要支付对价的企业合并。

1. 合理商业目的。根据广发证券股份有限公司的《盐湖钾肥换股吸收合并盐湖集团之独立财务顾问报告》，本次吸收合并的动因主要有：

（1）整合盐湖资源，实现双方股东的利益最大化；

（2）减少关联交易，进一步提高公司的规范化运作水平；

（3）集中资源，促进盐湖资源的综合开发和循环利用，通过建立完整的产业链，进一步提高公司的综合实力和抗风险能力；

（4）缩短管理链条，减少决策程序，提高公司的核心竞争力。

2. 合并对价。本次换股吸收合并的合并方盐湖钾肥共计发行新增1 057 798 607股股份。同时，根据盐湖集团公告编号：2011—006《青海盐湖工业集团股份有限公司异议股东现金选择权实施细则公告》，本次吸收合并由青海国投、中化股份、中国信达、华美丰收、禾之禾、兴云信、王一虹向本公司的异议股东提供现金选择权。

公司异议股东在2010年第一次临时股东大会对本次换股吸收合并方案投出有效反对票的股份总数为10 895 678股，本次现金选择权权利派发总数以上述反对票股份总数为限。

异议股东应享有的现金选择权数量等于其在公司2010年第一次临时股东大会正式表决时投出有效反对票且在前述股东大会召开之日至现金选择权股权登记日期间持续持有投反对票的公司相应股份数量。

即吸收合并过程中非股份支付比例≤10 895 678/（1 057 798 607＋10 895 678）

＝1.02%

行使现金选择权的盐湖集团异议股东，可就其有效申报的每一股盐湖集团股票，获得由现金选择权第三方支付的按照定价基准日前 20 个交易日股票交易均价（剔除分红）确定并公告的现金对价，即 25.26 元/股。根据本次换股吸收合并方案，若盐湖集团股票在本次换股吸收合并定价基准日后至盐湖集团异议股东现金选择权股权登记日期间发生除权、除息的事项，则盐湖集团异议股东现金选择权的价格将做相应调整。盐湖集团 A 股股票于本次换股吸收合并的定价基准日（2009 年 7 月 25 日）前 20 个交易日的交易均价为 25.46 元/股。经盐湖集团股东大会表决通过的 2009 年分红方案为：以 2009 年末公司总股本3 067 615 959股为基数，每 10 股派现金 2.00 元（含税），共计派现金613 523 191.80元；2009 年度不用资本公积金转增股本。因此，盐湖集团异议股东现金选择权的价格相应调整为 25.26 元/股。

即现金选择权支付总额≤25.26×10 895 678＝275 224 826.28（元）

3. 原主要股东承诺。被合并方盐湖集团原主要股东青海国投、中化股份、中化化肥、中国信达等承诺本次换股吸收合并持有的盐湖钾肥的新增股份，自本次换股吸收合并股份登记完成之日起 36 个月内不转让。

假设盐湖钾肥在重组后的连续 12 个月内（指自重组日起计算的连续 12 个月内）不改变重组资产原来的实质性经营活动。则此次吸收合并满足特殊税务处理的规定，部分股东对本次换股吸收合并方案投出有效反对票，并选择现金选择权，取得了非股份支付对价。

选择现金选择权股东取得第三方支付的现金对价，应确认相应部分资产的转让所得＝［（盐湖集团资产负债的公允价值－盐湖集团资产负债的原计税基础）×（现金对价÷盐湖集团资产负债的公允价值）］

盐湖集团取得的盐湖钾肥股权的计税基础＝［盐湖集团资产负债的原计税基础－（现金支付金额－资产转让所得）］

盐湖钾肥取得的盐湖集团资产负债的计税基础＝盐湖集团资产负债原有计税基础＋盐湖集团股东确认的所得

（三）股份分置改革所得税处理

《关于公司以新增股份换股吸收合并青海盐湖工业集团股份有限公司之换股吸收合并及注销盐湖集团所持公司股份实施结果暨新增股份上市公告》披露，根据盐湖钾肥公司股权分置改革方案，青海国投、中化股份、兴云信将在本次现金选择权实施后，依据原股权分置改革中的承诺，对公司的无限售条件流通股东实施追加送股合计 17 886 577 股盐湖集团股份，其中：青海国投追加对价 10 901 869 股，中化股份追加对价 5 281 215 股，兴云信追加对价 1 703 493 股。

根据《财政部 国家税务总局关于股权分置试点改革有关税收政策问题的通知》（财税［2005］103 号）规定：

（1）股权分置改革过程中因非流通股股东向流通股股东支付对价而发生的股权转让，暂免征收印花税。

（2）股权分置改革中非流通股股东通过对价方式向流通股股东支付的股份、现金等收入，暂免征收流通股股东应缴纳的企业所得税和个人所得税。

（3）上述规定自文发之日起开始执行。

无限售条件流通股股东取得青海国投、中化股份、兴云信的送股暂免征收应缴纳的企业所得税和个人所得税。

（四）合理商业目的

根据国家税务总局2010年第4号公告，如果吸收合并双方选择特殊性税务处理的，在备案或提交确认申请时，应从以下方面说明企业重组具有合理的商业目的：

（1）重组活动的交易方式。即重组活动采取的具体形式、交易背景、交易时间、在交易之前和之后的运作方式和有关的商业常规。

（2）该项交易的形式及实质。即形式上交易所产生的法律权利和责任，也是该项交易的法律后果。另外，交易实际上或商业上产生的最终结果。

（3）重组活动给交易各方税务状况带来的可能变化。

（4）重组各方从交易中获得的财务状况变化。

（5）重组活动是否给交易各方带来了在市场原则下不会产生的异常经济利益或潜在义务。

（6）非居民企业参与重组活动的情况。

（五）交易主导方及备案

根据国家税务总局2010年第4号公告，吸收合并的主导方为合并后拟存续的企业，新设合并的主导方为合并前资产较大的企业。如果交易双方选择特殊性税务处理的，应按照财税［2009］59号文第十一条规定进行备案；如重组各方需要税务机关确认，可以选择由重组主导方向主管税务机关提出申请，层报省税务机关给予确认。

采取申请确认的，主导方和其他当事方不在同一省（自治区、市）的，主导方省税务机关应将确认文件抄送其他当事方所在地省税务机关。省税务机关在收到确认申请时，原则上应在当年度企业所得税汇算清缴前完成确认。特殊情况，需要延长的，应将延长理由告知主导方。

如果交易双方选择一般税务处理，被合并企业在报送《企业清算所得纳税申报表》时，应附送以下资料：

（1）企业合并的工商部门或其他政府部门的批准文件；

（2）企业全部资产和负债的计税基础以及评估机构出具的资产评估报告；

（3）企业债务处理或归属情况说明；

（4）主管税务机关要求提供的其他资料证明。

如果交易双方选择特殊税务处理，则应准备以下资料：

（1）当事方企业合并的总体情况说明。情况说明中应包括企业合并的商业目的。

（2）企业合并的政府主管部门的批准文件。

（3）企业合并各方当事人的股权关系说明。

（4）被合并企业的净资产、各单项资产和负债及其账面价值和计税基础等相关资料。

（5）证明重组符合特殊性税务处理条件的资料，包括合并前企业各股东取得股权支付比例情况，以及12个月内不改变资产原来的实质性经营活动、原主要股东不转让所取得股权的承诺书等。

（6）工商部门核准相关企业股权变更事项证明材料。

（7）主管税务机关要求提供的其他资料证明。

三、流转税处理

根据《关于公司以新增股份换股吸收合并青海盐湖工业集团股份有限公司之换股吸收合并及注销盐湖集团所持公司股份实施结果暨新增股份上市公告》，盐湖集团的所有资产于2011年3月15日全部移交与盐湖钾肥；本次合并完成后，盐湖集团的债务将由盐湖钾肥承继；盐湖集团全体员工将由盐湖钾肥全部接受，公司将与盐湖集团的全体员工重新签订《劳动合同》，盐湖集团全体员工的工龄连续计算；盐湖集团已经以适当方式将盐湖集团本部及分公司所涉业务转移至盐湖钾肥，将与业务经营相关的资料交付给盐湖钾肥，自交割日起，盐湖集团不再从事业务经营。

所以，此次吸收合并符合国家税务总局2011年第13号和第51号公告不征收增值税和营业税的规定，合并过程中涉及的货物转让不征收增值税，涉及的不动产、土地使用权转让，不征收营业税。

四、其他税种处理

根据《关于公司以新增股份换股吸收合并青海盐湖工业集团股份有限公司之换股吸收合并及注销盐湖集团所持公司股份实施结果暨新增股份上市公告》，盐湖集团拥有的土地、房产以及采矿权证正在办理过户至盐湖钾肥的手续。

根据《财政部　国家税务总局关于企业事业单位改制重组契税政策的通知》（财税［2012］4号）第三条，两个或两个以上的公司，依据法律规定、合同约定，合并为一个公司，且原投资主体存续的，对其合并后的公司承受原合并各方的土地、房屋权属，免征契税。

根据《土地增值税一些具体问题规定的通知》（财税［1995］48号）第三条关于企业兼并转让房地产的征免税问题的规定，在企业兼并中，对被兼并企业将房地产转让到兼并企业中的，暂免征收土地增值税。

盐湖集团将拥有的土地、房产以及采矿权证过户至盐湖钾肥暂免征收契税和土地增值税。

本 章 小 结

公司合并在税务上存在吸收合并和存续合并两种形式，与会计准则关于合并的概念存在较大差异，在进行税务或会计业务处理时，一定要分清概念和交易架构，避免概念混淆造成错误。合并过程中被合并企业资产、负债、劳动力整体转移到合并企业，即实现业务的整体转让。子公司发行股份吸收合并母公司，实现集团整体上市是目前资本市场最常见的资本运作形式之一。在进行企业所得税处理时，尤其需要注意选择现金选择权对特殊税务处理选择的影响及该非股份支付的税务处理。

法 源 点 读

❖《公司法》第九章公司合并、分立、增资、减资

第一百七十三条　公司合并可以采取吸收合并或者新设合并。

一个公司吸收其他公司为吸收合并，被吸收的公司解散。两个以上公司合并设立一个新的公司为新设合并，合并各方解散。

第一百七十四条　公司合并，应当由合并各方签订合并协议，并编制资产负债表及财产清单。公司应当自作出合并决议之日起十日内通知债权人，并于三十日内在报纸上公告。债权人自接到通知书之日起三十日内，未接到通知书的自公告之日起四十五日内，可以要求公司清偿债务或者提供相应的担保（注：合并、分立、解散、清算或者变更公司形式、增加或减少注册资本均由股东大会作出）。

第一百七十五条　公司合并时，合并各方的债权、债务，应当由合并后存续的公司或者新设的公司承继。

第一百八十条　公司合并或者分立，登记事项发生变更的，应当依法向公司登记机关办理变更登记；公司解散的，应当依法办理公司注销登记；设立新公司的，应当依法办理公司设立登记。

❖《企业国有资产监督管理暂行条例》

中华人民共和国国务院令（第 378 号）

第二十一条　国有资产监督管理机构依照法定程序决定其所出资企业中的国有独资企业、国有独资公司的分立、合并、破产、解散、增减资本、发行公司债券等重大事项。其中，重要的国有独资企业、国有独资公司分立、合并、破产、解散的，应当由国有资产监督管理机构审核后，报本级人民政府批准。

❖《最高人民法院关于审理与企业改制相关的民事纠纷案件若干问题的规定》

（2002 年 12 月 3 日法释［2003］1 号）

七、企业兼并

第三十条 企业兼并协议自当事人签字盖章之日起生效。需经政府主管部门批准的，兼并协议自批准之日起生效；未经批准的，企业兼并协议不生效。但当事人在一审法庭辩论终结前补办报批手续的，人民法院应当确认该兼并协议有效。

第三十一条 企业吸收合并后，被兼并企业的债务应当由兼并方承担。

第三十二条 企业进行吸收合并时，参照公司法的有关规定，公告通知了债权人。企业吸收合并后，债权人就被兼并企业原资产管理人（出资人）隐瞒或者遗漏的企业债务起诉兼并方的，如债权人在公告期内申报过该笔债权，兼并方在承担民事责任后，可再行向被兼并企业原资产管理人（出资人）追偿。如债权人在公告期内未申报过该笔债权，则兼并方不承担民事责任。人民法院可告知债权人另行起诉被兼并企业原资产管理人（出资人）。

第三十三条 企业新设合并后，被兼并企业的债务由新设合并后的企业法人承担。

第三十四条 企业吸收合并或新设合并后，被兼并企业应当办理而未办理工商注销登记，债权人起诉被兼并企业的，人民法院应当根据企业兼并后的具体情况，告知债权人追加责任主体，并判令责任主体承担民事责任。

第三十五条 以收购方式实现对企业控股的，被控股企业的债务，仍由其自行承担。但因控股企业抽逃资金、逃避债务，致被控股企业无力偿还债务的，被控股企业的债务则由控股企业承担。

❖《企业国有资产评估管理暂行办法》

国务院国有资产监督管理委员会令第 12 号

第二章 资产评估

第六条 企业有下列行为之一的，应当对相关资产进行评估：

（一）整体或者部分改建为有限责任公司或者股份有限公司；

（二）以非货币资产对外投资；

（三）合并、分立、破产、解散；

（四）非上市公司国有股东股权比例变动；

（五）产权转让；

（六）资产转让、置换；

（七）整体资产或者部分资产租赁给非国有单位；

（八）以非货币资产偿还债务；

（九）资产涉讼；

（十）收购非国有单位的资产；

（十一）接受非国有单位以非货币资产出资；

（十二）接受非国有单位以非货币资产抵债；

（十三）法律、行政法规规定的其他需要进行资产评估的事项。

第七条　企业有下列行为之一的，可以不对相关国有资产进行评估：

（一）经各级人民政府或其国有资产监督管理机构批准，对企业整体或者部分资产实施无偿划转；

（二）国有独资企业与其下属独资企业（事业单位）之间或其下属独资企业（事业单位）之间的合并、资产（产权）置换和无偿划转。

❖《企业会计准则第2号——长期股权投资指南》

二、企业合并形成的长期股权投资

企业合并形成的长期股权投资，应区分企业合并的类型，分别同一控制下控股合并与非同一控制下控股合并确定其初始投资成本。

（一）同一控制下企业合并形成的长期股权投资

合并方以支付现金、转让非现金资产或承担债务方式作为合并对价的，应当在合并日按照取得被合并方所有者权益账面价值的份额作为长期股权投资的初始投资成本。长期股权投资的初始投资成本与支付的现金、转让的非现金资产及所承担债务账面价值之间的差额，应当调整资本公积（资本溢价或股本溢价）；资本公积（资本溢价或股本溢价）的余额不足冲减的，调整留存收益。合并方以发行权益性证券作为合并对价的，应按发行股份的面值总额作为股本，长期股权投资的初始投资成本与所发行股份面值总额之间的差额，应当调整资本公积（资本溢价或股本溢价）；资本公积（资本溢价或股本溢价）不足冲减的，调整留存收益。

上述在按照合并日应享有被合并方账面所有者权益的份额确定长期股权投资的初始投资成本时，前提是合并前合并方与被合并方采用的会计政策应当一致。如企业合并前合并方与被合并方采用的会计政策不同的，应基于重要性原则，统一合并方与被合并方的会计政策。在按照合并方的会计政策对被合并方资产、负债的账面价值进行调整的基础上，计算确定形成长期股权投资的初始投资成本。如果被合并方存在合并财务报表，则应当以合并日被合并方合并财务报表所有者权益为基础确定长期股权投资的初始投资成本。

同一控制下企业合并形成的长期股权投资，如子公司按照改制时的资产、负债评估价值调整账面价值的，母公司应当按照取得子公司经评估确认净资产的份额作为长期股权投资的成本，该成本与支付对价的差额调整所有者权益。

（二）非同一控制下企业合并形成的长期股权投资

非同一控制下的控股合并中，购买方应当按照确定的企业合并成本作为长期股权投资的初始投资成本。企业合并成本包括购买方付出的资产、发生或承担的负债、发行的权益性证券的公允价值之和，购买方为企业合并发生的审计、法律服务、评估咨询等中介费用以及其他相关管理费用，应当于发生时计入当期损益；购买方作为合并对价发行的权益性证券或债务性证券的交易费用，应当计入权益性证券或债务性证券的初始确认金额。

通过多次交换交易分步实现非同一控制下企业合并的，应当区分个别财务报表和合并财务报表进行相关会计处理：

1. 在个别财务报表中，应当以购买日之前所持被购买方的股权投资的账面价值与购买日新增投资成本之和，作为该项投资的初始投资成本；购买日之前持有的被购买方的股权涉及其他综合收益的，应当在处置该项投资时将与其相关的其他综合收益（例如，可供出售金融资产公允价值变动计入资本公积的部分，下同）转入当期投资收益。

2. 在合并财务报表中，对于购买日之前持有的被购买方的股权，应当按照该股权在购买日的公允价值进行重新计量，公允价值与其账面价值的差额计入当期投资收益；购买日之前持有的被购买方的股权涉及其他综合收益的，与其相关的其他综合收益应当转为购买日所属当期投资收益。购买方应当在附注中披露其在购买日之前持有的被购买方的股权在购买日的公允价值、按照公允价值重新计量产生的相关利得或损失的金额。

❖《企业会计准则解释第4号》

一、同一控制下的企业合并中，合并方发生的审计、法律服务、评估咨询等中介费用以及其他相关管理费用，应当于发生时计入当期损益。非同一控制下的企业合并中，购买方发生的上述费用，应当如何进行会计处理？

答：非同一控制下的企业合并中，购买方为企业合并发生的审计、法律服务、评估咨询等中介费用以及其他相关管理费用，应当于发生时计入当期损益；购买方作为合并对价发行的权益性证券或债务性证券的交易费用，应当计入权益性证券或债务性证券的初始确认金额。

二、非同一控制下的企业合并中，购买方在购买日取得被购买方可辨认资产和负债，应当如何进行分类或指定？

答：非同一控制下的企业合并中，购买方在购买日取得被购买方可辨认资产和负债，应当根据企业会计准则的规定，结合购买日存在的合同条款、经营政策、并购政策等相关因素进行分类或指定，主要包括被购买方的金融资产和金融负债的分类、套期关系的指定、嵌入衍生工具的分拆等。但是，合并中如涉及租赁合同和保险合同且在购买日对合同条款作出修订的，购买方应当根据企业会计准则的规定，结合修订的条款和其他因素对合同进行分类。

三、企业通过多次交易分步实现非同一控制下企业合并的，对于购买日之前持有的被购买方的股权，应当如何进行会计处理？

答：企业通过多次交易分步实现非同一控制下企业合并的，应当区分个别财务报表和合并财务报表进行相关会计处理：

（一）在个别财务报表中，应当以购买日之前所持被购买方的股权投资的账面价值与购买日新增投资成本之和，作为该项投资的初始投资成本；购买日之前持有的被购买方的股权涉及其他综合收益的，应当在处置该项投资时将与其相关的其他综合收益（例如，可供出售金融资产公允价值变动计入资本公积的部分，下同）转入当期投资收益。

（二）在合并财务报表中，对于购买日之前持有的被购买方的股权，应当按照该股权在购买日的公允价值进行重新计量，公允价值与其账面价值的差额计入当期投资收益；购买日之前持有的被购买方的股权涉及其他综合收益的，与其相关的其他综合收益应当转为购买日所属当期投资收益。购买方应当在附注中披露其在购买日之前持有的被购买方的股权在购买日的公允价值、按照公允价值重新计量产生的相关利得或损失的金额。

四、企业因处置部分股权投资或其他原因丧失了对原有子公司控制权的，对于处置后的剩余股权应当如何进行会计处理？

答：企业因处置部分股权投资或其他原因丧失了对原有子公司控制权的，应当区分个别财务报表和合并财务报表进行相关会计处理：

（一）在个别财务报表中，对于处置的股权，应当按照《企业会计准则第 2 号——长期股权投资》的规定进行会计处理；同时，对于剩余股权，应当按其账面价值确认为长期股权投资或其他相关金融资产。处置后的剩余股权能够对原有子公司实施共同控制或重大影响的，按有关成本法转为权益法的相关规定进行会计处理。

（二）在合并财务报表中，对于剩余股权，应当按照其在丧失控制权日的公允价值进行重新计量。处置股权取得的对价与剩余股权公允价值之和，减去按原持股比例计算应享有原有子公司自购买日开始持续计算的净资产的份额之间的差额，计入丧失控制权当期的投资收益。与原有子公司股权投资相关的其他综合收益，应当在丧失控制权时转为当期投资收益。企业应当在附注中披露处置后的剩余股权在丧失控制权日的公允价值、按照公允价值重新计量产生的相关利得或损失的金额。

五、在企业合并中，购买方对于因企业合并而产生的递延所得税资产，应当如何进行会计处理？

答：在企业合并中，购买方取得被购买方的可抵扣暂时性差异，在购买日不符合递延所得税资产确认条件的，不应予以确认。购买日后 12 个月内，如取得新的或进一步的信息表明购买日的相关情况已经存在，预期被购买方在购买日可抵扣暂时性差异带来的经济利益能够实现的，应当确认相关的递延所得税资产，同时减少商誉，商誉不足冲减的，差额部分确认为当期损益；除上述情况以外，确认与企业合并相关的递延所得税资产，应当计入当期损益。

本解释发布前递延所得税资产未按照上述规定处理的，应当进行追溯调整，追溯调整不切实可行的除外。

❖《上市公司执行企业会计准则监管问题解答》[2009年第1期]

会计部函［2009］48号

中国证券监督管理委员会

同一控制下企业合并中作为对价发行的普通股股数，在计算基本每股收益时，是否需要根据具体发行日期加权后计入各列报期间普通股的加权平均数？

解答：在计算基本每股收益时，作为同一控制下企业合并的合并方，公司应将作为对价而发行的全部新股数计入合并当年和对比年度的发行在外的普通股加权平均数(即权重为1)；在存在稀释性潜在普通股的条件下，公司应采用同样原则计算稀释每股收益。

对于非同一控制下企业合并，根据《企业会计准则》，如果合并成本小于被购买方可辨认净资产的公允价值，将差额（即负商誉）确认收益时，应关注哪些事项？

解答：对于非同一控制下企业合并，应按照《企业会计准则第20号——企业合并》的要求，首先确定购买日，然后再确定合并成本和收购方在购买日享有的被购买方可辨认净资产公允价值的份额。

在出现负商誉的情况下，应对合并成本及取得的被购买方的各项可辨认资产、负债(包括或有负债）的公允价值进行复核；经复核后合并成本仍小于合并中取得的被购买方可辨认净资产公允价值份额的，其差额应当计入当期损益，同时应当充分披露相关交易的背景情况。

❖《上市公司执行企业会计准则监管问题解答》[2009年第2期]

会计部函［2009］60号

中国证券监督管理委员会

上市公司收到的由其控股股东或其他原非流通股股东根据股改承诺为补足当期利润而支付的现金，如何进行会计处理？

解答：应作为权益性交易计入所有者权益。

❖《上市公司执行企业会计准则监管问题解答》(2011年第2期)

证监会会计部

2011年8月15日

问题四：在非同一控制下企业合并中，作为购买方的上市公司以发行股份购买资产作为合并对价的，如何确定企业合并成本？

解答：一般情况下，企业合并成本应当以上市公司股票在购买日的公开市场价格为基础确定。在董事会就企业合并事项的决议公告日到购买日之间时间相隔较长，且在此期间公司股票价格出现大幅度波动的情况下，如果作为合并对价发行的股票同时附有一定限售期和限售条件的，可以采用适当的估值技术确定公司发行股票的价值，并据此计算企业合并成本。在极特殊的情况下，如果上市公司能够证明被购买方的公允价值可以更可靠地确定，亦可以以被购买方在购买日的公允价值为基础计算确定合并成本。

❖《深圳证券交易所上市公司现金选择权业务指引》（节选）

第三条 本指引所称现金选择权，是指当上市公司拟实施资产重组、合并、分立等重大事项时，相关股东按照事先约定的价格在规定期限内将其所持有的上市公司股份出售给第三方的权利。

第五条 上市公司可以通过以下两种方式向股东提供现金选择权申报服务：

（一）通过深交所交易系统提供现金选择权申报服务；

（二）以手工方式向股东提供现金选择权申报服务，即股东在规定期限内以传真、邮寄等方式向上市公司董事会提交现金选择权的申请及相关资料。

第六条 上市公司的标的股票参考股价与现金选择权价格溢价比满足以下条件之一时，上市公司可以向深交所申请以手工方式向股东提供现金选择权申报服务：

（一）现金选择权申报期限为五个交易日的，其标的股票参考股价与现金选择权价格溢价比应当大于50%；

（二）现金选择权申报期限超过五个交易日（不含五个交易日）且在十个交易日以内（含十个交易日）的，其标的股票参考股价与现金选择权价格溢价比应当大于100%；

（三）现金选择权申报期限超过十个交易日（不含十个交易日）的，其标的股票参考股价与现金选择权价格溢价比应当大于200%；

第七条 标的股票参考股价与现金选择权价格溢价比计算公式为：

标的股票参考股价与现金选择权价格溢价＝（标的股票参考股价－现金选择权价格）/现金选择权价格×100%

标的股票参考股价应当选择下列二者中较低者：

（一）现金选择权实施公告公布前一个交易日的公司标的股票收盘价；

（二）现金选择权实施公告刊登前30个交易日内的公司标的股票加权平均收盘价。

第八条 现金选择权申报的时间不得少于五个交易日。

第九条 上市公司在申请刊登现金选择权实施公告前应当向深交所提交以下材料：

（一）《上市公司现金选择权申请表》（具体格式见附件1）；

（二）中国证监会相关核准文件（如适用）；

（三）上市公司现金选择权申报方式的说明；

（四）第三方的营业执照复印件；

（五）现金选择权实施公告文稿；

（六）深交所要求的其他材料。

第十条 前条所述材料经深交所审核通过后，上市公司应当在现金选择权实施前三个交易日内刊登现金选择权实施公告。

第十一条 上市公司拟通过交易系统向股东提供现金选择权申报服务的，还应当在刊登现金选择权实施公告之前履行以下程序：

（一）深交所审核相关材料无异议后，向中国结算深圳分公司资金交收部、客户部出具《上市公司现金选择权通知表》（具体格式见附件2）；

（二）第三方将履约保证金及时存入其在中国结算深圳分公司开立的结算备付金账户中，填写《现金选择权履约资金划付申请表》（具体格式见附件3）并传真给中国结算深圳分公司资金交收部；

（三）中国结算深圳分公司资金交收部确认保证金到账，中国结算深圳分公司客户部编制收购编码并将《上市公司现金选择权通知表》签字并回传深交所。

履约保证金金额＝可行使现金选择权的股份总额×现金选择权价格×20%。

第十二条 上市公司应当在现金选择权申报首日和截止日刊登行使现金选择权提示性公告。现金选择权申报期间超过五个交易日的，上市公司还应当在每周的星期一刊登相关进展公告。

第十三条 通过交易系统进行现金选择权申报的，有权行使现金选择权的股东应当通过其股份托管的证券公司办理有关申报手续。

股东通过交易系统申报现金选择权时应当注意以下事项：

（一）现金选择权申报期间，股东可办理有关预受现金选择权或撤回预受现金选择权的申报手续；

（二）股东在申报现金选择权时应当准确输入上市公司名称、预受现金选择权股份数量、申报类别、收购编码等相关内容，对于申报类别、收购编码错误的现金选择权指令，深交所及中国结算深圳分公司将不予确认；

（三）股东申报预受现金选择权股份数量的上限为该股东账户中持有的未被冻结、质押的股份数量，超过部分无效，冻结、质押部分不得申报预受现金选择权；

（四）预受现金选择权、撤回预受现金选择权申报当日均可以撤销；

（五）标的股票在交易状态时，已申报预受现金选择权的无限售条件股份当日可以申报卖出，卖出申报未成交部分仍计入预受现金选择权申报；

（六）经确认后的预受现金选择权股份不得进行转托管或质押。

第十六条 现金选择权期满后两个交易日内，第三方应当向深交所申请办理股份转让确认手续，并提供以下材料：

（一）办理股份转让确认申请，包括本次股份转让确认的说明；

（二）申报行使现金选择权人员名单及相关法律意见书（仅限于手工申报方式）；

（三）深交所要求的其他材料。

❖《公共基础设施项目企业所得税优惠目录》(2008 年版)

序号	类别	项　目	范围、条件及技术标准
1	港口码头	码头、泊位、通航建筑物新建项目	由省级以上政府投资主管部门核准的沿海港口万吨级及以上泊位、内河千吨级及以上泊位、滚装泊位、内河航运枢纽新建项目
2	机场	民用机场新建项目	由国务院核准的民用机场新建项目，包括民用机场迁建、军航机场军民合用改造项目
3	铁路	铁路新线建设项目	由省级以上政府投资主管部门或国务院行业主管部门核准的客运专线、城际轨道交通和Ⅲ级及以上铁路建设项目
4	铁路	既有线路改造项目	由省级以上政府投资主管部门或国务院行业主管部门核准的铁路电气化改造、增建二线项目以及其他改造投入达到项目固定资产账面原值 75% 以上的改造项目
5	公路	公路新建项目	由省级以上政府投资主管部门核准的一级以上的公路建设项目
6	城市公共交通	城市快速轨道交通新建项目	由国务院核准的城市地铁、轻轨新建项目
7	电力	水力发电新建项目（包括控制性水利枢纽工程）	由国务院投资主管部门核准的在主要河流上新建的水电项目，总装机容量在 25 万千瓦及以上的新建水电项目，以及抽水蓄能电站项目
8	电力	核电站新建项目	由国务院核准的核电站新建项目
9	电力	电网（输变电设施）新建项目	由国务院投资主管部门核准的 330kv 及以上跨省及长度超过 200km 的交流输变电新建项目，500kv 及以上直流输变电新建项目；由省级以上政府投资主管部门核准的革命老区、老少边穷地区电网新建工程项目；农网输变电新建项目
10	电力	风力发电新建项目	由政府投资主管部门核准的风力发电新建项目
11	电力	海洋能发电新建项目	由省级以上政府投资主管部门核准的海洋能发电新建项目
12	电力	太阳能发电新建项目	由政府投资主管部门核准的太阳能发电新建项目
13	电力	地热发电新建项目	由政府投资主管部门核准的地热发电新建项目
14	水利	灌区配套设施及农业节水灌溉工程新建项目	由政府投资主管部门核准的灌区水源工程、灌排系统工程、节水工程
15	水利	地表水水源工程新建项目	由政府投资主管部门核准的水库、塘堰、水窖及配套工程

续表

序号	类别	项目	范围、条件及技术标准
16	水利	调水工程新建项目	由政府投资主管部门核准的取水、输水、配水工程
17		农村人畜饮水工程新建项目	由政府投资主管部门核准的农村人畜饮水工程中取水、输水、净化水、配水工程
18		牧区水利工程新建项目	由政府投资主管部门核准的牧区水利工程中的取水、输配水、节水灌溉及配套工程

❖ 环境保护节能节水项目企业所得税优惠目录（试行）

序号	类别	项目	条件
1	公共污水处理	城镇污水处理项目	1. 根据全国城镇污水处理设施建设规划等全国性规划设立； 2. 专门从事城镇污水的收集、贮存、运输、处置以及污泥处置（含符合国家产业政策和准入条件的水泥窑协同处置）； 3. 根据国家规定获得污水处理特许经营权，或符合环境保护行政主管部门规定的生活污水类污染治理设施运营资质条件； 4. 项目设计、施工和运行管理人员具备国家相应职业资格； 5. 项目按照国家法律法规要求，通过相关验收； 6. 项目经设区的市或者市级以上环境保护行政主管部门总量核查； 7. 排放水符合国家及地方规定的水污染物排放标准和重点水污染物排放总量控制指标； 8. 国务院财政、税务主管部门规定的其他条件。
		工业废水处理项目	1. 根据全国重点流域水污染防治规划等全国性规划设立，但按照国家规定作为企业必备配套设施的自用的污水处理项目除外； 2. 专门从事工业污水的收集、贮存、运输、处置以及污泥处置（含符合国家产业政策和准入条件的水泥窑协同处置）； 3. 符合环境保护行政主管部门规定的工业废水类污染治理设施运营资质条件； 4. 项目设计、施工和运行管理人员具备国家相应职业资格； 5. 项目按照国家法律法规要求，通过相关验收； 6. 项目经设区的市或者市级以上环境保护行政主管部门总量核查； 7. 排放水符合国家及地方规定的水污染物排放标准和重点水污染物排放总量控制指标； 8. 国务院财政、税务主管部门规定的其他条件。

续表

序号	类别	项　目	条　件
2	公共垃圾处理	生活垃圾处理项目	1. 根据全国城镇垃圾处理设施建设规划等全国性规划设立； 2. 专门从事生活垃圾的收集、贮存、运输、处置； 3. 采用符合国家规定标准的卫生填埋、焚烧、热解、堆肥、水泥窑协同处置等工艺，其中：水泥窑协同处置要符合国家产业政策和准入条件； 4. 根据国家规定获得垃圾处理特许经营权，或符合环境保护行政主管部门规定的生活垃圾类污染治理设施运营资质条件； 5. 项目设计、施工和运行管理人员具备国家相应职业资格； 6. 按照国家法律法规要求，通过相关验收； 7. 项目经设区的市或者市级以上环境保护行政主管部门总量核查； 8. 国务院财政、税务主管部门规定的其他条件。
		工业固体废物处理项目	1. 根据全国危险废物处置设施建设规划等全国性规划设立，但按照国家规定作为企业必备配套设施的自用的废弃物处理项目除外； 2. 专门从事工业固体废物或危险废物的收集、贮存、运输、处置； 3. 采用符合国家规定标准的卫生填埋、焚烧、热解、堆肥、水泥窑协同处置等工艺，其中：水泥窑协同处置要符合国家产业政策和准入条件； 4. 工业固体废物处理项目符合环境保护行政主管部门规定的工业固体废物类污染治理设施运营资质条件，危险废物处理项目取得县级以上人民政府环境保护行政主管部门颁发的危险废物经营许可证； 5. 项目设计、施工和运行管理人员具备国家相应职业资格； 6. 按照国家法律法规要求，通过相关验收； 7. 项目经设区的市或者市级以上环境保护行政主管部门总量核查；
		危险废物处理项目	8. 国务院财政、税务主管部门规定的其他条件。
3	沼气综合开发利用	畜禽养殖场和养殖小区沼气工程项目	1. 单体装置容积不小于300立方米，年平均日产沼气量不低于300立方米/天，且符合国家有关沼气工程技术规范的项目； 2. 废水排放、废渣处置、沼气利用符合国家和地方有关标准，不产生二次污染； 3. 项目包括完整的发酵原料的预处理设施、沼渣和沼液的综合利用或进一步处理系统，沼气净化、储存、输配和利用系统； 4. 项目设计、施工和运行管理人员具备国家相应职业资格； 5. 项目按照国家法律法规要求，通过相关验收； 6. 国务院财政、税务主管部门规定的其他条件。

续表

序号	类别	项　目	条　件
4	节能减排技术改造	1. 既有高能耗建筑节能改造项目	1. 具有独立法人资质，且注册资金不低于100万元的节能减排技术服务公司以合同能源管理的形式，通过以节省能源费用或节能量来支付项目成本的节能减排技术改造项目；
		2. 既有建筑太阳能光热、光电建筑一体化技术或浅层地能热泵技术改造项目	2. 项目应符合国家产业政策，并达到国家有关节能和环境标准；
		3. 既有居住建筑供热计量及节能改造项目	3. 经建筑能效测评机构检测，既有高能耗建筑节能改造和北方既有居住建筑供热计量及节能改造达到现行节能强制性标准要求，既有建筑太阳能光热、光电建筑一体化技术或浅层地能热泵技术改造后达到现行国家有关标准要求；
		4. 工业锅炉、工业窑炉节能技术改造项目	4. 经省级节能节水主管部门验收，工业锅炉、工业窑炉技术改造和电机系统节能、能量系统优化技术改造项目年节能量折算后不小于1 000吨标准煤，煤炭工业复合式干法选煤技术改造、钢铁行业干式除尘技术改造和有色金属行业干式除尘净化技术改造项目年节水量不小于200万立方米；
		5. 电机系统节能、能量系统优化技术改造项目	5. 项目应纳税所得额的计算应符合独立交易原则；
		6. 煤炭工业复合式干法选煤技术改造项目	6. 国务院财政、税务主管部门规定的其他条件。
		7. 钢铁行业干式除尘技术改造项目	
		8. 有色金属行业干式除尘净化技术改造项目	
		9. 燃煤电厂烟气脱硫技术改造项目	1. 按照国家有关法律法规设立的，具有独立法人资质，且注册资金不低于500万元的专门从事脱硫服务的公司从事的符合规定的脱硫技术改造项目； 2. 改造后，采用干法或半干法脱硫的项目脱硫效率应高于85%，采用湿法或其他方法脱硫的项目脱硫效率应高于98%； 3. 项目改造后经国家有关部门评估，综合效益良好；

续表

序号	类别	项目	条件
			4. 设施能够稳定运行，达到环境保护行政主管部门对二氧化硫的排放总量及浓度控制要求； 5. 项目应纳税所得额的计算应符合独立交易原则； 6. 国务院财政、税务主管部门规定的其他条件。
5	海水淡化	用作工业、生活用水的海水淡化项目	1. 符合《海水利用专项规划》中规定的发展重点以及区域布局等要求； 2. 规模不小于淡水产量10 000吨/日； 3. 热法海水淡化项目的物能消耗指标为吨水耗电量小于1.8千瓦时/吨、造水比大于8，膜法海水淡化项目的能耗指标为吨水耗电量小于4.0千瓦时/吨； 4. 国务院财政、税务主管部门规定的其他条件。
		用作海岛军民饮用水的海水淡化项目	1. 符合《海水利用专项规划》中规定的发展重点以及区域布局等要求； 2. 热法海水淡化项目的物能消耗指标为吨水耗电量小于1.8千瓦时/吨、造水比大于8，膜法海水淡化项目的能耗指标为吨水耗电量小于4.0千瓦时/吨； 3. 国务院财政、税务主管部门规定的其他条件。

❖《国务院关于实施企业所得税过渡优惠政策的通知》

2007年12月26日　国发［2007］39号

各省、自治区、直辖市人民政府，国务院各部委、各直属机构：

《中华人民共和国企业所得税法》（以下简称新税法）和《中华人民共和国企业所得税法实施条例》（以下简称实施条例）将于2008年1月1日起施行。根据新税法第五十七条规定，现对企业所得税优惠政策过渡问题通知如下：

一、新税法公布前批准设立的企业税收优惠过渡办法

企业按照原税收法律、行政法规和具有行政法规效力文件规定享受的企业所得税优惠政策，按以下办法实施过渡：

自2008年1月1日起，原享受低税率优惠政策的企业，在新税法施行后5年内逐步过渡到法定税率。其中：享受企业所得税15%税率的企业，2008年按18%税率执行，2009年按20%税率执行，2010年按22%税率执行，2011年按24%税率执行，2012年按25%税率执行；原执行24%税率的企业，2008年起按25%税率执行。

自2008年1月1日起，原享受企业所得税“两免三减半”、“五免五减半”等定期减免税优惠的企业，新税法施行后继续按原税收法律、行政法规及相关文件规定的优惠办法及年限享受至期满为止，但因未获利而尚未享受税收优惠的，其优惠期限从2008

年度起计算。

享受上述过渡优惠政策的企业，是指2007年3月16日以前经工商等登记管理机关登记设立的企业；实施过渡优惠政策的项目和范围按《实施企业所得税过渡优惠政策表》（见附表）执行。

二、继续执行西部大开发税收优惠政策

根据国务院实施西部大开发有关文件精神，财政部、税务总局和海关总署联合下发的《财政部、国家税务总局、海关总署关于西部大开发税收优惠政策问题的通知》（财税［2001］202号）中规定的西部大开发企业所得税优惠政策继续执行。

三、实施企业税收过渡优惠政策的其他规定

享受企业所得税过渡优惠政策的企业，应按照新税法和实施条例中有关收入和扣除的规定计算应纳税所得额，并按本通知第一部分规定计算享受税收优惠。

企业所得税过渡优惠政策与新税法及实施条例规定的优惠政策存在交叉的，由企业选择最优惠的政策执行，不得叠加享受，且一经选择，不得改变。

附表：实施企业所得税过渡优惠政策表

附表：　　实施企业所得税过渡优惠政策表

序号	文件名称	相关政策内容
1	《中华人民共和国外商投资企业和外国企业所得税法》第七条第一款	设在经济特区的外商投资企业、在经济特区设立机构、场所从事生产、经营的外国企业和设在经济技术开发区的生产性外商投资企业，减按15%的税率征收企业所得税
2	《中华人民共和国外商投资企业和外国企业所得税法》第七条第三款	设在沿海经济开放区和经济特区、经济技术开发区所在城市的老市区或者设在国务院规定的其他地区的外商投资企业，属于能源、交通、港口、码头或者国家鼓励的其他项目的，可以减按15%的税率征收企业所得税
3	《中华人民共和国外商投资企业和外国企业所得税法实施细则》第七十三条第一款第一项	在沿海经济开放区和经济特区、经济技术开发区所在城市的老市区设立的从事下列项目的生产性外资企业，可以减按15%的税率征收企业所得税：技术密集、知识密集型的项目；外商投资在3 000万美元以上，回收投资时间长的项目；能源、交通、港口建设的项目
4	《中华人民共和国外商投资企业和外国企业所得税法实施细则》第七十三条第一款第二项	从事港口、码头建设的中外合资经营企业，可以减按15%的税率征收企业所得税

续表

序号	文件名称	相关政策内容
5	《中华人民共和国外商投资企业和外国企业所得税法实施细则》第七十三条第一款第四项	在上海浦东新区设立的生产性外商投资企业，以及从事机场、港口、铁路、公路、电站等能源、交通建设项目的外商投资企业，可以减按 15% 的税率征收企业所得税
6	国务院关于上海外高桥、天津港、深圳福田、深圳沙头角、大连、广州、厦门象屿、张家港、海口、青岛、宁波、福州、汕头、珠海、深圳盐田保税区的批复（国函［1991］26 号、国函［1991］32 号、国函［1992］43 号、国函［1992］44 号、国函［1992］148 号、国函［1992］150 号、国函［1992］159 号、国函［1992］179 号、国函［1992］180 号、国函［1992］181 号、国函［1993］3 号等）	生产性外商投资企业，减按 15% 的税率征收企业所得税
7	《国务院关于在福建省沿海地区设立台商投资区的批复》（国函［1989］35 号）	厦门台商投资区内设立的台商投资企业，减按 15% 税率征收企业所得税；福州台商投资区内设立的生产性台商投资企业，减按 15% 税率征收企业所得税，非生产性台资企业，减按 24% 税率征收企业所得税
8	国务院关于进一步对外开放南宁、重庆、黄石、长江三峡经济开放区、北京等城市的通知（国函［1992］62 号、国函［1992］93 号、国函［1993］19 号、国函［1994］92 号、国函［1995］16 号）	省会（首府）城市及沿江开放城市从事下列项目的生产性外资企业，减按 15% 的税率征收企业所得税：技术密集、知识密集型的项目；外商投资在 3 000 万美元以上，回收投资时间长的项目；能源、交通、港口建设的项目
9	《国务院关于开发建设苏州工业园区有关问题的批复》（国函［1994］9 号）	在苏州工业园区设立的生产性外商投资企业，减按 15% 税率征收企业所得税
10	《国务院关于扩大外商投资企业从事能源交通基础设施项目税收优惠规定适用范围的通知》（国发［1999］13 号）	自 1999 年 1 月 1 日起，将《外资税法实施细则》第七十三条第一款第（一）项第 3 目关于从事能源、交通基础设施建设的生产性外商投资企业，减按 15% 征收企业所得税的规定扩大到全国
11	《广东省经济特区条例》（1980 年 8 月 26 日第五届全国人民代表大会常务委员会第十五次会议批准施行）	广东省深圳、珠海、汕头经济特区的企业所得税率为 15%
12	《对福建省关于建设厦门经济特区的批复》（［80］国函字 88 号）	厦门经济特区所得税率按 15% 执行

续表

序号	文件名称	相关政策内容
13	《国务院关于鼓励投资开发海南岛的规定》（国发［1988］26号）	在海南岛举办的企业（国家银行和保险公司除外），从事生产、经营所得税和其他所得，均按15%的税率征收企业所得税
14	《中华人民共和国外商投资企业和外国企业所得税法》第七条第二款	设在沿海经济开放区和经济特区、经济技术开发区所在城市的老市区的生产性外商投资企业，减按24%的税率征收企业所得税
15	《国务院关于试办国家旅游度假区有关问题的通知》（国发［1992］46号）	国家旅游度假区内的外商投资企业，减按24%的税率征收企业所得税
16	国务院关于进一步对外开放黑河、伊宁、凭祥、二连浩特市等边境城市的通知（国函［1992］21号、国函［1992］61号、国函［1992］62号、国函［1992］94号）	沿边开放城市的生产性外商投资企业，减按24%的税率征收企业所得税
17	《国务院关于进一步对外开放南宁、昆明市及凭祥等五个边境城镇的通知（国函［1992］62号）	允许凭祥、东兴、畹町、瑞丽、河口五市（县、镇）在具备条件的市（县、镇）兴办边境经济合作区，对边境经济合作区内以出口为主的生产性内联企业，减按24%的税率征收企业所得税
18	国务院关于进一步对外开放南宁、重庆、黄石、长江三峡经济开放区、北京等城市的通知（国函［1992］62号、国函［1992］93号、国函［1993］19号、国函［1994］92号、国函［1995］16号）	省会（首府）城市及沿江开放城市的生产性外商投资企业，减按24%的税率征收企业所得税
19	《中华人民共和国外商投资企业和外国企业所得税法》第八条第一款	对生产性外商投资企业，经营期在十年以上的，从开始获利的年度起，第一年和第二年免征企业所得税，第三年至第五年减半征收企业所得税
20	《中华人民共和国外商投资企业和外国企业所得税法实施细则》第七十五条第一款第一项	从事港口码头建设的中外合资经营企业，经营期在15年以上的，经企业申请，所在地的省、自治区、直辖市税务机关批准，从开始获利的年度起，第一年至第五年免征企业所得税，第六年至第十年减半征收企业所得税
21	《中华人民共和国外商投资企业和外国企业所得税法实施细则》第七十五条第一款第二项	在海南经济特区设立的从事机场、港口、码头、铁路、公路、电站、煤矿、水利等基础设施项目的外商投资企业和从事农业开发经营的外商投资企业，经营期在15年以上的，经企业申请，海南省税务机关批准，从开始获利的年度起，第一年至第五年免征企业所得税，第六年至第十年减半征收企业所得税

续表

序号	文 件 名 称	相关政策内容
22	《中华人民共和国外商投资企业和外国企业所得税法实施细则》第七十五条第一款第三项	在上海浦东新区设立的从事机场、港口、铁路、公路、电站等能源、交通建设项目的外商投资企业，经营期在15年以上的，经企业申请，上海市税务机关批准，从开始获利的年度起，第一年至第五年免征企业所得税，第六年至第十年减半征收企业所得税
23	《中华人民共和国外商投资企业和外国企业所得税法实施细则》第七十五条第一款第四项	在经济特区设立的从事服务性行业的外商投资企业，外商投资超过500万美元，经营期在十年以上的，经企业申请，经济特区税务机关批准，从开始获利的年度起，第一年免征企业所得税，第二年和第三年减半征收企业所得税
24	《中华人民共和国外商投资企业和外国企业所得税法实施细则》第七十五条第一款第六项	在国务院确定的国家高新技术产业开发区设立的被认定为高新技术企业的中外合资经营企业，经营期在十年以上的，经企业申请，当地税务机关批准，从开始获利的年度起，第一年和第二年免征企业所得税
25	《中华人民共和国外商投资企业和外国企业所得税法实施细则》第七十五条第一款第六项 《国务院关于〈北京市新技术产业开发试验区暂行条例〉的批复》（国函［1988］74号）	设在北京市新技术产业开发试验区的外商投资企业，依照北京市新技术产业开发试验区的税收优惠规定执行。对试验区的新技术企业自开办之日起，三年内免征所得税。经北京市人民政府指定的部门批准，第四年至第六年可按15%或10%的税率，减半征收所得税
26	《中华人民共和国企业所得税暂行条例》第八条第一款	需要照顾和鼓励的民族自治地方的企业，经省级人民政府批准实行定期减税或免税的，过渡优惠执行期限不超过5年
27	《国务院关于鼓励投资开发海南岛的规定》（国发［1988］26号）	在海南岛举办的企业（国家银行和保险公司除外），从事港口、码头、机场、公路、铁路、电站、煤矿、水利等基础设施开发经营的企业和从事农业开发经营的企业，经营期限在十五年以上的，从开始获利的年度起，第一年至第五年免征所得税，第六年至第十年减半征收所得税
		在海南岛举办的企业（国家银行和保险公司除外），从事工业、交通运输业等生产性行业的企业经营期限在十年以上的，从开始获利的年度起，第一年和第二年免征所得税，第三年至第五年减半征收所得税

续表

序号	文件名称	相关政策内容
		在海南岛举办的企业（国家银行和保险公司除外），从事服务性行业的企业，投资总额超过500万美元或者2 000万元人民币，经营期限在十年以上的，从开始获利的年度起，第一年免征所得税，第二年和第三年减半征收所得税
28	《国务院关于实施〈国家中长期科学和技术发展规划纲要（2006～2020年）若干配套政策的通知〉》（国发［2006］6号）	国家高新技术产业开发区内新创办的高新技术企业经严格认定后，自获利年度起两年内免征所得税

第五章 公司分立

第一节 概念解析

财税［2009］59号文规定，分立是指一家企业（被分立企业）将部分或全部资产分离转让给现存或新设的企业（分立企业），被分立企业股东换取分立企业的股权或非股权支付，实现企业的依法分立。

这里所称“部分或全部”资产，是指企业某一生产经营活动的全部资产。对于单一生产经营活动企业来讲，就是该企业的全部资产；对于从事两个或两个以上生产经营活动的企业，其应是某一项生产经营活动的全部资产。换句话讲，企业分立出去的是一项生产经营活动，其实质是企业经营活动的分立，即营业分立。

这里所称“依法”主要是依据我国《公司法》以及有关部门的核准等规定。根据《公司法》第一百七十六条规定，公司分立其财产作相应的分割。公司分立应当编制资产负债表及财产清单。公司应当自作出分立决议之日起10日内通知债权人，并于30日内在报纸上公告。

企业分立通常有三种形式：

1. 让产分股式分立（spin off），是指将公司的没有法人资格部分营业分立出去成立新的子公司或转让给现存的公司，将接受资产的子公司的股份分给全部股东。

让产分股式分立前和分立后股权架构如图5－1所示。

2. 让产赎股式分立（split off），是指将公司没有法人资格的部分营业或分支分立出去成立新的子公司或现存的公司，将接受资产的公司的股份分配给部分股东，换回股东持有原公司的股票。

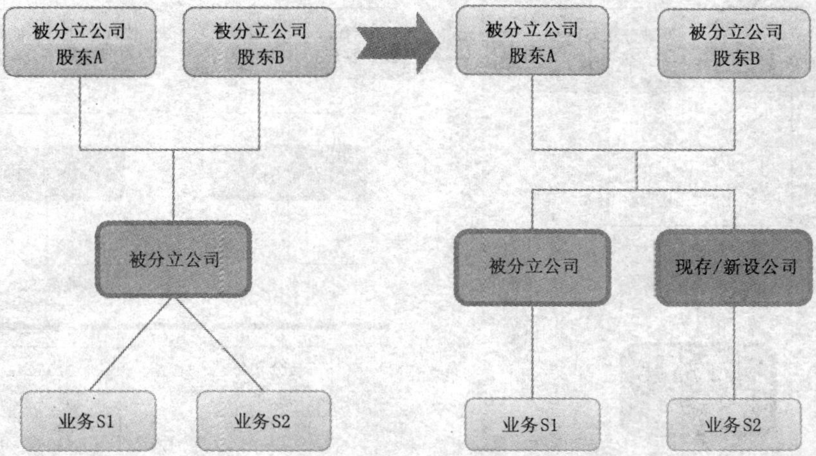

图5-1 让产分股式分立前和分立后股权架构

让产赎股式分立前和分立后股权架构如图5-2所示。

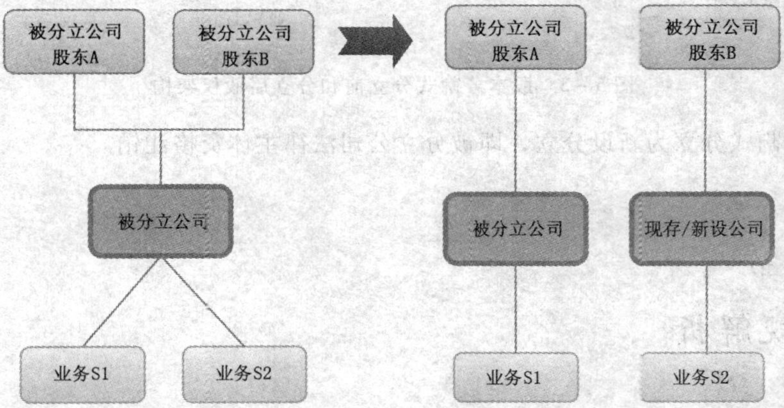

图5-2 让产赎股式分立前和分立后股权架构

3. 股本分割式分立（split up），是指将公司分割成两家以上新的公司，原公司解散。股本分割可分有两种典型做法：一种是被分立企业的全部股东按原持股比例均衡地同时取得分立企业的股票，原持有的被分立企业的股票依法注销，被分立企业依照《公司法》的规定只解散不清算。另一种是被分立企业的一个股东集团取得部分分立企业的股票，其他股东集团取得另外的分立企业的股票，全部股东都放弃原持有的被分立企业的股票，同样，被分立企业依《公司法》的规定只解散不清算，其股票依法注销。

股本分割式分立前和分立后股权架构如图5-3所示。

根据被分立公司法律主体资格是否注销，分立可以区分派生分立和新设分立两种形式。其中让产分股式分立和让产赎股式分立为派生分立，即被分立公司法律主体资格存

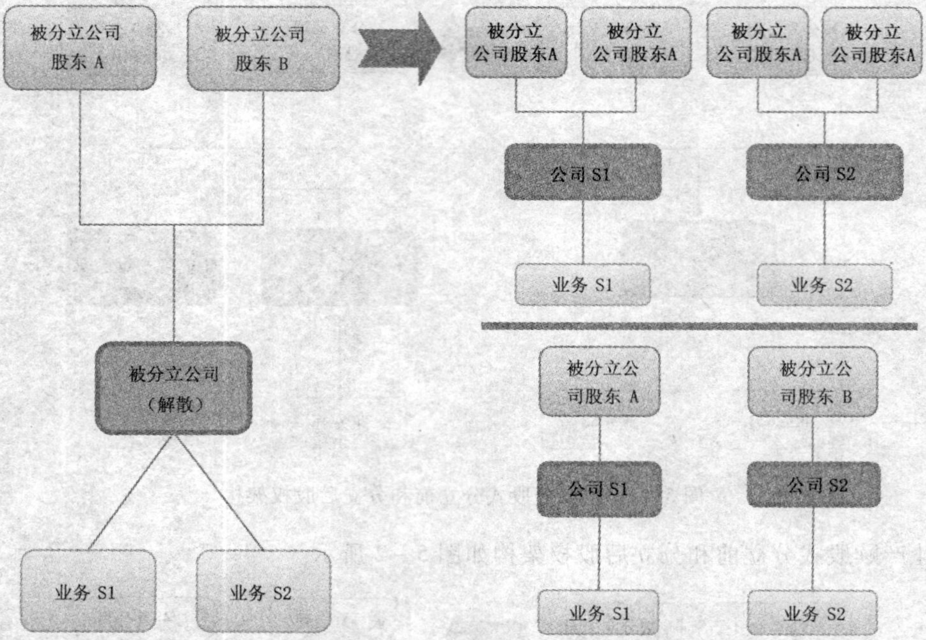

图 5－3　股本分割式分立前和分立后股权架构

续；股本分割式分立为新设分立，即被分立公司法律主体资格注销。

第二节 税收法规解析

一、税法框架

企业分立涉及复杂的纳税处理。企业分立根据是否满足企业所得税特殊税务处理条件，企业所得税分为一般税务处理和特殊税务处理；如果被分立企业清算，则被分立企业及其股东两个层面都涉及纳税义务；如果分立出去的资产未与相应的负债和劳动力一并转让，就不构成一项业务，则存在增值税和营业税纳税义务；如果被分立企业的股权架构与分立企业股权架构不同则存在契税纳税义务。

企业分立可能涉及的税种及其是否纳税汇总如表 5－1 所示。

表 5－1　　公司分立主要税收政策一览表

税种	政策分析	税收文件依据	备　注
企业所得税	根据是否满足特殊税务处理的条件，区分一般税务处理和特殊税务处理	国务院令第512号第七十五条	如果适用一般税务处理，需要在被清算企业和股东两个层面纳税
		财税［2009］59号	
		财税［2009］60号	
		国家税务总局2010年第4号公告	
个人所得税	财政部、税务总局未明确	大地税函［2009］212号	大地税函［2009］212号明确要征税
增值税	资产重组过程中，通过合并、分立、出售、置换等方式，将全部或者部分实物资产以及与其相关联的债权、负债和劳动力一并转让的，不征税	财政部　国家税务总局第50号令	要满足不征收增值税和营业税，被分立出去的资产必须构成一项业务
	不符合上述条件的征税	国家税务总局2011年第13号公告	
营业税	资产重组过程中，通过合并、分立、出售、置换等方式，将全部或者部分实物资产以及与其相关联的债权、负债和劳动力一并转让的，不征税	国家税务总局2011年第51号公告	
	不符合上述条件的征税		
土地增值税	各地执行口径不一	国务院令［1993］第138号、财法字［1995］第006号；青地税函［2009］47号	青地税函［2009］47号，房地产开发企业依照法律规定、合同约定分设为两个或两个以上的企业，对派生方、新设方承受原企业房地产的，不征收土地增值税。派生方、新设方转让房地产时，按照分立前原企业实际支付的土地价款和发生的开发成本、开发费用，按规定计入扣除计算征收土地增值税

续表

税种	政策分析	税收文件依据	备　注
契税	公司依照法律规定、合同约定分设为两个或两个以上与原公司投资主体相同的公司，对派生方、新设方承受原企业土地、房屋权属，免征契税	财税［2012］4号	执行期限为2012年1月1日至2014年12月31日
	不符合上述条件的征税		
印花税	资金账簿原已贴花的部分可不再贴花；产权转移书据免缴	财税［2003］183号	

二、企业所得税

根据《企业所得税法实施条例》第七十五条规定，除国务院财政、税务主管部门另有规定外，企业在重组过程中，应当在交易发生时确认有关资产的转让所得或者损失，相关资产应当按照交易价格重新确定计税基础。

同时，根据财税［2009］59号文的规定，合并是税法规定的企业重组形式之一，在所得税处理上区分不同条件分别适用一般性税务处理规定和特殊性税务处理规定。

（一）一般性税务处理

根据财税［2009］59号文第四条（五）的规定，企业分立，当事各方应按下列规定处理：

（1）被分立企业对分立出去资产应按公允价值确认资产转让所得或损失。

（2）分立企业应按公允价值确认接受资产的计税基础。

（3）被分立企业继续存在时，其股东取得的对价应视同被分立企业分配进行处理。

（4）被分立企业不再继续存在时，被分立企业及其股东都应按清算进行所得税处理。

（5）企业分立相关企业的亏损不得相互结转弥补。

（二）特殊性税务处理

根据财税［2009］59号文第五条和第六条（五）的规定，企业分立重组业务同时符合下列条件的，适用特殊性税务处理规定：

（1）具有合理的商业目的，且不以减少、免除或者推迟缴纳税款为主要目的；

（2）分立企业和被分立企业均不改变原来的实质经营活动；

（3）被分立企业所有股东按原持股比例取得分立企业的股权；企业重组中取得股权支付的原主要股东，在重组后连续12个月内，不得转让所取得的股权；

（4）被分立企业股东在该企业分立发生时取得的股权支付金额不低于其交易支付总额的85%。

原主要股东，是指原持有转让企业或被收购企业20%以上股权的股东。

所以，在企业分立的各种形式中，只有以下两种形式可能适用企业所得税特殊性税务处理，即被分立企业被分立成两个或两以上股权结构一致的公司，被分立企业可能存续也可能解散。

（1）被分立企业存续情形如图5－4所示。

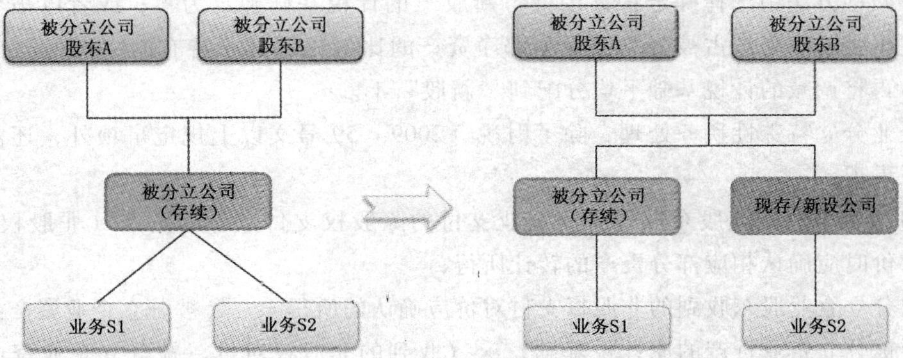

图5－4　被分立企业存续情形示意图

（2）被分立企业解散情形如图5－5所示。

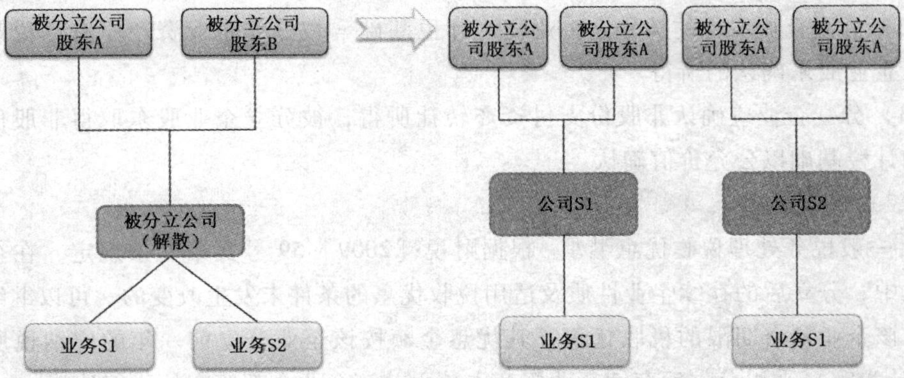

图5－5　被分立企业解散情形示意图

特殊性税务处理如下：

（1）分立企业接受被分立企业资产和负债的计税基础，以被分立企业的原有计税基础确定。

（2）被分立企业已分立出去资产相应的所得税事项由分立企业承继。

由分立企业承继的所得税事项包括尚未确认的资产损失、分期确认收入的处理以及尚未享受期满的税收优惠政策承继处理问题等。

（3）被分立企业未超过法定弥补期限的亏损额可按分立资产占全部资产的比例进行分配，由分立企业继续弥补。

需要注意的是“按分立资产占全部资产的比例进行分配”，其中资产应为原计税基础，而不是公允价值。

（4）被分立企业的股东取得分立企业的股权（以下简称“新股”），如需部分或全部放弃原持有的被分立企业的股权（以下简称“旧股”），“新股”的计税基础应以放弃“旧股”的计税基础确定。如不需放弃“旧股”，则其取得“新股”的计税基础可从以下两种方法中选择确定：直接将“新股”的计税基础确定为零；或者以被分立企业分立出去的净资产占被分立企业全部净资产的比例先调减原持有的“旧股”的计税基础，再将调减的计税基础平均分配到“新股”上。

企业分立特殊性税务处理，除了财税［2009］59号文以上规定事项外，还需要注意以下事项：

（1）被分立企业股东取得分立企业支付的除股权支付以外的资产（非股权支付）作为对价时应确认相应部分资产的转让所得；

被分立企业股东收到的非股权支付对价应确认的所得＝［（被分立企业资产的公允价值－被分立企业资产的原计税基础）×（收到的非股权对价÷被分立企业资产的公允价值）］

被分立企业取得的分立企业股权支付的计税基础＝［被分立企业资产的初始计税基础－（非股权支付金额－资产转让所得）］

（2）分立企业取得的被分立企业资产计税基础＝被分立企业资产原有计税基础＋被分立企业股东确认的所得

（3）分立企业应确认非股份支付资产转让所得，被分立企业股东取得非股份支付资产的计税基础以公允价值确认。

（三）税收优惠

1. 一般税务处理税收优惠继承。根据财税［2009］59号文第九条规定，在企业存续分立中，分立后的存续企业性质及适用税收优惠的条件未发生改变的，可以继续享受分立前该企业剩余期限的税收优惠，其优惠金额按该企业分立前一年的应纳税所得额（亏损计为零）乘以分立后存续企业资产占分立前该企业全部资产的比例计算。

根据国家税务总局2010年第4号公告第十五条规定，企业分立，分立企业涉及享受《企业所得税法》第五十七条规定中就企业整体（即全部生产经营所得）享受的税收优惠过渡政策尚未期满的，仅就存续企业未享受完的税收优惠，按照财税［2009］59号文件第九条的规定执行；注销的被分立企业未享受完的税收优惠，不再由存续企业承继；分立而新设的企业不得再承继或重新享受上述优惠。分立各方企业按照《企业所得税法》的税收优惠规定和税收优惠过渡政策中就企业有关生产经营项目的所得享受的税收优惠承继问题，按照《企业所得税法实施条例》第八十九条规定执行。

根据《企业所得税法》第五十七条规定，本法公布前已经批准设立的企业，依照当时的税收法律、行政法规规定，享受低税率优惠的，按照国务院规定，可以在本法施行后5年内，逐步过渡到本法规定的税率；享受定期减免税优惠的，按照国务院规定，可以在本法施行后继续享受到期满为止，但因未获利而尚未享受优惠的，优惠期限从本法施行年度起计算。

2. 特殊性税务处理税收优惠继承。

国家税务总局2010年第4号公告第二十八条规定，根据财税［2009］59号文第六条第（五）项第2目规定，企业分立，已分立资产相应的所得税事项由分立企业承继，这些事项包括尚未确认的资产损失、分期确认收入的处理以及尚未享受期满的税收优惠政策承继处理问题等。其中，对税收优惠政策承继处理问题，凡属于依照《企业所得税法》第五十七条规定中就企业整体（即全部生产经营所得）享受税收优惠过渡政策的，分立后的企业性质及适用税收优惠条件未发生改变的，可以继续享受分立前被分立企业剩余期限的税收优惠。分立前被分立企业按照《企业所得税法》的税收优惠规定以及税收优惠过渡政策中就有关生产经营项目所得享受的税收优惠承继处理问题，按照《企业所得税法实施条例》第八十九条规定执行。

《企业所得税法实施条例》第八十九条规定，依照本条例第八十七条和第八十八条规定享受减免税优惠的项目，在减免税期限内转让的，受让方自受让之日起，可以在剩余期限内享受规定的减免税优惠；减免税期限届满后转让的，受让方不得就该项目重复享受减免税优惠。

《企业所得税法实施条例》第八十七条规定，企业从事国家重点扶持的公共基础设施项目的投资经营的所得，自项目取得第一笔生产经营收入所属纳税年度起，第一年至第三年免征企业所得税，第四年至第六年减半征收企业所得税。国家重点扶持的公共基础设施项目，是指《公共基础设施项目企业所得税优惠目录》规定的港口码头、机场、铁路、公路、城市公共交通、电力、水利等项目。企业承包经营、承包建设和内部自建自用本条规定的项目，不得享受本条规定的企业所得税优惠。

《企业所得税法实施条例》第八十八条规定，企业从事符合条件的环境保护、节能节水项目的所得，自项目取得第一笔生产经营收入所属纳税年度起，第一年至第三年免征企业所得税，第四年至第六年减半征收企业所得税。所称符合条件的环境保护、节能节水项目，包括公共污水处理、公共垃圾处理、沼气综合开发利用、节能减排技术改造、海水淡化等。项目的具体条件和范围由国务院财政、税务主管部门商国务院有关部门制订，报国务院批准后公布施行。

需要特别注意的是，《企业所得税法实施条例》第八十七条和第八十八条规定的从事国家重点扶持的公共基础设施项目的投资经营的所得和从事符合条件的环境保护、节能节水项目的所得的税收优惠继承不受一般税务处理和特殊税务处理选择的影响。

（四）税法案例解析

【案例5-1】 A公司有两个股东A1和A2，其中A1为法人股东，A2为个人股东持股20%。A公司股权计税基础为3 000万元，公允价值为5 000万元，其中盈余公积和未分配利润等留存收益1 400万元，非投资溢价形成的资本公积为600万元；净资产的计税基础为1 000万元，公允价值为5 000万元。A公司下设两家分公司B1和B2，分别从事不同的业务，其中B1分公司净资产计税基础为500万元，公允价值为700万元；B2分公司净资产计税基础为600万元，公允价值为1 000万元，包括房屋建筑物的计税基础300万元，公允价值700万元。B1和B2两个分公司独立进行财务核算。

A公司计划以分公司B2的资产与其他公司D成立合资公司E，共同经营。

方案如下：

(1) A公司采取让产赎股式分立，将分公司B2分立，成立E公司，E公司股权支付给股东A2以换取A2在A公司的股权，然后D公司再对E公司进行增资。

交易流程如图5－6所示。

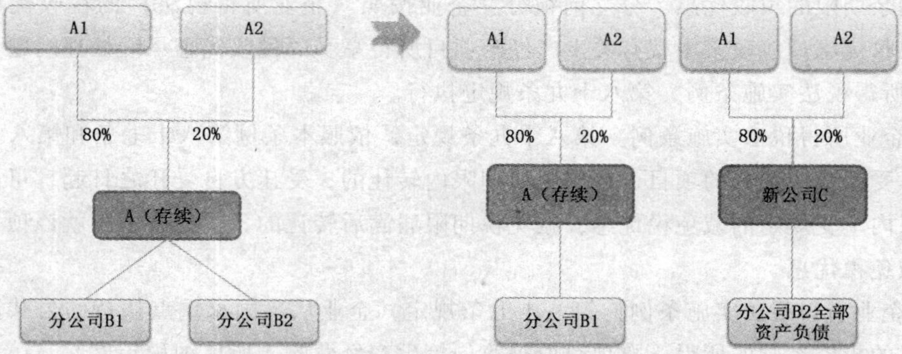

图5－6 交易流程图

(2) A公司采取让产分股式分立，将分公司B2分立成立E公司，然后D公司再对E公司进行增资。

交易流程如图5－7所示。

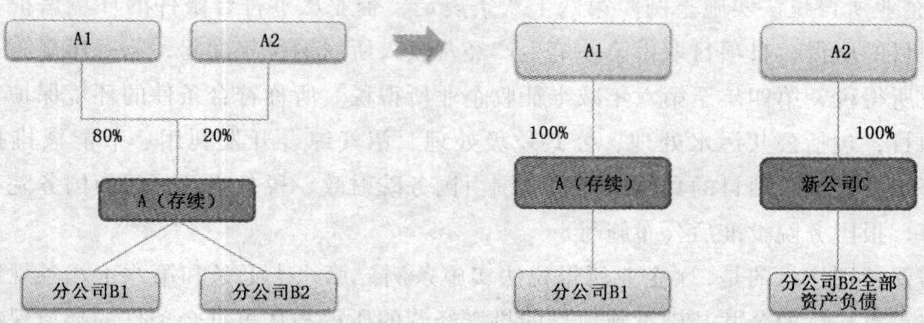

图5－7 交易流程图

1. 特殊性税务处理。方案1被分立企业A的股东A1和A2按原持股比例取得分立企业C公司的股份，被分立企业A的股东A1和A2在分立发生时取得的股权支付比例为 100%。假设该交易符合具有合理商业目的，分立后分立企业 A 和被分立企业 C 均不改变原来的实质经营活动。则方案 1 满足企业所得税特殊性税务处理的条件。具体处理如下：

(1) C 公司接受 A 公司资产和负债的计税基础，以 B2 分公司的原有计税基础 600 万元确定；

(2) B2 分公司相应的所得税事项由 C 公司承继，所得税事项包括尚未确认的资产损失、分期确认收入的处理以及尚未享受期满的税收优惠政策承继处理问题等。

(3) A 公司未超过法定弥补期限的亏损额可按 B2 分公司资产占全部资产的比例进行分配，由 C 公司继续弥补。

【案例 5－1 续】 假设 A 公司分立重组年度为 2012 年，截至分立前尚有未弥补的亏损如表 5－2 所示。

表 5－2　　A 公司截至分立前尚未弥补的亏损　　单位：人民币万元

行次	项　目	年　度	本年度可弥补的亏损额
1	第一年		
2	第二年		
3	第三年	2009	－200
4	第四年	2010	－1 000
5	第五年	2011	－1 200
6	累计		－2 400

分立后 C 公司和 A 公司可以继续弥补的未弥补亏损分配如下：

C 公司＝（B2 分公司资产原计税基础/A 公司资产原计税基础）×A 公司分立前累计未弥补亏损＝600/3 000×2 400＝480（万元）

A 公司＝［（A 公司资产原计税基础－B2 分公司资产原计税基础）/A 公司资产原计税基础］×A 公司分立前累计未弥补亏损＝［（3 000－600）/3 000］×2 400＝1 920（万元）

分立后 C 公司各年和 A 公司可弥补的亏损如表 5－3、表 5－4 所示。

表 5－3　　分立后 C 公司各年可弥补的亏损　　单位：人民币万元

行次	项　目	年　度	亏损或盈利金额	合并分立企业转入可弥补亏损额
		1	2	3
1	第一年			
2	第二年			
3	第三年	2009		－40

续表

行次	项　目	年　度	亏损或盈利金额	合并分立企业转入可弥补亏损额
		1	2	3
4	第四年	2010		-200
5	第五年	2011		-240
6	本　年	2012		-480

表5-4　　分立后A公司各年可弥补的亏损　　单位：人民币万元

行次	项　目	年　度	亏损或盈利金额	合并分立企业转入可弥补亏损额
		1	2	3
1	第一年			
2	第二年			
3	第三年	2009		-160
4	第四年	2010		-800
5	第五年	2011		-960
6	本　年	2012		-1 920

（4）A公司的股东A1和A2取得C公司的股权（“新股”），如需放弃原持有的A公司股权（“旧股”），“新股”的计税基础应以放弃“旧股”的计税基础确定。

如不需放弃“旧股”，则其取得“新股”的计税基础可从以下两种方法中选择确定：直接将“新股”的计税基础确定为零；或者以B2分公司的净资产占A公司全部净资产的比例先调减原持有的“旧股”的计税基础，再将调减的计税基础平均分配到“新股”上。

【案例5-1续】假设A公司原投资总额为1 000万元，投资总额等于注册资本，已经全部缴纳出资。

分立后A公司应调减的计税基础=旧股原计税基础×（B2分公司净资产计税基础/A公司净资产计税基础）=1 000×（600/3 000）=200（万元）=C公司的新股计税基础

分立后A1在A公司和C公司的投资计税基础分别为640万元[（1 000-200）×80%]和160万元（200×80%）。

A1分立后总投资计税基础=640+160=800（万元）=分立前投资的原计税基础=1 000×80%=800（万元）

分立后A2在A公司和C公司的投资计税基础分别为160万元[（1 000-200）×20%]和40万元（200×20%）。

A2 分立后总投资计税基础 = 160 + 40 = 200（万元）= 分立前投资的原计税基础

= 1 000 × 20% = 200（万元）

即在特殊性税务处理下，在公司层面上，被分立公司未确认资产转让所得税，分立前被分立公司资产计税基础等于分立后分立公司资产计税基础和存续公司资产计税基础之和。股东层面上，被分立公司股东未确认股权处置所得，股东的股权计税基础分立前与分立后相等。即在公司层面和股东层面税负都是中性的。

2. 一般性税务处理。方案2A 公司的股东 A1 和 A2 未按原持股比例取得 C 公司的股份，而是 A2 取得 C 公司的股份以换回其在 A 公司的股份。所以，方案 2 不满足企业所得税特殊税务处理的条件，应采用一般税务处理。即：

（1）A 公司对分立出去的 B2 分公司应按公允价值确认资产转让所得或损失。

A 公司应确认的资产转让所得 = B2 分公司资产的公允价值 − B2 分公司资产的原计税基础 = 1 000 − 600 = 400（万元）

（2）C 公司应按公允价值确认接受 B2 分公司资产的计税基础，即 1 000 万元。

C 公司的资产计税基础为 1 000 万元，与 B2 分公司原资产计税基础 600 万元相比，增加了 400 万元。分立过程中被分立公司确认了资产转让所得为 400 万元，即整个交易增加资产的计税基础 = 交易过程中确认的应税所得额，所以分立在公司层面符合企业所得税税收中性原则。

（3）被分立企业继续存在时，其股东取得的对价应视同被分立企业分配进行处理。

本案例中 A2 股东为自然人，企业分立涉及的个人所得税见本章下面分析。

假设 A2 股东为公司法人企业，则分立过程中 A2 取得 C 公司股权作为对价视同对 A 公司对其分配处理，即股东 A2 应确认的股息红利所得 1 000 万元。而根据《企业所得税法》第二十六条的规定，符合条件的居民企业之间的股息、红利等权益性投资收益为免税收入。这显然不符合税收中性原则。

所以，在本案例方案 2 的交易架构下，需要正确理解税法处理的原则。方案 2 实际上可以将整个交易分解为股东 A2 从 A 公司撤回投资，再投资成立 C 公司。

根据《国家税务总局关于企业所得税若干问题的公告》（国家税务总局公告 2011 年第 34 号）第五条投资企业撤回或减少投资的税务处理：投资企业从被投资企业撤回或减少投资，其取得的资产中，相当于初始出资的部分，应确认为投资收回；相当于被投资企业累计未分配利润和累计盈余公积按减少实收资本比例计算的部分，应确认为股息所得；其余部分确认为投资资产转让所得。

则 A2 在投资撤回中应确认的股权转让所得 = C 公司股权公允价值 − 对 A 公司的初始投资 − 留存收益按持股比例享有部分（股息所得）

= 1 000 − 200 −（1 400 + 600）× 20%

= 400（万元）

股东 A2 分立后取得的对价 C 公司股权计税基础 = 分立前在 A 公司原股权计税基础

+A公司股权转让收益+A股息分配所得=200+400+400=1 000（万元）

所以，在股东层面上，按投资撤回进行所得税税务处理，才能使整个交易符合税收中性原则。

（4）由于A公司采用存续分立，所以A公司及其股东不需要按清算进行所得税处理。

如果A公司采用的是新设分立，即A公司被一分为二，A公司被注销法人资格，则A公司及其股东都应按清算进行所得税处理。

（5）在方案2情况下，股东A2视同撤回投资，根据《国家税务总局关于企业所得税若干问题的公告》（国家税务总局公告2011年第34号）第五条投资企业撤回或减少投资的税务处理：被投资企业发生的经营亏损，由被投资企业按规定结转弥补；投资企业不得调整减低其投资成本，也不得将其确认为投资损失。

三、营业税和增值税

根据国家税务总局2011年第13号和第51号公告，纳税人在资产重组过程中，通过合并、分立、出售、置换等方式，将全部或者部分实物资产以及与其相关联的债权、负债和劳动力一并转让给其他单位和个人，不属于增值税或营业税的征税范围，其中涉及的货物转让不征收增值税，涉及的不动产、土地使用权转让，不征收营业税。

B2分公司在分立前是A公司的营业分部，有独立的业务和财务核算；分立过程中与B2分公司相关的资产、负债和人员整体划转到C公司，符合国家税务总局2011年第13号和第51号公告不征收增值税和营业税的规定。

四、个人所得税

国家财政、税务主管部门对于自然人、合伙企业等非法人纳税主体，在重组过程中的税务处理目前还没有出台政策。目前，大连税务局已经于2009年出台了个人股东在重组过程中的个人所得税管理办法。《大连市地方税务局关于加强企业注销和重组自然人股东个人所得税管理的通知》（大地税函［2009］212号）对合并分立过程中自然人股东的税务处理规定如下：

1. 企业分立后，被分立企业存续的，其自然人股东取得的对价应当视为被分立企业的分配，在扣除投资成本后确认为所得，按“利息、股息、红利所得”项目计算征收个人所得税。

在方案2情况下，股东A2应确认的股息红利所得=取得C公司股权公允价值−对A公司投资的原计税基础=1 000−1 000×20%=800（万元）

2. 企业分立后，被分立企业不存续的，被分立企业应当按照清算进行所得税处理，其自然人股东的个人所得税管理如下：

企业注销税务登记按照财税［2009］60号文规定清算的，股东分得的剩余资产扣除投资成本后的余额，按照“利息、股息、红利所得”项目计算征收个人所得税。

清算的税务处理请参考本书第八章。

企业注销税务登记未进行清算或无法取得清算所得相关信息的，以企业期末留存收益和资本公积之和，按照股东所占股份比例计算的部分确认为应纳税所得额，计算征收“利息、股息、红利所得”项目个人所得税，不得因企业存在的债权、债务而调整应纳税所得额。“注销税务登记”，不包括企业因住所、经营地点变动而改变税务登记机关的情形。

3. 对按照财税［2009］59号文规定，企业分立选择特殊性税务处理的，以被分立企业分立前的企业期末留存收益、资本公积和非股权支付对应清算所得和损失之和，按股东所占股份比例计算的部分确认为应纳税所得额，计算征收“利息、股息、红利所得”项目个人所得税：应纳税所得额 =［企业期末留存收益 + 企业期末资本公积 +（被转让资产的公允价值 - 被转让资产的计税基础）×（非股权支付金额 ÷ 被转让资产的公允价值）］×股东所占股份比例

在方案1情况下，股东A2应确认的股息红利所得 =（企业期末留存收益 + 企业期末资本公积）］×股东所占股份比例 =（1 400 + 600）×20% = 400（万元）

“企业分立”、“被转让资产的计税基础”与《财政部、国家税务总局关于企业重组业务企业所得税处理若干问题的通知》（财税［2009］59号）所定义的“企业合并”、“企业分立”和“被转让资产的计税基础”口径一致。

五、契税

根据《财政部　国家税务总局关于企业事业单位改制重组契税政策的通知》（财税［2012］4号）第四条规定，公司分立，公司依照法律规定、合同约定分设为两个或两个以上与原公司投资主体相同的公司，对派生方、新设方承受原企业土地、房屋权属，免征契税。

需要注意的是，这里的投资主体相同，不仅包括股东相同，股权结构也应该相同。

所以，在企业分立的各种形式中，只有适用企业所得税特殊税务处理的两种分立形式可以免征契税，即被分立企业被分立成两个或两以上股权结构与被分立公司股权结构一致的公司，被分立企业可能存续也可能解散。

交易架构图请参考本章企业所得税特殊税务处理相关部分。

六、土地增值税

国家财政、税务主管部门对于企业分立过程中发生土地、房屋权属转移是否征收土地增值税目前还没有出台政策。各地在实际操作中执行口径不一致，只有青岛地税局对房地产开发企业的分立是否征收土地增值税进行了明确。

《青岛市地方税务局关于印发〈房地产开发项目土地增值税清算有关业务问题问

答〉的通知》（青地税函［2009］47 号）第十八条：

企业合并、分立等过程中发生的房地产权属转移是否应当征收土地增值税？

房地产开发企业依照法律规定、合同约定分设为两个或两个以上的企业，对派生方、新设方承受原企业房地产的，不征收土地增值税。派生方、新设方转让房地产时，按照分立前原企业实际支付的土地价款和发生的开发成本、开发费用，按规定计入扣除计算征收土地增值税。

第三节 非货币性资产对外投资

在进行公司分立实际操作中需要注意交易的架构设计，企业分立重组业务中，取得对价的最终是被分立企业的股东，而不是被分立企业。如果取得对价的是分立企业，则整个交易实际上是企业以资产对外投资，不属于分立重组业务。

在案例 5－1 情况下，如果取得对价的是 A 公司，而不是股东 A1 和 A2，则实际是 A 公司以 B2 分公司资产对外投资，成立 C 公司。

以资产对外投资的交易架构如图 5－8 所示。

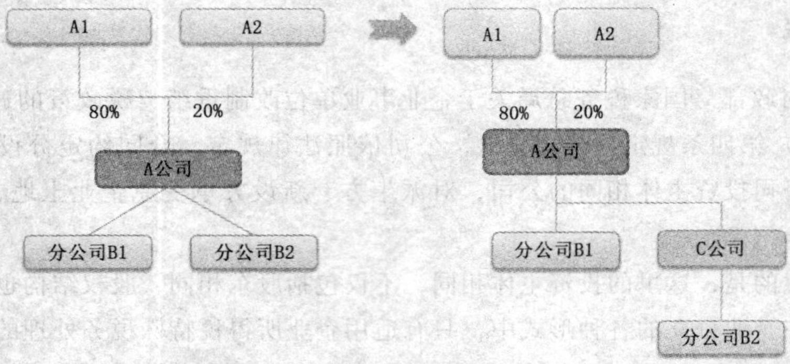

图 5－8　以资产对外投资的交易架构图

一、法规框架

非货币性资产对外投资不属于财税［2009］59 号文规定的企业重组形式，企业所得税处理不适用财税［2009］59 号文相关规定。一般情况下对外投资的资产与相关的债务和劳动力不会一并转让，所以非货币性资产对外投资一般不符合国家税务总局 2011 年第 13 号和第 51 号公告关于不征收增值税和营业税的规定。所以，非货币性资产对外投资与企业重组业务在企业所得税和流转税税务处理和税负上存在巨大的差异。

在进行交易设计和税务处理上要注意区分清楚。

非货币性资产对外投资涉及的税种及是否征税汇总如表 5－5 所示。

表 5－5　　非货币性资产对外投资主要税收政策一览表

税种	政策分析	政策依据	备注
企业所得税	征税	《企业所得税法实施条例》第二十五条； 国税函［2008］828 号； 国家税务总局公告 2010 年第 19 号	取得资产转让所得需要一次性确认收入
个人所得税	文件规定对外投资资产评估增值的部分需要征税，实际操作中由于缺乏纳税必要资金，至今未能征税	国税函［2005］第 319 号； 国税发［2008］115 号； 国税函［2011］89 号	
增值税	征税	《增值税暂行条例实施细则》第四条第六项	
营业税	无形资产、不动产投资入股，参与接受投资方利润分配，共同承担投资风险的行为，不征收营业税 除此之外，需要缴纳	财税［2002］191 号	
土地增值税	暂免征收 所投资、联营的企业从事房地产开发不适用暂免征收	财税字［1995］048 号； 财税［2006］21 号	
契税	财税［2012］4 号文有免征规定 除此之外，需要缴纳	财税［2012］4 号	财税［2012］4 号文第一条和第八条规定情形可以免征
印花税	征税	国税发［1991］155 号； 财税［2008］175 号	

二、企业所得税

根据《关于企业处置资产所得税处理问题的通知》（国税函［2008］828 号）第二条规定，企业以非货币性资产对外投资属于其他改变资产所有权属的用途，因资产所有权属已发生改变而不属于内部处置资产，应按规定视同销售确定收入。非货币性资产如果属于企业自制的资产，应按企业同类资产同期对外销售价格确定销售收入；属于外购的资产，可按购入时的价格确定销售收入。

根据《国家税务总局关于企业取得财产转让等所得企业所得税处理问题的公告》

(国家税务总局公告［2010］第19号）第一条，企业取得财产（包括各类资产、股权、债权等）转让收入、债务重组收入、接受捐赠收入、无法偿付的应付款收入等，不论是以货币形式，还是非货币形式体现，除另有规定外，均应一次性计入确认收入的年度计算缴纳企业所得税。

2008年1月1日至国家税务总局公告2010年第19号（2010年10月27日发布，发布之日起30日后施行）施行前，各地就上述收入计算的所得，已分5年平均计入各年度应纳税所得额计算纳税的，在本公告发布后，对尚未计算纳税的应纳税所得额，应一次性作为本年度应纳税所得额计算纳税。

同时，根据国家税务总局纳税服务司2011年4月28日的纳税咨询问题答复，国家税务总局公告2010年第19号文第一条所称“另有规定外”，目前主要限于《财政部 国家税务总局关于企业重组业务企业所得税处理若干问题的通知》（财税［2009］59号）第六条规定的企业债务重组的特殊重组业务。

三、个人所得税

根据2008年12月9日国家税务总局发布的《关于资产评估增值计征个人所得税问题的通知》（国税发［2008］115号），对资产评估增值计征个人所得税问题通知规定如下：

（1）个人（自然人，下同）股东从被投资企业取得的、以企业资产评估增值转增个人股本的部分，属于企业对个人股东股息、红利性质的分配，按照“利息、股息、红利所得”项目计征个人所得税。税款由企业在转增个人股本时代扣代缴。

（2）个人以评估增值的非货币性资产对外投资取得股权的，对个人取得相应股权价值高于该资产原值的部分，属于个人所得，按照“财产转让所得”项目计征个人所得税。税款由被投资企业在个人取得股权时代扣代缴。

（3）对本通知发布之前已经发生的个人以评估增值的非货币性资产对外投资暂未缴纳个人所得税的，所投资企业应将个人股东所投资的非货币资产的原始价值和增值情况、个人股东基础信息等资料登记台账，并向主管税务机关备案。税务机关应据此建立电子台账，加强后续管理，督促企业在股权转让、清算和投资收回时依法扣缴个人所得税。

（4）个人不能提供完整、准确财产（资产）原值凭证的，主管税务机关可依法核定其财产原值。

但是，由于对个人以非货币性资产对外投资过程评估增值产生的所得征税缺乏可行性，目前该文件无法执行。主要原因在于个人股东取得的资产增值所得体现在被投资企业的股权中，如果股权未发生转让，则资产增值实际上未变现。这种情况下个人需要另外筹集资金缴纳个人所得税，实际上不利于交易的开展。

四、流转税

根据《增值税暂行条例实施细则》第四条（六）的规定，单位或者个体工商户将自产、委托加工或者购进的货物作为投资，提供给其他单位或者个体工商户，视同销售货物，计算缴纳增值税。

根据《财政部 国家税务总局关于股权转让有关营业税问题的通知》（财税［2002］191号）第一条和第二条，以无形资产、不动产投资入股，参与接受投资方利润分配，共同承担投资风险的行为，不征收营业税；对股权转让不征收营业税。

这里需要注意，以无形资产、不动产对外投资，必须是参与接受投资方利润分配，共同承担投资风险的行为。如果不承担风险，只收取固定的收入，则属于无形资产、固定资产对外出租，应缴纳取得租金收入的营业税。

五、土地增值税

根据《土地增值税一些具体问题规定的通知》（财税［1995］48号）第一条关于以房地产进行投资、联营的征免税问题，对于以房地产进行投资、联营的，投资、联营的一方以土地（房地产）作价入股进行投资或作为联营条件，将房地产转让到所投资、联营的企业中时，暂免征收土地增值税。对投资、联营企业将上述房地产再转让的，应征收土地增值税。

同时，根据《财政部 国家税务总局关于土地增值税若干问题的通知》（财税［2006］21号）第五条关于以房地产进行投资或联营的征免税问题，对于以土地（房地产）作价入股进行投资或联营的，凡所投资、联营的企业从事房地产开发的，或者房地产开发企业以其建造的商品房进行投资和联营的，均不适用《财政部 国家税务总局关于土地增值税一些具体问题规定的通知》（财税字［1995］48号）第一条暂免征收土地增值税的规定。

六、契税

根据《财政部 国家税务总局关于企业事业单位改制重组契税政策的通知》（财税［2012］4号）第一条企业公司制改造，非公司制国有独资企业或国有独资有限责任公司，以其部分资产与他人组建新公司，且该国有独资企业（公司）在新设公司中所占股份超过50%的，对新设公司承受该国有独资企业（公司）的土地、房屋权属，免征契税。国有控股公司以部分资产投资组建新公司，且该国有控股公司占新公司股份超过85%的，对新公司承受该国有控股公司土地、房屋权属，免征契税。上述所称国有控股公司，是指国家出资额占有限责任公司资本总额超过50%，或国有股份占股份有限公司股本总额超过50%的公司。

根据《财政部 国家税务总局关于企业事业单位改制重组契税政策的通知》（财税

［2012］4号）第八条规定，资产划转对承受县级以上人民政府或国有资产管理部门按规定进行行政性调整、划转国有土地、房屋权属的单位，免征契税。

同一投资主体内部所属企业之间土地、房屋权属的划转，包括母公司与其全资子公司之间，同一公司所属全资子公司之间，同一自然人与其设立的个人独资企业、一人有限公司之间土地、房屋权属的划转，免征契税。

但是，根据国家税务总局纳税服务司 2010 年 3 月 8 日咨询问题答复，以购置的土地作价投资到全资子公司不属于“企业改制重组过程中，同一投资主体内部所属企业之间土地、房屋权属的无偿划转，不征收契税”的规定。所以，以房屋建筑、土地使用权对外投资需要缴纳契税。

第四节

上市公司案例解析——东北高速（600003）分立

案例信息来自于《吉林高速（601518）东北高速公路股份有限公司分立实施情况报告书》、《东北高速公路股份有限公司分立重组上市预案》、《ST 东北高速（600003）关于公司分立现金选择权实施公告》等。

一、案例介绍

（一）公司基本情况

名称：东北高速公路股份有限公司

股票代码：600003

股本总额：1 213 200 000 元人民币

法定代表人：孙熠嵩

注册地址：吉林省长春市宽城区长江路 377 号

经营范围：公路开发、建设管理、养护、经营；普通机械、办公设备、汽车配件、建筑材料；经济信息咨询；普通货运；仓储服务、物流服务；大豆深加工

（二）公司控股股东、实际控制人

1. 黑龙江省高速公路集团公司

法定代表人：夏伟君

注册资本：201.8073 亿元人民币

成立日期：1993 年 12 月 9 日

主要经营业务或管理活动：公路工程施工二级，高等级公路的开发、建设、管理、养护、经营，粮油、普通机械、办公设备、汽车配件、房屋租赁、建筑材料。

2. 吉林省高速公路集团有限公司

法定代表人：韩增义

注册资本：27 亿元人民币

成立日期：1993 年 7 月 20 日

主要经营业务或管理活动：高速公路的开发建设、管理、养护、五金建材、机电设备、汽车配件、沥青、日用百货、服装。

3. 华建交通经济开发中心

法定代表人：傅育宁

注册资本：5 亿元人民币

成立日期：1993 年 12 月 18 日

主要经营业务或管理活动：公路、码头、港口、航道的综合开发、承包建设；交通基础设施新技术、新材料的开发、研制和产品的销售。

（三）公司分立前股权架构如图 5－9

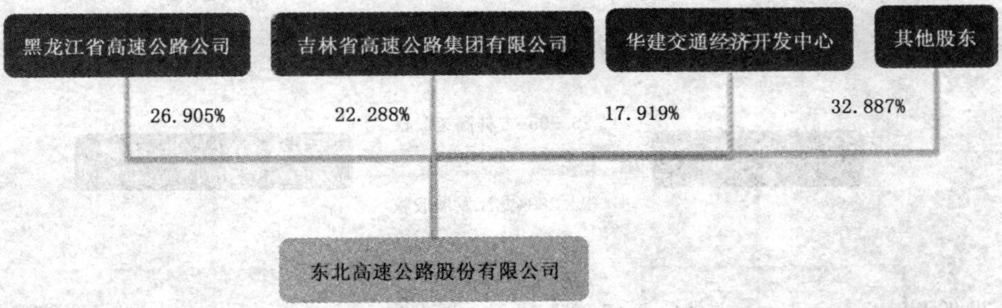

图 5－9　东北高速公路股份有限公司分立前股权架构图

（四）分立方案

依据《公司法》等相关法律、法规，东北高速将分立为两家股份有限公司，即龙江发展和吉林高速。龙江发展和吉林高速将按照分立重组上市方案的约定依法承继原东北高速的资产、负债、权益、业务和人员，原东北高速在分立完成后依法注销。

龙江发展和吉林高速的股票经核准后上市。

东北高速在分立日在册的所有股东，其持有的每股东北高速股份将转换为一股龙江发展的股份和一股吉林高速的股份，交易后股权架构如图 5－10 所示。

在此基础上，龙高集团将其持有的吉林高速的股份与吉高集团持有的龙江发展的股份互相无偿划转，上述股权划转是本次分立重组上市的一部分，将在分立后公司股票上市前完成，原东北高速在分立完成后将依法办理注销手续。

交易架构如图 5－11 所示。

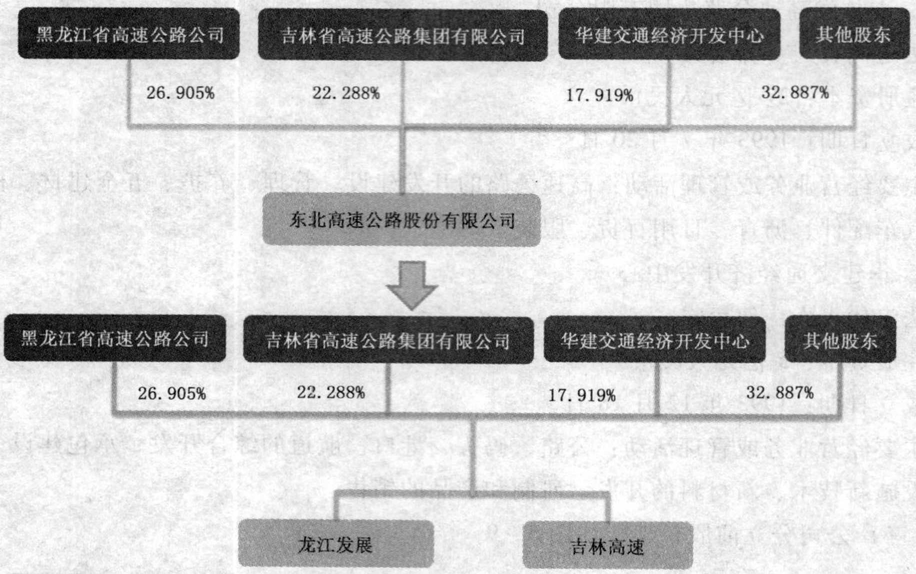

图 5－10　分立交易后股权架构图

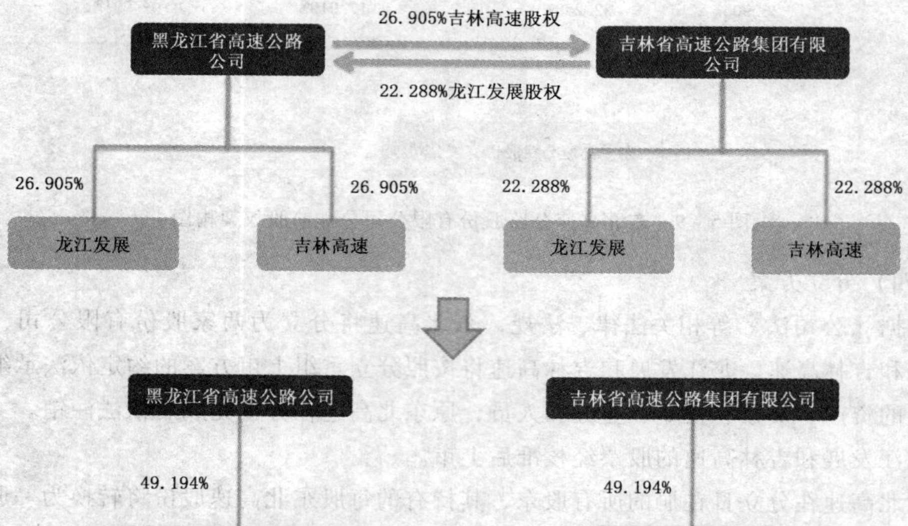

图 5－11　分立交易架构图

交易完成后的股权架构如图 5－12 所示。

（五）交割

1. 完成日。2009 年 12 月 30 日，龙高集团与吉高集团签署两份《股份划转协议》，龙高集团将其通过分立可以持有的吉林高速的股份与吉高集团通过分立可以持有的龙江

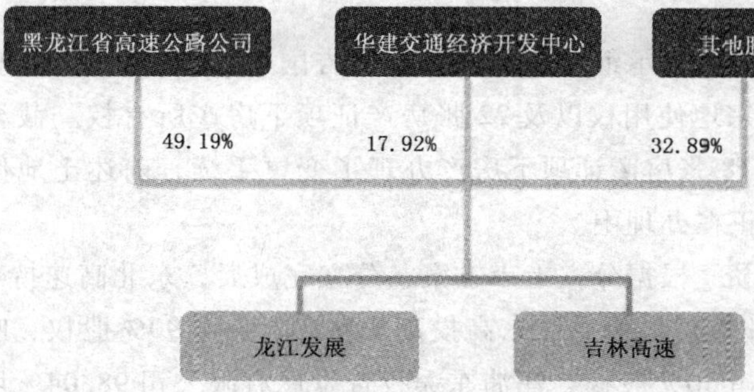

图 5－12　分立交易完成后的股权架构图

交通的股份互相无偿划转。2010 年 3 月 1 日，东北高速、龙江交通及吉林高速共同签署了交割清单。交割清单规定自东北高速本次分立完成之日起，无论东北高速的资产、负债、权益、业务的交接、转移、权属变更登记或备案等手续是否履行完毕，相关利益和风险将由龙江交通与吉林高速根据分立上市方案的规定分别享有和承担。

本次分立的分立完成日为 2010 年 3 月 1 日。

2010 年 3 月 12 日，东北高速、龙江交通及吉林高速共同签署了补充交割清单。

2. 资产的过户。根据《龙江交通审计报告》，截至 2010 年 2 月 28 日，龙江交通资产总额（母公司口径，下同）共计人民币3 221 886 026. 60元。截至 2010 年 3 月 17 日，龙江交通承继的资产中，无需办理变更登记或备案等手续的资产与需要办理变更登记、备案等手续且已经办理变更登记、备案等手续的资产共计人民币3 093 355 179. 25元，占龙江交通总资产的 96. 01%。

根据《吉林高速审计报告》，截至 2010 年 2 月 28 日，吉林高速资产总额（母公司口径，下同）共计人民币1 859 567 794. 38元。截至 2010 年 3 月 17 日，吉林高速承继的资产中，无需办理变更登记或备案等手续的资产与需要办理变更登记、备案等手续且已经办理变更登记、备案等手续的资产共计人民币1 818 687 323. 38元，占吉林高速总资产的 97. 80%。

（1）无需办理变更登记或备案手续的资产。根据分立上市方案以及交割清单，无需办理变更登记或备案手续的资产、权益和业务已于分立完成日，即 2010 年 3 月 1 日由龙江交通与吉林高速分别承继。

（2）公路收费权。根据分立上市方案，东北高速拥有的哈尔滨至大庆高速公路的收费权由龙江发展承继，长春至四平高速公路收费权由吉林高速承继。本次分立上市涉及公路收费权变更事宜已经获得《交通部关于对东北高速公路股份有限公司收费公路权益转让有关问题的批复》（交财发［2010］90 号）的批准。

（3）土地使用权和房屋产权。分立完成后，龙江交通承继大开国用 2005 字第 0790 号《国有土地使用权证》项下宗地使用权以及大房权证开字第 A22251 号房产证项下房产所有权。截至核查意见出具之日，前述土地使用权证和房屋产权证变更手续正在办理中。

分立完成后，吉林高速承继东北高速持有的吉国用（2005）第10200033号《国有土地使用权证》项下宗地使用权以及22张房产证项下房产所有权。截至核查意见出具之日，吉林高速已就18张房产证项下房产办理了变更手续，前述土地使用权证和剩余房屋产权证变更手续正在办理中。

（4）长期股权投资。根据分立上市方案，分立完成后，东北高速持有的哈尔滨特宝股份有限公司42.25%股份、黑龙江东高投资开发有限公司90%股权、哈尔滨龙庆公路养护管理有限责任公司30%股权、洋浦东大投资发展有限公司98.04%股权、深圳市东大投资发展有限公司98.04%股权、江西智通路桥管理有限公司35%股权、大连东高新型管材股份有限公司92.5%股权，以及黑龙江东绥高速公路有限责任公司48.76%股权由龙江交通承继；东北高速持有的长春高速公路有限责任公司63.8%股权、吉林东高科技油脂有限公司95%股权、吉林省长平公路工程有限公司20%股权、二十一世纪科技投资有限责任公司49.25%股权以及大鹏证券有限公司4.4%股权由吉林高速承继。

截至核查意见出具之日，龙江交通已经办理完成了哈尔滨特宝股份有限公司股份以及黑龙江东高投资开发有限公司、哈尔滨龙庆公路养护管理有限责任公司、黑龙江东绥高速公路有限责任公司、大连东高新型管材股份有限公司、江西智通路桥管理有限公司股权承继的工商变更登记手续，吉林高速已经办理完成了长春高速公路有限责任公司、吉林东高科技油脂有限公司股权承继的工商变更登记手续，大鹏证券有限公司已进入破产清算程序，将由吉林高速代替东北高速加入清算。除大鹏证券有限公司外。其余公司股权承继的工商变更登记手续尚在办理。

（5）债权。根据截至2010年2月28日经审计的东北高速财务报表和《龙江交通审计报告》、《吉林高速审计报告》，截至2010年2月28日，东北高速拥有的债权共计364 569 852.28元，其中，龙江交通承继债权131 725 513.06元，吉林高速承继债权232 844 339.22元。东北高速、龙江交通和吉林高速在《交割清单》与《东北高速公路股份有限公司分立补充交割清单》中就债权承继进行了约定。截至2010年3月12日，东北高速已经发出债权转移通知的债权合计344 800 053.73元，其中，龙江交通承继的债权计115 626 501.92元，吉林高速承继的债权计229 173 551.81元。

（6）尚未完成过户资产的处理。龙江交通按照分立上市方案承继的原东北高速总资产的96.01%已经过户至其名下，吉林高速按照分立上市方案承继的原东北高速总资产的97.80%已经过户至其名下。对于少量尚未完成过户的资产，龙江交通与吉林高速正在积极办理过户手续，并且两公司已分别做出承诺，对龙高集团与吉高集团承诺范围外的未过户资产，承诺于上市后的6个月内办理完成资产过户手续。作为分立后两公司的控股股东，龙高集团与吉高集团也分别出具书面确认文件，若龙江交通和吉林高速6个月内无法完成资产过户手续，同意根据龙江交通和吉林高速的要求收购除土地、房产外的未过户资产，土地、房产按照龙高集团与吉高集团此前做出的承诺执行。

3. 债务处理。

（1）债权人公告。东北高速于 2010 年 1 月 30 日发布了《东北高速公路股份有限公司关于公司分立致债权人的公告》，告知债权人在分立完成后，东北高速分立前的债务由龙江发展或吉林高速根据分立上市方案承继。除在分立前已经取得债权人同意转移的债务外，对于其他债务将首先根据分立上市方案确定承担主体，分立后的龙江交通或吉林高速对由另一方承接的债务承担连带责任。

（2）债务转移。根据《龙江交通审计报告》，龙江交通承继的东北高速债务共计人民币778 617 232.42元。截至核查意见出具之日，龙江交通已经取得债权人出具的同意债务转移、同意免除吉林高速对于相关债务连带责任的书面声明的债务共计人民币756 767 544.15元。

根据《吉林高速审计报告》，吉林高速承继的东北高速债务共计人民币352 086 914.62元。截至核查意见出具之日，吉林高速已经取得债权人出具的同意债务转移、同意免除龙江交通对于相关债务连带责任的书面声明的债务共计人民币304 035 033.58元。

4. 业务的转移。经核查，截至核查意见出具之日，东北高速公路收费权已由龙江交通与吉林高速承继，也不再以东北高速的名义开展业务。

二、企业所得税处理

（一）重组日的确定

根据《吉林高速（601518）东北高速公路股份有限公司分立实施情况报告书》，2010 年 3 月 1 日，东北高速、龙江交通及吉林高速共同签署了交割清单。交割清单规定自东北高速本次分立完成之日起，无论东北高速的资产、负债、权益、业务的交接、转移、权属变更登记或备案等手续是否履行完毕，相关利益和风险将由龙江交通与吉林高速根据分立上市方案的规定分别享有和承担。

本次分立的分立完成日为 2010 年 3 月 1 日。

根据国家税务总局 2010 年第 4 号公告第七条（五）规定，企业分立以分立企业取得被分立企业资产所有权并完成工商登记变更日期为重组日。第八条，重组业务完成年度的确定，可以按各当事方适用的会计准则确定，具体参照各当事方经审计的年度财务报告。由于当事方适用的会计准则不同导致重组业务完成年度的判定有差异时，各当事方应协商一致，确定同一个纳税年度作为重组业务完成年度。

所以，东北高速的重组日为 2010 年 3 月 1 日，重组年度为 2010 年。

（二）特殊税务处理

根据财税［2009］59 号文第五条和第六条（五）规定，企业分立重组业务同时符合下列条件的，适用特殊税务处理规定：

（1）具有合理的商业目的，且不以减少、免除或者推迟缴纳税款为主要目的。

（2）分立企业和被分立企业均不改变原来的实质经营活动。

（3）被分立企业所有股东按原持股比例取得分立企业的股权；企业重组中取得股权支付的原主要股东，在重组后连续12个月内，不得转让所取得的股权。

原主要股东，是指原持有转让企业或被收购企业20%以上股权的股东。

（4）被分立企业股东在该企业分立发生时取得的股权支付金额不低于其交易支付总额的85%。

1. 合理商业目的。东北高速属于募集设立并上市的股份有限公司，其主业资产是分别位于黑龙江和吉林两省的与高速公路相关的经营性资产和权益，设立时的三个发起人股东——龙高集团、吉高集团和华建交通在东北高速中均没有绝对控股地位。由于历史原因，公司的治理结构曾经出现过一定的问题，在一定程度上影响了公司的发展。

通过本次分立，东北高速将分立为两家股权结构清晰的上市公司，有利于理顺公司治理结构，也有利于获得当地政府的政策支持，使分立后公司提高资源使用效率，增强公司盈利能力，从而提升全体股东的利益，对地方经济的发展起到良好的促进作用。

同时，由于公司属地化经营、资产按地域划分等特点，分立后两家公司分别都具有独立自主开展经营活动的能力。

2. 经营活动延续。根据《东北高速公路股份有限公司分立重组上市预案》，黑龙江交通发展股份有限公司将由东北高速公路股份有限公司分立而成。其主要资产为哈大高速公路，并参股黑龙江东绥高速公路有限责任公司，占其注册资本的48.76%。

吉林高速公路股份有限公司将由东北高速公路股份有限公司分立而成。其主要资产为长平高速公路，并控股长春高速公路有限责任公司，占其注册资本的63.8%，即分立后吉林高速公路股份有限公司和黑龙江交通发展股份有限公司的经营业务仍然为收费高速公路的运营管理。

3. 股权架构。根据《东北高速公路股份有限公司分立重组上市预案》，整个分立过程中，股权架构的变动分为两个步骤：

（1）东北高速在分立日在册的所有股东，其持有的每股东北高速股份将转换为一股龙江发展的股份和一股吉林高速的股份，即东北高速所有股东按原持股比例取得分立后企业吉林高速和龙江发展的股权。

（2）在此基础上，龙高集团将其持有的吉林高速的股份与吉高集团持有的龙江发展的股份互相无偿划转，上述股权划转是本次分立重组上市的一部分，将在分立后公司股票上市前完成，原东北高速在分立完成后将依法办理注销手续。

东北高速股东龙高集团和吉高集团股权无偿划拨，虽然是此次分立重组上市交易的一部分，但是该交易属于股东层面的股权转让，在税务处理上应该是独立的另外一项交易。不能因为股东之间的股权划拨所引起的股权架构变动，而认为此次分立不符合"被分立企业所有股东按原持股比例取得分立企业的股权"。

所以，此次分立重组属于股本分割式分立。即被分立企业的全部股东按原持股比例均衡地同时取得分立企业的股票，原持有的被分立企业的股票依法注销，被分立企业依照公司法的规定只解散不清算。

4. 对价。根据《吉林高速（601518）东北高速公路股份有限公司分立实施情况报告书》，为保护东北高速对本次公司分立持有异议的股东的利益，东北高速赋予异议股东现金选择权，并安排第三方作为现金选择权提供方。行使现金选择权的东北高速异议股东，可就其有效申报的每一股东北高速股份，在东北高速现金选择权实施日，获得由异议股东现金选择权提供方支付的按照现金选择权定价基准日前 20 个交易日股票交易均价确定并公告的现金对价，即每股人民币 3.73 元。

另外，《ST 东北高速（600003）关于公司分立现金选择权实施公告》，本次现金选择权实施的股权登记日为 2010 年 2 月 11 日，申报时间为申报日（即 2010 年 2 月 12 日）的上午 9：30 至下午 3：00。在上述现金选择权申报时间内，没有异议股东申报行使现金选择权，即此次分立重组的现金支付为零，重组的全部对价为分立公司龙江高速和吉林高速的股份，股份支付比例为 100%。

5. 股东权益连续。根据《吉林高速（601518）东北高速公路股份有限公司分立实施情况报告书》，龙高集团承诺，在分立上市方案实施完成后，自龙江交通的股票上市之日起 36 个月内，不转让或者委托他人管理龙高集团直接或间接持有的龙江交通的股份，也不由龙江交通回购龙高集团直接或间接持有的龙江交通的股份。但是相关法律、法规以及证券交易所股票上市规则等规定可以豁免该锁定承诺的情形除外。

吉高集团承诺，在分立上市方案实施完成后，自吉林高速的股票上市之日起 36 个月内，不转让或者委托他人管理吉高集团直接或间接持有的吉林高速的股份，也不由吉林高速回购吉高集团直接或间接持有的吉林高速的股份。但是相关法律、法规以及证券交易所股票上市规则等规定可以豁免该锁定承诺的情形除外。

承诺履行情况：截至核查意见出具之日，龙高集团和吉高集团均未出现违反承诺的情形。

从以上交易信息，我们可以判断此次东北高速的分立重组业务满足企业所得税特殊税务处理的条件，如果重组方选择适用特殊税务处理，则税务处理如下：

（1）龙江发展和吉林高速接受东北高速资产和负债的计税基础，以东北高速的原有计税基础确定。

（2）东北高速已分立出去资产相应的所得税事项由龙江发展和吉林高速承继。

承继的所得税事项包括尚未确认的资产损失、分期确认收入的处理以及尚未享受期满的税收优惠政策承继处理问题等。

（3）东北高速未超过法定弥补期限的亏损额可按分立资产占全部资产的比例进行分配，由龙江发展和吉林高速继续弥补。

（4）东北高速的股东取得龙江发展和吉林高速的股权的计税基础应以东北高速的计税基础确定。

（三）合理商业目的

根据国家税务总局2010年第4号公告规定，如果分立重组双方选择特殊性税务处理的，在备案或提交确认申请时，应从以下方面说明企业重组具有合理的商业目的：

（1）重组活动的交易方式，即重组活动采取的具体形式、交易背景、交易时间、在交易之前和之后的运作方式和有关的商业常规。

（2）该项交易的形式及实质，即形式上交易所产生的法律权利和责任，也是该项交易的法律后果。另外，也是交易实际上或商业上产生的最终结果。

（3）重组活动给交易各方税务状况带来的可能变化。

（4）重组各方从交易中获得的财务状况变化。

（5）重组活动是否给交易各方带来了在市场原则下不会产生的异常经济利益或潜在义务。

（6）非居民企业参与重组活动的情况。

（四）交易主导方及备案

根据国家税务总局2010年第4号公告规定，分立为被分立的企业或存续企业，如果交易双方选择特殊性税务处理的，应按照财税［2009］59号文第十一条规定进行备案；如重组各方需要税务机关确认，可以选择由重组主导方向主管税务机关提出申请，层报省税务机关给予确认。

采取申请确认的，主导方和其他当事方不在同一省（自治区、市）的，主导方省税务机关应将确认文件抄送其他当事方所在地省税务机关。省税务机关在收到确认申请时，原则上应在当年度企业所得税汇算清缴前完成确认。特殊情况，需要延长的，应将延长理由告知主导方。

根据国家税务总局2010年第4号公告第十四条规定，企业发生财税［2009］59号文第四条第（五）项规定的分立，被分立企业不再继续存在，应按照财税［2009］60号文件规定进行清算。

被分立企业在报送《企业清算所得纳税申报表》时，应附送以下资料：

（1）企业分立的工商部门或其他政府部门的批准文件；

（2）被分立企业全部资产的计税基础以及评估机构出具的资产评估报告；

（3）企业债务处理或归属情况说明；

（4）主管税务机关要求提供的其他资料证明。

根据国家税务总局2010年第4号公告第二十七条规定，企业发生财税［2009］59号文第六条第（五）项规定的分立，应准备以下资料：

（1）当事方企业分立的总体情况说明。情况说明中应包括企业分立的商业目的。

（2）企业分立的政府主管部门的批准文件。

（3）被分立企业的净资产、各单项资产和负债账面价值和计税基础等相关资料。

（4）证明重组符合特殊性税务处理条件的资料，包括分立后企业各股东取得股权支付比例情况，以及12个月内不改变资产原来的实质性经营活动、原主要股东不转让所取得股权的承诺书等。

（5）工商部门认定的分立和被分立企业股东股权比例证明材料；分立后，分立和被分立企业工商营业执照复印件；分立和被分立企业分立业务账务处理复印件。

（6）税务机关要求提供的其他资料证明。

三、流转税处理

根据《东北高速公路股份有限公司分立重组上市预案》，本次分立重组上市的审计基准日为2009年6月30日，基准日资产、业务主要基于属地原则、历史形成原因进行划分，负债随资产、业务归属进行划分；本次公司分立完成后，东北高速在分立日的全体在册员工将由龙江发展与吉林高速分别接受。东北高速与其全部员工之前的所有权利和义务，均将自分立完成日起由龙江发展或吉林高速享有和承担。

根据《吉林高速（601518）东北高速公路股份有限公司分立实施情况报告书》，2010年3月1日，东北高速、龙江交通及吉林高速共同签署了交割清单。交割清单规定自东北高速本次分立完成之日起，无论东北高速的资产、负债、权益、业务的交接、转移、权属变更登记或备案等手续是否履行完毕，相关利益和风险将由龙江交通与吉林高速根据分立上市方案的规定分别享有和承担。

所以，东北高速此次分立重组符合国家税务总局2011年第13号和第51号公告的规定，在分立重组过程中，通过分立东北高速将全部资产以及与其相关联的债权、负债和劳动力一并转让龙江发展和吉林高速，不属于增值税或营业税的征税范围，其中涉及的货物转让不征收增值税，涉及的不动产、土地使用权转让，不征收营业税。

四、契税

分立完成后，龙江交通承继大开国用2005字第0790号《国有土地使用权证》项下宗地使用权以及大房权证开字第A22251号房产证项下房产所有权。吉林高速承继东北高速持有的吉国用［2005］第10200033号《国有土地使用权证》项下宗地使用权以及22张房产证项下房产所有权。

根据《财政部 国家税务总局关于企业事业单位改制重组契税政策的通知》（财税［2012］4号）第四条，公司分立，公司依照法律规定、合同约定分设为两个或两个以上与原公司投资主体相同的公司，对派生方、新设方承受原企业土地、房屋权属，免征契税。

东北高速此次分立重组属于股本分割式分立，即东北高速的全部股东按原持股比例均衡地同时取得龙江发展和吉林高速的股票，原持有的东北高速的股票依法注销，被东北高速依照《公司法》的规定只解散不清算。所以，东北高速分立重组过程中，龙江发展和吉林高速继承东北高速的土地使用权符合免征契税规定。

本章小结

自2005年起，伴随着国内A股市场股权分置改革试点的推行，为解决上市公司与集团之间的关联交易、股权收益不清等症结，引发了一轮整体上市热潮。随着时间的推移，“大而全”的企业经营模式的弊端开始显现，最大的问题在于经营效率低。所以，推动企业分立重组有着积极的现实意义。

企业在分立过程往往涉及资产、债权债务、人员、权益的划分和转移，实际操作复杂。不仅需要符合公司相关治理规则，而且需要符合法律、法规的规定。分立形式多样，不同的分立架构设计在企业所得税、增值税、营业税、契税等处理上有很大的差异，对分立重组交易的总体税负影响巨大。所以，在进行分立重组架构设计前应进行周密的税收筹划，有效减少税收负担。

法源点读

❖《公司法》第九章公司合并、分立、增资、减资（节选）

第一百七十六条　公司分立，其财产作相应的分割。

公司分立，应当编制资产负债表及财产清单。公司应当自作出分立决议之日起十日内通知债权人，并于三十日内在报纸上公告。

第一百七十七条　公司分立前的债务由分立后的公司承担连带责任。但是，公司在分立前与债权人就债务清偿达成的书面协议另有约定的除外。

第一百七十八条　公司需要减少注册资本时，必须编制资产负债表及财产清单。

公司应当自作出减少注册资本决议之日起十日内通知债权人，并于三十日内在报纸上公告。债权人自接到通知书之日起三十日内，未接到通知书的自公告之日起四十五日内，有权要求公司清偿债务或者提供相应的担保。

公司减资后的注册资本不得低于法定的最低限额。

第一百八十条　公司合并或者分立，登记事项发生变更的，应当依法向公司登记机关办理变更登记；公司解散的，应当依法办理公司注销登记；设立新公司的，应当依法办理公司设立登记。

公司增加或者减少注册资本，应当依法向公司登记机关办理变更登记。

❖ 最高人民法院关于审理与企业改制相关的民事纠纷案件若干问题的规定（节选）

（2002年12月3日　法释［2003］1号）

四、企业分立

第十二条　债权人向分立后的企业主张债权，企业分立时对原企业的债务承担有约定，并经债权人认可的，按照当事人的约定处理；企业分立时对原企业债务承担没有约定或者约定不明，或者虽然有约定但债权人不予认可的，分立后的企业应当承担连带责任。

第十三条　分立的企业在承担连带责任后，各分立的企业间对原企业债务承担有约定的，按照约定处理；没有约定或者约定不明的，根据企业分立时的资产比例分担。

❖ 国务院关于进一步加强在境外发行股票和上市管理的通知（节选）

（1997年6月20日　国发［1997］21号）

一、在境外注册、中资控股（包括中资为最大股东，下同）的境外上市公司（以下称境外中资控股上市公司），进行分拆上市、增发股份等活动，受当地证券监管机构监管，但其中资控股股东的境内股权持有单位应当事后将有关情况报中国证监会备案，并加强对股权的监督管理。

❖ 关于做好公司合并分立登记支持企业兼并重组的意见（节选）

工商企字［2011］226号

二、进一步提供良好的公司合并分立登记服务

（一）支持公司采取多种方式合并分立重组。公司合并可以采取两种形式：一种是吸收合并，指一个公司吸收其他公司后存续，被吸收公司解散；另一种是新设合并，指两个或者两个以上公司归并为一个新公司，原有各公司解散。

公司分立可以采取两种形式：一种是存续分立，指一个公司分出一个或者一个以上新公司，原公司存续；另一种是解散分立，指一个公司分为两个或者两个以上新公司，原公司解散。

（二）支持各类企业合并分立重组。支持依法设立的内资公司按照本意见办理合并、分立登记。外商投资的公司分立，存续或者新设的公司属于内资公司的，可以参照有关法律、行政法规、规章和本意见办理登记。

（三）支持公司自行选择重组公司类型。合并、分立后存续或者新设的公司，只要符合《公司法》规定的条件，可以选择有限责任公司或者股份有限公司类型。

（四）支持公司同时办理重组登记。因公司合并、分立申请办理公司登记，自公告刊登之日起45日后，申请人可以同时申请办理公司注销、设立或者变更登记。其中，不属于同一登记机关管辖的，相关登记机关应当加强登记衔接。需要层级衔接的，上级登记机关要主动协调；需要区域衔接的，先收到有关咨询、申请的登记机关要主动协调。

（五）支持公司自主约定注册资本数额。因合并而存续或者新设的公司，其注册资本、实收资本数额由合并协议约定，但不得高于合并前各公司的注册资本之和、实收资本之和。合并各方之间存在投资关系的，计算合并前各公司的注册资本之和、实收资本

之和时，应当扣除投资所对应的注册资本、实收资本数额。

因分立而存续或者新设的公司，其注册资本、实收资本数额由分立决议或者决定约定，但分立后公司注册资本之和、实收资本之和不得高于分立前公司的注册资本、实收资本。

（六）支持公司自主约定股东出资份额。因合并、分立而存续或者新设的公司，其股东（发起人）的出资比例、认缴或者实缴的出资额，由合并协议、分立决议或者决定约定。法律、行政法规或者国务院决定规定公司合并、分立涉及出资比例、认缴或者实缴的出资额必须报经批准的，应当经过批准。

合并、分立前注册资本未足额缴纳的公司，合并、分立后存续或者新设公司的注册资本应当根据合并协议、分立决议或者决定的约定，按照合并、分立前规定的出资期限缴足。

（七）支持分公司办理隶属关系变更。因合并而解散或者分立的公司有分公司的，应当在合并协议、分立决议或者决定中载明其分公司的处置方案。处置方案中载明分公司注销的，应当在公司合并、分立前办理分公司注销登记；处置方案中载明分公司归属于存续或者新设的公司的，可以按照分公司名称变更程序办理分公司隶属关系的变更登记。

（八）支持有限责任公司股权承继。因合并而解散或者分立的公司持有其他有限责任公司股权的，应当在合并协议、分立决议或者决定中载明其持有股权的处置方案。处置方案中载明通过股权转让或者减资方式退出的，应当在公司合并、分立前办理股权所在有限责任公司的股东转让股权或者注册资本、实收资本变更登记；处置方案中载明股权归属于存续或者新设的公司的，可以在公司合并、分立后办理股权所在有限责任公司的股东变更登记。

（九）支持公司一次性申请多项变更登记。公司合并分立时增加股东、增加注册资本等其他登记事项变更的，只要符合《公司法》、《公司登记管理条例》等法律法规和公司章程的规定，可以一并提交相关登记申请，并按照总局内资企业登记材料规范的要求提交申请材料。

附件：

一、公司合并登记提交材料规范

因合并申请设立、变更或注销登记的公司，除按照《中华人民共和国公司登记管理条例》和国家工商行政管理总局《内资企业登记提交材料规范》（工商企字［2009］83号）的规定执行外，还应当提交以下材料：

（一）合并各方签署的合并协议。合并协议应当包括：合并协议各方的名称，合并形式，合并后公司的名称，合并后公司的注册资本和实收资本，合并后公司股东（发起人）认缴和实缴的情况，合并协议各方债权、债务的承继方案，解散公司分公司、持有其他公司股权的处置情况，签约日期、地点以及合并协议各方认为需要规定的其他事项；

（二）依法刊登公告的报纸样张。合并公告应当包括：合并各方的名称，合并形式，合并前后各公司的注册资本和实收资本；

（三）合并各方公司关于通过合并协议的决议或决定；

（四）合并各方的营业执照复印件；

（五）债务清偿或者债务担保情况的说明；

（六）法律、行政法规和国务院决定规定必须报经批准的，提交有关的批准文件或者许可证书复印件；

（七）因合并办理公司设立、变更登记的，提交载明合并情况的解散公司的注销证明。

因合并而解散的公司不进行清算的，注销登记可以不提交清算报告，但是合并协议中载明解散公司需先行办理清算的除外。

因合并新设公司的经营范围或存续公司新增的经营范围中，涉及法律法规规定应当在登记前报经有关部门审批的，应当在登记前报有关部门审批，凭有关部门的许可文件、证件办理登记。

二、因合并解散公司申请分公司变更登记提交材料规范

解散公司注销后分公司归属于新设或存续公司的，公司申请该分公司变更登记时，应当提交以下材料：

（一）公司法定代表人签署的《分公司变更登记申请书》；

（二）公司签署的《指定代表或者共同委托代理人的证明》及指定代表或委托代理人的身份证件复印件；

（三）合并协议复印件；

（四）新设或存续公司的章程（加盖公司公章）；

（五）载明合并情况的解散公司的注销证明、新设或存续公司的设立或变更证明；

（六）因合并新设或存续公司的营业执照副本复印件；

（七）法律、行政法规和国务院决定规定必须报经批准的，提交有关的批准文件或者许可证书复印件；

（八）分公司营业执照。

申请人提交的上述材料应当符合国家工商行政管理总局有关企业登记提交材料的规定。

三、因合并解散公司持有股权所在公司的变更登记提交材料规范

根据合并协议，解散公司注销后其持有的其他有限责任公司股权归属于新设或存续公司的，被投资公司申请变更登记时，应当提交以下材料：

（一）公司法定代表人签署的《公司变更登记申请书》；

（二）公司签署的《有限责任公司变更登记附表——股东出资信息》；

（三）公司签署的《指定代表或者共同委托代理人的证明》及指定代表或委托代理人的身份证件复印件；

（四）合并协议复印件；

（五）载明合并情况的解散公司注销证明、新设或存续公司的设立或变更证明；

（六）因合并存续或新设公司的营业执照副本复印件；

（七）修改后的公司章程或者公司章程修正案；

（八）法律、行政法规和国务院决定规定必须报经批准的，提交有关的批准文件或者许可证书复印件；

（九）公司营业执照副本。

申请人提交的上述材料应当符合国家工商行政管理总局有关企业登记提交材料的规定。

四、公司分立登记提交材料规范

因分立申请设立、变更或注销登记的公司除按照《中华人民共和国公司登记管理条例》和国家工商行政管理总局《内资企业登记提交材料规范》（工商企字［2009］83号）的规定执行外，还应当提交以下材料：

（一）公司分立的决议或决定。分立决议或决定应当包括：分立形式，分立前后公司的名称，分立后公司的注册资本和实收资本，分立后公司股东（发起人）认缴和实缴的情况，分立后原公司债权、债务的承继方案，公司分公司、持有其他公司股权的处置情况。

（二）依法刊登公告的报纸样张。分立公告应当包括：分立各方的名称，分立形式，分立前后各公司的注册资本和实收资本；

（三）分立各方的营业执照复印件；

（四）债务清偿或者债务担保情况的说明；

（五）法律、行政法规和国务院决定规定必须报经批准的，提交有关的批准文件或者许可证书复印件；

（六）因分立申请公司设立登记的，提交载明分立情况的存续公司的变更证明或解散公司的注销证明。

因分立而解散的公司不进行清算的，注销登记可以不提交清算报告，但是分立决议或决定中载明解散公司需先行办理清算的除外。

因分立新设公司的经营范围中，涉及法律法规规定应当在登记前报经有关部门审批的，应当在登记前报有关部门审批，凭有关部门的许可文件、证件办理登记。

五、因分立公司分公司的变更登记提交材料规范

根据分立决议或决定，分立前公司分公司归属于新设公司的，公司办理该分公司变更登记时，应当提交以下材料：

（一）公司法定代表人签署的《分公司变更登记申请书》；

（二）公司签署的《指定代表或者共同委托代理人的证明》及指定代表或委托代理人的身份证件复印件；

（三）分立决议或决定复印件；

（四）因分立新设公司的章程（加盖公司公章）；

（五）载明分立情况的存续或解散公司的变更或注销证明、新设公司的设立证明；

（六）因分立新设公司的营业执照副本复印件；

（七）法律、行政法规和国务院决定规定必须报经批准的，提交有关的批准文件或者许可证书复印件；

（八）分公司营业执照。

申请人提交的上述材料应当符合国家工商行政管理总局有关企业登记提交材料的规定。

六、因分立公司持有股权所在公司的变更登记提交材料规范

根据合并协议，分立前公司持有的其他有限责任公司股权归属于新设公司的，被投资公司办理变更登记时，应当提交以下材料：

（一）公司法定代表人签署的《公司变更登记申请书》；

（二）公司签署的《有限责任公司变更登记附表——股东出资信息》；

（三）公司签署的《指定代表或者共同委托代理人的证明》及指定代表或委托代理人的身份证件复印件；

（四）分立决议或决定复印件；

（五）载明分立情况的存续或解散公司变更或注销证明、新设公司的设立证明；

（六）因分立新设公司的营业执照副本复印件；

（七）修改后的公司章程或者公司章程修正案；

（八）法律、行政法规和国务院决定规定必须报经批准的，提交有关的批准文件或者许可证书复印件；

（九）公司营业执照副本。

申请人提交的上述材料应当符合国家工商行政管理总局有关企业登记提交材料的规定。

第六章 债务重组

第一节 概念解析

根据财税［2009］59号文，债务重组是指在债务人发生财务困难的情况下，债权人按照其与债务人达成的书面协议或者法院裁定书，就其债务人的债务作出让步的事项。根据定义，判断一项重组业务是否属于财税［2009］59号文规定的债务重组，并适用相关企业所得税处理方式，有两个重要条件：一是债务人发生财务困难；二是债权人对债务人作出让步。

财税［2009］59号文并没有对“财务困难”的情形作出明确，税法只有《税收征收管理法实施细则》（国务院令［2002］362号）第四十一条对申请延期申报纳税的“特殊困难”有描述。纳税人有下列情形之一的，属于《税收征管法》第三十一条所称特殊困难：

（1）因不可抗力，导致纳税人发生较大损失，正常生产经营活动受到较大影响的；

（2）当期货币资金在扣除应付职工工资、社会保险费后，不足以缴纳税款的。

财税［2009］59号文关于债务重组的描述与《企业会计准则第12号——债务重组》一致。

《企业会计准则第12号——债务重组》规定，债务人发生财务困难、债权人作出让步是债务重组准则所定义的债务重组的基本特征。“债务人发生财务困难”，是指因债务人出现资金周转困难、经营陷入困境或者其他原因，导致其无法或者没有能力按原定条件偿还债务。“债权人作出让步”，是指债权人同意发生财务困难的债务人现在或者将来以低于重组债务账面价值的金额或者价值偿还债务。债权人作出让步的情形包括债权人减免债务人部分债务本金或者利息、降低债务人应付债务的利率等。

债务重组强调了债务人处于财务困难的前提条件，并突出了债权人作出让步的实质，从而排除了债务人未处于财务困难条件下的债务重组、处于清算或改组时的债务重组，以及虽修改了债务条件，但实质上债权人并未作出让步的债务重组事项，如在债务人发生财务困难时，债权人同意债务人用等值库存商品抵偿到期债务，但不调整偿还金额，实质上债权人并未作出让步，不属于债务重组准则规范的内容。

同样，财税［2009］59号文未明确债务重组的方式，根据《企业债务重组业务所得税处理办法》（国家税务总局令第6号，已废止）第三条，债务重组包括以下方式：

（1）以低于债务计税成本的现金清偿债务；

（2）以非现金资产清偿债务；

（3）债务转换为资本，包括国有企业债转股；

（4）修改其他债务条件，如延长债务偿还期限、延长债务偿还期限并加收利息、延长债务偿还期限并减少债务本金或债务利息等；

（5）以上述两种或者两种以上方式组合进行的混合重组。

第二节 税收法规解析

一、法规框架

债务重组的主体是被重组的企业和债权人，重组过程中由于债权人的让步，债务人取得重组收益，债权人产生重组损失。所以，债务重组过程中债务人产生企业所得税纳税义务，根据是否满足财税［2009］59号文规定的条件，而分别采用一般性税务处理和特殊性税务处理。同时，如果重组过程中抵债资产为货物、房屋建筑物、土地使用权等非货币性资产，则资产所有权转移时应视同销售，可能产生营业税、增值税、契税、土地增值税等纳税义务（见表6－1）。

表 6-1　　债务重组可能涉及的税种及其是否纳税汇总表

债务重组主要税收政策一览表			
税种	政策分析	税收文件依据	备注
企业所得税	根据是否满足特殊税务处理的条件，区分一般税务处理和特殊税务处理	国务院令第512号第七十五条 财税［2009］59号 国家税务总局2010年第4号公告 国家税务总局公告2010年第19号 国税函［2010］79号	一般税务处理情况下，非货币性资产抵债分解为转让相关非货币性资产、按非货币性资产公允价值清偿债务两项业务，确认相关资产的所得或损失
增值税	征税	财政部　国家税务总局第50号令	视同销售
营业税	征税	财政部 国家税务总局第52号令	
消费税	征税	国税发［1993］156号	视同销售 应当以纳税人同类应税消费品的最高销售价格作为计税依据计算消费税
土地增值税	征税	财法字［1995］6号	
契税	符合财税［2012］4号第六和第七条规定可以减免	财税［2012］4号	执行期限为2012年1月1日至2014年12月31日
	不符合上述条件的征税		
印花税	征税		

二、企业所得税

债务重组的企业所得税处理，根据满足条件的不同区分为一般性税务处理和特殊性税务处理。

（一）一般性税务处理规定

《企业所得税法实施条例》第七十五条的规定，除国务院财政、税务主管部门另有规定外，企业在重组过程中，应当在交易发生时确认有关资产的转让所得或者损失，相关资产应当按照交易价格重新确定计税基础。

另外，根据财税［2009］59号文第四条第（二）的规定，企业债务重组，相关交易应按以下规定处理：

1. 以非货币资产清偿债务，应当分解为转让相关非货币性资产、按非货币性资产公允价值清偿债务两项业务，确认相关资产的所得或损失。

2. 发生债权转股权的，应当分解为债务清偿和股权投资两项业务，确认有关债务清偿所得或损失。

3. 债务人应当按照支付的债务清偿额低于债务计税基础的差额，确认债务重组所得；债权人应当按照收到的债务清偿额低于债权计税基础的差额，确认债务重组损失。

4. 债务人的相关所得税纳税事项原则上保持不变。

（二）特殊性税务处理规定

财税［2009］59号文第六条的规定：企业重组符合本通知第五条规定条件的，交易各方对其交易中的股权支付部分，可以按规定进行特殊性税务处理。

由于债务重组的前提是债务人发生财务困难，所以对债务重组中债务人取得的收益征税，债务人可能由于缺少纳税资金，如果需要一次性纳税，会阻碍重组业务的开展。在上述债务重组业务中，除债权转股权外，如果企业债务重组确认的应纳税所得额占该企业当年应纳税所得额50%以上，允许该企业可以在债务重组发生当年起的5个纳税年度的期间内，均匀计入各年度的应纳税所得额。对于企业发生债权转股权业务，对债务清偿和股权投资两项业务暂不确认有关债务清偿所得或损失，股权投资的计税基础以原债权的计税基础确定。应该说不仅仅适用于以控股子公司股份偿债部分的重组所得。企业的其他相关所得税事项保持不变。

需要注意的是，由于股权支付中股权包括本企业或其控股企业的股权，所以企业以本企业自身的股权或股份来抵偿债权，属于债权转股权；但企业如果以控股子公司的股权抵偿债权，则属于非货币性资产偿债。

三、增值税

《增值税暂行条例实施细则》第三条规定，销售货物是指有偿转让货物的所有权。其中"有偿"是指从购买方取得货币、货物或者其他经济利益。

在债务重组中债务人以增值税应税货物抵债，货物所有权由债务人转到债权人，债务人取得的经济利益是获得债务免除。所以，以增值税应税货物抵债属于增值税销售行为，应征收增值税。

四、营业税

《营业税暂行条例实施细则》第三条规定，转让无形资产或者销售不动产，是指有偿转让无形资产或者有偿转让不动产所有权的行为（以下称应税行为）。其中"有偿"是指取得货币、货物或者其他经济利益。

在债务重组中债务人以无形资产或不动产抵债，无形资产或不动产所有权由债务人转到债权人，债务人获得债务免除，属于营业税征收范围，应征收营业税。

五、消费税

《消费税暂行条例实施细则》规定，属于消费税应税货物抵偿债务，属于销售货物行为的，还应征收消费税。

《国家税务总局关于印发〈消费税若干具体问题的规定〉的通知》（国税发［1993］156号）第三条（六）的规定：纳税人用于换取生产资料和消费资料，投资人股和抵偿债务等方面的应税消费品，应当以纳税人同类应税消费品的最高销售价格作为计税依据计算消费税。

六、契税

《契税暂行条例》第八条的规定，土地、房屋权属以下列方式转移的，视同土地使用权转让、房屋买卖或者房屋赠与征税：

（1）以土地、房屋权属作价投资、入股；

（2）以土地、房屋权属抵债；

（3）以获奖方式承受土地、房屋权属；

（4）以预购方式或者预付集资建房款方式承受土地、房屋权属。

所以，以土地使用权和房屋建筑物抵债，土地使用权和房屋建筑物的承受方应缴纳契税。

另外，根据财税［2012］4号文第七条规定，债权转股权，经国务院批准实施债权转股权的企业，对债权转股权后新设立的公司承受原企业的土地、房屋权属，免征契税。

七、土地增值税

根据《土地增值税暂行条例》第二条规定，转让国有土地使用权、地上的建筑物及其附着物并取得收入，是指以出售或者其他方式有偿转让房地产的行为。

债务重组过程中，债务人将国有土地使用权、地上建筑物及其附着物转让给债权人抵偿债务，属于以其他方式有偿转让房地产的行为，应该征收土地增值税。

第三节 案例解析

债务重组的方式主要包括：现金清偿债务、非现金资产清偿债务；将债务转为资本；修改其他债务条件，如减少债务本金、减少债务利息等；以上四种方式的组合等。下面将通过对案例的分析，讨论在以上各种债务重组方式下的财务和税务处理。

【案例】A公司于2011年1月1日从B公司取得1年期、利率为8%（与银行同期贷款利率相同），到期还本付息的短期借款2 000万元，用于新建厂房工程。至2012年1月1日，由于经济不景气，市场低迷，公司出现资金周转困难，又无法继续融资，导致无法偿还到期的贷款本息。2012年1月1日，B公司经核实确认A公司无法偿还贷款本息，为了减少损失，拟与A公司进行债务重组。

债务重组方案：

方案一，B 公司免除 A 公司 2011 年 1 月 1 日至 2012 年 1 月 1 日的贷款利息，并免除贷款本金 200 万元，A 公司 2012 年 1 月 1 日以现金偿还剩余贷款本金 1 800 万元。

方案二，B 公司免除 A 公司 2011 年 1 月 1 日至 2012 年 1 月 1 日的贷款利息，A 公司以其他非现金资产抵偿贷款本金 2 000 万元。

A 公司分析 2012 年 1 月 1 日公司账面资产，可选择的抵债资产处置方案如下：假设 A 公司适用的城市维护建设税税率为 7%。

1. 以自产的一批库存商品抵债，该批产品按市价计算的价值为 2 000 万元（含税价，适用的增值税税率为 17%），生产成本为 1 300 万元。

2. 以生产用设备抵债，设备的公允价值为 2 000 万元，账面价值 2 500 万元，已计提折旧 1 000 万元，设备已计提减值准备 200 万元。

3. 以自建厂房抵债，厂房公允价值为 2 000 万元，构建成本为 1 300 万元；或以购置的办公楼抵债，办公楼的公允价值为 2 000 万元，办公楼的购置成本为 1 800 万元，已经计提折旧 500 万元，经税务机关认可的评估价为 1 300 万元。假设 B 公司所在地的契税税率为 3%。

4. 以专利技术抵债，专利技术评估价值为 2 000 万元，受让成本为 2 500 万元，已摊销 1 200 万元。

5. 以对子公司 C 投资的部分股权抵债，抵债股份的公允价值为 2 000 万元，投资成本为 1 300 万元。A 公司对 C 公司的投资采用权益法核算。

方案三，以应付贷款本息 2 160 万元转为对 A 公司的投资，假设 A 公司普通股的面值为每股 1 元，以 300 万股抵偿 B 公司的贷款本息，A 公司股票，每股价格为 7.2 元。

方案四，B 公司免除 A 公司的贷款利息，并将本金还款期延长至 2013 年 1 月 1 日。如果 2013 年 A 公司经审计后出现盈利，则 A 公司应按 8% 的利率支付延长期贷款的利息。假设现行贴现率为 8%。

一、以现金清偿债务——方案一

以现金清偿债务的，债务人应当将债务重组债务的计税基础与偿付金额的差额，计入当期应税所得。债权人应将债权的计税基础与偿还金额之间的差额，确认为当期损失。

债务重组日债务/债权的计税基础 = 2 000 ×（1 + 8%）= 2 160（万元）

实际偿还金额 = 1 800 万元

债务人：

应确认的债务重组收益 = 重组债务的计税基础 − 偿还金额

= 2 160 − 1 800 = 360（万元）

债权人：

应确认的债务重组损失 = 重组债权的计税基础 - 偿还金额

= 2 160 - 1 800 = 360（万元）

债务人确认的债务重组收益 = 债权人确认的债务重组损失

二、以非现金资产清偿债务——方案二

债务人以非现金资产清偿债务，应当分解为按公允价值转让非现金资产，再以非现金资产公允价值相当的金额偿还债务两项经济业务进行企业所得税处理，确认债务重组利得和资产转让损益。以非现金资产清偿债务涉及资产所有权的转移，所以除了企业所得税外，资产抵债视同销售，还涉及增值税、消费税和营业税等流转税及其附加税费。

债权人取得的非现金资产，应当按照有关资产的公允价值（包括与转让资产有关的税费）确定其计税成本，据以计算可以在企业所得税前扣除的基数。并将重组债权的账面余额与受让的非现金资产的公允价值之间的差额，确认为当期损失。

B 公司免除 A 公司 2011 年 1 月 1 日至 2012 年 1 月 1 日的贷款利息，A 公司以其他非现金资产抵偿贷款本金 2 000 万元。

（一）以库存商品抵债——非现金资产抵债方案 1

以自产的一批库存商品抵债，该批产品按市价计算的价值为 2 000 万元（含税价，适用的增值税税率为 17%），成本为 1 300 万元。

债务重组日债务的计税基础 = 2 000 ×（1 + 8%）= 2 160（万元）

债务人：

债务重组日应确认的债务重组利得为 160 万元（2 160 - 2 000）；

应确认的资产转让收益为 409 万元（2 000/1.17 - 1 300）；

应确认的增值税销项税 = 2 000/1.17 × 17% = 271（万元）

债权人：

债务重组日应确认的债务重组损失为 2 160 - 2 000 = 160（万元）

应确认的抵债商品的计税基础为 1 709 万元；

获得增值税进项税抵扣 = 291 万元

债务人确认的债务重组收益 = 债权人确认的债务重组损失

（二）以固定资产抵债——非现金资产抵债方案 2

抵债设备的公允价值为 2 000 万元，账面价值 2 500 万元，已计提折旧 1 200 万元，设备已计提减值准备 200 万元；假设该设备为 2009 年 1 月 1 日以后购进。

债务重组日债务的计税基础 = 2 000 ×（1 + 8%）= 2 160（万元）

债务人：

债务重组日应确认的债务重组利得为 160 万元（2 160 - 2 000）；

应确认的设备转让收益为 409 万元［2 000/1.17 -（2 500 - 1 200）］。

应确认设备销售增值税 = 2 000/1.17 × 17% = 291（万元）

债权人：

债务重组日应确认的债务重组损失为160万元（2 160－2 000）；

应确认的抵债设备的计税基础为1 709万元；

获得增值税进项税抵扣＝291万元

债务人确认的债务重组收益＝债权人确认的债务重组损失

《财政部　国家税务总局关于全国实施增值税转型改革若干问题的通知》

（财税［2008］170号，自2009年1月1日起在全国实施增值税转型改革）

一、自2009年1月1日起，增值税一般纳税人（以下简称纳税人）购进（包括接受捐赠、实物投资，下同）或者自制（包括改扩建、安装，下同）固定资产发生的进项税额（以下简称固定资产进项税额），可根据《中华人民共和国增值税暂行条例》（国务院令第538号）和《中华人民共和国增值税暂行条例实施细则》（财政部　国家税务总局令第50号）的有关规定，凭增值税专用发票、海关进口增值税专用缴款书和运输费用结算单据（以下简称增值税扣税凭证）从销项税额中抵扣，其进项税额应当记入"应交税金——应交增值税（进项税额）"科目。

二、纳税人允许抵扣的固定资产进项税额，是指纳税人2009年1月1日以后（含1月1日，下同）实际发生，并取得2009年1月1日以后开具的增值税扣税凭证上注明的或者依据增值税扣税凭证计算的增值税税额。

三、东北老工业基地、中部六省老工业基地城市、内蒙古自治区东部地区已纳入扩大增值税抵扣范围试点的纳税人，2009年1月1日以后发生的固定资产进项税额，不再采取退税方式，其2008年12月31日以前（含12月31日，下同）发生的待抵扣固定资产进项税额期末余额，应于2009年1月份一次性转入"应交税金——应交增值税（进项税额）"科目。

四、自2009年1月1日起，纳税人销售自己使用过的固定资产（以下简称已使用过的固定资产），应区分不同情形征收增值税：

（一）销售自己使用过的2009年1月1日以后购进或者自制的固定资产，按照适用税率征收增值税；

（二）2008年12月31日以前未纳入扩大增值税抵扣范围试点的纳税人，销售自己使用过的2008年12月31日以前购进或者自制的固定资产，按照4%征收率减半征收增值税；

（三）2008年12月31日以前已纳入扩大增值税抵扣范围试点的纳税人，销售自己使用过的在本地区扩大增值税抵扣范围试点以前购进或者自制的固定资产，按照4%征收率减半征收增值税；销售自己使用过的在本地区扩大增值税抵扣范围试点以后购进或者自制的固定资产，按照适用税率征收增值税。

本通知所称已使用过的固定资产，是指纳税人根据财务会计制度已经计提折旧的固定资产。

（三）以不动产抵债——非现金资产抵债方案3

以自建厂房抵债，厂房公允价值为2 000万元，构建成本为1 300万元；或以购置的办公楼抵债，办公楼的公允价值为2 000万元，办公楼的购置成本为1 800万元，已经计提折旧500万元，经税务机关认可的评估价为1 300万元。假设B公司所在地的契税税率为3%。

债务重组日债务的计税基础=2 000×（1+8%）=2 160（万元）

1. 以自建厂房抵债。

债务人：

债务重组日应确认的债务重组利得为160万元（2 160－2 000）；

自建新不动产转让应缴营业税42万元；

销售不动产应缴纳的营业税35万元；

销售不动产应缴纳的土地增值税184万元；

应确认的不动产转让损益为439万元（2 000－1 300－77－184）。

债权人：

债务重组日应确认的债务重组损失为160万元（2 160－2 000）；

取得不动产应缴纳的契税为60万元；

应确认的抵债不动产的计税价值为2 060万元。

［**解析**］我国《营业税暂行条例实施细则》第五条第二款规定："单位或个人自己新建建筑物后销售，自建行为视同提供应税劳务。"对于本例中用自建房屋进行债务重组事项也应该视同销售缴纳营业税。

其计税依据在无同类工程价格的情况下可按以下公式核定：

计税价格＝营业成本或工程成本×（1＋成本利润率）÷（1－营业税税率）

成本利润率为5%，并以账面原值为工程成本，同时以计税价格为计税依据计算"销售不动产"的营业税。

自建不动产应交营业税：1 300×（1＋5%）÷（1－3%）×3%＝42（万元）

［**解析**］①我国《营业税暂行条例实施细则》规定：纳税人的营业额为纳税人提供应税劳务、转让无形资产或者销售不动产向对方收取的全部价款和价外费用。

《财政部　国家税务总局关于营业税若干政策问题的通知》（财税［2003］16号）规定，单位和个人销售或转让其购置的不动产或受让的土地使用权，以全部收入减去不动产或土地使用权的购置或受让原价后的余额为营业额。单位和个人销售或转让抵债所得的不动产、土地使用权的，以全部收入减去抵债时该项不动产或土地使用权作价后的余额为营业额。

销售不动产应缴纳的营业税＝（2 000－1 300）×5%＝35（万元）

②我国《土地增值税暂行条例》第二条规定，转让国有土地使用权、地上的建筑物及其附着物（以下简称转让房地产）并取得收入的单位和个人，为土地增值税的纳

税义务人（以下简称纳税人），应当依照本条例缴纳土地增值税。

不动产的扣除项目合计 = 1 300 + (35 + 42) × (1 + 10%) + 2 000 × 0.0005 = 1 386（万元）

销售不动产的土地增值额 = 2 000 − 1 300 − (35 + 42) × (1 + 10%) = 613（万元）

销售不动产的增值率 = 613/1 386 = 44%

应缴纳的土地增值税 = 613 × 30% = 184（万元）

③我国《契税暂行条件》第一条规定，在中华人民共和国境内转移土地、房屋权属，承受的单位和个人为契税的纳税义务人。《中华人民共和国契税暂行条件实施细则》第八条规定，以土地、房屋权属抵债视同土地使用权转让、房屋买卖征收契税。

承受不动产应缴纳契税：2 000 × 3% = 60（万元）

2. 以购置的办公楼抵债。

债务人：

债务重组日应确认的债务重组利得为 160 万元（2 160 − 2 000）；

销售不动产应缴纳的营业税 10 万元；

销售不动产应缴纳的土地增值税 210 万元；

应确认的不动产转让损益为 480 万元（2 000 − 1 800 − 500 − 210 − 10）。

债权人：

债务重组日应确认的债务重组损失为 160 万元（2 160 − 2 000）；

取得不动产应缴纳的契税为 60 万元；

应确认的抵债不动产的计税价值为 2 060 万元。

[**解析**] ①《财政部　国家税务总局关于营业税若干政策问题的通知》（财税［2003］16 号）规定，单位和个人销售或转让其购置的不动产或受让的土地使用权，以全部收入减去不动产或土地使用权的购置或受让原价后的余额为营业额。单位和个人销售或转让抵债所得的不动产、土地使用权的，以全部收入减去抵债时该项不动产或土地使用权作价后的余额为营业额。

转让购置的不动产应缴纳的营业税 = (2 000 − 1 800) × 5% = 10（万元）

②我国《土地增值税暂行条例》第六条规定，旧房计算增值额的扣除项目为旧房及建筑物的评估价格；旧房及建筑物的评估价格是指在转让已使用的房屋及建筑物时，由政府批准设立的房地产评估机构评定的重置成本价乘以成新度折扣率后的价格。评估价格须经当地税务机关确认。

不动产的扣除项目合计 = 1 300 + 10 × (1 + 10%) = 1 311（万元）

销售不动产的土地增值额 = 2 000 − 1 311 = 689（万元）

销售不动产的增值率 = 689/1 312 = 52%

应缴纳的土地增值税 = 689 × 40% − 1 311 × 5% = 210（万元）

3. 以自建厂房和以购置的办公楼抵债方案的比较。由于税法对以自建的不动产和外购的不动产在税务上的规定有区别，因而，同样的债务重组方式，用不同的资产抵债在税务上存在很大的差别。上文已经对两者的会计和税务处理进行了分析，下面通过表 6－2 对以上分析进行总结和比较。

表 6－2　　债务人以不动产抵债方案对照表　　单位：万元

编号	栏　目	建厂房抵债	外购的办公楼抵债	差异
1	债务重组日债务账面价值	2 160	2 160	—
2	债务重组后实际偿债金额	2 000	2 000	—
3	债务重组利得（1－2）	160	160	—
4	抵债非现金资产公允价值	2 000	2 000	—
5	抵债非现金资产账面净值	1 300	1 300	—
6	抵债资产处置相关税费支出（7＋8＋9）	269	221	48
7	其中：流转税——营业税	77	10	67
8	增量流转税附加税费①	8	1	7
9	土地增值税	184	210	－26
10	抵债资产处置净损益（4－5－6）	431	479	－48
11	债务重组损益（3＋10）	591	639	48

从表 6－2 可以看出在相同条件下，A 公司以自建的厂房抵债，比以外购的办公楼抵债多缴纳税费约 48 万元。这主要是由于自建新不动产转让，自建行为视同提供应税劳务，必须缴纳营业税。

（四）以无形资产抵债——以非现金资产抵债方案 4

以专利技术抵债，专利技术评估价值为 2 000 万元，受让成本为 2 500 万元，已摊销 1 200 万元。

债务重组日债务的计税基础＝2 000×（1＋8%）＝2 160（万元）

债务人：

债务重组日应确认的债务重组利得为 160 万元（2 160－2 000）；

转让无形资产应交营业税 100 万元（2 000×5%）；

应确认的无形资产转让损益为 600 万元［2 000－（2 500－1 200）－100］。

债权人：

债务重组日应确认的债务重组损失为 160 万元（2 160－2 000）；

应确认抵债不动产的计税价值为 2 060 万元。

（五）以股权投资抵债——以非现金资产抵债方案 5

① 流转税的附件税费即城市维护建设税和教育费附加，以纳税期内企业实际应缴纳的流转税为计税依据，资产转让时流转税附加税费额无法直接确定，所以，根据资产转让产生的增量应交流转税推算增量流转税附加税费。

以对C公司投资的部分股权抵债，抵债股份的公允价值为2 000万元，投资成本为1 300万元。公司对C公司的投资采用成本法核算。

债务重组日债务的计税基础 =2 000× （1+8%） =2 160（万元）

债务人：

债务重组日应确认的债务重组利得为160万元（2 160－2 000）；

应确认的股权投资转让损益为700万元（2 000－1 300）。

债权人：

债务重组日应确认的债务重组损失为160万元（2 160－2 000）；

应确认的抵债股权投资的计税价值为2 000万元。

（六）非现金资产抵债方案比较

上面对以各种非现金资产抵债的会计和税务处理分别进行了分析，不同的非现金资产处置抵债时，适用的税种有所区别，税费负担也有差异。通过表6－3我们汇总各种非现金资产抵债分别适用的税种和税费负担，比较在相同条件下，各种非现金资产债务重组方案在税务方面的优劣。

表6－3　　A公司以非现金资产抵债方案对照表　　单位：万元

编号	栏目	库存商品	固定资产	自建厂房	外购建筑物	无形资产	股权投资
1	债务重组日债务账面价值	2 160	2 160	2 160	2 160	2 160	2 160
2	债务重组后实际偿债金额	2 000	2 000	2 000	2 000	2 000	2 000
3	债务重组利得(1－2)	160	160	160	160	160	160
4	抵债非现金资产公允价值	1 709	1 709	2 000	2 000	2 000	2 000
5	抵债非现金资产计税基础	1 300	1 300	1 300	1 300	1 300	1 300
6	抵债资产处置相关税费支出(7+8+9)	29	29	269	221	110	—
7	其中：流转税——营业税			77	10	100	
8	增量流转税附加税费	29	29	8	1	10	
9	土地增值税			184	210		
10	抵债资产处置净损益(4－5－6)	380	380	431	479	590	700
11	债务重组损益(3+10)	540	540	591	639	750	860
12	债务重组损益应缴所得税(11×25%)	135	135	148	160	188	215
13	债务重组净损益(11－12)	405	405	443	479	563	645
14	增值税	291	291				
15	债务重组净流入	114	114	443	479	563	645

从表6－3的比较数据可以看出，在相同的假设条件下（即重组日各种非现金资产债务重组方案的债务计税基础、抵债资产的公允价值、抵债资产的计税基础一致），如果不考虑除税费负担以外的其他资产处置费用，那么，以股权投资进行抵债重组，在税务上对债务人最有利。以股权偿还债务，除了企业所得税外，没有其他税费负担，债务重组后A公司的重组净损益也最大。

三、将债务转为股本

根据财税［2009］59号文第四条（二），企业债务重组，相关交易应按以下规定处理：

发生债权转股权的，应当分解为债务清偿和股权投资两项业务，确认有关债务清偿所得或损失。

同时，财税［2009］59号文第五条和第六条（一）规定，企业重组同时符合下列条件的，适用特殊性税务处理规定：

（1）具有合理的商业目的，且不以减少、免除或者推迟缴纳税款为主要目的。

（2）企业重组后的连续12个月内不改变重组资产原来的实质性经营活动。

（3）企业重组中取得股权支付的原主要股东，在重组后连续12个月内，不得转让所取得的股权。

特殊性税务处理如下：

企业发生债权转股权业务，对债务清偿和股权投资两项业务暂不确认有关债务清偿所得或损失，股权投资的计税基础按原债权的计税基础确定。企业的其他相关所得税事项保持不变。

债务重组方案三

以应付贷款本息2 160万元转为对A公司的投资，假设A公司普通股的面值为每股1元，以300万股抵偿B公司的贷款本息，A公司股票每股价格为7.2元。

债务重组日债务的计税基础＝2 000×（1＋8%×2）＝2 160（万元）

债务/债权计税基础＝股权的公允价值

债务人未产生债务重组收益，权益增加2 160万元，债务减少2 160万元。

债权人未产生债务重组损失，减少债权2 160万元；取得长期股权投资的计税基础按原债权计税基础2 160万元确认。

《公司债权转股权登记管理办法》（2011年11月23日国家工商行政管理总局令第57号公布）对债权转股权登记规定如下（节选）：

第二条　本办法所称债权转股权，是指债权人以其依法享有的对在中国境内设立的有限责任公司或者股份有限公司（以下统称公司）的债权，转为公司股权，增加公司注册资本的行为。

第三条　债权转股权的登记管理，属于下列情形之一的，适用本办法：

（一）公司经营中债权人与公司之间产生的合同之债转为公司股权，债权人已经履行债权所对应的合同义务，且不违反法律、行政法规、国务院决定或者公司章程的禁止性规定；

（二）人民法院生效裁判确认的债权转为公司股权；

（三）公司破产重整或者和解期间，列入经人民法院批准的重整计划或者裁定认可的和解协议的债权转为公司股权。

第六条 债权转股权作价出资金额与其他非货币财产作价出资金额之和，不得高于公司注册资本的百分之七十。

第七条 用以转为股权的债权，应当经依法设立的资产评估机构评估。

第八条 债权转股权应当经依法设立的验资机构验资并出具验资证明。

第九条 债权转为股权的，公司应当依法向公司登记机关申请办理注册资本和实收资本变更登记。涉及公司其他登记事项变更的，公司应当一并申请办理变更登记。

四、修改其他债务条件清偿债务

修改其他债务条件清偿债务是指债务人不以其资产清偿债务，也不将其债务转为资本，而是与债权人达成债务重组协议，以减少未来债务本金、降低利率、减少或免除债务利息等方式清偿债务。

税务处理上，以修改其他债务条件进行债务重组的，债务人应当将重组债务的计税成本减计至将来应付金额，减计的金额确认为当期的债务重组所得；债权人应当将债权的计税成本减计至将来的应收金额，减计的金额确认为当期的债务重组损失。

如果修改后的债务条款涉及或有应付金额，且债务人已将该或有应付金额确认为预计负债的，应进行纳税调整．预计负债不允许在税前扣除；重组债务的计税基础与重组后债务的计税基础（即重组后债务的公允价值）和预计负债金额之和的差额，作为债务重组所得，计入应纳税所得额。或有应付金额在随后会计期间如果发生，按照税法的有关规定再在税前扣除。

对债权人而言，以修改其他债务条件进行债务重组，修改后的债务条款中涉及或有应收金额的，不应当确认或有应收金额，不得将其计入重组后债权的计税基础。重组债权的计税基础余额与重组后债权的计税基础之间的差额，按照有关税收规定，经确认为债务重组损失后，报税务机关批准，才允许在税前扣除。

根据《企业会计准则第 12 号——债务重组》，以修改其他债务条件进行债务重组的，债务人应将将来应付金额的现值与重组债务账面价值的差额，作为重组收益，确认为当期损益。债权人应将将来应收金额的现值与重组债权账面价值的差额，作为重组损失，确认为当期损益。

修改后的债务条款如涉及或有应付金额，且该或有应付金额符合或有事项准则中有关预计负债确认条件的，债务人应当将或有应付金额确认为预计负债，并根据或有事项准则的规定确认其金额。重组债务的账面价值与重组后债务的入账价值（即重组后债务的公允价值）和预计负债金额之和的差额，作为债务重组利得，计入营业外收入。或有应付金额在随后会计期间没有发生的，企业应当冲销已确认的预计负债，同时确认营业外收入。

对债权人而言，以修改其他债务条件进行债务重组，修改后的债务条款中涉及或有应收金额的，不应当确认或有应收金额，不得将其计入重组后债权的账面价值。根据谨慎原则，或有应收金额属于或有资产，或有资产不予确认。只有在或有应收金额实际发生时，才计入当期损益。

所谓或有应付（或应收）金额，是指需要根据未来某种事项出现而发生的应付（或应收）金额，而且该未来事项的出现具有不确定性。

债务重组方案四

B 公司免除 A 公司的贷款利息，并将本金还款期延长至 2013 年 1 月 1 日。如果 2012 年 A 公司经审计后出现盈利，则 A 公司应按 8% 的利率支付延长期贷款的利息。假设现行贴现率为 8%。

(1) 债务重组日处理方式。

债务人：

税务处理：

债务重组日债务的计税基础 = 2 000 ×（1 + 8%）= 2 160（万元）

债务人应当将重组债务的计税成本减计至将来应付金额 2 000 万元；

应确认的债务重组利得为 = 2 160 - 2 000 = 160（万元）

会计处理：

重组后将来应付债务现值 = 2 000/（1 + 8%）= 1 852（万元）

重组后的预计负债 = 2 000 × 8% = 160（万元）

债务重组利得 = 2 160 - 1 852 - 160 = 148（万元）

借：短期借款——B 公司	2 160	
贷：短期借款——B 公司——债务重组		1 852
营业外收入——债务重组利得		148
预计负债		160

会计准则上确认的重组利得（损失）与税法确认的重组利得（损失）存在差异，应进行所得税纳税调整。

债权人：

税务处理：

债务重组日债权的计税基础 = 2 000 ×（1 + 8%）= 2 160（万元）

债权人应当将重组债务债权的计税成本减计至将来应收金额 2 000 万元；

应确认的债务重组损失 =（2 160 - 2 000）= 160（万元）

会计处理：

重组后将来应收债权现值 =2 000/（1 +8%） =1 852（万元）

债务重组损失 =2 160 - 1 852 =308（万元）

借：应收账款——债务重组——A 公司　　1 852

　　营业外支出——债务重组损失　　308

　　贷：应收账款——A 公司　　2 160

会计准则上确认的重组利得（损失）与税法确认的重组利得（损失）存在差异，应进行所得税纳税调整。

（2）还款日处理方式。

①假设 2012 年 A 公司经营没有改善，经审计未实现经营利润。

债务人：

税务处理：

债务人在还款日偿还债务本金 2 000 万元，不确认收益或损失。

会计处理：

借：短期借款——B 公司——债务重组　　1 852

　　财务费用　　148

　　预计负债　　160

　　贷：银行存款　　2 000

　　　　营业外收入　　160

会计准则上确认重组利得 160 万元和财务费用 148 万元与税法存在差异应进行所得税纳税调整。

债权人：

税务处理：

债权人在还款日确认收回贷款本金，未确认其他损益。

会计处理：

借：银行存款　　2 000

　　贷：应收账款——债务重组——A 公司　　1 852

　　　　财务费用　　148

会计准则上确认的财务费用与税法存在差异应进行所得税纳税调整。

②假设 2008 年 A 公司经营得到改善，经审计实现经营利润。

债务人：

税务处理：

债务人在还款日偿还债务本金和利息 2 160 万元，应确认利息费用 160 万元。

会计处理：

借：短期借款——B 公司——债务重组　　1 852

财务费用 148

预计负债 160

贷：银行存 2 160

会计准则上确认财务费用 148 万元与税法存在差异，应进行所得税纳税调整。

债权人：

税务处理：

债权人在还款日确认收回贷款本金和利息 2 160 万元，确认利息收入 160 万元。

会计处理：

借：银行存款 2 160

贷：应收账款——债务重组——A 公司 1 852

利息收入 160

财务费用 148

会计准则上确认的财务费用 148 万元和利息收入 160 万元与税法存在差异，应进行所得税纳税调整。

第四节

上市公司案例解析——ST 金城（000820）债务重组

一、案例介绍

*ST 金城（000820）：债务重组公告

（一）债务重组概述

1. 债务重组的基本情况。公司与盘锦金海伟业商贸有限公司（以下简称盘锦金海）于 2011 年 10 月 20 日就本公司所欠盘锦金海 45 713 176. 74 元达成债务重组协议，主要内容是本公司于 2011 年 10 月 20 日，偿付盘锦金海 500 万元，剩余欠款全部予以豁免。本次债务重组不构成关联交易。

2. 债务重组议案的审议情况。本次债务重组不需要公司董事会及股东大会审议，也不需要其他审批手续，不存在法律障碍。

（二）债务重组对方的基本情况

1. 债务重组对方盘锦金海的基本情况。

企业性质：有限责任公司

注册地：辽宁省盘锦市

法定代表人：张宇飞

注册资本：500 万元

主营业务：销售农副产品、纸张、五金建材、二类以下机电产品、化工产品（除危险化学品）

2. 债务重组对方与本公司的关系。盘锦金海与本公司及本公司前 10 名股东在产权、业务、资产、债权、债务、人员等方面不存在关联关系，也不存在可能造成本公司利益倾斜的其他关系。

（三）债务重组方案及重组协议的主要内容

1. 2007 年 5 月 31 日至 2008 年 4 月 28 日，公司在盘锦金海采购芦苇等，截至 2011 年 10 月 20 日，公司欠盘锦金海货款等 45 713 176. 74 元。

2. 公司 2011 年 10 月 20 日偿付盘锦金海 500 万元后剩余部分 4 071 万元全部予以豁免，双方的债权债务关系终止。

（四）债务重组目的和对公司的影响

债务重组公告：

目前本公司全面停产，资金紧张，无力全额偿还盘锦金海欠款。

本公司与盘锦金海进行债务重组为公司维持上市地位整体安排的部分内容，减轻了公司债务负担，增加了公司收益。2011 年 10 月 20 日，公司已给付盘锦金海 500 万元，经与上海上会会计师事务所沟通，公司初步确认债务重组收益约为 4 000 万元，具体数据以公司 2011 年年度报告为准。

二、企业所得税处理

根据《债务重组公告》ST 金城目前已经全面停产，资金紧张，无力全额偿还盘锦金海欠款。与盘锦金海进行债务重组是为维持公司上市地位整体安排的部分内容，减轻了公司债务负担，增加了公司收益。

根据 ST 金城与盘锦金海达成的债务重组协议，盘锦金海豁免了 ST 金城大部分的债务。

所以，该案例属于财税［2009］59 号文规定的债务重组业务。

根据国家税务总局公告 2010 年第 4 号第七条（一）债务重组，以债务重组合同或协议生效日为重组日。2011 年 10 月 20 日就 ST 金城所欠盘锦金海 45 713 176. 74 元达成债务重组协议，ST 金城于 2011 年 10 月 20 日偿付盘锦金海 500 万元，剩余欠款全部予以豁免。

该案例的债务重组日为 2011 年 10 月 20 日。

根据财税［2009］59 号文第四条第（二）的规定，企业债务重组，债务人应当按照支付的债务清偿额低于债务计税基础的差额，确认债务重组所得；债权人应当按照收到的债务清偿额低于债权计税基础的差额，确认债务重组损失。

该案例 ST 金城应确认债务重组收益 = 45 713 176. 74 - 5 000 000

=40 713 176.74（元）

盘锦金海应确认债务重组损失 =45 713 176.74 - 5 000 000 =40 713 176.74（元）

根据《国家税务总局关于贯彻落实企业所得税法若干税收问题的通知》（国税函［2010］79号）第二条关于债务重组收入确认问题，企业发生债务重组，应在债务重组合同或协议生效时确认收入的实现。

根据财税［2009］59号文第六条规定，如果ST金城债务重组确认的应纳税所得额占该企业当年应纳税所得额50%以上，可以在5个纳税年度的期间内，均匀计入各年度的应纳税所得额。

本章小结

财税［2009］59号文所述债务重组的前提条件是债务人发生了财务困难，这是税法所说的债务重组与一般债务重组最大的差别。只有在债务人发生财务困难的情况下，其债务重组收益才能按财税［2009］59号文的规定进行特殊税务处理。所以，在进行债务重组税务处理时一定要理解概念。

债务重组过程中债务人可以用于偿还债务的形式有很多种，各种偿债方式对债务人的税负影响有很大的差异。尤其是债务人以非货币性资产偿还债务时，应分两步进行税务处理，一是以公允价值处置资产；二是以资产公允价值偿还债务。整个重组过程中可能产生两次所得税纳税义务。债务人在进行债务重组过程中应该比较各种重组形式的税负水平，选择最优的方式。

法源点读

❖ **公司债权转股权登记管理办法**

（2011年11月23日国家工商行政管理总局令第57号公布）

第一条　为规范公司债权转股权登记管理，根据《公司法》、《公司登记管理条例》等法律、行政法规的规定，制定本办法。

第二条　本办法所称债权转股权，是指债权人以其依法享有的对在中国境内设立的有限责任公司或者股份有限公司（以下统称公司）的债权，转为公司股权，增加公司注册资本的行为。

第三条　债权转股权的登记管理，属于下列情形之一的，适用本办法：

（一）公司经营中债权人与公司之间产生的合同之债转为公司股权，债权人已经履行债权所对应的合同义务，且不违反法律、行政法规、国务院决定或者公司章程的禁止性规定；

（二）人民法院生效裁判确认的债权转为公司股权；

（三）公司破产重整或者和解期间，列入经人民法院批准的重整计划或者裁定认可的和解协议的债权转为公司股权。

第四条 用以转为股权的债权有两个以上债权人的，债权人对债权应当已经作出分割。

第五条 法律、行政法规或者国务院决定规定债权转股权须经批准的，应当依法经过批准。

第六条 债权转股权作价出资金额与其他非货币财产作价出资金额之和，不得高于公司注册资本的百分之七十。

第七条 用以转为股权的债权，应当经依法设立的资产评估机构评估。

债权转股权的作价出资金额不得高于该债权的评估值。

第八条 债权转股权应当经依法设立的验资机构验资并出具验资证明。

验资证明应当包括下列内容：

（一）债权的基本情况，包括债权发生时间及原因、合同当事人姓名或者名称、合同标的、债权对应义务的履行情况；

（二）债权的评估情况，包括评估机构的名称、评估报告的文号、评估基准日、评估值；

（三）债权转股权的完成情况，包括已签订债权转股权协议、债权人免除公司对应债务、公司相关会计处理；

（四）债权转股权依法须报经批准的，其批准的情况。

第九条 债权转为股权的，公司应当依法向公司登记机关申请办理注册资本和实收资本变更登记。涉及公司其他登记事项变更的，公司应当一并申请办理变更登记。

第十条 公司申请变更登记，除按照《公司登记管理条例》和国家工商行政管理总局有关企业登记提交材料的规定执行外，还应当分别提交以下材料：

（一）属于本办法第三条第（一）项规定情形的，提交债权人和公司签署的债权转股权承诺书，双方应当对用以转为股权的债权符合该项规定做出承诺；

（二）属于本办法第三条第（二）项规定情形的，提交人民法院的裁判文书；

（三）属于本办法第三条第（三）项规定情形的，提交经人民法院批准的重整计划或者裁定认可的和解协议。

公司提交的股东（大）会决议应当确认债权作价出资金额并符合《公司法》和公司章程的规定。

第十一条 公司登记机关应当将债权转股权对应出资的出资方式登记为“债权转股权出资”。

第十二条 公司登记机关及其工作人员办理债权转股权登记违反法律法规规定的，

对直接负责的主管人员和其他责任人员，依照有关规定追究责任。

第十三条 债权人、公司以及承担评估、验资的机构违反《公司法》、《公司登记管理条例》以及本办法规定的，公司登记机关依照《公司法》、《公司登记管理条例》等有关规定处罚。

第十四条 债权转股权的公司登记信息，公司登记机关依法予以公开。

第十五条 对下列违法行为的行政处罚结果，公司登记机关应当向社会公开：

（一）债权人、公司债权转股权登记的违法行为；

（二）承担评估、验资的机构因债权转股权登记的违法行为。

前款受到行政处罚的承担评估、验资的机构名单，公司登记机关予以公示。

第十六条 对涉及债权转股权违法行为的债权人、公司以及承担验资、评估的机构等，工商行政管理机关应当及时予以记录，实施企业信用分类监管。

第十七条 本办法规定事项，法律、行政法规或者国务院决定另有规定的，从其规定。

第十八条 非公司企业法人改制为公司办理变更登记，涉及债权转为股权的，参照本办法执行。涉及国有资产管理的，按照有关规定办理。

第十九条 本办法自2012年1月1日起实施。

❖ 关于印发《上市公司执行企业会计准则监管问题解答》（2009年第2期）

会计部函［2009］60号

问题4：对于上市公司因破产重整而进行的债务重组交易，何时确认债务重组收益？

解答：由于涉及破产重整的债务重组协议执行过程及结果存在重大不确定性，因此，上市公司通常应在破产重整协议履行完毕后确认债务重组收益，除非有确凿证据表明上述重大不确定性已经消除。

❖《上市公司执行企业会计准则监管问题解答》（2011年第2期）

证监会会计部

2011年8月15日

对于上市公司的控股股东、控股股东控制的其他关联方、上市公司的实质控制人对上市公司进行直接或间接的捐赠、债务豁免等单方面的利益输送行为，如何进行会计处理？

解答：由于交易是基于双方的特殊身份才得以发生，且使得上市公司明显地、单方面地从中获益，因此，监管中应认定为其经济实质具有资本投入性质，形成的利得应计入所有者权益。上市公司与潜在控股股东之间发生的上述交易，应比照上述原则进行监管。

问题二：对于上市公司在报告年度资产负债表已经存在的债务，如果公司在报告年度资产负债表日后期间与债务人达成债务重组协议，是否应该根据债务重组协议调整报告年度资产负债表中相关负债的金额？

解答：报告年度资产负债表日后期间与债务人达成债务重组交易不属于资产负债表日后调整事项，不能据以调整报告年度资产、负债项目的确认和计量。债务重组中涉及的相关负债在报告期仍应按照债务重组协议前具有法律效力的有关协议等的约定确认和计量，相关债务重组损益应当在有关负债符合终止确认条件时确认。

❖ 关于破产重整上市公司重大资产重组股份发行定价的补充规定

中国证券监督管理委员会公告［2008］44号

上市公司破产重整，涉及公司重大资产重组拟发行股份购买资产的，其发行股份价格由相关各方协商确定后，提交股东大会做出决议，决议须经出席会议的股东所持表决权的三分之二以上通过，且经出席会议的社会公众股东所持表决权的三分之二以上通过。关联股东应当回避表决。

❖ 企业会计准则第12号——债务重组（节选）

债务人的会计处理

第四条　以现金清偿债务的，债务人应当将重组债务的账面价值与实际支付现金之间的差额，计入当期损益。

第五条　以非现金资产清偿债务的，债务人应当将重组债务的账面价值与转让的非现金资产公允价值之间的差额，计入当期损益。

转让的非现金资产公允价值与其账面价值之间的差额，计入当期损益。

第六条　将债务转为资本的，债务人应当将债权人放弃债权而享有股份的面值总额确认为股本（或者实收资本），股份的公允价值总额与股本（或者实收资本）之间的差额确认为资本公积。

重组债务的账面价值与股份的公允价值总额之间的差额，计入当期损益。

第七条　修改其他债务条件的，债务人应当将修改其他债务条件后债务的公允价值作为重组后债务的入账价值。重组债务的账面价值与重组后债务的入账价值之间的差额，计入当期损益。

修改后的债务条款如涉及或有应付金额，且该或有应付金额符合《企业会计准则第13号——或有事项》中有关预计负债确认条件的，债务人应当将该或有应付金额确认为预计负债。重组债务的账面价值，与重组后债务的入账价值和预计负债金额之和的差额，计入当期损益。

或有应付金额，是指需要根据未来某种事项出现而发生的应付金额，而且该未来事项的出现具有不确定性。

第八条　债务重组以现金清偿债务、非现金资产清偿债务、债务转为资本、修改其他债务条件等方式的组合进行的，债务人应当依次以支付的现金、转让的非现金资产公允价值、债权人享有股份的公允价值冲减重组债务的账面价值，再按照本准则第七条的规定处理。

债权人的会计处理

第九条　以现金清偿债务的，债权人应当将重组债权的账面余额与收到的现金之间的差额，计入当期损益。债权人已对债权计提减值准备的，应当先将该差额冲减减值准备，减值准备不足以冲减的部分，计入当期损益。

第十条　以非现金资产清偿债务的，债权人应当对受让的非现金资产按其公允价值入账，重组债权的账面余额与受让的非现金资产的公允价值之间的差额，比照本准则第九条的规定处理。

第十一条　将债务转为资本的，债权人应当将享有股份的公允价值确认为对债务人的投资，重组债权的账面余额与股份的公允价值之间的差额，比照本准则第九条的规定处理。

第十二条　修改其他债务条件的，债权人应当将修改其他债务条件后的债权的公允价值作为重组后债权的账面价值，重组债权的账面余额与重组后债权的账面价值之间的差额，比照本准则第九条的规定处理。

修改后的债务条款中涉及或有应收金额的，债权人不应当确认或有应收金额，不得将其计入重组后债权的账面价值。

或有应收金额，是指需要根据未来某种事项出现而发生的应收金额，而且该未来事项的出现具有不确定性。

第十三条　债务重组采用以现金清偿债务、非现金资产清偿债务、债务转为资本、修改其他债务条件等方式的组合进行的，债权人应当依次以收到的现金、接受的非现金资产公允价值、债权人享有股份的公允价值冲减重组债权的账面余额，再按照本准则第十二条的规定处理。

第七章

跨境重组

第一节

跨境重组与跨国避税

一、跨境重组发展现状

自2007年开始的全球金融危机爆发后，我国的并购重组业务呈现井喷式增长。根据汤森路透10月8日发布的《2012年三季度亚太地区（不含日本）并购交易报告》（下称《报告》），2012年前三季度中国参与的并购总金额达1 607亿美元，较上年同期上涨13.7%。2012年前三季度，中国企业对外收购的交易金额达到445亿美元，较上年同期上涨34%，为自2008年以来最高。

我国并购重组业务，尤其是跨境并购重组蓬勃发展是由内外多重因素共同作用的结果。

一是市场因素。首先是发达国家的并购重组实践正处于跨国并购阶段；我国经济经过较长时间的高速增长，不管是国家宏观层面还是企业微观层面，综合实力都得到了增强，在国际经济危机外部经济低迷的背景下，为我国的跨境并购提供了契机；我国产业发展到一定阶段，在市场规律的作用下，需要进行横向扩张，提高集约程度，不仅需要占领国内市场，还要占领国际市场；经济的高速增长，使得国内的资源远不能满足经济发展的要求。所以，近年我国的对外并购业务也更多地出现在资源、能源、制造等领域。

二是政策因素。从“十五”计划开始，我国启动了“走出去”战略，鼓励和支持有比较优势的企业对外投资，打造有实力的跨国企业和著名品牌。这一战略的提出和实施使中国企业对外投资实现了跨越式发展。在政策导向不断向好的发展过程中，中国“走出去”企业已经走上快速发展之路，已成为我国对外开放新阶段的重大战略举措。同时，近年来“为了支持和推动“走出去”战略，国家陆续出台了一系列支持鼓励政策和便利化措施。国家在战略上的重视和政策方面给予的支持和保障，促进了我国对外并购重组的发展。

三是跨国避税因素。在《企业所得税法》颁布前，内外资企业所得税没有统一。为了引进外资，原《外商投资企业和外国企业所得税法实施细则》给予外商投资企业大量的税收优惠政策，包括外商投资企业在中国境内投资于其他企业，从接受投资的企业取得的利润（股息），可以不计入本企业应纳税所得额等。这种内、外资企业所得税的不平等待遇，造成了国内居民纳税义务人在避税地成立外国企业，再返程投资，享受税收政策的假外商投资企业和通过跨国关联交易不公允定价，将利润转移到避税地，逃避国内税收。

2008 年实施的《企业所得税法》取消了对外资企业的一系列优惠政策，对于未在中国设立机构场所的非居民企业或虽设立机构场所但是与该机构场所无关的股息红利收入按 10% 税率征收预提所得税，税收协定另有规定的除外。相比之下，符合条件的居民企业之间的股息红利所得，根据《企业所得税法》属于免税收入。这推动了很多外资企业为了避税而进行股权架构重组。比如先由境外非居民企业在中国设立全资子公司，由该子公司收购目标公司股权，再采取以股换股形式将拟受让方股权注入该子公司，完成境外股权的境内回归。

近年，我国在跨境税收监管和反避税调查方面得到了加强，出台了一系列政策，包括《特别纳税调整实施办法（试行）》（国税发［2009］2 号）、《国家税务总局关于境外注册中资控股企业依据实际管理机构标准认定为居民企业有关问题的通知》（国税发［2009］82 号）、《国家税务总局关于加强非居民企业股权转让所得企业所得税管理的通知》（国税函［2009］698 号）等。这使得原来通过避税地和滥用税收协定进行避税的股权架构暴露在我国反避税调查风险之中，而且此类型跨国股权架构下的跨境重组补征税款案例已经屡见不鲜。例如，2012 年 5 月 3 日《金陵晚报》披露，全国最大单笔非居民企业间接股权转让所得税 4.03 亿元在山西省成功入库，这是由一家境外非居民企业 BVI（离岸公司）间接转让山西省一家能源有限公司股权产生的非居民企业所得税税款，是继 2011 年日本某公司间接转让康师傅饮品（BVI）有限公司股权缴纳企业所得税 3.06 亿元后，创下非居民企业间接转让股权缴纳企业所得税的新高。

所以，正确解读我国的跨境并购重组税收政策，避免跨境重组过程中的税收风险尤为重要，也是本章要讲解的内容。

二、跨国避税

跨国企业常见的跨境避税方式主要有三种：通过征税对象的跨国移动来避税；利用国际避税地进行避税；资本弱化和滥用税收协定进行国际避税。其中利用国际避税地和滥用税收协定是重组业务要重点讨论的国际避税类型。

(1) 通过征税对象的跨国移动进行国际避税。通过征税对象的跨国移动进行避税的方式主要表现为通过跨国关联企业间关联交易不公允定价，将利润转移至低税率国家或地区，将利润转移出高税负国家或地区，以达到减少税负支出的目的。

(2) 利用避税地进行国际避税。国际避税港通常指对跨国纳税人提供低税、免税或给予大量税收优惠的国家和地区。

避税港[①]通常分为三种类型：

①无税避税港。不征个人所得税、公司所得税、资本利得税和财产税，如百慕大群岛、巴哈马、瓦努阿图、开曼群岛等。

②低税避税港。以低于一般国际水平的税率征收个人所得税、公司所得税、资本利得税、财产税等税种，如列支敦士登、英属维尔京群岛、荷属安的列斯群岛、中国香港及中国澳门特区等。

③特惠避税港。在国内税法的基础上采取特别的税收优惠措施，如爱尔兰的香农、菲律宾的巴丹、新加坡的裕廊等地区。

(3) 资本弱化。资本弱化是指企业通过加大债务性融资而减少权益性筹资比例，以达到增加税前扣除，降低企业税负的一种行为。债务性融资的利息支出，作为财务费用一般可以税前扣除，而为权益性融资的股息支付，不得税前扣除。所以，企业为了加大税前扣除而减少应纳税所得额，在筹资时多采用债务性融资而不是权益性融资，以此达到避税的目的。

(4) 滥用税收协定进行避税。滥用税收协定是指非税收协定缔约国的居民通过在税收协定缔约国设立导管公司的做法获取其本不应享有的税收协定中的税收优惠。

滥用税收协定常见的有两种方式，即设立直接导管公司和设立踏脚石公司。

1. 直接导管公司。假设甲国的 A 公司计划通过美国子公司（B 公司）收购一家美国公司（目标公司），收购对价来自 A 公司借贷给 B 公司的资金。乙国与美国签订有双边税收协定，依照该税收协定，美国不对乙国居民来源于美国的利息所得课征预提税。甲国与美国未签订双边税收协定，依照美国《税法典》第 881 条，美国对甲国居民来源于美国的利息所得将课征 30% 的预提税。假如 A 公司直接向 B 公司提供债务资金，

---

① 根据国际财政文献局所编《国际税收辞汇》的解释，凡符合以下条件的国家或地区，就可以认定为避税港：(1) 不征税或税率很低，特别是所得税和资本利得税；(2) 实行僵硬的银行或商务保密法，为当事人保密，不得通融；(3) 外汇开放，毫无限制，资金来去自由；(4) 拒绝与外国税务当局进行任何合作；(5) 一般不签订税收协定或只有很少的税收协定；(6) 是非常便利的金融、交通和信息中心。

那么，收购后B公司向A公司支付的利息必须缴纳30%的美国预提税。但是，如果A公司在乙国设立一家导管公司（C公司），A公司先将收购资金借贷给C公司，然后C公司再将该资金借贷给B公司。在收购后，B公司向C公司支付利息，后者转而向A公司支付利息。依照乙国与美国的双边税收协定，B公司向C公司支付的利息不被课征美国预提税；另外，依照甲国与乙国的双边税收协定，C公司向A公司支付的利息也不被课征乙国预提税。因此，通过在乙国设立直接导管公司——C公司，A公司来自B公司的利息所得可规避30%的美国预提税。交易架构如图7-1所示。

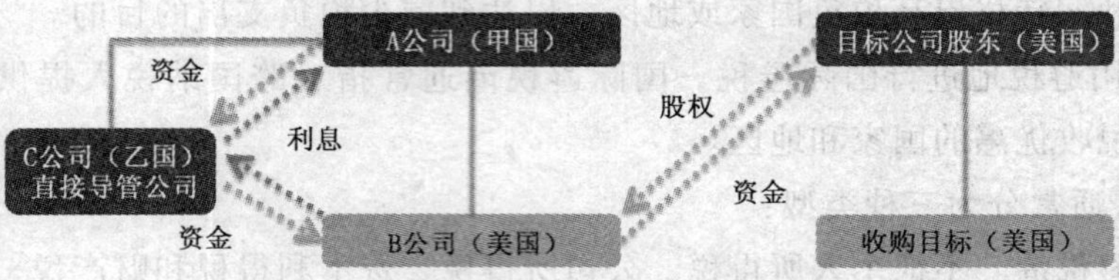

图7-1 直接导管公司交易架构图

2. 踏脚石公司。假设甲国的A公司计划通过美国子公司（B公司）收购一家美国公司（目标公司），收购对价来自A公司提供的资金。乙国与美国签订双边税收协定，该税收协定免除利息所得在来源国的预提税。但是，甲国与美国、乙国未签订有双边税收协定，并且，依照乙国国内法，对乙国居民支付给非居民的利息必须按照通常税率计征预提税。因此，甲国A公司不可能通过在乙国设立直接导管公司来获得乙国与美国的双边税收协定中利息所得的优惠待遇。另外，假设甲国与丙国签订有双边税收协定，规定对缔约国一方居民支付给缔约国对方居民的股息免除预提税。在这种情形下，A公司可以在丙国设立一家子公司——C公司（即踏脚石导管公司），后者在乙国设立一家金融子公司（D公司）。A公司的资金将依次通过C公司、D公司的中间媒介，最后提供给B公司。收购后，B公司支付的债务利息依次经过D公司、C公司的中间传输，最终支付给A公司。B公司支付的债务利息经过两次转移将享受如下税收优惠：其一，B公司的利息支出可以扣除B公司应税所得，减少其税负，D公司从B公司收取的利息可免除美国利息预提税，D公司在乙国缴纳的公司所得税及C公司在乙国缴纳的股息预提税可以在丙国得到抵免；其二，C公司向A公司支付的股息所得可以享受甲国与丙国的税收协定中免除预提税的优惠待遇。其结果是，A公司来源于美国B公司的利息所得可免除美国预提税（以上案例来自于林德木的《美国对跨国并购融资中滥用税收协定的管制措施及评析》）。交易架构如图7-2所示。

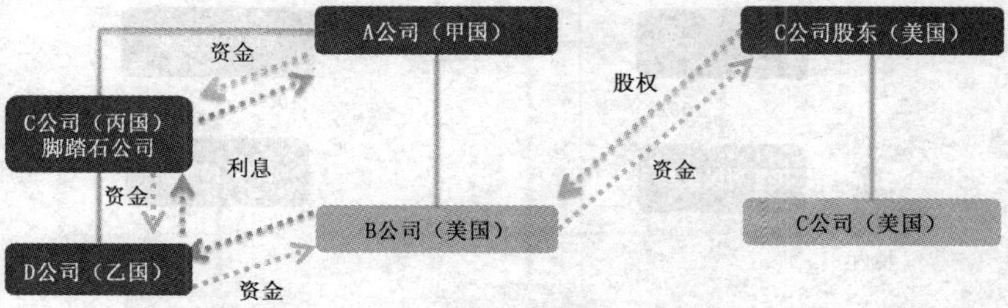

图 7-2 踏脚石公司交易架构图

第二节 税收法规解析

根据《企业所得税法实施条例》第七十五条规定，除国务院财政、税务主管部门另有规定外，企业在重组过程中，应当在交易发生时确认有关资产的转让所得或者损失，相关资产应当按照交易价格重新确定计税基础。

同时，根据财税［2009］59 号文第七条规定，企业发生涉及中国境内与境外（包括港澳台地区）的股权和资产收购交易，符合特定条件的可以选择适用特殊税务处理。这些条件包括财税［2009］59 号文第五条和各种重组形式的特定条款。

财税［2009］59 号文规定的可以适用特殊税务处理的跨境重组形式有三种。

一、境外对境外重组

境外对境外式重组是一非居民企业向另一非居民企业转让其拥有的居民企业的股权。

这种形式的跨境重组，除了满足财税［2009］59 号文第五条规定的条件外，还需要满足以下三个条件才可以选择适用企业所得税特殊税务处理：

1. 100% 直接控股。即两个非居民企业间转让境内居民企业股权，取得受让一方的非居民企业，必须是转让一方非居民企业 100% 直接控股。交易前和交易后的股权架构如图 7-3 所示。

根据《关于外商投资企业和外国企业转让股权所得税处理问题的通知》（国税函［1997］207 号，已经废止）的规定，在以合理经营为目的进行的公司集团重组中，外国企业将其持有的中国境内企业股权，或者外商投资企业将其持有的中国境内、境外企业的股权，转让给与其有直接拥有或者间接拥有或被同一人拥有 100% 股权关系的公司，包括转让给具有上述股权关系的境内投资公司的，可按股权成本价转让，由于不产

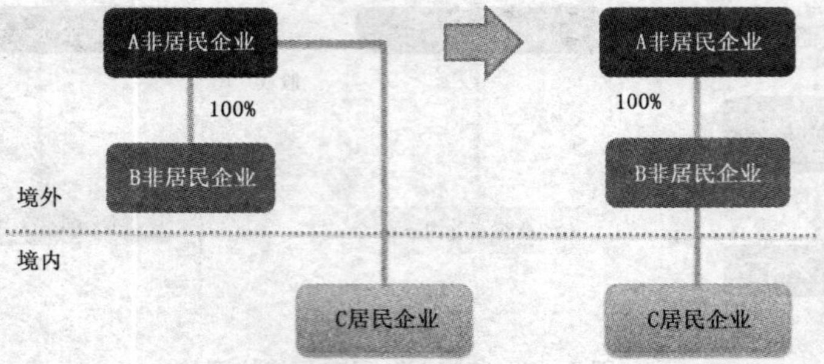

图 7－3　100% 直接控股交易前和交易后的股权架构图

生股权转让收益或损失，不计征企业所得税。

对比财税［2009］59 号文件与国税函［1997］207 号文件，收购双方为间接拥有和被同一人拥有两种情形的两种控股关系，被排除在特殊重组适用范围外。

2. 未发生所得税预提税负担变化。未发生所得税预提税负担变化，即另一非居民企业转让其拥有的居民企业股权，没有因此造成以后该项股权转让所得预提税负担变化。

【案例 7－1】某 A 公司为卢森堡的居民企业，A 公司持有 B 公司 100% 股权，B 公司为韩国的居民企业，A 公司还持有中国境内的外商投资企业 C 公司 49% 股权。A 公司将其持有的 C 公司股权转让给 B 公司。交易架构如图 7－4 所示。

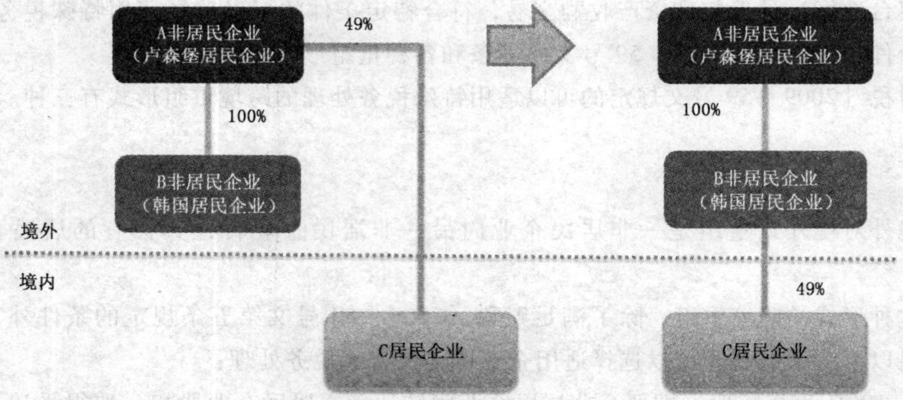

图 7－4　未发生所得税预提税负担变化的交易架构图

根据《中华人民共和国和卢森堡大公国关于对所得和财产避免双重征税和防止偷漏税的协定》第十三条财产收益的规定，A 公司转让持有的 C 公司 49% 股份，我国对该股权转让收益具有征税权。根据《中华人民共和国政府和大韩民国政府关于对所得避免双重征税和防止偷漏税的协定》第十三条财产收益的规定，如果 B 公司取得 C 公司股权后，再转让 C 公司的股权，则我国对该股权转让收益没有征税权。所以，A 公司和B公司两个非居民企业之间转让居民企业C公司的股权，将导致未来预提所得税负担的变化。该交易不能适用财税［2009］59号文第七条关于跨境重组特殊税务处理的规定。

如果A公司持有C公司的股权比例低于25%，根据《中华人民共和国和卢森堡大公国关于对所得和财产避免双重征税和防止偷漏税的协定》，我国对该股权转让收益没有征税权。A公司将C公司股权转让给B公司后，B公司再转让C公司股权，我国同样对股权转让收益没有征税权。所以，股权重组交易不会导致未来预提所得税负担的变化。如果满足特殊税务处理的其他条件，则该重组交易可以适用特殊税务处理。

《中华人民共和国政府和大韩民国政府关于对所得避免双重征税和防止偷漏税的协定》（节选）

第十三条　财产收益

一、缔约国一方居民转让第六条所述位于缔约国另一方的不动产取得的收益，可以在该缔约国另一方征税。

二、转让缔约国一方企业在缔约国另一方的常设机构营业财产部分的动产，或者缔约国一方居民在缔约国另一方从事独立个人劳务的固定基地的动产取得的收益，包括转让常设机构（单独或者随同整个企业）或者固定基地取得的收益，可以在该缔约国另一方征税。

三、转让从事国际运输的船舶或飞机，或者转让属于经营上述船舶、飞机的动产取得的收益，应仅在该企业总机构或实际管理机构所在缔约国征税。

四、转让一个公司财产股份的股票取得的收益，该公司的财产又主要直接或者间接由位于缔约国一方的不动产所组成，可以在该缔约国一方征税。

五、转让第一款至第四款所述财产以外的其他财产取得的收益，应仅在转让者为其居民的缔约国征税。

《中华人民共和国和卢森堡大公国关于对所得和财产避免双重征税和防止偷漏税的协定》（节选）

第十三条　财产收益

一、缔约国一方居民转让第六条所述位于缔约国另一方的不动产取得的收益，可以在该缔约国另一方征税。

二、转让缔约国一方企业在缔约国另一方的常设机构营业财产部分的动产，或者缔约国一方居民在缔约国另一方从事独立个人劳务的固定基地的动产取得的收益，包括转让常设机构（单独或者随同整个企业）或者固定基地取得的收益，可以在该缔约国另一方征税。

三、缔约国一方居民转让从事国际运输的船舶或飞机，或者转让属于经营上述船舶、飞机的动产取得的收益，应仅在该缔约国一方征税。

四、转让一个公司财产股份的股票取得的收益，该公司的财产又主要直接或者间接由位于缔约国一方的不动产所组成，可以在该缔约国一方征税。

五、转让第四款所述以外的其他股票取得的收益，该项股票又相当于缔约国一方居民公司至少25%的股权，可以在该缔约国一方征税。

六、转让第一款至第五款所述财产以外的其他财产取得的收益，应仅在转让者为其居民的缔约国征税。

这里需要注意的是，从财税［2009］59号文件字面上看，预提所得税负担是指“股权转让所得”的预提所得税，并没有包括“股息红利”。

在实际操作中，许多人认为预提所得税负担变化应该包括股息红利的预提所得税变化，以防止跨国纳税人利用税收协定在股息红利规定上的差异，通过跨境重组来减少股息红利所得的预提所得税负担。

【案例7-2】某A公司为日本的居民企业，A公司持有B公司100%股权，B公司为韩国的居民企业，A公司还持有中国境内的外商投资企业C公司49%股权。A公司将其持有的C公司股权转让给B公司。假设C公司可供分配利润为2 000万元，C公司通过股东会决议将全部未分配利润按持股比例分配给股东。交易架构如图7-5所示。

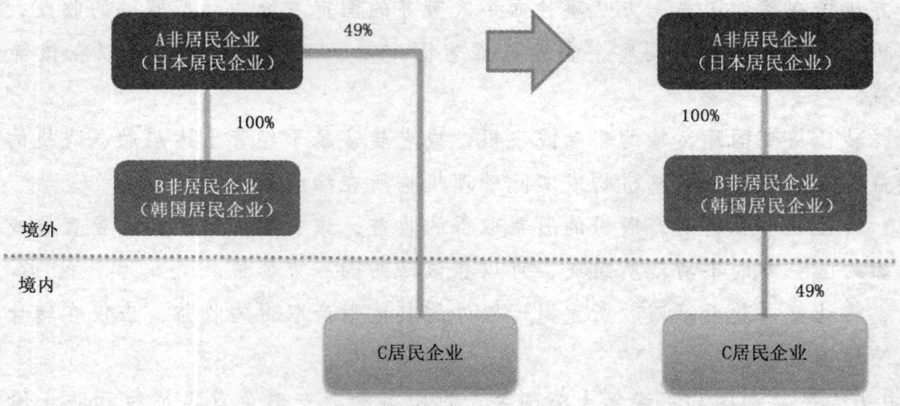

图7-5 交易架构图

根据《中华人民共和国政府和日本国政府关于对所得避免双重征税和防止偷漏税的协定》第十条股息的规定，A取得C公司的股息，如果A公司是该股息受益人，则所征税款不应超过该股息总额的10%。

根据《中华人民共和国和卢森堡大公国关于对所得和财产避免双重征税和防止偷漏税的协定》第十条股息的规定，如果受益所有人是直接持有支付股息公司至少25%资本的公司（不是合伙企业），则所征税款不应超过股息总额的5%；在其他情况下，不应超过股息总额的10%。

A公司持有C公司的股权比例为49%，超过25%，假设A公司是C公司股息实际收益人，则：

股权重组前A公司应缴纳的预提企业所得税 = 2 000 × 49% × 10% = 98（万元）

股权重组后B公司应缴纳的预提企业所得税＝2 000×49%×5%＝49（万元）

股权重组前和重组后预提所得税负担变化＝98－49＝49（万元）

股权重组将导致预提所得税负担减少49万元。

如果A公司持有C公司的股权比例低于25%，则根据《中华人民共和国和卢森堡大公国关于对所得和财产避免双重征税和防止偷漏税的协定》第十条股息规定，所征税款不应超过股息总额的10%，即股权重组前和重组后预提所得税负担不会出现变化。

《中华人民共和国政府和日本国政府关于对所得避免双重征税和防止偷漏税的协定》（节选）

第十条　股息

一、缔约国一方居民公司支付给缔约国另一方居民的股息，可以在该缔约国另一方征税。

二、然而，这些股息也可以按照支付股息的公司是其居民的缔约国的法律，在该缔约国征税。但是，如果收款人是该股息受益人，则所征税款不应超过该股息总额的百分之十。

本款规定，不应影响对该公司支付股息前的利润所征收的公司利润税。

三、本条“股息”一语是指从股份或者非债权关系分享利润的权利取得的所得，以及按照分配利润的公司是其居民的缔约国税法，视同股份所得同样征税的其他公司权利取得的所得。

四、如股息受益人是缔约国一方居民，在支付股息的公司是其居民的缔约国另一方，通过设在该缔约国另一方的常设机构进行营业或者通过设在该缔约国另一方的固定基地从事独立个人劳务，据以支付该股息的股份或其他公司权利与该常设机构或固定基地有实际联系的，不适用第一款和第二款的规定。在这种情况下，应视具体情况适用第七条或第十四条的规定。

五、缔约国一方居民公司从缔约国另一方取得利润或所得，该缔约国另一方不得对该公司支付的股息征收任何税收。但支付给该缔约国另一方居民的股息或者据以支付股息的股份或其他公司权利与设在该缔约国另一方的常设机构或固定基地有实际。

联系的除外。对于该公司的未分配的利润，即使支付的股息或未分配的利润全部或部分是发生于该缔约国另一方的利润或所得，该缔约国另一方也不得征税。

《中华人民共和国和卢森堡大公国关于对所得和财产避免双重征税和防止偷漏税的协定》

第十条　股息：

一、缔约国一方居民公司支付给缔约国另一方居民的股息，可以在该缔约国另一方征税。

二、然而，这些股息也可以在支付股息的公司是其居民的缔约国，按照该缔约国法律征税。但是，如果收款人是股息受益所有人，则所征税款：

（一）如果受益所有人是直接持有支付股息公司至少25%资本的公司（不是合伙企业），不应超过股息总额的5%；

（二）在其他情况下，不应超过股息总额的10%。

本款不应影响对该公司支付股息前的利润所征收的公司利润税。

三、本条“股息”一语是指从股份或者非债权关系分享利润的权利取得的所得，以及按照分配利润的公司是其居民的缔约国法律，视同股份所得同样征税的其他公司权利取得的所得。由在中国负有外商投资企业所得税纳税义务的企业分配给卢森堡居民的利润，视为股息。

四、如果股息受益所有人是缔约国一方居民，在支付股息的公司是其居民的缔约国另一方，通过设在该缔约国另一方的常设机构进行营业或者通过设在该缔约国另一方的固定基地从事独立个人劳务，据以支付股息的股份与该常设机构或固定基地有实际联系的，不适用第一款和第二款的规定。在这种情况下，应视具体情况适用第七条或第十四条的规定。

五、缔约国一方居民公司从缔约国另一方取得利润或所得，该缔约国另一方不得对该公司支付的股息征收任何税收。但支付给该缔约国另一方居民的股息或者据以支付股息的股份与设在缔约国另一方的常设机构或固定基地有实际联系的除外。对于该公司的未分配的利润，即使支付的股息或未分配的利润全部或部分是发生于该缔约国另一方的利润或所得，该缔约国另一方也不得征收任何税收。

《国家税务总局关于下发协定股息税率情况一览表的通知》（国税函［2008］112号）和《国家税务总局国际税务司关于补充及更正协定股息税率情况一览表的通知》（便函［2008］35号）

2008年1月1日起，非居民企业从我国居民企业获得的股息将按照10%的税率征收预提所得税，但是，我国政府同外国政府订立的关于对所得避免双重征税和防止偷漏税的协定以及内地与香港、澳门间的税收安排（以下统称“协定”），与国内税法有不同规定的，依照协定的规定办理。为方便协定的执行，现将《协定股息税率情况一览表》印发给你们并就有关问题通知如下：

一、表中协定税率高于我国法律法规规定税率的，可以按国内法律法规规定的税率执行。

二、纳税人申请执行协定税率时必须提交享受协定待遇申请表。

三、各地税务机关应严格审批协定待遇申请，防范协定适用不当。

附件：协定股息税率情况一览表

附件　　协定股息税率情况一览表

税率	与下列国家（地区）协定
0	格鲁吉亚（直接拥有支付股息公司至少50%股份并在该公司投资达到200万欧元情况下）
5%	科威特、蒙古、毛里求斯、斯洛文尼亚、牙买加、南斯拉夫、苏丹、老挝、南非、克罗地亚、马其顿、塞舌尔、巴巴多斯、阿曼、巴林、沙特、墨西哥
5%（直接拥有支付股息公司至少10%股份情况下）	委内瑞拉、格鲁吉亚（并在该公司投资达到10万欧元）（与上述国家协定规定直接拥有支付股息公司股份低于10%情况下税率为10%）
5%（直接拥有支付股息公司至少25%股份情况下）	卢森堡、韩国、乌克兰、亚美尼亚、冰岛、立陶宛、拉脱维亚、爱沙尼亚、爱尔兰、摩尔多瓦、古巴、特多、香港特区、新加坡、希腊、阿尔及利亚（与上述国家或地区协定规定直接拥有支付股息公司股份低于25%情况下税率为10%）
7%	阿联酋
7%（直接拥有支付股息公司至少25%股份情况下）	奥地利（直接拥有支付股息公司股份低于25%情况下税率为10%）
8%	埃及、突尼斯
10%	日本、美国、法国、英国、比利时、德国、马来西亚、丹麦、芬兰、瑞典、意大利、荷兰、捷克、波兰、保加利亚、巴基斯坦、瑞士、塞浦路斯、西班牙、罗马尼亚、奥地利、匈牙利、马耳他、俄罗斯、印度、白俄罗斯、以色列、越南、土耳其、乌兹别克斯坦、葡萄牙、孟加拉、哈萨克斯坦、印尼、伊朗、吉尔吉斯、斯里兰卡、阿尔巴尼亚、阿塞拜疆、摩洛哥、澳门特区
10%（直接拥有支付股息公司至少10%股份情况下）	加拿大、菲律宾（与上述国家协定规定直接拥有支付股息公司股份低于10%情况下税率为15%）
15%	挪威、新西兰、巴西、巴布亚新几内亚、澳大利亚
15%（直接拥有支付股息公司至少25%股份情况下）	泰国（直接拥有支付股息公司股份低于25%情况下税率为20%）

《国家税务总局关于执行税收协定股息条款有关问题的通知》
（国税函［2009］81号）

根据中华人民共和国政府对外签署的避免双重征税协定（含与香港、澳门特别行政区签署的税收安排，以下统称税收协定）的有关规定，现就执行税收协定股息条款的有关问题通知如下：

一、本通知所称税收协定股息条款是指专门适用于股息所得的税收协定条款，不含按税收协定规定应作为营业利润处理的股息所得所适用的税收协定条款。

二、按照税收协定股息条款规定，中国居民公司向税收协定缔约对方税收居民支付股息，且该对方税收居民（或股息收取人）是该股息的受益所有人，则该对方税收居民取得的该项股息可享受税收协定待遇，即按税收协定规定的税率计算其在中国应缴纳的所得税。如果税收协定规定的税率高于中国国内税收法律规定的税率，则纳税人仍可按中国国内税收法律规定纳税。

纳税人需要享受上款规定的税收协定待遇的，应同时符合以下条件：

（一）可享受税收协定待遇的纳税人应是税收协定缔约对方税收居民；

（二）可享受税收协定待遇的纳税人应是相关股息的受益所有人；

（三）可享受税收协定待遇的股息应是按照中国国内税收法律规定确定的股息、红利等权益性投资收益；

（四）国家税务总局规定的其他条件。

三、根据有关税收协定股息条款规定，凡税收协定缔约对方税收居民直接拥有支付股息的中国居民公司一定比例以上资本（一般为25%或10%）的，该对方税收居民取得 的股息可按税收协定规定税率征税。该对方税收居民需要享受该税收协定待遇的，应同时符合以下条件：

（一）取得股息的该对方税收居民根据税收协定规定应限于公司；

（二）在该中国居民公司的全部所有者权益和有表决权股份中，该对方税收居民直接拥有的比例均符合规定比例；

（三）该对方税收居民直接拥有该中国居民公司的资本比例，在取得股息前连续12个月以内任何时候均符合税收协定规定的比例。

四、以获取优惠的税收地位为主要目的的交易或安排不应构成适用税收协定股息条款优惠规定的理由，纳税人因该交易或安排而不当享受税收协定待遇的，主管税务机关有权进行调整。

五、纳税人需要按照税收协定股息条款规定纳税的，相关纳税人或扣缴义务人应该取得并保有支持其执行税收协定股息条款规定的信息资料，并按有关规定及时根据税务机关的要求报告或提供。有关的信息资料包括：

（一）由协定缔约对方税务主管当局或其授权代表签发的税收居民身份证明以及支持该证明的税收协定缔约对方国内法律依据和相关事实证据；

（二）纳税人在税收协定缔约对方的纳税情况，特别是与取得由中国居民公司支付股息有关的纳税情况；

（三）纳税人是否构成任一第三方（国家或地区）税收居民；

（四）纳税人是否构成中国税收居民；

（五）纳税人据以取得中国居民公司所支付股息的相关投资（转让）合同、产权凭证、利润分配决议、支付凭证等权属证明；

（六）纳税人在中国居民公司的持股情况；

（七）其他与执行税收协定股息条款规定有关的信息资料。

六、各地应按本通知规定做好税收协定股息条款的执行工作，并将执行中遇到的问题及时报告税务总局。

3. 转让方非居民企业向主管税务机关书面承诺在 3 年（含 3 年）内不转让其拥有受让方非居民企业的股权。

二、境内对境内重组

境内对境内重组即非居民企业向与其具有 100% 直接控股关系的居民企业转让其拥有的另一居民企业股权。交易架构如图 7－6 所示。

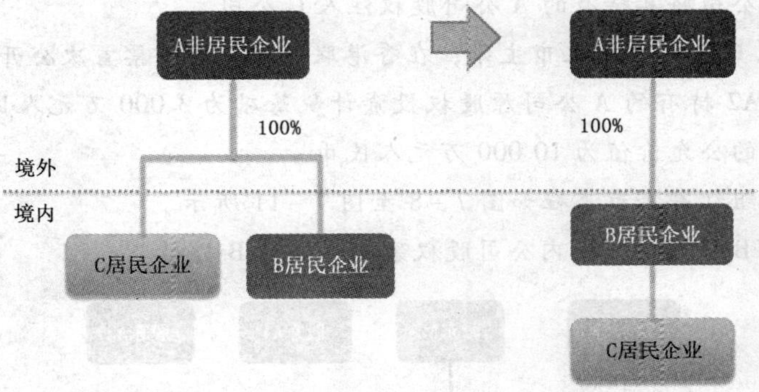

图 7－6　境内对境内重组交易架构图

三、境内对境外重组

境内对境外重组即居民企业以其拥有的资产或股权向其 100% 直接控股的非居民企业进行投资。交易架构如图 7－7 所示。

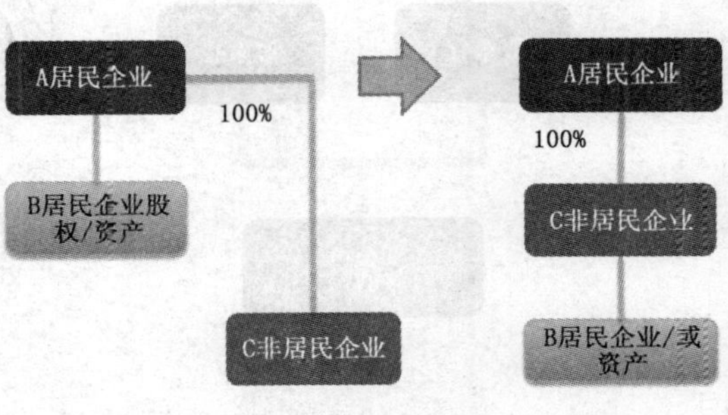

图 7－7　境内对境外重组交易架构图

境内居民企业以其拥有的资产或股权向其 100% 直接控股的非居民企业进行投资，多见于“红筹”模式上市业务中，或是境内居民企业将股权或资产注入境外上市非居民企业业务中[1]。

四、红筹上市案例解析

（一）红筹上市案例

【案例7－3】 A1和A2两公司为中国境内居民企业A公司的股东，A公司成立于2007年；2008年A1和A2在英属维尔京群岛设立B公司，B公司的股权架构与A公司一致。同年A1和A2将各自持有的A公司股份注入B公司。然后，B公司在开曼群岛成立C公司，B公司将其持有的A公司股权注入C公司。

2011年，以C公司作为上市主体，在香港联交所申请股票首次公开发行上市。

假设A1和A2持有的A公司原股权投资计税基础为3 000万元人民币，2008年A公司股权转让时的公允价值为10 000万元人民币。

整个股权重组红筹上市流程如图7－8至图7－11所示。

第一步，在BVI设立与境内公司股权架构一致的B公司。

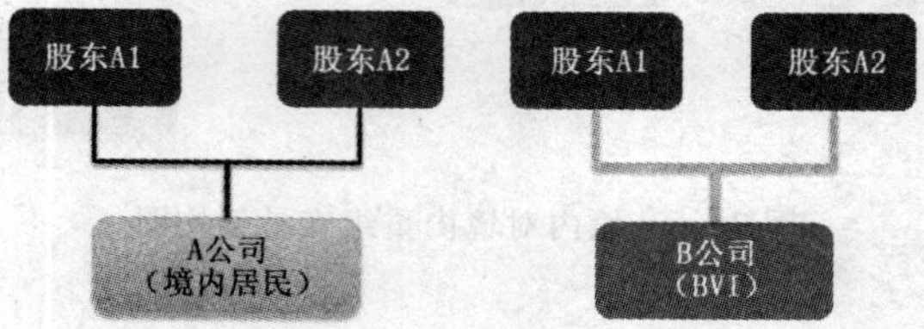

图7－8 在BVI设立控股公司（离岸公司）

第二步，将境内居民企业股权注入BVI公司。

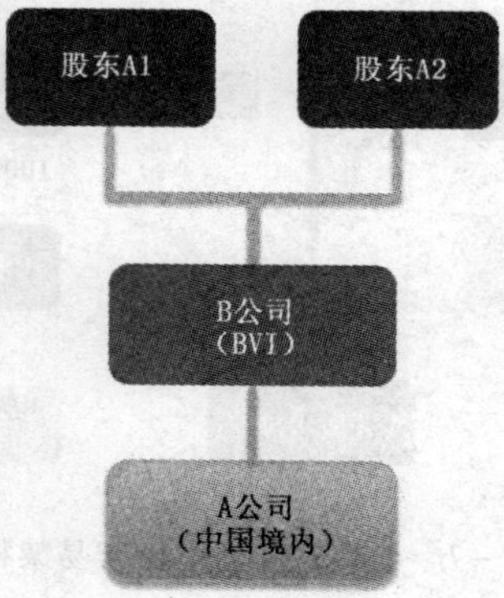

图7－9 将境内居民企业股权注入到BVI公司

① 红筹模式上市指通过在海外设立控股公司，将中国境内企业的资产或权益注入境外控股公司，并以境外控股公司的名义在海外上市募集资金的方式。红筹一词源自香港，由中资控股而在海外注册并上市的公司股份因“红色中国”而被命名为红筹股。在美国资本市场，此类股份则称为中国概念股。

第三步，在开曼群岛成立拟上市主体C公司。

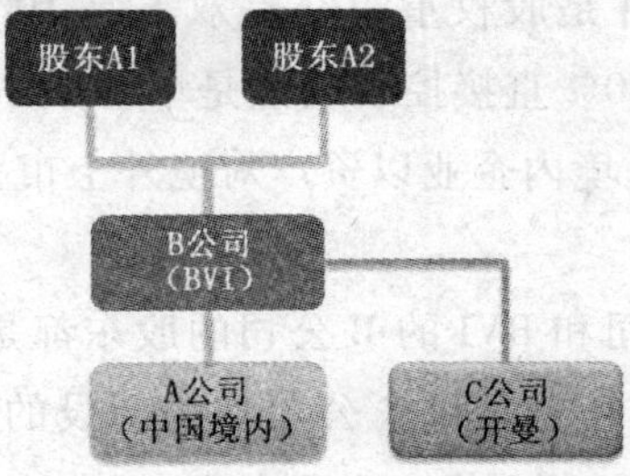

图7-10 在开曼群岛设立上市公司

第四步，将境内居民公司股权注入拟上市主体

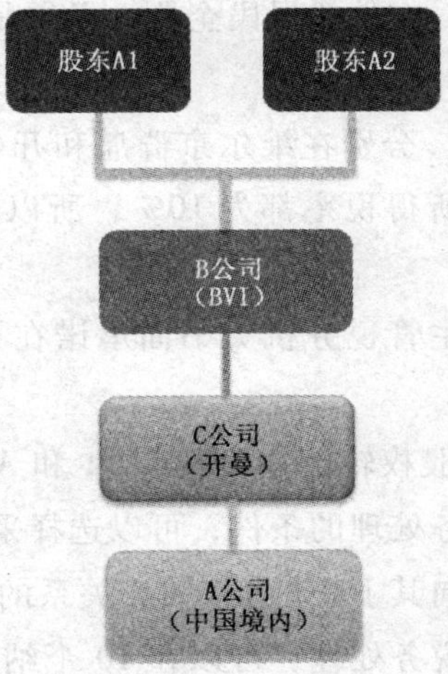

图7-11 将境内居民企业股权注入到上市公司

（二）税务处理解析

1. 特殊性税务处理条件。分析整个红筹上市过程，涉及两次境内居民企业股权的转让，第一次是境内居民企业将其持有另一境内居民企业股权转让给境外非居民企业；第二次是境外非居民企业之间转让境内居民企业股权。两次股权转让分别为本章所介绍的跨境重组形式的第三和第一种形式。

假设整个交易过程满足财税［2009］59号文第五条的条件。

根据财税［2009］59号文第七条规定，居民企业以其拥有的资产或股权向其100%直接控股的非居民企业进行投资，可以适用企业所得税特殊税务处理；非居民企业向其100%直接控股的另一非居民企业转让其拥有的居民企业股权，没有因此造成以后该项股权转让所得预提税负担变化，且转让方非居民企业向主管税务机关书面承诺在3年（含3年）内不转让其拥有受让方非居民企业的股权，可以适用企业所得税特殊税务处理。

（1）关于100%直接控股。财税［2009］59号文第七条规定的三种跨境重组形式，适用特殊税务处理的共同条件是股权重组交易双方是100%的直接控股关系。从财税［2009］59号文字面理解，100%直接控股应该是单一股东的100%直接控股。实际上，该种股权架构在红筹上市或是境内企业以资产对境外上市公司进行投资的实务操作中很难实现。

从案例7－3来看，A公司和BVI的B公司的股东都是A1和A2，而且股权架构一致。在整个股权重组过程中，B公司和C公司作为新设的中间持股环节并没有改变A1和A2的股权架构。所以，A1和A2将A公司的股权注入B公司，可以看成是A公司股东向其100%直接控股的B公司进行投资。

而B公司将持有的A公司股权注入给C公司，则完全符合两个非居民企业间转让境内居民企业股权，取得受让一方的非居民企业，必须是转让一方非居民企业100%直接控股的条件。

（2）预提所得税负担变化。分别在维尔京群岛和开曼群岛设立的B公司和C公司转让股权收益和股息所得预提所得税率都为10%，所以股权转让并没有导致预提所得税负担发生变化①。

假设转让方非居民企业向主管税务机关书面承诺在3年（含3年）内不转让其拥有受让方非居民企业的股权。

2. 税务处理。对于第一次股权转让，即股东A1和A2将A公司股权注入B公司满足跨境重组企业所得税特殊税务处理的条件，可以选择采用所得税特殊税务处理，即居民企业以其拥有的资产或股权向其100%直接控股关系的非居民企业进行投资，其资产或股权转让收益如选择特殊性税务处理，可以在10个纳税年度内均匀计入各年度应纳税所得额。受让方取得股权或资产的计税基础可以公允价值确定。

即A1和A2在转让A公司股权时应确认的股权转让收益＝10 000－3 000
＝7 000（万元）

7 000万元的股权转让收益可以在10个纳税年度内均匀计入A1和A2的应纳税所得额。

B公司取得A公司股权的计税基础＝10 000万元

这里需要注意，居民企业以其拥有的资产或股权向其100%直接控股的非居民企业进行投资的企业所得税特殊税务处理，与其他形式的重组业务特殊税务处理不同。该规定主要是防止境内资产潜在增值在跨境重组中转移至境外，导致我国税源流失。根据案例7－3我国居民企业A1和A2将持有的居民企业A公司的100%股权注入100%直接

---

① 根据《国家税务总局关于境外注册中资控股企业依据实际管理机构标准认定为居民企业有关问题的通知》（国税发［2009］82号），如果B公司和C公司被认定为境外注册的居民企业。关于为境外注册的居民企业的认定请见下节。

持股的BVI公司B，该股权计税基础3 000万元，评估价10 000万元，增值7 000万元。如适用财税［2009］59号文件第六条第（二）项进行税务处理，A1和A2不确认股权转让收益，该收益的纳税义务被递延，由B公司股权再转让时承担。

由于B公司股权再转让时只按10%预提所得税，我国可征收税款为700万元（7 000×10%）；而如果采用一般税务处理，由A1和A2负担的税款，则为1 750万元（7 000×25%）。两者税负差异为1 050万元，从整个交易来看无法满足税收中性原则，导致我国税收权益的流失。如果B公司设立在韩国，则根据双边税收协定，我国对B公司将来股权转让没有征税权，将导致我国税收管辖权的丧失。因此，财税［2009］59号文件规定对此种模式的跨境重组征税，允许将股权转让所得均匀计入各年度应纳税所得额。

对于第二次股权转让，即B公司将持有的A公司股权注入C公司，满足跨境重组企业所得税特殊税务处理的条件，可以选择采用所得税特殊税务处理，即转让企业不确认股权转让所得，转让企业取得受让企业股权，以被转让股权的原计税基础确认；受让企业取得股权的计税基础以被转让股权的原有计税基础确定。

即B公司应确认的股权转让收益=0

B公司取得C公司股权计税基础=10 000万元

C公司取得A公司股权计税基础=10 000万元

3. 税务备案。根据《国家税务总局关于发布企业重组业务企业所得税管理办法的公告》（国家税务总局公告2010年第4号），发生财税［2009］59号文第七条规定的重组，凡适用特殊性税务处理规定的，应按照本办法第三章相关规定执行。

发生财税［2009］59号文第七条第（一）、（二）项规定的重组，适用特殊税务处理的，应按照《国家税务总局关于印发〈非居民企业所得税源泉扣缴管理暂行办法〉的通知》（国税发［2009］3号）和《国家税务总局关于加强非居民企业股权转让所得企业所得税管理的通知》（国税函［2009］698号）要求，准备资料。

发生财税［2009］59号文第七条第（三）项规定的重组，居民企业应向其所在地主管税务机关报送以下资料：

（1）当事方的重组情况说明，申请文件中应说明股权转让的商业目的；

（2）双方签订的股权转让协议；

（3）双方控股情况说明；

（4）由评估机构出具的资产或股权评估报告。报告中应分别列示涉及的各单项被转让资产和负债的公允价值；

（5）证明重组符合特殊性税务处理条件的资料，包括股权或资产转让比例，支付对价情况，以及12个月内不改变资产原来的实质性经营活动、不转让所取得股权的承诺书等；

（6）税务机关要求的其他材料。

（三）非境内注册居民企业的认定

根据《国家税务总局关于境外注册中资控股企业依据实际管理机构标准认定为居民企业有关问题的通知》（国税发［2009］82号，2008年1月1日起实施）和《国家税务总局关于印发〈境外注册中资控股居民企业所得税管理办法（试行）〉的公告》（国家税务总局公告2011年第45号，2011年9月1日起施行），境外中资企业是指由中国境内的企业或企业集团作为主要控股投资者，在境外依据外国（地区）法律注册成立的企业。

1. 非境内注册居民企业认定条件。境外中资企业同时符合以下条件的，根据《企业所得税法》第二条第二款和《企业所得税法实施条例》第四条的规定，应根据实质重于形式的原则判定为实际管理机构在中国境内的居民企业（非境内注册居民企业），并实施相应的税收管理，就其来源于中国境内、境外的所得征收企业所得税。

（1）企业负责实施日常生产经营管理运作的高层管理人员及其高层管理部门履行职责的场所主要位于中国境内；

（2）企业的财务决策（如借款、放款、融资、财务风险管理等）和人事决策（如任命、解聘和薪酬等）由位于中国境内的机构或人员决定，或需要得到位于中国境内的机构或人员批准；

（3）企业的主要财产、会计账簿、公司印章、董事会和股东会议纪要档案等位于或存放于中国境内；

（4）企业1/2（含1/2）以上有投票权的董事或高层管理人员经常居住于中国境内。

案例7－3中B公司和C公司为A1和A2为实现A公司境外上市而设立的持股公司，所以，如果B公司和C公司符合以上条件，则应被认定为非境内注册居民企业。

2. 非境内注册居民企业税务管理。非境内注册居民企业从中国境内其他居民企业取得的股息、红利等权益性投资收益，按照《企业所得税法》第二十六条及《企业所得税法实施条例》第八十三条规定，作为其免税收入。非境内注册居民企业的投资者从该居民企业分得的股息红利等权益性投资收益，根据《企业所得税法实施条例》第七条第（四）款规定，属于来源于中国境内的所得，应当征收企业所得税；该权益性投资收益中符合《企业所得税法》第二十六条及《企业所得税法实施条例》第八十三条规定的部分，可作为收益人的免税收入。

非境内注册居民企业在中国境内投资设立的企业，其外商投资企业的税收法律地位不变。

非居民企业转让非境内注册居民企业股权所得，属于来源于中国境内所得，被转让的非境内注册居民企业应当自股权转让协议签订之日起30日内，向其主管税务机关报告并提供股权转让合同及相关资料。

主管税务机关应按季度核查非境内注册居民企业向非居民企业支付股息、利息、租金、特许权使用费、转让财产收入及其他收入依法扣缴企业所得税的情况，发现该企业未依法履行相关扣缴义务的，应按照《税收征管法》及其实施细则和《企业所得税法》及其实施条例等有关规定对其进行处罚，并向非居民企业追缴税款。

3. 非境内注册居民企业身份申请。境外中资企业居民身份的认定，采用企业自行判定提请税务机关认定和税务机关调查发现予以认定两种形式。

境外中资企业应当根据生产经营和管理的实际情况，自行判定实际管理机构是否设立在中国境内。如其判定符合居民企业条件，应当向其主管税务机关书面提出居民身份认定申请，同时提供以下资料：

（1）企业法律身份证明文件；

（2）企业集团组织结构说明及生产经营概况；

（3）企业上一个纳税年度的公证会计师审计报告；

（4）负责企业生产经营等事项的高层管理机构履行职责场所的地址证明；

（5）企业上一年度及当年度董事及高层管理人员在中国境内居住的记录；

（6）企业上一年度及当年度重大事项的董事会决议及会议记录；

（7）主管税务机关要求提供的其他资料。

主管税务机关发现境外中资企业符合规定条件，但未申请成为中国居民企业的，可以对该境外中资企业的实际管理机构所在地情况进行调查，并要求境外中资企业提供税务总局2011年第45号公告第七条规定的资料。调查过程中，主管税务机关有权要求该企业的境内投资者提供相关资料。

主管税务机关依法对企业提供的相关资料进行审核，提出初步认定意见，将据以作出初步认定的相关事实（资料）、认定理由和结果层报税务总局确认。税务总局认定境外中资企业居民身份的，应当将相关认定结果同时书面告知境内投资者、境内被投资者的主管税务机关。

4. 股息代扣代缴企业所得税。根据《国家税务总局关于中国居民企业向境外H股非居民企业股东派发股息代扣代缴企业所得税有关问题的通知》（国税函［2008］897号）规定，从2008年11月6日起，中国居民企业向境外H股非居民企业股东派发2008年及以后年度股息时，统一按10%的税率代扣代缴企业所得税。

五、间接股权转让政策解析

（一）我国间接股权转让的所得税规则

我国关于间接股权转让的所得税处理规定主要如下：

1.《企业所得税法》第四十七条，企业实施其他不具有合理商业目的的安排而减少其应纳税收入或者所得额的，税务机关有权按照合理方法调整。

2.《企业所得税法实施条例》第一百二十条，《企业所得税法》第四十七条所称不具有合理商业目的，是指以减少、免除或者推迟缴纳税款为主要目的。

3.《特别纳税调整实施办法（试行）》（国税发［2009］2号）第九十四条，税务机关应按照经济实质对企业的避税安排重新定性，取消企业从避税安排获得的税收利益。对于没有经济实质的企业，特别是设在避税港并导致其关联方或非关联方避税的企业，可在税收上否定该企业的存在。

4. 2009年12月10日国家税务总局出台了《关于加强非居民企业股权转让所得企业所得税管理的通知》（国税函［2009］698号），这是国家税务总局第一次就境外非居民企业转让中国居民企业股权的税务处理发布实际操作的规范性文件。国税函［2009］698号文件自2008年1月1日起执行，意味着之前尚未处理的非居民企业转让中国居民企业的股权业务需要按国税函［2009］698号文件规定进行处理。

根据国税函［2009］698号文第六条规定，境外投资方（实际控制方）通过滥用组织形式等安排间接转让中国居民企业股权，且不具有合理的商业目的，规避企业所得税纳税义务的，主管税务机关层报税务总局审核后可以按照经济实质对该股权转让交易重新定性，否定被用作税收安排的境外控股公司的存在。

《特别纳税调整实施办法（试行）》和国税函［2009］698号文件赋予税务机关刺穿被用作税收安排的境外控股公司，防止境外企业通过滥用组织形式等不具有合理的商业目的安排，间接转让中国居民企业股权的跨境股权交易。

其中，境外控股公司的存在是否具有实质经济业务，是否属于滥用组织形式的判断，可以参考《国家税务总局关于如何理解和认定税收协定中"受益所有人"的通知》（国税函［2009］601号）关于"受益所有人"和"导管公司"的认定。

国税函［2009］601号文规定，就我国签订的避免双重征税协定（含内地与香港特区、澳门特区签署的税收安排）中缔约对方居民申请享受股息、利息和特许权使用费等条款规定的税收协定待遇时，如何认定申请人的"受益所有人"身份的问题通知如下：

（1）"受益所有人"是指对所得或所得据以产生的权利或财产具有所有权和支配权的人。"受益所有人"一般从事实质性的经营活动，可以是个人、公司或其他任何团体。代理人、导管公司等不属于"受益所有人"。

导管公司是指通常以逃避或减少税收、转移或累积利润等为目的而设立的公司。这类公司仅在所在国登记注册，以满足法律所要求的组织形式，而不从事制造、经销、管理等实质性经营活动。

（2）在判定"受益所有人"身份时，不能仅从技术层面或国内法的角度理解，还应该从税收协定的目的（即避免双重征税和防止偷漏税）出发，按照"实质重于形式"的原则，结合具体案例的实际情况进行分析和判定。

一般来说，下列因素不利于对申请人"受益所有人"身份的认定：

①申请人有义务在规定时间（比如在收到所得的12个月）内将所得的全部或绝大部分（比如60%以上）支付或派发给第三国（地区）居民。

②除持有所得据以产生的财产或权利外，申请人没有或几乎没有其他经营活动。

③在申请人是公司等实体的情况下，申请人的资产、规模和人员配置较小（或少），与所得数额难以匹配。

④对于所得或所得据以产生的财产或权利，申请人没有或几乎没有控制权或处置权，也不承担或很少承担风险。

⑤缔约对方国家（地区）对有关所得不征税或免税，或征税但实际税率极低。

⑥在利息据以产生和支付的贷款合同之外，存在债权人与第三人之间在数额、利率和签订时间等方面相近的其他贷款或存款合同。

⑦在特许权使用费据以产生和支付的版权、专利、技术等使用权转让合同之外，存在申请人与第三人之间在有关版权、专利、技术等的使用权或所有权方面的转让合同。

（二）间接股权转让案例解析

【案例7－4】设立于扬州的C公司是由江都一民营企业D公司与香港H公司合资成立，香港H公司持有C公司股权49%，香港H公司由海外A投资集团持有100%股权。

B公司成立于美国，2010年1月14日B公司收购了A集团公司持有的100%香港H公司股权，通过收购H公司股权，取得C公司49%股权。

整个交易架构如图7－12所示。

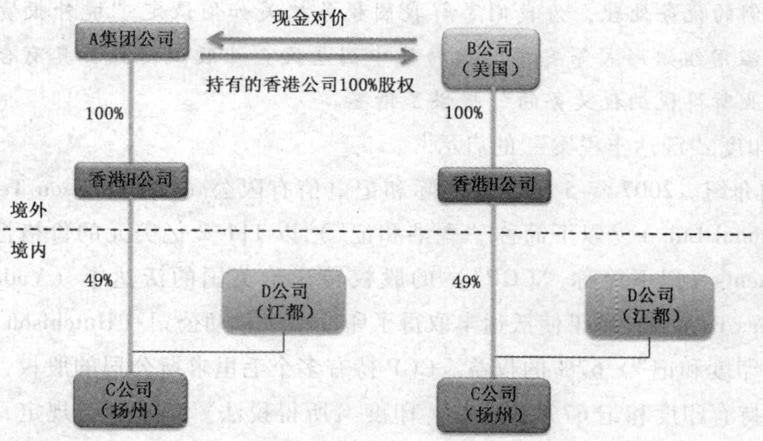

图7－12 交易结构图

交易发生后，江都市国税局由分管局长带队与该跨国投资集团代表及其税务代理人进行首次谈判。该集团表示该股权转让购买方、交易均在境外，在中国不负有纳税义务。江都市国税局还从交易购买方公司的美国母公司网站上查悉，2010年1月14日，该公司正式宣布收购扬州某公司49%股份交易已经完成。新闻稿件详尽介绍了扬州某公司的相关情况，却未提及香港公司，间接证明该公司购买香港公司仅仅是形式，而交易的实质是为了购买扬州公司49%的股份。联合专家小组通过对购买协议及相关资料的深入分析、相互印证，逐渐理清了香港公司“无雇员；无其他资产、负债；无其他投资；无其他经营业务”的经济实质。

2010年3月18日，国家税务总局国际税务管理司有关领导专程到江都市国税局，与江苏省局大企业和国际税收管理处、扬州市局、江都市局共同就上述股权转让事项进行了审核，一致认定，这次股权转让尽管形式上是转让香港公司股权，但实质是转让扬州某公司的外方股权，应在中国负有纳税义务，予以征税。根据税务总局的审核结果，4月2日、21日，江都市国税局向扬州某公司先后发出相关文书，通知其股权转让在中国负有纳税义务，应申报纳税。4月29日，江都市国税局收到了扬州某公司的非居民企业所得税申报表。5月18日上午，1.73亿元税款顺利缴入国库。

此案例中香港H公司作为C公司的境外控股公司，由于“无雇员；无其他资产、负债，无其他投资；无其他经营业务”的经济实质，导致其被税务机关认定为是为规避中国企业所得税纳税义务而设立的导管公司，从而被税务机关否定其在整个股权交易中的存在。

除了该案例外，类似的案例还有重庆国税裁定新加坡公司（卖方）因将其全资拥有的新加坡特殊目的公司（目标公司）的股权转让给中国买方而取得的转让所得需在华征收预提所得税案例和新疆维吾尔自治区国家税务局处理涉及股权转让收益适用税收协定的案例等。

这些案例的税务处理，为我们了解我国税务机关如何认定“境外投资方（实际控制方）通过滥用组织形式等安排间接转让中国居民企业股权，且不具有合理的商业目的，规避企业所得税纳税义务的”提供了借鉴。

（三）印度“沃达丰税案”的启示[①]

1. 案例介绍。2007年5月香港国际和记电信有限公司（Hutchison Telecommunication International Ltd.）（以下简称“香港和记”）以111.2亿美元的价格把持有开曼岛CGP Investments（以下简称“CGP”）的股权转让给英国的沃达丰（Vodafone International Holdings B. V.），结果使沃达丰取得了印度一家移动公司（Hutchison - Essar Ltd.，以下简称“印度和记”）67%的权益。CGP持有多个毛里求斯公司的股权，而这些毛里求斯公司共持有印度和记67%的股权。印度《所得税法》第195节规定，如果向非居民支付的款项需要在印度缴税，那么支付人（无论任何人）有代扣代缴税款的义务。印度《所得法》第163节还规定，如果支付人未能履行代扣代缴义务，税务机关可以向支付人追缴此笔税款（尽管支付人不是所得的所有人）。印度税务机关认为根据印度《所得税法》第9节的“透视”（look through）规则，此笔交易应在印度缴税。所以2007年9月印度税务机关向沃达丰发出了“说明理由通知”（show - cause notice），要

---

① 来自于周启光的“从沃达丰税案看非居民间接转让股权的所得税处理”（部分），《涉外税务》2012年第5期。

求其说明不代扣代缴税款的理由。

随后，沃达丰认为印度税务机关无权对此笔交易征税，就该通知向孟买高院提起了诉讼（writ petition）。2008年12月，孟买高院驳回沃达丰的诉讼请求，沃达丰继续向印度最高法院上诉。2009年1月印度最高法院驳回沃达丰的诉讼请求，同时将案件发回印度税务机关要求其调查决定是否有权对此笔交易征税。2010年5月，印度税务机关作出有权对此笔交易征税的决定，并要求沃达丰补缴税款（因为沃达丰未能履行代扣代缴义务）。沃达丰对印度税务机关的征税决定向孟买高院提起诉讼。同年9月，孟买高院维持印度税务机关的决定，判决沃达丰败诉。沃达丰继续向印度最高法院上诉。2012年1月20号，印度最高法院判决沃达丰胜诉，印度税务机关无权对此笔交易征税。

本案的争议焦点是能否适用“实质重于形式”原则确认此笔股权转让交易所得来源于印度境内。根据国际税法理论，一国如要对一笔所得征税须具有税收管辖权，而税收管辖权可分为居民管辖权和来源地管辖权。由于此股权转让交易双方当事人都是非印度税收居民（无争议），所以唯有此股权转让所得来源于印度，印度税务机关才能对其征税。印度《所得法》规定，股权转让所得来源地是被转让股权的公司注册所在地或股权转让发生地。本案中，被转让股权的公司（CGP）注册地以及股权转让地都是在印度境外。

2. 印度税务机关的观点。印度税务机关认为此笔股权交易的实质是转让印度和记的资产。开曼岛的CGP和毛里求斯的中间控股公司只是一个壳，没有任何实质经营业务。开曼岛的CGP更是只有1美元的注册资本。根据股权交易协议，沃达丰公司收购CGP股权的目标正是为了获得印度和记的股权，投资印度电信市场。股权交易的尽职调查是针对“印度和记”展开的，向公众披露的股权交易信息中也是说获得了印度和记的控股股权，而未提及开曼岛的CGP公司。股权交易的价格111.2亿美元也是在评估印度和记的资产的基础上确定的。所以应该根据“实质重于形式原则”刺穿中间公司的“面纱”。股权交易的实质应该是转让印度境内的资产，股权转让所得来源于印度，所以印度对此股权转让所得应具有征税权。

3. 印度最高法院的观点。印度最高法院认为应该尊重法律交易的形式，确认此股权交易所得来源于印度境外，印度当局无征税权；只有具有充分证据表明交易结构不具有合理的商业目的，安排主要目的就是避税或骗局的情况下，才能按经济实质否定交易的法律形式。

只有在根据事实和整体交易情况的基础上证明此笔交易完全就是个骗局（sham）或避税安排的情况下，才能适用“实质重于形式”原则或“刺破公司面纱”规则。确定法律交易的实质属于税务机关的责任，并且税务机关应该从整体上来确认交易的实质，不能把交易拆开了单独确认。即是说，税务机关适用“实质重于形式”原则时不应该单独地看交易是否属于“节税”的安排，或中间控股公司是否属于“节税”的特殊目的机构，而是应该从整体上、历史地看待整个交易。每一个在印度境内的外国直接投资都应该持一种历史的眼光来看待。从整体上、历史地考虑外国直接投资的实质的时候，税务机关应该考虑以下因素：中间控股结构存在的持续时间、企业在印度境内经营的时间、产生的印度应税收入、外商撤离投资的时间、外商撤资后企业的持续经营状况。以避税为主要目的的交易与有利于进入印度境内投资的交易两者之间存在概念性的区别。为了确定交易结构的设计是否以进入印度境内投资为主要目的，税务机关需要全面考虑上述因素。总之，税务机关应该从整体上来确认交易安排的实质和主要目的，而不能仅因为中间控股机构没有任何经营业务就否定它的存在。

本案的事实情况是："香港和记"通过这种中间控股结构进入印度市场投资从1994年开始就存在了。这个结构在1994年到2007年都在运营中。而且香港投资的印度和记在2003年3月到2006年7月间每年向印度当局缴纳3 000万到25亿卢比所得税。因此，本案的中间控股交易结构并不是专门为避税而设立的。香港和记和沃达丰也不是"一夜间就跑了"的投资者或经营者。CGP公司存在的目的不仅仅是作为中间持股公司，它还有利于企业所有权实现顺利的转变，比如该案中的顺利方便地使得收购方沃达丰获得印度和记的控股股权，股权转让时无需办理印度相关政府机关的审批、登记手续。所以说，同样不能说CGP没有任何商业或经营目的。

本案中这种离岸公司投资结构设立通常出于对冲（hedge）商业风险、对冲政治风险、方便投资流动、方便向各种投资机构贷款等商业目的。在跨境投资中，通过在税收、投资者政策等方面友好的国家（就是指离岸司法管辖区、避税地）设立特殊目的机构（Special Purpose Vehicle）来进行投资，通常也是出于以下的商业目的：设立更具税收效率的投资结构来消除重复征税、进行合法税收筹划使得少缴税以使投资者利益最大化。境外投资者进行的跨国投资和本地投资者的当地投资有着根本的区别。本国居民在国内投资，投资可以一直留存在境内，但是跨国投资者来印度投资需要预先设计好撤资的方案，这种方案本身就是一种合理的商业目的。就是说本案中通过转让CGP来撤资，也是具有合理商业目的的。

法律确定性是法治不可缺少的部分。确定性和稳定性也是任何税制得以存在的基础。税收政策确定性对纳税人（包括外国投资者）作出最有效的理性经济抉择具有至关重要的作用。所以，在没有充足证据表明交易安排不具有合理商业目的的情况下，我们不能随便运用"实质重于形式"原则来否定纳税人的法律交易形式。

4. "沃达丰税案"对我国非居民企业间接转让境内股权所得税处理的启示。

（1）应从整体上考虑安排的"合理商业目的"。判断中间控股公司安排是否属于避税安排、是否具有合理商业目的，应该从整体上、历史地考虑中间控股结构存在的持续时间、企业在境内经营的时间、产生的应税收入、外商撤离投资的时间、外商撤资后企业的持续经营状况等因素。中间控股公司是一种重要的国际投资工具，特别是对那些从进入境内投资开始就存在的中间控股公司，而不是单纯为了撤资时才设立来避税的，应该尊重其法律形式。

(2) 只有“不具有合理商业目的”的安排才能“否定公司的法律人格”。一般反避税规则有很多不同的形式，如“商业目的规则”（business Purpose Doctrine）、“经济实质规则”（Economic Substance Doctrine）、“虚假交易规则”（Sham Transaction Doctrine）等。但我国《企业所得法》第四十七条明确规定的反避税制度适用的情况是“不具有合理商业目的”，所以应该属于“商业目的规则”。关于商业目的规则的起源，美国最高法院在 Gregory V. Helvering 一案中判决写道：“纳税人以法律允许的手段，来减轻其本应负担的税收数额，甚至完全避免，这是没有问题的，也是纳税人的法定权利。但还要考虑的问题是，除了税收动机外，还要看是否符合法律上的目的。”同理，关于间接股权转让的反避税，税务机关应该首先判断其是否具有“合理商业目的”，而不能直接根据“壳公司”的事实得出其经济实质否定其存在。“壳公司”如前文所述，在整个交易安排中不一定不具有合理商业目的。

（四）间接股权转让的其他规定

《关于加强非居民企业股权转让所得企业所得税管理的通知》（国税函［2009］698号）关于间接转让股权的其他规定如下：

(1) 股权转让所得是指非居民企业转让中国居民企业的股权，不包括在公开的证券市场上买入并卖出中国居民企业的股票所取得的所得。

根据《国家税务总局关于非居民企业所得税管理若干问题的公告》（国家税务总局公告 2011 年第 24 号），在公开的证券市场上买入并卖出中国居民企业的股票”，是指股票买入和卖出的对象、数量和价格不是由买卖双方事先约定而是按照公开证券市场通常交易规则确定的行为。

(2) 股权转让所得是指股权转让价减除股权成本价后的差额。

股权转让价是指股权转让人就转让的股权所收取的包括现金、非货币资产或者权益等形式的金额。如被持股企业有未分配利润或税后提存的各项基金等，股权转让人随股权一并转让该股东留存收益权的金额，不得从股权转让价中扣除。

股权成本价是指股权转让人投资入股时向中国居民企业实际交付的出资金额，或购买该项股权时向该股权的原转让人实际支付的股权转让金额。

根据《国家税务总局关于非居民企业所得税管理若干问题的公告》（国家税务总局公告 2011 年第 24 号），非居民企业直接转让中国境内居民企业股权，如果股权转让合同或协议约定采取分期付款方式的，应于合同或协议生效且完成股权变更手续时，确认收入实现。

(3) 在计算股权转让所得时，以非居民企业向被转让股权的中国居民企业投资时或向原投资方购买该股权时的币种计算股权转让价和股权成本价。如果同一非居民企业存在多次投资的，以首次投入资本时的币种计算股权转让价和股权成本价，以加权平均法计算股权成本价；多次投资时币种不一致的，则应按照每次投入资本当日的汇率换算成首次投资时的币种。

(4) 根据国税函［2009］698号文第五条，境外投资方（实际控制方）间接转让中国居民企业股权，如果被转让的境外控股公司所在国（地区）实际税负低于12.5%或者对其居民境外所得不征所得税的，应自股权转让合同签订之日起30日内，向被转让股权的中国居民企业所在地主管税务机关进行备案（见图7－13)。

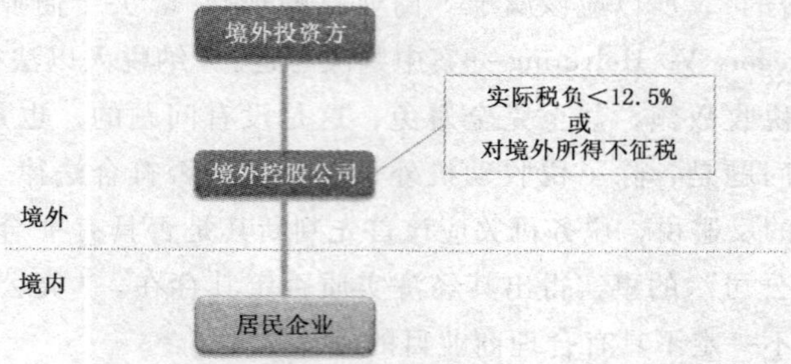

图7－13 跨境重组示意图

应提供的备案资料如下：

①股权转让合同或协议；

②境外投资方与其所转让的境外控股公司在资金、经营、购销等方面的关系；

③境外投资方所转让的境外控股公司的生产经营、人员、账务、财产等情况；

④境外投资方所转让的境外控股公司与中国居民企业在资金、经营、购销等方面的关系；

⑤境外投资方设立被转让的境外控股公司具有合理商业目的的说明；

⑥税务机关要求的其他相关资料。

根据《国家税务总局关于非居民企业所得税管理若干问题的公告》（国家税务总局公告2011年第24号)，“境外投资方（实际控制方）”是指间接转让中国居民企业股权的所有投资者；财税［2009］59号文第五条中的“实际税负”是指股权转让所得的实际税负，“不征所得税”是指对股权转让所得不征企业所得税。

(5) 非居民企业向其关联方转让中国居民企业股权，其转让价格不符合独立交易原则而减少应纳税所得额的，税务机关有权按照合理方法进行调整。

(6) 境外投资方（实际控制方）同时转让境内或境外多个控股公司股权的，被转让股权的中国居民企业应将整体转让合同和涉及本企业的分部合同提供给主管税务机关。如果没有分部合同的，被转让股权的中国居民企业应向主管税务机关提供被整体转让的各控股公司的详细资料，准确划分境内被转让企业的转让价格。如果不能准确划分的，主管税务机关有权选择合理的方法对转让价格进行调整。

(7) 非居民企业取得股权转让所得，符合财税［2009］59号文件规定的特殊性重组条件并选择特殊性税务处理的，应向主管税务机关提交书面备案资料，证明其符合特殊性重组规定的条件，并经省级税务机关核准。

根据《国家税务总局关于非居民企业所得税管理若干问题的公告》（国家税务总局公告 2011 年第 24 号），两个及两个以上境外投资方同时间接转让中国居民企业股权的，可由其中一方按照财税［2009］59 号文件第五条规定向被转让股权的中国居民企业所在地主管税务机关提供资料。境外投资方同时间接转让两个及两个以上且不在同一省（市）中国居民企业股权的，可以选择向其中一个中国居民企业所在地主管税务机关按照财税［2009］59 号文第五条规定提供资料，由该主管税务机关所在省（市）税务机关与其他省（市）税务机关协商确定是否征税，并向国家税务总局报告；如果确定征税的，应分别到各中国居民企业所在地主管税务机关缴纳税款[①]。

第三节

上市公司案例解析
——启明星辰（002439）红筹上市及回归 A 股

案例相关信息来源于《北京启明星辰信息技术股份有限公司首次公开发行股票招股说明书（申报稿）》。

启明星辰信息技术股份有限公司（以下简称启明星辰）作为一家提供国内网络安全产品和服务的领导厂商，多年来一直为我国的政府、电信、金融、能源、军队、教育、军工、制造等重要领域的客户持续提供网络安全产品和服务。启明星辰深刻认识到，无论是从启明星辰所处安全行业的特殊性以及服务客户的重要性，还是从国家相关政策以及企业自身的发展和国内证券市场蓬勃发展的前景来看，选择在国内上市，有利于启明星辰的长久发展，这也正是启明星辰放弃海外上市计划的重要原因。

一、案例介绍

（一）发行人基本情况

发行人名称：北京启明星辰信息技术股份有限公司

公司住所：北京市海淀区东北旺西路 8 号中关村软件园 21 号楼启明星辰大厦一层

注册资本：7 375.9123 万元

法定代表人：王佳

设立日期：2008 年 1 月 25 日

---

① 《国家税务总局关于非居民企业所得税管理若干问题的公告》（国家税务总局公告 2011 年第 24 号）自 2011 年 4 月 1 日起施行，公告施行前发生但未作税务处理的事项，依据本公告执行。

公司系由北京启明星辰信息技术有限公司整体变更设立的股份有限公司。经 2008 年 1 月 2 日临时股东会审议通过，以有限公司截至 2007 年 9 月 30 日经审计的净资产值 56 913 936. 88 元为折股基数，折成股本 56 900 000. 00 元，余额 13 936. 88 元计入资本公积。2008 年 1 月 25 日经北京市工商行政管理局核准登记，公司取得变更后的《企业法人营业执照》，注册号为 110108004648048，注册资本 5 690 万元，法定代表人王佳。

2008 年 2 月 5 日，启明星辰与境外投资者签署《终止协议》，终止了境外上市计划。同日，启明星辰与现有股东和境外投资者签署了《增资扩股合同》，合同约定公司增加注册资本 16 859 123 元，本次增资采取的方式为发行总量为 16 859 123 股的新股，每股面值人民币 1. 00 元，全部由香港注册的 Ceyuan Ventures Advisors HK Limited、Ceyuan Ventures HK Limited、KPCB VT Holdings Limited 以及希腊投资者 Demetrios James Bidzos、美国投资者 Sanford Richard Robertson 以自有资金认购。各方同意认购股份的总对价为 1 260 万美元，每股认购价格为 0. 74737 美元，认购股份占该次增资后股份总额的 22. 8570%。

增资后的公司股权架构如图 7 - 14 所示。

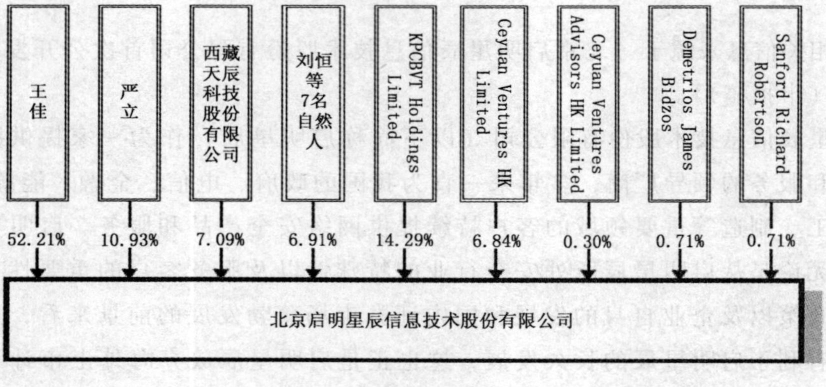

图 7 - 14　增资后的公司股权架构

（二）海外上市架构设计及撤销过程

1. 设立境外上市主体。Venusense Holdings Limited，即唯圣控股有限公司，于 2005 年 3 月 23 日在开曼群岛注册成立，成立时的股东为王佳，持有 1 股，每股 1. 00 美元。

Sea Deep Services Limited（BVI 公司）成立于 2005 年 9 月 26 日，注册地为英属维尔京群岛，授权资本为 50 000. 00 美元，股东为严军，持有 1 股，每股 1. 00 美元。严军拥有澳大利亚国籍，为公司实际控制人严立的兄长。

2005 年 11 月 18 日，王佳将持有的 1 股股份转让给 Sea Deep Services Limited（BVI 公司）。唯圣控股为北京启明星辰信息技术有限公司拟境外上市的主体。

股权架构及交易流程如图 7 - 15 所示。

2. 设计境外上市主体的股权架构。

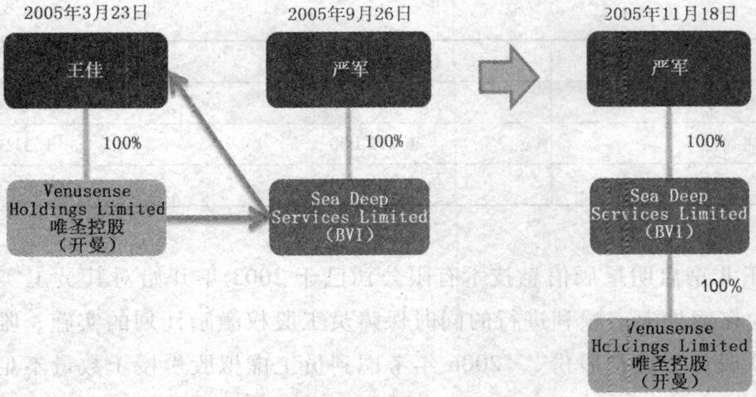

图 7－15　2005 年股权架构及交易流程

（1）2005 年 11 月 30 日，唯圣控股与境外投资者 KPCB Holdings, Inc.、Ceyuan Ventures Advisors Fund, LLC、Ceyuan Ventures I, L. P.、D. James Bidzos 和 Sanford R. Robertson 共同签署《股份认购协议》，约定五位境外投资者可分两次认购唯圣控股 A 类优先股股份共计 160 000 000 股，面值为每股 0.00001 美元。

2005 年 12 月 12 日，唯圣控股向上述投资者发行了首期 80 000 000 股 A 类优先股股份，投资者以每股 0.1 美元认购。2005 年 12 月 13 日至 2005 年 12 月 16 日期间，上述 5 名境外投资者分别向唯圣控股支付了首期认股款共计 800 万美元。2007 年 11 月 30 日，唯圣控股向境外投资者发行了第二期 80 000 000 股 A 类优先股股份。2007 年 8 月 17 日至 2007 年 11 月 19 日期间，5 名境外投资者分别向唯圣控股支付了第二期认股款共计 600 万美元。

（2）在唯圣控股与境外投资者签订《股份认购协议》后，2005 年 12 月 8 日，唯圣控股与 BVI 公司签署《股份认购协议》，约定由 BVI 公司认购唯圣控股普通股股份 478 660 000股，面值为每股 0.00001 美元。2005 年 12 月 9 日唯圣控股向 BVI 公司发行了该等股份，并注销了 BVI 公司此前持有唯圣控股的 1 股股份。

2005 年 12 月 12 日，BVI 公司与北京启明星辰信息技术有限公司的 7 名股东王佳、严立、刘恒、邱维、茆卫华、潘重予和刘兴池签署《购买选择权协议》，赋予 7 名原始股东认购其股份的选择权。若原始股东行使该项选择权，则可通过 BVI 公司间接持有唯圣控股的股权，持股数量及比例如表 7－1 所示。

表 7－1　　7 名原始股东持股数量及比例

姓名	持股数量（股）	持股比例
王佳和严立	442 000 000	92.34%
刘　恒	8 060 000	1.68%
邱　维	7 748 000	1.62%
茆卫华	7 592 000	1.59%

续表

姓名	持股数量（股）	持股比例
潘重予	6 968 000	1.46%
刘兴池	6 292 000	1.31%
合　计	478 660 000	100.00%

（3）鉴于北京启明星辰信息技术有限公司已于2003年开始对其员工实施虚拟股权激励计划，为在境外上市顺利进行的同时保障员工股权激励计划的实施，唯圣控股设置了41 340 000股员工虚拟股份[①]。2006年考虑到员工虚拟股份授予数量不足，为保证该虚拟股权的继续实施，唯圣控股董事会决议通过了新发行20 000 000股普通股的计划，员工虚拟股份的总量增至61 340 000股，该股数相当于公司发行前的6 463 407股，即虚拟股份每股等于0.10537股公司发行前股份。至此，唯圣控股的股权结构安排如表7－2所示。

表7－2　　唯圣控制的股权结构安排

股东	持股数量（股）	持股比例
KPCB Holdings，Inc.	100 000 000	14.29%
Ceyuan Ventures Advisors Fund，LLC、Ceyuan Ventures I，L. P.	50 000 000	7.14%
Bidzos	5 000 000	0.71%
Robertson	5 000 000	0.71%
BVI公司	478 660 000	68.38%
员工虚拟股份	61 340 000	8.76%
合　计	700 000 000	100.00%

（4）在上述员工虚拟股份61 340 000股中，刘恒、邱维、茆卫华、潘重予和刘兴池作为北京启明星辰信息技术有限公司的核心员工，也享受部分员工虚拟股份。其中：刘恒享有210 080股，邱维享有19 500股，茆卫华享有270 580股，潘重予享有229 580股，刘兴池享有223 080股。2006年曾岩、傅世敏加入北京启明星辰信息技术有限公司，作为核心员工，分别被授予虚拟股份6 500 000股和4 280 000股。股权架构如图7－16所示。

通过比较上述境外结构安排和有限公司2007年增资后的境内结构，可以看出，公司决定放弃境外上市计划后，上述自然人是按照与境外结构安排相同的持股比例在境内

① 虚拟股份实质上是一种享有企业分红权的凭证，虚拟股份不具有一般股份享有的其他权利；虚拟股份的发放不影响公司的总资本和股本结构。

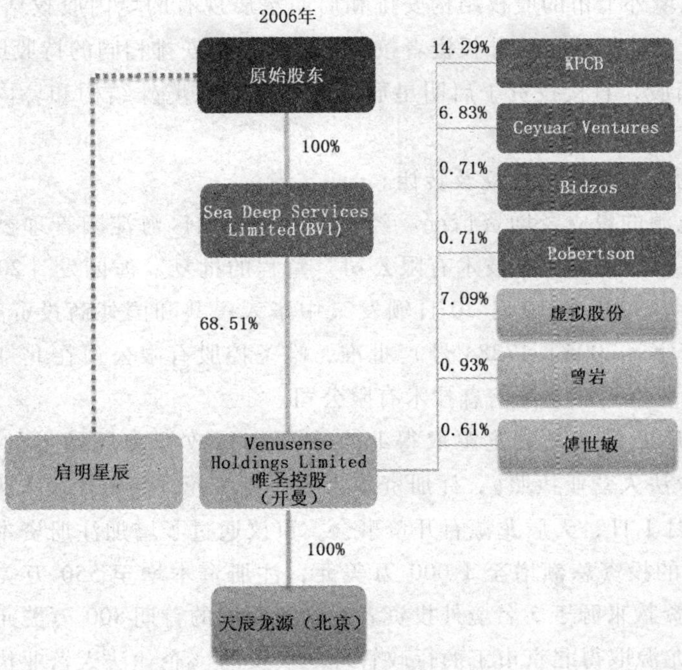

图 7－16　2006 年启明星辰股权架构

进行增资的，股权比例保持一致。

综上所述，北京启明星辰信息技术有限公司拟境外上市的结构安排如图 7－17。

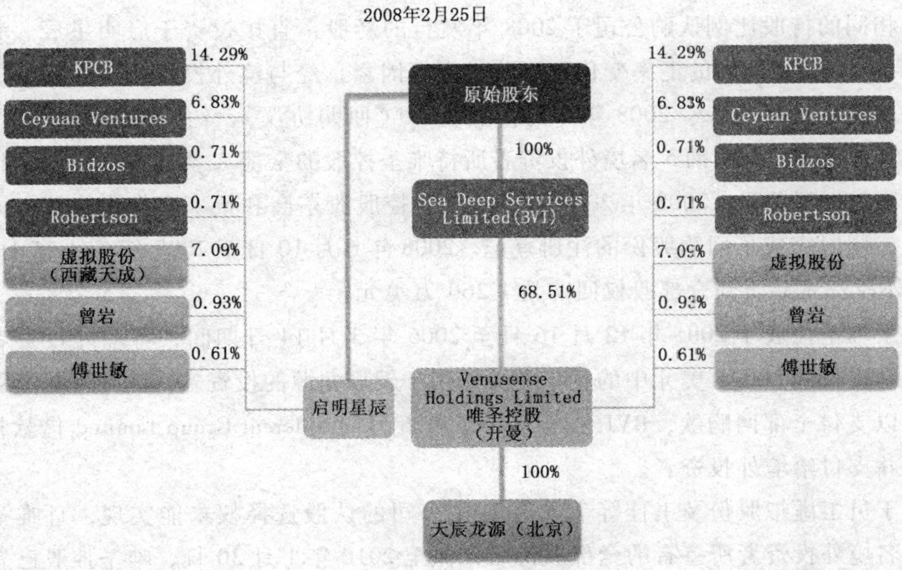

图 7－17　启明星辰拟境外上市的结构安排

通过比较拟境外上市的股权结构安排和启明星辰现有的境内股权结构，可以看出，公司终止境外上市计划后，境外投资者按照与境外结构安排相同的持股比例认购公司于2008年发行的新股，直接投资于启明星辰。所有股东在境外结构和境内结构中的持股比例保持一致。

3. 境内外商独资企业的设立及转让。

（1）天辰龙源的设立及增资情况。经中关村科技园区海淀园管理委员会以《关于外资企业“北京天辰龙源信息技术有限公司”章程的批复》海园发［2005］1445号和北京市人民政府于2005年10月20日颁发《中华人民共和国外商投资企业批准证书》的（商外资京资字［2005］17284号）批准，唯圣控股有限公司在北京市注册成立外商独资企业——北京天辰龙源信息技术有限公司。

2005年11月1日，天辰龙源取得北京市工商行政管理局颁发的企独京总字第027596号《企业法人营业执照》，注册资本为200万美元，法定代表人为王佳。

2005年12月1日，天辰龙源召开董事会，审议通过了增加注册资本和投资总额的决议。天辰龙源的投资总额增至1 000万美元，注册资本增至550万美元。天辰龙源550万美元的投资款来源于5名境外投资者对唯圣控股的首期800万美元投资。2006年1月9日，天辰龙源取得北京市工商行政管理局换发的《企业法人营业执照》。

2007年11月6日，天辰龙源召开董事会，会议同意免去王佳法定代表人和董事长的职务，并解散董事会，由严军担任执行董事及法定代表人。2007年12月26日，天辰龙源取得北京市工商行政管理局换发的法定代表人为严军的《企业法人营业执照》。

（2）天辰龙源的转让情况。公司终止境外上市计划后，境外投资者按照与境外结构安排相同的持股比例认购公司于2008年发行的新股，直接投资于启明星辰。考虑到2005年至2008年期间的汇率变化、运营成本等因素，经与境外投资者协商一致，唯圣控股与5名境外投资者于2008年2月5日签订《回购协议》，约定由唯圣控股以每股0.07875美元的对价回购5名境外投资者所持唯圣控股的全部A类优先股股份，回购总价款为1 260万美元。2008年2月29日，唯圣控股股东会和董事会做出决议，同意本次回购，同时完成了回购股份的注册登记。2008年6月10日至2008年6月25日期间，5名境外投资者共收到全部股权回购款1 260万美元。

由于唯圣控股于2005年12月16日至2006年3月14日期间，将境外投资者认购首期股份支付的800万美元中的550万美元用于天辰龙源的投资款，故唯圣控股剩余资金不足以支付全部回购款，BVI公司于2008年6月向Sidereal Group Limited借款补足上述资金并支付给境外投资者。

由于员工虚拟股份及王佳等7人对BVI公司的认股选择权未能实现，且唯圣控股回购5名境外投资者所持有的全部股份后，截至2010年1月30日，唯圣控股已发行股份为478 660 000股普通股，由BVI公司100%持有。同时，唯圣控股持有天辰龙源100%股份。

2009年12月11日，Sea Deep Services Limited 与 Bondwa & Company Limited（以下简称“Bondwa 公司”）签署《股权转让协议》，约定 Sea Deep Services Limited 将其持有的唯圣控股100%股权以及其间接持有的天辰龙源100%股权全部转让给 Bondwa 公司，转让价款为唯圣控股截至2009年10月30日合并报表中的净资产值（人民币41 427 058.36元）；交割日为本协议签署之日起3周内；股权转让价款应至少在交割日前2个工作日以港币形式支付至 BVI 公司指定的银行账户，汇率以股权转让价款实际支付日公布汇率为准（见图7-18）。

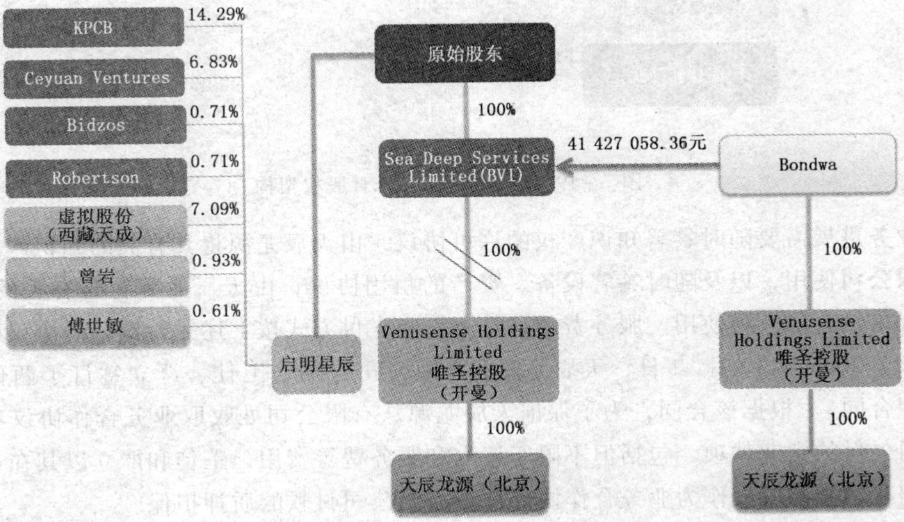

图7-18 2009年12月11日股权架构图

2010年2月5日，BVI 公司召开董事会，决议终止并解散该公司；同日，严军作为该公司唯一股东，同意终止并解散该公司，并授权公司注册代理机构处负责办理公司注销相关事宜（见图7-19）。

4. 重组协议的签订及终止。设立天辰龙源主要是为实现公司境外上市的目的，其业务服从于境外上市整体架构的安排。2005年12月12日，天辰龙源与北京启明星辰信息技术有限公司（以下简称有限公司）及王佳、严立签署了以下协议：

(1) 2005年12月12日，天辰龙源与有限公司签订了一份《独家业务合作协议》。根据该协议，天辰龙源利用其人力、技术和信息优势，向有限公司提供全面的业务支持、技术服务和咨询服务，包括技术服务、网络技术支持、业务咨询、知识产权许可、资产设备租赁、市场咨询、系统集成、产品研发和系统维护等。有限公司同意接受其提供的独家咨询和服务，除非天辰龙源同意，有限公司不得接受任何第三方提供的任何服务和支持，不得与任何第三方建立任何合作。双方同意进一步签订技术服务协议和咨询服务协议，对各项技术服务、咨询服务的具体内容、方式、人员、收费等进行约定，并

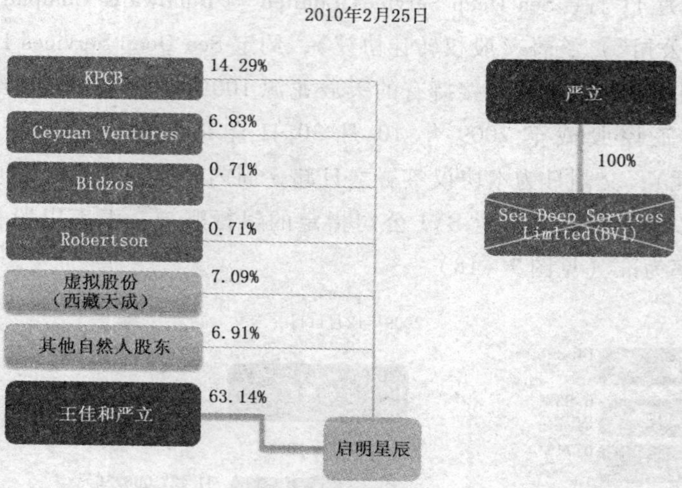

图7－19　2010年2月25日股权架构

根据业务进展需要随时签署知识产权的许可协议，由天辰龙源将其有关的知识产权许可给有限公司使用，以及随时签署设备、资产的租用协议，由天辰龙源将其有关的设备、资产提供给有限公司使用。服务费的计算方法和支付方式按上述另行签订的协议确定。

（2）2005年12月12日，天辰龙源和有限公司分别与王佳、严立签订了两份《股权质押合同》。根据该合同，为了保证天辰龙源从有限公司处收取业务合作协议项下有限公司欠付的到期款项，包括但不限于咨询和服务费等费用，王佳和严立以其在有限公司中拥有的全部股权作为业务合作协议项下有限公司付款的质押担保。

（3）2005年12月12日，天辰龙源分别与王佳、严立签订了两份《借款协议》。根据该合同，天辰龙源分别向王佳和严立提供人民币20 672 500元和4 327 500元的贷款，用于为有限公司提供资金以发展有限公司的业务。合同双方一致同意并确认借款人的还款方式采取以下形式：根据独家购买权合同中天辰龙源可购买王佳、严立股权的权利，王佳、严立将其持有的有限公司股权全部转让给天辰龙源，转让所取得的任何收益均应用于向天辰龙源偿还贷款。

（4）2005年12月12日，天辰龙源和有限公司分别与王佳、严立签订了两份《独家购买权合同》。合同约定：鉴于天辰龙源向王佳、严立支付了人民币10元作为对价，且王佳、严立确认收到并认为该对价足够，王佳、严立授予天辰龙源随时一次或多次购买其持有的有限公司全部或部分股权的一项不可撤销的专有权。股权买价应是相当于王佳和严立就被购买的股权所缴纳的有限公司实际注册资本出资额。鉴于在《借款协议》中已约定王佳、严立转让其股权所取得的任何收益均应用于向天辰龙源偿还贷款，因此，当天辰龙源行使股权购买权时，可选择通过取消王佳、严立所欠其借款来支付股权买价，天辰龙源无需再向王佳、严立支付额外的股权买价。

如果上述重组协议得到执行，有限公司可以接受天辰龙源提供的独家咨询和服务并以支付服务费的方式，将其利润转移至天辰龙源，最终达到唯圣控股合并有限公司报表，从而实现境外上市的目的。

经保荐机构查阅公司筹划境外上市过程中签署的协议包括《独家业务合作协议》、《股权质押合同》、《借款协议》、《独家购买权合同》及其执行情况、会议决议，以及与公司高管和境外律师召开座谈会、要求发行人提供自上述合同（协议）签订之日起至发行人向 5 名境外投资者增发新股完成期间发行人（有限公司）和天辰龙源对外签订的全部业务合同以及各自的财务明细、审计报告等相关文件，认为上述《独家业务合作协议》、《股权质押合同》、《借款协议》及《独家购买权合同》均未实际履行，未出现导致有限公司控制权和利润转移的情形。

发行人律师认为，有限公司实施的境外融资及上市计划对发行人本次发行上市不构成实质性影响。

二、税务处理分析

从该案例整个交易过程来分析，产生所得税纳税义务的环节有两个，一个是海外上市架构设立过程中上市主体唯圣控股的股权转让和海外上市架构清理过程中的境内外商投资企业股权的转让。由于交易的标的是股权，所以主要涉及所得税，包括个人所得税和企业所得税。

（一）海外上市架构设立过程中的股权交易

该案例在海外股权架构设立过程中，自然人股东王佳将持有开曼公司唯圣控股的100%股权转让给自然人股东严立 100%持股的 BVI 公司。由于王佳为中国境内的居民纳税义务人，所以发生在中国境外的股权转让，需要按中国税收计算缴纳个人所得税。

由于唯圣控股是根据海外上市计划而设立的主体，设立时股本只有 1 美元，股权转让并没有产生应税收益，所以自然人股东王佳没有产生纳税义务。

（二）海外上市架构清理过程中的股权交易

2009 年 12 月 11 日，在清理海外上市架构过程中，BVI 公司与 Bondwa 公司签署《股权转让协议》，将其持有的唯圣控股 100%股权以及其间接持有的天辰龙源 100%股权全部转让给 Bondwa 公司，转让价款为唯圣控股截至 2009 年 10 月 30 日合并报表中的净资产值（人民币 41 427 058.36 元）；交割日为该协议签署之日起 3 周内；股权转让价款应至少在交割日前 2 个工作日以港币形式支付至 BVI 公司指定的银行账户。

从整个交易架构来看，股权交易标的是位于开曼的唯圣控股，交易同时导致唯圣控股 100%持股的中国境内居民企业天辰龙源的股权发生转移；交易双方全部位于境外。所以，该交易属于通过转让境外非居民企业间接转让境内居民企业股权的跨境股权重组交易。

根据国税函［2009］698 号文第六条规定，境外投资方（实际控制方）通过滥用组织形式等安排间接转让中国居民企业股权，且不具有合理的商业目的，规避企业所得税纳税义务的，主管税务机关层报税务总局审核后可以按照经济实质对该股权转让交易重新定性，否定被用作税收安排的境外控股公司的存在。

由于唯圣控股是原计划红筹上市中的拟上市主体，是一个特殊目的主体；与本章案例 7－4 中的香港 H 公司类似，存在“无雇员；无其他资产、负债；无其他投资；无其他经营业务”的经济实质。

在案例 7－4 中国家税务总局作出了否定香港 H 公司的存在，导致该案例补缴税款 1.73 亿元。那么，唯圣控股是否也应该被认为是境外投资方（实际控制方）通过滥用组织形式等安排间接转让中国居民企业股权，且不具有合理的商业目的，以规避企业所得税纳税义务，进而被否定，而直接对天辰龙源的股权转让征税，这对整个交易的所得税影响如何？

1. 否定境外控股公司的存在。如果税务主管机关否定股权交易过程中境外控股公司唯圣控股的存在，则视同 BVI 公司直接转让天辰龙源股权，需要对股权交易按 10% 征收预提所得税。

由于该案例中，天辰龙源从成立后基本没有发生经营业务，所以公司资产主要为原设立公司时的美元现金出资。所以，转让价款为唯圣控股截至 2009 年 10 月 30 日合并报表中（见表 7－3）的净资产值（人民币 41 427 058.36 元）。根据国税函［2009］698 号文规定，股权转让所得是指股权转让价减除股权成本价后的差额。股权转让交易 BVI 公司没有产生股权转让所得，所以无需缴纳企业所得税。

表 7－3　　唯圣控股部分财务指标　　单位：元

指　　标	2009 年 12 月 31 日/2009 年度	2008 年 12 月 31 日/2008 年度	2007 年 12 月 31 日/2007 年度
总资产	44 053 793.88	44 053 793.88	44 324 168.99
净资产	41 172 091.04	41 172 091.04	41 442 466.15
主营业务收入	—	—	141 509.44
主营业务利润	—	—	－30 567.62
管理费用	—	8 520.00	2 444 773.16
营业利润	—	－269 87.11	－2 547 835.82
利润总额	—	－270 375.11	－2 548 835.82
净利润	—	－270 375.11	－2 548 835.82

假设天辰龙源在成立后正常开展经营活动，产生了大量经营积累，股权转让时有未分配利润和盈余公积 5 000 万元；假设转让价款为 10 000 万元，BVI 对天辰龙源的原股权投资成本为 4 400 万元（550 万美元）。

根据国税函［2009］698 号文规定，股权转让价是指股权转让人就转让的股权所收取的包括现金、非货币资产或者权益等形式的金额。如被持股企业有未分配利润或税后提存的各项基金等，股权转让人随股权一并转让该股东留存收益权的金额，不得从股权转让价中扣除。

股权成本价是指股权转让人投资入股时向中国居民企业实际交付的出资金额，或购买该项股权时向该股权的原转让人实际支付的股权转让金额。

则 BVI 公司应确认：

股权转让所得 = 10 000 - 4 400 = 5 600（万元）

应缴纳的预提所得税 = 5 600 × 10% = 560（万元）

2. 不否定境外控股公司的存在。判断中间控股公司安排是否属于避税安排、是否具有合理商业目的，应该从整体上、历史地考虑中间控股结构存在的持续时间、企业在境内经营的时间、产生的应税收入、外商撤离投资的时间、外商撤资后企业的持续经营状况等因素。中间控股公司是一种重要的国际投资工具，特别是对那些从进入境内投资开始就存在的中间控股公司，而不是单纯为了撤资时才设立来避税的，应该尊重其法律形式。

唯圣控股公司的存在是原来拟红筹上市而设立的境外上市主体，其成立是为了便于进入国际资本市场，公司于 2005 年就已经成立。而且，此次股权转让是由于股东放弃海外上市计划，回归境内资本市场而引起。所以，税务机关不能直接根据“壳公司”的事实得出其经济实质，而否定其存在。“壳公司”如前文所述，在整个交易安排中不一定不具有合理商业目的。

如果唯圣控股被认定为具有合理商业目的，如前面假设，股权转让所得 5 600 万元（10 000 - 4 400），则不需要再缴纳预提所得税。

本章小结

1994 年开始，全球并购是以美国为代表的发达国家并购重组实践的主要特征，并据此特征将美国并购重组历史划分第五阶段。在这种全球并购的大背景下，我的跨境并购重组业务在市场、政策和跨境避税动机等多重因素下，得到快速发展。

随着我国跨境重组税制和反跨境避税技术的不断完善，原来为了避税而设立的跨境股权架构及其交易暴露在反避税风险之下。导致最近几年我国跨境重组业务而发生的大额税款差补入库的案例不断出现，而且不断刷新补缴税款金额记录。所以，研究我国跨境重组税制，了解其基本原则和文件出台的出发点，对跨境重组业务规避纳税风险尤为必要。

我国的跨境重组税制，借鉴了发达国家的税制，在所得税处理上区分一般税务处理和特殊税务处理，其中对于适用特殊税务处理设定了较为严格的条件。在跨境重组反避税中应重点关注股权架构设立是否存在“合理商业目的”，以及是否存在滥用组织形式，以达到规避纳税义务。由于在红筹模式境外上市业务中，股权架构中的中间控股公司是一种重要的媒介，不是单纯为了撤资时才设立来避税的，应该尊重其法律形式。所以，判断是否符合“合理商业目的”应该从整体上、历史地考察股权架构存在的目的、持续时间、与境内企业的关系，控股的境内企业在境内经营的时间、产生的应税收入等因素。不能直接根据“壳公司”的事实得出其经济实质，而否定跨境股权架构。

法源点读

❖ 商务部、证监会、税务总局、工商总局、外管局关于外国投资者对上市公司战略投资管理办法（节选）

（2005 年 12 月 31 日　商务部令［2005］第 28 号）

第五条　投资者进行战略投资应符合以下要求：

（一）以协议转让、上市公司定向发行新股方式以及国家法律法规规定的其他方式取得上市公司 A 股股份；

（二）投资可分期进行，首次投资完成后取得的股份比例不低于该公司已发行股份的百分之十，但特殊行业有特别规定或经相关主管部门批准的除外；

（三）取得的上市公司 A 股股份三年内不得转让；

（四）法律法规对外商投资持股比例有明确规定的行业，投资者持有上述行业股份比例应符合相关规定；属法律法规禁止外商投资的领域，投资者不得对上述领域的上市公司进行投资；

（五）涉及上市公司国有股股东的，应符合国有资产管理的相关规定。

第六条　投资者应符合以下要求：

（一）依法设立、经营的外国法人或其他组织，财务稳健、资信良好且具有成熟的管理经验；

（二）境外实有资产总额不低于 1 亿美元或管理的境外实有资产总额不低于 5 亿美元；或其母公司境外实有资产总额不低于 1 亿美元或管理的境外实有资产总额不低于 5 亿美元；

（三）有健全的治理结构和良好的内控制度，经营行为规范；

（四）近三年内未受到境内外监管机构的重大处罚（包括其母公司）。

第七条　通过上市公司定向发行方式进行战略投资的，按以下程序办理：

（一）上市公司董事会通过向投资者定向发行新股及公司章程修改草案的决议；

（二）上市公司股东大会通过向投资者定向发行新股及修改公司章程的决议；

（三）上市公司与投资者签订定向发行的合同；

（四）上市公司根据本办法第十二条向商务部报送相关申请文件，有特殊规定的从其规定；

（五）在取得商务部就投资者对上市公司进行战略投资的原则批复函后，上市公司向中国证监会报送定向发行申请文件，中国证监会依法予以核准；

（六）定向发行完成后，上市公司到商务部领取外商投资企业批准证书，并凭该批准证书到工商行政管理部门办理变更登记。

第八条 通过协议转让方式进行战略投资的，按以下程序办理：

（一）上市公司董事会通过投资者以协议转让方式进行战略投资的决议；

（二）上市公司股东大会通过投资者以协议转让方式进行战略投资的决议；

（三）转让方与投资者签订股份转让协议；

（四）投资者根据本办法第十二条向商务部报送相关申请文件，有特殊规定的从其规定；

（五）投资者参股上市公司的，获得前述批准后向证券交易所办理股份转让确认手续、向证券登记结算机构申请办理登记过户手续，并报中国证监会备案；

（六）协议转让完成后，上市公司到商务部领取外商投资企业批准证书，并凭该批准证书到工商行政管理部门办理变更登记。

第九条 投资者拟通过协议转让方式构成对上市公司的实际控制，按照第八条第（一）、（二）、（三）、（四）项的程序获得批准后，向中国证监会报送上市公司收购报告书及相关文件，经中国证监会审核无异议后向证券交易所办理股份转让确认手续、向证券登记结算机构申请办理登记过户手续。完成上述手续后，按照第八条第（六）项办理。

第十条 投资者对上市公司进行战略投资，应按《证券法》和中国证监会的相关规定履行报告、公告及其他法定义务。

第十一条 投资者对其已持有股份的上市公司继续进行战略投资的，需按本办法规定的方式和程序办理。

第十二条 上市公司或投资者应向商务部报送以下文件：

（一）战略投资申请书；

（二）战略投资方案；

（三）定向发行合同或股份转让协议；

（四）保荐机构意见书（涉及定向发行）或法律意见书；

（五）投资者持续持股的承诺函；

（六）投资者三年内未受到境内外监管机构重大处罚的声明，以及是否受到其他非重大处罚的说明；

（七）经依法公证、认证的投资者的注册登记证明、法定代表人（或授权代表）身份证明；

（八）经注册会计师审计的该投资者近三年来的资产负债表；

（九）上述（一）、（二）、（三）、（五）、（六）项中规定提交的文件均需经投资者法定代表人或其授权代表签署，由授权代表签署的还应提交经法定代表人签署的授权书及相应的公证、认证文件；

（十）商务部规定的其他文件。

前款所列文件，除第七项、第八项所列文件外，必须报送中文本原件，第七项、第八项所列文件应报送原件及中文译件。

商务部收到上述全部文件后应在30日内作出原则批复，原则批复有效期180日。

第十三条　符合本办法第六条规定的外国公司（“母公司”）可以通过其全资拥有的境外子公司（“投资者”）进行战略投资，投资者除提交本办法第九条所列文件外，还应向商务部提交其母公司对投资者投资行为承担连带责任的不可撤销的承诺函。

第十四条　投资者应在商务部原则批复之日起15日内根据外商投资并购的相关规定开立外汇账户。投资者从境外汇入的用于战略投资的外汇资金，应当根据外汇管理的有关规定，到上市公司注册所在地外汇局申请开立外国投资者专用外汇账户（收购类），账户内资金的结汇及账户注销手续参照相关外汇管理规定办理。

第十五条　投资者可以持商务部对该投资者对上市公司进行战略投资的批准文件和有效身份证明，向证券登记结算机构办理相关手续。

对于投资者在上市公司股权分置改革前持有的非流通股份或在上市公司首次公开发行前持有的股份，证券登记结算机构可以根据投资者申请为其开立证券账户。

证券登记结算机构应根据本管理办法制定相应规定。

第十六条　投资者应在资金结汇之日起15日内启动战略投资行为，并在原则批复之日起180日内完成战略投资。

投资者未能在规定时间内按战略投资方案完成战略投资的，审批机关的原则批复自动失效。投资者应在原则批复失效之日起45日内，经外汇局核准后将结汇所得人民币资金购汇并汇出境外。

第十七条　战略投资完成后，上市公司应于10日内凭以下文件到商务部领取外商投资企业批准证书：

（一）申请书；

（二）商务部原则批复函；

（三）证券登记结算机构出具的股份持有证明；

（四）上市公司营业执照和法定代表人身份证明；

（五）上市公司章程。

商务部在收到上述全部文件之日起5日内颁发外商投资企业批准证书，加注“外商投资股份公司（A股并购）”。

如投资者取得单一上市公司25%或以上股份并承诺在10年内持续持股不低于25%，商务部在颁发的外商投资企业批准证书上加注“外商投资股份公司（A股并购25%或以上）”。

第十八条　上市公司应自外商投资企业批准证书签发之日起30日内，向工商行政管理机关申请办理公司类型变更登记，并提交下列文件：

（一）公司法定代表人签署的申请变更申请书；

（二）外商投资企业批准证书；

（三）证券登记结算机构出具的股份持有证明；

（四）经公证、认证的投资者的合法开业证明；

（五）国家工商行政管理总局规定应提交的其他文件。

经核准变更的，工商行政管理机关在营业执照企业类型栏目中加注“外商投资股份公司（A股并购）”字样，其中，投资者进行战略投资取得单一上市公司25%或以上股份并承诺在10年内持续持股不低于25%的，加注“外商投资股份公司（A股并购25%或以上）”。

第十九条　上市公司应自外商投资企业营业执照签发之日起30日内，到税务、海关、外汇管理等有关部门办理相关手续。外汇管理部门在所颁发的外汇登记证上加注“外商投资股份公司（A股并购）”。如投资者进行战略投资取得单一上市公司25%或以上股份并承诺在10年内持续持股不低于25%的，外汇管理部门在外汇登记证上加注“外商投资股份公司（A股并购25%或以上）”。

第二十条　除以下情形外，投资者不得进行证券买卖（B股除外）：

（一）投资者进行战略投资所持上市公司A股股份，在其承诺的持股期限届满后可以出售；

（二）投资者根据《证券法》相关规定须以要约方式进行收购的，在要约期间可以收购上市公司A股股东出售的股份；

（三）投资者在上市公司股权分置改革前持有的非流通股份，在股权分置改革完成且限售期满后可以出售；

（四）投资者在上市公司首次公开发行前持有的股份，在限售期满后可以出售；

（五）投资者承诺的持股期限届满前，因其破产、清算、抵押等特殊原因需转让其股份的，经商务部批准可以转让。

第二十一条　投资者减持股份使上市公司外资股比低于25%，上市公司应在10日内向商务部备案并办理变更外商投资企业批准证书的相关手续。

投资者减持股份使上市公司外资股比低于10%，且该投资者非为单一最大股东，上市公司应在10日内向审批机关备案并办理注销外商投资企业批准证书的相关手续。

第二十二条　投资者减持股份使上市公司外资股比低于25%，上市公司应自外商投资企业批准证书变更之日起30日内到工商行政管理机关办理变更登记，工商行政管理机关在营业执照上企业类型调整为“外商投资股份公司（A股并购）”。上市公司应自营业执照变更之日起30日内到外汇管理部门办理变更外汇登记，外汇管理部门在外汇登记证上加注“外商投资股份公司（A股并购）”。

投资者减持股份使上市公司外资股比低于10%，且投资者非为单一最大股东，上市公司自外商投资企业批准证书注销之日起30日内到工商行政管理机关办理变更登记，企业类型变更为股份有限公司。上市公司应自营业执照变更之日起30日内到外汇管理部门办理外汇登记注销手续。

第二十三条　母公司通过其全资拥有的境外子公司进行战略投资并已按期完成的，母公司转让上述境外子公司前应向商务部报告，并根据本办法所列程序提出申请。新的受让方仍应符合本办法所规定的条件，承担母公司及其子公司在上市公司中的全部权利和义务，并依法履行向中国证监会报告、公告及其他法定义务。

第二十四条　投资者通过A股市场将所持上市公司股份出让的，可凭以下文件向上市公司注册所在地外汇局申请购汇汇出：

（一）书面申请；

（二）为战略投资目的所开立的外国投资者专用外汇账户（收购类）内资金经外汇局核准结汇的核准件；

（三）商务部出具的关于上市公司股权结构变更的批复文件；

（四）证券经纪机构出具的有关证券交易证明文件。

第二十五条　投资者持股比例低于25%的上市公司，其举借外债按照境内中资企业举借外债的有关规定办理。

第二十六条　相关政府机构工作人员必须忠于职守、依法履行职责，不得利用职务便利牟取不正当利益，并对知悉的商业秘密负有保密义务。

第二十七条　香港特别行政区、澳门特别行政区、台湾地区的投资者进行战略投资，参照本办法办理。

第二十八条　本办法自发布之日起30日后施行。

❖ 关于外国投资者并购境内企业的规定（节选）

商务部、国务院国有资产监督管理委员会、国家税务总局、国家工商行政管理总局：国家证券监督管理委员会、国家外汇管理局令2006年第10号

第一章　总　则

第二条　本规定所称外国投资者并购境内企业，系指外国投资者购买境内非外商投资企业（以下称“境内公司”）股东的股权或认购境内公司增资，使该境内公司变更设立为外商投资企业（以下称“股权并购”）；或者，外国投资者设立外商投资企业，并通过该企业协议购买境内企业资产且运营该资产，或，外国投资者协议购买境内企业资产，并以该资产投资设立外商投资企业运营该资产（以下称“资产并购”）。

依照《外商投资产业指导目录》不允许外国投资者独资经营的产业，并购不得导

致外国投资者持有企业的全部股权；需由中方控股或相对控股的产业，该产业的企业被并购后，仍应由中方在企业中占控股或相对控股地位；禁止外国投资者经营的产业，外国投资者不得并购从事该产业的企业。

被并购境内企业原有所投资企业的经营范围应符合有关外商投资产业政策的要求；不符合要求的，应进行调整。

第二章 基本制度

第十一条 境内公司、企业或自然人以其在境外合法设立或控制的公司名义并购与其有关联关系的境内的公司，应报商务部审批。

当事人不得以外商投资企业境内投资或其他方式规避前述要求。

第十二条 外国投资者并购境内企业并取得实际控制权，涉及重点行业、存在影响或可能影响国家经济安全因素或者导致拥有驰名商标或中华老字号的境内企业实际控制权转移的，当事人应就此向商务部进行申报。

当事人未予申报，但其并购行为对国家经济安全造成或可能造成重大影响的，商务部可以会同相关部门要求当事人终止交易或采取转让相关股权、资产或其他有效措施，以消除并购行为对国家经济安全的影响。

第十四条 并购当事人应以资产评估机构对拟转让的股权价值或拟出售资产的评估结果作为确定交易价格的依据。并购当事人可以约定在中国境内依法设立的资产评估机构。资产评估应采用国际通行的评估方法。禁止以明显低于评估结果的价格转让股权或出售资产，变相向境外转移资本。

外国投资者并购境内企业，导致以国有资产投资形成的股权变更或国有资产产权转移时，应当符合国有资产管理的有关规定。

第十五条 并购当事人应对并购各方是否存在关联关系进行说明，如果有两方属于同一个实际控制人，则当事人应向审批机关披露其实际控制人，并就并购目的和评估结果是否符合市场公允价值进行解释。当事人不得以信托、代持或其他方式规避前述要求。

第十六条 外国投资者并购境内企业设立外商投资企业，外国投资者应自外商投资企业营业执照颁发之日起3个月内向转让股权的股东，或出售资产的境内企业支付全部对价。对特殊情况需要延长者，经审批机关批准后，应自外商投资企业营业执照颁发之日起6个月内支付全部对价的60%以上，1年内付清全部对价，并按实际缴付的出资比例分配收益。

第十九条 外国投资者股权并购的，除国家另有规定外，对并购后所设外商投资企业应按照以下比例确定投资总额的上限：

（一）注册资本在210万美元以下的，投资总额不得超过注册资本的10/7；

（二）注册资本在210万美元以上至500万美元的，投资总额不得超过注册资本的2倍；

（三）注册资本在500万美元以上至1 200万美元的，投资总额不得超过注册资本的2.5倍；

（四）注册资本在1 200万美元以上的，投资总额不得超过注册资本的3倍。

第四章 外国投资者以股权作为支付手段并购境内公司

第一节 以股权并购的条件

第二十七条 本章所称外国投资者以股权作为支付手段并购境内公司，系指境外公司的股东以其持有的境外公司股权，或者境外公司以其增发的股份，作为支付手段，购买境内公司股东的股权或者境内公司增发股份的行为。

第二十八条 本章所称的境外公司应合法设立并且其注册地具有完善的公司法律制度，且公司及其管理层最近3年未受到监管机构的处罚；除本章第三节所规定的特殊目的公司外，境外公司应为上市公司，其上市所在地应具有完善的证券交易制度。

第二十九条 外国投资者以股权并购境内公司所涉及的境内外公司的股权，应符合以下条件：

（一）股东合法持有并依法可以转让；

（二）无所有权争议且没有设定质押及任何其他权利限制；

（三）境外公司的股权应在境外公开合法证券交易市场（柜台交易市场除外）挂牌交易；

（四）境外公司的股权最近1年交易价格稳定。

前款第（三）、（四）项不适用于本章第三节所规定的特殊目的公司。

第三十条 外国投资者以股权并购境内公司，境内公司或其股东应当聘请在中国注册登记的中介机构担任顾问（以下称“并购顾问”）。并购顾问应就并购申请文件的真实性、境外公司的财务状况以及并购是否符合本规定第十四条、第二十八条和第二十九条的要求作尽职调查，并出具并购顾问报告，就前述内容逐项发表明确的专业意见。

第三节 对于特殊目的公司的特别规定

第三十九条 特殊目的公司系指中国境内公司或自然人为实现以其实际拥有的境内公司权益在境外上市而直接或间接控制的境外公司。

特殊目的公司为实现在境外上市，其股东以其所持公司股权，或者特殊目的公司以其增发的股份，作为支付手段，购买境内公司股东的股权或者境内公司增发的股份的，适用本节规定。

当事人以持有特殊目的公司权益的境外公司作为境外上市主体的，该境外公司应符合本节对于特殊目的公司的相关要求。

第四十条 特殊目的公司境外上市交易，应经国务院证券监督管理机构批准。

特殊目的公司境外上市所在国家或者地区应有完善的法律和监管制度，其证券监管机构已与国务院证券监督管理机构签订监管合作谅解备忘录，并保持着有效的监管合作关系。

第四十一条 本节所述的权益在境外上市的境内公司应符合下列条件：

（一）产权明晰，不存在产权争议或潜在产权争议；

（二）有完整的业务体系和良好的持续经营能力；

（三）有健全的公司治理结构和内部管理制度；

（四）公司及其主要股东近3年无重大违法违规记录。

第四十二条 境内公司在境外设立特殊目的公司，应向商务部申请办理核准手续。办理核准手续时，境内公司除向商务部报送《关于境外投资开办企业核准事项的规定》要求的文件外，另须报送以下文件：

（一）特殊目的公司最终控制人的身份证明文件；

（二）特殊目的公司境外上市商业计划书；

（三）并购顾问就特殊目的公司未来境外上市的股票发行价格所作的评估报告。

获得中国企业境外投资批准证书后，设立人或控制人应向所在地外汇管理机关申请办理相应的境外投资外汇登记手续。

第四十三条 特殊目的公司境外上市的股票发行价总值，不得低于其所对应的经中国有关资产评估机构评估的被并购境内公司股权的价值。

第四十四条 特殊目的公司以股权并购境内公司的，境内公司除向商务部报送本规定第三十二条所要求的文件外，另须报送以下文件：

（一）设立特殊目的公司时的境外投资开办企业批准文件和证书；

（二）特殊目的公司境外投资外汇登记表；

（三）特殊目的公司最终控制人的身份证明文件或开业证明、章程；

（四）特殊目的公司境外上市商业计划书；

（五）并购顾问就特殊目的公司未来境外上市的股票发行价格所作的评估报告。

如果以持有特殊目的公司权益的境外公司作为境外上市主体，境内公司还须报送以下文件：

（一）该境外公司的开业证明和章程；

（二）特殊目的公司与该境外公司之间就被并购的境内公司股权所作的交易安排和折价方法的详细说明。

第四十五条 商务部对本规定第四十四条所规定的文件初审同意的，出具原则批复函，境内公司凭该批复函向国务院证券监督管理机构报送申请上市的文件。国务院证券监督管理机构于20个工作日内决定是否核准。

境内公司获得核准后，向商务部申领批准证书。商务部向其颁发加注“境外特殊目的公司持股，自营业执照颁发之日起1年内有效”字样的批准证书。

并购导致特殊目的公司股权等事项变更的，持有特殊目的公司股权的境内公司或自然人，凭加注的外商投资企业批准证书，向商务部就特殊目的公司相关事项办理境外投资开办企业变更核准手续，并向所在地外汇管理机关申请办理境外投资外汇登记变更。

第四十六条 境内公司应自收到加注的批准证书之日起30日内，向登记管理机关、外汇管理机关办理变更登记，由登记管理机关、外汇管理机关分别向其颁发加注“自颁发之日起14个月内有效”字样的外商投资企业营业执照和外汇登记证。

境内公司向登记管理机关办理变更登记时，应当预先提交旨在恢复股权结构的境内公司法定代表人签署的股权变更申请书、公司章程修正案、股权转让协议等文件。

第四十七条 境内公司应自特殊目的公司或与特殊目的公司有关联关系的境外公司完成境外上市之日起30日内，向商务部报告境外上市情况和融资收入调回计划，并申请换发无加注的外商投资企业批准证书。同时，境内公司应自完成境外上市之日起30日内，向国务院证券监督管理机构报告境外上市情况并提供相关的备案文件。境内公司还应向外汇管理机关报送融资收入调回计划，由外汇管理机关监督实施。境内公司取得无加注的批准证书后，应在30日内向登记管理机关、外汇管理机关申请换发无加注的外商投资企业营业执照、外汇登记证。

如果境内公司在前述期限内未向商务部报告，境内公司加注的批准证书自动失效，境内公司股权结构恢复到股权并购之前的状态，并应按本规定第三十六条办理变更登记手续。

第四十八条 特殊目的公司的境外上市融资收入，应按照报送外汇管理机关备案的调回计划，根据现行外汇管理规定调回境内使用。融资收入可采取以下方式调回境内：

（一）向境内公司提供商业贷款；

（二）在境内新设外商投资企业；

（三）并购境内企业。

在上述情形下调回特殊目的公司境外融资收入，应遵守中国有关外商投资及外债管理的法律和行政法规。如果调回特殊目的公司境外融资收入，导致境内公司和自然人增持特殊目的公司权益或特殊目的公司净资产增加，当事人应如实披露并报批，在完成审批手续后办理相应的外资外汇登记和境外投资登记变更。

境内公司及自然人从特殊目的公司获得的利润、红利及资本变动所得外汇收入，应自获得之日起6个月内调回境内。利润或红利可以进入经常项目外汇账户或者结汇。资本变动外汇收入经外汇管理机关核准，可以开立资本项目专用账户保留，也可经外汇管理机关核准后结汇。

第四十九条 自营业执照颁发之日起1年内，如果境内公司不能取得无加注批准证书，则加注的批准证书自动失效，并应按本规定第三十六条办理变更登记手续。

第五十条 特殊目的公司完成境外上市且境内公司取得无加注的批准证书和营业执照后，当事人继续以该公司股份作为支付手段并购境内公司的，适用本章第一节和第二节的规定。

第五章 反垄断审查

第五十一条 外国投资者并购境内企业有下列情形之一的，投资者应就所涉情形向商务部和国家工商行政管理总局报告：

（一）并购一方当事人当年在中国市场营业额超过15亿元人民币；

（二）1年内并购国内关联行业的企业累计超过10个；

（三）并购一方当事人在中国的市场占有率已经达到20%；

（四）并购导致并购一方当事人在中国的市场占有率达到25%。

虽未达到前款所述条件，但是应有竞争关系的境内企业、有关职能部门或者行业协会的请求，商务部或国家工商行政管理总局认为外国投资者并购涉及市场份额巨大，或者存在其他严重影响市场竞争等重要因素的，也可以要求外国投资者作出报告。

上述并购一方当事人包括与外国投资者有关联关系的企业。

第五十二条　外国投资者并购境内企业涉及本规定第五十一条所述情形之一，商务部和国家工商行政管理总局认为可能造成过度集中，妨害正当竞争、损害消费者利益的，应自收到规定报送的全部文件之日起90日内，共同或经协商单独召集有关部门、机构、企业以及其他利害关系方举行听证会，并依法决定批准或不批准。

第五十三条　境外并购有下列情形之一的，并购方应在对外公布并购方案之前或者报所在国主管机构的同时，向商务部和国家工商行政管理总局报送并购方案。商务部和国家工商行政管理总局应审查是否存在造成境内市场过度集中，妨害境内正当竞争、损害境内消费者利益的情形，并做出是否同意的决定：

（一）境外并购一方当事人在我国境内拥有资产30亿元人民币以上；

（二）境外并购一方当事人当年在中国市场上的营业额15亿元人民币以上；

（三）境外并购一方当事人及与其有关联关系的企业在中国市场占有率已经达到20%；

（四）由于境外并购，境外并购一方当事人及与其有关联关系的企业在中国的市场占有率达到25%；

（五）由于境外并购，境外并购一方当事人直接或间接参股境内相关行业的外商投资企业将超过15家。

第五十四条　有下列情况之一的并购，并购一方当事人可以向商务部和国家工商行政管理总局申请审查豁免：

(1) 可以改善市场公平竞争条件的；

(2) 重组亏损企业并保障就业的；

(3) 引进先进技术和管理人才并能提高企业国际竞争力的；

(4) 可以改善环境的。

❖ BVI公司对A股上市公司进行战略投资应注意什么？

中国证监会 www. csrc. gov. cn　　时间：2010年6月22日

BVI公司（为英属维尔京群岛British Virgin Islands的简称，此处泛指在境外设立的、为享受税收等优惠成立的公司）对A股上市公司进行战略投资的，应当遵守《外国投资者对上市公司战略投资管理办法》的相关规定，符合现行有效的《外商投资产业指导目录》及《中西部地区外商投资优势产业目录》的投资方向。

根据《外国投资者对上市公司战略投资管理办法》第三条“经商务部批准，投资者可以根据本办法对上市公司进行战略投资”的规定，BVI公司对A股上市公司进行战略投资，在报送我会之前，其股东资格应取得商务部的原则批复。

❖ 国家外汇管理局关于境内居民通过境外特殊目的公司融资及返程投资外汇管理有关问题的通知（节选）

汇发［2005］75号

一、本通知所称“特殊目的公司”，是指境内居民法人或境内居民自然人以其持有的境内企业资产或权益在境外进行股权融资（包括可转换债融资）为目的而直接设立或间接控制的境外企业。

本通知所称“返程投资”，是指境内居民通过特殊目的公司对境内开展的直接投资活动，包括但不限于以下方式：购买或置换境内企业中方股权、在境内设立外商投资企业及通过该企业购买或协议控制境内资产、协议购买境内资产及以该项资产投资设立外商投资企业、向境内企业增资。

本通知所称“境内居民法人”，是指在中国境内依法设立的企业事业法人以及其他经济组织：“境内居民自然人”是指持有中华人民共和国居民身份证或护照等合法身份证件的自然人，或者虽无中国境内合法身份但因经济利益关系在中国境内习惯性居住的自然人。

本通知所称“控制”，是指境内居民通过收购、信托、代持、投票权、回购、可转换债券等方式取得特殊目的公司或境内企业的经营权、收益权或者决策权。

二、境内居民设立或控制境外特殊目的公司之前，应持以下材料向所在地外汇分局、外汇管理部（以下简称“外汇局”）申请办理境外投资外汇登记手续：

（一）书面申请（应详细说明境内企业基本情况、境外特殊目的公司的股权结构以及境外融资安排）；

（二）境内居民法人的境内登记注册文件，境内居民自然人需提供身份证明；

（三）境外融资商业计划书；

（四）境内居民法人的外汇资金（资产）来源核准批复和境外投资主管部门的批准文件；

（五）境内居民法人填写的《境外投资外汇登记证》，境内居民自然人填写的《境内居民个人境外投资外汇登记表》（附表）；

（六）其他真实性证明材料。

外汇局对上述材料审核无误后，应在《境外投资外汇登记证》或《境内居民个人境外投资外汇登记表》上加盖资本项目外汇业务专用章。

三、境内居民将其拥有的境内企业的资产或股权注入特殊目的公司，或在向特殊目的公司注入资产或股权后进行境外股权融资，应就其持有特殊目的公司的净资产权益及其变动状况办理境外投资外汇登记变更手续，办理时应提供以下材料：

（一）书面申请（详细说明境内企业与特殊目的公司的股东与股权变更过程、境内企业与特殊目的公司资产或股权的定价方式）；

（二）境内居民法人填写的《境外投资外汇登记证》，境内居民自然人填写的《境内居民个人境外投资外汇登记表》；

（三）外商投资主管部门对返程投资的核准、备案文件；

（四）涉及国有资产的，须提供国有资产管理部门对境内企业资产或股权价值的确认文件；

（五）特殊目的公司的境外注册、登记、营业执照等证明文件；

（六）其他真实性证明材料。

四、特殊目的公司完成境外融资后，境内居民可以根据商业计划书或招股说明书载明的资金使用计划，将应在境内安排使用的资金调回境内。

五、特殊目的公司使用境外融资所得资金返程投资或向境内企业提供股东贷款及其他债务资金，相关境内企业应按照现行利用外资、外债管理法律、法规办理有关外汇管理手续。外汇局为相关境内企业办理外商投资企业设立登记及变更登记、外债登记或者为特殊目的公司办理转股收汇外资外汇登记时，应审核《境外投资外汇登记证》或《境内居民个人境外投资外汇登记表》。

六、境内居民按规定办理境外投资外汇登记及变更手续后，可向特殊目的公司支付利润、红利、清算、转股、减资等款项。

境内居民从特殊目的公司获得的利润、红利及资本变动外汇收入应于获得之日起180日内调回境内，利润或红利可以进入经常项目外汇账户或者结汇，资本变动外汇收入经外汇局核准，可以开立资本项目专用账户保留，也可经外汇局核准后结汇。

七、特殊目的公司发生增资或减资、股权转让或置换、合并或分立、长期股权或债权投资、对外担保等重大资本变更事项且不涉及返程投资的，境内居民应于重大事项发生之日起30日内向外汇局申请办理境外投资外汇登记变更或备案手续。

八、本通知实施前，境内居民已在境外设立或控制特殊目的公司并已完成返程投资，但未按规定办理境外投资外汇登记的，应按照本通知规定于2006年3月31日前到所在地外汇局补办境外投资外汇登记。境内居民补办境外投资外汇登记后，外汇局可为相关境内企业办理外资、外债外汇登记手续。

九、境内创业投资企业可参照本通知在境外设立特殊目的公司并从事创业投资活动。

十、上述同一管理事项涉及多个境内居民的，相关境内居民应出具委托书并委托其中1至2个境内居民办理相关外汇管理手续。

❖ 我国对外签订避免双重征税协定一览表

发布日期：2011 年 3 月 28 日

序号 Serial No.	国家 Country	签署日期 Signed on	生效日期 Effective from	执行日期 Applicable since
1	日本 JAPAN	1983 年 9 月 6 日	1984 年 6 月 26 日	1985 年 1 月 1 日
2	美国 U. S. A.	1984 年 4 月 30 日	1986 年 11 月 21 日	1987 年 1 月 1 日
3	法国 FRANCE	1984 年 5 月 30 日	1985 年 2 月 21 日	1986 年 1 月 1 日
4	英国 U. K.	1984 年 7 月 26 日	1984 年 12 月 23 日	1985 年 1 月 1 日
*	比利时 BELGIUM	1985 年 4 月 18 日	1987 年 9 月 11 日	1988 年 1 月 1 日
5	①德国 GERMANY	1985 年 6 月 10 日	1986 年 5 月 14 日	1985 年 1 月 1 日/7 月 1 日
6	马来西亚 MALAYSIA	1985 年 11 月 23 日	1986 年 9 月 14 日	1987 年 1 月 1 日
7	挪威 NORWAY	1986 年 2 月 25 日	1986 年 12 月 21 日	1987 年 1 月 1 日
8	丹麦 DENMARK	1986 年 3 月 26 日	1986 年 10 月 22 日	1987 年 1 月 1 日
9	加拿大 CANADA	1986 年 5 月 12 日	1986 年 12 月 29 日	1987 年 1 月 1 日
10	瑞典 SWEDEN	1986 年 5 月 16 日	1987 年 1 月 3 日	1987 年 1 月 1 日
11	新西兰 NEW ZEALAND	1986 年 9 月 16 日	1986 年 12 月 17 日	1987 年 1 月 1 日
12	泰国 THAILAND	1986 年 10 月 27 日	1986 年 12 月 29 日	1987 年 1 月 1 日
13	意大利 ITALY	1986 年 10 月 31 日	1989 年 11 月 14 日	1990 年 1 月 1 日
14	荷兰 THE NETHERLANDS	1987 年 5 月 13 日	1988 年 3 月 5 日	1989 年 1 月 1 日
15	②捷克和斯洛伐克 （适用于斯洛伐克） CZECHOSLOVAKIA	1987 年 6 月 11 日	1987 年 12 月 23 日	1988 年 1 月 1 日

续表

序号 Serial No.	国家 Country	签署日期 Signed on	生效日期 Effective from	执行日期 Applicable since
16	波兰 POLAND	1988年6月7日	1989年1月7日	1990年1月1日
17	澳大利亚 AUSTRALIA	1988年11月17日	1990年12月28日	1991年1月1日
18	③前南斯拉夫 （适用于波黑）	1988年12月2日		1990年1月1日
19	保加利亚 BULGARIA	1989年11月6日	1990年5月25日	1991年1月1日
20	巴基斯坦 PAKISTAN	1989年11月15日	1989年12月27日	1989年1月1日/7月1日
21	科威特 KUWAIT	1989年12月25日	1990年7月20日	1989年1月1日
22	瑞士 SWITZERLAND	1990年7月6日	1991年9月27日	1990年1月1日
23	塞浦路斯 CYPRUS	1990年10月25日	1991年10月5日	1992年1月1日
24	西班牙 SPAIN	1990年11月22日	1992年5月20日	1993年1月1日
25	罗马尼亚 ROMANIA	1991年1月16日	1992年3月5日	1993年1月1日
26	奥地利 AUSTRIA	1991年4月10日	1992年11月1日	1993年1月1日
27	巴西 BRAZIL	1991年8月5日	1993年1月6日	1994年1月1日
28	蒙古 MONGOLIA	1991年8月26日	1992年6月23日	1993年1月1日
29	匈牙利 HUNGARY	1992年6月17日	1994年12月31日	1995年1月1日
*	马耳他 MALTA	1993年2月2日	1994年3月20日	1995年1月1日
30	阿联酋 UNITED ARAB EMIRATES	1993年7月1日	1994年7月14日	1995年1月1日
31	卢森堡 LUXEMBOURG	1994年3月12日	1995年7月28日	1996年1月1日

续表

序号 Serial No.	国家 Country	签署日期 Signed on	生效日期 Effective from	执行日期 Applicable since
32	韩国 KOREA	1994年3月28日	1994年9月27日	1995年1月1日
33	俄罗斯 RUSSIA	1994年5月27日	1997年4月10日	1998年1月1日
34	巴新 PAPUA NEW GUINEA	1994年7月14日	1995年8月16日	1996年1月1日
35	印度 INDIA	1994年7月18日	1994年11月19日	1995年1月1日
36	毛里求斯 MAURITIUS	1994年8月1日	1995年5月4日	1996年1月1日
37	克罗地亚 CROATIA	1995年1月9日	2001年5月18日	2002年1月1日
38	白俄罗斯 BELARUS	1995年1月17日	1996年10月3日	1997年1月1日
39	斯洛文尼亚 SLOVENIA	1995年2月13日	1995年12月27日	1996年1月1日
40	以色列 ISRAEL	1995年4月8日	1995年12月22日	1996年1月1日
41	越南 VIET NAM	1995年5月17日	1996年10月18日	1997年1月1日
42	土耳其 TURKEY	1995年5月23日	1997年1月20日	1998年1月1日
43	乌克兰 UKRAINE	1995年12月4日	1996年10月18日	中（China）：1997年1月1日 乌（Ukraine）：股利特个人①（Dividend，Interest，Royalties and Individual Income Tax）：1996年12月17日； 企业所得税（corporate Income Tax）：1997年1月1日
44	亚美尼亚 ARMENIA	1996年5月5日	1996年11月28日	1997年1月1日

① 指股利、利息、特许权使用费、个人所得税。

续表

序号 Serial No.	国家 Country	签署日期 Signed on	生效日期 Effective from	执行日期 Applicable since
45	牙买加 JAMAICA	1996年6月3日	1997年3月15日	1998年1月1日
46	冰岛 ICELAND	1996年6月3日	1997年2月5日	1998年1月1日
47	立陶宛 LITHUANIA	1996年6月3日	1996年10月18日	1997年1月1日
48	拉脱维亚 LATVIA	1996年6月7日	1997年1月27日	1998年1月1日
49	乌兹别克斯坦 UZBEKISTAN	1996年7月3日	1996年7月3日	1997年1月1日
50	孟加拉国 BANGLADESH	1996年9月12日	1997年4月10日	中（China）1998年1月1日 孟（Bangladesh） 1998年7月1日
51	④原南斯拉夫联盟 （适用于塞尔维亚和黑山） YUGOSLAVIA	1997年3月21日	1998年1月1日	1998年1月1日
52	苏丹 SUDAN	1997年5月30日	1999年2月9日	2000年1月1日
53	马其顿 MACEDONIA	1997年6月9日	1997年11月29日	1998年1月1日
54	埃及 EGYPT	1997年8月13日	1999年3月24日	2000年1月1日
55	葡萄牙 PORTUGAL	1998年4月21日	2000年6月7日	2001年1月1日
56	爱沙尼亚 ESTONIA	1998年5月12日	1999年1月8日	2000年1月1日
57	老挝 LAOS	1999年1月25日	1999年6月22日	2000年1月1日
58	塞舌尔 SEYCHELLES	1999年8月26日	1999年12月17日	2000年1月1日
59	菲律宾 THE PHILIPPINES	1999年11月18日	2001年3月23日	2002年1月1日

续表

序号 Serial No.	国家 Country	签署日期 Signed on	生效日期 Effective from	执行日期 Applicable since
60	爱尔兰 IRELAND	2000 年 4 月 19 日	2000 年 12 月 29 日	中 (China) 2001 年 1 月 1 日 爱(Ireland)2001 年 4 月 6 日
61	南非 SOUTH AFRICA	2000 年 4 月 25 日	2001 年 1 月 7 日	2002 年 1 月 1 日
62	巴巴多斯 BARBADOS	2000 年 5 月 15 日	2000 年 10 月 27 日	2001 年 1 月 1 日
63	摩尔多瓦 MOLDOVA	2000 年 6 月 7 日	2001 年 5 月 26 日	2002 年 1 月 1 日
64	卡塔尔国 KATAR	2001 年 4 月 2 日	2008 年 10 月 21 日	2009 年 1 月 1 日
65	古巴 CUBA	2001 年 4 月 13 日	2003 年 10 月 17 日	2004 年 1 月 1 日
66	委内瑞拉 VENEZUELA	2001 年 4 月 17 日	2004 年 12 月 23 日	2005 年 1 月 1 日
67	尼泊尔 NEPAL	2001 年 5 月 14 日	2010 年 12 月 31 日	2011 年 1 月 1 日
68	哈萨克斯坦 KAZAKHSTAN	2001 年 9 月 12 日	2003 年 7 月 27 日	2004 年 1 月 1 日
69	印度尼西亚 INDONESIA	2001 年 11 月 7 日	2003 年 8 月 25 日	2004 年 1 月 1 日
70	阿曼 OMAN	2002 年 3 月 25 日	2002 年 7 月 20 日	2003 年 1 月 1 日
71	尼日利亚 NIGERIA	2002 年 4 月 15 日	2009 年 3 月 21 日	2010 年 1 月 1 日
72	突尼斯 TUNIS	2002 年 4 月 16 日	2003 年 9 月 23 日	2004 年 1 月 1 日
73	伊朗 IRAN	2002 年 4 月 20 日	2003 年 8 月 14 日	2004 年 1 月 1 日
74	巴林 BAHRAIN	2002 年 5 月 16 日	2002 年 8 月 8 日	2003 年 1 月 1 日
75	希腊 GREECE	2002 年 6 月 3 日	2005 年 11 月 1 日	2006 年 1 月 1 日

续表

序号 Serial No.	国家 Country	签署日期 Signed on	生效日期 Effective from	执行日期 Applicable since
76	吉尔吉斯 KYRGYZSTAN	2002 年 6 月 24 日	2003 年 3 月 29 日	2004 年 1 月 1 日
77	摩洛哥 MOROCCO	2002 年 8 月 27 日	2006 年 8 月 16 日	2007 年 1 月 1 日
78	斯里兰卡 SRILANKA	2003 年 8 月 11 日	2005 年 5 月 22 日	2006 年 1 月 1 日
79	特立尼达和多巴哥 TRINIDAD AND TOBAGO	2003 年 9 月 18 日	2005 年 5 月 22 日	针对不同所得项目分别于 2005 年 6 月 1 日和 2006 年 1 月 1 日起执行
80	阿尔巴尼亚 ALBANIA	2004 年 9 月 13 日	2005 年 7 月 28 日	2006 年 1 月 1 日
81	文莱 BRUNEI	2004 年 9 月 21 日	2006 年 12 月 29 日	2007 年 1 月 1 日
82	阿塞拜疆 AZERBAIJAN	2005 年 3 月 17 日	2005 年 8 月 17 日	2006 年 1 月 1 日
83	格鲁吉亚 GEORGIA	2005 年 6 月 22 日	2005 年 11 月 10 日	2006 年 1 月 1 日
84	墨西哥 MEXICO	2005 年 9 月 12 日	2006 年 3 月 1 日	2007 年 1 月 1 日
85	沙特阿拉伯 SAUDI ARABIA	2006 年 1 月 23 日	2006 年 9 月 1 日	2007 年 1 月 1 日
86	阿尔及利亚 ALGERIA	2006 年 11 月 6 日	2007 年 7 月 27 日	2008 年 1 月 1 日
87	新加坡 SINGAPORE	2007 年 7 月 11 日	2007 年 9 月 18 日	2008 年 1 月 1 日
88	塔吉克斯坦 TAJIKISTAN	2008 年 8 月 27 日	2009 年 3 月 28 日	2010 年 1 月 1 日
89	埃塞俄比亚 ETHIOPIA	2009 年 5 月 14 日	（尚未生效）	
90	土库曼斯坦 TURKMENISTAN	2009 年 12 月 13 日	2010 年 5 月 30 日	
91	捷克 CZECH	2009 年 8 月 28 日	2011 年 5 月 4 日	2012 年 1 月 1 日

续表

序号 Serial No.	国家 Country	签署日期 Signed on	生效日期 Effective from	执行日期 Applicable since
92	比利时 BELGIUM	2009年10月7日	（尚未生效）	
93	芬兰 FINLAND	2010年5月25日	2010年11月25日	2011年1月1日
94	赞比亚 ZAMBIA	2010年7月26日	（尚未生效）	
95	马耳他 MALTA	2010年10月18日	（尚未生效）	
96	叙利亚 SYRIA	2010年10月31日	（尚未生效）	

与香港特别行政区（HKSAR）和澳门特别行政区（MCSAR）的安排

序号 Serial No.	地区 Region	签署日期 Signed on	生效日期 Effective from	执行日期 Applicable since
1	香港特别行政区 HKSAR	2006年8月21日	2006年12月8日	内地（Mainland）：2007年1月1日 香港（HKSAR）：2007年4月1日
2	澳门特别行政区 MCSAR	2003年12月27日	2003年12月30日	2004年1月1日

注：（1）截至2011年5月底，我国已对外正式签署96个避免双重征税协定，其中93个协定已生效，和香港、澳门两个特别行政区签署了税收安排。

（2）加＊号者表示中国政府与该国政府重新签订的避免对所得双重征税和防止偷漏税协定尚未生效。

（3）①中国政府于1985年6月10日、1987年6月8日先后与德意志联邦共和国、德意志民主共和国政府签订避免对所得和财产双重征税协定、避免对所得双重征税和防止偷漏税协定。1990年10月3日，德意志联邦共和国与德意志民主共和国统一为德意志联邦共和国，中国政府1985年6月10日与德意志联邦共和国政府签订的避免对所得和财产双重征税协定继续适用于统一以后的德意志联邦共和国。

②中国政府于1987年6月11日与捷克和斯洛伐克社会主义共和国政府签订避免对所得双重征税和防止偷漏税协定。1990年，捷克和斯洛伐克社会主义共和国先后改国名为捷克斯洛伐克联邦共和国、捷克和斯洛伐克联邦共和国，上述协定继续适用。1993年1月1日，捷克和斯洛伐克联邦共和国分解为捷克共和国和斯洛伐克共和国，上述协定继续适用于斯洛伐克共和国。2009年8月28日，中国政府与捷克共和国政府签订避免对所得双重征税和防止偷漏税协定，该协定适用于捷克共和国。

③中国政府于1988年12月2日与南斯拉夫社会主义联邦共和国议会联邦执行委员会（前南斯拉夫政府）签订避免对所得和财产双重征税协定，后前南斯拉夫解体，据外交部告，该协定由解体后的各国继承，中国政府陆续与解体后的各国政府签订避免对所得和财产双重征税协定，仅有波黑政府未单独签订，上述协定继续适用于波黑。

④中国政府于 1997 年 3 月 21 日与南斯拉夫联盟共和国联盟政府（原南斯拉夫联盟政府）签订避免对所得和财产双重征税协定。2003 年 2 月 4 日，南斯拉夫联盟共和国改国名为塞尔维亚和黑山共和国，上述协定继续适用。2006 年 6 月 3 日，塞尔维亚和黑山共和国分解为塞尔维亚共和国和黑山共和国，上述协定继续适用于上述两国。

国际运输收入税收处理情况一览表

（空运）

项目	国家（或地区）	依据
1. 互征企业所得税	税款不超过总收入的 1.5%：菲律宾	避免双重征税协定（或安排）
2. 互免企业所得税	除项目 1 所列国家外其他所有与我有税收协定的国家（地区）	避免双重征税协定（或安排）
	津巴布韦、土库曼斯坦、叙利亚、秘鲁、马达加斯加、黎巴嫩、阿富汗、扎伊尔、文莱	航空协定税收条款
3. 互免个人所得税	津巴布韦、越南、蒙古、老挝、科威特、孟加拉国、阿曼、文莱、乌克兰、哈萨克斯坦、马尔代夫、乌滋别克斯坦、土库曼斯坦、前苏联、黎巴嫩、吉尔吉斯、白俄罗斯	航空协定税收条款
	韩国	税收协定议定书
	法国、英国、巴林	双边专项国际运输互免税协议
4. 互免间接税	日本、丹麦、新加坡、阿联酋、韩国、印度、毛里求斯、斯洛文尼亚、以色列、乌克兰、牙买加、马来西亚（2000 年议定书）、香港特区、澳门特区	避免双重征税协定（或安排）
	津巴布韦、越南、乌兹别克斯坦、美国、乌克兰、土库曼斯坦、叙利亚、罗马尼亚、秘鲁、阿曼、新西兰、马达加斯加、黎巴嫩、吉尔吉斯、科威特、哈萨克斯坦、以色列、加拿大、文莱、比利时、白俄罗斯	航空协定税收条款
	美国、法国、泰国、土耳其、卢森堡、荷兰、芬兰、新加坡、斯里兰卡、巴林	互免国际运输收入税收协议或换函

国际运输收入税收处理情况一览表

（海运）

项目	国家（或地区）	依据
1. 互征企业所得税	减半征收：泰国、马来西亚、孟加拉、印尼、斯里兰卡 税款不超过总收入的 1.5%：菲律宾	避免双重征税协定（或安排）

续表

项目	国家（或地区）	依据
2. 互免企业所得税	除项目1所列国家外其他所有与我有税收协定（或安排）的国家（或地区）	避免双重征税协定（或安排）
	智利、朝鲜、黎巴嫩	海运协定税收条款
	阿根廷	互免国际运输收入税收协议或换函
3. 互免个人所得税	前南斯拉夫、克罗地亚、希腊、黎巴嫩 韩国	海运协定税收条款 税收协定议定书
4. 互免间接税	日本、丹麦、新加坡（第8条及议定书）、阿联酋、韩国（第8条及议定书）、印度（第8条及议定书）、毛里求斯、斯洛文尼亚、以色列、乌克兰、牙买加、马来西亚（2000年议定书）、香港特区	避免双重征税协定（或安排）
	日本、比利时、德国、挪威、丹麦、芬兰、瑞典、荷兰、保加利亚、巴基斯坦、塞浦路斯、罗马尼亚、巴西、马耳他、克罗地亚、越南、乌克兰、希腊、古巴、格鲁吉亚、阿尔及利亚、智利、朝鲜、意大利、加拿大	海运协定税收条款
	美国、前南斯拉夫（互免海运收入税收协定）、俄罗斯（海运合作协定）、老挝（河运协定）、波兰、斯里兰卡、阿根廷、智利、意大利	互免国际运输收入税收协议或换函

第八章

企业清算

第一节　清算概述

一、清算的概念

企业清算是指在企业面临终止的情况下，负有清算义务的主体按照法律规定的方式、程序对公司的资产、负债、股东权益等公司的状况作全面的清理和处置，使得企业与其他社会主体之间产生的权利和义务归于消灭，从而为企业的终止提供合理依据的行为。

《财政部　国家税务总局关于企业清算业务企业所得税处理若干问题的通知》（财税［2009］60号）所称企业清算是指企业因合并、兼并、破产等原因终止生产经营活动，并对企业资产、债权、债务所作的清查、收回和清偿工作。

二、清算的原因

根据依法进行的清算程序不同，公司清算分为破产清算与非破产清算。

非破产清算是指在公司解散的情况下，依照《公司法》的规定所进行的清算。

《公司法》第一百八十一条规定，公司因下列原因解散：

（1）公司章程规定的营业期限届满或者公司章程规定的其他解散事由出现；

（2）股东会或者股东大会决议解散；

（3）因公司合并或者分立需要解散；

（4）依法被吊销营业执照、责令关闭或者被撤销；

（5）人民法院依照本法第一百八十三条的规定予以解散。

《公司法》第一百八十三条规定，公司经营管理发生严重困难，继续存续会使股东利益受到重大损失，通过其他途径不能解决的，持有公司全部股东表决权百分之十以上的股东，可以请求人民法院解散公司。

破产清算是指在公司不能清偿到期债务的情况下，依照《破产法》的规定所进行的清算。

《公司法》第一百九十一条规定："公司被依法宣告破产的，依照有关企业破产的法律实施破产清算。"

实践中也存在一种情况，即公司终止时，由于尚未进行清算，对其资产负债情况并不十分清楚，可能首先启动的是非破产清算，但经清理公司的财产和债权债务关系，发现其财产不足以偿还全部债务时，这时，非破产清算程序将无法进行下去。这就需要清算组织或者债权人按照《破产法》的有关规定向人民法院提起破产清算程序，从而由非破产清算程序转入破产清算程序。

《公司法》第一百八十八条规定："清算组在清理公司财产、编制资产负债表和财产清单后，发现公司财产不足清偿债务的，应当依法向人民法院申请宣告破产。公司经人民法院裁定宣告破产后，清算组应当将清算事务移交给人民法院。"

区分破产清算和非破产清算的主要目的是公司所依法进行的清算程序不同。

公司终止时，如果财产足以偿还债务时，进行的清算为非破产清算，理论上全部债权人的债权均能实现，而且往往还存在剩余财产可供分配。

否则，如果财产已不足以偿还全部债务的，则必须按照破产清算程序进行清算，按照法定程序和公平受偿原则清偿了破产企业职工工资、劳动保险费用、所欠税款、破产债权后，公司终止。

三、清算的范围

公司清算的范围包括公司股东的出资、公司的资产、债权、债务。

股东的出资不仅涉及公司存续时股东权益的分配，而且在公司终止时，其将直接影响公司股东对剩余财产的分配，更重要的是，出资还是公司债权人利益的根本保证。因此，在公司清算的时候一定要核验股东的出资。

公司清算时，应清查公司资产包括债权债务，分析债权债务的性质、清偿和收回的合理性依据。对这些事项的清算，一是要清偿公司的债权，二是要回收公司的债务，而且要安置公司的职工，并为公司股东分配剩余财产提供合法的依据。

四、清算机构

清算机构是清算事务的执行人。公司解散、宣告破产后，在清算终结前，公司的法人资格仍然存在，其股东会和监事会作为公司机构仍然存在，只是作为公司决策机构和对外代表的董事会以及作为公司执行机构的管理层不再履行其职责，而由清算组织替代，负责公司清算期间事务的处理。

根据《公司法》第一百八十四条规定，公司除因合并或者分立而自然解散外，应当在解散事由出现之日起15日内成立清算组，开始清算。有限责任公司的清算组由股东组成，股份有限公司的清算组由董事或者股东大会确定的人员组成。逾期不成立清算组进行清算的，债权人可以申请人民法院指定有关人员组成清算组进行清算。人民法院应当受理该申请，并及时组织清算组进行清算。

根据《公司法》第一百八十五条规定，清算组在清算期间可以行使下列职权：

（一）清理公司财产，分别编制资产负债表和财产清单；

（二）通知、公告债权人；

（三）处理与清算有关的公司未了结的业务；

（四）清缴所欠税款以及清算过程中产生的税款；

（五）清理债权、债务；

（六）处理公司清偿债务后的剩余财产；

（七）代表公司参与民事诉讼活动。

五、清算的程序

清算组织正式成立后，公司即开始进入实质性清算程序。

1. 清理公司资产。清算组织要全面清理公司的全部财产，清算组需要编制资产负债表和财产清单，作为下一步工作的基础。

2. 通知、公告债权人并进行债权登记。清算组应当自成立之日起10日内通知债权人，并于60日内在报纸上公告。

债权人应当自接到通知书之日起30日内，未接到通知书的自公告之日起45日内，向清算组申报其债权。

债权人申报债权，应当说明债权的有关事项，并提供证明材料。清算组应当对债权进行登记。在申报债权期间，清算组不得对债权人进行清偿。为了防止清算组对个别债权人进行优先清偿，新法增加规定了在债权申报期间，清算组不得对债权人进行清偿的法定义务。

3. 提出财产估价和清算方案。清算组在清理公司财产、编制资产负债表和财产清单后，应当制订清算方案，提出收取债权和清偿债务的具体安排，并报股东会、股东大会或者人民法院确认。

4. 分配财产。清算的核心任务是分配财产。根据《公司法》第一百八十七条的规定，财产的分配顺序依次为：

（1）支付清算费用；

（2）支付职工的工资、社会保险费用和法定补偿金；

（3）缴纳所欠税款；

（4）清偿公司债务。

上述四项款项清偿完毕之后的公司剩余财产，有限责任公司按照股东的出资比例分配，股份有限公司按照股东持有的股份比例分配。

取得公司剩余财产的分配权，是公司股东自益权的一项重要内容，是公司股东的基本权利。其基本要求是：既要最大限度保护股东的权益，又要体现平等和公平分配的原则。在分配方式上可采取货币分配、实物分配或者作价分配等形式。清算期间，公司存续，但不得开展与清算无关的经营活动。公司财产在未按照上述规定清偿前，不得分配给股东。

《公司法》第二百零五条规定，公司在进行清算时，隐匿财产，对资产负债表或者财产清单作虚假记载或者在未清偿债务前分配公司财产的，由公司登记机关责令改正，对公司处以隐匿财产或者未清偿债务前分配公司财产金额百分之五以上百分之十以下的罚款；对直接负责的主管人员和其他直接责任人员处以 1 万元以上 10 万元以下的罚款。

如果是破产清算，根据《破产法》第一百一十三条规定，破产财产在优先清偿破产费用和共益债务后，依照下列顺序清偿：

（1）破产人所欠职工的工资和医疗、伤残补助、抚恤费用，所欠的应当划入职工个人账户的基本养老保险、基本医疗保险费用，以及法律、行政法规规定应当支付给职工的补偿金；

（2）破产人欠缴的除前项规定以外的社会保险费用和破产人所欠税款；

（3）普通破产债权。

破产财产不足以清偿同一顺序的清偿要求的，按照比例分配。破产企业的董事、监事和高级管理人员的工资按照该企业职工的平均工资计算。

5. 清算的中止与终止。《公司法》第一百八十八条规定，清算组在清理公司财产、编制资产负债表和财产清单后，发现公司财产不足清偿债务的，应当依法向人民法院申请宣告破产。公司经人民法院裁定宣告破产后，清算组应当将清算事务移交给人民法院。这种情形属于清算的中止。

《公司法》第一百八十九条规定，公司清算结束后，清算组应当制作清算报告，报股东会、股东大会或者人民法院确认，并报送公司登记机关，申请注销公司登记，公告公司终止。

第二节 税收法规分析

一、法规框架

企业清算过程中涉及资产的处置，应缴纳相关的流转税、契税和土地增值税等；被清算企业如果有清算所得则需要缴纳企业所得税；被清算企业股东分配取得的剩余资产减除股息所得后的余额，超过或低于股东投资成本的部分，应确认为股东的投资转让所得或损失。企业清算涉及的税负框架如表8－1所示。

表8－1 企业清算主要税收政策一览表

税种	政策分析	税收文件依据	备注
企业所得税	征税	国务院令第512号第十一条 财税［2009］60号	被清算企业如具有清算所得征税；被清算企业股东分配取得的剩余资产减除股息所得后的余额，超过或低于股东投资成本的部分，应确认为股东的投资转让所得或损失
个人所得税	征税	中华人民共和国国务院令第519号	自然人股东取得被清算企业分配的剩余资产，超过或低于股东投资成本的部分，应确认为股东的投资转让所得或损失
增值税	符合国家税务总局2011年第13号和第51号公告规定条件的不征； 其他征收	财政部 国家税务总局第50号令 财政部 国家税务总局第52号令 国家税务总局公告2011年第13号和第51号	纳税人在资产重组过程中，通过合并、分立、出售、置换等方式，将全部或者部分实物资产以及与其相关联的债权、负债和劳动力一并转让给其他单位和个人，不属于增值税或营业税的征税范围，其中涉及的货物转让不征收增值税，涉及的不动产、土地使用权转让，不征收营业税
营业税	符合国家税务总局2011年第13号和第51号公告规定条件的不征； 其他征收	财政部 国家税务总局第50号令 财政部 国家税务总局第52号令 国家税务总局公告2011年第13号和第51号	纳税人在资产重组过程中，通过合并、分立、出售、置换等方式，将全部或者部分实物资产以及与其相关联的债权、负债和劳动力一并转让给其他单位和个人，不属于增值税或营业税的征税范围，其中涉及的货物转让不征收增值税，涉及的不动产、土地使用权转让，不征收营业税
土地增值税	除财税［1995］48号文规定的兼并情形为； 其他征税	国务院令［1993］138号 财税［1995］48号	在企业兼并中，对被兼并企业将房地产转让到兼并企业中的，暂免征收土地增值税
契税	征税 除财税［2012］4号文规定的情况外	财税［2012］4号	执行期限为2012年1月1日至2014年12月31日
印花税	征税		

二、企业所得税

企业清算的所得税处理，是指企业在不再持续经营，发生结束自身业务、处置资产、偿还债务以及向所有者分配剩余财产等经济行为时，对清算所得、清算所得税、股息分配等事项的处理。

根据财税［2009］60号文，企业清算的所得税处理包括以下内容：

（1）全部资产均应按可变现价值或交易价格，确认资产转让所得或损失；

（2）确认债权清理、债务清偿的所得或损失；

（3）改变持续经营核算原则，对预提或待摊性质的费用进行处理；

（4）依法弥补亏损，确定清算所得；

（5）计算并缴纳清算所得税；

（6）确定可向股东分配的剩余财产、应付股息等。

（一）清算对象

根据《宁波市国家税务局直属税务分局　宁波国家高新技术产业开发区国家税务局关于印发企业所得税清算管理暂行办法的通知》（甬国税直［2009］60号）第三条，凡居民企业（包括查账征收和核定征收企业）有下列情形之一的，应按本办法规定进行企业所得税清算：

1. 企业章程规定的营业期限届满或者其他解散事由出现；

2. 企业股东会、股东大会或类似机构决议解散；

3. 企业依法被吊销营业执照、责令关闭或者被撤销；

4. 企业被人民法院依法予以解散或宣告破产；

5. 企业在重组中因合并或者分立而不再持续经营；

包括企业所得税采用一般税务处理情况下，企业合并中的被合并企业和企业分立业务中不再存续的被分立企业。

6. 企业因登记注册地址迁移至中华人民共和国境外（包括港、澳、台地区）；

7. 企业由法人变更为个人独资企业、个人合伙企业、个体工商户等非法人组织；

8. 企业因其他情形解散或注销。

企业在办理注销税务登记之前，如属于上述规定情形需要进行企业所得税清算的，应依照税法的规定办理企业所得税的清算，并就其清算所得填写《企业清算所得纳税申报表》，向主管税务机关申报并依法缴纳企业所得税。

企业所得税的清算，应当根据国家有关法律、行政法规、规章等规定，以合法有效的合同、章程、协议等为基础，按照合法、公平、公允、及时和保护国家税收利益、保障纳税人合法权益的原则进行。

（二）清算期间

企业所得税清算期间是指企业自终止正常的生产经营活动开始清算之日起，至主管税务机关办理注销税务登记前的期间。企业清算时，应当以整个清算期间作为一个独立的纳税年度，依法计算清算所得及其应纳所得税。清算期间，企业存续，但不得开展与清算无关的生产、经营活动。

企业清算开始之日具体为：

1. 公司章程规定的营业期限届满或者公司章程规定的其他解散事由出现的，董事会等权力机构解散的决议日；

2. 股东会或者股东大会决议解散，股东会或者股东大会的决议日；

3. 依法被吊销营业执照、责令关闭或者被撤销，相关行政机关文件签发日；

4. 因公司经营管理发生严重困难，继续存续会使股东利益受到重大损失，通过其他途径不能解决的，持有公司全部股东表决权百分之十以上的股东，请求人民法院解散公司，人民法院予以解散，人民法院裁决日或判决日；

5. 人民法院依照《破产法》规定宣告债务人破产，人民法院宣告日；

6. 企业重组中需要按清算处理的企业，经董事会等权力机构批准的企业重组协议或合同的签约日；

7. 其他需要清算的情形，相关证明文件生效日。

企业应自开始清算之日起 6 个月内，办理企业所得税清算，并自清算结束之日起 15 日内，向主管税务机关报送企业清算所得税纳税申报表，结清税款。纳税人因特殊情况，需要延期进行清算申报的，比照延期申报的有关规定处理。

企业在办理企业所得税清算申报前，应依照税法的规定先向主管税务机关办理当期企业所得税申报和年度企业所得税汇算清缴，依法缴纳企业所得税。

企业在年度中间终止经营活动的，应当自实际经营终止之日起 60 日内，先向主管税务机关办理当期企业所得税申报和年度企业所得税汇算清缴，依法缴纳企业所得税。

（三）清算所得

清算所得是指企业的全部资产按可变现价值或交易价格减除其计税基础、清算费用、相关税费，加上债务清偿损益等后的余额。

计算公式如下：

清算所得 = 企业的全部资产可变现价值或交易价格 - 资产净值 - 清算费用 - 相关税费清算所得 + 债务清偿损益 = 资产处置损益 + 负债清偿损益 - 清算费用 - 清算税金及附加 + 其他所得或支出

企业的全部资产可变现价值或者交易价格是指企业全部资产在清算处置时为企业带来的经济利益，即公允价值或实际成交价。是企业清理所有债权债务关系、完成清算后，所剩余的全部资产折现计算的价值。如果企业剩余资产能在市场上出售而变现，则可以其交易价格为基础。从企业全部资产可变现价值或者交易价格中减除资产净值，再减除税费和清算费用，所得出的余额就是在清算过程中企业资产增值的部分。这时企业的法人形态尚存在，根据《企业所得税法》的规定，应当就该部分所得缴纳企业所得税。

企业的全部资产可变现价值，对于因合并、兼并等原因终止而清算的，资产现值的确定需经资产评估机构评估，并以此作为资产变现的依据。对于因破产原因而终止清算的，资产的现值应以资产实际处置，即以变现额为依据。企业所得税的计税依据从正常的应纳税所得额转为企业清算所得。

清算费用是指企业清算过程中发生的与清算业务有关的费用支出，包括清算组组成人员的报酬，清算财产的管理、变卖及分配所需的评估费、咨询费等费用，清算过程中支付的诉讼费用、仲裁费用及公告费用，以及为维护债权人和股东的合法权益支付的其他费用。清算费用按实列支。

被清算企业的法人股东分得的剩余资产的金额，其中相当于被清算企业累计未分配利润和累计盈余公积中按该股东所占股份比例计算的部分，应确认为股息所得；剩余资产减除股息所得后的余额，超过或低于股东投资成本的部分，应确认为股东的投资转让所得或损失。

根据《大连市地方税务局关于加强企业注销和重组自然人股东个人所得税管理的通知》（大地税函［2009］212 号），企业注销税务登记按照财税［2009］60 号文规定清算的，股东分得的剩余资产扣除投资成本后的余额，按照“利息、股息、红利所得”项目计算征收个人所得税。企业注销税务登记未进行清算或无法取得清算所得相关信息的，以企业期末留存收益和资本公积之和，按照股东所占股份比例计算的部分确认为应纳税所得额，计算征收“利息、股息、红利所得”项目个人所得税，不得因企业存在的债权、债务而调整应纳税所得额。本条所指的“注销税务登记”，不包括企业因住所、经营地点变动而改变税务登记机关的情形。

若企业在合并分立过程中选择企业所得税特殊性税务处理的，以被合并或分立前的企业期末留存收益、资本公积和非股权支付对应清算所得和损失之和，按股东所占股份比例计算的部分确认为应纳税所得额，计算征收“利息、股息、红利所得”项目个人所得税：

应纳税所得额 =［企业期末留存收益 + 企业期末资本公积 +（被转让资产的公允价值 - 被转让资产的计税基础）×（非股权支付金额 ÷ 被转让资产的公允价值）］×股东所占股份比例

（四）清算申报

企业成立清算组开展清算活动的，应当在清算组成立之日后 10 日内向主管税务机关报告，由清算组在规定的期限内出具清算报告。企业清算不成立清算组的，由纳税人委托有资质的中介机构进行清算，并出具清算报告。主管税务机关接收企业提交的清算报告，进行税收清算。

企业应当自清算开始之日起 15 日内向主管税务机关备案并附送下列资料：

（1）企业终止正常生产经营活动开始清算的证明文件；

（2）清算联络人员名单及联系方式；

（3）清算组成立文件；

（4）欠税报告表（如有欠税）。

主管税务机关获知或收到企业破产清算组发布公告申报债权通知后，在接到通知书之日起30日内，未接到通知书的自公告之日起45日内，向清算组申报税务债权。

企业按照法定程序清算结束后，按照有关规定持下列有关资料向主管税务机关办理所得税清算申报，主管税务机关接收纳税人提交的清算报告，进行税收清算：

（1）中华人民共和国企业清算所得税申报表（见表8－1）；

（2）资产处置损益明细表（表8－1附表1）；

（3）负债清偿损益明细表（表8－1附表2）；

（4）剩余财产计算和分配明细表（表8－1附表3）；

（5）清算期间财务会计报告（资产负债表、损益表、资产盘点表）；

（6）法定资质的中介机构出具的房屋、建筑物、土地使用权等资产的资产评估报告；

（7）法定资质的中介机构出具的税收清算报告；

（8）《欠缴税款申报及确认表》；

（9）企业清算结束尚未处置的财产清单，清算组织指定保管人的授权委托书、组织机构代码证和身份证复印件；

（10）主管税务机关要求报送的其他资料。

企业在办妥清算申报，结清税款后，持下列有关资料向主管税务机关办理注销税务登记手续。主管税务机关在清算申报之前不得接受企业提出的注销申请：

（1）注销税务登记申请表；

（2）中华人民共和国企业清算所得税申报表；

（3）企业清算所得税完税凭证；

（4）主管税务机关要求报送的其他资料。

表 8－1　　中华人民共和国企业清算所得税申报表

清算期间：　　　年　　月　　日至　　　　年　　月　　日

纳税人名称：

纳税人识别号：□□□□□□□□□□□□□□□□□□□　　　　　　金额单位：　　元（列至角分）

类别	行次	项　　目	金　　额
应纳税所得额计算	1	资产处置损益（填附表一）	
	2	负债清偿损益（填附表二）	
	3	清算费用	
	4	清算税金及附加	
	5	其他所得或支出	
	6	清算所得（1＋2－3－4＋5）	
	7	免税收入	
	8	不征税收入	
	9	其他免税所得	
	10	弥补以前年度亏损	
	11	应纳税所得额（6－7－8－9－10）	
应纳所得税额计算	12	税率（25％）	
	13	应纳所得税额（11×12）	
应补（退）所得税额计算	14	减（免）企业所得税额	
	15	境外应补所得税额	
	16	境内外实际应纳所得税额（13－14＋15）	
	17	以前纳税年度应补（退）所得税额	
	18	实际应补（退）所得税额（16＋17）	

纳税人盖章： 清算组盖章： 经办人签字： 申报日期：　　　年　月　日	代理申报中介机构盖章： 经办人签字及执业证件号码： 代理申报日期：　　　年　月　日	主管税务机关 受理专用章： 受理人签字： 受理日期：　　　年　月　日

表 8－1 附表 1

资产处置损益明细表

填报时间：　　年　　月　日　　　　　　　　　　　　　　　　　　金额单位：　　元（列至角分）

行次	项　　目	账面价值 (1)	计税基础 (2)	可变现价值或交易价格 (3)	资产处置损益 (4) ＝ (3) － (2)
1	货币资金				
2	短期投资＊				
3	交易性金融资产#				
4	应收票据				
5	应收账款				
6	预付账款				
7	应收利息				
8	应收股利				
9	应收补贴款＊				
10	其他应收款				
11	存货				
12	待摊费用＊				
13	一年内到期的非流动资产				
14	其他流动资产				
15	可供出售金融资产#				
16	持有至到期投资#				
17	长期应收款#				
18	长期股权投资				
19	长期债权投资＊				
20	投资性房地产#				
21	固定资产				
22	在建工程				
23	工程物资				
24	固定资产清理				
25	生物资产#				
26	油气资产#				
27	无形资产				
28	开发支出#				
29	商誉#				
30	长期待摊费用				
31	其他非流动资产				
32	总计				

经办人签字：　　　　　　　　　　　　　　纳税人盖章：

表 8－1 附表 2　　负债清偿损益明细表

填报时间：　　年　月　日　　　　　　　　金额单位：　元（列至角分）

行次	项　目	账面价值 (1)	计税基础 (2)	清偿金额 (3)	负债清偿损益 (4) = (2) - (3)
1	短期借款				
2	交易性金融负债#				
3	应付票据				
4	应付账款				
5	预收账款				
6	应付职工薪酬#				
7	应付工资 *				
8	应付福利费 *				
9	应交税费				
10	应付利息				
11	应付股利				
12	其他应交款 *				
13	其他应付款				
14	预提费用 *				
15	一年内到期的非流动负债				
16	其他流动负债				
17	长期借款				
18	应付债券				
19	长期应付款				
20	专项应付款				
21	预计负债#				
22	其他非流动负债				
23	总计				

经办人签字：　　　　　　　　　　纳税人盖章：

表 8-1 附表 3　　　　剩余财产计算和分配明细表

填报时间：　　年　月　日　　　　　　　　　　　　　　　　金额单位：元（列至角分）

<table>
<tr><th>类　别</th><th>行次</th><th colspan="4">项　　目</th><th>金　额</th></tr>
<tr><td rowspan="12">剩余财产计算</td><td>1</td><td colspan="4">资产可变现价值或交易价格</td><td></td></tr>
<tr><td>2</td><td colspan="4">清算费用</td><td></td></tr>
<tr><td>3</td><td colspan="4">职工工资</td><td></td></tr>
<tr><td>4</td><td colspan="4">社会保险费用</td><td></td></tr>
<tr><td>5</td><td colspan="4">法定补偿金</td><td></td></tr>
<tr><td>6</td><td colspan="4">清算税金及附加</td><td></td></tr>
<tr><td>7</td><td colspan="4">清算所得税额</td><td></td></tr>
<tr><td>8</td><td colspan="4">以前年度欠税额</td><td></td></tr>
<tr><td>9</td><td colspan="4">其他债务</td><td></td></tr>
<tr><td>10</td><td colspan="4">剩余财产（1-2-……-9）</td><td></td></tr>
<tr><td>11</td><td colspan="4">其中：累计盈余公积</td><td></td></tr>
<tr><td>12</td><td colspan="4">累计未分配利润</td><td></td></tr>
<tr><td rowspan="7">剩余财产分配</td><td></td><td>股东名称</td><td>持有清算企业权益性投资比例（%）</td><td>投资额</td><td>分配的财产金额</td><td>其中：确认为股息金额</td></tr>
<tr><td>13</td><td>（1）</td><td></td><td></td><td></td><td></td></tr>
<tr><td>14</td><td>（2）</td><td></td><td></td><td></td><td></td></tr>
<tr><td>15</td><td>（3）</td><td></td><td></td><td></td><td></td></tr>
<tr><td>16</td><td>……</td><td></td><td></td><td></td><td></td></tr>
<tr><td>17</td><td>……</td><td></td><td></td><td></td><td></td></tr>
<tr><td></td><td></td><td></td><td></td><td></td><td></td></tr>
</table>

经办人签字：　　　　　　　　　　　纳税人盖章：

（五）征收管理

企业在经营期间无论采取查账征收方式还是核定征收方式缴纳企业所得税，在清算期间均采取查账征收方式计算缴纳企业所得税。

企业依法清算时，清算期间作为一个独立纳税年度，以前年度的亏损可以用清算所得弥补。由于清算期间不属于正常的生产经营期间，因此，清算企业不能享受法定减免税优惠（包括定期减免优惠、小型微利企业优惠税率、高新技术企业优惠税率等），一律适用基本税率 25%。

企业应当在办理注销登记前，就其清算所得向税务机关申报并依法缴纳企业所得税。应当自实际经营终止之日起 60 日内，向税务机关办理当期企业所得税汇算清缴。

企业清算资产的损失，应按照企业财产税前扣除审批流程的要求提供相关证明材料，经主管税务机关审核批准后，方可作为清算资产损失。企业发生的下列坏账损失，不得计入清算资产损失：

（1）除金融企业以外的企业直接借出的款项，由于债务人破产、关闭、死亡等原因无法收回或逾期无法收回的。

（2）关联企业之间的应收账款。经法院判决负债方破产且破产企业的财产不足以清偿负债的部分除外。

（3）税收法律、行政法规规定不得作为坏账损失的。

对于经营期间没有收入，但有资产或者只有收入，没有资产的企业，主管税务机关可以适当简化所得税清算工作。企业进行清算所得税申报时可只提供企业所得税清算申报表、清算期间资产负债表、损益表、资产盘点表及主管税务机关要求报送的其他资料。

三、流转税

流转税包括增值税、营业税和消费税。

根据国家税务总局 2011 年第 13 号和第 51 号公告，纳税人在资产重组过程中，通过合并、分立、出售、置换等方式，将全部或者部分实物资产以及与其相关联的债权、负债和劳动力一并转让给其他单位和个人，不属于增值税或营业税的征税范围，其中涉及的货物转让不征收增值税，涉及的不动产、土地使用权转让，不征收营业税。

如果不符合国家税务总局 2011 年第 13 号和第 51 号公告规定的不征税条件，则企业在清算过程中发生货物、设备、无形资产和不动产的销售或抵偿债务，应按规定计算缴纳相应税费。

如果处置的资产中包含已使用过的固定资产则应根据财税［2008］170 号文第四条的规定处理。

自 2009 年 1 月 1 日起，纳税人销售自己使用过的固定资产（以下简称已使用过的固定资产），应区分不同情形征收增值税：

（1）销售自己使用过的 2009 年 1 月 1 日以后购进或者自制的固定资产，按照适用税率征收增值税；

（2）2008 年 12 月 31 日以前未纳入扩大增值税抵扣范围试点的纳税人，销售自己使用过的 2008 年 12 月 31 日以前购进或者自制的固定资产，按照 4% 征收率减半征收增值税；

（3）2008 年 12 月 31 日以前已纳入扩大增值税抵扣范围试点的纳税人，销售自己使用过的在本地区扩大增值税抵扣范围试点以前购进或者自制的固定资产，按照 4% 征收率减半征收增值税；销售自己使用过的在本地区扩大增值税抵扣范围试点以后购进或者自制的固定资产，按照适用税率征收增值税。

已使用过的固定资产，是指纳税人根据财务会计制度已经计提折旧的固定资产。

另外，破产企业属增值税一般纳税人的，应以破产企业进入清算期前的欠税额，扣除进入清算期前的尚未抵扣的留抵税额和尚未抵扣的期初存货已征税款后的余额，作为破产企业应清偿的欠税额。若企业的欠税额为负（不包括期初存货已征税款），属多缴税款的，应予以退税；属留抵税额的，应当允许其在清算期间发生的应纳税额中抵减，抵减后还有余额的，不予退税［《湖南省国家税务局关于破产企业增值税政策业务问题的通知》（湘国税函［1998］235号）］。

如果清算过程中，纳税人用消费税应税消费品抵偿债务，则应当根据国税发［1993］156号文的规定，以纳税人同类应税消费品的最高销售价格作为计税依据计算消费税。

四、契税

企业在清算过程中涉及房屋建筑物、国有土地使用权的转让，房屋建筑物和土地承受方应按规定计算缴纳契税。

同时，根据财税［2012］4号文规定，企业依照有关法律、法规规定实施破产，债权人（包括破产企业职工）承受破产企业抵偿债务的土地、房屋权属，免征契税；对非债权人承受破产企业土地、房屋权属，凡按照我国《劳动法》等国家有关法律、法规、政策妥善安置原企业全部职工，与原企业全部职工签订服务年限不少于3年的劳动用工合同的，对其承受所购企业的土地、房屋权属，免征契税；与原企业超过30%的职工签订服务年限不少于3年的劳动用工合同的，减半征收契税。执行期限为2012年1月1日至2014年12月31日。

五、土地增值税

企业在清算过程中涉及房屋建筑物、国有土地使用权的转让，转让方应按规定计算缴纳土地增值税。

同时，根据财税［1995］48号文第三条关于企业兼并转让房地产的征免税问题的规定，在企业兼并中，对被兼并企业将房地产转让到兼并企业中的，暂免征收土地增值税。

第三节 案例分析

【案例8－1】A公司于2011年被B公司吸收合并，A公司注销；A1和A2为A公司股东，其中A1为自然人股东，持股40%，A2为公司法人股东，持股60%；A1对A

公司投资的原计税基础为 800 万元，A2 对 A 公司投资的原计税基础为 1 200 万元。合并基准日 A 公司资产计税基础为 5 000 万元，其中盈余公积和未分配利润为 2 000 万元，公允价值为 10 000 万元。

合并交易对价以现金支付，不满足企业所得税处理条件，资产于 2011 年 9 月 1 日完成交割，经股东大会批准 A 公司开始自行组织清算，公司清算过程中发生清算费用 200 万元（包括税费），于 2011 年 12 月 10 日完成清算手续，申请办理税务注销登记。

一、所得税处理

首先企业从 2011 年 1 月 1 日至 8 月 31 日为企业的正常生产经营期间，应以这 8 个月为一个纳税年度，就这 8 个月的生产经营所得计算纳税，进行所得税的汇算清缴。

1. 清算对象。本案例中 A 公司被吸收合并后注销，为清算对象。

2. 清算期间。

清算起始日为 2011 年 9 月 1 日股东大会批准公司组织清算。

清算期间为 2011 年 9 月 1 日股东大会批准公司组织清算至 2011 年 12 月 10 日完成清算手续办理税务注销登记。

3. 清算所得：

清算所得 = A 的全部资产可变现价值或交易价格 - 资产净值 - 清算费用 - 相关税费

清算所得 + 债务清偿损益 = 10 000 - 5 000 - 200 = 4 800（万元）

清算所得应纳所得税税额 = 4 800 × 25% = 1 200（万元）

股东 A1 应缴纳的个人所得税[①] = （4 800 × 800/1 200 - 800） × 20%

= （1 920 - 800） × 20% = 224（万元）

股东 A2 应缴纳的企业所得税[②] = （4 800 × 1 200/2 000 - 2 000 × 1 200/2 000 - 1 200）× 25% = 120（万元）

根据《企业所得税法》第二十六条的规定，符合条件的居民企业之间的股息、红利等权益性投资收益为免税收入。

4. 清算申报。企业应当自 2011 年 9 月 1 日清算开始之日起 15 日内向主管税务机关备案并附送下列资料：

（1）企业终止正常生产经营活动开始清算的证明文件；

（2）清算联络人员名单及联系方式；

（3）清算组成立文件；

---

① 根据大地税函［2009］212 号文规定，企业注销税务登记按照财税［2009］60 号文规定清算的，自然人股东分得的剩余资产扣除投资成本后的余额，按照“利息、股息、红利所得”项目计算征收个人所得税。

② 被清算企业的法人股东分得的剩余资产的金额，其中相当于被清算企业累计未分配利润和累计盈余公积中按该股东所占股份比例计算的部分，应确认为股息所得；剩余资产减除股息所得后的余额，超过或低于股东投资成本的部分，应确认为股东的投资转让所得或损失。

（4）欠税报告表（如有欠税）。

2011年12月10日企业按照法定程序清算结束后，按照有关规定持下列有关资料向主管税务机关办理所得税清算申报，主管税务机关接收纳税人提交的清算报告，进行税收清算：

（1）中华人民共和国企业清算所得税申报表；

（2）资产处置损益明细表（附表一）；

（3）负债清偿损益明细表（附表二）；

（4）剩余财产计算和分配明细表（附表三）；

（5）清算期间财务会计报告（资产负债表、损益表、资产盘点表）；

（6）法定资质的中介机构出具的房屋、建筑物、土地使用权等资产的资产评估报告；

（7）法定资质的中介机构出具的税收清算报告；

（8）《欠缴税款申报及确认表》；

（9）企业清算结束尚未处置的财产清单，清算组织指定保管人的授权委托书、组织机构代码证和身份证复印件；

（10）主管税务机关要求报送的其他资料。

5. 征收管理。A公司应该以清算期间作为一个独立纳税年度，以前年度的亏损可以用清算所得弥补。清算企业不能享受法定减免税优惠（包括定期减免优惠、小型微利企业优惠税率、高新技术企业优惠税率等），一律适用基本税率25%。

A公司应当自实际经营终止之日起60日内，向税务机关办理当期企业所得税汇算清缴；在办理注销登记前，就其清算所得向税务机关申报并依法缴纳企业所得税。

二、流转税

A公司被吸收合并过程中，资产、债权债务和劳动力全部被合并方所承接。根据国家税务总局2011年第13号和第51号公告，纳税人在资产重组过程中，通过合并、分立、出售、置换等方式，将全部或者部分实物资产以及与其相关联的债权、负债和劳动力一并转让给其他单位和个人，不属于增值税或营业税的征税范围，其中涉及的货物转让不征收增值税，涉及的不动产、土地使用权转让，不征收营业税。

三、契税

A公司被吸收合并，合并方存续。根据财税［2012］4号文规定，两个或两个以上的公司，依据法律规定、合同约定，合并为一个公司，且原投资主体存续的，对其合并后的公司承受原合并各方的土地、房屋权属，免征契税。

四、土地增值税

案例中A公司被吸收合并，房地产转移给合并方。根据财税［1995］48号文第三条关于企业兼并转让房地产的征免税问题的规定，在企业兼并中，对被兼并企业将房地产转让到兼并企业中的，暂免征收土地增值税。

本章小结

企业出现清算的原因有很多种，税法所谓的企业清算是指企业因合并、兼并、破产等原因终止生产经营活动，并对企业资产、债权、债务所作的清查、收回和清偿工作。而在财税［2009］59号文所述的重组业务中，需要进行清算的情形主要有以下几种：(1) 企业所得税采用一般税务处理情况下，企业合并中的被合并企业和企业分立业务中，不再存续的被分立企业；(2) 企业因登记注册地址迁移至中华人民共和国境外（包括港、澳、台地区）；(3) 企业由法人变更为个人独资企业、个人合伙企业、个体工商户等非法人组织。

清算意味着被清算企业自身经营活动和出资方投资活动的双重终结，所以在税务处理上需要分两个层次进行所得税处理。对于企业因合并分立等重组活动而清算的税务处理，在企业所得税和个人所得税规定上存在很大差异。目前，自然人在企业合并分立等重组活动的所得税处理，国家层面财政和税务主管机关没有出台文件进行规范，只有大连等个别地方有相关文件可以参考。所以，在进行企业清算所得税处理时，对个人股东要特别注意。

法源点读

❖ **最高人民法院关于适用《中华人民共和国公司法》若干问题的规定（二）（节选）**

（2008年5月5日最高人民法院审判委员会第1447次会议通过）

2008年5月12日

第一条　单独或者合计持有公司全部股东表决权百分之十以上的股东，以下列事由之一提起解散公司诉讼，并符合公司法第一百八十三条规定的，人民法院应予受理：

（一）公司持续两年以上无法召开股东会或者股东大会，公司经营管理发生严重困难的；

（二）股东表决时无法达到法定或者公司章程规定的比例，持续两年以上不能做出有效的股东会或者股东大会决议，公司经营管理发生严重困难的；

（三）公司董事长期冲突，且无法通过股东会或者股东大会解决，公司经营管理发生严重困难的；

（四）经营管理发生其他严重困难，公司继续存续会使股东利益受到重大损失的情形。

股东以知情权、利润分配请求权等权益受到损害，或者公司亏损、财产不足以偿还全部债务，以及公司被吊销企业法人营业执照未进行清算等为由，提起解散公司诉讼的，人民法院不予受理。

第二条 股东提起解散公司诉讼，同时又申请人民法院对公司进行清算的，人民法院对其提出的清算申请不予受理。人民法院可以告知原告，在人民法院判决解散公司后，依据公司法第一百八十四条和本规定第七条的规定，自行组织清算或者另行申请人民法院对公司进行清算。

第三条 股东提起解散公司诉讼时，向人民法院申请财产保全或者证据保全的，在股东提供担保且不影响公司正常经营的情形下，人民法院可予以保全。

第四条 股东提起解散公司诉讼应当以公司为被告。原告以其他股东为被告一并提起诉讼的，人民法院应当告知原告将其他股东变更为第三人；原告坚持不予变更的，人民法院应当驳回原告对其他股东的起诉。

原告提起解散公司诉讼应当告知其他股东，或者由人民法院通知其参加诉讼。其他股东或者有关利害关系人申请以共同原告或者第三人身份参加诉讼的，人民法院应予准许。

第五条 人民法院审理解散公司诉讼案件，应当注重调解。当事人协商同意由公司或者股东收购股份，或者以减资等方式使公司存续，且不违反法律、行政法规强制性规定的，人民法院应予支持。当事人不能协商一致使公司存续的，人民法院应当及时判决。

经人民法院调解公司收购原告股份的，公司应当自调解书生效之日起六个月内将股份转让或者注销。股份转让或者注销之前，原告不得以公司收购其股份为由对抗公司债权人。

第六条 人民法院关于解散公司诉讼做出的判决，对公司全体股东具有法律约束力。

人民法院判决驳回解散公司诉讼请求后，提起该诉讼的股东或者其他股东又以同一事实和理由提起解散公司诉讼的，人民法院不予受理。

第七条 公司应当依照公司法第一百八十四条的规定，在解散事由出现之日起十五日内成立清算组，开始自行清算。有下列情形之一，债权人申请人民法院指定清算组进行清算的，人民法院应予受理：

（一）公司解散逾期不成立清算组进行清算的；

（二）虽然成立清算组但故意拖延清算的；

（三）违法清算可能严重损害债权人或者股东利益的。

具有本条第二款所列情形，而债权人未提起清算申请，公司股东申请人民法院指定清算组对公司进行清算的，人民法院应予受理。

第八条　人民法院受理公司清算案件，应当及时指定有关人员组成清算组。

清算组成员可以从下列人员或者机构中产生：

（一）公司股东、董事、监事、高级管理人员；

（二）依法设立的律师事务所、会计师事务所、破产清算事务所等社会中介机构；

（三）依法设立的律师事务所、会计师事务所、破产清算事务所等社会中介机构中具备相关专业知识并取得执业资格的人员。

第九条　人民法院指定的清算组成员有下列情形之一的，人民法院可以根据债权人、股东的申请，或者依职权更换清算组成员：

（一）有违反法律或者行政法规的行为；

（二）丧失执业能力或者民事行为能力；

（三）有严重损害公司或者债权人利益的行为。

第十条　公司依法清算结束并办理注销登记前，有关公司的民事诉讼，应当以公司的名义进行。

公司成立清算组的，由清算组负责人代表公司参加诉讼；尚未成立清算组的，由原法定代表人代表公司参加诉讼。

第十一条　公司清算时，清算组应当按照《公司法》第一百八十六条的规定，将公司解散清算事宜书面通知全体已知债权人，并根据公司规模和营业地域范围在全国或者公司注册登记地省级有影响的报纸上进行公告。

清算组未按照前款规定履行通知和公告义务，导致债权人未及时申报债权而未获清偿，债权人主张清算组成员对因此造成的损失承担赔偿责任的，人民法院应依法予以支持。

第十二条　公司清算时，债权人对清算组核定的债权有异议的，可以要求清算组重新核定。清算组不予重新核定，或者债权人对重新核定的债权仍有异议，债权人以公司为被告向人民法院提起诉讼请求确认的，人民法院应予受理。

第十三条　债权人在规定的期限内未申报债权，在公司清算程序终结前补充申报的，清算组应予登记。

公司清算程序终结，是指清算报告经股东会、股东大会或者人民法院确认完毕。

第十四条　债权人补充申报的债权，可以在公司尚未分配财产中依法清偿。公司尚未分配财产不能全额清偿，债权人主张股东以其在剩余财产分配中已经取得的财产予以清偿的，人民法院应予支持；但债权人因重大过错未在规定期限内申报债权的除外。

债权人或者清算组，以公司尚未分配财产和股东在剩余财产分配中已经取得的财产，不能全额清偿补充申报的债权为由，向人民法院提出破产清算申请的，人民法院不予受理。

第十五条 公司自行清算的，清算方案应当报股东会或者股东大会决议确认；人民法院组织清算的，清算方案应当报人民法院确认。未经确认的清算方案，清算组不得执行。执行未经确认的清算方案给公司或者债权人造成损失，公司、股东或者债权人主张清算组成员承担赔偿责任的，人民法院应依法予以支持。

第十六条 人民法院组织清算的，清算组应当自成立之日起六个月内清算完毕。

因特殊情况无法在六个月内完成清算的，清算组应当向人民法院申请延长。

第十七条 人民法院指定的清算组在清理公司财产、编制资产负债表和财产清单时，发现公司财产不足清偿债务的，可以与债权人协商制作有关债务清偿方案。

债务清偿方案经全体债权人确认且不损害其他利害关系人利益的，人民法院可依清算组的申请裁定予以认可。清算组依据该清偿方案清偿债务后，应当向人民法院申请裁定终结清算程序。

债权人对债务清偿方案不予确认或者人民法院不予认可的，清算组应当依法向人民法院申请宣告破产。

第十八条 有限责任公司的股东、股份有限公司的董事和控股股东未在法定期限内成立清算组开始清算，导致公司财产贬值、流失、毁损或者灭失，债权人主张其在造成损失范围内对公司债务承担赔偿责任的，人民法院应依法予以支持。

有限责任公司的股东、股份有限公司的董事和控股股东因怠于履行义务，导致公司主要财产、账册、重要文件等灭失，无法进行清算，债权人主张其对公司债务承担连带清偿责任的，人民法院应依法予以支持。

上述情形系实际控制人原因造成，债权人主张实际控制人对公司债务承担相应民事责任的，人民法院应依法予以支持。

第十九条 有限责任公司的股东、股份有限公司的董事和控股股东，以及公司的实际控制人在公司解散后，恶意处置公司财产给债权人造成损失，或者未经依法清算，以虚假的清算报告骗取公司登记机关办理法人注销登记，债权人主张其对公司债务承担相应赔偿责任的，人民法院应依法予以支持。

第二十条 公司解散应当在依法清算完毕后，申请办理注销登记。公司未经清算即办理注销登记，导致公司无法进行清算，债权人主张有限责任公司的股东、股份有限公司的董事和控股股东，以及公司的实际控制人对公司债务承担清偿责任的，人民法院应依法予以支持。

公司未经依法清算即办理注销登记，股东或者第三人在公司登记机关办理注销登记时承诺对公司债务承担责任，债权人主张其对公司债务承担相应民事责任的，人民法院应依法予以支持。

第二十一条 有限责任公司的股东、股份有限公司的董事和控股股东，以及公司的实际控制人为二人以上的，其中一人或者数人按照本规定第十八条和第二十条第一款的规定承担民事责任后，主张其他人员按照过错大小分担责任的，人民法院应依法予以支持。

第二十二条　公司解散时，股东尚未缴纳的出资均应作为清算财产。股东尚未缴纳的出资，包括到期应缴未缴的出资，以及依照《公司法》第二十六条和第八十一条的规定分期缴纳尚未届满缴纳期限的出资。

公司财产不足以清偿债务时，债权人主张未缴出资股东，以及公司设立时的其他股东或者发起人在未缴出资范围内对公司债务承担连带清偿责任的，人民法院应依法予以支持。

第二十三条　清算组成员从事清算事务时，违反法律、行政法规或者公司章程给公司或者债权人造成损失，公司或者债权人主张其承担赔偿责任的，人民法院应依法予以支持。

有限责任公司的股东、股份有限公司连续一百八十日以上单独或者合计持有公司百分之一以上股份的股东，依据《公司法》第一百五十二条第三款的规定，以清算组成员有前款所述行为为由向人民法院提起诉讼的，人民法院应予受理。

公司已经清算完毕注销，上述股东参照《公司法》第一百五十二条第三款的规定，直接以清算组成员为被告、其他股东为第三人向人民法院提起诉讼的，人民法院应予受理。

第二十四条　解散公司诉讼案件和公司清算案件由公司住所地人民法院管辖。公司住所地是指公司主要办事机构所在地。公司办事机构所在地不明确的，由其注册地人民法院管辖。

基层人民法院管辖县、县级市或者区的公司登记机关核准登记公司的解散诉讼案件和公司清算案件；中级人民法院管辖地区、地级市以上的公司登记机关核准登记公司的解散诉讼案件和公司清算案件。

❖ 中华人民共和国公司登记管理条例（节选）

（2005 年 12 月 18 日中华人民共和国国务院令［2005］第 451 号）

第四十二条　公司解散，依法应当清算的，清算组应当自成立之日起 10 日内将清算组成员、清算组负责人名单向公司登记机关备案。

第四十三条　有下列情形之一的，公司清算组应当自公司清算结束之日起 30 日内向原公司登记机关申请注销登记：

（一）公司被依法宣告破产；

（二）公司章程规定的营业期限届满或者公司章程规定的其他解散事由出现，但公司通过修改公司章程而存续的除外；

（三）股东会、股东大会决议解散或者一人有限责任公司的股东、外商投资的公司董事会决议解散；

（四）依法被吊销营业执照、责令关闭或者被撤销；

（五）人民法院依法予以解散；

（六）法律、行政法规规定的其他解散情形。

第四十四条　公司申请注销登记，应当提交下列文件：

（一）公司清算组负责人签署的注销登记申请书；

（二）人民法院的破产裁定、解散裁判文书，公司依照《公司法》做出的决议或者决定，行政机关责令关闭或者公司被撤销的文件；

（三）股东会、股东大会、一人有限责任公司的股东、外商投资的公司董事会或者人民法院、公司批准机关备案、确认的清算报告；

（四）《企业法人营业执照》；

（五）法律、行政法规规定应当提交的其他文件。

国有独资公司申请注销登记，还应当提交国有资产监督管理机构的决定，其中，国务院确定的重要的国有独资公司，还应当提交本级人民政府的批准文件。

有分公司的公司申请注销登记，还应当提交分公司的注销登记证明。

第四十五条　经公司登记机关注销登记，公司终止。

第七十四条　公司在合并、分立、减少注册资本或者进行清算时，不按照规定通知或者公告债权人的，由公司登记机关责令改正，处以1万元以上10万元以下的罚款。

公司在进行清算时，隐匿财产，对资产负债表或者财产清单作虚假记载或者在未清偿债务前分配公司财产的，由公司登记机关责令改正，对公司处以隐匿财产或者未清偿债务前分配公司财产金额5%以上10%以下的罚款；对直接负责的主管人员和其他直接责任人员处以1万元以上10万元以下的罚款。

公司在清算期间开展与清算无关的经营活动的，由公司登记机关予以警告，没收违法所得。

第七十五条　清算组不按照规定向公司登记机关报送清算报告，或者报送清算报告隐瞒重要事实或者有重大遗漏的，由公司登记机关责令改正。

清算组成员利用职权徇私舞弊、谋取非法收入或者侵占公司财产的，由公司登记机关责令退还公司财产，没收违法所得，并可以处以违法所得1倍以上5倍以下的罚款。

参考文献

1. 邓远军：《公司并购税收问题研究》，中国税务出版社 2008 年版。

2. 胡海峰：《公司并购理论与实务》（修订第二版），首都经济贸易大学出版社 2010 年版。

3. 徐静霞："我国企业三次并购浪潮的动因分析"，《商业时代》2006 年第 2 期。

4. 中国证券监督管理委员会：《中国上市公司并购重组发展报告》，中国经济出版社 2012 年版。

5. 万格："2010 年中国并购市场统计分析报告"，China Venture 2011 年 1 月。

6. 渤海证券：《2011 年 A 股并购重组投资策略报告》，2011 年 11 月 23 日。

7. 谢宏："美国企业并购的税收制度"，《海外税收》2003 年 2 月。

8. 崔威：《对企业重组税务规则起草过程的反思》，中国政法大学比较法学院论文。

9. 崔威：《国有企业重组的"超特殊"税务处理：法律背景及评议》，中国政法大学比较法学院论文。

10. 崔威：《对企业重组税务规则起草过程的反思》，中国政法大学比较法学院论文。

11. 林德木："美国企业跨国重组特别反避税条款的评析及其借鉴意义"，《福州大学学报（哲学社会科学版）》2010 年第 2 期。

12. 林德木："美国联邦所得税法公司免税分立制度的介评"，《福州大学学报（哲学社会科学版）》2010 年第 2 期。

13. 林德木："美国对跨国并购融资中滥用税收协定的管制措施及评析"，《福建公安高等专科学校学报》2006 年第 2 期。

14. 孙景新、蔡曦蕾："解析三角并购——以美国公司法为视角"，《金融法苑，Financial Law Forum》2009 年第 2 期。

15. 广东省国家税务局、广东省国际税收研究会课题组：《企业跨境重组中的反避税对策》。

16. 周启光 ：《从沃达丰税案看非居民间接转让股权的所得税处理》，中国会计网 2012 年 4 月 9 日。

17. 李利威："全面解析三类跨境重组业务企业所得税的处理"，《中国税务报》2010 年 5 月 31 日。

18. 林德木、廖益新：《美国联邦公司并购税收制度研究》，科学出版社 2010 年版。

19. 马骁：《上市公司并购重组监管制度解析》，法律出版社 2009 年版。

20. 《中国境外投资指南之投资离岸市场须知》，2009 年至 2010 年第 1 版 LONGTAIL INTERNATIONAL。

21. 姜宁：《企业并购重组通论——以中国实践为基础的探讨》，经济科学出版社 2009 年版。

参考文件

一、公司证券法规

1.《国务院关于促进企业兼并重组的意见》（国发［2010］27 号）

2.《中华人民共和国公司法》

3.《中华人民共和国证券法》

4.《上市公司非公开发行股票实施细则（2011 年修订）》

5.《上市公司收购管理办法》

6.《上市公司重大资产重组管理办法》

7.《上市公司要约收购业务指南》

8.《境外投资管理办法》（中华人民共和国商务部令 2009 年第 5 号）

9.《企业国有资产监督管理暂行条例》（中华人民共和国国务院令第 378 号）

10.《关于上市公司股权分置改革的指导意见》

11.《外国投资者对上市公司战略投资管理办法》

12.《关于外国投资者并购境内企业的规定》

商务部、国务院国有资产监督管理委员会、国家税务总局、国家工商行政管理总局、国家证券监督管理委员会、国家外汇管理局令 2006 年第 10 号

13.《并购境内企业安全审查制度的通知》（国办发［2011］6 号）

14.《上市公司并购重组财务顾问业务管理办法》（中国证券监督管理委员会令第 54 号）

15.《上市公司重大资产重组申报工作指引》

16.《关于规范上市公司重大资产重组若干问题的规定》（证监会公告［2008］14

号）

17.《关于破产重整上市公司重大资产重组股份发行定价的补充规定》（中国证券监督管理委员会公告［2008］44 号）

18.《深圳证券交易所上市公司现金选择权业务指引》

19.《证券期货法律适用意见第 5 号〈上市公司证券发行管理办法〉第三十九条“违规对外提供担保且尚未解除”的理解和适用》（中国证券监督管理委员会公告［2009］16 号）

20.《证券期货法律适用意见第 10 号〈上市公司重大资产重组管理办法〉第三条有关拟购买资产存在资金占用问题的适用意见》（2011 年 1 月 17 日　证监会公告［2011］4 号）

21.《证券期货法律适用意见第 11 号〈上市公司重大资产重组管理办法〉第十二条上市公司在 12 个月内连续购买、出售同一或者相关资产的有关比例计算的适用意见》（2011 年 1 月 17 日　证监会公告［2011］5 号）

22.《信息披露内容与格式准则第 26 号——上市公司重大资产重组申请文件》（中国证券监督管理委员会公告［2008］13 号）

（2006 年 5 月 17 日中国证券监督管理委员会第 180 次主席办公会议审议通过，根据 2008 年 8 月 27 日中国证券监督管理委员会《关于修改〈上市公司收购管理办法〉第六十三条的决定》、2012 年 2 月 14 日中国证券监督管理委员会《关于修改〈上市公司收购管理办法〉第六十二条及第六十三条的决定》修订）

23.《证券期货法律适用意见第 9 号〈上市公司收购管理办法〉第七十四条有关通过集中竞价交易方式增持上市公司股份的收购完成时点认定的适用意见》（2011 年 1 月 17 日　证监会公告［2011］3 号）

24.《关于加强中央企业收购活动监管有关事项的通知》（国资规划［2004］720 号）

二、税收法规

1.《中华人民共和国企业所得税法实施条例》（中华人民共和国国务院令第 512 号）

2.《财政部　国家税务总局关于企业重组业务企业所得税处理若干问题的通知》（财税［2009］59 号）

3.《国家税务总局关于发布〈企业重组业务企业所得税管理办法〉的公告》（国家税务总局公告 2010 年第 4 号）

4.《财政部　国家税务总局关于企业清算业务企业所得税处理若干问题的通知》（财税［2009］60 号）

5.《宁波市国家税务局直属税务分局、宁波国家高新技术产业开发区、国家税务

局关于印发企业所得税清算管理暂行办法的通知》（甬国税直［2009］60号）

6.《国家税务总局关于加强非居民企业股权转让所得企业所得税管理的通知》（国税函［2009］698号）

7.《国家税务总局关于非居民企业所得税管理若干问题的公告》［国家税务总局公告2011年第24号］

8.《国家税务总局关于印发〈境外注册中资控股居民企业所得税管理办法（试行）〉的公告》（国家税务总局公告2011年第45号）

9.《财政部　国家税务总局关于股权分置试点改革有关税收政策问题的通知》（财税［2005］103号）

10.《国家税务总局关于资产评估增值计征个人所得税问题的通知》（国税发［2008］115号）

11.《国家税务总局关于股权转让所得个人所得税计税依据核定问题的公告》（国家税务总局公告2010年第27号）

12.《大连市地方税务局关于加强企业注销和重组自然人股东个人所得税管理的通知》（大地税函［2009］212号）

13.《国家税务总局关于印发〈非居民企业所得税源泉扣缴管理暂行办法〉的通知》（国税发［2009］3号）

14.《国家税务总局关于中国居民企业向境外H股非居民企业股东派发股息代扣代缴企业所得税有关问题的通知》（国税函［2008］897号）

15.《中华人民共和国增值税暂行条例实施细则》（财政部　国家税务总局第50号令）

16.《国家税务总局关于纳税人资产重组有关增值税问题的公告》（国家税务总局公告2011年第13号）

17.《中华人民共和国营业税暂行条例实施细则》（财政部　国家税务总局第52号令）

18.《国家税务总局关于纳税人资产重组有关营业税问题的公告》（国家税务总局公告2011年第51号）

19.《中华人民共和国消费税暂行条例实施细则》（财政部　国家税务总局第51号令）

20.《国家税务总局关于印发〈消费税若干具体问题的规定〉的通知》（国税发［1993］156号）

21.《湖南省国家税务局关于破产企业增值税政策业务问题的通知》（湘国税函［1998］235号）

22.《财政部、国家税务总局关于营业税若干政策问题的通知》（财税［2003］16号）

23.《土地增值税暂行条例》

24.《财政部　国家税务总局关于土地增值税一些具体问题规定的通知》（财税［1995］48 号）

25.《财政部　国家税务总局关于土地增值税若干问题的通知》（财税［2006］21 号）

26.《财政部　国家税务总局关于企业事业单位改制重组契税政策的通知》（财税［2012］4 号）

27.《财政部　国家税务总局关于企业改制过程中有关印花税政策的通知》（财税［2003］183 号）

三、工商登记

1.《中华人民共和国公司登记管理条例》（中华人民共和国国务院令［2005］第 451 号）

2.《股权出资登记管理办法》（国家工商总局令第 39 号）

3.《公司注册资本登记管理规定》（国家工商行政管理总局令第 11 号）

4.《公司债权转股权登记管理办法》

5.《关于做好公司合并分立登记支持企业兼并重组的意见》（工商企字［2011］226 号）

四、资产评估

1.《国有资产评估管理办法》（国务院令第 91 号）

2.《企业国有资产评估管理暂行办法》（国务院国有资产监督管理委员会令第 12 号）

3.《国有资产评估管理办法施行细则》（国资办发［1992］36 号）

4.《国有资产评估管理若干问题的规定》（财政部第 14 号令）

五、会计准则

1.《企业会计准则第 2 号——长期股权投资》

2.《企业会计准则第 7 号——非货币性资产交换》

3.《企业会计准则第 12 号——债务重组》

4.《企业会计准则第 20 号——企业合并》

5.《上市公司执行新会计准则备忘录第 4 号》

6.《关于非上市公司购买上市公司股权实现间接上市会计处理的复函》（财会便［2009］17 号）

7.《企业会计准则解释第 2 号》

8.《财政部关于印发企业会计准则解释第 4 号的通知》

9.《企业会计准则实施问题专家工作组意见 1》

10.《企业会计准则实施问题专家工作组意见 2》

11.《企业会计准则实施问题专家工作组意见 3 》

12.《上市公司执行企业会计准则监管问题解答》（中国证监会 2009 年第 2 期）

13.《上市公司执行企业会计准则监管问题解答》（中国证监会 2011 年第 1 期）

附录

上海市企业重组业务企业所得税特殊性税务处理备案事项操作规程（试行）

目 录

事项名称：企业重组业务——债务重组（事先备案类）

依据：《中华人民共和国企业所得税法》、《中华人民共和国企业所得税法实施条例》、《财政部　国家税务总局关于企业重组业务企业所得税处理若干问题的通知》（财税［2009］59 号）、《国家税务总局关于发布〈企业重组业务企业所得税管理办法〉的公告》（国家税务总局公告 2010 年第 4 号）。

企业申请时限：企业一般应在重组业务完成年度内提出企业所得税适用特殊性税务处理备案申请，截止日期为次年 3 月底。债务人作为重组主导方提出备案申请。

企业提交的材料：

1. 当事方的债务重组的总体情况说明，情况说明中应包括债务人发生财务困难情况说明和债务重组当事各方的商业目的（商业目的按国家税务总局公告 2010 年第 4 号第十八条规定的条款逐项说明）；

2.《企业重组业务——债务重组企业所得税特殊性税务处理备案申请表》；

3. 当事各方所签订的债务重组（含债权转股权）合同或协议原件和复印件；

4. 属于除债权转股权方式外的债务重组，提供上年度盖有税务机关受理章的《企业所得税年度纳税申报表》主表原件和复印件；

5. 属于以债权转股权方式重组的，提供企业所转换的股权公允价值证明、工商部门及有关部门核准相关企业股权变更事项证明材料；

6. 税务机关要求提供的其他材料。

权限：当事各方均在本市（含当事各方不属同一个主管税务机关征管）的，分局审核；

当事各方属于跨省（市）主管税务机关征管的，市局审核。

期限：分局三十个工作日（因情况复杂需要核实，在规定期限内不能做出决定的，经分局分管局长批准，可以延长三十个工作日）；

市局六十个工作日（其中分局从受理之日起在三十个工作日内报市局）。

流程：1. 受理窗口——税务所——职能科（处）室——分局局长室

2. 受理窗口——税务所——职能科（处）室——分局局长室——市局

分局工作要求：

1. 审理企业报送资料是否齐全，核查企业提交的相关原件和复印件资料，并在复印件上加盖"复印件与原件一致"印章，同时将原件归还企业；

2. 审核企业重组业务是否符合企业所得税特殊性税务处理的条件；

3. 应由市局备案的，以发文形式向市局提出备案申请；

4. 自作出决定或收到市局通知文件十个工作日内向企业发送《企业重组业务——债务重组企业所得税特殊性税务处理备案结果通知书》；

5. 属分局审核的，在向企业发送《企业重组业务——债务重组企业所得税特殊性税务处理备案结果通知书》后的十五个工作日内，将分局受理备案的债务重组业务特殊性税务处理的相关资料以及备案结果通知书复印件一并报送市局。

市局工作要求：

1. 根据分局上报的材料在分局审核的基础上确认企业重组业务是否符合企业所得税特殊性税务处理条件；

2. 以文件批复形式下发分局。

回复方式：《企业重组业务——债务重组企业所得税特殊性税务处理备案结果通知书》（发送债务人的同时，抄送给债权人及其主管税务机关）。

企业重组业务——债务重组企业所得税特殊性税务处理
备案结果通知书

编号：________：

你单位关于企业重组业务——债务重组企业所得税特殊性税务处理的申请已收悉。________（债务人）20____年度债务重组所得为________元。根据财税［2009］59号文第五条、第六条第（一）项规定，______（符合/不符合）企业所得税特殊性税务处理的条件，________（准予/不予）备案。

在企业债务重组所得达到企业当年度应纳税所得额50%以上时，________（债务人）可予以在20____年至20____年五个纳税年度的期间内，均匀计入各年度的应纳税所得额。即每年度确认应纳税所得额____元。________（债权人）债务重组损失，由债权人按国税发［2009］88号文规定，到其主管税务机关申请税前扣除。

________（债务人）20____年度以债转股方式重组获得债务重组所得为________元。根据财税［2009］59号文第六条第（一）项规定，________（债务人）暂不确认债务重组所得。

抄送（债权方主管税务机关）：

主管税务机关（盖章）
年　月　日

事项名称：企业重组业务——股权收购（事先备案类）

依据：《中华人民共和国企业所得税法》、《中华人民共和国企业所得税法实施条例》、《财政部　国家税务总局关于企业重组业务企业所得税处理若干问题的通知》（财税［2009］59号）、《国家税务总局关于发布〈企业重组业务企业所得税管理办法〉的公告》（国家税务总局公告2010年第4号）。

企业申请时限：企业一般应在重组业务完成年度内提出企业所得税适用特殊性税务处理备案申请，截止日期为次年3月底。股权转让方作为重组主导方提出备案申请，若涉及两个及两个以上股权转让方，则由转让被收购企业股权比例较大的一方作为主导方（股权比例相同的可协商确定主导方）。若重组主导方在外省（市），非主导方在本市，且主导方所属主管税务机关不提供给该省（市）外企业特殊性税务处理备案结果通知书的，可由本市企业自行向主管税务机关申请备案。

企业提交的材料：

1. 当事方的股权收购业务总体情况说明，情况说明中应包括股权收购的商业目的（商业目的按国家税务总局公告2010年第4号第十八条规定的条款逐项说明）；

2.《企业重组业务——股权收购企业所得税特殊性税务处理备案申请表》；

3. 双方或多方所签订的股权收购业务合同或协议原件和复印件；

4. 由中国资产评估机构出具的所转让及支付的股权公允价值的报告；

5. 证明重组符合特殊性税务处理条件的资料，包括股权比例，支付对价情况，以及重组日起连续12个月内不改变资产原来的实质性经营活动和原主要股东（持有20%以上股权）不转让所取得股权的承诺书等；

6. 工商等相关部门核准相关企业股权变更事项证明材料；

7. 税务机关要求的其他材料。

权限：当事各方均在本市（含当事各方不属同一个主管税务机关征管）的，分局审核；

当事各方属于跨省（市）主管税务机关征管的，市局审核。

期限：分局三十个工作日（因情况复杂需要核实，在规定期限内不能做出决定的，经分局分管局长批准，可以延长三十个工作日）；

市局六十个工作日（其中分局从受理之日起在三十个工作日内报市局）。

流程：1. 受理窗口——税务所——职能科（处）室——分局局长室

2. 受理窗口——税务所——职能科（处）室——分局局长室——市局

分局工作要求：

1. 审理企业报送资料是否齐全，核查企业提交的相关原件和复印件资料，并在复印件上加盖“复印件与原件一致”印章，同时将原件归还企业；

2. 审核企业重组业务是否符合企业所得税特殊性税务处理的条件；

3. 就股权收购业务涉税事项与收购方主管税务机关进行联系沟通；

4. 应由市局备案的，以发文形式向市局提出备案申请；

5. 自作出决定或收到市局通知文件十个工作日内向企业发送《企业重组业务——股权收购企业所得税特殊性税务处理备案结果通知书》和《告知书》；

6. 属于分局审核的，在向企业发送《企业重组业务——股权收购企业所得税特殊性税务处理备案结果通知书》后的十五个工作日内，将分局受理备案的股权收购业务特殊性税务处理的相关资料以及备案结果通知书复印件一并报送市局。

市局工作要求：

1. 根据分局上报的材料在分局审核的基础上确认企业重组业务是否符合企业所得税特殊性税务处理条件；

2. 以文件批复形式下发分局。

回复方式：《企业重组业务——股权收购企业所得税特殊性税务处理备案结果通知

书》和《告知书》（发送给股权转让方同时，抄送给股权收购方及其主管税务机关、被收购企业及其主管税务机关）。

企业重组业务——股权收购企业所得税特殊性税务处理
备案结果通知书

编号：

______________：

你单位关于企业重组业务——股权收购企业所得税特殊性税务处理的申请已收悉。根据财税［2009］59号文第五条、第六条第（二）项规定，______________（股权收购方）20____年度向__________（股权转让方）收购______________（被收购企业）股权，______（符合/不符合）企业所得税特殊性税务处理的条件，__________（准予/不予）备案。

抄送：

主管税务机关（盖章）

年 月 日

告 知 书

股权收购重组日后的十二个月内，当事各方发现备案时计算的接受股权的计税基础与税法规定不一致需要作调整的，可向其主管税务机关提出调整计税基础申请。

股权收购当事各方的主管税务机关事后发现企业填报并据以税前扣除的股权的计税基础与税法规定不符的，可根据《中华人民共和国企业所得税法》及其实施条例、《中华人民共和国税收征收管理法》及其实施细则的有关规定重新调整计税基础，并将调整情况抄送其他当事各方主管税务机关。

当事方企业重组后的连续十二个月内改变了重组资产原来的实质性经营活动或重组交易中取得股权支付的原主要股东（指原持有被收购企业20%以上股权的股东），在重组后十二个月内，转让了所取得的股权，致使重组业务不再符合特殊性税务处理条件的，发生变化的当事方应在情况发生变化的三十天内书面通知其他所有当事方。主导方在接到通知后三十天内将有关变化情况书面报告其主管税务机关。

事项名称：企业重组业务——资产收购（事先备案类）

依据：《中华人民共和国企业所得税法》、《中华人民共和国企业所得税法实施条例》、《财政部 国家税务总局关于企业重组业务企业所得税处理若干问题的通知》（财税［2009］59号）、《国家税务总局关于发布〈企业重组业务企业所得税管理办法〉的公告》（国家税务总局公告2010年第4号）。

企业申请时限：企业一般应在重组业务完成年度内提出企业所得税适用特殊性税务处理备案申请，截止日期为次年3月底。资产转让方作为重组主导方提出备案申请。若重组主导方在外省（市），非主导方在本市，且主导方所属主管税务机关不提供给该省（市）外企业特殊性税务处理备案结果通知书的，可由本市企业自行向主管税务机关申请备案）。

企业提交的材料：

1. 当事方的资产收购业务总体情况说明，情况说明中应包括资产收购的商业目的（商业目的按国家税务总局公告2010年第4号第十八条规定的条款逐条说明）；

2. 《企业重组业务——资产收购企业所得税特殊性税务处理备案申请表》；

3. 当事各方所签订的资产收购业务合同或协议原件和复印件；

4. 中国资产评估机构出具的资产收购所体现的资产评估报告；

5. 受让企业股权的计税基础的有效凭证；

6. 证明重组符合特殊性税务处理条件的资料，包括资产收购比例，支付对价情况，以及重组日起连续十二个月内不改变资产原来的实质性经营活动和原主要股东（持有20%以上股权）不转让所取得股权的承诺书等；

7. 工商等相关部门核准相关企业股权变更事项证明材料；

8. 税务机关要求的其他材料。

权限：当事各方均在本市（含当事各方不属同一个主管税务机关征管）的，分局审核；

当事各方属于跨省（市）主管税务机关征管的，市局审核。

期限：分局三十个工作日（因情况复杂需要核实，在规定期限内不能做出决定的，经分局分管局长批准，可以延长三十个工作日）；

市局六十个工作日（其中分局从受理之日起在三十个工作日内报市局）。

流程：1. 受理窗口——税务所——职能科（处）室——分局局长室

2. 受理窗口——税务所——职能科（处）室——分局局长室——市局

分局工作要求：

1. 审理企业报送资料是否齐全，核查企业提交的相关原件和复印件资料，并在复印件上加盖“复印件与原件一致”印章，同时将原件归还企业；

2. 审核企业重组业务是否符合企业所得税特殊性税务处理的条件；

3. 就资产收购业务涉税事项与受让方主管税务机关进行联系沟通；

4. 应由市局备案的，以发文形式向市局提出备案申请；

5. 自作出决定或收到市局通知文件十个工作日内向企业发送《企业重组业务——资产收购企业所得税特殊性税务处理备案结果通知书》和《告知书》；

6. 属分局审核的，在向企业发送《企业重组业务——资产收购企业所得税特殊性税务处理备案结果通知书》后的十五个工作日内，将分局受理备案的资产收购业务特殊性税务处理的相关资料以及备案结果通知书复印件一并报送市局。

市局工作要求：

1. 根据分局上报的材料在分局审核的基础上确认企业重组业务是否符合企业所得税特殊性税务处理条件；

2. 以文件批复形式下发分局。

回复方式：《企业重组业务——资产收购企业所得税特殊性税务处理备案结果通知书》和《告知书》（发送给转让方同时，抄送给受让方及其主管税务机关）。

企业重组业务——资产收购企业所得税特殊性税务处理
备案结果通知书

编号：

________：

你单位关于企业重组业务——资产收购企业所得税特殊性税务处理的申请已收悉。根据财税［2009］59 号文第五条、第六条第（三）项规定，________（受让方）20____年度向________（转让方）收购________资产，______（符合/不符合）企业所得税特殊性税务处理的条件，________（准予/不予）备案。

抄送（受让方主管税务机关）：

主管税务机关（盖章）

年　月　日

告 知 书

资产收购重组日后的十二个月内，当事各方发现备案时计算的接受股权（或资产）的计税基础与税法规定不一致需要作调整的，可向其主管税务机关提出调整计税基础申请。

资产收购当事各方的主管税务机关事后发现企业填报并据以税前扣除的股权（或资产）的计税基础与税法规定不符的，可根据《中华人民共和国企业所得税法》及其实施条例、《中华人民共和国税收征收管理法》及其实施细则的有关规定重新调整计税基础，并将调整情况抄送其他当事各方主管税务机关。

当事方企业重组后的连续十二个月内改变了重组资产原来的实质性经营活动或重组交易中取得股权支付的原主要股东（指原持有转让企业 20% 以上股权的股东），在重组后十二个月内，转让了所取得的股权，致使重组业务不再符合特殊性税务处理条件的，发生变化的当事方应在情况发生变化的三十天内书面通知其他所有当事方。主导方在接到通知后三十天内将有关变化情况书面报告其主管税务机关。

事项名称：企业重组业务——企业合并（事先备案类）

依据：《中华人民共和国企业所得税法》、《中华人民共和国企业所得税法实施条例》、《财政部 国家税务总局关于企业重组业务企业所得税处理若干问题的通知》（财税［2009］59号）、《国家税务总局关于发布〈企业重组业务企业所得税管理办法〉的公告》（国家税务总局公告2010年第4号）。

企业申请时限：企业一般应在重组业务完成年度内提出企业所得税适用特殊性税务处理备案申请，截止日期为次年3月底。吸收合并为合并后拟存续企业、新设合并为合并前资产较大的企业，作为重组主导方提出备案申请。若重组主导方在外省（市），非主导方在本市，且主导方所属主管税务机关不提供给该省（市）外企业特殊性税务处理备案结果通知书的，可由本市企业自行向主管税务机关申请备案。

重组主导方收到主管税务机关发送的《企业重组业务——企业合并企业所得税特殊性税务处理预备案通知书》后，通知被合并企业办理税务、工商注销登记。重组主导方在被合并企业办理完税务、工商注销登记后三十个工作日内再向其主管税务机关报送被合并企业注销登记情况相关资料。

企业提交的材料：

（一）申请备案时报送的资料：

1. 当事方企业合并的总体情况说明，情况说明中应包括企业合并的商业目的（商业目的按国家税务总局公告2010年第4号第十八条规定的条款逐项说明）；

2.《企业重组业务——企业合并企业所得税特殊性税务处理备案申请表》；

3.《企业合并业务申请企业所得税特殊性税务处理资产和负债计税基础明细表》；

4. 企业合并当事方签订的合并协议或决议原件和复印件；

5. 企业合并各方当事人的股权关系说明。若属于同一控制下且不需要支付对价的企业合并，还需提供在企业合并前，参与合并各方受最终控制方的控制在十二个月以上的股权登记机关的证明材料；

6. 被合并企业的净资产以及各单项资产和负债账面价值等相关报表原件和复印件；

7. 证明重组符合特殊性税务处理条件的资料，包括合并前企业各股东取得股权支付比例情况，以及重组日起连续十二个月内不改变资产原来的实质性经营活动、原主要股东不转让所取得股权的承诺书等；

8. 被合并企业重组日前一个年度盖有原税务机关受理章的企业所得税年度纳税申报表（A类）主表、附表复印件及其对重组日资产和负债计税基础的相关情况说明，或具有资质的中介机构出具的被合并企业资产和负债计税基础的审计报告；

9. 若需要政府部门批准合并的，提供企业合并的政府部门批准文件原件和复印件；

10. 若被合并企业合并前有尚未税前弥补亏损额的，则需提供亏损发生年度及已弥补亏损年度的企业所得税年度纳税申报表（A类）主表和亏损明细表原件和复印件及相关说明；

11. 若被合并企业有国家税务总局公告2010年第4号第二十八条规定的尚未享受期满的税收优惠政策，则需提供税务机关已给予的有关减免税批准或备案结果文书原件和复印件；

12. 税务机关要求提供的其他材料。

（二）被合并企业税务、工商注销后报送的资料：

1. 被合并企业税务注销证明原件和复印件；

2. 被合并企业工商注销证明原件和复印件；

3. 工商部门核准相关被合并企业股东股权变更证明材料（同一控制下且不需要支付对价的企业合并除外）。

备注：重组主导方在申请备案时除将上述资料报送其主管税务机关外，同时还需将其中的"当事方企业合并的总体情况说明、《企业重组业务——企业合并企业所得税特殊性税务处理备案申请表》、《企业合并业务申请企业所得税特殊性税务处理资产和负债计税基础明细表》、被合并企业重组日前一个年度盖有原税务机关受理章的企业所得税年度纳税申报表（A类）主表和附表复印件及其计税基础相关说明（或具有资质的中介机构出具的被合并企业资产和负债计税基础的审计报告）"报送被合并企业主管税务机关。

权限：当事各方均在本市（含当事各方不属同一个主管税务机关征管）的，分局审核；

当事各方属于跨省（市）主管税务机关征管的，市局审核。

期限：分局三十个工作日（因情况复杂需要核实，在规定期限内不能做出决定的，经分局分管局长批准，可以延长三十个工作日）；

市局六十个工作日（其中分局从受理之日起在三十个工作日内报市局）。

流程：1. 受理窗口——税务所——职能科（处）室——分局局长室

2. 受理窗口——税务所——职能科（处）室——分局局长室——市局

分局工作要求：

1. 审理企业报送资料是否齐全，核查企业提交的相关原件和复印件资料，并在复印件上加盖"复印件与原件一致"印章，同时将原件归还企业；

2. 审核企业重组业务是否符合企业所得税特殊性税务处理的条件；

3. 就合并业务涉税事项与被合并企业主管税务机关进行联系沟通；

4. 应由市局备案的，以发文形式向市局提出备案申请；

5. 自作出决定或收到市局通知文件十个工作日内向企业发送《企业重组业务——企业合并企业所得税特殊性税务处理预备案通知书》或《企业重组业务——企业合并企业所得税特殊性税务处理备案结果通知书》和《告知书》（仅指不予备案的）；自收到企业报送的被合并企业税务、工商注销相关资料后十个工作日内向企业发送《企业重组业务——企业合并企业所得税特殊性税务处理备案结果通知书》和《告知书》；

6. 属分局审核的，在向企业发送《企业重组业务——企业合并企业所得税特殊性税务处理备案结果通知书》后的十五个工作日内，将分局受理备案的企业合并所得税特殊性税务处理的相关资料以及备案结果通知书复印件一并报送市局。

备注：被合并企业主管税务机关在收到企业合并业务企业所得税特殊性处理相关申请资料后十五个工作日内以《企业合并业务税务联系单》形式将情况反馈给重组主导方所属主管税务机关。在收到重组主导方税务机关抄送的《企业重组业务——企业合并企业所得税特殊性税务处理预备案通知书》及受理被合并企业注销税务登记申请后七个工作日内，办理税务注销登记。在办理完被合并企业注销税务登记后的十个工作日内以《企业合并业务注销税务登记情况反馈单》形式将已办理注销税务登记情况反馈给主导方企业主管税务机关。

市局工作要求：

1. 根据分局上报的材料在分局审核的基础上确认企业重组业务是否符合企业所得税特殊性税务处理条件；

2. 以文件批复形式下发分局。

回复方式：

《企业重组业务——企业合并企业所得税特殊性税务处理预备案通知书》（发送给重组主导方同时，抄送给被合并企业及其主管税务机关）；《企业重组业务——企业合并企业所得税特殊性税务处理备案结果通知书》和《告知书》（发送给合并企业同时，抄送给被合并企业及其主管税务机关、被合并企业股东及其主管税务机关）。

企业重组业务——企业合并企业所得税特殊性税务处理
预备案通知书

编号：

______________________：

你单位关于企业重组业务——企业合并企业所得税企业特殊性税务处理的申请已收悉。根据财税［2009］59号文第五条、第六条第（四）项规定，______________（合并企业）20____年度吸收合并（或新设合并）______________（被合并企业），符合所得税特殊性税务处理的条件，准予预备案。

请在被合并企业完成税务、工商注销登记后的三十个工作日内向本税务机关报送被合并企业税务、工商注销相关资料。

抄送（被合并企业、被合并企业主管税务机关）：

主管税务机关（盖章）

年　月　日

企业重组业务——企业合并企业所得税特殊性税务处理

备案结果通知书

编号：

______________：

你单位关于企业重组业务——企业合并企业所得税企业特殊性税务处理的申请已收悉。根据财税［2009］59 号文第五条、第六条第（四）项规定，__________________（合并企业）20____年度吸收合并（或新设合并）__________________（被合并企业），______（符合/不符合）所得税特殊性税务处理的条件，________（准予/不予）备案。

抄送：

主管税务机关（盖章）

年　月　日

告　知　书

合并企业合并后的十二个月内，发现填报的接受被合并企业的资产和负债的计税基础与税法规定不一致需要作调整的，可向合并企业主管税务机关提出调整计税基础申请。

合并企业主管税务机关事后发现企业填报并据以税前扣除的接受被合并企业资产和负债的计税基础与税法规定不符的，可根据《中华人民共和国企业所得税法》及其实施条例、《中华人民共和国税收征收管理法》及其实施细则的有关规定进行纳税调整。

当事方企业重组后的连续十二个月内改变了重组资产原来的实质性经营活动或重组交易中取得股权支付的原主要股东（指原持有转让企业 20% 以上股权的股东），在重组后十二个月内，转让了所取得的股权，以及同一控制下的企业合并，合并后所形成的主体在最终控制方的控制时间未达到连续十二个月，致使重组业务不再符合特殊性税务处理条件的，发生变化的当事方应在情况发生变化的 30 天内书面通知其他所有当事方。主导方在接到通知后三十天内将有关变化情况书面报告其主管税务机关。

企业合并企业所得税特殊性税务处理税务联系单

编号：

__________税务局：

近接__________________（企业）合并业务相关资料。现将我局对__________（企业）合并业务涉税事项提出如下意见，供参考：

主管税务机关（盖章）

年　月　日

企业合并业务企业所得税特殊性税务处理注销税务登记情况反馈单

编号：

__________税务局：

我局______________（企业）合并重组后已于20__年__月__日办理注销税务登记事宜，特将该情况反馈你局。

主管税务机关（盖章）

年　月　日

事项名称：企业重组业务——企业分立（事先备案类）

依据：《中华人民共和国企业所得税法》、《中华人民共和国企业所得税法实施条例》、《财政部　国家税务总局关于企业重组业务企业所得税处理若干问题的通知》（财税［2009］59号）、《国家税务总局关于发布〈企业重组业务企业所得税管理办法〉的公告》（国家税务总局公告2010年第4号）。

企业申请时限：企业一般应在重组业务完成年度内提出企业所得税特殊性税务处理申请，截止日期为次年3月底。被分立企业或存续企业作为重组主导方提出备案申请。若重组主导方在外省（市），非主导方在本市，且主导方所属主管税务机关不提供给该省（市）外企业特殊性税务处理备案结果通知书的，可由本市企业自行向主管税务机关申请备案。

企业提交的材料：

1. 当事方企业分立的总体情况说明，情况说明中应包括股权收购的商业目的（商业目的按国家税务总局公告2010年第4号第十八条规定的条款逐项说明）；

2. 《企业重组业务——企业分立企业所得税特殊性税务处理备案申请表》；

3. 《企业分立业务申请企业所得税特殊性税务处理资产和负债计税基础明细表》；

4. 被分立企业的净资产、各单项资产和负债账面价值等相关报表原件和复印件；

5. 证明重组符合特殊性税务处理条件的资料，包括分立后企业各股东取得股权支付比例情况，以及十二个月内不改变资产原来的实质性经营活动、原主要股东不转让所取得股权的承诺书等；

6. 工商部门认定的分立和被分立企业股东股权比例证明材料；分立后，分立和被分立企业工商营业执照复印件；分立和被分立企业分立业务账务处理复印件；

7. 被分立企业重组日前一年度盖有原税务机关受理章的企业所得税年度纳税申报表（A类）主表、附表复印件及其计税基础相关说明，或具有资质的中介机构出具的被分立企业资产和负债计税基础的审计报告；

8. 若需要政府批准分立的，提供企业分立的政府部门批准文件原件和复印件；

9. 若被分立企业分立前有尚未税前弥补亏损额的，还应提供盖有原税务机关受理章的亏损发生年度及已弥补亏损年度的企业所得税年度纳税申报表（A 类）主表和亏损明细表原件和复印件及其相关说明；

10. 若被分立企业有国家税务总局公告 2010 年第 4 号第二十八条规定的尚未享受期满的税收优惠政策，则需提供税务机关已给予的有关减免税审批或备案文书原件和复印件；

11. 税务机关要求提供的其他材料。

权限：当事各方均在本市（含当事各方不属同一个主管税务机关征管）的，分局审核；

当事各方属于跨省（市）主管税务机关征管的，市局审核。

期限：分局三十个工作日（因情况复杂需要核实，在规定期限内不能做出决定的，经分局分管局长批准，可以延长三十个工作日）；

市局六十个工作日（其中分局从受理之日起在三十个工作日内报市局）。

流程：1. 受理窗口——税务所——职能科（处）室——分局局长室

2. 受理窗口——税务所——职能科（处）室——分局局长室——市局

分局工作要求：

1. 审理企业报送资料是否齐全，核查企业提交的相关原件和复印件资料，并在复印件上加盖“复印件与原件一致”印章，同时将原件归还企业；

2. 审核企业重组业务是否符合企业所得税特殊性税务处理的条件；

3. 应由市局备案的，以发文形式向市局提出备案申请；

4. 自作出决定或收到市局通知文件十个工作日内向企业发送《企业重组业务——企业分立企业所得税特殊性税务处理备案结果通知书》和《告知书》；

5. 属分局审核的，在向企业发送《企业重组业务——企业分立企业所得税特殊性税务处理备案结果通知书》后的十五个工作日内，将分局受理备案的企业分立企业所得税特殊性税务处理的相关资料复印件以及备案结果通知书一并报送市局。

市局工作要求：

1. 根据分局上报的材料在分局审核的基础上确认企业重组业务是否符合企业所得税特殊性税务处理条件；

2. 以文件批复形式下发分局。

回复方式：《企业重组业务——企业分立企业所得税特殊性税务处理备案结果通知书》和《告知书》（发送给主导方同时，抄送其他当事方及其主管税务机关）。

企业重组业务——企业分立企业所得税特殊性税务处理
备案结果通知书

编号：

________：

你单位关于企业重组业务——企业分立企业所得税适用特殊性税务处理的申请已收悉。根据财税［2009］59 号文第五条、第六条第（五）项规定，________（被分立企业）20____年度将部分或全部资产分离转让给________（现存或新设企业），______（符合/不符合）所得税特殊性税务处理的条件，______（准予/不予）备案。

抄送：

主管税务机关（盖章）

年 月 日

告 知 书

分立企业分立后的十二个月内，发现填报的接受被分立企业的资产和负债的计税基础与税法规定不一致需要作调整的，可向分立企业主管税务机关提出调整计税基础申请。

分立企业主管税务机关事后发现企业填报并据以税前扣除的接受被分立企业资产和负债的计税基础与税法规定不符的，可根据《中华人民共和国企业所得税法》及其实施条例、《中华人民共和国税收征收管理法》及其实施细则的有关规定进行纳税调整。

当事方企业重组后的连续十二个月内改变了重组资产原来的实质性经营活动或重组交易中取得股权支付的原主要股东（指原持有转让企业 20% 以上股权的股东），在重组后十二个月内，转让了所取得的股权，致使重组业务不再符合特殊性税务处理条件的，发生变化的当事方应在情况发生变化的三十天内书面通知其他所有当事方。主导方在接到通知后三十天内将有关变化情况书面报告其主管税务机关。

主管税务机关（盖章）

年 月 日

事项名称：企业重组业务——对非居民企业投资（事先备案类）

依据：《中华人民共和国企业所得税法》、《中华人民共和国企业所得税法实施条例》、《财政部 国家税务总局关于企业重组业务企业所得税处理若干问题的通知》（财税［2009］59 号）、《国家税务总局关于发布〈企业重组业务企业所得税管理办法〉的公告》（国家税务总局公告2010年第4号）。

企业申请时限：企业一般应在重组业务完成年度内提出企业所得税适用特殊性税务处理备案申请，截止日期为次年3月底。

企业提交的材料：

1. 企业股权投资业务总体情况说明，情况说明中应包括股权投资的商业目的（商业目的按国家税务总局公告2010年第4号第十八条规定和财税［2009］59号文第五条第二至第五款内容的条款逐项说明）；

2.《企业重组业务——对非居民企业投资企业所得税特殊性税务处理备案申请表》；

3. 双方签订的股权投资协议原件和复印件；

4. 企业与100%直接控股的非居民企业的股权关系证明材料原件和复印件；

5. 由中国资产评估机构出具的所投资股权及转让的资产或股权公允价值的报告；

6. 证明重组符合特殊性税务处理条件的资料，包括股权或资产转让比例，支付对价情况，以及十二个月内不改变资产原来的实质性经营活动、不转让所取得股权的承诺书等；

7. 税务机关要求的其他材料。

权限：市局审核。

期限：市局六十个工作日（其中分局从受理之日起在三十个工作日内报市局）。

流程：1. 受理窗口——税务所——职能科（处）室——分局局长室——市局

分局工作要求：

1. 审理企业报送资料是否齐全，核查企业提交的相关原件和复印件资料，并在复印件上加盖“复印件与原件一致”印章，同时将原件归还企业；

2. 审核企业重组业务是否符合企业所得税特殊性税务处理的条件；

3. 以发文形式向市局提出备案申请；

4. 收到市局通知文件十个工作日内向企业发送《企业重组业务——对非居民企业投资企业所得税特殊性税务处理备案结果通知书》和《告知书》。

市局工作要求：

1. 根据分局上报的材料在分局审核的基础上确认企业重组业务是否符合企业所得税特殊性税务处理条件；

2. 以文件批复形式下发分局。

回复方式：《企业重组业务——对非居民企业投资企业所得税特殊性税务处理备案结果通知书》和《告知书》。

企业重组业务——对非居民企业投资企业所得税特殊性税务
处理备案结果通知书

编号：

________：

你单位关于企业重组业务——对非居民企业投资企业所得税特殊性税务处理的申请已收悉。根据财税［2009］59号文第五条、第七条第（三）项、第八条规定，你单位以其拥有的资产或股权向其100%直接控股关系的非居民进行投资，______（符合/不符合）企业所得税特殊性税务处理的条件，________（准予/不予）备案。

主管税务机关（盖章）

年　月　日

告　知　书

企业投资后的十二个月内若转让所取得的股权，致使重组业务不再符合特殊性税务处理条件的，应在情况发生变化的三十天内将有关变化情况书面报告其主管税务机关。

事项名称：企业重组业务——企业境内注册地变更（事先备案类）

依据：《中华人民共和国企业所得税法》、《中华人民共和国企业所得税法实施条例》、《财政部　国家税务总局关于企业重组业务企业所得税处理若干问题的通知》（财税［2009］59号）、《国家税务总局关于发布〈企业重组业务企业所得税管理办法〉的公告》（国家税务总局公告2010年第4号）。

企业申请时限：企业一般应在政府登记机构核准注册地变更登记后的三十个工作日内提出申请。

企业提交的材料：

1. 企业注册地变更的情况说明；

2. 《企业重组业务——企业注册地变更企业所得税税务处理备案申请表》；

3. 政府登记机构核准注册地变更证明材料复印件（并加盖复印件与原件一致印章）。

4. 税务机关要求的其他材料。

权限：分局审核。

期限：分局七个工作日；

流程：1. 受理窗口——税务所——职能科（处）室

分局工作要求：

1. 审理企业报送资料是否齐全；

2. 审核企业重组业务是否符合企业法人（或其他组织）在中国境内登记注册地转移的条件；

3. 以备案结果通知书形式对企业申请作出答复；

4. 自作出决定十个工作日内向企业发送《企业重组业务——企业境内注册地变更企业所得税税务处理备案结果通知书》。

回复方式：《企业重组业务——企业境内注册地变更企业所得税税务处理备案结果通知书》。

企业重组业务——企业境内注册地变更企业所得税税务处理

备案结果通知书

编号：

______________：

你单位关于企业重组业务——企业境内注册地变更重组业务企业所得税税务处理的申请已收悉。根据财税［2009］59 号文规定，______（符合/不符合）企业重组业务企业所得税税务处理的条件，______（准予/不予）备案。

有关企业所得税纳税事项（包括亏损结转、税收优惠等权益和义务）由注册地变更后企业承担。

主管税务机关（盖章）

年　　月　　日

附表一：

企业重组业务——债务重组企业所得税特殊性税务处理备案申请表

____年度

申请单位名称（盖章）：____________　　　　金额单位：元（列至角分）

<table>
<tr><td colspan="2">债务人名称</td><td colspan="2"></td><td>债务人所属主管税务机关（全称）</td><td colspan="2"></td></tr>
<tr><td colspan="2">债权人名称</td><td colspan="2"></td><td>债权人所属主管税务机关（全称）</td><td colspan="2"></td></tr>
<tr><td colspan="2">债务重组方式</td><td colspan="2"></td><td>债务重组合同或协议签订日期</td><td colspan="2"></td></tr>
<tr><td colspan="3">债务人重组业务涉及的债务账面价值</td><td colspan="4"></td></tr>
<tr><td colspan="3">债务人用于偿付债务的资产公允价值</td><td colspan="4"></td></tr>
<tr><td colspan="2" rowspan="4">债务人重组业务涉及的债务计税基础（1）</td><td rowspan="4"></td><td colspan="2">其中：①应付账款计税基础</td><td colspan="2"></td></tr>
<tr><td colspan="2">②其他应付款计税基础</td><td colspan="2"></td></tr>
<tr><td colspan="2">③借款计税基础</td><td colspan="2"></td></tr>
<tr><td colspan="2">④其他债务计税基础</td><td colspan="2"></td></tr>
<tr><td rowspan="5">除债转股方式外的债务重组</td><td rowspan="3">债务人用于偿付债务的资产公允价值（2）</td><td rowspan="3"></td><td colspan="2">其中：①现金</td><td colspan="2"></td></tr>
<tr><td colspan="2">②银行存款</td><td colspan="2"></td></tr>
<tr><td colspan="2">③非货币资产</td><td colspan="2"></td></tr>
<tr><td>债务人债务重组所得（3）=（1）-（2）</td><td></td><td colspan="2"></td><td colspan="2"></td></tr>
<tr><td>债务人上年度应纳税所得额</td><td></td><td>债务人本年度预计应纳税所得额</td><td></td><td>债务重组所得占本年度预计应纳税所得额的比重%</td><td></td></tr>
<tr><td rowspan="3">债转股方式的债务重组</td><td rowspan="2">债权人债转股后所拥有的股权占债务人全部股权比例%</td><td rowspan="2"></td><td rowspan="2">债转股股权的公允价值</td><td rowspan="2"></td><td>其中：①债转股后计入股本（实收资本）的金额</td><td></td></tr>
<tr><td>②计入资本公积的金额</td><td></td></tr>
<tr><td>债权人原债权与取得股权（公允价值）的差额</td><td></td><td>债权人拥有股权的计税基础</td><td></td><td>债务人申请暂不确认的债务重组所得</td><td></td></tr>
<tr><td colspan="7">备注：</td></tr>
</table>

谨声明：本表所填报内容及所附证明材料真实、完整。

债务人法定代表人（签字）：　　　　年　月　日　债权人法定代表人（签字）：　　　　年　月　日

填表人：　　　　　　填表日期：

填表说明：

1. “债务重组方式”：填报（1）以资产清偿债务；（2）将债务转为资本；（3）修改其他债务条件（注：如减少债务本金、减少债务利息等，不包括上述（1）和（2）两种方式）；（4）以上三种方式的组合。

2. 本表一式四份。债务人一份，债权人一份，债务人所属主管税务机关两份。

主管税务机关（受理章）

年　月　日

附表二：

企业重组业务——股权收购企业所得税特殊性税务处理备案申请表

____年度

申请单位名称（盖章）：________________　　　　　　　　金额单位：元（列至角分）

<table>
<tr><td colspan="2">被收购企业名称</td><td></td><td>股权收购方购买的股权占被收购企业全部股权的比例%</td><td></td><td>股权收购方股权支付金额占交易支付总额的比例%</td><td colspan="2"></td></tr>
<tr><td colspan="2">股权收购交易支付总额</td><td></td><td>其中：股权支付金额</td><td></td><td>非股权支付金额</td><td colspan="2"></td></tr>
<tr><td colspan="2">企业重组日</td><td></td><td>重组业务完成年度</td><td></td><td>股权收购方所收购股权的工商变更登记日</td><td colspan="2"></td></tr>
<tr><td colspan="2">股权收购方名称</td><td colspan="3"></td><td>股权收购方所属主管税务机关（全称）</td><td colspan="2"></td></tr>
<tr><td colspan="2">股权转让方（被收购企业的股东）名称</td><td></td><td>转让被收购企业股权的比例%</td><td></td><td>股权转让方所属主管税务机关（全称）</td><td colspan="2"></td></tr>
<tr><td rowspan="10">股权收购方</td><td rowspan="2">项目名称</td><td rowspan="2">公允价值（1）</td><td rowspan="2">账面价值（2）</td><td rowspan="2">原计税基础（3）</td><td rowspan="2">非股权支付对应的资产转让所得或损失（4）</td><td colspan="2">实际取得股权及其他资产的计税基础（5）</td></tr>
<tr><td>项目名称</td><td>计税基础</td></tr>
<tr><td>1. 股权支付金额</td><td></td><td></td><td></td><td></td><td>被收购企业股权</td><td></td></tr>
<tr><td>（1）本企业股权</td><td></td><td></td><td></td><td>—</td><td>—</td><td></td></tr>
<tr><td>（2）子公司股权</td><td></td><td></td><td></td><td>—</td><td>—</td><td></td></tr>
<tr><td>a</td><td></td><td></td><td></td><td>—</td><td>—</td><td></td></tr>
<tr><td>b</td><td></td><td></td><td></td><td>—</td><td>—</td><td></td></tr>
<tr><td></td><td></td><td></td><td></td><td></td><td></td><td></td></tr>
<tr><td>2. 支付非股权支付额（收到非股权支付额以“-”号表示）</td><td></td><td></td><td></td><td></td><td></td><td></td></tr>
<tr><td>合计（1+2）</td><td></td><td></td><td></td><td></td><td>合计</td><td></td></tr>
</table>

续表

	项目名称	公允价值（1）	账面价值（2）	原计税基础（3）	非股权支付对应的资产转让所得或损失（4）	股权转让方实际接受股权及其他资产的计税基础（5）	
						项目名称	计税基础
股权收购方	1. 被收股企业股权						
	2. 支付非股权支付额（收到非股权支付额以“-”号表示）						
	—	—	—	—	—		
	—	—	—	—	—		
	—	—	—	—	—		
	合计（1+2）					合计	

备注：

谨声明：本表所填报内容及所附证明材料真实、完整。

股权转让方法定代表人（签字）： 年 月 日 股权收购方法定代表人（签字）： 年 月 日

填表人： 填表日期：

填表说明：

1. 若一笔股权收购交易涉及两个及两个以上股权转让方的，股权转让方各方分别填报本表。股权转让方各方填报的本表第一至第四行基本信息应一致。

2. 若股权收购方一次交易涉及同时收购多家企业的股权，应先按税法规定逐一填报每一收购股权项目，再将所有项目进行汇总填报。

3. 若股权收购业务较复杂，本表不能充分反映企业实际情况，企业可自行设计表格填报，但必须确保相关数据的完整性。

4. 本表一式五份。股权转让方一份，股权转让方所属主管税务机关两份、股权收购方及其所属主管税务机关各一份。涉及两个及两个以上股权转让方的，应相应增加份数。

主管税务机关（受理章）

年 月 日

附表三：

企业重组业务——资产收购企业所得税特殊性税务处理备案申请表

____年度

申请单位名称（盖章）：______________　　　　金额单位：元（列至角分）

资产转让方名称		资产转让方所属主管税务机关（全称）			
资产转让方全部资产的公允价值		资产转让方所转让资产的公允价值		所转让资产占资产转让方全部资产的比例%	
资产受让方名称		资产受让方所属主管税务机关（全称）		股权支付金额占交易支付总额的比例%	
资产收购交易支付总额		其中：股权支付金额		非股权支付金额	
企业重组日		重组业务完成年度		资产受让方所支付股权的工商变更登记日	

	项目名称（按大类）	公允价值（1）	账面价值（2）	原计税基础（3）	非股权支付对应的资产转让所得或损失（4）	实际取得资产的计税基础（5）	
						项目名称	计税基础
资产受让方	1. 股权支付金额						
	（1）本企业股权						
	（2）子公司股权						
	a						
	b						
	2. 支付非股权支付额（收到非股权支付额以“-”号表示）						
	合计（1+2）					合计	

续表

	项目名称（按大类）	公允价值（1）	账面价值（2）	原计税基础（3）	非股权支付对应的资产转让所得或损失（4）	实际取得资产的计税基础（5）	
						项目名称	计税基础
资产转让方							
	1. 所转让资产合计						
	2. 收到非股权支付额						
	合计（1－2）					合计	

备注：

谨声明：本表所填报内容及所附证明材料真实、完整。

资产转让方法定代表人（签字）：　　年　月　日　　资产受让方法定代表人（签字）：　　年　月　日

填表人：　　　　填表日期：

填表说明：

1. 资产转让方实际转让资产的公允价值、账面价值以及计税基础，资产受让方实际取得资产的公允价值、账面价值以及计税基础另报送具体明细表。

2. 若资产收购业务较复杂，本表不能充分反映企业实际情况，企业可自行设计表格填报，但必须确保相关数据的完整性。

3. 本表一式五份。资产转让方一份，资产转让方所属主管税务机关两份，资产受让方一份，资产受让方所属主管税务机关一份。

主管税务机关（受理章）

年　月　日

附表四（1）：

企业重组业务——企业合并企业所得税特殊性税务处理备案申请表

____年度

申请单位名称（盖章）：____________　　　　金额单位：元（列至角分）

合并企业名称		合并企业所属主管税务机关（全称）	
被合并企业名称		被合并企业所属主管税务机关（全称）	
1.		1.	
2.		2.	
合并企业的股东名称	持股比例%	合并企业的股东所属主管税务机关（全称）	
1.		1.	
2.		2.	
3.		3.	
被合并企业原股东名称	持股比例%	被合并企业原股东所属主管税务机关（全称）	
1.		1.	
2.		2.	
3.		3.	
企业重组日		预计重组实际完成年度	
有关政府机关批准日		工商变更登记日	
合并交易的支付总额		股权支付额占交易支付总额的比例%	
股权支付额（公允价值）		非股权支付额（公允价值）	
非股权支付额（原计税基础）		非股权支付对应的资产转让所得或损失	
同一控制下且不需要支付对价的合并，其同一方或相同的多方原拥有的合并企业股权比例%		同一控制下且不需要支付对价的合并，其同一方或相同的多方原拥有的被合并企业股权比例%	
合并日被合并企业净资产公允价值		合并日被合并企业税前尚未弥补的亏损额	
被合并企业合并前的有关资产的计税基础		合并企业接受被合并企业资产的计税基础	
被合并企业合并前的有关负债的计税基础		合并企业接受被合并企业负债的计税基础	

续表

合并日合并后企业总资产金额			
合并前		合并后	
原相关股东名称	股权计税基础	合并企业股东名称	股权的计税基础
1.		1.	
2.		2.	
3.		3.	

备注：

谨声明：本表所填报内容及所附证明材料真实、完整。

合并企业法定代表人（签字）： 年 月 日 被合并企业法定代表人（签字）： 年 月 日

填表人： 填表日期：

填表说明：

1. 合并企业名称，吸收合并为合并后存续的企业，新设合并为新设企业。

2. 若企业合并业务较复杂，本表不能充分反映企业实际情况，企业可自行设计表格填报，但必须确保相关数据的完整性。

3. 本表一式五份。合并企业一份，被合并企业一份，合并企业所属主管税务机关两份，被合并企业所属主管税务机关一份。涉及两个及两个以上被合并企业的，应相应增加份数。

主管税务机关（受理章）

年 月 日

附表四（2）：

企业合并业务申请企业所得税特殊性税务处理资产和负债计税基础明细表

____年度

合并企业名称（盖章）： 单位：元（列至角分）

被合并企业名称				被合并企业所属主管税务机关（全称）		
被合并企业合并前（合并日或购买日）				合并企业合并后接受		
项目名称	公允价值	账面价值	计税基础	非股权支付对应的资产转让所得或损失	合并企业实际接受的资产和负债的计税基础	备注（调整）
资产：						
资产合计						
负债：						
负债合计						
所有者权益：						
所有者权益合计						
被合并企业尚未享受期满的过渡优惠政策剩余期限	20 年至20 年		被合并企业合并前企业资产总额		合并日被合并企业合并前企业资产占合并后企业总资产的比例%	

填表人： 填表日期：

填表说明：

1. “备注（调整）”栏可填写：被合并企业或合并企业的主管税务机关受理或审核过程中发现企业填报的某项资产或负债的计税基础与税法规定不一致的，调整确认为税法规定的计税基础数额。

2. 若有两个以上被合并企业，则每一合并企业先分别单独填报该表，再汇总填报。

3. 本表一式五份。合并企业一分，被合并企业一份，合并企业所属主管税务机关两份、被合并企业所属主管税务机关一份。涉及两个及两个以上被合并企业的，应相应增加份数。

主管税务机关（受理章）

年 月 日

附表五（1）：

企业重组业务——企业分立企业所得税特殊性税务处理备案申请表

____年度

申请单位名称（盖章）：__________ 金额单位：元（列至角分）

被分立企业名称			被分立企业所属主管税务机关（全称）	
被分立企业原股东名称	持股比例	股权公允价值	股权原计税基础	被分立企业原股东所属主管税务机关（全称）
1.				
2.				
分立企业名称 1			分立企业所属主管税务机关（全称）	
分立企业股东名称	持股比例	非股权支付对应的资产转让所得或损失	股权计税基础	分立企业股东所属主管税务机关（全称）
1.				
2.				
分立企业名称 2			分立企业所属主管税务机关（全称）	
分立企业股东名称	持股比例	非股权支付对应的资产转让所得或损失	股权计税基础	分立企业股东所属主管税务机关（全称）
1.				
2.				
企业重组日			预计重组实际完成年度	
有关政府机关批准日			工商变更登记日	
分立交易的支付总额			股权支付额占交易支付总额的比例%	
股权支付额（公允价值）			非股权支付额（公允价值）	
非股权支付额（原计税基础）			非股权支付对应的资产转让所得或损失	

续表

被分立企业分立前尚可税前弥补的亏损额		被分立企业重组日（或评估基准日）净资产公允价值	

备注：

谨声明：本表所填报内容及所附证明材料真实、完整。

被分立企业法定代表人（签字）：　　年　月　日　分立企业法定代表人（签字）：　　年　月　日

填表人：　　　　填表日期：

填表说明：

1. “分立企业名称1”：属于存续分立（派生分立）的，填报存续企业名称；属于新设分立的，填报新设的其中一家分立企业名称。

2. “分立企业名称2”：属于存续分立（派生分立）的，填报派生出的企业名称；属于新设分立的，填报新设的另一家分立企业名称。新设分立超过两家的，可增加相应栏次填报。

3. 若企业分立业务较复杂，本表不能充分反映企业实际情况，企业可自行设计表格填报，但必须确保相关数据的完整性。

4. 本表一式五份。重组主导方一份，重组主导方所属主管税务机关两份。分立企业（除重组主导方外）及其所属主管税务机关各一份。涉及多个分立企业的，应相应增加份数。

主管税务机关（受理章）

年　月　日

附表五（2）：

企业分立业务申请企业所得税特殊性税务处理资产和负债计税基础明细表

____年度

分立企业名称（盖章）： 单位：元（列至角分）

分立企业接受被分立企业的资产、负债及所有者权益						备注（调整）
项目名称	公允价值	原账面价值	原计税基础	非股权支付对应的资产转让所得或损失	实际接受的资产和负债的计税基础	
资产：						
资产合计						
负债：						
负债合计						
所有者权益：						
所有者权益合计						
分立企业应可弥补的被分立企业尚未弥补的亏损额			被分立企业重组日（或评估基准日）净资产公允价值			

填表人： 填表日期： 审核人： 审核日期：

填表说明：

1. “备注（调整）”栏可填写：重组主导方所属主管税务机关受理或审核过程中发现企业填报的某项资产或负债的计税基础与税法规定不一致的，调整确认为税法规定的计税基础数额。

2. 每一分立企业分别填报该表。

3. 本表一式五份。重组主导方一份，重组主导方所属主管税务机关两份。分立企业（除重组主导方外）及其所属主管税务机关各一份。涉及多个分立企业的，可相应增加份数。

主管税务机关（受理章）

年 月 日

附表六：

企业重组业务——对非居民企业投资企业所得税特殊性税务处理备案申请表

____年度

申请单位名称（盖章）：______________　　　　　　金额单位：元（列至角分）

居民企业名称（股权投资方）		居民企业所属主管税务机关（全称）			
非居民企业名称（被投资方）		非居民企业所在国国名（全称）			
投资交易支付总额		其中：股权支付金额		非股权支付金额	
企业重组日		重组业务完成年度		政府相关部门批准境外投资的文件编号	
居民企业以其拥有的资产或股权对外投资的相关资产或股权项目名称	公允价值（1）	账面价值（2）	原计税基础（3）	资产或股权转让收益额	
合计					
资产或股权转让收益额每年应计入应纳税所得额的金额		均匀计入的年份	20　年至20　年		

备注：

谨声明：本表所填报内容及所附证明材料真实、完整。

居民企业（股权转让方）法定代表人（签字）：　　　年　月　日

填表人：　　　　　　　　填表日期：

填表说明：

1. 本表一式三份。居民企业（股权投资方）一份，其所属主管税务机关两份。

主管税务机关（受理章）

年　　月　　日

附表七：

企业重组业务——企业注册地变更企业所得税税务处理备案申请表

____年度

申请单位名称（盖章）：____________

企业名称		企业原所属主管税务机关（全称）	
原注册地址		原所属主管税务机关（全称）	
迁入地地址		所属主管税务机关（全称）	
变更注册地原因			

备注：

法定代表人：　　　　填表人：

填表说明：

1. 本表一式两份。企业一份，其所属主管税务机关一份。